平岡定海著

日本寺院史の研究

吉川弘文館刊行

はしがき

日本佛教の形成過程において、佛教寺院のはたした役割は大きい。それは佛教伝来当初からの問題でもある。もちろん寺院の形成は古代より現代に到るまでも続けられている。しかしこの寺院の発展の過程を時代を追って系統的に述べられているものは少ない。

私はこのような問題を提起して、あえて日本寺院史への一歩を踏み出すために本書を作成した次第である。したがって序章では「日本寺院史の課題」として、寺院の変遷を概観し、主として私寺より官大寺及び御願寺へ拡大して行く過程について考え、あわせて南都佛教及び平安佛教との関連において、寺院を動かした原動力ともいえる天台・真言両宗の動向を踏まえて論を進めた。しかし、この問題はここで終了するのでなく、鎌倉佛教及びそれ以後の佛教の展開過程と寺院との関係も続いてさらに述べなければならないと考えている。

けれどもそれは後日に委ねるとするが、本書の第一章では飛鳥時代の寺院の私寺的性格を明らかにすると同時に四天王寺及び国大寺として形成された百済大寺について考察して、第二章では奈良時代の官大寺の形成の過程を大安寺より始め、全国的規模で展開した国分寺、さらに大佛造顕を通じて建立された東大寺、ひいてはその中心人物であった良弁の教学と華厳宗の受容に重点を置いた。

第三章では主として寺院構造に焦点を置いて、平安時代に移った東大寺の組織を詳述し、ついで、定額寺の成立、さらにそれを発展していった皇室の御願寺、あるいは貴族の氏寺について時代を追って詳述し、特に天台宗を興した最澄、真言宗を開いた空海の二宗の動向による御願寺への影響について、その関連性を具体的に述べた。ことに御願寺の中でも四圓寺や六勝寺については従来考察を加えられることが少なく、この点については、藤原道長の建てた法成寺と白河法皇の法勝寺との類同性について触れた。平安佛教とくにそれが浄土教、あるいは女人往生等の信仰に関する庶民信仰の立場については、多くの先学により究明されて、その業績も数多いが、しかし寺院史にもとづく考察はそれが必要であるにもかかわらずあまりなされていない。

さらに平安時代における皇室や貴族の建立した寺院は規模も大きく、これを掌握することができた宗派は、その主導権を確保することが必要であったため、天台宗では山門と寺門、そして真言宗と三つ巴になって鎬を削ったことを通じて、平安佛教の動向もあわせて考えたのである。

本書がかかる展開に視点をすえて貴族社会の佛教を考察しようとした理由もまたここにある。

ことに日本の佛教史に関する先学の高論・卓説が重層山積しているなかで、寺院史という新しい視点を形成樹立するために本書の作成にあえて意を新たにした次第である。

しかし佛教の発展と共に形成された広大な寺院の盛衰興亡を、すべて叙べることは私の浅学非才をもってしては到底なし得ざるもので、その展開を把握するに程遠いといわざるを得ない。期して後学の御叱正を請うものである。

おもうに本書の作成を志してから二十数年の年月を経て、その間御指導を給わった方々は数多いが、なかでも、寶月圭吾先生、笠原一男先生、竹内理三先生、井上光貞先生にはそれぞれの論集の中に拙論を加えていただき、そのために本書が形成されたといっても過言ではない。掲載の写真については、四天王寺、奈良国立博物館、京都市埋蔵文化財研究所田辺昭三氏等の御協力を給わった。

そして本書刊行にあたって、前編集部長黒板伸夫氏・長瀬惟氏をはじめ吉川弘文館の方々のなみなみならぬご尽力によることを併せて記して深甚の謝意を表する次第である。

昭和五十六年五月二日

東大寺山房にて

平岡定海

目次

挿表目次

序章　日本寺院史の課題

日本における佛教の受容過程を考えるにあたって、寺院の成立およびその機構の変遷をみのがすことはできない。寺院史の研究についていては、私は早くより豊田武先生の『日本宗教制度史の研究』(1)によって啓発されるところが多かった。その序に記されているように佛教「教団が如何にして形成されたか、それが如何なる時代的な特質を帯びつつ現代に至ったか」をさぐることを企図されて、寺院制度や宗教制度の研究に重点が置かれていた。なかでも、「国家対宗教」の関係を全般に論じ、一般社会状態の変遷と宗教制度の関係とを綜合的に考察しようとされたのである。

このような傾向はさきに平泉澄氏の「中世における社寺と社会との関係」(2)や、そのほか諸氏の多くの論文が見られ、概説的には辻善之助氏の『日本佛教史』などがあるが、日本の寺院の変遷についての論究はいまだ充分であるとはいえないのである。

このような学界の状況からして、私は日本民族の佛教受容と寺院機構との関連性を追究し、その変遷を考えてみたいとおもうものである。

井上光貞氏も、日本佛教の流れについて「日本民族が佛教を摂取しはじめたのは、古代国家の盛期であった。この古代の佛教は周知のように古代貴族層を担い手とする国家佛教であり、中国佛教の消化をもっぱらにする輸入佛教にほかならなかった。ところが佛教は中世になると広く民間にいきわたり、それを基盤として鎌倉佛教とよばれる日本特有の佛教をうみだした」(3)と述べられていることについては、全く意見を同じくするものであるが、ただ何故に寺院が(一)いかなる形で古代貴族層や、天皇、あるいは平安貴族層、または鎌倉武士団と佛教思想が結びついていったか、(二)それがどのように寺院形成とつながっていたか、(三)その宗教的態度と寺院の規模、(四)さらには民衆への浸透の仕方等について、さらに検討を加えたいとおもいこの研究をはじめたのである。

そこでまず日本佛教の流れと寺院の性格を概観すると次のごとく考えられる。まず伝来当初においては渡来人や帰化人を中心として素朴な受容形態をとり、この段階では私宅を寺院に改めるというあたかも持佛堂的性格に重点がおかれていて、まだ本来の寺院とはいえない。

しかし宣化天皇三年（五三八）頃よりする百済からの佛教受容の形態が明らかになるにつれて、まず蘇我氏等が精舎をつくったり、私寺を建てるなど、しだいにその発展が見られたのである。

飛鳥時代の寺院については、田村圓澄氏もその時代の佛教の成立過程を、「私的」「公的」「国家的」と分類して、寺院の成立の問題を提起されているが、(4)私も飛鳥時代の寺院は私寺的性格をもととして成立したものと考えるものである。そして寺の規模は、最初私宅を改めて私寺とし、菩提を求めるために小規模に建てることからはじまって、しだいに堂塔伽藍が整備されて、法興寺や法隆寺等の形態に発展していったのである。

そして舒明天皇の百済大寺や、天武天皇の高市大寺（大官大寺）などしだいに佛教の国家的受容が高まってくるにつれて、寺院も官寺的性格を帯びると同時に、いままでの豪族や皇族の祈願寺的私寺性格の寺院が、天皇の勅願寺という官寺性格の寺院に進展していったのである。

そして佛教の国家的受容が奈良時代の聖武天皇の東大寺創建を頂点として高まると同時に、寺院も天皇や国家を背景として設立されることになっていった。その結果東大寺のごときは官大寺の最も巨大なる国家的規模のものに、建てられることになったのである。

これらの官大寺では中国的な八宗兼学の体系をそなえ、顕教を中心とする教学の振興を基盤とした学問寺的性格を基盤とした寺院であったことはいうまでもない。伽藍自体もまた七堂をそなえて天下に雄たるものであったが、都が平安京に移るにつれて、巨大寺院の必要性がうすれ、奈良時代の国家佛教の弊害から脱却するとともに、他方佛教教理修学のための根本道場として再発足して、いままでの中央集権的な寺院の政治的要素を排することにつとめた。その原動力となったのは最澄や空海であり、彼らの平安新佛教樹立の動きは、従来の伽藍寺院の構造を変革した。そして山岳の地形と修行のために伽藍は山岳中に散在することになった。たとえば比叡山では根本中堂を中心に延暦寺が形成され、高野山では根本大塔を中心に伽藍が山中に点在して山岳寺院が形成されたのである。

しかしまた、一方では単なる山寺中心の山岳修行のみに重点を置いただけでなく、そこには最澄や空海がでて顕戒論や十住心論をかかげて一宗を立て、奈良佛教に見られなかった祖師佛教的性格が具備されていったのである。そして単なる隠棲的なものでなく、中央進出への基盤をつくることであったことはいうまでもない。

たとえば空海が東寺・西寺を平安京の中に創建して王城の鎮護を目的とすることによって、勅願寺的な性格が復活し、その初期に見られた高雄山寺を中心とする学問寺的な性格はしだいに薄れていった。

それは奈良時代的な国家佛教寺院と異なった御願寺的性格を帯びたもので、天台宗にしても最澄と桓武天皇との関係、嵯峨天皇と空海の関係など個人的な信仰を中心とする勅願寺的性格の寺院が次々と創建されたのであって、これをば御願寺と称することができるのである。

平安時代の御願寺の性格についてはそれ自体歴史的変遷の上で見てゆかねばならないが、天皇や貴族の個人的な信仰に根ざした祈願を満足するために創建された場合が多く、また別に藤原貴族の代表的な寺院として氏長者を外護者として氏寺的性格を強くそなえている興福寺や法成寺が一方では考えられる。そしてそれらの御願寺は平安時代における寺院の主流となっていったのである。

これら中央の動きに対して、地方へ天台・真言教団が進出していくにつれて、地方の土豪集団等で形成されている私寺や、国衙の大領、小領、郡司等が、自己の所領内に新たに祈願寺を設けて、中央より天台・真言・浄土の僧侶を招いて開山として、その寺院の創立と保護につとめた場合もあったが、それらは中央貴族のような華やかさは見られなかった。

しかして地方寺院の増加は天台・真言両宗の教線の拡大にも役立ち、そのうえ、山岳修行の形態を具備していたから、各地の名山は修行道場と化して、北陸より東北への道および山陰等の日本海沿岸地域には天台教団の進出を見ると同時に天台教学の持つ浄土的傾向がいち早く浸透していったのである。

いっぽう真言系は四国より九州、または関東への進出が見られ、その出発点として伊勢大神の垂迹化を通じて本地垂迹の系譜をかかげて佛教の日本化をはかることにつとめた。

しかし寺院の経済的基礎としては、旧佛教および天台・真言等はあくまでも律令体制および荘園制を中心とする土地制度の上にその基盤をきずき、寺領の確保を通じて寺院経済の保持と拡大をはかったのであった。

そしてこれらの寺院の性格としては、祈願寺的性格が強かったのである。

またそれとは別に、奈良時代より常に政治的な動向を左右した宮中内道場も、平安時代にはそのまま宮中真言院と改められ、この中での護持僧の進出は、ついには密教教団の中央への浸透の拠点となったのである。

鎌倉時代における武士層の進出は、貴族層の進展に期待していた旧佛教あるいは真言・天台寺院の外護者の敗退をも意味した。その戸惑いはいきおい源平の内乱とともに混迷のなかに漂った。

しかして混乱のなかから生まれた鎌倉新佛教は、根源的には天台教団の中より発展したもので、法然の浄土宗や日蓮の日蓮宗は法華経の解釈、特に方便品と神力品との価値の見出し方の相異に原因した。そして共に天台教学の研究者のなかから鎌倉新佛教の祖師たちが生まれたことはいうまでもない。

私は日本の佛教を分けて、飛鳥・奈良佛教は学派佛教として教学研究に重点が置かれて展開したのに対して、平安佛教は最澄・空海の祖師的性格を打ち出すとともに、まだ学派佛教的性格も残存しているが、鎌倉佛教は完全な祖師佛教である、という観点に立たざるを得ない。そしてそれ以後の佛教は、その祖師佛教の分派的発展構成と考えることが至当であろう。このことを示すと次の表のごとくなる。

そして法然・親鸞・日蓮・栄西・道元をはじめ多くの祖師たちは比叡山での教学研究と修行のなかから生まれたのである。

そして鎌倉時代における寺院では平安時代に見られた祈願寺的性格から脱して、新しく武家集団にささえられ、その性格も単に祈願寺的性格のみならず在地武士団の菩提寺的性格も強く見られるようになっていったのである。ことに寺院の成立の場所も京都を中心とする中央貴族集団の地より遠く離れ、鎌倉周辺や土豪武士団の居住地の近くに地域的連帯性を持ちつつ寺院の地盤をきずいたのである。

また武士層は鎌倉等に宋より渡来した戒律を重視する禅宗の将来により、その剣禅一致の思想がもてはやされた。

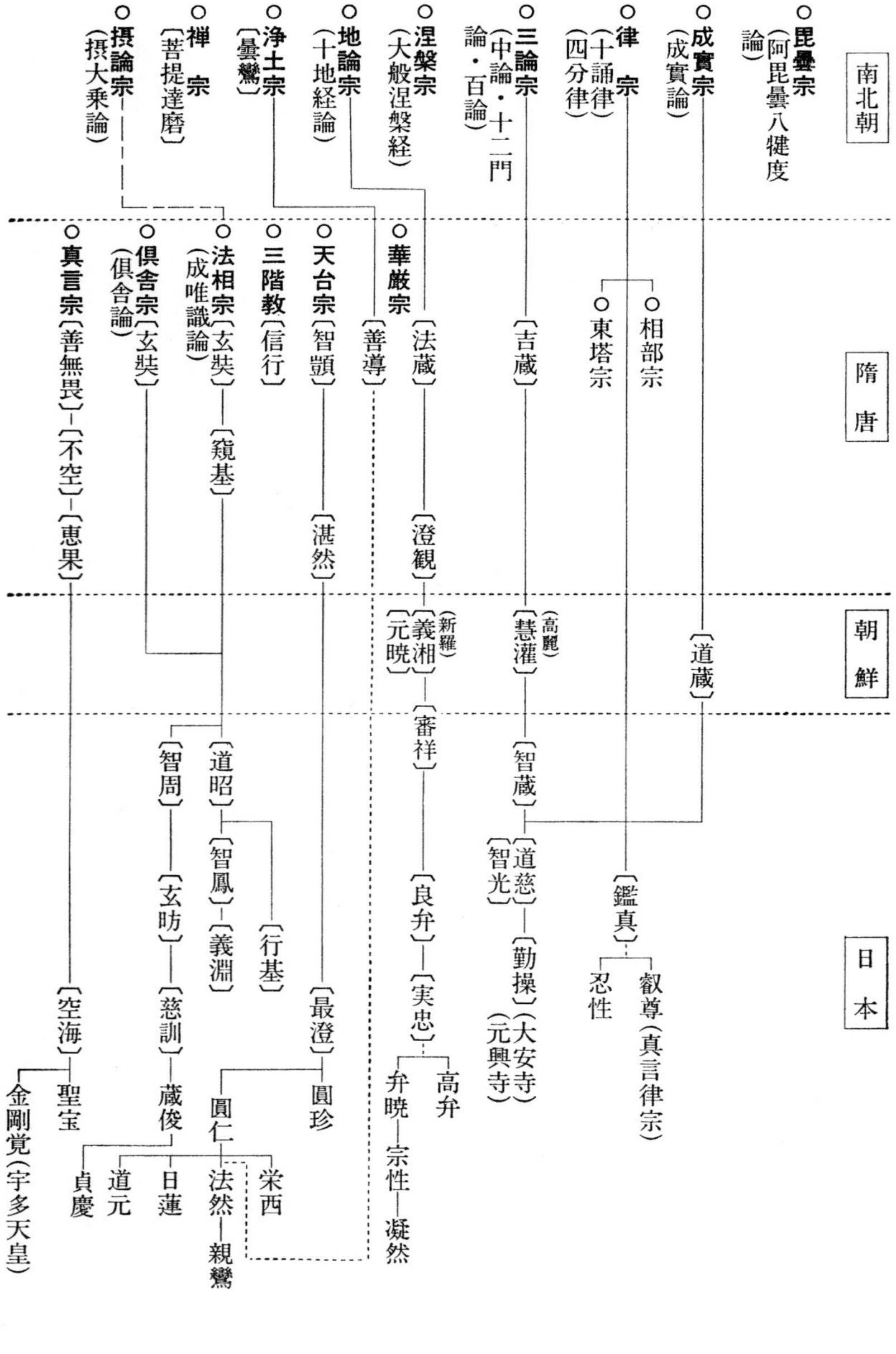
南北朝
隋唐
朝鮮
日本
○毘曇宗（阿毘曇八犍度論）
○成實宗（成實論）
○律　宗（十誦律）（四分律）
○三論宗（中論・十二門論・百論）
○涅槃宗（大般涅槃経）
○地論宗（十地経論）
○浄土宗（曇鸞）
○禅　宗（菩提達磨）
○摂論宗（摂大乗論）
○相部宗
○東塔宗
○華厳宗
○天台宗（智顗）
○三階教（信行）
○法相宗（成唯識論）（玄奘）
○倶舎宗（倶舎論）（玄奘）
○真言宗（善無畏）
（吉蔵）
（法蔵）
（善導）
（窺基）
（澄観）
（湛然）
（不空）
（恵果）
（道蔵）
（高麗）（慧灌）
（新羅）（義湘）
（元暁）
（審祥）
（智蔵）
（道昭）
（智周）
（鑑真）
（道慈）
（智光）
（良弁）
（智鳳）
（義淵）
（行基）
（玄昉）
叡尊（真言律宗）
忍性
（勤操）（大安寺）（元興寺）
（実忠）
高弁
弁暁
宗性
凝然
（最澄）
（慈訓）
（空海）
圓珍
圓仁
蔵俊
聖宝
金剛覚（宇多天皇）
栄西
法然
親鸞
日蓮
道元
貞慶

それは武士道の興隆とも共通する性格をもち、将軍をはじめとして御家人衆に広く流布することになった。ことにそれが内観・自省によって己が心性の本源を究めようとする自力行を主とする禅宗では坐禅を重視し、そして臨済宗をもたらした栄西、曹洞宗を提唱した道元は、その一人一人への佛心の導入に尽力していった。平安佛教より、より個人的救済に重点を置く鎌倉時代の寺院の様相は、寺院の構造にも変化が見られ、さきの平安時代的な豪華さは失われ、本尊よりも、それをめぐる説法を中心とする伝道道場に中心が置かれ、大衆の集まる道場を中心とする寺院と、その内部構造が変化して、七堂伽藍の存在はなくなり、本堂と講堂の合体したものと変った。

また本尊も密教的な多佛的傾向から脱却して、一佛的な傾向が強まり、浄土宗系では阿弥陀佛、あるいは、一向宗(浄土真宗)では「南無阿弥陀佛」の六字の名号の軸一を、また禅宗では釈迦牟尼佛を、日蓮宗では「南無妙法蓮華経」の七字を中心とした文字曼荼羅の一軸等、本尊そのものもしだいに簡略・集約化され、持ち運びも便利になり、どんな小さな処でも宗教活動ができるようになって宗派も民衆化していった。鎌倉佛教での祖師的性格は、平安初期の天台・真言の両宗のとき以上に高まったのである。そして入宗の集団もより多く大衆化される傾向となっていった。

また鎌倉時代の寺院の傾向として、それ以前、南都の旧宗や、天台・真言密教寺院として成立していた寺院も、源平内乱の兵火にかかって灰燼に帰したり、無住となったりしてしまったが、再び在地土豪の信仰形態にもとづいて再建され、勧請開山に迎えられて転宗していった例も少なくなかった。その場合、以前の宗派より離れて、浄土宗系や禅宗系寺院になることも多かった。

これはまた寺院の変遷史上重要な転機を意味しているともいえるのである。

このような鎌倉室町時代の新佛教の勃興にもとづく小規模の寺院・道場の発生の場合には、その設立者が即ち僧となって、その寺の開基となる場合も多く見られた。この場合に属する寺院の宗派としては禅・浄土・日蓮の諸宗にそのよい例を見出すことができるのである。

そしてそれらの寺院の寺領は在地の土豪武士層や国人層の所領を中心とするためにやはり土地に重点が置かれて、いきおい寄進田の集積という場合が多い。ことに尾張国の臨済宗寺院の妙興寺の場合その例が見られる。

そしてこのような禅宗寺院の場合はそのパトロンのための菩提寺的性格も強く見られ、このような場合の寺院では、そのパトロンとしての一族の来世の利福と菩提を祈ることを目的としている場合が多い。そして在地土豪領主と密着したのであるが、そのことはまた在地有力土豪の没落にともなって寺領を失い、檀越・土豪の政治的経済的勢力の消長と寺院の運命をともにする場合も多かった。

しかしこのような場合に際しても、寺院側は他の新興の一族との結合を新たに考えて、その寺院維持の延命策をはかった場合もあった。そして在地土豪と結びついている以上、やはり在地土豪による土地の寄進や売買という形態で結びついている場合が多く見られるのである。

これはまた禅宗寺院のなかの臨済宗系寺院も、曹洞宗系寺院もそれを擁護した階層は在地領主層が中心であって、初期の浄土宗系寺院にしても、または日蓮宗系寺院にしても、寺領所有の母体は名田の土地所有という形態を基盤として経済的発展を見た場合が多いのであった。

しかしこれに対して中世以降に盛んになってくる親鸞上人を開祖とする一向宗系寺院では、寺院の土地との結合よりも、寺檀形成による人間的関係の強い紐帯のもとに寺院の運営がなされていたのであって、笠原一男氏も述べられているように「親鸞自身弟子一人、寺一つ、寺領一ヵ所をすらも持とうとしなかった」、そして親鸞は「当時の支配者の御機嫌をとって、教団発展のために便宜と支援を与えてもらう必要もなく、祈禱料としての寺領にも野心はなかった。寺がないのであって見れば、その維持費もいらない、寺院経営、維持のための費用が不要であれば、厄介なパトロンをもつことも、またそのために祈ることもいらない」(5)と考えたのであった。

しかしこのような祖師の立場にかかわらず、有力な門弟を中心とした念佛者の寄合、結合が生まれて、面接の門弟は増加し、真佛の高田門徒、信性の横曾根門徒等の一団が生まれ、本願寺末寺坊主を中心とする講を通じての厖大な志納金が、その経済力となって勢力を伸ばして発展していったのである。

しかし江戸時代になると寺院は太閤検地以来厳重な統制下に置かれ、幕府の許しを得ないで新立の寺院を建てることは許されなかった。

そして寺社奉行の支配のもとに統制され、諸宗寺院法度を制定して規制した。この際には以前までの寺院の慣行を重視してはいるが、幕府はキリスト教団を圧迫するために佛教を利用するという原則を見出した。ことに佛教寺院を切支丹宗徒に対する防壁として幕府は寺院を利用し、庶民はこれに登録することによって切支丹宗徒でないことを保証すると同時に寺請制を実施し全国民を寺に帰属させる、いわゆる檀家制度が定着して、それが寺院の経済的基礎を高めたが、中世寺院のような特異な発展は見ることなく、圧制下に置かれた。

また地方大名では、その祈願寺と菩提寺を持って、自己の檀家寺院についてはこれを擁護した。大名の祈願寺では禅宗寺院、なかでも臨済・曹洞宗寺院が多く、菩提寺では浄土宗寺院が中心であって、一般庶民にとっては一向宗系寺院および日蓮宗系寺院が帰依の対象となっていたようである。(6)

私はこれらの寺院の変遷の動向を見つめつつ、寺院が集団社会を形成しつつ、その一員として、またそのパトロンとしての中央貴族や地域豪族武士団等の結合の様相を見つめることによって寺院成立の歴史的意義を明確にする必要から新しく寺院史という場をふまえて論考し、寺院の成立の基盤を明らかにしていきたいと考えるものである。

しかし本書では、まず古代寺院のあり方に重点をおいて述べ、中世寺院についてはさらに稿を次ぐ考えである。

（1）豊田武『日本宗教制度史の研究』

（2）平泉澄『中世における社寺と社会との関係』

（3）井上光貞『日本古代の国家と佛教』

（4）田村圓澄『飛鳥佛教史研究』

（5）笠原一男『真宗の倫理と封建社会の精神』

（6）圭室諦成監修『日本佛教史Ⅲ　近世、近代篇』

第一章　飛鳥時代における寺院の成立とその性格

第一節　飛鳥寺院の私寺的性格

古代寺院の成立を示す日本書紀の記載の典拠となっていたのは寺院の縁起流記資財帳等である。しかしこの典拠が果たして寺院成立当初の縁起を引用したものであるのか、または天武、元正帝頃までの伝承縁起をそのまま採録しているのか、正確に把握できないきらいがある。

たとえば比蘇寺の成立を伝える書紀の欽明天皇十四年（五五三）五月一日の条でも、比蘇寺の成立の事情を述べたなかで、溝辺直が樟木の海に浮んで輝くのを見て、樟の木で佛二軀を造ることを発願し、これが「今吉野寺放レ光樟像也」(1)と「今何何」という記載方式をとっている。

このことから考えても、日本書紀はおそらく六世紀前後の寺院縁起により追録して、その寺院の成立の事情を述べている場合が多いと考えられる。それは書紀の中に記載されている坂田寺や、四天王寺の場合も、同様に、坂田寺縁起・法興寺縁起・四天王寺縁起を分解して編年体に分けて記載していると考えられるのである。

もちろんこの場合、原初の縁起の形態は知るべくもないが、その成立が伝説や説話的条項が多いし、また特に「今」

とか「今月」また「是歳」の文字にはじまる記事はかかる寺院縁起より転載したものと見られるのである。しかし縁起の成立の不確定性のみにより縁起の成立期を否定しても、その寺院の成立そのものを否定することはできない場合もある。

いま飛鳥時代寺院のなかで比較的理解できるものを見ることとする。まず、飛鳥時代の寺院の成立を示した初見の史料としては、佛教公伝の記事につづく欽明天皇十三年（五五二）冬十月の条に、蘇我氏が私宅を捨て寺としたことが記載されている。そこでの寺の成立について、

情願人、稲目宿禰、試令㆓礼拝㆒、大臣跪受而忻悦、安㆓置小墾田家㆒、懃修㆓出世業㆒、為㆑因、浄㆓捨向原家㆒為㆑寺(2)

と、述べて蘇我氏が自分の私宅をもって寺となしたと記している。

このような捨宅寺院については、中国の北魏の洛陽にも多く見られるところで、洛陽伽藍記の城東の平等寺が「廣平武穆王懐捨宅所立也」とて亡父廣平王元懐の追福供養のため捨宅して寺となしている。(3)また景寧寺についても、

太保司徒公楊椿所立也（中略）所謂景寧里也、高祖遷都洛邑、椿創居此里、遂分㆑宅為㆑寺、因以名㆑之(4)

と高級官僚が、自分の居宅を分けて捨宅寺院となしている。そのほか洛陽では四二年間（四九三―五三五）の北魏の時代に捨宅寺院一四ヵ寺をかぞえ、自己の邸宅を捨宅寺院としている例が多く見られる。(5)

その例によると、これらの捨宅寺院は国守より貴族や庶民に到るまで建てられているのである。

このような中国佛教寺院のあり方が、当然わが国にも隋との交流を通じて影響を帰化人等から受けて、聖徳太子の法隆寺や、蘇我氏の法興寺、山田寺等もそれぞれ日本における捨宅寺院の例と考えることができるのである。

そしてこれらの捨宅寺院はたとえそれが王族や貴族であっても、設立の目的が個人の追修作善的なもの、あるいは

自己の権威を象徴するものであれば、それは私寺的な条件で成立する可能性をもっている。

このような古代寺院の性格について見られるのは次の推古天皇二年（五九四）春二月の詔である。ここでは、

二年春二月丙寅朔、詔二皇太子及大臣一、令レ興二隆三宝一、是時諸臣連等、各為二君親之恩一、競造二佛舎一、即是謂レ寺(6)

と皇太子や大臣が君親の恩にむくいるために佛舎を造り、これを寺と称したと規定している。これらの寺院はもちろん私宅を改めた寺院を意味し、さきの洛陽の捨宅寺院の成立条件と共通していると考えてもいい。そしてその設立者および檀越は大臣や天皇家（大王家）の人々であった。

この場合、これらの寺院はもちろん私的性格の寺院であったことはいうまでもない。

皇太子や皇子等が檀越となった寺院の代表としては大別王寺や、四天王寺や法隆寺等、聖徳太子が中心となって成立した寺院が多い。

まず大別王寺については、敏達天皇六年（五七七）十一月一日の条に、

百済国王、付二還使大別王等一、献二経論若干巻、幷律師、禅師、比丘尼、咒禁師、造佛工、造寺工六人一、遂安二置難波大別王寺一(7)

と、大別王が遣百済使となって百済へ行ったのち帰って難波に自分の寺として大別王寺を建立した私的寺院であった。この場合、造寺工・造佛工は自分が帰るときに引き連れて、造寺を遂げているが、ここでも造寺に対する百済よりの渡来人の協力を求めている。

この大別王の出自については明らかでないが、やはり大王家の一族の造寺の例として見ることができるのである。

次に聖徳太子の関係によって成立した法隆寺や、蘇我氏の法興寺、秦河勝の廣隆寺等の例を考えながら飛鳥寺院の

性格を見てみると、まず法隆寺については皇極天皇二年（六四三）十一月蘇我入鹿が聖徳太子の子の山背大兄王を斑鳩に襲った記事に、山背大兄王が斑鳩宮に居て、三成は数十人の舎人と蘇我入鹿の軍と戦い、妃と弟子と共にひとたび生駒山に逃れた。そのとき巨勢臣徳太は斑鳩宮を焼き払った。そののち支援の豪族もなかった山背大兄王はついに「還入二斑鳩寺一」そこで自害して果ててしまったのであるが、このことからしても、斑鳩寺が大王家の中心となる宮居にある上宮王家の中心となった寺院であったことがわかるのである。

いまさきに焼かれた斑鳩宮の推移を見てみると、この宮は推古九年（六〇一）二月に聖徳太子の宮として、皇太子にふさわしいものとして建立され、推古十三年（六〇五）十月までの四年間で完成し、聖徳太子はここに居を移して、太子が推古三十年（六二二）に薨ずるまでの一八年間この宮に居住し、太子の死後、その子山背大兄王が住居として使用し、皇極天皇二年（六四三）の焼亡まで二一年間この宮が存していたのである。

おそらく斑鳩寺の創建は斑鳩宮の建立に合せて行われ、推古十四年（六〇六）の岡本宮での太子の三経講讃に対する播磨国水田百町の施入は、単に講讃のためよりもこれを斑鳩寺に施入したことによって斑鳩寺の創建の基礎を固めるものであったとも解されるのである。

法隆寺と太子宮が一体であったことについては、法隆寺の釈迦三尊が聖徳太子の母、穴穂部間人太后・太子の妃の膳大郎女および太子自身の薨去という一族の悪病の難や死後の菩提をとむらうために造られたことでもわかる。そのことはこの像が「像尺寸王身、蒙此願力、転病延寿、安住世間、若是定業、以背世者、往登浄土、早昇妙果」を求めるため法隆寺の本尊とする目的のために造られ、あわせて、この造像中に薨じた太子の菩提をとむらうためのものであったことが明らかである。この同銘文によると、

翌日（推古三十年二月二十二日）法皇登遐、癸未年三月中、如願敬造釈迦尊像幷侠侍、及荘厳具竟、乗斯微福、信道知識、現在安穏、出生入死、随奉三主、紹隆三宝、遂共彼岸、普遍六道、法界含識、得脱苦縁、同趣菩提(8)

と、その目的は、太子が死後も苦縁より得脱することを期待したものであった。そのことは太子の創建した斑鳩寺に、太子と等身の釈迦像をまつって大王家の人々がこの寺を中心として団結し、あわせてこの寺の本尊に一族の来世安住と現世の転病延寿を祈願するという私寺本来の目的のもとに建てられたものであったことは明確である。

そして寺地もまた上宮王家の斑鳩宮内に定められ、聖徳太子の生涯の目的であった「佛法興隆」の意図に完全にそうものであった。

故にこの斑鳩寺こそ太子関係寺院の中心的存在であったことはいうまでもない。

ただこの寺の寺名については日本書紀では一言も「法隆寺」と称していないのは、斑鳩宮の斑鳩寺が最も正しい呼称であったと理解され、佛法興隆の四字より採った法隆寺は、太子の薨去後に太子の佛法興隆にささげられた生涯をたたえて斑鳩寺を法隆寺と称するに到ったと見るべきであろう。

もちろん蘇我氏が推古四年（五九六）に斑鳩寺よりさきに法興寺と称していたのに影響されて人々が法隆寺と称したのであろうが、書紀では天智八年（六六九）十二月に「災二斑鳩寺一」(9)と同九年（六七〇）「四月壬申（三十）、夜半之後災二法隆寺一屋無レ余」(10)と、天智年間に二つの呼称があることからも、斑鳩寺が正しい寺名で、法隆寺は通称であったと理解できるのである。または天智より天武期にかけて法隆寺と称されたのかも知れない。

ともかく私はこのような状況から、太子の創建による斑鳩寺こそ聖徳太子の私宅（斑鳩宮）を改めて寺院とした飛鳥時代の寺院の私寺的性格を最もよく示していると考えるものである。

次に法興寺の性格については、書紀の記述によると、法興寺の造営は崇峻元年（五八八）に飛鳥衣縫造祖樹葉之家を壊してはじめて法興寺を造ることになった。(11) そして同三年（五九〇）十月より用材の調達をはじめ、同五年（五九二）には佛堂と歩廊が完成し、推古元年（五九三）に佛舎利を法興寺の刹柱の礎の中に安置して造塔がなされたのである。そして伽藍の落成は推古四年（五九六）で九年間を要している。

この法興寺もその成立の事情は推古二年（五九四）春二月の興隆三宝の詔にそう主旨をもって、蘇我氏も君親之恩のために佛舎を造ったそのあらわれの一つであったのである。(12)

この法興寺も寺名が示すように、蘇我氏の佛法興隆の主旨にそって建てられたものであるが、この造営にたずさわった蘇我馬子の子の善徳が、造法興寺司となっていることは、やはり法興寺の建立の目的が蘇我氏による佛法興隆を目ざしていたからであった。

この点について田村圓澄氏は「法興寺司は蘇我氏の私的な役職であった」と述べられている。(13) この法興寺を私寺と見ることについては、さきの斑鳩寺が聖徳太子の私寺であったことから考えて、推古二年二月の詔はかなり強力に造寺造佛が進められていることを如実に示すものであった。

もちろん造寺造佛についてはさきの大別王寺等の場合と同じく多くの造寺工、造佛工等が必要であって、佛法興隆という大義名分をかかげ、聖徳太子に接近することによって朝廷の勢力を掌握しようとする立場にあった蘇我馬子は、早くから東漢氏等の百済の技術者を率いて法興寺の造立につとめたと考えられる。またそのことができる立場にあった蘇我氏は他氏に先だって規模の大きな寺院を建立しようと考えたのである。

そのうえ蘇我氏と推古天皇が同族的な関係にあったことが、より以上強力に法興寺の造立を押しすすめる結果ともなったのである。

いま法興寺の成立を示すものとしては元興寺縁起の中に示されている法興寺露盤銘がある。その全文は次の通りである。

(A) 大和国天皇斯帰斯麻《シキシマ》宮治天下名阿末久爾意斯波羅岐比里爾波《ニハ》弥己等之世、奉仕巷宜名伊那米《イナメノ》大臣時、百済国正明王上啓云、万法之中佛法最上也、是以天皇幷大臣聞食之宣、善哉、則受佛法、造立倭国、然天皇大臣等受報之業尽故、天皇之女佐久羅韋等由《サクラキトヨラノ》食宮治天下名等己弥居加斯夜比弥乃弥己等世、及甥名有麻移刀等刀弥々乃弥己等時、奉仕巷宜名有明了大臣為領、及諸臣等讃云、魏々乎、善哉々々、造立佛法父天皇父大臣也、即発菩提心、誓願十方諸佛、化度衆生、国家大平、敬造立塔廟、縁此福力、天皇大臣及諸臣等過去七世父母、廣及六道四生、々々処々、十方浄土、普因此願、皆成佛果、以為子孫、世々不忘、莫絶綱紀、名建通寺。

(B) 戊申、始請百済寺名昌王法師及諸佛等、改遣上釈令照律師、恵聡法師、鏤盤師将徳自味淳、寺師丈羅未大、文賈古子、瓦師麻那文奴、陽貴文、布陵貴、昔麻帝弥、令作奉者、山東漢大費直名麻高垢鬼、名意等加斯費直也、書人百加博士、陽古博士、丙辰年十一月既、爾時使作金人等意奴弥首名辰星也、阿沙都麻首名未沙乃也、鞍部首名加羅爾也、山西首名都鬼也、以四部首為将、諸手使作奉也。[14]

この内容の検討については、福山敏男氏の「飛鳥寺の創立」に関する論説がある。この論説では、この露盤銘の前半と後半の相違は「後半だけは極めて蒼古な文体」として重視し、前半は「その用語から見ても推古朝より遙かに後世のものである」と述べ、用法論にもとづいて前半の年代を下げていられる。[15]

しかしこの説に対し、私は、この銘文の前半も飛鳥時代の佛教受容と寺院の成立の問題を多く含んでいるのではないかと考える。ことに福山説で、前半を潤色ときめつけて、この前半の「作者が『造二立佛法一、父天皇父大臣也』や『天皇大臣及諸臣等過去七世父母』の句で推古天皇もこの寺の発願造立に関与されたようにいっているが、それは明らかに潤色である。未だこの時代に勅願寺があるはずがない」と述べられているが、このことについては、法興寺を蘇我氏の私寺と見ると同時に、推古天皇も同族の縁者として、蘇我氏の私寺造立に協力したと見ることにより解決するのではないだろうか。

私は推古二年（五九四）二月の詔はやはり当時として重視すべき思想であると考える。この「諸臣連等、各為二君親《オヤノメ》之恩《グミノ》一、競造《テ》二佛舎《ホトケノオホトノヲ》一、即《チ》是《ヲ》謂《フ》レ寺《ト》」ということは、露盤銘の「造立佛法父天皇父大臣也、即発菩提心、誓願十方諸佛、化度衆生、国家大平、敬造立塔廟、縁此福力、天皇大臣及諸臣等過去七世父母、廣及六道四生[16]」とあることと合一する思想である。

また、法隆寺金銅釈迦三尊造像記にも、

戊子年（推古三十六年）十二月十五日朝風文、将其叟済師慧燈、為嗽加大臣、誓願敬造釈迦佛像、以此願力、七世四恩六道四生、倶成正覚[17]

と見えていることは、やはり当時父母のため造寺造佛をしたことを示すもので、福山説の前半については、法興寺成立当初に盛んであった造寺の様相をよく示しているものとして、後半よりへだたりのない時に作成されたものとして重視すべきであると考える。

七世父母のための造立ということは、単にわが国の例だけではなく中国でも早くより存在する造佛の思想である。ことに北魏の孝文帝太和元年（四七七）より太和二十二年（四九八）に到る二二年間にわたって造られた竜門の石窟の銘文の中にも宣武帝景明三年(五〇二)、七世父母のために尹愛姜等二一人が弥勒像を造った銘がある。

尹愛姜等廿一人造弥勒像記

景明三年六月廿三日、比丘尼蘇□子。唯那尹愛姜唯張雙……尹陵姜等廿一人、各為七世父母。所生眷属。亡者生天。生者福徳。敬造石弥勒一区。普為終生。咸同此願。

そのほか、

北魏比丘尼法慶造弥勒像記

永平三年九月四日、比丘尼法慶、為七世父母所生因縁、敬造弥勒像一軀、願使来世、託生西方妙楽国土、下生人間、公王長者、遠離煩悩、又願己身、与弥勒倶生、蓮華樹下、三会説法、一切衆生、永離三途、

(古陽洞・五八七号)

北魏比丘僧法興造弥勒像記

永平四年歳次辛卯九月一日甲午朔、比丘僧、法興敬造弥勒像一軀、上為皇家師僧父母、有識含生乗微善、龍華三会、但得斉上、又願皇祚永隆、三宝暈(カ)、延法輪長唱、所生父母、託生紫神、蓮昇兜率、面奉慈氏、足歩虚空、悟発大解、我願如是、

沙弥法□(興)

(古陽洞・六一四号)

北魏比丘道仙造弥勒像記

比丘道仙供養弥勒像一勘(軀カ)、比丘道仙敬造、仰為師僧父母兄弟姉妹眷族及法界含生、同生兜率、面奉弥勒宝方

永熙三年歳在甲寅四月十三日造　（蓮華洞・三六三号）

と見えているが、(18)このような中国佛教の造像の動機を受けて、早くよりわが国に帰化していた百済人や新羅・高麗人たちからしだいに中国の孝の思想に裏づけされた造佛の動機が伝えられ、これがまた日本人に模倣されて、わが国でも父母のために造寺造佛するということが行われ出したのである。

このことはまた日本文化古来の祖先崇拝の傾向とも関連して佛教が受容されるに到ったと見るべきであろう。

また私は法興寺成立の思想のなかにも、このような中国の考え方が導入されて蘇我氏は、私宅寺院として、また祖先の寺として法興寺を建立するに到ったと考えるものである。

故に、さきの法興寺露盤銘の前半や、推古二年の詔は、かかる中国佛教の受容の過程から考えても当然認められるべき造寺造佛の動機であると考え、信頼すべき私寺造立の中心思想と見ることができるであろう。

また、法興寺のみならず、廣隆寺等もその建立の主旨においては秦河勝の私寺として発足している。

ことに彼が中国よりの帰化人であったことから考えても、飛鳥の佛教寺院の建立の思想に中国の思想と技術が導入されたことはいうまでもない。

そして廣隆寺の創建の施主であった秦河勝は、その特技とする養蚕機織の業を通じて大陸文化をわが国にもたらした帰化族であるが、そのほか農耕、醸酒等、当時の地方産業発達に貢献していた。ことに雄略天皇十四年（四七〇）にはその氏上の秦酒公は秦氏九十二部を集めて、その伴造となり葛野川（桂川）の流域に定住して、自らの技術を生かして、開拓と殖産に力を入れ、その勢力は葛野地方のみならず巨椋池以北の山城北部一帯の地に繁栄して、代々海外文化の扶植にあたっていた。

また秦酒公の子孫と思われる秦大津父は欽明天皇の時代に山城国の深草に居住し、その一族の戸数は七五〇三戸であるといわれていた。またこの大津父は伊勢にも行って商業に従事していたということからも秦氏が巨額の財産をもっていたことがうかがえる。

また秦氏の勢力を示す本系帳にも、

造二葛野大堰一、於二天下一誰有二此撿一、是秦氏、率二催種類一所レ造二構之一、昔秦昭王、塞二堰洪河一、通二溝澮一、開レ田万頃、秦富数倍、所レ謂鄭伯之沃二衣食一之源者也、今大井堰様則習レ彼所造(19)

として秦氏の勢力の大きかったことを示している。それはまた書紀の推古十一年（六〇三）に見えるように、

十一年十一月己亥朔、皇太子謂二諸大夫一曰、我有二尊佛像一、誰得二是像一、以恭拝、時秦造河勝進曰、臣拝之、便受二佛像一因以造二蜂岡寺一(20)

この蜂岡寺の成立に関する事情は、秦氏一族と聖徳太子が秦河勝の私寺造立を援助したと見るべきであって、それは在地土豪と聖徳太子との関係をあらわし「葛野秦寺」と称していることからしても秦氏の私寺であることがうかがえるのである。

そして河内国の大和川流域、大和国の飛鳥川流域、山城国の葛野川流域、木津川流域、近江国の愛智川流域等、近畿の帰化人の居住地域は、その渡来文化の先進地域として栄え、そこに佛教文化の芽生えがあったのである。もちろん法王帝説に説く太子建立の寺院について辻善之助氏が「太子建立の寺は四天王寺・法隆寺は確実であるが、他は太子建立の寺とは認め難い」といわれている。(21) しかし中宮寺、池後寺（法起寺）、橘寺、廣隆寺（蜂丘寺）、葛木寺については太子に関連する寺院として考えるべきだと述べられているが、これは太子と帰化豪族との社会的経済的条件により、

在地帰化人系土豪等が施主として創建された私寺を太子が協力して、太子建立の私寺のごとくよそおったのにすぎないのではないだろうか。

以上述べたごとく、古代寺院の成立について考えて見るとき、それらはいずれも、蘇我一族、秦氏一族、あるいは大王家の私寺として創建されたものと考えるべきであって、それ以後の寺院の官大寺的性格寺院とはその成立を異にするものであると見るべきであろう。

そしてそれぞれ共通して考えられることは、それらの私寺はやはり私宅を改めて寺とするという原則のもとに建立されているのであり、金堂が持佛堂的役目をも果たしていたのではないだろうか。そしてこれらのことから考えて飛鳥時代に建立された四八ヵ寺等も、このような私寺的性格のもとに造られ、そこでは豪族の七世父母の転病延寿・転過為福、さらには往生昇天等を祈願することを目的とし建立されたと考えられ、この時代の寺院の特色がうかがえるのである。

（1）日本書紀、第十九、欽明天皇十四年五月是月条
（2）同右、欽明天皇十三年十月条
（3）洛陽伽藍記、第二（大正蔵五一、史伝部三、一〇〇七頁b）
（4）同右、一〇九頁b
（5）服部克彦「捨宅寺院の成立過程」（『北魏洛陽の社会と文化』）二一六頁
（6）日本書紀、第二十二、推古天皇二年二月一日条
（7）同右、第二十、敏達天皇六年十一月一日条
（8）金銅釈迦三尊造像記（法隆寺蔵）（寧楽遺文、下、九六二頁）

(9) 日本書紀、第二十七、天智天皇八年十二月条
(10) 同右、天智天皇九年四月三十日条
(11) 同右、第二十一、崇峻天皇元年是歳条
(12) 同右、第二十二、推古天皇二年二月一日条
(13) 田村圓澄『飛鳥佛教史研究』「検校僧尼と法興寺」二〇頁
(14) 元興寺伽藍縁起流記資材帳（寧楽遺文、上、三八八頁下）
(15) 福山敏男「飛鳥寺の創立」（『日本建築史研究』一七一頁―一七三頁）
(16) 註(14)に同じ
(17) 法隆寺金銅釈迦三尊造像銘（寧楽遺文、下、九六二頁）
(18) 拙著『日本弥勒浄土思想展開史の研究』三六頁・東方文化研究所『龍門石窟の研究』龍門石刻録文（二七七頁・三〇〇頁・三〇三頁）
(19) 政事要略、五十四、交替雑事（溝池堰堤）、秦氏本系帳（国史大系）三五五頁
(20) 日本書紀、第二十二、推古天皇十一年十一月一日条
(21) 辻善之助『日本佛教史の研究』上世編、七六頁

第二節　四天王寺の成立と四天王信仰の受容

一　四天王信仰の受容と四天王寺の成立

四天王寺の成立を理解するまえに四天王信仰についてまず考える必要がある。それは金光明経流伝の問題とも関係

している。この金光明経四天王品ほど「護世四王」の思想を説くものは見当らない。

もともと金光明経は曇無讖によって中国西北の北涼で四〇一―四一八年にかけて釈された。この訳者はインドでこの経の梵本を携えて来たのであって、その時はちょうど、版図を広めようとしていた沮渠蒙遜（四〇一―四三三）が建国意識を向上していたときで、喜ばれてもちいられた。ことにこの訳者は大般涅槃経をも北涼で釈していて、このことは、その当時、釈迦信仰と荘厳国土思想が沮渠氏によって受容された結果である。ことに密咒をよくする訳者はこの国で重くもちいられ、国土のため種々の祈願をすることにつとめ、もともとの沮渠氏の大陸的な奔放さと、中国的な王者意識はついに合してこの経典への帰依となってあらわれた。その上、この経典の王者思想は釈迦信仰を裏づけとして中国に受容されるにいたった。(1)

またついで、この訳者の曇無讖は海竜王経（四一八）、優婆塞戒経（四二六）を訳したが、その後、沮渠氏より誤解されて刺客のために倒れた。このこととは別に、この当時後秦にいた鳩摩羅什も仁王般若経二巻を同じ四〇一年に訳していることは、二つの護国経典が相前後して中国にもたらされた結果となった。

いま金光明経巻第三の正論品を見てみると、

大師梵尊、天中自在、能除二疑惑一、当二為レ我断一、云何是人、得二名為一レ天、云何人王、復名二天子一、生在二人中一、處二王宮殿一、正法治レ世、而名為レ天(2)

とある。さらにこの正法、即ち「人中に生じ、王として国土を領す」るものは、胎中にあるときより護世四王の擁護を受け、生まれて人王となり、「以二天護一故、復称二天子一」、また天子と称するが故に自在の神力を得て悪法を遠離せしめることができると説いて、天子を説いていることは、書経に「天子作二民父母一以為二天下王一」、さらに礼記に

「君二天下一曰二天子一」さらに白虎通にも「天子者爵称也、王者父レ天母レ地、為二天之子一也、聖人受レ命、皆天所レ生、故謂二之天子一」と、儒教的な天子思想の上において、天道と正法は置きかえられて中国人に受容され得る可能性が生じたのであるから、この経典の思想は中国の天子にも何らの矛盾なく受容されたのである。北涼が魏に四三九年に滅ぼされてしまったのち、金光明経典は北魏の太子拓抜晃が譏されたことを苦しんで、玄高に「金光明斎」を行い七日間の懺悔を誓っている。(3) 北魏の金光明経による国土荘厳思想の受容よりも、さらに佛教による護国思想を強く受けたのは五〇二年に建国した梁の場合である。梁武帝は蕭衍と称し、もともと斉の雍州の刺吏として襄陽にいて北魏と境界を接していたが、ここで革命を起こし梁を建てたが、敗者の斉の和帝を殺すことはしないほど国治について和気を重んじ国の運命の長からんことを誓った。そして立国に対し、梁武は佛教をもって治国の要道とした。またすすんで光宅寺を建立し、天監六年（五〇七）には光宅寺法雲に師事し、法雲をして大般若経・勝鬘経・法華経を講ぜしめた。また梁武帝は、

自二佛法東漸一、勧修二斉戒一、天帝尚知レ事レ佛、豈人事レ天、而不レ知レ事レ佛乎、知レ所コ以事レ佛、則不レ当下以二牲牢一濟上天レ為可レ信矣(4)

と、佛教による王者の思想として受容している。そして普通二年（五二一）には法雲を大僧正とし、佛教的理解のもとに改められた大通の年号とともに同泰寺が建立され、銭一億万を投じて捨身が行われることになった。ここにおいて武帝は自ら「称レ帝為二国主救世菩薩一詔報曰。大士為レ度二衆生一欲レ来随レ意」と無遮大会を盛んに行うほど、佛教に興味を示している。(5)

また一方、これに先だって金光明経は斉の道営も「誦二法華金光明一」、同じく法慧も「誦二法華維摩金光明一常二日

一遍、如レ此六十余年」(6)と読誦礼讃している故、すでに早くから斉にてもこの経典を一般に知られていたのであるから当然武帝も金光明経を知っていたと考えられる。しかし武帝はこれにあきたらず、さらに新訳の金光明経を求めたのであった。このために大同元年（五三五）八月には梁武帝の招請を受けて真諦三蔵が梵本の金光明経（七巻本）をもたらし、大清元年（五四七）に建業に入って武帝に謁し、宝雲殿にこの経を講じた。(7)ついで簡文帝の　のち元帝承聖元年（五五二、欽明十三年）揚州正観寺にあって、慧宝と金光明経七巻を釈し、承聖三年（五五四）に警韶等にこの経典が講じられた。この経典はいままでの金光明経の十八品の外に、三身分別品、陀羅尼最浄地品、依空満願品の四品を加えて金光明帝王経また合部金光明経といわれている。そして梁にはこれを契機として金光明経を中心とする護国思想が以前に増して高まっていったのである。

ところがこのような梁の状況について注目すべき記事が佛祖統紀に見えている。

（大同六年）扶南国王遣レ使朝貢、請二釈迦像及経論一。勅賜。制止二涅槃般若金光明講疏一百三巻一

（大同）七年、百済国遣レ使朝貢請二経論一、勅賜二涅槃疏一(8)

また梁書にも、

大同七年三月、高麗・百済・滑国、各遣方物(9)

中大通六年・大同七年累遣使献方物、幷請涅槃等経蔵・毛詩博士、幷工匠異師等、勅竝給之(10)

十九年王（聖王）遣使入梁朝貢、兼表請毛詩博士、涅槃等経義幷工匠異師等従之(11)

とあって、梁に百済から使者をつかわし涅槃経を請うている史実である。この三国史記と梁書の一致は、三国史記が梁書を参照したことによって同時期に記されているが、恐らくこの使者は百済の聖明王が都を十六年春に泗沘に遷す

目的のために十二年の入梁朝貢となったことが明らかである。

ことに梁武帝は同泰寺に涅槃経を講じ、中大通元年には親しく法座にのぼり、涅槃経題を開き無遮大会を催し、捨身するほどであるから、百済よりの懇請を喜んで受け入れたであろう。また大同六年には涅槃、般若、金光明経疏が扶南国（安南国）よりもたらされ、真諦への招請がその前に出されるほどであるから、これと関連して考えるならば、この百済の使者の入梁によって金光明経が、同じく曇無讖の訳の大般涅槃経とともに百済にもたらされたと考えることができるのである。

この梁と百済の関係は、また関野貞氏も「塼より見たる百済と支那南朝特に梁との関係」に公州（百済能津）から発見された塼が南京出土のものと全く同形式であるのは百済が南梁より塼工を聘して焼かしめたためで、南梁末期のもので「要するに南京より発見された塼により公州出土の塼は余の最初の想像に反して楽浪とも北魏とも全く関係なく、其製法並びに形式は梁より直ちに伝来したものであることが明白となり、随って百済の文化は中国の南北朝鮮時代の北鮮とは直接関係なく、主として南朝特に梁に負う所が多かったという明確な一證拠を提出するものである(12)」と結び、私の考えもまた全く軌を一にするものである。ことに百済と梁との関係についてつぎに表をかかげて、その通交の事実をのべられている。

この関野氏の年表にもあるごとく、百済と北魏・南斉・梁とは朝貢外交を通じてかなりの接触がうかがえる。その上、百済の聖明王の時においては、その国土の保全と、目前の敵である隣国新羅の法興王の興起に危機を感じ、また高句麗よりの侵入を防がんがためにも、聖王は質人に王子までも遣わして日梁両国に朝貢を一層はげしくする必要があった。それはまた日本にとっても任那回復の好機であり、欽明朝よりの宿願でもあったから、日本も百済に好意的

第1表　南中国百済通交一覧

王代		国名	年号	西暦	事項
文周王	元	北魏	延興 五	四七五	北魏使を遣わし百済王に爾書を賜う。達せずして還る(魏書・三国史記)
同	二	宋	元徽 四	四七六	三月百済宋に朝貢す、高句麗路を塞ぐ、達せずして還る(三国史記)
東城王	六	南斉	永明 二	四八四	二月百済使を南斉に遣わし、内属を請う、秋七月又使を南斉に遣わす(三国史記)
	八	〃	〃 四	四八六	三月百済南斉に朝貢する(三国史記)
	十二	〃	〃 八	四九〇	南斉百済王を鎮東大将軍百済王となす(南斉書)
	十七	〃	建武 二	四九五	百済使を斉に使し上表す(南斉書)
武寧王	二	梁	天監 元	五〇二	四月梁百済王を征東大将軍に進む(梁書)
	十二	〃	〃 十一	五一二	四月百済梁に朝貢す(梁書・三国史記)
	二十一	〃	普通 二	五二一	十一月百済梁に朝貢す(梁書) 梁百済王に持節都督百済諸軍事寧東大将軍百済王を授く(梁書・三国史記)
聖王	二	〃	〃 五	五二四	梁百済王を以て持節督百済諸軍事綏東将軍百済王となす(梁書・三国史記)
	十二	〃	中大通 六	五三四	三月百済梁に朝貢す(梁書・三国史記)
	十六	梁	大同 四	五三八	都を泗沘に遷す(三国史記)
	十九	〃	同 七	五四一	百済使を梁に遣わし、涅槃等経義、毛詩博士、並工匠画師等を請う、勅して並びに之を給す(梁書・三国史記)

(関野貞氏論文所引)(13)

にならざるを得なかった。この百済との外交・軍事を通じて日本も任那の保全を百済にゆだねるなど、日済両国の関係は新羅ほど対立的なものではなかった。ことに百済の聖王の時の日本への入貢は多く、それは五二三年より五五三年の三十年間に数十回に及びその間、聖明王の高句麗攻撃のために日本に援兵を求めることもしきりにあって、欽明天皇七年(五四六)よりは毎年使者がやって来ないときはなかったほどであった。このような関係にあったとき、次の日本書紀の記事は注目すべきであろう。

秋九月（欽明天皇四年）、百済聖明王、遣三前部奈率真牟貴文、護徳己州己婁与二物部施徳麻哿牟等一来献三扶南財物与二奴二口一(14)

この記事で百済聖王が扶南国の珍物を日本へもたらしたことが判明するが、これは梁を経由して扶南国のものが渡来したと見るべきで、さきの大同六年（五四〇）の扶南国の梁への朝貢品の中から次の七年にやって来たものを百済に分け与えたと見るならば、そのものがいま日本へもたらされたのであると解せられるのである。そしてこの経路を通じて金光明経がこの時に日本に伝わったとも考えることができる。

いまこの時に伝来したこの金光明経が四巻本か七巻本かについては、まず真諦三蔵が梁武帝に招請されたのが大同元年（五三五）で、ちょうど武帝が同泰寺で無遮大会を行っている時期に相当する。その他梁武帝はしばしば雲宝を扶南国につかわして佛髪を迎える等の釈尊への追慕の気持もあり、そのうえ真諦三蔵が西インドより来朝したことを心から喜んで迎えた。ここで真諦が入国し武帝に謁したのは大清二年（五四八）閏八月で、百済への涅槃経等の伝来後六年に相当する。また真諦が金光明経を訳したのは梁元帝承聖元年（五五二）で、日本の佛伝年次に相当する故に、いまここの百済に伝わった金光明経は明らかに四巻本であるべきである。

梁武帝の金光明経の信仰については、

天監末、始興王冥感、於二梁泰寺一造二四天王一毎二六斎辰一常設二浄供一仙後赴レ会、四天頂上放二五色光一、仙所レ執炉自然煙発(15)

とあって、同泰寺の四天王を始興王澹に造らせていることも合せて考えられる。このように見てくると、梁済交易を通じて金光明経の伝来が考えられると同時に日済通交によって、この経典の伝来を考えることができるのである。

ことに金光明経（四巻本をいう）はインド→北涼→南梁→百済→日本と伝来され、その間、この信仰に帰依した国王としては沮渠蒙遜→梁武帝→聖明王と、それぞれ自国の拡大を背景として荘厳国土の経典であるこの経の必要性を高めていったことが考えられるのである。これらの経緯を通じて聖徳太子も南梁武帝の菩薩天子・皇帝菩薩の佛教信仰の様相を受容されていたことが三国交通の状況からも推測できるのである。その結果、梁武帯、聖明王の佛教受容の形態が聖徳太子の佛教に大きな反応をもたらしただろうと考えることができる。ことに法隆寺の玉虫厨子をめぐる問題も、むしろ、これらの社会状況から判じて金光明経の捨身・讃歎品等の表現として理解するのが至当であろう。

つぎに聖徳太子を中心とする日済関係を軸に外交面から見てみると、太子の外交は基本的には親済抗羅の方針をとり、欽明天皇の任那復興の悲願を達することであった。また百済の聖明王においても「百済国者、高麗、新羅之所ニ争欲レ滅、自ニ始開レ国、迄ニ于是歳一、今此国宗将レ授ニ何国一」と百済は絶えず動揺がはげしく、ことに百済としては高句麗と新羅との同盟には滅亡を予期しなければならなかった事情が存した。この時、聖明王等は大陸の南梁と日本を結び、またある時は陳と日本、隋と日本の朝貢外交をもって独立を保全しなければならなかったと同時に、日本も任那日本府を守る必要から欽明朝でも百済王子余昌（威徳王）、同じく王子恵等を保護するなど日本と百済との通交に意を用いている。このことは聖徳太子の佛教に百済の影響が強く、ことに聖徳太子が、高麗僧恵慈、百済僧恵聡を師としていることによってもわかる。また南梁で盛んに用いられた勝鬘経、法華経、維摩経が再び太子によって研究され、そのうえ法華経疏が光宅寺法雲の教学の影響を受けていると考えられるほか、聖徳太子と百済を結びつける忠実な芸術的遺物が非常に多い。そして太子は百済を通して中国佛教を受容していたようであるから、それは南梁系の佛教の影響が大きかったと考えざるを得ない。

しかし聖徳太子の佛教受容にはもう一つの柱がある。それは太子と共に崇佛的傾向をもった蘇我氏である。蘇我氏は敏達十三年（五八四）には百済の鹿深臣より弥勒の石佛を受け、馬子は「経ニ営佛殿於宅東方一、安ニ置弥勒石像一、屈ニ請三尼一大会設斉」するほどの佛教受容に積極的であった。この弥勒信仰はもちろん聖明王の弥勒信仰を受けつぐものであった。その結果馬子は石川に精舎を建て、大野丘に塔を建てて設斉し、馬子自身も崇峻天皇元年（五八八）には百済僧を請じて受戒するほど熱意を示した。

ことにさきの皇極天皇元年（六四二）七月の条のごときは蘇我入鹿が寺々に大乗経典を読ませたり、祈雨のために悔過をして、四天王を請じて大雲経（大方等無想経・曇無讖訳）を読ませているなどは、蘇我氏の佛教受容が百済を通じた南梁系の佛教であったと考えられる。

百済の弥勒信仰については、法王元年（五九九）に首都の泗沘城に王興寺（弥勒寺）を建てるなどしているので、弥勒石像が百済からわが国に伝わったのは肯定できるのである。

このように太子と蘇我氏が共に百済佛教への受容意欲を示しているのであって、蘇我氏も四天王を造像して、四方を拝し祈雨するということを行っている以上、聖徳太子に四天王寺建立への意欲が全くなかったとは考えられない。蘇我氏と血縁的関係にある太子はまた四天王信仰への強い意志を示したであろう。少なくとも太子は蘇我馬子を通じて佛教を受容されたと考えられるほかに、親済派の蘇我氏が梁佛教に理解があったと見るとき、聖徳太子の金光明経による四天王思想の受容は可能である。しかし太子は天武・聖武のような国王的立場にないから、いきおい私的な信仰形態によるのであって、四天王寺も太子の私的な祈願寺として四天王寺と号した。

飛鳥時代における四天王寺の創建については、すでに「四天王寺御手印縁起」をめぐる問題として種々論ぜられているところであるが、それはこの寺の創建と大陸佛教との関係についても考えなければならない。そのことはまた古代に日本人がいかに佛教思想を受容したかという問題とも関連するのであって、単なる四天王寺成立の問題だけではない。ことに四天王寺の寺名についても、いままで荒陵寺より四天王寺への寺名の改称が天武朝に行われたと考える人と、もともと四天王寺の寺名が存在していたという人とで種々論が交されていた。そしてこの寺の創立については、さきに村田治郎氏が「四天王寺創立の研究史」と題して『史迹と美術』に発表され、「四天王寺御手印縁起」「上宮聖徳法王帝説」「上宮聖徳太子伝補闕記」等の記事から関連して日本書紀の造寺縁起を否定し、四天王寺は荒陵寺を基盤として創立され、四天王寺の呼称は「孝徳天皇以後すなわち白鳳時代に結びつくもので、飛鳥時代までさかのぼり得る要素は殆んど絶無のように考えられる」と結んで、出口師の述べられたごとき物部守屋の没官領の一部分が四天王寺の寺領のうちに含まれていたことだけでもって直ちに寺の創立動機にまで結びつけることは飛躍がありすぎると説かれている。[16]このような考え方は、もちろんすでに多くの研究者が示しているごとく、日本の佛教初伝研究史等に見られる疑問でもあって、たとえば日本書紀佛教伝来記載考（井上薫氏）、欽明天皇十三年佛教渡来説の成立（益田宗氏）等も、佛伝に奈良時代に盛んであった最勝王経の文句が挿入されているとして、日本書紀の史料的疑義を指摘している。そしてこれは主として帰唐僧道慈の活躍による加筆と理解されている。[17]いまこれらの問題について、まず「四天王寺御手印縁起」「聖徳太子伝補闕記」「扶桑略記本四天王寺縁起」「日本書紀」の四天王寺創建の縁起を検べて見ると第2表（三四―三六頁）のごとくなる。

この表に示されたことについて、日本書紀の推古元年（五九三）の四天王寺の創建は「御手印縁起」等では推古元年の指摘はない。しかし「荒陵寺」については「紀」は創建地として扱っているが、「御手印縁起」は「俗号荒陵寺」

と但書している。これについて古今目録抄では「俗人等此処ヲ云ニ荒陵郷ニ又云レ村、而改メテ寺トスルガ故ニ法号ト云カ」と述べている。この「御手印縁起」の記事について疑義は多く存するが、この文章をふりかえって見ると、これは敬田院の創立について述べて、この院が竜池としての荒陵池の東に建てられたことを記している。敬田院はもちろん四天王寺の母体ではあるが、四天王寺の総称ではない。この縁起よりすると敬田院を玉造岸上に建立されたのち壊され、この院をこの荒陵の地に移されて池の地名をとって荒陵寺と称され、のちに四天王に聖徳太子が発願されたことから四天王寺と呼ばれるようになったと説明している。もし最初から荒陵寺が正当な寺名であるのなら、書紀にも出るのが当然であるが「紀」にはすべて四天王寺で統一されている。私はこれを書紀の編者の作為とするのには同意できない。一寺院の数百年の歴史を編者の一存で統一するような非歴史性は考え難いからである。しかしてこの「御手印縁起」では敬田院─荒陵寺＝四天王寺の系列による四天王寺の成立を示しているが、敬田院の記事の中に青竜思想を加えていることによって荒陵池を四天王思想より重視しているのであるから、この御手印縁起は密教系の人々によって書かれたものと考えられる。そしてそれが書紀の依本でない故、この表から見ても書紀の依本は太子伝補闕記でもなく全く別に伝来した「縁起」であることになる。これをいま「書紀本四天王寺縁起」と仮定するならば、この書紀本がいかなるものであったかについては、四天王寺創立縁起の取扱い方について「補闕記」「法主帝説」「扶略本」と比べて考える必要がある。

　ただし史料が「縁起」であることによって、直ちに事実でないと断定を下すことはあまりにも速断にすぎ、縁起は縁起として成立する歴史的条件が存在し、その成立に歴史的事実が含まれる場合も考えられるのである。いまこの四本について守屋討伐の記事は四本まちまちであるが、「御手印縁起」では守屋討伐の縁起が大きく取り扱っていない

第2表　四天王寺御手印縁起関係記事対照表

四天王寺御手印縁起	四天王寺、法号荒陵寺、荒陵郷、荒陵東建立、故以処村字号寺名、発願四天王故曰四天王寺	『敬田院』斯地内在池、号荒陵池、其底深青竜恒居処也、以丁未歳始建玉造岸上、改点此地鎮祭青竜、発丑歳壊移荒陵東	斯処昔釈迦如来転
扶桑略記本四天王寺縁起	『縁起云』四天王寺俗号二荒陵寺一荒陵郷東建立故以二処村一号レ寺、発二願四大天王一故曰二四天王寺一	敬田院、斯池内在レ池号荒陵池一其底深青竜恒居処也、以二丁未歳一始建二玉造岸上一癸丑歳壊移二荒陵東一	斯処昔釈迦如来転
太子伝補闕記	四天王寺後遷二荒墓村一		
日本書紀	(推古元年)是歳始造二四天王寺於難波荒陵一		
上宮聖徳法王帝説	造二難波四天王寺一也、聖王生十四年也 上宮厩戸豊聡耳命、島大臣共輔二天下政一而興二隆三宝一起二元興四天王等寺一… 太子起二七寺一四天王寺、法隆寺、中宮寺、橘寺、蜂岳寺（并彼宮賜二川勝秦公一）池後寺葛木寺（賜葛木臣）		
太子伝古今目録抄	一天王寺建立事 丁未歳建二立玉造岸上一改遷二荒陵一来云々又云敬田院法号《ヲハト》可レ云荒陵寺可《ヲハ》レ云ニ俗号一、而縁起ニ法号荒陵寺云事、俗人等此処《ヲ》云二荒陵郷一又云レ村、而改寺スル《テト》カ故法号《ト》云歟《ハ》、サレハ七《アル》代記俗号荒陵寺也		

法輪処……起立寺塔……宝塔金堂相当極楽土東門中心	法輪処……宝塔金堂相当極楽国土東門中心				
欽明天王治天下壬申歳也、復律師禅師比丘比丘尼咒師造佛工造寺工等相重渡送、相当敏達天王治天下丁酉歳也、仮生王家下詔諸国、以諸民人初令起立寺塔造写佛経等	十月遣二大別王於百済国一経論持来幷律師、禅師比丘尼咒禁師佛工等六人来朝、件律師佛工等安二置難波大別寺一、耳聡皇子奏曰旧情欲レ見二将来経論一（以下南岳の故事にもとづく伝説）		（敏達六年）夏五月癸酉朔丁酉遣三大別主与二小黒吉士一宰二於百済国一、冬十一月庚午朔、百済国王付二還使大別王等一、献二経論若干巻幷律師比丘尼咒禁師造佛工、造寺工六人一遂安二置於難波大別王寺一		
物部弓削守屋臣深含邪心……軍兵討伐……定弓和順慧箭、遠逸中逆臣胸	厩戸皇子与二諸皇子幷大臣馬子一引二率軍兵一……皇子発二大誓願一取二白膠木一刻二四天王一置二頂髪一命二舎人迹貝赤擣一使レ放二四天王矢一則中二大連之胸一、令三秦川	物部弓削守屋大連、与二宗我大臣一縁二佛法興不之論一…太子立レ謀、即令二川勝一採二白膠木一刻造二四天王像一…賊誓放二物部府都大神之矢一中二太子鎧一太子亦	（崇峻即位前記）秋七月、蘇我馬子宿禰、勧二諸皇子一与二群臣一謀レ滅二物部守屋大連一…厩戸皇子…進二討大連一…将レ無見レ敗…非レ願難二成、乃斮二取白膠木	丁未年六七月蘇我馬子宿禰大臣伐二物部守屋大連一時大臣軍士不レ剋而退故則上宮王挙二四王像一、建二軍士前一誓云若得レ亡二此大連一奉二為四王一造寺尊重供養	一、塔内四天事

四天王寺御手印縁起	守屋子孫従類二百七十三人、為寺家奴婢 没官所領田園拾八万六千八百九十代定永財畢
扶桑略記本四天王寺縁起	勝斬二大連頭一…以二水田一万頃一賜二迹見赤檮一 同年於二摂津国玉造岸上一草二創四天王寺一守屋子孫資財田宅皆為二寺分一
太子伝補闕記	誓放二四天王之矢一即中二財首大連胸一…川勝進斬二大連之頭一 係二虜賊首家口一覆奏於玉造之東岸上一在二東生郡一即以営為二四天王寺一
日本書紀	疾作二四天王像一置二於頂髪一而発レ誓言、今若使二我勝一レ敵必当、奉二為護世四王一起二立寺塔一蘇我馬子大臣又発レ誓凡諸天王大神王等助二衛於我一使レ護二利益一願当奉二為諸天与二大神王一起二立寺塔一流二通三宝一誓已厳二種々兵一而進討伐有二迹見首赤檮一射二堕大連於枝下一、誅二大連并其子等一 後於二摂津国一造二四天王寺一分二大連奴半与一宅、為二大寺奴田庄一以二田一万頃一賜二迹見首赤檮一
上宮聖徳法王帝説	者、即軍士得レ勝取二大連一訖依即造二難波四天王寺一也
太子伝古今目録抄	大同縁起云小塔殿一宇…小四天四口安倍大臣敬請者大四天王四口、右奉二為越天皇一敬造……阿弥陀三尊右恵光法師従二大唐一請坐 一天皇寺事 或云用明天皇御悩之時、多須奈造二坂田寺一御遷化之尅、依レ願建二立天王寺一又立二法隆寺一推古天皇三年、造二佛舎一謂二之寺一取意、是八サキニ雖レ造二伽藍一重多建二副伽藍一専レ之事成歟

ことにおいては密教系の人がこれを重視しなかったことによる。そしてそれは扶略系と最も近い関係にあるが、それはもともとの依本を異にしているといわねばならない。また「扶略」と「補闕記」とは守屋討伐について四天王像を白膠木で作ったという記事については補闕記と近い関係にあるが、扶略は太子の舎人の迹見赤檮が守屋を射たとあるが、補闕記は太子自身が射たと述べている。しかし二本共に秦川勝が背後に存在していたことに注目すべきであろう。これは聖徳太子信仰が盛んとなるにつれて迹見赤檮が守屋を射た矢が太子自身に転換されたものであって、ちょうど扶略本がその書紀本との中間に存在した、縁起の転換の思想を表しているものといえる。これに対して書紀本は太子の参加は認めているも守屋討伐の発願を馬子と共に述べても、守屋に矢を射たものが太子だとは述べていないし、迹見赤檮が太子の舎人だとも説明を加えていない。この射矢の問題は縁起でも重要な意義をもつもので、これが後に太子自身と変るほどのことであるからこの依本は聖徳太子信仰が興る以前の縁起と見るべきである。このように考えると書紀の依本は太子伝補闕記以前の「四天王寺縁起」にもとづいて記されたもので、その形式はおそらく本表のごとく復元できると推考するならば荒陵寺の問題も理解できるのではないだろうか。いま、のちのものも合せて大別すると四天王寺縁起については次のごとく残存している。

書紀本　四天王寺縁起
扶桑略記本　四天王寺縁起
太子伝補闕記
大同本　四天王寺縁起
四天王寺御手印縁起（荒陵寺御手印縁起）

宗性本　四天王寺御手印縁起
後醍醐本　四天王寺御手印縁起
室町本　四天王寺御手印縁起

ことにさきに述べたごとく、書紀本に秦川勝が存在しないことは、補闕記より古い形態を示していると考えられる。ただ書紀本がいつ成立したかについては、この本に「護世四王、起立寺塔」、「起立寺塔、流通三宝」の言葉があることで、少なくとも日本書紀の養老四年（七二〇）以前に存在したのであることにはまちがいはない。そしてそれはその当時存在していた四天王寺縁起によって書紀の編者が引用したと考えられるからである。

このうち「護世四王・起立寺塔」の句は金光明経の三釈本の中には全く見えない語句である。よって経典よりの採録ではなく、わが国で作成された文句と見るべきである。また太子の誓願にも、馬子の誓願にもこの意味のあることは、この用語法が書紀本の特徴であることと指摘される。そして金光明経を中心とする思想に基づいて書かれたものが書紀本であると理解すべきで、ここに金光明経の受容との問題も関連するのである。

次に私はこの縁起で、その発願文が、

護世四王　　起立寺塔
凡諸天王　　大神王等
助衛於我　　使獲利益
願当奉為　　諸天与大神王

の四句偈で作成されていることについては、最勝王経はすべて五句偈で釈されているのに対して、金光明経(合部含む)が四句で釈されていることと関連して金光明経の影響が存在した時期に四句偈を作成して作られた四天王寺縁起であると考えるものである。そのためにこの縁起は、いずれの他の諸本よりも素朴な書き方をしていると同時に法王帝説が「奉為四王造寺尊重」と述べているのと関連する。故にこの書紀本は寺塔建立が護世四王の条件となり得る時代に作成され、金光明経が伝来していた時代に縁起が成立していたのであって、書紀の筆者はその編集にあたって年代的に配置を改めて寺名の部分を法興寺建立、および太子の摂政就任の時に合わせ、大別王の造寺を敏達天皇六年に送り、守屋討伐を崇峻天皇即位前紀に移した(第2表参照)。即ちもとの書紀本四天王寺縁起では敏達六年(五七七)夏五月しか、書紀の年代記的編纂方法に合致するものはなかったので、創建は「是歳」、守屋討伐は「是月」として、それぞれ適当な所に入れねばならないような破目になり、守屋討伐が崇峻即位前紀にはみ出して記されたと考えられるのである。

そしてこのような縁起に基づくものとしては、書紀に「法興寺舎利縁起(法興寺縁起)」、「坂田寺縁起」等もこれに類するものである。

故に書紀本「四天王寺縁起」は、かなり正しくその縁起本をそのまま引用しているものと理解できる。ただ四天王寺創建の時期については疑問も残る。もちろん成立年代は明確にできないが、あえて考えれば四天王信仰の金光明経が諸国で読まれた天武八年頃までにすでにこの縁起が成立していたのかも知れない。

次に四天王寺の創建のことに触れるに際して、さきの「四天王寺御手印縁起」より「書紀本四天王寺縁起」の存在を指摘したが、私は四天王寺は荒陵郷の中に建てられた聖徳太子の敬田院を中心として、私的な太子の私寺として造営されたと見るべきである。それについて、いまこの寺の成立を物語る書紀の記事より「四天王寺縁起」以外のものを逆にひろえば次の三つになり、それぞれ諸氏の諸説が成り立っている。

(一)　大化四年二月己未　阿部大臣請二四衆於四天王寺一迎二佛四軀一使レ坐二于塔内一造二霊鷲山像一累二積鼓一為レ之（大同縁起との相関福山説(18)）

(二)　卅一（推古）年秋七月、新羅遣二大使奈末智洗爾一任那遣二達率奈末智一並来朝、仍貢二佛像一具及金塔并舎利、且大灌頂幡一具、小幡十二條一、即佛像居二於葛野秦寺一、以二余舎利、金塔灌頂幡等一、皆納二于四天王寺一（村田・藪田説(19)）

(三)　是歳始造二四天王寺於難波荒陵一是年也（石田説(20)）

いまこの書紀の記事をくらべてみると、四天王寺の寺名の問題もからんで有力視されるのは(一)であるが、四天王寺の寺名を書紀の編者がすべて荒陵寺と書かれていたものを四天王寺に書きかえたとするのには、あまりにも歴史編集の正当性を無視する考察であって、飛鳥寺と法興寺の関係のみですべてが解決できるものではない。私は(三)は四天王寺縁起からでた説で、これを(二)は葛野秦寺（秦公寺）との対称において、また聖徳太子の金光明経の受容の可能性からいって荒陵寺と称さずに四天王寺と称したと考えたい。

そこで四天王寺の創建は、たまたま四天王寺御手印縁起に挿入され、また書紀に見られる大別王寺の成立を私は無視することはできない。

六年（敏達天皇）夏五月癸酉朔丁丑、遣二大別王与二小黒吉士一宰二百済国一（大別王未レ詳二所出一也）、冬十一月庚午朔、百済国王付二還使大別王等一献二経論若干巻并律師、禅師、比丘尼、咒禁師、造佛工、造寺工六人一遂安二置難波大別王等寺(21)一

この大別王について出自は明らかでないが、大別王が百済国王との通交のための還使として百済にいき自己の難波

にある私寺に経論、僧、呪禁師、佛工、造寺工を投入したことは、その関係の寺の造営が着々と敏達期に進められていたことが見られる。

このことは書紀の用明天皇二年（五八七）の「平レ乱之後於二摂津国一造二四天王寺一」の発願により推古元年（五九三）是歳の「始造二四天王於難波荒陵一是年也」という記事の間にはその間、六年をかぞえ、造寺年間としては、伽藍造像がかくも早くできるとは考え難い。また太子の生存も若年すぎて信を置けない。

故に、私は難波にあった大別王寺が、最初大別王を百済の造寺工等を中心として建立されつつあった伽藍で、これがのちに大別王の事故で中断されたために大別王の創建の意志を継いで、厩戸皇子が造立をつづけてさらに、難波の荒陵に敬田院を中心として悲田・施楽の二院を併せて聖徳太子の私寺として、さきの大別王寺をも糾合して新しく金光明経の四天王品の主旨により四天王寺が造立されたと考えるものである。

故に、この寺は推古元年（五九三）に初めて創られたのではなくして、この年次は大別王寺および敬田院が四天王寺と改められた年と見るべきである。その造寺の目的は物部氏との戦乱の追善の意味もあるであろうが、それよりも四天王寺は日済交流の基盤として難波津に造られ、百済援助への軍事・貿易の基地であり、後の太宰府における観世音寺のごとき役目をもたそうとして造立されたと考えられるのである。ことに太子が摂政となられたのち推古八年（六〇〇）から十一・二年までの五年間は、太子が新羅討伐に重点を置かれていたときで、また朝鮮の百済を援け任那再興・新羅攻撃をはかった頃で、この寺の存在は難波における三韓の動きを知るためにも必要であったであろう。このような軍事的な目的からも軍船や出船に対する準備にも使用されたと見るべきで、聖徳太子が来目皇子、当麻皇子の遠征失敗ののちに、内政改革（冠位十二階→十七条憲法）に向う以前の問題としてさきのごとき目的のもとに四天王寺創建の理由が考えられるのである。そのためにも、太子および蘇我氏一族は親羅派の物部一族をほうむり去ることの必要があったであろう。ひいては四天王への祈願も、新羅討伐への悲願であり、欽明天皇の遺志を体した太子としては、最初に手をつけられた新羅征伐は失敗を覚悟してのことであった以上、金光明経四天王品の思想による祈願を対象としての四天王寺の創建は肯定できるのである。故に私は四天王寺はこのような事情によって推古元年（五九三）より推古十年（六〇二）頃までの間に完成したものと推考するものである。ことに推古八年（六〇〇）の「新羅與二任那一相攻、天皇欲レ救二任那一」[22]は聖徳太子の大陸援助の意志がどこにあったかを示すものであり、ここに四天王寺創建の歴史的背景がうかがえるのである。

そしてこの四天王寺も聖徳太子の私的な性格を中心として成立した私宅寺院で、その初期においては官大寺ではなかったといえるのである。

（1）高僧伝、第二、訳経中（大正蔵五〇、曇無讖伝三三五頁c）
（2）金光明経、巻第三、正論品（大正蔵一六、三四七頁a）
（3）高僧伝、第十一、習禅（大正蔵五〇、釈玄高伝三九七頁c）
（4）佛祖統紀、第三十七法運通塞志十七三四（大正蔵四九、三四九頁c）
（5）同右、三五〇頁b
（6）高僧伝、第十一、明律、道営伝（大正蔵五〇、四〇一頁c）、同第十二、誦経、法慧伝（大正蔵五〇、四〇八頁c）
（7）佛祖統記第三十七、三五一頁b
（8）同右、三五一頁b
（9）梁書、巻三下、帝紀第三 武帝の条
（10）同右、巻五十四、列伝百四十八、諸夷百済

(11) 三国史記、巻二十六、百済本記四、聖王
(12) 宝雲、第十、関野貞「塼より見たる百済と支那南朝特に梁との関係」参照
(13) 同右
(14) 日本書紀、第十九、欽明天皇四年九月条
(15) 続高僧伝、巻二十五、感通篇上、(大正蔵五〇、六五一頁b)、隋道仙伝
(16) 村田治郎「四天王寺創立の研究史」(『史迹と美術』二一六号―二一八号)
(17) 井上薫『日本古代の政治と宗教』一九九頁
(18) 日本書紀、第二十五、大化四年二月五日条
(19) 同右、第二十二、推古天皇三十一年七月条
(20) 同右、第二十二、推古天皇元年是歳条
(21) 同右、第二十、敏達天皇六年五月五日条
(22) 同右、第二十二、推古天皇八年二月条

二　四天王寺御手印縁起について

いま、四天王寺の根本縁起といわれている「四天王寺御手印縁起」の研究は、いままでに西光義遵氏が発表された「四天王寺御手印縁起について」(1)および田中卓氏の「『四天王寺御手印縁起の成立』本邦社会事業施設の創始に及ぶ――聖徳太子と四天王寺四箇院――」(2)が、直接この四天王寺御手印縁起を論じた主な論文である。

それらの論文のうち西光氏は極楽往生と御手印縁起との関係を考察して、この縁起の成立は、(1)康和六年(一一〇四)頃の続往生伝の著作年時に接近している。あるいは、(2)嘉保元年(一〇九四)頃、または、寛弘四年(一〇〇七)の東大寺総

持院の奥書の年時を基準とする必要があるなどの疑問を提起されている。そして西光氏自身はその成立についてはそれを決定すべき根拠を持たないと論じておられる。

これに対して田中氏は、御手印縁起に「物部弓削守屋臣」とあることに疑問をもち、改賜姓の事項より始って讃岐国大内郡入野郷（寛弘元年、一〇〇四）の戸籍のカバネ記載の問題に関連して「御手印縁起の成立は、その発見せられたという寛弘四年（一〇〇七）の直前に成立したと推定せられるのである」という説を提示して、聖徳太子の四箇院建立の事実が「御手印縁起撰者の仮託である、と同時に、それは大同縁起よりしての後世の仮託である」と述べられている。いま私は、これらの問題に対して、「四天王寺御手印縁起」が後世の偽撰であって、聖徳太子の真撰でないことはすでに明らかであっても、偽撰するためにはそれを偽撰するだけの歴史的条件を考えねばならないこと、そしてそれが平安後期の貴族の四天王寺詣の信仰にもつながる重要な宗教的要素を持っていることからも、この縁起の性格を再検討しなければならないとおもう。

いま四天王寺に現存する「四天王寺御手印縁起」は根本縁起とも称されて、四天王寺の成立の根本思想を示すものといわれている。

その内容については、

㈠寺名、㈡敬田院・施楽院・悲田院・療病院の位置について、㈢敬田院内の荒陵池の青龍守護について、㈣宝塔金堂の極楽中心説、㈤金堂内の救世観音像について、㈥守屋討伐と資財施入、㈦堂塔伽藍、㈧宝物、㈨食封、㈩田園、⑾十七条憲法、⑿三経義疏の撰述、⒀敬白文（太子建立の由来）、⒁太子後身佛法擁護説（聖武天皇との関係のごとくに見られる）、⒂資財に対する違乱の防止、⒃四箇院建立の意義、⒄皇太子佛子勝曼の著名

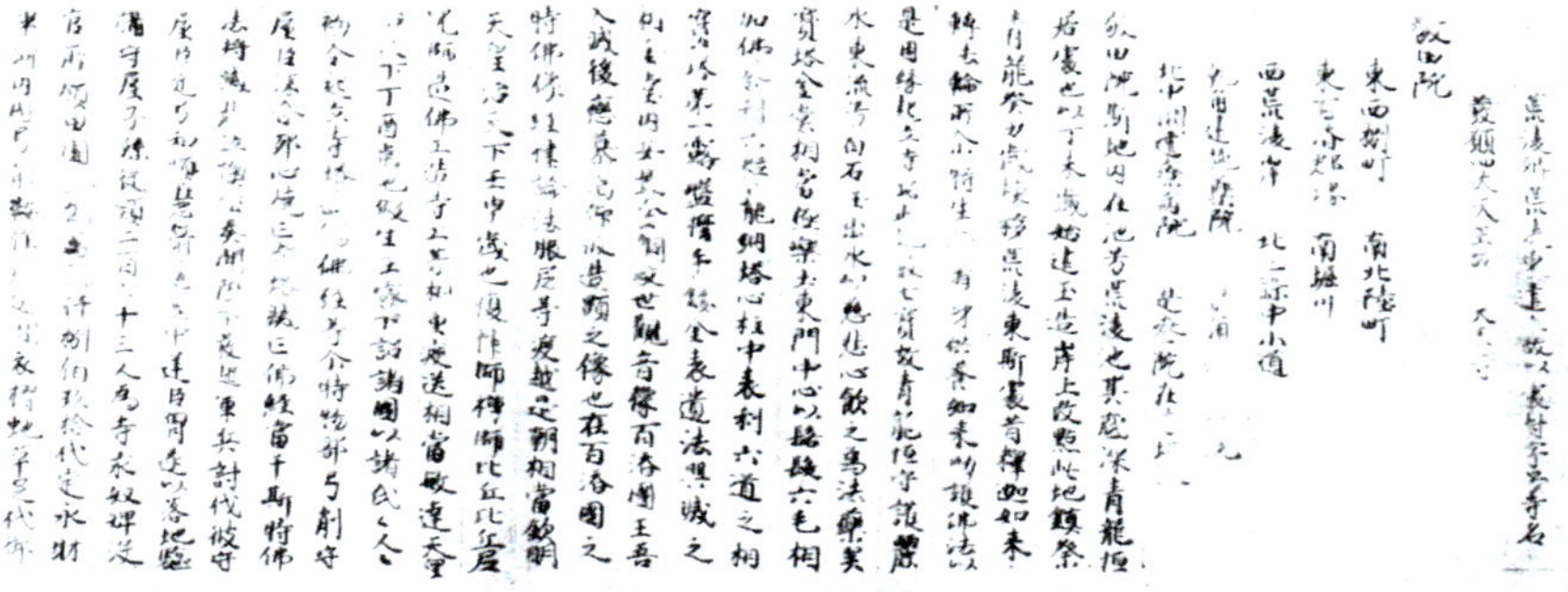

四天王寺御手印縁起（四天王寺蔵）

毘盧舎那佛（東大寺蔵）

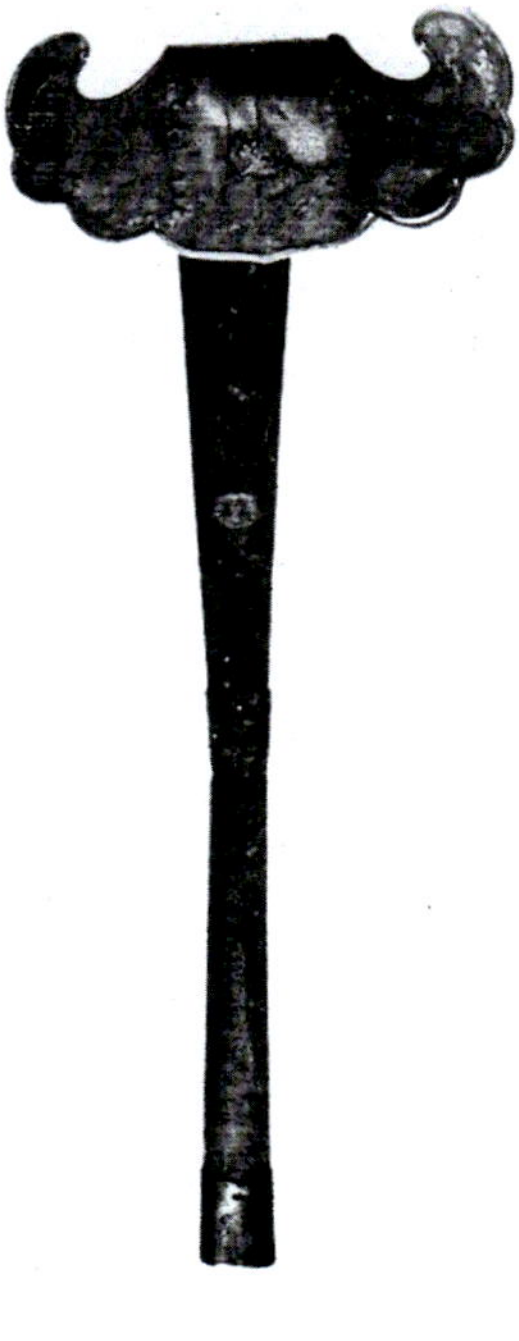

五獅子如意（東大寺蔵）

大日如来（廣隆寺蔵）

五智如来（阿閦如来）（安祥寺蔵）

との内容をもった縁起であるが、その奥には、

　是縁起文納置金堂内、濫不可披見手跡狼也

と奥書しているだけでその成立の事情は全く述べていない。

　これに対して四天王寺御手印縁起の古写本については、⑴宗性本、⑵後醍醐本、⑶室町本、の三つの基本となる依本があるが、注目すべきものは、⑴の東大寺宗性上人本である。これは現在では陽明文庫に納められているが、元来は東大寺にあって鎌倉初期の東大寺の名僧であった宗性上人が自筆をもって書写したもので、その奥書には、

文永七年庚午九月二十四日未時於東大寺知足院之草菴書写之畢、同後九月二日午時於海印寺地蔵堂校點之畢、自来十月七日欲被始行　太上法皇宸筆御八講、宗性預其催之間、四天王寺金塗六重宝塔事、祈句之時、為令存知其由来、圓満院法親王、被借下此御本、此条畏申之餘、手自所書写校点也、書写之時、書落食堂一宇、瓦葺七間二面疵云一行畢、仍恐可書改之由日来存知、雖弁置此本、文永九年壬申八月晦日午時於知足院之草菴大三十流、小四十流云処不為別行書直之畢而已、

右筆華厳宗末葉　権僧正　宗　性

年齢七十一

夏臈五十九[3]

と見えていて、この本は宗性が文永七年(一二七〇)九月二十四日に東大寺の知足院で書写している。このとき宗性が依本を借用した圓満院法親王という人は、後嵯峨院の皇子で天王寺別当であった二品法親王圓助のことである。[4]いまこの圓助については天王寺別当次第（九条本）によれば、

寺二品法親王圓助

弘長二年壬戌九月十四日任、同廿三日先使下権別当花山院法印忠尊　執行上座順三昧院別当□僧都親助、惣目代侍従法橋清祐、三昧院別当兼権別当世尊寺僧正覚顕、惣目代大夫法印範真文永三年四月　此時慶還権上座ニテ補佐執行即転任上座畢、惣目代中納言法眼範実、惣目代大夫法印範真　惣目代弁法眼範政　執行上座幸順、執行権寺主重順□□□(5)

とあり、この圓助は弘安六年（一二八三）までの二一年間在任した。宗性は寺門系のこの圓助法親王のもとにあった「四天王寺御手印縁起」にもとづいて書写している。この書写の目的は、文永七年十月七日に行われた京都嵯峨殿における土御門院四十回忌法華十講に参じたときの論議に際して心得ていなければならなかったので、圓満院親王から借用して書写したものである。

このようにして宗性の書写した古写本はいまでは、御手印縁起の最古の古写本といわれている。しかしこの古写本においては、さきの根本縁起では見られない奥書が書かれている。即ち、

寛弘四年八月一日、此縁起文出現、都維那十禅師慈運、金堂六重塔中求出之、

一条院懐仁御時圓融院第一御子　長吏慶算定額之時(6)

とあって、この奥書からはじめて御手印縁起は寛弘四年（一〇〇七）に都維那十禅師慈運が金堂内の六重塔より求め出したものと述べている。そしてその時の別当は慶算定額であると記している。田中卓氏は、この奥書について四天王寺御手印縁起の成立年代を考察して、この根本縁起は平安時代の中期、寛弘四年の直前と推断をくだされているが、この成立時期については私も一応同意できるが、その考察の方法として「カバネ」のみの問題で理解することは不充分

である。そこで寛弘四年に慶算が四天王寺別当であったことについては四天王寺別当次第（九条本）には、

定額慶算　長保二年庚子十一月任
　　　　　同　三年正月廿一日拝堂　治十二年
山蓮海　　寛弘九年癸子三月三日　　治　三年(7)

とあり、慶算は長保二年（一〇〇〇）より寛弘八年（一〇一一）まで四天王寺別当であった故、宗性本に見える寛弘四年における記事は慶算の在任の記事であることはまちがいない。そこで注目しなければならないのは四天王寺別当職とこの縁起との関係である。

四天王寺別当職については、九条本の四天王寺別当次第によると、最初の阿闍梨圓行より、二十五代慶算定額にいたるまでは、すべて、東寺出身の内供奉十禅師が充当された。この圓行は、京都左京一条に生まれ、はじめ元興寺歳栄律師のもとに入寺し、のち華厳宗を学び東大寺で具足戒を受け、ついで空海に随って両部灌頂を受け真言宗に入って空海の弟子東大寺の杲隣により灌頂壇に入り、法相学にも通じていた。天長元年（八二四）には東寺定額僧廿一口の中に加わり、承和三年（八三六）に入唐請益の勅命を受けて常暁・圓仁・圓載・真済等と共に唐に入ったが、風波に吹きかえされた。承和四年（八三七）には実慧はこの圓行に托して法服・財宝を青龍寺の故恵果阿闍梨のもとに送ると同時に、圓行はまた青龍寺の座主の義真に師事して真言宗を学び、ついで承和六年（八三九）十二月に帰朝して請来目録をたてまつって、のち勅により山城北山霊厳寺に住して、仁寿三年（八五三）三月六日五十四歳で入寂している。この圓行の四天王寺別当補任の年時は判明しないが、承和年間にかなり長い期間、四天王寺に住して別当となっていたことは推測出来る。(8)この圓行の四天王寺在住により空海門下の真言宗がこの寺に浸透して、支配権を確立しようと考え

たことは考えられるのであって、次の仲暁は補任をうけながら着任しなかったが、安雲は十禅師となって別当に補せられ、別当四年交替の制がこの寺でも確立して安雲以後の智叡・安恵・斉仁と補任された。また次の三明は十禅師で東寺出身であることは空海―真雅―載宝―三明の真言宗の系統が四天王寺別当に任ぜられていたことを示す。そののち真道・寛藤・恩運・仁解等が任ぜられたが、その状況は明確でない。

このことについて川岸宏教氏は四天王寺別当の性格を「天長から承和という時期は、弘法大師空海を頂点とする真言密教の伸張期であり、初期の四天王寺別当に、圓行や三明の真言宗系の人の名が見えることも、この佛教界の趨勢と無関係ではあるまい。空海が延暦六年に借住し日想観を修したことは、後世の誤伝であるにしても、弘仁七年（八一六）、最澄が、四天王寺上宮廟に入って「求レ伝ニ法華宗一詩」を作ったことは確かであり、爾後、天台宗僧を安居講師とし、貞観年中には圓仁が借住したというこの寺に、真言宗の系統をひく別当、圓行・三明らが任ぜられていることは、最澄・空海の示寂後次第に天台・真言両宗勢力の角逐がはげしさを加え、四天王寺別当職の争奪にまでおよんできたことを示すものであろう。」と述べられていることに私も賛意を示すものであるが、(9) さらに十禅師の性格についても検討を加えなければならない。

また十禅師については、その発生は天長年中に諸大寺の僧を以て初めて設置されたのである。(10)

しかしその遠因は奈良時代の天平勝宝八年、法栄が「立性清潔、持戒第一、甚ダ能ク看病ス」するがゆえに禅師と称され、良弁もまた慈訓と共に聖武天皇の看病禅師となって、(11) 天皇の邪気と疫病を祓う祈願をする立場にあったが、宝亀三年（七七二）三月六日には、

禅師秀南、廣達、延秀、延恵、首勇、清浄、法義、尊敬、永興、光信、或持戒足レ称、或看病著レ声、詔充ニ供養一、

並終㆓其身㆒、当時称為㆓十禅師㆒、其後有㆑闕、択㆓清行者㆒補㆑之、(12)

と十人の禅師が選ばれ、同三月二十一日には官符で「応㆓供養㆒禅師十人、童子廿人毎㆑師二人事」(13)と正税をもって十禅師の供料を定めて、ここに十禅師制が確立した。看病を中心としていた関係上、もちろん咒術（陀羅尼等を唱えることを含めて）等にすぐれ、密教的な色彩もつよかったといえる。そして天長二年以来諸寺にも置かれるようになった。四天王寺十禅師については承和二年（八三五）十二月十六日に「四天王寺十禅師、准㆓梵釈常住両寺僧㆒毎年一口、預㆓宮中金光明会聴衆㆒」(14)とあるのが初見である。

その理由は、弘法大師空海の弟子の圓行がこの寺の第一代の別当となったからであった。もちろん、この内供奉十禅師が寺院の別当となる場合については類聚三代格に、

太政官符

応㆑令㆘常住寺十禅師共検㆓校寺家雑務㆒并糺㆗正濫行㆖事

右、彼寺十禅師伝燈大法師位願修等表你、件寺迫㆓近皇城㆒、男女多㆑濫、仍去天長年中特簡㆓諸大寺僧㆒始置㆓十禅師㆒、尋㆓其本意㆒将㆘誓㆓護国家㆒住㆗持伽藍㆖而頃年別当三綱主従混雑、各多営㆓房舎㆒無㆑顧㆓堂塔破損㆒濫行還汚㆓十禅師㆒、望請、自今以後永停㆓別当㆒十禅師倶理、又其綱維者同共推擇言上任用者、大納言正三位兼行右近衛大将民部卿藤原朝臣良房宣、奉㆑勅、依㆑請、宜㆘寺家之事一委㆓十禅師㆒、更相検察禁㆓督濫行㆒永為㆓持律之場㆒使㆗務㆓護国之営㆒

承和十四年閏三月八日(15)

とあるところから考えて四天王寺もこの例にもれたのではない。ただ奈良時代には、飛鳥朝に建立された寺院は、奈良朝に創建され国家の関係した東大寺のごとく盛大とはならず、法隆寺、廣隆寺などと同様、寺勢はあまり振わなか

った。ことに三綱、寺主の寺内での濫行も絶えず、堂塔の破損も顧みることもなかったのである。そこでそれを規整するために新たに承和十四年（八四七）に十禅師を設置したのである。このときかねてより聖徳太子への思慕を深め、平安時代より台頭して来た空海の門下をもってする十禅師位任命と相まって、四天王寺にも圓行が十禅師として承和年間に補任され、四天王寺別当としての性格を兼ねて寺院の統制を行わしめたのである。それ以後十禅師仲暁（一カ月在住）、安雲（四年）、智叡（十六年）、安慧（十四年）、斉仁（十一年）、三明（四年）、真道（八年）、寛藤（十三年）、平藤（十六年）、恩運（二年）、仁解（三年）、修敬（五年）、斉然（四年）、清穏（十六年）、趂伊（二年）、神皎（三年）、内供乗恵（十二年）、弘穏（七年）、乗恵（一年）、安法（五年）、僧都清胤（七年）、内供忠進（二年）、延源（三年）と大略四年から七年交替である。そしてこの十禅師は四天王寺の供僧職より任命されるのが通例となっていた。もちろん東密系によりこの寺院が維持され、その背景には空海が聖徳太子の後身であるというような思想も生まれて来て、四天王寺が法隆寺、廣隆寺と同様に真言化していったのであった。

しかるに一方では四天王寺の安居講師については天長二年（八二五）六月二十三日の官符で、

太政官符

応レ定ニ正月金剛明（光）会聴衆及四天王法隆両寺安居講師一事

右太政官去延暦廿一年正月十三日下ニ治部省一符偁。右大臣（神王）宣。奉レ勅。如レ聞。三論法相。彼此角争。阿党朋肩。欲レ専ニ己宗一。更相抑屈。恐有レ所レ絶。自レ今以後。正月斎会等。宜下均請ニ諸宗一。勿レ聴ニ偏阿一。周知ニ諸寺一。分レ業競学上。又案下天長元年六月廿三日下ニ同省一符上偁。得ニ前越中守従五位上登美真人藤津解一偁。四天王法隆等寺者。是聖徳太子所ニ建立一焉。太子生而聡叡。崇ニ好釈教一。自製ニ法華維摩勝鬘等経疏一。為ニ諸道俗一平等開説。昔隋開皇年中有二思禅師一。常願言。我没後必生二東国一。流二伝佛法一。其後有二聖徳太子一。遣下二小野妹子於隋国一取中持経錫鉢於衡山上。時人皆謂。是思禅師之応化也。夫天台宗者。元天台山智者大師受二思禅師所伝一之教也。去天平勝宝五年十二月。入唐副使従四位上伴宿禰胡満竊請二楊州龍興寺和上鑒真一。同レ船而帰。于レ時和上天台法門将来。今太子所レ製経疏等。与二彼宗一触レ類皆同。望請。件両箇寺安居。寺別永請二天台宗僧一。令レ講二法華経并宗法門一者。右大臣〔冬嗣〕宣。奉レ勅。依レ請者。其正月御斎会聴衆僧二人。并両箇寺安居講師僧二人。毎レ年録レ名。申二送別当一。更将レ牒二知僧綱一。

天長二年二月八日(16)

そこでは聖徳太子慧思後身説を持ち出して法隆、四天王両寺への天台宗の進出をはかっている。ことにさきに弘仁七年（八一六）最澄が四天王寺をおとずれ上宮廟に詣でたことに要因しているというべきであろう(17)。ここに天王寺は真言系の十禅師が寺院を支配し、教学的には天台宗の影響をうけるという不安定な状況に置かれたのである。

そして四天王寺別当職については、

四天王寺別当職事

天王寺別当職者。仁明天皇承和年中。東寺霊巌別当大法師圓行。補二任此職一。是為二最初一。其後。諸大寺僧侶、相交任来。康保元年。延暦寺乗恵阿闍梨始任レ之。寛仁四年。園城寺大僧都定基始任レ之。以後八代。天台両門更互補来。天喜五年。補二任寺門済算法眼一。自レ是覚助。良昭等相承。至二行尊大僧正一。又八代連綿寺門領レ之。行尊補職之時。鳥羽院四天王寺別当職。寺門八代相伝之功為レ美。即以二此職一永附二平等院門跡一之由。下二宸筆一訖(18)。

とて、四天王寺の主導権は、天台宗の進出を見るとともに東寺の指導性が薄弱化していったのであるが、天台宗のみで専断できるほど単一化もならず、そこに聖徳太子信仰という共通の場を見出すことによって四天王寺は独自の行動をとることができたのである。

ことに康保元年（九六四）十月二十七日に冷泉院の御願になる三昧院を開いた十禅師乗恵が始めて延暦寺より出て四天王寺別当となった。[19] このときより天台宗出身の十禅師の手に四天王寺はゆだねられ、これはさきの天長二年の官符を四天王寺に押しつけた結果であった。

しかしこの動きに対して慈覚門徒の四天王寺進出をはばむべく、智證門徒は四天王寺に延暦寺と交互に別当職に任ぜられることを望んで寛仁四年（一〇二〇）十二月二十九日園城寺より定基が別当職になってから交互に補任することになり、園城寺の済算が天喜五年（一〇五七）に任ぜられてから強力に寺門の勢力のもとに四天王寺が掌握されたのである。平安時代末までの四天王寺別当職は東寺1、東大寺1、延暦寺（山）14、園城寺（寺）16、仁和寺1、不明17と分かれ山門寺門の主導権の争いを含めても、天台宗系によって掌握されていたのである。

この御手印縁起が作成されたたのは、四天王寺別当が慶算であったときで、延暦寺の乗恵が康保元年四天王寺別当となってより延暦寺出身の別当が清胤・忠暹・延源とつづき延暦寺勢力の進出の真只中であって、そののち定基が園城寺より出てこれを押えにかかる以前であった。この慶算については御堂関白記、長保六年（一〇〇四）十二月十九日の慈徳寺御八講の条に、

十九日　参慈徳寺御八講初、従寺参内　候御佛名初、事初、罷□、（中略）御導師慶算不参、召替人、不依参、御導師一人不候。[20]

また寛弘四年（一〇〇七）十二月二日の木幡寺塔会にも法橋慶算として見えている。そしてこの御八講のときに、あと

で台密系（寺門）で四天王寺別当となった定基の名も見えている。

いま寺門高僧伝の大僧都定基の伝には、

　定基　散位源助成子、大僧正智静入室、権僧正智弁弟子也、経二本寺博士一至二内供阿闍梨大僧都一寛弘五年三月二十七日受二三部大法職位於僧都教静一、後一条院寛仁元年十月会始行、碩学竪義時探題大僧都定基、立（竪）者少僧都蓮昭、問者十人、寺門竪義是為レ始焉、四年三月二十九日補二四天王寺別当職一在職十有四年　寺門此任自レ基而始、長元六年四月二十一日乗化、年五十有七(21)

とあって、寺門系がこの寺に進出したのは定基からであった。またこの御手印縁起をとりだした慈運は山門系の慶算の別当であったときの四天王寺の都維那であったからこの御手印縁起は少なくとも山門系別当の手により作成されたものと考えられる。ただし、本書の奥書にはあくまでも「慈運金堂六重塔中求出之」とあって、書写したとか、作成したと述べないで六重塔より発見したと記しているが、この発見には多分に宗教的要素が考えられる故、寛弘四年に作成されたとその年次を断定することはできないけれども、慶算の在任中の事であったことには相違ない。ことに、御堂関白記の寛弘九年（一〇一二）九月二十二日の条に「四天王寺蓮海」とあれば寛弘九年には蓮海が別当になっていることも確実であるから、慶算の在任は別当次第の年次に補任していたことが確認できるのである。

　しからば慶算のときに何故にこの縁起を作成しなければならなかったかについて考えてみると、御堂関白記長保二年（一〇〇〇）三月二十三日の条に、

　廿三日　庚子、参住吉給、同日御天王寺、所所有音楽、又被供養法華経(22)

と見え、圓融院女御の東三条院詮子（藤原兼家の女子、道長の妹）が住吉詣をして天王寺に参詣したことが見えている。

また藤原道長も、寛仁三年(一〇一九)三月二十一日出家して受戒を受けたときに、

先年に長谷寺にある僧の御祈《おんいのり》をいみじうして、寝たりける夢に、大に厳しき男の出で来て、『何しにかくとのの御事をばともかくも申給ふ。弘法大師の佛法興隆のために、生まれ給へる』とこそ見えさせ給けれ。又天王寺の聖徳太子の御日記に、「皇城より東に佛法弘めん人を我と知れ」とこそは記し置かせ給ふなれ、いづかたにてもおろかならぬ御有様なり。

御出家の年の十月に、奈良にて御受戒あり(中略)又天王寺に参らせ給ては、太子の御有様哀れにおぼさる。いもこの大臣のゐて奉り給ひける御経は、夢殿に閼伽机の上に置かせ給へり、我取りにおはしましたりけるは、うせ給ひける日、やがて先たち給ひにけり。亀井の水に御手をすまして拝み奉らせ給ふ。(23)

と、道長の聖徳太子への信仰形態が見られる。また道長が法性寺その他の寺院を建立し供養したのについても、時の人たちは、

この入道殿(道長)よにすぐれ、ぬけいでさせ給へり。天地にうけられさせたまへるは、このとの(殿)こそはおはしませ。なに事もそこなはせたまふおりに、いみじき大風ふき、なが雨ふれども、先二三日かねて、そらはれ、つちかはくめり。かゝれば、或は聖徳太子のむまれ(生まれ)給へると申、あるいは弘法大師の佛法興隆のためにむまれたまへるとも申めり、げにそれは、おきながらさがなめにも、ただ人とはみえさせ給はざめり。なを権者にこそおはしますべかめれとなん、あふぎみてたてまつる。(24)

この考え方は、もちろん道長が難波の天王寺など、「聖徳太子の御こころにいれつくり給へれど、なをこの無量寿院まさり給へり(中略)極楽浄土のこのよにあらはれけると見えたり」(25)と人々にさけばさせたほど、法成寺無量寿院の完

成は、聖徳太子の再誕、聖徳太子の権者とまで、道長を時の人々からたたえられたほどであった。

そのうえ道長の妹の東三条院詮子が、四天王寺へ住吉詣を兼ねて天王寺詣をしたことは長保三年(一〇〇一)十二月二十二日で詮子が薨ずる一年前のことで、詮子は、自己の菩提を弔うため長保三年十月二十七日には石山寺に詣でてまた、十二月十六日には御落飾している。これは詮子が佛教に自らの除病延命を祈っていたこともあったであろうが、往生極楽を求めるためには当時より住吉詣と四天王寺詣が往生極楽の要因となっていたことにもよるが、それには四天王寺の東門が、極楽の東門であるとの考え方も大きく働いていて、その思想は天台宗の人々がより浄土門をたたえるため推していた思想でもあった。道長の聖徳太子に対する信仰が、詮子にもかような形で影響を与えていたものとも考えられる。このような女院をはじめ貴族の四天王寺詣の傾向は、四天王寺が聖徳太子信仰を通じ復興してくることを意味するものである。

次に道長の聖徳太子信仰ならびに四天王寺との関係については三つのことが考察できる。㈠は道長の金峯山信仰と弥勒菩薩への帰依、㈡道長の聖徳太子再来説、㈢亀の井の信仰、がうかがえるが、まず金峯詣については、佐藤虎雄氏も先に発表されたごとく(26)、道長がかねてより弥勒信仰をもっていたことはあまりにも有名である。

道長は寛弘四年(一〇〇七)八月に初めて金峯山に詣で、自筆の妙法蓮華経一部八巻、無量義経一巻、観普賢経一巻、阿弥陀経一巻の書写したのを納めている。それは道長の浄土思想が、法華経に対する書写功徳と阿弥陀如来に対する臨終正念・往生極楽の思想と、さらに弥勒の龍花三会の下生思想をも信じていた。そして道長は「仰願当㆓慈尊成佛之時㆒、自㆓極楽界㆒往㆓詣佛所㆒、為㆓法華会聴聞㆒受㆓成佛記㆒」とて、弥勒下生の時は極楽世界より弥勒のところへ往詣するという往生極楽思想と、弥勒下生思想が相連なって包含されている。さらに道長は往生については極楽往生を願い、金峯山の信仰をも合せてもっていた。そしてこれらの考え方は、平安時代における貴族が一般的にもっていた阿弥陀往生の目的を達したのち、釈迦が弥勒の下生の時にともに赴いて一族を救済したいという思想にもとづくものであった。もちろんその善因として如法経信仰の影響をもみられる。

このような道長の態度は、弥陀も弥勒も共に往生を助ける佛であったと理解したのである。このようなことから、道長一族が四天王寺に願った信仰形態も、聖徳太子追慕と、その時代に盛んであった弥勒信仰と西方浄土への帰依とが中心となっていたことがうかがえる。

次に道長の聖徳太子再来説に疑することについては大鏡に取りあげられている問題で、この説は、聖徳太子と弘法大師の再来を述べているが、御手印縁起にも「吾入滅之後、或生二国王后妃一、造二建数大寺塔於国国所所一、造二置数大佛菩薩像一書二写数多経論疏義一、施二入数多資財宝物田園等一」の思想が見られるのであるが、これは聖徳太子の造寺・造佛の先例にあずからんとする道長の太子追慕への思想を表すものである。即ち聖徳太子も弘法大師もともに「佛法興隆のためにむまれたまへる」という同じ立場において道長がこの世に生まれ、法成寺を建立し佛法興隆をしたと世の人々によって考えられるに到って、ついに「権者にこそおはしますべかめれ」といわれるまでに到った。道長が聖徳太子の権者であるという考え方は、ますます四天王寺と道長を接触する要素となったものであった。

さらに亀の井の信仰は栄花物語に「亀の井の水に御手をすまして拝み奉らせ給ふ」とあることから、さきの道長と四天王寺の関係を、説明するに足る記事でもあり、また長保二年（一〇〇〇）における東三条院天王寺詣に影響されて、つづいての道長の四天王寺詣となったと考えることができるのである。

このような栄花物語の記事からして四天王寺御手印縁起の荒陵池（亀の池）の信仰とを関連すると考えられる。

このことから、平安時代に藤原道長およびその一族による四天王寺を中心として聖徳太子信仰の受容の姿が見られるのであって、ことに山門の慶算定額の長吏のときから藤原道長一族の四天王寺詣が盛大となるにつけても、そこに何らかの信仰に対する基盤となるものが必要となって、この時期に御手印縁起の作成を余儀なくされたのではないだろうか。また一方御手印縁起が十禅師慈運によって取り出されたのは、ちょうど、時の関白道長が金峯山詣に出発した八月二日の一日前にあたる。ことに聖徳太子の創建による寺院が衰退の窮地よりよみがえる聖徳太子の「御手印」という文書を作り出すことは、この寺の起死回生のための要件であったとも考えられる。寛弘四年における御手印縁起発見のこの問題は、かかる道長以下の宮中貴族の聖徳太子を通じておこった天王寺詣の信仰が高まるのにつれてこの寺の縁起を整備し、新しく作成することによって、この寺を従来の国家的な規模から聖徳太子信仰を通じて、庶民の寺としての再出発を意図したのである。そのために天王寺側でも、その根拠となるべき文献が必要となった。けれども天徳四年（九六〇）に焼亡して四天王寺縁起流起資材帳がなくなったために、天王寺としてもこの御手印縁起にその将来を託さなければならなかった。そしてそれを藤原貴族の天王寺詣の機会を利用してその信仰心を高めると同時に、この寺の勢力を復してその結果貴族層より一般の人々に広く聖徳太子信仰を普及するまでに発展して、四天王寺の宗教的経済的基盤をきずきあげることに成功したのである。

次に、天平初期より平安中期に到る朝廷の要請による諸寺の寺院縁起資財帳の作成と四天王寺御手印縁起の関連について考察を加えることとする。

奈良中期に到って飛鳥・天武朝の寺院がしだいに拡大され、発展するにつれて、これを国家により統制しなければならない必要がせまってきた。そして霊亀二年（七一六）五月に廃寺を統合して、諸寺の財産を国師・衆僧・国司・檀

第3表　寺院縁起資財帳の内容と分類表

項目＼寺名	大安寺	法隆寺	廣隆寺	四天王寺（御手印縁起）
名称	大安寺三綱言上	法隆寺伽藍	廣隆寺	四天王寺
	伽藍縁起幷流記	縁起幷流記	資財交替実録帳	法号荒陵寺
	資財帳	資財帳	（廣隆寺資財帳）	荒陵郷荒陵東建立、故以㆓処村
				字号㆒寺名、発願四大天王故
建立縁起	〔建立縁起〕	〔建立縁起〕	〔建立縁起〕	曰㆓四天王寺㆒
	合、佛像	合、佛像	一、佛物章	敬田院
	合、繡佛像	合、塔本	寺院地…	荒陵池…
佛物	合、菩薩像	合、金剛力士	佛…	釈迦如来転法輪所…
法物	合、一切経…	合、舎利	佛具…	
	合、部足経…	合、部足経	幡…	〔建立縁起〕
	合、見前僧…	合、見前僧…		宝塔…
	合、金、銀銭等…	合、金銀等…		金堂…
	合、供養具等…	合、供養具等…		
	合、調絁、糸布、交易物	合、法分四種…		
	合、香物等…		一、法物章	
	合、幡等…	合、法分灌頂幡等…	講法堂	講法堂…
	合、宝帳…	合、練絁布帳…	諸経…	南大門等…
	合、雑物…	合、香等…	香具…	食堂等…
		合、薬等…		
	合、大唐楽調度…	合、佛分雑物…	長床等…	
僧物	合、伎楽等…	合、法分雑物…	大力・金皷等…	
	合、寺院地等…	合、通分雑物	一、常住僧物章	

通物・水陸田	作成由来
以前皆伽藍内蓄物如件 合、食封… 合、論定出挙… 合、墾田地… 合、水田… 合、今請墾田地… 合、薗地… 合処処庄… 合糯… 合米… 合籾… 合稲… 通　分… 僧　分… 功徳分… 温室分…	右以去天平十八年十月十四日、被僧綱所牒偁、左大臣宣奉勅、大安寺縁起幷流記資財物等、子細勘録、早
合、寺院地 以前皆伽藍内蓄物如件 合、賤… 都合、本記地… 合、水田… 合、陸地… 合海… 合処処庄… 合庄庄倉… 合米… 合穀… 合稲… 合食封…	牒去天平十八年十月十四日、被僧綱所牒偁、寺家縁起幷資財等物、子細勘録、早可牒上者謹依牒旨勘録如前、今具事状、謹以牒上
食堂… 僧房… 一、通物章 宝蔵… 政所庁屋… 湯屋… 客房等… 一、唐楽具… 一、水陸田章 （条里所在地） 一、雑公文 一、別院 （塔院等…）	以前縁起資財等牒、被僧綱今年三月五日牒偁謹案新格、勘解由使起請偁、太政官延暦十七年正月廿日符偁、五畿内七道諸国定額諸寺資財等牒、附朝集使毎年進官、自今以後宣停進之、但遷替国司相続検校
僧房… 甲蔵… 政所… 宝物… 食封… 田薗… （条里所在地）	守屋従類……衡山十身修行……護世四王……或生国王后妃、造建数大寺塔於国国所所、造置数大佛菩薩像、書写数多経論疏義、施入数多資財宝物田園等……玉造岸西方……資財田地併以二委

寺名	項目
大安寺	可言上者、謹依牒旨、勘録 如前、今具事状、謹以言上、 天平十九年 二月十一日 （三綱署判） 僧綱所、左大臣宣偁、大 安寺縁起幷流記資財帳一 通、綱所押署下於寺家、 立為恒式、以伝遠代者、 加署判下送、今須謹紹隆 佛法、敬誓護天朝者矣 天平二十年 六月十七日 （僧綱加判） 〔寧楽遺文中〕
法隆寺	天平十九年 二月十一日 （三綱署判） 僧綱、依三綱牒捡件事記、 仍為恒式、以伝遠代謹請 紹隆佛法、将護　天朝者矣 天平二十年 六月十七日 （僧綱加判） 〔寧楽遺文上〕
廣隆寺	者、自爾以降不進件帳、今諸国申 上不与解由状、多載部内定額諸寺 資財堂舎無実破壊等事、夫有司勘 事、文案為本、既無其帳、何辨真偽 望請六年一申、以擬勘拠者、左大 臣宣、奉勅依請者、凡六年一申、 為勘遷替、而秩歴之期改定四年、資 財之帳猶指六年、去任後申不便勘 拠、伏望四年一申、以適勘会者、 中納言従三位兼行左近衛大将藤原 朝臣基経宣、奉　勅、依請者、而今 上件諸寺、已経多年不進件帳、以 何拠勘、加以頃年官問頻来、捜求大 小諸寺縁起、宜承知之、早速造進、 但今年進後四年一進、寺別二巻必 可造進、一巻是為僧綱所料、一巻是 為勘解由料、立為恒例者、仍縁起資 財等帳進上如件　（平安遺文㈠一 六八号、一七五号文書）
四天王寺（御手印縁起）	護世四王㆒悉以摂領… 施楽院……療病院……悲田院…… 三箇院国家大基、教法最要敬田 院、一切衆生帰依渇仰、断悪修 善、速㆓證無上大菩提㆒処也、四 箇院建立縁起大概如期 乙卯歳正月八日 皇太子佛子勝曼 是縁起文、納㆓置金堂内㆒濫不 ㆑可㆔披見㆓手跡跟㆒也 〔続群書類従二七下〔第八〇二〕〕

越をして検校させることになった。ことに、

諸国司等、宜㆘明告㆓国師衆僧及檀越等㆒、条㆓録部内寺家㆒、可㆑合㆓幷財物㆒附㆑使奏聞㆖、（中略）其所㆑有財物田園並須㆓

国師衆僧及国司檀越等相対検校、分明案記(27)

とあり、そしてこの条例は、寺院の管理が乱れ、財産を檀越等によって横領された結果おこってきた統制であるが、その後養老五年（七二一）にも諸寺をめぐって巡検し、廃寺を合併することもおこなわれた。もちろん寺院資財帳を朝集使に附して朝廷に差出すことは、しだいに恒例となりつつあった。

いまこの寺院資財帳の作成については、その寺院の三綱だけでなく、国師と国司および衆僧と檀越とが立ち会って一つ一つの寺物を占検して記帳するのであるが、特に官大寺では僧綱が寺院の検知にあたった。それらの各寺院の資財帳の記載について、比較考察すると第3表のごとくなる。

いまこの各々の寺院縁起資財帳を類型的に見てみると、天平十八年（七四六）十月十四日に提出した資財帳では寺の建立縁起・寺院敷地・建物・佛像・経典・佛具・道具・雑具・稲穀米銭・水陸田等の順序で記載している。もちろんこれらの資財帳に流記とあるのは、後代にまで流す記録という意味であって、年々作成される資財帳を後世まで留めて記載が永例となることを目標として作成されたのであるから、これは、その寺院の現状を最も正しく伝えるものともいえる。

いまここにあげた天平十八年十月より天平十九年にかけて作成上申された資財帳を中心に、その記載の形式をさきに表解したが、この時期は、東大寺の大佛の鋳造がはじまった時で、また天平十九年十一月には、さきに天平十三年二月十四日に発願された国分寺、法華寺を、天平十九年から、天平二十二年まで向う三年間に、塔・金堂・僧坊を造りあげ、必要な僧寺尼寺の水田は前の入用より不足分を加え、僧寺には九〇町、尼寺に四〇町を墾開して施《ほどこし》に応ずるように勅が出されている。ついで天平勝宝元年（七四九）には東大寺大佛殿に聖武天皇が行幸して大佛を礼拝され、

この間、閏五月二十日には、

詔捨㆓大安・薬師・元興・興福・東大五寺、各絁五百疋、綿一千屯、布一千端、稲一十万束、墾田地一百町、法隆寺絁四百疋、綿一千屯、布八百端、稲一十万束、墾田地一百町、弘福、四天王二寺各絁三百疋、綿一千屯、布六百端、稲一十万束、墾田地一百町、崇福、香山、薬師、建興、法花四寺、各絁二百疋、布四百端、綿一千屯、稲一十万束、墾田地一百町㆒(28)

とて国家佛教の興隆と共に寺院に対する墾田の施入も多くなった。

このような傾向になりつつあったとき、天平十八年に、僧綱より諸寺の資財を点検したことは、もちろん国分寺建立への準備であったと同時に、確実に官大寺を掌握するための手段でもあった。

そしてここに見える資財帳は一通はその寺に一通は僧綱所に提出される規定になっているから、法隆寺、大安寺等の寺院はすべて僧綱所の支配を受けることになっていた。

さらに寺院資財帳については、大安寺縁起流記資財帳および法隆寺縁起幷流記資財帳に見られるように大略三つの部分に分かれている。すなわち佛物、法物、僧物と、寺院の資財を三宝物に分けて、詳細に記載し、その最後に経済的な荘園、墾田、水田等を附加するのが通例となっている。けれども、奈良時代の法隆寺、大安寺の資財帳では、平安時代の廣隆寺のように整備されていない。

廣隆寺の場合では、資財帳を章に分けて、

一、佛物章　一、法物章　一、常住僧物章　一、通物章　一、水陸田章

と五章に分けている。そしてその内容も判然と整備されているのである。

以上のことから、寺院に縁起流記資財帳を作成させたことは、寺院を僧綱所の統制下に置くという朝廷からの政治的要求もあったが、寺院自体としても、三綱・檀越とともに寺家の破壊、防犯ならびに檀越の専制を規正するためにも資財帳を完備する必要が生じたのであった。

もちろん、これらの資財帳は、現在見られる大安寺、元興寺、東大寺、弘福寺、法隆寺、西大寺等の外にも、この天平十八年より十九年にかけて全国的にそれぞれの寺院より提出され作成されたと考えられるのである。

ことに聖徳太子の関係寺院である法隆寺、廣隆寺の資財帳が現在見られる以上、四天王寺の資財帳もこの時期に当然存在していなければならないと考えるものである。

ふりかえって、奈良時代に到るまでの四天王寺の推移を考えてみるのに、推古元年（五九三）難波荒陵に聖徳太子によって四天王寺が創建されてから、推古三十年（六二二）に新羅より渡来した舎利金塔および灌頂幡をこの寺に施入された。

そののち大化四年（六四八）、阿部大臣により佛像四軀を迎え塔内に霊鷲山像を造った。ついで天武朝に国家佛教の興隆にともなって、しだいにその地歩を確立しつつあったが、聖徳太子の時代のような隆盛を見るようなことはなかった。ことに四天王寺および法隆寺等が、聖徳太子の個人的関係寺院であったという歴史的条件からして、大官大寺等の国家的寺院の発生形態とは異なるものであったから、充分に奈良時代には発展をとげることができなかったのである。

しかし奈良遷都後に、聖武天皇によって、しばしば難波宮に行幸されると四天王寺への関心も高まっていった。そして、天平五年（七三三）三月に難波宮への行幸と同時に四天王寺に食封二百戸を施入された。また天平勝宝元年の続

日本紀の墾田等の施入の詔に見える寺院の順では、

大安寺　薬師寺　元興寺　興福寺　東大寺
法隆寺
弘福寺　四天王寺
崇福寺　香山薬師寺　建興寺　法花寺

となっている。また延喜式の寺院順では、

東大寺
興福寺　元興寺　大安寺　薬師寺　西大寺　法隆寺　新薬師寺　本元興寺　招提寺　西寺　四天王寺　崇福寺

……………………………………………………………………………………

弘福寺　東寺

東大寺　興福寺　元興寺　大安寺　薬師寺　西大寺　法隆寺　新薬師寺　招提寺　本元興寺　弘福寺　四天王寺
崇福寺　東寺　西寺　法華寺　梵釈寺(29)

と配列されているが、その時代における寺院の価値の相違等によって多少の序列は異なっているが、奈良時代では、四天王寺が八番目に数えられていたのが、平安初期では十二番目に移っている。けれども、四天王寺が法隆寺、弘福寺等の太子建立寺と同列に扱われている。しかし、奈良時代に隆盛を示した東大寺、興福寺、元興寺、大安寺等の大寺とは比すべくもなかった。

さいわい現在見られる寺院資財帳のうちに弘福寺、法隆寺、元興寺等の聖徳太子関係寺院のものがあることは、その同列に近い四天王寺の存在を知る上に重要な手がかりとなる。即ち、四天王寺御手印縁起が、全く資財帳的性格をもっていないと断定することはできないのであるが、私は天平十九年（七四七）に法隆寺・大安寺の資財帳が見られ、後にできた廣隆寺の資財帳も、先の二つの資財帳の形式を踏襲しているから、資財帳の記載形式は奈良中期より平安初期まで一定していたと推測することができる。故に少なくとも天平十九年に四天王寺にも当然この寺の流記資財帳を作成する僧綱所よりの牒が送られたものと考えるならば天平十八年十月十四日の牒がこの寺にも送られて、天平十九年二月十一日、四天王寺三綱の署判のもとに僧綱へ四天王寺縁起幷流記資財帳一通を「立為恒式、以伝遠代」ために作成して報告されたと考えることができる。このような結論からして天平十九年にあった四天王寺流記資財帳は、少なくとも法隆寺資財帳に近いものと考えられ、最初に四天王寺の寺名をかかげ、つづいて伽藍縁起をかかげ、佛像類、舎利、経典、僧侶数、供養具、衣料、薬類、香具を記して「以前皆伽藍内蓄物如件」という一文が挿入され、寺内の資財を説明し、そののち、賤、水田、海、荘園、墾田、米穀、食封等の寺外の資財を記していたと考えることができる。

いま推考した四天王寺伽藍縁起流記資財帳と、現存する四天王寺御手印縁起との関係を資財帳という見地より考えてみると、御手印縁起の敬田院の記事は、資財帳の「寺院地」の記事に相当する。法隆寺、大安寺の場合は寺院地は伽藍内資財の最後に記してあったが廣隆寺では佛物章の最初に置かれているから、平安中期の作成になる四天王寺の場合も最初にもって来た例によるものであろう。これは寺院境内が資財の中で巻頭に配するだけの重要性をもってきたことによるのである。

御手印縁起のなかの建立縁起に関する記載は、法隆・大安両寺よりはるかに詳しくなり宗教的要素までも加わってきている。しかし御手印縁起に最も欠けている点は経典、香薬、金銀、伎楽、舞楽の道具類の記載であるが、現に四天王寺で舞楽等が盛大に行われていることから考えても、この記載の欠けていることは、天徳四年（九六〇）三月十七日「十七日丙辰難波天王寺焼亡」[30]という四天王寺炎上の史実によるものである。即ち、このときの四天王寺別当は別当清穏のときであった。そして、そのときまで存在していた四天王寺縁起流記資財帳を焼失したものと考えられると同時にこのとき以前の写本類までも焼失し、四天王寺は恐らく再建への意欲すら消失してしまったと考えられる。このことが結局、御手印縁起作成において欠文とならざるを得なかった決定的要因であると考えられる。即ち御手印縁起作成者が作成するときにすでに四天王寺資財帳が現存していなかったためによるものといえるのであって、もし現存していたなら御手印縁起はもっと整理され完全なものを作成したであろうし、廣隆寺資財帳にあるような「一、唐楽具、一、呉楽面」の記載が存在したと考えられる。[31]また一方寺領に属する水陸田については御手印縁起ではもとの四天王寺資財帳にあったものを最も忠実に記載したと考えられる。

四天王寺の伽藍に関する資財の変動は什物・建築の興廃によるものであるが、荘園等の資財の変動は、寺院経営の根幹をゆるがすものであるから、より確実に記さなければならなかった必要上、資財帳の存在しなくなった時も正確に記すことが大切であったろう。しかし原資財帳が現存しない今では、御手印縁起がどの程度まで原資財帳を正確に伝えているかについては確證することはできない。これはまた「代」「畑」という田畠の数値についてもいえることである。けれども、この御手印縁起が、奈良時代の「四天王寺流記資財帳」の形成をまがりなりにも伝えているとは考えられるが、その記載は非常に粗雑なものである。そして「守屋臣子孫従類云々」以下の御手印縁起の四箇院建立縁起は、他寺の資財帳等では全く見られない記載方式である。

平安時代になって見られる他の資財帳では多度神宮寺資財帳、安祥寺資財帳、貞観寺資財帳等が存在するが、貞観九年（八六七）の安祥寺伽藍縁起資財帳では、他の三寺の場合と異なり、建立縁起を述べたあとで佛物、法物、僧物を掲げ、「財宝本自有二互主一、非二吾一身之独有一云々」と薩婆多・四分律・分別業報経・法華経等の文をかかげ、その運用の非儀なきように佛典よりの文章を引用している。そして水田・墾田等を掲げたのち再び「夫三宝物者、互用之過惟深、故宝印経云」[32]と述べて、宝印経・罪福決疑経・涅槃経・衆生病疾経等の経文を引用して、三宝物の大切なことを説いている。

しかしこの四天王寺の場合伽藍の根本縁起的な性格が附加されるようになって資材帳形式の最もくずれた形が四天王寺御手印縁起であるといえる。そのうえ宗教的要素が加わった。その理由としては、平安中期に次第に高まりつつある聖徳太子に対する信仰を背景として、いまや四天王寺の寺院勢力の拡大をはかる目的も強調される必要にせまられた。

そこでは、いままでの資財帳形式を踏襲することよりも、新しく天台宗的信仰思想を推進する方法をもって、平安時代に行われ出した御手印縁起の形態によって作成する方が、平安貴族及び庶民の信仰の高まりに応じて寺院を再興しようとする四天王寺にとっては最も適当な縁起作成の方法であったと推考することができる。

いま四天王寺御手印縁起の内容について検討を加えるとき、先の章で述べたごとく、四つの特徴が見られる。

一、敬田院、施楽院、療病院の四箇院の記載。
二、荒陵池における青龍信仰および「釈迦如来転法輪所」の記載。
三、南嶽衡山慧思禅師、後に日本国に生まれて聖徳太子となる（太子慧思後身説）の欠如。

四、宝塔金堂が極楽浄土の東門の中心という説。

このなかで、まず第一にこの御手印縁起が最も強調しているのは敬田院を中心とする四箇院建立の思想である。

このことについて、御手印縁起では、

㈠　天王寺(敬田院)は釈迦如来転法輪所の跡とすること。

㈡　宝塔・金堂を極楽の東門の中心に当るということ。

㈢　宝塔の心柱に佛舎利六粒を納め奉るということ。

㈣　金堂に観世音菩薩像を、講堂に阿弥陀佛像を安置し奉るということ。

については日本書紀中の太子伝、上宮聖徳太子法王帝説、上宮聖徳太子伝補闕記および伝暦等に「太子勝鬘」の名が見えず、また四天王寺の建立は著名な事実であっても縁起以前の諸書には記載がないと西光義遵氏が述べていられることには、私たちの疑問とする立場と共通している。

田中卓氏も「四天王寺御手印縁起の成立」で、「太子伝暦以前の一切の正史及び太子伝と称する諸書には、四箇院に関する記述がない」ことから「太子伝暦にも伝えられていないということは、太子建立という四箇院説話の信憑性を問題とするとき致命的な欠陥と考えられるから、四箇院の太子御建立を告げる御手印縁起が寛弘頃に太子に仮託した偽撰である」と述べて、また、大同縁起との関連のもとに、「四天王寺には太子御創建の四箇院こそなけれ、少くとも平安時代初期に宿院宮、即ち後の敬田院と施薬院を備えていた」と述べられ、さらに天武朝以来の慈善救済史料にもとづいて四箇院造立の思想的基盤が奈良時代に存在していたことを論證されている。

そして再び田中氏は「平安時代初期に明かに存在した四天王寺の宿院宮・施薬院等の如きも反證なきかぎり恐らく

は奈良時代に成立していたと考えて差支えない。けれども四箇院の創始をさかのぼらせて、直ちに聖徳太子と結びつけることはできない」と、述べられていることは注目に値する。(33)

もちろん敬田院等を含む四箇院の福田思想については華厳探玄記第一に見える思想であるが、奈良時代の史料としては、

一、推古二十一年十二月庚午朔、皇太子遊二行於片岡一時飢者臥二道垂一……皇太子視レ之与二飲食一、即脱二衣裳一覆二飢者一(34)

二、天武八年十月是月勅曰、凡諸僧尼者、常住二寺内一以護二三宝一、然或及老、或患病……老者養レ身、病者服レ薬(35)

三、養老七年、同年興福寺内、建二施薬院悲田院一(36)

四、天平二年四月、始置二皇后宮職施薬院一、令二下諸国一以二職封並大臣家封戸庸物一充レ価、買二取草薬一、毎年進上レ之、(37)

五、奉廬舎那佛種々薬、……伏願、服二此薬一者、万病悉除、千苦皆救、諸善成就、諸悪断却、……遂使命終之後、往生花蔵世界、……天平勝宝八歳六月廿一日、(38)

六、天平宝字元年十二月、勅、普為レ救二養疾病及貧乏之徒一、以二越前国墾田一百町一、永施二山階寺施薬院一、伏願、因二此善業一、朕与二衆生一、三檀福田窮二於未来際一、十身薬樹蔭二於塵区一、永滅二病苦之憂一。共保二延寿之楽一、遂契二真妙之深理一、自證二円満之妙身一(39)

七、天平宝字三年三月十九日、施薬院請物(40)

八、天平宝字四年六月、天平応真仁正皇太后崩、……創二建東大寺及天下国分寺一者、本太后之所レ勧也、又設二悲田施薬両院一以療二養天下飢病之徒一也(41)

九、一、悲田院(42)

十、合銀玖佰弐拾玖両三分……悲田分物二百五十六両(43)

十一、施二入封戸一、神護景雲四年、納二施薬料一文……願文一巻、献二入薬院水田一、在二備前国一(44)

とあって、これらの史料の示すところによれば、奈良時代には、少なくとも興福寺（山階寺）、東大寺、西大寺に悲田院・施薬院の存在は認められるが、敬田院・療病院についての記載は見当らない。また布施屋の記事もあるが、奈良時代の福田思想は主として施薬を通じた療病方法が中心となっていたと見られるのである(45)。

それは、天武朝より「老者養レ身、病者服レ薬」の思想が普及し、さらに「救二養疾病及貧乏之徒一」するために興福寺に施薬院をもうけ「三檀福田窮二於来際一、十身薬樹蔭二於塵区一、永滅二病苦之憂一、共保二延寿之樂一」とあることは奈良時代の福田思想が施薬を通じた療病にもとづいていたことが明確である(46)。

この奈良時代の施薬・悲田重視の思想は、聖徳太子の片岡山の説話にあらわれた飢者に衣裳を与えた日本書紀の説話を三福田思想に関連づけて説くことによって、施薬・療病二院の設置の先例を聖徳太子の説話と関係づけ、その成立の遠因を求めたとも考えられる。

また太子伝古今目録抄に、

大同縁起云　施薬院地五段、伏見村云々

宿院宮、北面三条中小路西端荒陵北端角云々

とあるが、田中氏は、これについて「『大同縁起』によれば、当時、四天王寺に施薬院の存在してゐたことが判明する。しかもその地を五段といひ、伏見村云々、とあるは御手印縁起に伏見地として西成郡の二条及び三条に当てゝ、

倭名抄に西成郡伏見村と載せるところの地であらう」と述べられているが、これは施薬院の地が五段というのではなくして、施薬院の領地が五段だけ、伏見村に存在しているということである。ことにその前に田中氏の引用している「敬田院救世観音、施薬院薬師、療病院、悲田院地蔵、東西八町、南北六町故云ニ四十八町ニ」の古今目録抄の記載は大同縁起の記載にはない(47)。また四院を東西八町、南北六町で計四十八町という記事は、御手印縁起が敬田院を東西八町、南北六町の四十八町を示しているのであって、施薬院(乾角)、悲田院(艮角)、療病院(北中間)は「是三院在寺垣外」と述べているから、田中氏が四箇院を含めて理解していられるのとは相違する。また田中氏が宿院宮として「北面三条中小路、西端荒陵北端角也云々」としている地域が、御手印縁起の「敬田院、西荒陵岸、北三条中小道」と同文であることでもって考えてみても宿院宮が即ち四天王寺＝敬田院であるという解釈は理解できない。

むしろこの大同縁起の記事は大同年間に施薬院が存在していたという事実を示すものであろう。私は、もとの四天王寺流記縁起資財帳が存在しないかぎり、四箇院が完全にそろって奈良時代に存在していたとは歴史的に実証できないのである。

しかし、以上の考證により奈良時代には少なくとも施薬、悲田の二院が存在していたことはわかるし、合せて療病院の性格も推測できるが、四天王寺即ち敬田院ということについてはまだ多くの研究が積み重ねられなければならない。ただこのような四箇院の成立に対する疑問が生ずるにしても、田中氏の御手印縁起と太子伝略の対比については認めなければならないであろう。そして御手印縁起成立の上限は延喜十七年(七九八)以後と見る説には異議をもたないものである。

要するに、結論として四天王寺における三院の成立は奈良時代よりと考えられるが、奈良時代に四天王寺を敬田院と称したことが判明しないかぎり、敬田院については確認し難いものがあるのである。

次に御手印縁起の荒陵池の問題である。この縁起で「号二荒陵池一其底深、青龍恒居処也」とあるが、この青龍の信仰は、「丁未歳始建二玉造岸上一、改二点此地一、鎮二祭青龍一、癸丑歳、壊二移荒陵東一」と四天王寺を移建したときにこの地が青龍を祭るに適した土地であったことを示している。そして「昔釈迦如来転法輪所」という思想は、もともと釈迦佛が法輪を転じて説かれた勝鬘経を聖徳太子がここで講ぜられたという考え方から発展して、聖徳太子の講経の事よりも、釈迦如来の転法輪のあった所、即ち寺院建立に適した所であるという思想を構成するほうがよりその発展を期する上に必要となったためであろう。

この荒陵池が青龍の恒居であることは、海岸を目前にあるこの寺の位置からも適切な思想であり、四天王寺の地形にもあてはめて、海信仰を提唱する思想とも関連した。

そして長元四年(一〇三一)九月二十五日上東門院彰子が天王寺詣のときに、

岸のまに〳〵並み立てる松も、千年までかゝる事を、波風静かに吹き伝へ奉らなむと覚ゆ、酉の時ばかりに、天王寺の西の大門に御車とゞめて、波の際なきに西陽の入り行く折しも、拝ませ給。何の契にかも残りてと、めでたくこそ、次に御経供養せさせ給教圓僧都講師仕うまつりけり。(中略)ついでに亀井の水のもとによらせ給て御覧ずる程に、おぼしめしける。

濁りなき亀井の水をむすび上げて心の塵をすすぎつるかな(48)

と見えていることは、海と亀の井の信仰が四天王寺詣を盛んにした大きな要因であったことは疑うことができない。

これと同様のことは「宝塔金堂、相当極楽東門中心」の思想についても、極楽が西方浄土であるという理由から、極楽の方向にある夕日の信仰とも関連する。先の上東門院の場合にもあるごとく「天王寺の西の大門に御車とゞめて、波の際なきに西陽の入り行く折しも、拝ませ給」ということは、極楽東門説を裏づけにしなければ考えることはできない。天仁三年(一一一〇)十一月付の清原真人定子天王寺舎利供養願文に、

天王寺者、釈迦如来転法輪之地、聖徳儲皇之崇佛乗之処、当㆓極楽之東門㆒、期㆓引摂於西土㆒、仍展張斉莚、供㆓養舎利㆒、奉写妙法蓮華経三部廿四巻、無量義観普賢阿弥陀転女成佛経般若心等経各三巻[49]

とあることも、この釈迦転法輪説と極楽東門説は四天王寺御手印縁起が庶民信仰へ強い影響を与えたといえる。

また鳥羽法皇が久安二年(一一四六)九月十三日に藤原頼長と共に天王寺に詣でられたときも、

十二日明日法皇御共詣㆓天王寺念佛㆒(中略)十三日雲収天晴此日法皇詣㆓天王寺㆒(中略)到㆓天王寺西門鳥居外㆒、昇㆓居御輿㆒西向念佛了、下㆑輿入㆓西門㆒入㆓御御所㆒(内念佛所) 今夕無㆓御誦経燈明事㆒、即余参㆓金堂㆒、有㆓誦経燈明事㆒、導師林秀(法眼着㆓赤色袈裟㆒此寺之例也) 此寺供僧第一臈、次参㆓聖霊院㆒有㆓燈明事㆒無㆓誦経㆒[50]

また、関白忠通の天王寺詣のときも同様に、

十月早旦、禅閤詣㆓天王寺㆒御舟予従㆑之、(中略)於㆓西門外㆒移㆓腰輿㆒先御㆓西門㆒唱㆓弥陀㆒、先有㆓諷誦、燈明事㆒、(中略)行㆓舎利講㆒[51]

このように、天王寺の西門の信仰は藤原貴族の間において往生極楽の要因として上下の尊崇を集めるにいたった。大治元年(一一二六)に叡山の住僧行範が無常を観じて天王寺に詣で、そののち一心念佛し、浄衣をつけて海中に身を投じた。[52]保延六年(一一四〇)沙弥西念が行範の例を襲って、往生の素懐を遂げようとして天王寺に詣でて、西方海上に舟を出して投身入水した。[53]これは全く天王寺西門=極楽東門の信仰が強調されるとともにおこってきた信仰であった。

梁塵秘抄の極楽歌六首にも、

極楽浄土の東門は、難波の海にぞ対《なか》へたる、転法輪所の西門に、念佛する人参れとて

と、天王寺詣がいかにもてはやされたかが明らかである。[54] そして延久五年(一〇七三)の後三条上皇の天王寺御参詣や、応徳元年(一〇八四)九月十二日の太皇大后寛子や、関白師実、同家室麗子、右大臣顕房、内大臣師通等の住吉と天王寺詣が盛んとなったのはすべてこの御手印縁起に「宝塔金堂、相当極楽土東門中心」と記したことによるのである。そしてこれが、金堂・宝塔より西門の信仰に移行して、ついに西門信仰が天王寺詣の中心となっていったのである。

さらに御手印縁起に「衡山数十身、修行持ニ誦法華経一」とある聖徳太子と衡山の慧思との関連について、御手印縁起では、これに触れているだけである。しかし、この説話は上宮太子伝に多く見られるところで、上宮皇太子菩薩伝において思託は「思禅師後生ニ日本国橘豊日(用明)天皇宮一生度レ人出家……於ニ摂津一造ニ四天王寺一度レ人出家」と述べ、[55] このような延暦僧録の記事は正暦三年(九九二)に編せられた聖徳太子伝暦にも継承されて伝えられている。聖徳太子伝暦に「太子奏曰、臣之先身、修ニ行漢土ニ所持之経、今在ニ衡山ニ」と述べ、[56]「法華経」について「是吾先身修ニ行衡山一所レ持之経実也」と述べている。

今我法華聖徳太子者、即是南嶽慧思大師後身也、厩戸託レ生、吸ニ引四国一、請ニ持経於大唐一、興ニ妙法於日域一等、鐸振ニ天台一、相ニ承其法味一、日本玄孫興福寺沙門最澄雖レ愚、願レ弘ニ我師教一、不レ任ニ渇仰心ニ謹奉ニ一首一者、彼先師一首云

海内求縁力、帰心聖徳宮、我今弘妙法、師教令無窮、
両樹随春別、三世応節同、願唯国教使、加護助興隆[57]

またこのように「伝述一心戒文」にはっきり聖徳太子の慧思後身説を打ち出している。これは思託のいいだしたもので、鑑真のもたらした戒律佛教を日本化するために仮託した説であったが、伝教大師最澄においても天台宗を日本で開き反奈良佛教的立場を強調する必要からも、奈良時代以前に活躍された聖徳太子を中心に宣布することが、天台宗を立教開宗する上に有利であると考えられたからでもあった。ことにそれが天台大師と関連することはより以上、開宗に必要な条件でもあったのである。このことは天長二年の大政官符に述べている通りである。

これらのことにより、上宮皇太子菩薩伝は思託の傾向をうけた故に、敬田院の思想が聖徳太子伝の中から除かれ、聖徳太子伝暦では天台系の人々により最澄の影響を受けた後に編された関係上、これも四箇院の思想を除かれたと考えることができる。

もちろん太子時代に師事された高麗僧恵慈と衡山の慧思との混同も考えられないこともない。

このような聖徳太子後身説は、古今目録抄ではさらに発展し、「一、漢土七生事　一、衡山事」等をかかげ、また「一、太子漢土和国現身事」では、衡山慧思禅師が日本に生まれて、聖徳太子となり、太子入滅後二十年経って元興寺道照律師と生まれ、さらに五十年後天智天皇となり、その後百年たって長屋王となって中国の僧に袈裟を供養し、聖武天皇と生まれて佛法を興隆し、ついに弘法大師の太子後身説、聖宝僧正の太子後身説まで発展していった。(58)ことに聖武天皇の後身説について、東大寺要録では、

聖徳太子旅行之時、立二佐保河以北一指二此地一、我没後於二此南岡一建三立精舎一興二隆佛法一我後身也……其名諱共有二聖字一即聖徳太子、聖武天皇、聖宝僧正也(59)

と述べ、また古今目録抄の顕真も述べている。平安初期からはじまる太子後身説は、天台・真言ともに別個の立場を

とりながら発展していったのであって、それは平安新佛教がいかに立教開宗について聖徳太子後身説を押出したかということもわかる。即ち平安新佛教が、奈良佛教の国家主義的な弊害を除去するためにも聖徳太子に帰依することで開宗の遠因を求めたのである。

〔天台宗〕

聖徳太子═法華経═伝教大師

衡山慧思禅師═天台大師

法然・親鸞・日蓮

（慧思後身説）

〔真言宗〕

聖徳太子═弘法大師

（弘法大師後身説）

そしてこの二宗における聖徳太子信仰は、最澄の影響を受けて鎌倉新佛教を開いた親鸞等にも見られるのであって、親鸞聖人の聖徳太子和讃では、まったくこの御手印縁起の全文を和讃化したほどであった。

このように太子後身説は、天台的影響を受けて平安佛教の太子信仰を推進していったと考えられるのである。

これは、御手印縁起の最後の部分にある四箇院に関する文章においても、

吾入滅後、或生㆓国王后妃㆒造㆔建数大寺塔㆒於㆓国国所所㆒、造㆓置数大佛菩薩像㆒書㆓写数多経論疏義㆒、施㆓入数多資財宝物田園等㆒(60)

と述べて、聖徳太子と同様に伽藍を建立した天皇、貴族、祖師を太子後身として認めてゆこうとする考え方が、大陸佛教の影響を受けなくなった平安佛教の日本化への推進の動力体として聖徳太子信仰をも高めていったのである。そ

して最後に聖徳太子を「和国教主」として日本における釈迦佛的な性格を与えて、通佛教的発展をして祖師化していったのである。

それはまた四箇院の場合においても同様であって、「国家大基、教法最要、敬田院一切衆生帰依渇仰」ということにまで発展していって、西大寺の思圓上人叡尊が天王寺別当となるにつれて、四箇院の再興をはかったのである。

以上、御手印縁起の性格について論じたのであるが、御手印縁起の内容を検討するとき、その中心となった思想は、

(一) 敬田院、悲田院、施薬院

(二) 釈迦如来転法輪所

(三) 極楽浄土東門中心

(四) 衡山慧思後身説・弘法大師後身説

の四つの思想であって、これは平安時代における聖徳太子信仰の基盤でもあった。このことから考えても、四天王寺が御手印縁起を著わさざるを得なくなった理由はここにあった。それは聖徳太子の自署的な性格をもち、そのうえ御手印を押すという平安初期よりの宗教的な方法に仮託することによってこそ、意義があるのであった。その当時四天王寺がたとえ真言宗により支配されていようが、天台宗の別当が生まれようが、問題ではない。むしろ聖徳太子が再認識されることによって天徳四年(九六〇)に焼亡した四天王寺の再建を期待し、奈良佛教の大陸的傾向より脱皮して、庶民的な寺院として新しい発展を望むためにもこの御手印縁起は成立しなければならなかった。そのうえ(二)(三)のような非史実的な問題を御手印縁起に盛りこむことによって、ついには平安貴族の信仰を受けることができ、それが御手印縁起そのものにまで信仰が高められる結果として、御手印信仰が生まれたのである。ことに平安中期において「御

手印」なるものが重要な意義をもつようになり、空海の「御遺言」に対する信仰の高まりの傾向を受けて、この根本縁起も重要視されるに到ったのである。藤原頼長のごとく康治二年(一一四三)十月二十三日の天王寺精進のときのごときは「入道殿出ニ給西浜一、予命ニ行祐一出ニ舎利一礼レ之、次読ニ手印縁起一、自レ端至レ奥」[61]という信仰形態にまで高められていったのである。そして、

かくて二月二十日、天王寺に詣でさせ給ふ。この院をば一院とぞ人々申ける。後三条院とも申すめり、女院も一品宮も詣でさせ給。[60]

されど上達部・殿上人、多くも参らせさせたまはず、睦まじく思召す人々、さては遊びの方の人々をぞ率ておはしましける。まづ女院の御車、次に一院、その後に一品宮おはします。女房車二つづつ、女院のは桜どもに蘇芳の打ちたる、一院のは桜に山吹、一品宮のは山吹の匂ひ、一の車は濃き、二の車は薄く匂ひたり。おはします道などいとおかし。[62]

と、平安貴族の天王寺詣は往生極楽の必須の条件にまでなっていった。そして、この信仰を高めていったのは天台宗によるこの寺の別当職を掌握するという、天長二年以来の動向が中心となっているとともに、御手印縁起の、通佛教的な庶民信仰への出発点としての役割が与えられ、しだいにその価値を高めていったのである。

(1) 西光義遵「四天王寺御手印縁起について」(『宗学院論輯』二九)
(2) 田中卓「四天王寺御手印縁起の成立」(『社会問題研究』第一巻第一号)、本邦社会事業施設の創始に及ぶ――聖徳太子と四天王寺四箇院――
(3) 陽明文庫(『東大寺宗性上人の研究並史料』下、一〇七頁)
(4) 本朝皇胤紹運録(群書類従本)五三頁

(5) 四天王寺別当次第（九条本）四天王寺蔵
(6) 註(3)に同じ
(7) 註(5)に同じ
(8) 竹内理三「四天王寺初代別当圓行和尚伝」(『四天王寺』四の一)、同、「闕史時代四天王寺別当伝」(『四天王寺』四の五)
(9) 川岸宏教「初期の四天王寺別当について」(『四天王寺学園女子短大研究紀要』三)
(10) 類聚三代格、巻第三、承和十四年壬三月八日条
(11) 続日本紀、第十九、天平勝宝八年五月廿三日条及五月廿四日条
(12) 同右、第卅二、宝亀三年三月六日条
(13) 類聚三代格、巻第三、宝亀三年三月廿一日条
(14) 続日本後紀、第四、承和二年十二月十六日条
(15) 註(10)に同じ
(16) 類聚三代格、巻第二、天長二年二月八日条
(17) 傳述一心戒文、巻中（大正蔵七四・六三四頁）
(18) 寺門傳記補録、第二十（大日本仏教全書本三二四頁）
(19) 僧綱補任・僧歴綜覧、乗恵は天台座主贈僧正尊意入室の弟子、東塔学恩房に入り、康保三年十二月廿七日延暦寺阿闍梨となり、同五年内供奉十禅師となり、天元六年七十七歳で卒した。
(20) 御堂関白記、長保六年十二月十九日条
(21) 寺門伝記補録、第十五、定基本（大日本佛教全書本）二四四頁
(22) 御堂関白記、長保三年三月二十三日条
(23) 栄花物語、第十五、うたがひの巻（日本古典文学大系本）四四八・四五五頁
(24) 大鏡、第五（藤氏物語）、道長条（日本古典文学大系本）二四〇頁
(25) 同右、（同右）二三八頁

(26) 佐藤虎雄「道長の金峯山詣について」(『大和文化研究』)
(27) 続日本紀、第七、霊亀二年五月十五日条
(28) 同右、第十七、天平勝宝元年閏五月二十日条
(29) 延喜式、玄蕃寮
(30) 日本紀略、第四、天徳四年三月十七条
(31) 清滝淑夫「廣隆寺の成立に就いて」(『南都佛教』第一四号)
(32) 安祥寺伽藍縁起資財帳（平安遺文、㈠、一六四号)
(33) 註(2)に同じ
(34) 日本書記、第廿二、推古天皇二十一年十二月一日条
(35) 同右、第廿九、天武天皇八年十月是月条
(36) 扶桑略記、第六、養老七年条
(37) 続日本紀、第十、天平二年四月十七日条
(38) 寧楽遺文、下、四五五―五六頁
(39) 続日本紀、第二十、天平宝字元年十二月八日条
(40) 施薬院請物文（大日本古文書十四）二七九頁
(41) 続日本紀、第二十二、天平宝字四年六月七日条
(42) 東大寺要録、第四、諸院章
(43) 寧楽遺文、上、大安寺伽藍縁起流記資財帳、三六九頁
(44) 同右、西大寺伽藍縁起流記資財帳
(45) 堀一郎『上代佛教文化史』上、参照
(46) 続日本紀、第二十、天平宝字元年十二月八日条
(47) 古今目録抄（法隆寺蔵本)

(48) 栄花物語、第三十一、殿上花見(日本古典文学大系本)三五二・三五三頁
(49) 江都督願文集、定子天王寺舎利供養願文
(50) 台記、第七、久安二年九月十三日条
(51) 同右、第八、久安四年五月十日条
(52) 後拾遺往生伝、行範伝(続群書類従本)
(53) 西念供養目録、川岸宏教編『聖徳太子研究』七八六頁
(54) 梁塵秘抄、第二、極楽歌六首(一七六号)(日本古典文学大系本、三七五頁)
(55) 日本高僧伝要文抄、第三、延暦僧録所引、上宮皇太子菩薩伝(宗性自筆本)
(56) 聖徳太子伝暦下(続群書類従本)八上二三頁
(57) 傳述一心戒文(大正蔵七四、六四七頁c)
(58) 註(16)に同じ
(59) 東大寺要録、巻二、縁起章第二
(60) 四天王寺御手印縁起(四天王寺本)
(61) 台記、巻三、康治二年十月二十三日条
(62) 栄花物語、第三十八、松のしづえ(日本古典文学大系本)四九七頁

第三節　百済大寺の成立と国大寺

佛教伝来以来、飛鳥初期における佛教受容は主として百済と日本の通交という立場のもとになされていた。推古天皇・聖徳太子を中心とする親百済政策はその一環として大いに効果があった。そして聖徳太子を中心とする佛教教学

も百済を通して南朝の梁等の佛教受容の形態に倣って、わが国の佛教受容の形態をととのえようとするものであった。ことにわが国は百済を支援して任那確保のためにも新羅を敵対視する関係にあったから新羅佛教の影響は飛鳥初期においては少なかったと見なければならないであろう。

しかし新羅は唐の建国を待って、唐の支援のもとに百済を倒して朝鮮統一をはかろうとしていた。推古三十一年(六二三)の新羅大使の奈末智洗爾が唐より帰って来た学問僧恵済・恵光・恵日・福因を、わが国にもたらして百済にとってかわろうとしていた。そしてその奏上の中に帰って来た留学僧恵日は唐の事情を報告して唐高祖武徳元年(六一八)の建国ののち五年間の状況を見て、ここに「大唐国者、法式備定珍国也。常須達」(1)と述べたことは、推古外交の対隋政策より対唐政策への転換を指示しているともいえる。

ことに聖徳太子の薨去後でもあり、単なる聖徳太子の十七条憲法のような道徳律のみでは国家の統治への道は遠く、また蘇我氏との内紛は山背大兄王の悲劇をくりかえすしかなかったのであった。そしてそのために唐よりの還学生、還学僧の意見を新しく高く評価されなければならなくなったのである。

しかしもともと佛教寺院および僧尼の指導等についてわが国では主として推古十年(六〇二)、暦本・天文地理書や遁甲方術を伝えて帰り(2)、そののち推古朝において二十年間にわたって主導権を持っていた百済僧観勒が僧尼の指導に当った。

つぎに推古三十二年(六二四)四月三日のある僧の祖父殺害の事件は(3)、僧徒への朝廷の統制の最初のあらわれであるが、この時はじめて僧官が置かれた。そしてその僧尼統制の最高責任者として、観勒が補任されたことは、彼が蘇我氏を背景として法興寺に住していた関係上からも、その指導権を得るに到った。またひるがえって井上光貞氏が述べられているように僧官の名は南朝の制で北朝には見えないし、僧官設置の上奏者が観勒であったことからも、「百済の佛教が南朝の影響下に発達し、さらに百済僧の上表を契機として僧官が設けられたという一連の関係から見ると、この僧正・僧都の制は南朝から百済に移植され、百済から推古朝の日本に移植されたとするのがもっとも自然である」(4)と、僧官制が百済佛教の影響を受けて成立したと述べられている。

この法興寺の百済僧観勒が僧官統制の中心人物であったことは、推古朝の僧官統制が南朝系の百済的形態を引き継ぐもので、彼らによって、僧尼佛寺が校録されたのである。そしてその統制を受けるものは、寺院四六、僧八一六人、尼五六九人をかぞえるに到ったのである。

次にこの推古朝の寺院のあり方について考えてみることにする。

この四六寺がいかなる成立過程を示していたかについては明確ではないが、蘇我氏が法興寺を私寺として確保していたのと同様、鞍作部は用明天皇のためにという目的で南淵に坂田寺を造り、司馬達等は丈六像をこの寺の本尊として安置していたことや、(5)また秦河勝が桂川畔に蜂岡寺を造って、この寺を葛野秦寺とも称して、秦氏の私寺であったこと、さらにはそのほか久米氏の久米寺等があったなど、多くの私寺の成立が見られる。また鶴岡静夫氏によれば、「阿曇氏（安曇氏）は難波新羅江に安曇寺を、春米氏が摂津国嶋下郡に春米寺を造り」(6)、ともに私寺としての性格が見られると述べられているのである。そしてたとえその建立の事情が天皇のため、あるいは皇太子のためと称しても、その建立の母体となったのは帰化人系一族や、部族の団結の象徴としてまた外来文化導入の根拠地として、ある時には軍事的拠点として利用するためにも私寺建立がなされていたのである。法興寺についても皇極三年（六四四）人々が一茎二萼の蓮花を法興寺の丈六佛に献じて、それは「蘇我臣将レ栄之瑞也」(7)と法興寺が蘇我氏の栄える祈願のために建てられた私寺であったことを述べている。

そのためにも中大兄皇子らが蘇我入鹿討伐に際して、蘇我一族が法興寺にたてこもることを恐れて、まず法興寺に先手をうって攻撃を加えたことは、彼らの繁栄を祈る寺を征することによって、逆に彼らの滅亡を祈る結果ともなったのである。

大化五年（六四九）の蘇我倉山田石川麻呂が異母弟の蘇我武蔵に讒言されて、官軍のために攻撃を受けたときも、石川麻呂は山田寺は自己の私宅の近くに建立した寺で「凡此伽藍者、元非二自身故造一奉三為天皇一誓作」[8]とその目的を述べているが、天皇の軍が石川麻呂を襲って大臣宅を囲もうとしたとき、二子の法師と秦赤猪はともに山田寺に入り、長子興志は山田寺の衆僧と数十人で寺を中心として戦意を固めたが「君王を怨まず」と称して寺で自害したことも、私寺が一族の集まる所であったと同時に時には城にもなる可能性があったことを示すものである。

しかしこの事件や、坂田寺創建や、聖徳太子の父用明天皇のためにという造寺目的がたとえそれが私寺として天皇一族や他の部族の繁栄を祈願するものであっても、一方では天皇のために造ったという大義名分もあった。即ち推古二年（五九四）の造寺詔は、君親之恩のためという建立の目的はまた、天皇のために祈願をするという条件にもかなうと同時に自己の部族の繁栄のためにも造寺するという成立事情をもっていた。そして、あくまでも部族のためというのは、祈願の目的としては従的な立場にあったのである。

このことはたとえ私寺として蘇我氏が鞍作部を指導して法興寺を建立しても、彼らが滅亡したのちに、それは本来の私寺即ち蘇我氏の繁栄祈願のための建立ということははずされて、天皇の祈願のために存在するという性格に置きかえられていったのである。ことに中大兄皇子の法興寺侵入はその転換をより早めたといえるのである。

法興寺はもともと蘇我氏が佛法興隆を求めて法興寺と称したがその名は孝徳天皇即位前までの間で、後は飛鳥に存在するという理由からその地名をとって斉明天皇三年以降飛鳥寺と名称を改められたと見るべきである。

蘇我氏の滅亡後、皇極天皇四年（六四五）六月に舒明天皇の皇子で蘇我馬子の子法提郎媛と天皇との間に生まれた古人大兄皇子が皇位継承問題で意見を異にし、法興寺で出家して吉野に修行のためと称して逃れた記事があるが、[9]この古人大兄が法興寺で出家したことは、彼がまた蘇我氏の一族と親しかったためでもあろう。

そして天智天皇十年（六七一）十月には天皇の崩御近きに際して法興寺の佛（飛鳥寺）に珍財、名香、袈裟等を奉納て天皇の平癒を祈っている。[10]

また天武天皇六年（六七八）にはこの寺で天武天皇を迎えて大会をいとなみ、同九年（六八一）四月の勅では、

> 凡諸寺者、自レ今以後、除下為二国大寺一二三上以外、官司莫レ治、唯其有二食封一者、先後限二卅年一、若数レ年満レ卅則除之、且以為、飛鳥寺不レ可レ関二于司治一、然元為二大寺一、而官司恒治、復嘗有功、是以、猶入二官治之例一、[11]

と、これはいうまでもなく法興寺が飛鳥寺と改められたのち官寺に列するという特令を示した重要な勅であって、その原流は大化元年（六四五）八月八日の「凡自二天皇一至二于伴造一所レ造之寺、不レ能レ営者、朕皆助作、今拝二寺司等一、与二寺主一巡二行諸寺一験二僧尼奴婢田畝之実一」[12]との孝徳朝よりの官寺化への傾向を決定的としたのはこの勅である。

故に法興寺（飛鳥寺）が蘇我氏の影響を完全に離脱したのもこの天武天皇九年（六八一）であったといえるのである。そしてそれまではこの勅のごとく官司の支配を受けず蘇我氏と関係のある一族等を檀越として保持されていた大寺であったのである。

もちろん大化改新の伴造の私寺に対する国の助成は、天皇の祈願寺としての性格を強く打ち出して寺院支配を強化

しようとする立場よりも、私は、氏族間の争いや、皇族の相剋によって、私宅を改めた私寺が次々と檀越を失って衰滅していく現状に対する救済を意図していたともいえるのであって、このことからしても、天皇の祈願寺や、造寺になる官寺以外はすべて私寺と理解する方が正しいと考えるものである。

これらの状況に対して、国大寺と称された百済大寺の創建について考えてみることにする。そのはじまりは舒明天皇十一年（六三九）七月の詔に、

詔曰、今年、造二作大宮及大寺一、則以二百済川側一為二宮処一、是以、西民造レ宮、東民作レ寺、便以二書直県一為二大匠一、[13]

とあり、その十二月には、

是月、於二百済川側一、建二九重塔一、[14]

この記事では舒明天皇が水上交通の便よく、その上大陸文化を導入しやすい百済川のほとりに新宮と新大寺を建てようとする意欲を示されたもので、もちろんこの大寺が「百済大寺」と称されたかどうかについては、大安寺流記資財帳では「寺家建九重塔、入賜三百戸封、号曰二百済大寺一」[15]と百済大寺と称したごとく記しているが、これは縁起と書紀の採録の史料を異にしているという説のある通り、[16]その採録の史料は縁起よりも書紀の方が先行すると考えられる。縁起に百済大寺と号すとあるよりも「大寺」として舒明天皇が創建を命じたと理解する方が妥当性がある。

しかしこれについては、二葉憲香氏[17]は書紀の百済大寺の記事に疑問をもち、その成立について事実を疑い、皇極天皇元年（六四二）七月の「大寺南庭」[18]も、また九月の「造大寺」も、天皇の佛教信奉の形態はまだ萌芽にすぎず、蘇我氏の崇佛の規模を無視することはできず、そのためにも元興寺は最大の寺院で、ここでは大寺は元興寺（飛鳥寺）を指すのであると述べられている。

これについては私はやはり、いくら規模が大であっても、飛鳥寺と百済大寺とは、その寺院の性格からも異なり、前者はやはり私寺としての性格をぬぐうことはできない。いまの百済大寺は、のちに大官大寺に吸収されるにしても、それは天武天皇九年（六八一）の詔に見えているごとく、飛鳥寺（元興寺）はあくまで天武天皇九年（六八一）までは私の大きな寺であっても、国の大寺という性格は与えられていなかったと考えるのが至当であろう。

私はこの百済大寺はやはり舒明天皇十一年（六三九）七月の詔に発する国大寺としての性格を創立当初から与えられていて、その創建に、百済の大宮の東の民をもって創建に協力させるという意味があったと理解すべきであろうと考える。

この大寺という呼称はまさに「国大寺」の「大寺」を指すものであって、私の大寺を指すものでないと考えるべきである。そのことはまた舒明天皇によって建設された大宮についても舒明天皇十三年（六四一）の記事で、「天皇崩于百済宮」とあって、この大宮が創立三年後に百済宮と称されたことから考えて大寺も創建後に百済宮にある大寺という意味から百済大寺と称されることになったと考えるべきである。

つぎにこの百済宮は舒明天皇が移ってより直ちに天皇の崩御をむかえ、その皇后の皇極天皇の即位後、元年十二月二十一日に舒明天皇の墓を滑谷岡に葬ったのち、皇極天皇が再び飛鳥に帰って小墾田宮を宮居と定めるまでのわずかの間にすぎなかった。しかし百済大寺は舒明天皇の詔にはじまり、つづいて皇極天皇も元年九月に詔を発して、造宮と造寺の促進を求めているが充分に工を終えたかは疑問である。

また百済大寺創建をめぐる舒明天皇と蘇我氏および僧旻の動向について考えると、もともと舒明天皇は敏達の子糠手姫と押坂彦人大兄の間に生まれ田村皇子と称して、押坂彦人大兄の子茅渟王と吉備姫王との間の宝皇女を入れて皇后としているが、蘇我氏は自己の勢力の皇親政治への浸透をはかるために法提郎媛を夫人として入内させている。

　このようにまだ蘇我氏の勢力も強く、蘇我氏の佛教導入の背景のもとに百済大寺も舒明天皇によって創建されたと考えられるのであるが、その創建の中心となったのは唐より帰った僧旻であった。

　僧旻は推古天皇十六年（六〇八）九月十一日に隋使斐世清が隋に帰国するのにともなって小野妹子と同時に百済系帰化人の「学問僧新漢人日文《ニチモム》」として中国に渡っている。(20) 隋書にも沙門数十余来って佛教を学ぶとして、僧旻の渡隋の目的は聖徳太子の命を受けて中国の動向と佛教事情を調査するためでもあった。そしてその派遣の大部分が漢人、新漢人の姓を持つ帰化人系の人々で、旻はまた滞国二四年にも及んで、高向漢人玄理の三二年、志賀漢恵隠三一年、南淵漢人請安三二年と肩をならべて在国年次が長い。しかし彼の在隋中に隋は滅亡し、唐の建国となった。

　隋の佛教は隋文帝の佛教再興の開皇十三年（五九三）制詔にはじまり、天子自ら三宝興隆を宣してより諸寺の興隆は著しく、その余勢を隋煬帝もついで、大業三年（六〇七）には天下の州都に詔して七日行道して千僧を度せんと誓ったほどであった。(21)

　また隋にやって来た諸国の外国僧に対しても、釈浄業や霊潤を鴻臚館に派して佛教の外国への進出をたすけていた。(22)このような隋の政策を知っていた聖徳太子が僧旻を派して隋佛教を吸収しようとしたのであった。

　唐もまた建国後、佛法興隆をはかり、唐太祖貞観元年（六二七）正月には京城の徳行ある沙門に詔して、宮中内殿に入って七日行道させ、天下の僧尼三〇〇〇人を度して、皇家の旧宅通義宮を興聖寺に改めた。(23) また貞観三年（六二九）には毎月二十七日に仁王経を転じて国のために福を祈らせるなど、(24) しだいに鎮護国家的佛教の促進をはかっている。

　また五穀成熟を祈る目的から祈雨の経典である大雲請雨経を中国では太建二年（五七〇）に北周闍那提舎が訳出して

より盛んに朝野に用いられ、また開皇十四年（五九四）には海竜王経を請雨祈願に用いたこともあった。

このような中国の佛教が天子の信仰を中心として結集されていくことを見て帰って来た僧旻が舒明天皇四年（六三二）に帰国してからその見聞にもとづいて新しい佛教の方向を指し示したことはうかがえる。

そのことは彼の帰国後、舒明朝においては同六年（六三四）には彗星（悪星）が出現して七年正月までつづいた。同八年（六三六）正月には日蝕、五月には霖雨大水、七月には大旱、天下飢饉、九年二月に流星がおこり、その上、天皇の岡本宮が炎上するなど悪条件が重なった。僧旻はこのような天地の異変を直ちに感じて、天皇に国をまもるための大寺の建立の必要を説いたと考えられ、天皇が中国の天子と同様に国大寺を建てることによりこの難をのがれることができると述べたと考えられるのである。(25)

僧旻はまた蘇我氏の縁をもつ舒明天皇のみならず蘇我蝦夷にも大雲経の功徳をとき、祈雨法を伝えたようである。それは皇極天皇元年六・七月の大旱に際して、人々は村々の祝部の教えのままに牛馬を殺して諸神を祭ったが効験なしと朝廷に訴えた時、蝦夷は、

（廿五日）蘇我大臣報曰、可下於二寺々一転中読大乗経典上、悔レ過如二佛所説一、敬而祈レ雨、

（廿七日）庚辰、於二大寺（百済大寺）南庭一、厳三佛菩薩像与二四天王像一、屈二請衆僧一読二大雲経等一、于時蘇我大臣手執二香炉一焼レ香

発願、

（廿八日）辛巳微雨、

（廿九日）壬午、不レ能レ祈レ雨、故停二読経一、

（八月一日）八月甲申朔、天皇幸二南淵河上一、跪拝二四方一、仰レ天而祈、【即雷大雨、遂雨五日、溥二潤天下一、於是天下百姓、倶

　称二万歳一、曰二至徳天皇一、
乙卯（九月三日）、天皇詔二大臣一曰、朕思三欲起二造大寺一、宜発二近江与レ越之丁一、復課二諸国一使レ造二船舶一[26]

と見えていることでもわかる。そしてそこでこの事件を見るに、請雨の祈願について蘇我蝦夷と皇極天皇との効験を述べているが、ともかくも蝦夷にしても中国の佛教的請雨行事を僧旻らから受けていたであろうことは考えられるのであって、この背景には僧旻のかげの動きが推察される。

　彼は在唐中の経験を充分に生かして、その自己の新しい基盤を朝廷内にきずき、そのためには天皇と大臣家の双方に働きかけて地歩を拡大して、蘇我氏の滅亡後もその勢力はいよいよ拡大していったのである。

　ことに僧旻の態度は舒明天皇九年（六三七）には流星の「天狗」を「アマツキツネナリ」と証言し、西北に見える長星を彗星と見分けるなど天文異変に際して注目すべき発言をしている。[27]

　また、白雉の改元に対しても、長門国司草壁連醜経《シコク》が白雉をたてまつったときに、百済君は「後漢明帝永平十一年に白雉奉献の例あり」、また沙門たちは「天下大赦の必要あり」といい、道登法師は白鹿・白雀等の祥瑞と同様休祥で嘉瑞であると述べている。僧旻は「王者旁二流四表一、則白雉見」[28]と奏して改元の必要を天皇に説いている。

　これについて東野治之氏は祥瑞進献のことに触れて、これは神佛や佛教の思想とは直接関係のない儒教的な天人相関思想にもとづくもので、漢代以来この思想は、天文・暦算等と並んで官学としての儒教との密接な関係をもち、唐代でも儒教的な徳化主義を理念とする律令政治の中にとりいれられていたと述べられているが、[29]この思想がやはり天皇の徳化主義への道を開き、天皇を中国の天子と同じ位置にまで高めようとする動きの一つのあらわれとして僧旻によって提唱されたとも考えられるのである。三代実録の序にも「祥瑞天之所レ祥二於人主一、灾異天之所レ誡二人主一」[30]とのべている。天皇が中国の儒教的天子思想を受容して、国主としての地歩をきずくための思想的基盤としたことは、この舒明天皇より孝徳朝に到る時期に見られるのであって、孝徳天皇による大化改新は、あくまでも天皇を完全に天子化することでもあった。そして僧旻は中国の芸文類聚の周成王の例をあげるなど、彼の在唐中の知識を連ねて王者仁聖のあらわれとして孝徳天皇をたたえている。このようにして彼はもとは聖徳太子や蘇我氏にはぐくまれた帰化人であったが、舒明朝より孝徳朝に到る間に地歩を確立して大化改新には大きな力を駆使して新しい政治体制の形成にあたっての中心人物となっていったのである。

このような僧旻の咒術的性格は当時の初期の佛教受容形態ではありがちなことで、この彼一流の天文瑞祥思想受容の態度は佛寺造立にも、天皇の国政推進へも、積極的な動きを示したといえるのである。天皇を至徳天皇と称することは天皇の祈願寺造立をたたえることとも通じ、百済大寺は僧旻が天皇にはたらきかけて天変災異をのがれ、大旱を除くために百済川のほとりに国大寺として創建されることになったと見るべきである。

しかし百済大寺の舒明天皇の祈願寺としての性格は、やはり天皇の権力はまだ充分に発揮されず、蘇我氏や帰化人の拠点としての性格も強かった。皇極天皇元年（六四二）の蘇我蝦夷が、百済大寺で天皇と同様祈雨の祈願をしていることは、彼らが大寺を掌握し私有化する動向さえも示してきたといえるのである。

故に百済大寺は僧旻等の舒明天皇へのはたらきかけと、天皇の祈願寺という性格、ならびに蘇我氏のバックのもとに建てられたという完全な官大寺への流れに対する中間的な性格があったと見るべきで、のちの大官大寺のような十分な官大寺とはその性格を異にするものであるということができるのである。

次に大官大寺等を含んで天武朝に言われている国大寺の性格について考えてみることとするが、そこでやはり問題となるのは天武天皇九年（六八一）の国大寺設立の勅である。

このときの勅では天武天皇九年（六八一）には、天皇の飛鳥浄御原宮周辺で、「国の大寺」は二乃至三で、京内には二四ヵ寺の寺院が存在していたということであるが、ここに国大寺と他の寺院、これはおそらく、大臣やその他の部族等がさきに君親の恩のために建てた私寺を指すのであろう。この京内二四ヵ寺は斉明天皇五年にも「京内諸寺」と見えて宮居の周辺、いわゆる飛鳥周辺に諸寺がしだいに増加して、二四ヵ寺を数えるに到ったことを示しているのである。

しかしここで、飛鳥寺が大寺官治の例にはじめて加えられるに到ったのは、いうまでもなく蘇我氏滅亡の結果によるものであるが、ここでもわかるように「国大寺」は「官治之例」にあずかるものを大寺と称するという規定が考えられるのである。故にさきの「除下為二国大寺一二三上以外官司莫レ治」という結果が生まれてくるのである。それならば、官治之例にあずかる国大寺の二、三とは一体いずれの寺を指すのであろうか。

寺名の決定は、これに先だって天武天皇八年（六八〇）四月に行われている。もちろん田村圓澄氏の述べられている四大寺のうち法興寺は飛鳥の大寺と称されていても国大寺ではないし、薬師寺は、この勅のあとに皇后の病気平癒を祈願して天武天皇が興された私的な大寺でこれも国大寺ではない。

そうすると天武天皇八年（六八〇）に近い大寺としては、

（天武二年十二月十七日）戊戌、以二小紫美濃王・小錦下紀臣訶多麻呂一、拝下造二高市大寺一司上、今大官大寺、是、(31)

とあり、これは高市大寺、のちの大官大寺を指していると見られる。

また、さきの百済大寺の場合は造寺司は任ぜられていないが、書直県を大匠として、百済宮の東の民がこれに協力して百済大寺を造ったと述べているが、この書直県が造寺司的な役割を演じていることが知られるのである。
すくなくとも国大寺は勅命を受けて造寺司が任命されている事が重要な要素で、それが天皇の現世における祈願寺であることが必要な条件であった。

故に薬師寺の場合などは天武天皇が「皇后体不豫。則為二皇后一誓願之、初興二薬師寺一」(32)とあっても造薬師寺司は任命されていない。

そして国大寺二乃至三については、持統天皇即位前紀の書紀の紀事の中に、持統天皇が故天武天皇の追善供養のために無遮大会を行った寺に五寺をあげ、そこでは大官大寺、飛鳥寺、川原寺、豊浦寺、坂田寺をかかげている。(33)ここでも国大寺の大官大寺を首位においている。

ここでは飛鳥寺は大寺の中に入っていても、前の史料によって示した理由から「国大寺二三」の中に組み入れることができない。豊浦寺は尼寺で蘇我蝦夷の祈願寺でこれまた国大寺の二、三の中に入りにくい。また司馬達等の私寺の坂田寺も「南淵坂田尼寺」(34)としてこの寺もやはり国大寺とは考えられない。

またこの国大寺二、三について、仲野浩氏が大官大寺と川原寺と飛鳥寺をかかげていられることに賛意を表するも、飛鳥寺については理解しにくいことは前にも述べた通りである。(35)

そこで次に川原寺について考えてみることにする。もとこの寺が五寺の中に入り、また天武天皇の追善供養を営んでいると同時に、それ以前の天武天皇朱鳥元年（六八六）には五寺の中に組み込まれていることや、天皇の不予のため薬師経を説き、(36)また天武天皇十四年（六八六）には大官大寺、川原寺、飛鳥寺の三寺の中にも加わっている。(37)このように天武天皇の不予に際して現世の安穏、除病延命、病気平癒のため祈願をこめて天皇の安泰を祈願していることは、やはりこの寺が大官大寺に準じて最も大きな国大寺にふさわしい寺であったことが考えられるのである。

福山敏男氏は川原寺は七大寺巡礼記に述べているような蘇我大臣の創建ではなくして「川原寺は川原宮の地に斉明天皇の時に建てられた勅願寺である」と考えられ、[38]さらに昭和三十三年(一九五八)の寺跡発掘からしても天智朝の古瓦が多く発見され、その伽藍形式も飛鳥寺の一塔三金堂と、法隆寺西院伽藍との中間形式を取っていることから、堅田修氏の「川原寺は、天智朝に斉明天皇の川原宮跡に遺願によって建立されたものでないかと見られる」という説も傾聴できるのである。[39]が、私はやはり僧旻の死亡の記事からして、やはり白雉四年(六五三)には成立していたと考えるものである。ことに僧旻がなくなったときに、川原寺に僧旻のために画工をして佛菩薩の像を造って安置していることは、[40]僧旻と川原寺との関係が深かったことを示す。そして僧旻は孝徳朝において国博士となり、[41]白雉の祥瑞を推唱し、舒明天皇に百済大寺を建てることをすすめたと同様、孝徳天皇の難波豊崎宮への遷都後は難波の阿曇寺に居て病にかかったのちここで滅したようであるが、その追善の佛菩薩像を天皇は川原寺に安置しているが、僧旻と川原寺との関係が生まれたのは、皇極天皇が、同天皇二年(六四三)に飛鳥板蓋宮に遷った時から川原寺に居住していたのではなかろうか。そして、大化元年(六四五)、孝徳天皇が難波豊崎宮に遷都してから阿曇寺に住するようになったため、彼がその寺で死亡してのちも、天皇の祈願寺である川原寺に追善の佛菩薩像を安置することになったのであろう。そして川原寺も大寺に列する立場にあったと考えられるのであって、私は国の大寺の二、三は百済大寺と高市大寺(大官大寺)と川原寺を指すと考えているが、百済大寺の消滅後は国大寺は大官大寺と川原寺となったと考えるべきであろう。

ことに国大寺の代表的な存在であった大官大寺は、最近の奈良国立文化財研究所の発掘調査によると、大官大寺の伽藍配置は南大門から中門を経て、東側に九重塔、西側に金堂、その背後に講堂が存するという法起寺式が有力であると報告されている。ことに回廊は二本の柱間が幅約四・二メートルもあり堂々とした広さをもって、二個ずつの柱跡は約九〇センチ間隔で東方につづいて、中門は正面五間(一三・七メートル)、側面三間(一二・六メートル)の広さであった。そして全く大寺にふさわしい建築様式をもっていたようである。(42)

もちろん国大寺の性格は私寺を官寺化する道程において大きく発展したものであるけれども、その初めはやはり孝徳天皇大化元年(六四五)の詔である。ここでは大寺に衆僧を集めて詔を出しているが、この詔の大寺についてはやはり、二葉憲香氏のごとく飛鳥寺を大寺と考えることには躊躇せざるを得ない。それは天武天皇九年(六八一)までこの寺は大寺の資格を得ていないことからしても、この大寺は私は成立間もなく、建てられつつあった百済大寺に衆僧を集め、その国大寺のありかたについては蘇我氏の行ったような私的な佛教受容の態度ではなく、唐から帰った僧旻の意見を参酌して正教にもとづき大猷を光啓すべきことを提唱している。そしてあらたに寺司と寺主とによる寺院管理体制を強化すると同時に寺司・寺主を巡行させることになって諸私寺の官寺化への道を開くことになったのである。この寺主に僧旻が任ぜられたのであって、これはやはり僧旻の百済式寺院政策を徹底させるためであったと考えられる。しかしこの時百済大寺のみは恵妙を任じてその責任を明らかにしているのは、百済大寺が国大寺として特殊な扱いをする必要があったからであろう。

しかしこれらは既成寺院を吸収し統制するものであって、それはまた寺院の私的な支配構造を経済援助とともに、大化改新の新しい構想のもとに組み込むことによって官寺的扱いを強化しようと考えられたからである。

そして法興寺をはじめ山田寺等の私寺の私的関係の檀越の消滅した寺院を、天皇の庇護のためとして、その国家的祈願を行いうる寺院とすることによって官寺化への道を開くきっかけとしたのである。そしてこの政策も壬申の乱後、日本律令国家がようやく固まりはじめることにもなって本格化していったのである。

かかる官寺化への要求によって生まれたのが国大寺であって、この国大寺は、氏族の私費をもって建てられた寺とその成立を異にして、国費をもって造立し、国家が経営を行う国営寺院である。

しかしそのために、天皇が宮居を改める毎に寺院もその宮居の近くに鎮護国家の祈願寺として移動を余儀なくされるため、たとえば百済大寺のごとく建築中途にして高市大寺に切り替えられ、さらに大官大寺となり、都が奈良に移るとともに大安寺として切り替えられて、その傾向は奈良中期まで存在した。遷宮、遷都と遷寺の傾向は、いまだ中国的な佛寺移転の傾向がそのままわが国にも受容されていたからであろう。

そして百済大寺→大官大寺→高市大寺→大安寺と寺名がしだいに地名より祈願目的にそった寺名に改められていったことも注目すべきである。

ことに天武天皇に到って、天智天皇より深く佛教に理解を示し、吉野に入って修行していたことからも佛教興隆への意欲は高く、天武五年（六七七）十一月二十日に「遣二使於四方国一、説二金光明経・仁王経一」[43]とて金光明経や仁王経のごとき護国佛教経典の積極的な受容をはかることとなったのである。

そして寺名を登録させるため、天武天皇八年（六八〇）四月五日には、

詔曰、商下量諸有二食封一寺所由上、而可レ加加レ之、可レ除除レ之、是日、定二諸寺名一也、[44]

と、寺院成立の由緒を正して、官司より助成すべきかどうかを決定したのち、寺へ助成するという、孝徳天皇の大化元年の詔を改正している。そして寺名の決定した寺院にのみ助成を加えることに定めている。そして官司はさらに国大寺以外の諸寺については自今以後、官司の直接の支配より離し、それらの寺院の食封についても三十年をかぎりほ

どこし、それ以後は停止するなどの制限を加え、国家寺院が優先することを宣言した。

そのため飛鳥寺も三十年以後は食封がなくなることになっていたが、この寺のみは特別に官寺の例に入れることにするという特例を認めるに到ったのである。

そして大官大寺や川原寺には、次々と食封が増加されて国家的祈願寺としての性格を強めていったのである。

これはのちに国分寺成立への重要な動機となって、寺院が鎮護国家のために重要な祈願をする官大寺としての正しい役目を帯びるようになっていったのである。

(1) 日本書紀、第二十二、推古天皇三十一年七月条
(2) 同右、第二十二、同十年十月条
(3) 同右、同三十二年四月三日条
(4) 井上光貞『日本古代国家の研究』所収「推古朝の佛教統制」三三四頁参照
(5) 日本書紀、第二十一、用明天皇二年夏四月条
(6) 鶴岡静夫『日本古代佛教史の研究』(飛鳥佛教の検討)参照
(7) 日本書紀、第二十四、皇極天皇三年六月条
(8) 同右、第二十五、大化五年三月十七日条
(9) 同右、第二十五、孝徳天皇即位前紀条
(10) 同右、第二十七、天智天皇十年十月条
(11) 同右、第二十九、天武天皇九年四月条
(12) 同右、第二十五、大化元年八月八日条
(13) 同右、第二十三、舒明天皇十一年七月条

(14) 同右、同十一年十二月条
(15) 大安寺縁起流記資材帳（寧楽遺文、上、三六六頁）
(16) 水野柳太郎「百済大寺と大安寺」（『日本上古史研究』五ー一一）
(17) 二葉憲香『古代佛教史研究』（古代国家と佛教の結合）参照
(18) 日本書紀、第二十四、皇極天皇元年七月廿七日条
(19) 註(11)に同じ
(20) 日本書紀、第二十二、推古天皇十六年四月条
(21) 佛祖統記、第三十九（大正蔵四九、三六一頁c）
(22) 続高僧伝、第十三隋終南山悟真寺浄業伝（大正蔵五〇、五一七頁c）
(23) 佛祖統紀、第三十九、法運通塞志、第十七ノ六（大正蔵五〇、三六三頁b）
(24) 註(23)に同じ
(25) 日本書紀、第二十三、舒明天皇六年八月条
(26) 同右、第二十四、皇極天皇元年七月廿五日条
(27) 同右、第二十二、舒明天皇九年二月廿三日条
(28) 同右、第二十五、白雉元年二月九日条
(29) 東野治之「飛鳥奈良朝の祥瑞災異思想」（『日本歴史』三五六号）
(30) 三代実録、序
(31) 日本書紀、第二十九、天武天皇二年十二月十七日条
(32) 同右、天武天皇九年十一月十日条
(33) 同右、第三十、持統即位前紀条
(34) 同右、第二十二、推古十四年四月八日条
(35) 仲野浩「奈良時代における定額寺」（『続日本古代史論集』）所収

(36) 日本書紀、第二十九、朱鳥元年四月十四日条
(37) 同右、天武天皇十四年九月廿四日条・朱鳥元年十月十九日条
(38) 福山敏男『奈良朝寺院の研究』
(39) 堅田修『日本佛教史』古代篇「川原寺の建立」参照
(40) 日本書紀、第二十五、白雉四年六月条
(41) 同右、第三十、孝徳天皇即位前記（皇極天皇四年六月）
(42) 『毎日新聞』昭和五十年六月十三日記事
(43) 日本書紀、第二十九、天武天皇五年十一月二十日条
(44) 同右、第二十九、天武天皇八年四月五日条

第二章　奈良時代における寺院の成立

第一節　官大寺の成立と南都六宗

一　大安寺の成立

さきの飛鳥期よりの国大寺が、奈良時代に近づくにつれて官寺化された。そして特例として飛鳥寺も官寺の例に加えられるとともに、これらの大寺が都の大寺として、三大寺乃至四大寺等と呼ばれることによって、寺院の順位も定まってきた。

これについては第4表のごとくなる。

もちろん白鳳期から奈良時代にかけて、その首位を占めるのは大官大寺で、のちの大安寺であることは、この寺が天武系の祖である天武天皇が創建された国大寺であったためでもあった。

そして朱鳥元年（六八六）に大官大寺についいで地位を占めていた川原寺は持統天皇のときには飛鳥寺に席をゆずっている。これはもともと飛鳥寺は大寺の資格を持っていたのであるが、蘇我氏の私寺で国大寺に組み込まれていなかったが、天武朝中期に官大寺に入れられるとしだいに川原寺より重視されることになったのである。しかし、大宝二年

（七〇二）十二月二十五日(1)に持統天皇の崩御に際して四大寺に斎会を設けられているが、この四大寺とは、同三年（七〇三）正月五日(2)に持統天皇の斎会を行ったという四寺、即ち大安寺、薬師寺、元興寺、弘福寺を四大寺と称したと考えられる。大官大寺が大安寺に改めて、造大安寺司ができたのは大宝二年であるが、その動きは大宝元年（七〇一）に正五位上波多朝臣牟胡閇と従五位上許曾部朝臣陽麻呂を造薬師寺司に任じた。つづいて同年七月二十七日に「造大安、薬師二寺官、准ㇾ寮、造塔丈六二官准ㇾ司(3)」とあれば、大宝元年（七〇一）より大宝二年（七〇二）にかけて大官大寺を改めて大安寺としたと考えられる。

第4表　大寺呼称の変遷一覧

年号	寺	寺名
（天武）		
朱鳥　元	三　寺	大官大寺、川原寺、飛鳥寺
〃　元・六・一六	四　寺	
持統即位前	五　寺	大官大寺、飛鳥寺、川原寺、豊浦寺、坂田寺
大宝　二・一二・二五	四大寺	
〃　三・一・五	四　寺	大安寺、薬師寺、元興寺、弘福寺
〃　三・二・四	四大寺	（大安寺、薬師寺、元興寺、弘福寺）
慶雲　二・四・三	五大寺	
天平　七・五・二四	四　寺	大安寺、薬師寺、元興寺、興福寺
〃　一七・五・四	四　寺	大安寺、薬師寺、元興寺、興福寺
天平勝宝元閏五・二〇	五　寺	大安寺、薬師寺、元興寺、興福寺、東大寺（法隆寺、弘福寺、四天王寺、崇福寺、香山薬師寺、建興寺、法華寺）

大宝三年（七〇三）には藤原京の四大寺が成立するが、大官大寺が筆頭となったことについては、田村圓澄氏が日本全国の佛寺の最高位に君臨することを意図したのであると述べられているが(4)、私はそのような意図でなくして、やはり天武天皇の国家平安を祈る国大寺として最初に天皇によって造寺司を任命して建てられていることから最上位に位置せしめたのであると考えるものである。

もちろん薬師寺も造薬師寺司を設けて持統天皇が天武天皇の病気平癒の目的で創建されたのであるがこれは国家平安を祈るよりも、天皇の私的な祈願が中心となっていた。また元興寺も、飛鳥寺より引きつがれた私寺的性格の強い寺であったし、弘福寺も川原寺を改称したのみで旧伽藍のような盛大さは失っていたであろう。そして川原寺は平城遷都後も飛鳥に留まってしまった。

むしろこの四大寺の中の大官大寺、即ち大安寺こそ国家佛教に進むための中心となった寺院ということができる。この点については高市大寺を大官大寺と改められたのは国家佛教への発展を意味し、佛法興隆と佛教統制の象徴とするためでもあった。また大官大寺が平城京に遷されて大安寺となったことについても田村氏はまた「佛教統制より鎮護国家に移行されたからである」[5]と述べられているが、このことについては大安寺の成立と道慈との関係をさらに見つめる必要があるのではないだろうか。

もちろん大安寺の修造に道慈がたずさわったことは天平九年（七三七）四月八日の道慈の言で明らかであるが、彼が天皇の命を受け、「護寺鎮国、平二安聖朝一」[6]を祈るため、大般若経を転じて、修造の完成を祈ったと見えているが、これは明らかに大安寺の移転の目的もそこにあったといえるのである。また天平十六年（七四四）十月二日の道慈の入寂のときの伝では、

冬十月（庚寅朔）辛卯、律師道慈法師卒、（天平元年為二律師一）法師、俗姓額田氏、添下郡人也、性聡悟為レ衆所レ推、大宝元年、随レ使入唐、渉二覧経典一、尤精二三論一、養老二年帰朝、是時釈門之秀者、唯法師及神叡法師二人而已、著二述愚志一巻一、論二僧尼之事一、其略曰、今察下日本素緇行二佛法一軌摸上、全異下大唐道俗伝二聖教一法則上、若順二経典一、能護二国土一、如違二憲章一、不レ利二人民一、一国佛法、万家修レ善、何用二虚設一、豈不レ慎乎、弟子伝レ業者、于レ今不レ絶、属遷二造大安

寺於平城一、勅二法師一勾二当其事一、法師尤妙二工巧一、構作形製、皆稟二其規摹一、所レ有匠手莫レ不二歎服一焉、卒時年七十有余(7)、

と一国の佛法、万家修善のためにも、「経典に順ずれば能く国土を護せん」と、帰唐以来の新しい国家佛教を提唱したのである。ことに平城京にいまだ寺院少なく、遷都後も国大寺に当る官大寺は慶雲二年（七〇五）までは飛鳥に存在していたが、これを新都に移す計画が進められることになったのである。そしてこの新都への遷都に先だって、まず飛鳥の元興寺が霊亀二年（七一六）より、養老二年（七一八）にかけて新都の在京六条四坊に遷され、その移建が養老三年（七一九）に終了して、次に薬師寺が養老三年（七一九）より移建をはじめ、また新しく興福寺が養老四年（七二〇）に建てられることになっていたことから、大安寺も養老二年（七一八）に道慈が帰国して、その翌年に食封五〇戸を賜わった時より新都への移動がはじまり、それはほぼ薬師寺や元興寺と同時期であった。

そして大安寺は聖武天皇の東大寺創建までは、やはり新都の官大寺の中心として国家の祈願寺ともなり最上位にあったのである。ことに奈良初期においての鎮護国家のための官大寺であった。

次にかかる官大寺の機構について考えてみることにする。

（1）続日本紀、第二、大宝二年十二月廿五日条
（2）同右、第三、大宝三年正月五日条
（3）同右、第二、大宝元年七月廿七日条
（4）田村圓澄『飛鳥佛教史研究』（藤原京の四大寺）一〇五頁参照
（5）同右、一〇九頁参照
（6）続日本紀、第十二、天平九年四月八日条

(7) 同右、第十五、天平十六年十月二日条

二 官大寺と南都六宗

さきに述べたように奈良佛教は学派佛教といえると同時に、官大寺には佛教学を研究する機関をそなえていた。これらの学問研究の集団を衆と称している。即ち、

大安寺＝修多羅衆・三論衆・律衆・摂論衆・別三論衆・涅槃衆・華厳衆・木叉分

元興寺＝三論衆・摂論衆・成実衆

そして両寺の資財帳から見られるように大安寺では衆の費用を示す衆銭をあげ、修多羅宗銭一六六八貫六一文、三論衆銭一一一〇貫八五〇文、律衆銭一七九貫四五五文、摂論衆銭五二一貫九四二文、別三論衆銭三一八貫五六四文、涅槃分銭三二貫文、華厳分銭一八貫文、木叉分銭二四貫四八三文など(1)、その費用の配分から考えて大安寺は教学研究の体系としては三論衆と摂論衆がなかでも大きな比重を示している。

それは官大寺である大安寺が、佛教教学研究のうえから三論宗と摂大乗論を中心とする法相系教学が中心となっていたということがわかるのである。ここに奈良佛教の学派佛教としての性格が示されている。

このことはやはりさきの道慈の事蹟からしても、彼が入唐して広く経典を研究したなかで「尤精三三論二(2)」と、彼が主に三論教学を学んで帰国していることから考えても、大安寺で彼が三論・法相教学の中心の講師となって学衆に教え、あわせて涅槃宗や華厳・律等も講じていたのであって、それは大陸の唐の佛教研究の正しい方法を移入したとも見られるのである。さてこの衆であるが、これは小さな学派佛教の研究集団を示すので、教学の宗とは別である。

養老二年（七一八）十月十日の僧綱牒に、

辛酉朔十十月庚午。太政官告二僧綱一曰。(1)智鑒冠レ時。衆所二推譲一。可レ為二法門之師範一者。宜下挙二其人一顕中表高徳上。又(2)有下請レ益無レ倦継二踵於師一。材堪二後進之領袖一者上。亦録二名薦一。挙而牒レ之。(3)五宗之学。三蔵之教。論討有レ異。弁談不レ同。自能該二達宗義一。最称二宗師一。毎レ宗挙人並録。(4)次徳根有二性分一。業亦麁細。宜下随二性分一皆令上レ就レ学。(5)凡諸僧徒。勿レ使二浮遊一。或講二論衆理一。学二習諸義一。或唱二誦経文一。修二道禅行一。各令下分レ業。皆得二其道一。表二章智徳一。顕紀中行能上。所以燕石楚璞各分二明輝一。虞韶鄭音不レ雑二声曲一。将須下象徳定水瀾波澄二於法襟一。龍智慧燭芳照聞中於朝聴上。加以。法師非レ法還墜二佛教一。是金口之所二深誡一。道人違レ道。輙軽二皇憲一。亦玉条之所二重禁一。僧綱宜下廻二静鑒一。能叶中清議上。其居非二精舎一。行乖二練行一。任レ意入レ山。輙造二菴窟一。混二濁山河之清一。雑二燻煙霧之彩一。又経曰。是色告二穢雑市里一。情雖レ逐二於和光一。形無レ別二于窮乞一。如レ斯之輩慎加二禁喩一。[3]

と見えて、学衆を五項目に分類している。ことに(3)は五宗の師僧の学問研究の態度に触れている。そしてそれは中国佛教を見て帰って来た道慈が新しい奈良の学派佛教の成立に強い働きかけをするとともに、僧侶の中の私度僧の統制に乗り出した結果であるともいえる。そしてこの「衆」では佛教の教理を討論して、宗義に達することを直接の目的としている。この衆の成立について、中国の寺院の場合をみて見る必要がある。

もともと隋の大興善寺等、隋や唐初の寺院では一般に一宗一派に偏したものではなかった。山崎宏氏はその著『隋唐佛教史の研究』のなかで、

元来、隋や唐初の寺院は一般に一宗や一派に偏したものではなかった。もちろん時には禅寺・律寺あるいは三階教寺院のようなものもないでは無かったが、教理研究の寺院においては宗派によって対立するという風は少く往

々その指導的地位にある名僧によって宗派的色彩が濃厚となることがあっても、時に応じて間もなく変化し、一般に教義研究所たるの観をもつものが多かった。この点、隋朝の国寺として立てられた大興善寺は正にその代表で、国立綜合佛教研究所としての性格が多かった。いま上掲の大興善寺の住僧六十名を『続高僧伝』の分類法に従って類別すると、訳経科に入るべきもの十三、義解科十五・習禅科六・明律科三・護法科二・感通科十三・雑科六となり、遺身・説誦・興福の三科に篇せられたものはないが、説誦・興福などは余技・余力を以ってなしたものが多いので、ほとんど各科の高僧がこの寺に集っていたことが知られる。この中、訳経僧十三は他寺に比して断然多く、絶対数の義解僧十五と共に、流石に本寺が隋代教界の指導的使命を帯びていたことを示している。なお感通僧十三は意外に多数であるが、そのほとんどが有名な仁寿年間の舎利塔建立の際に、送舎利使として霊験を示したものであったためにほかならない。以上のように隋代において国立綜合佛教研究所の性格を有った大興善寺の内部に、格別宗派的傾向が現われなかったのは当然である(4)。

と述べておられる。大寺が国立佛教研究センター的な役割を持っていたと記されていることは、わが国の大安寺や元興寺の場合にも同様に考えられるのである。

そして自己の研究する宗義にもとづいて衆が形成され、その衆団が高僧を中心として結成されていた。ことに文武天皇大宝二年（七〇二）に遣唐使栗田道麻呂に従って入唐求法して十八年間在唐し、この中国の大寺院の佛教研究状況等を視察し修学して来た道慈にとって、大安寺建立はより唐的な寺院を形成することであり、従来の大官大寺のあり方を改変することにあった。

大興善寺や大慈恩寺、その他唐の大寺院では、教学研究のための講衆が結成され、そこで研究発表がなされていた。

また山崎宏氏は『支那中世佛教の展開』で、隋文帝の五衆について詳しく述べられているが、その中で大寺の講論等の研究機関として衆が存在し、衆には衆主が存在し、各衆主は衆名の経典を各自分の衆中に日夜教習していた。この衆主となるものには佛教学に対する高い学究者である高僧が充てられていた。

そして真寂寺法彦、興善寺宝襲、宝光寺慧遷等が衆主となって大論（智度論）・講論（金剛般若経）・講律（四分律）・涅槃（涅槃経）・十地（十地論）の五つの衆団が結成されて、お互いに経典を学び討論しその研究生活をするために衆を結成していた。そしてこの衆主は、天子の勅命によって任ぜられることになっていた。(5)

まず五衆のうち大論衆主の真寂寺法彦の伝では、

釈法彦、（中略）雖二三蔵並通一、偏以二大論一馳レ美、遊二渉法会一（中略）開皇十六年下レ勅、以レ彦、為二大論衆主一、住二真寂寺一(6)

この人が大智度論の研究に深い造詣を持っていたために大論衆主にえらばれたのである。

また涅槃衆主の大興善寺の童真の場合は、「勅召二於大興善一対二翻梵本一、（開皇）十六年別詔以為二涅槃衆主一(7)」とて彼が涅槃経の翻訳につくしたことから涅槃衆主に別勅で任ぜられている。また唐大総持寺の慧遷の場合は、

釈慧遷（中略）好レ学専問、愛二翫地論一、以為二心賞之極一、（中略）住二大興善一弘敷為レ任、開皇十七年、勅立二五衆一、請レ遷為二十地衆主一、処二宝光寺一相続講説(8)

と、隋文帝開皇十七年（五九七）に大興善寺に五衆を立て、十地衆主を認じて学衆を結成するに到ったことが示されている。

このように中国の国家的寺院（官大寺）に五衆が結成されたことは、それぞれ十地論、涅槃経、大智度論、阿毘曇心

論を研究する集団がグループ研究を重ねていたことからも、この大興善寺が一宗一派にかたよる寺でなく、諸宗兼学の寺院であったことがわかるのである。

そして優秀な衆主には数千の衆が集まるほどであった。

第5表　五衆々主一覧表

住寺（○は就任当時）	僧名	出身地	就任の年（年齢）	没年（年齢）	衆主名	師僧	備考	出典
○真寂寺	法彦	居（洛）洛州	開皇一六（五〇余）	大業三（六〇余）	勅為大論衆主	慧蔵（9）	仁寿元?汝州　仁寿四沂州	10、X、二二
興善寺　○通法寺　禅定寺	実襲	貝州人	開皇一六（五五）	武徳末（八〇）	勅補為大論衆主	雍州三蔵　僧休	仁寿元嵩州　仁寿四?荊州	12、X、二三
興善寺　○経蔵寺	智隠	貝州人	開皇一六（?）	隋末唐初?	勅補充講論衆主	華厳蔵公　慧蔵?（9）	仁寿元益州　仁寿?莘州	26、XI、二二
興善寺　○崇敬寺	洪遵	相州人	開皇一六（六七）	大業四（七九）	勅請為講律衆主	（道?）雲公　（道?）暉公	仁寿二衛州　仁寿四?博州	21、XII、一三
延興寺　○興善寺　禅定寺	童真	蒲州人	開皇一六（五四）	大業九（七一）	別詔以為涅槃衆主	曇延（8）	仁寿元雍州	12、X、二二
○海覚寺	法総	并州人	開皇中年（五〇?）	大業年中（七〇）	勅召為涅槃衆主		仁寿元随州　仁寿四遼州	10、X、二二
○浄影寺　禅定寺	善冑	瀛州人	慧遠亡後（四三）	武徳三（七一）	勅為涅槃衆主	慧遠（8）	仁寿元?梓州	12、X、二三
興善寺　○宝光寺　禅定寺	慧遷	瀛州人	開皇一七（五五）	武徳末（七九）	勅請為十地衆主	慧遠（8）	仁寿二瀛州　仁寿四海州	12、X、二三
興善寺　○浄影寺　禅定寺	霊璨	懐州人	開皇一七（四九）	武徳初（七〇）	勅補為衆主	慧遠（8）	仁寿元?懐州　仁寿四?沢州	10、X、二三

注　(1)　10は「続高僧伝」十，Xは「義楚六帖」十，二二は「文学僧伝二十二」.

(2)　山崎宏『支那中世佛教の展開』32頁所載の表より引用.(10)

また釈霊幹の場合は、

釈霊幹（中略）於二洛州浄土寺一方得二落采一、出家標相、自レ此繁興、有二海玉法師一、構二華厳衆一、四方追結用興二此典一、幹即於二此衆一講二釈華厳一、東夏衆首咸共褒美。開皇七年因修二起居一、道業夙聞、遂蒙二別勅一、令レ住二興善一、為二訳経証義沙門一(9)

と見えて、ここでも霊幹が洛陽の浄土寺の海玉法師が華厳衆を結成していた衆に参加して華厳経を学んで、そののち、大興善寺に入っているが、このように他寺で講衆を結成していて、成果が認められて大興善寺に入った例もあるのである。

このような状況を見てみると、わが国の大安寺と中国の大興善寺の場合は類同性の強いことが見られるのであって大安寺の三論衆・摂論衆・律衆、元興寺の成実衆・三論衆・摂論衆も、さきの大興善寺の五衆に影響されて、唐より帰ってきた道慈が、その五衆の実態を遷して、六衆（六宗）の勅命を乞うて形成したものであると考えられるのである。

そして、わが国の衆について見てみると天平勝宝三年（七五一）の倶舎衆の例がある。正倉院文書によると、

倶舎衆牒　写書司所

奉請書事

倶舎論一部卅巻（別筆）「見廿九巻」　倶舎論本頌

倶舎疏一部光法師　又一部法宝師（別筆）「十五巻」

又一部泰法師（別筆）「依未題不請」　筞隆師章

順正理疏一部（別筆）「十九巻」

右、件書等、講師之所、可要用故、仍請如上、今注状、以牒、

天平勝宝三年八月十四日維那僧勝貴

少学頭僧朗賢

大学頭僧善報

寺主法師平栄　都維那法正

（別筆）「上件事行之

次官佐伯宿禰　判官上野君真人」

「一切経目録二巻上中

右依親王禅師御命進内裏付文召成(10)」

律宗牒　写一切経司務所

奉請経律論抄疏合拾伍部壱伯捌拾捌巻

、舎利弗問経一巻　、優婆離問経一巻（追筆下同じ）「律一帙疏二巻未請」　、迦葉禁戒一巻

、四分律六十巻弁索法師疏十巻首法師疏廿巻　、五分律卅巻弁輪法師疏十巻「此疏者未」　善見毗婆沙十八巻

、毗尼母論八巻　、鼻那耶律十巻　四分行事抄六巻宣師者

明了論一巻　三千威儀経二巻　、毗尼摩得勒伽十巻

右、為大脩多羅衆律講復師、差供維那僧仙主使、件経律等奉請如前、以牒、

天平勝宝三年十一月十二日維那僧仙主
少維那僧（自署下同ジ）「栄法」
大学頭「安寛」
少学頭「法正」
「知事平栄」
（真人筆）早速行奉、
十一月十二日
判官上野君真人(11)」

と見えて、ここに示すように東大寺に形成された衆の倶舎宗や律宗について見ると、中国の衆主制に相当するものがわが国では学頭制となっている。そして倶舎衆を組織しているのは少学頭と大学頭および維那僧である。

またこれらの衆は倶舎宗では倶舎学に関する論疏を写一切経所や、写書司に牒を出して請書しているのであるから、これまた養老二年（七一八）の詔の「衆所二推譲一可レ為二法門之師範一者、宜挙二其人一顕二表高徳一」というのは大安寺における五宗の学頭職の補任を意味すると考えられる。ことに同詔の「五宗之学、三蔵之教、論討有レ異、弁談不レ同、自能該二達宗義一、最称二宗師一」とて、学衆の学頭はまた宗師でもあり、その宗義に通じていなければならなかったのである。

さらにこの詔は明らかに衆と宗を分けて用いている。衆はここでは講論の衆で、学僧の集団をあらわし、宗は宗義を指し、その長たるものを宗師とすると規定している。そしてこの詔こそ大寺の中に衆を形成することを許可したと見てもいい詔で、五宗の教学体形の組織立てがここに完成したと見るべきである。そしてこの東大寺のような大寺における諸宗兼学の立場がまたここにうち立てられたといっても過言ではない。

このようにして五衆を形成し、そしてこの衆が、しだいに固められ、宗義が統一されてくるにつれて、衆から宗に転ずることによってより明確に宗義に徹しようという動きが生じてきたのである。そこで問題となるのは天平勝宝三年（七五一）の僧智憬の章疏本奉請啓に、五宗とあることである。

法性宗大学頭承教師　維那師寂雲（師）　小学頭仙舜師　玄愷師
三論宗大学頭諦證（マヽ）師　維那徳懿師　小学頭洞真師
律　宗大学頭安寛師　維那仙主師　小学頭法正師
倶舎宗大学頭善報師　維那勝貴師　小学頭朗賢（師）、
成実宗大学頭光暁師　維那賢融師　小学頭憬忠師
右□（五カ）宗学頭師等、各承　僧都宣既畢、審察此旨、則差使人、於学頭師等所令請諸章疏等本耳、然花厳宗可写書本、前且進送訖、
今亦随求得、則奉送耳、注状謹啓、
　　　月六日僧智憬謹状
（異筆）「仁王般若経巻上」
（又異筆）「無垢賢女経一巻暫間奉請明一師九月一日知他田水主大伴蓑万呂」(12)

ここでは倶舎衆も倶舎宗と変えられている。この文書は五衆を五宗と変更した好例でやはり天平勝宝三年（七五一）頃の東大寺内における五宗の学頭組織を示しているものである。

そして学頭職はどの宗も大学頭・小学頭・維那の三役の組織構成をそなえ、これを五宗学頭師と称し、それに応じて写経した章疏の研究をなさしめ、華厳宗はその上位に置いて良弁がこの中心となっていたのである。そして良弁は東大寺では新しい佛教経典の積極的受容につとめ、他方、佛教教学の研究の中心となって華厳宗をはじめ五宗を統率し指導していたのである。

そして東大寺では隋の大興善寺と同様に官大寺であると同時に写経機関と研究機関が併設されていた。

即ち、大安寺をはじめ、元興寺、興福寺等もすべて最初は六宗兼学の道場として、それぞれ写経機関と研究機関を持っていたであろうけれども、東大寺のような大規模のものではなかった。この東大寺内の三面僧房内に設けられていた五宗の研究機関にはそれぞれ、その宗の祖師をまつる厨子が安置してあった。

正倉院文書の厨子絵像幷画師目録によると次のごとくなっている。

『甲』(朱筆以下同ジ)
第一厨子花厳宗　判大稲村
『一』梵天　『二』普荘厳童子　『三』普賢井　『四』文殊師利井
『五』善財童子　『六』帝釈　『七』増長天王　『八』廣目天王　『九』主夜神
『十』海童比丘　『十一』賢慧井僧　『十二』馬鳴井僧　『十三』海雲比丘　『十四』主晝神
『十五』多聞天王　『十六』持国天王
『乙』
第二厨子法性宗　簀秦麻呂
『一』梵天　『二』勝義生井　『三』観自在井　『四』無尽意井
『五』無着井僧　『六』帝釈　『七』増長天王　『八』廣目天王　『九』羅刹

『十』雪山童子　『十一』世親井僧大老　『十二』護法井僧劣　『十三』釈迦井王形
『十四』阿私仙老人　『十五』多聞天王　『十六』持国天王
『丙』第三厨子三論宗　秦堅魚
『一』梵天　『二』琉璃光井　『三』文殊師利井　『四』維摩詰居士形　『五』師子吼井
『六』帝釈　『七』増長天王　『八』廣目天王　『九』清弁井僧劣　『十』分別明井僧壮
『十一』提婆井僧老　『十二』龍樹井僧大老　『十三』須菩提僧壮　『啼』常提井僧中
『十五』多聞天王　『十六』持国天王
『丁』第四厨子律宗　息長豊穂
『一』梵天　『二』阿難中老　『三』迦葉大老　優婆離老　『五』末田地壮　『六』帝釈
『七』増長天王　『八』廣目天王　『九』弥沙塞老　『十』薩婆多　『十』曇無徳老
『十二』優婆掬多大老　『十三』迦葉遺老　『十四』摩訶僧祇　『十五』多聞天王　『十六』持国天王
『戊』第五厨子薩婆多宗　赤染沙弥万呂
『一』梵天　『二』提婆設摩壮　『三』尊者世友老　『四』尊者世親大老比丘
『五』尊者妙音壮　『六』帝釈　『七』増長天王　『八』廣目天王　『九』法護論師老
『十』衆賢論師比丘壮　『十一』迦多延尼子老　『十二』大目揵連壮　舎利子老
『十四』冨楼那老　『十五』多聞天王　『十六』持国天王

『己』第六厨子成実宗　　勝老足

『一』梵天　『二』舎利弗老　『三』師子鎧井壮　『四』達摩陁羅老　『五』羅睺羅劣

『六』帝釈　『七』増長天王　『八』廣目天王　『九』力士阿説耆老　『十』放牛難陀劣

『十一』難陀壮　『十二』阿難中老　『十三』和加利壮　『十四』金剛弗加沙王中老　『十五』多聞天王

『十六』持国天王(13)

そして、その宗の中心となる厨子に佛菩薩および二天、ならびに四天王をまつっている。この文書はやはりさきの天平勝宝三年（七五一）に近い時期のものと考えられることから、東大寺が成立した天平勝宝年間に六宗が設けられ、佛教研究の機関が整備され、その各宗の礼拝の対象となる厨子が設けられていたのである。

華厳宗もこの時期に成立し、学頭職も設置され、良弁大徳の指導のもとに、華厳宗の大学頭に善福、講師に智憬等が当っていた。その状況は、

方今聖皇建二立伽藍一、集二其学徒一、傾二捨戸邑一、宛二其供料一、所以学侶修習、無レ棄二寸陰一、僧衆集住不レ倦二寒暑一、三面僧房諸宗並レ窓、小乗大乗讃仰既舊、四方禅院衆彦連レ樞、半字満字翫味弥新、華厳三論各談二五教八不之理一、(天台)法相手演二四教三時之義一(真言)戒律能修二三蜜五篇之行一、成実倶舎妙弘二三蔵四含之教一、紹隆之業於レ玆盛矣(14)

とて、各宗は三面僧房に集って厨子を安置し朝夕に礼拝して研究生活をつづけていたのである。そして官大寺の僧房にはすべて六宗に通じた高僧が居住して、その研学の指導に当っていたと考えることができるのである。

このように南都六宗は、衆を結成し、それに属する僧たちが法相↓倶舎↓三論↓華厳と順次に教学を修め、その初歩より深奥へその研究を師についてすすめ、この機関を持つ官大寺をめぐることにより佛教学研究の成果をあげ、そ

の寺の学頭職の指導のもとに、他寺の大徳をも招じて講説を受け、研究と討論を交わしたのである。

それと同時に金堂・講堂等で行なわれた大法会においては国家鎮護の祈願をし、最勝王経や仁王経が講ぜられた。

また興福寺や元興寺では法相宗を中心に研究され、大安寺では三論宗が、東大寺では華厳宗が盛んとなったのである。

またこの官大寺としての寺院は上座、寺主、都維那の三綱職により管理され、僧綱がこれら寺院を統制して、僧綱所は薬師寺に存在していた。


西大寺の場合では、上座は一人であるが、寺主は二人で大寺主と小寺主に分かれ、都維那も都維那と小都維那に分けて三綱の増加が見られる。そのほかに寺院の経済経営のための鎮がある。これは大鎮、小鎮に分かれていた。ついで可信であるが、これは修学僧の集団を意味するのであろう。これらが寺院の学衆の主たる構成員であった(15)。

もちろん三綱職は別当を助けて最高の寺院運営機関であり、六宗の学衆への振興についての助力をもなしていた。しかして、東大寺の上座・寺主となった実忠の例からして、彼は各学衆への供料の調達の他、造寺の用材の調進、杣への出入等の修現全般にわたって伽藍の維持への努力をはらっていたのである(16)。


そして東大寺はこのように大陸佛教の影響を受け、唐の大興善寺等に例をとりながら大陸的な規模により寺院を構成することになったのである。

それはまた、日本の律令体制そのものが唐制の受容によってつくりあげられたものである以上、律令体制を基幹とする東大寺においてもやはり隋唐の官大寺の構成を模し、それによって律令寺院を形成し得たということをあらわしている。

(1) 大安寺縁起流記資財帳(寧楽遺文、上、三六九頁)

(2) 続日本紀、第十五、天平十六年十月二日条

(3) 同右、第八、養老二年十月十日条

この詔については井上光貞氏および舟ヶ崎正孝氏等がやはり南都六宗の成立をものがたる詔として述べられ、舟ヶ崎氏は、『日本庶民宗教史の研究』のなかで、この官符の内容を分けて「(1)高徳僧の顕彰、(2)領袖僧の資質昂揚とその挙録、(3)宗師僧の学問的属性の昂揚とその挙録、(4)機根別就学方針の促進、(5)僧徒の浮遊禁制と智徳行能の顕彰の五項になるであろう」。として、それは「法師乖法還墜佛教、是金口之所深誡、道人違道輙軽皇憲、亦玉条之所重禁」とある部分の趣旨は、経典無準拠、憲章不遵守という趣旨そのままの文言であって、道慈の僧徒観を直接的に採用したものであろう。」と述べて道慈の影響力のあったことを示されている（同書二一頁）。

(4) 山崎宏『隋唐佛教史の研究』、五六頁参照

(5) 同『支那中世佛教の展開』五衆の設定（三〇九―三二六頁）参照

(6) 続高僧伝、十（大正蔵五〇、五〇五頁b）隋西京真寂道場法彦伝

(7) 同右、十二（同右、五一七c）隋大禅定道場釈童真伝

(8) 同右、十二（同右、五二〇頁c）唐京師、大総持寺釈慧遷伝

(9) 同右（同右、五一八頁b）隋西京大禅定道場釈霊幹伝

(10) 大日本古文書、三、五二三頁、倶舎衆牒

(11) 同右、十二、一七七頁、東大寺律衆牒

(12) 同右、十三、三六頁、僧智憬章疏本奉請啓

(13) 同右、十二、二四七頁、厨子絵像幷画師目録

(14) 東大寺要録、五、諸宗事、東大寺蔵

(15) 西大寺流記資財帳（寧楽遺文、上、四二九頁）

(16) 東大寺要録、七、東大寺権別当実忠廿九ヶ条事

第二節　国分寺の成立

一　道慈と玄昉と最勝王経の受容

さきに大安寺について述べたが、奈良時代になって、次第に国家的規模によって寺院が建立される傾向が強まったが、その中でも国分寺は多くの問題をもっている。すなわち奈良時代の国分寺をめぐる歴史的背景についてはかなり古くから多くの所論がなされている。それは佛教史的立場からも、歴史学的方向からもその成立について論争がくりかえされている。

これらのことについてまとめられた井上薫氏の『奈良朝佛教史の研究』では、要約すればその所論の批判について縷々述べられている。ことに(1)国分寺創建の詔の発布の時および詔勅の「秋稼」の文字については、天平十年・十二年の説等について批判を加えられ、(2)それがまた藤原廣嗣の乱との相関性が認められるであろうとの点だとか、(3)国分寺の成立が中国佛寺の分国方式の設置を模倣したにしても、隋文帝の高宗、則天武后、中宗、玄宗のどの時期のものをモデルにしたのか等、国分寺に対する諸説は多士済済で全く多岐にわたっている。

しかしそれらの諸論を考えるとき、国分寺創建の歴史的背景は、いまだ充分に核心に触れているとは言い難い。またある説では「国分寺」という名にとらわれた論さえ見られないではない。

このような状況についてあらたに最勝王経の受容を根幹として、道慈と玄昉の立場に触れ、あわせて最勝王経の受容と廣嗣の乱との関係ならびに天平十三年（七四一）三月二十四日の国分寺の詔の思想史的な背景について考えてゆきたいと思うものである。

国分寺の名称については天平十三年三月二十四日の詔に明確に「僧寺必令レ有二廿僧一、其寺名為二金光明四天王護国之寺一尼寺一十尼、其寺名為二法華滅罪之寺一」[1]とあれば、この国分金光明寺が明らかに金光明最勝王経四天王護国品を所依として、その転経為福のために創建されるに到ったのであることはいうまでもない。そしてその詔の冒頭に「災除福至」または「求二景福一」とかの語が見えるのもこのためである。

この最勝王経は義浄訳を指すのであって唐の長安三年（七〇三）に訳されたものである。この経典のわが国への伝来については玄昉帰朝以前の道慈の帰唐を待って将来されたものと考えられる。

続紀の紀事によると神亀二年（七二五）六月十七日の詔に「令三僧尼読二金光明経一、若無二此経一者、便転二最勝王経一令二国家平安一」[2]とあれば、この時期が金光明経の新訳と旧訳の交代の時と考えて至当であろう。

もちろんこの経の受容に対してもととなる思想は、この詔に七道諸国の「除レ災祈レ祥、必憑二幽冥一、敬レ神尊レ佛、清浄為レ先」[3]するとともに、神亀二年（七二五）九月二十二日の詔では「陰陽和而風雨節、災害除以休徴臻」を求めるものであった。それと同時に三〇〇〇人の出家入道と、大和国内の諸寺に九月二十三日より一七ヵ日転経して災異を除かんとするものであった。[4]

そして最勝王経受容の必要性は国家の災異を除くために転経して祈願するので、この経典転読の功徳は必然的に僧徒の修行を経ている浄行僧によらなければならないとされている。その条件としては、(1)講二論衆理一、(2)学二習諸義一、(3)唱二誦経文一、(4)修二道禅行一との四つの眼目がかかげられていた。[5]また養老四年（七二〇）十二月二十五日の詔にも、

詔曰、釈典之道、教在二甚深一、転レ経唱レ礼、先伝二恒規一、理合二遵承一、不レ須二輙改一、比者、或僧尼自出二方法一、妄作二別音一、遂使下二後生之輩一、積習成上レ俗、不二肯変一レ正、恐汙二法門一、縦レ是始乎、宜下依二漢沙門道栄・学問僧勝暁等一転経唱礼、余音並停上レ之(6)、

と見えていることから転経唱礼は国家的な祈願、ならびに一般法要の形式としても盛んに普及するようになったのであろう。そしてそれが旧訳の金光明経よりも、新訳（義浄訳）の最勝王経にすこぶる興味を示し帰依することになった。

いまこの神亀二年（七二五）の最勝王経転読の目的は、諸国の除災与楽を求め吉祥ならんことを祈るためで、その原因は九月二十二日の詔の中に見える「天示二星異一、地顕二動震一」を要因とする。そこには聖武天皇即位後二年間における天変、即ち神亀元年（七二四）の「日犯二熒惑一」（四月十八日）(7)とか「日有レ蝕之」（七月一日）(8)、「自二六月朔一、至二是日一（七月二十日）熒惑逆行」(9)や、神亀二年（閏正月三日）「月犯二鎮星一」(10)や「太白昼見」(11)（六月二十二日）等の天文の異変を指す。これについては、史記天官書にも「熒惑出則有兵、入則兵散」とこの星の出ることは内乱等の発生の前兆として考えられ、即ちいまの火星の出現を恐れたのである。そしてこの難をのがれるために「除災祈レ祥、憑二幽冥一」ために祈禱することは中国でも先例があり、わが国も佛堂を清浄にして祥瑞を願い祈願をこめることには異ならなかった。ことに中国の天子思想を継承して政治道徳とした天皇にしてみれば、「仰惟二災眚一、責深在レ予、昔殷宗脩レ徳消二雊雉之寃一、宋景行レ仁、弭二熒惑之異一、遙瞻二前軌一、寧忘二誠惶一」(12)と、明らかに熒惑星の難は即位のよろこびを打ち消すものであった。ことにその即位直後の、「聖人代以二宮室一、亦有二京師一、帝王為レ居、万国所レ朝、非二是壮麗一、何以表レ徳」(13)と壮麗なる平城宮の宮居の新設にひきかえてこの悪星の出現はまことに聖武天皇の前途に不安をもたらすものであった。

そこでこのために先の神亀二年（七二五）の僧六〇〇人を宮中に請じて大般若経を読誦せしめた例にもとづき、いま

また災異を除かんために最勝王経を転読して祈願をすることになった。

そして儒教的王道思想をもつ天皇は神亀三年（七二六）六月十四日の詔で、

夫百姓或染二沉痼病一、経レ年未レ愈、或亦得二重病一、昼夜辛苦、朕為二父母一何不二憐愍一、宜遣二医薬於左右京四畿及六道諸国一救二療此類咸得二安寧一(14)

と天皇は民の父母たりとの自覚のもとに災異にのぞんだ。しかし依然として、昼に太白歳星とか芒角相合など、また太白鎮星を犯す等の天変がひっきりなしにあらわれ、ただでさえ瑞祥を尊ぶこの時代では政治の危機としても受けとられた。その結果災異を除く経典として最勝王経が受容され、そのほか大般若経・金剛般若経も除災与楽の祈願のための経典として採用された。

そのために天皇および長屋王は神亀四年（七二七）二月二十一日、天皇とともに文武百官の主典以上を召して、

比者、咎徴荐臻災気不レ止、如聞、時政違乖、民情愁怨、天地告レ譴、鬼神見レ異、朕施レ徳不レ明、仍有二懈缺一(15)

と、その不安を叫びつづけなければならなかった。そして朝廷の最も大きな不安と悲しみは何といっても、神亀五年（七二八）九月十三日の皇太子の薨去に求めなければならない。太白、天をわたり、夜に流星、長さ二丈ばかり赤光を出して宮中に堕るなどの怪異の中に、皇太子の死を予言するごとく、ついに光明皇后との間に出来た最愛の二歳になったばかりの皇太子がなくなった。これは天武系を継承する相続者を失い、はたまた聖武政権への天の反応でもあった。即ち皇位相続者を失うことは聖武系の没落をも意味したし、国家将来の不安は高まった。そのために天皇としてはまさに「自レ非二三宝威力一、何能解二脱患苦一」(16)と廃朝三日に及んだ。

そしてその結果として金光明経を諸国に頒つ事になった。

十二月己丑、金光明経六十四帙、六百四十巻、頒二於諸国一、国別十巻、先レ是諸国所レ有金光明経、或国八巻、或国四巻、至レ是写備頒下、随二経到日一、即令二転読一、為レ令二国家平安一也[17]

ここでは金光明経であるけれども、いずれは新写の最勝王経と差しかえられる性格のものであった。

もちろん国ごとに金光明経を誦する例は、大宝二年（七〇二）より始まり国ごとに国師を置いて（令集解）、国衙での誦経を命じていることから、この国ごと十巻等も、国師を中心として国衙の僧により転読されたと考えることができる。そのためにいまや金光明経や最勝王経が護国経典として全国的に普及していく基盤がここに備わったといえる。そして天平九年（七三七）八月の悪疫流行のときにはその全国頒布がほぼゆきわたったとみえて「命二四畿内二監及七道諸国僧尼一、清浄沐浴、一月之内、二三度、令レ読二最勝王経一」[18]と諸国の読経が行われることになった。しかしこの時も、さきの天変地異、天然痘の流行との三重苦の形で政治的苦悩が表現され、この時の原因は、そのうえ藤原氏の高官の死と、「四月以来、疫旱並行、田苗燋萎、由レ是祈二禱山川一、奠二祭神祇一、未レ得二効験一、至レ今猶苦、朕以二不徳一、実致二茲災一」[19]の災害はまた天皇の不徳と理解された。このときも、大般若経とともに最勝王経が読誦されている。

しかしこれらの天変地変悪病調伏のため最勝王経読誦を提唱した中心人物としては道慈と玄昉をあげることができる。ことに神亀二年（七二五）以前には最勝王経の読誦の例はない。前掲の天平元年（七二九）金光明経の全国頒布の行われた翌年に道慈を律師に任ぜられたことは、金光明経の全国頒布の提唱を彼が行い、その指導者としての任命であることも理解できる。[20]このときは弁浄を大僧都とし、神叡を少僧都に補せられているが、弁浄はまもなく示寂して、その実権は入唐帰朝後約十年を経た道慈に移っていった。この道慈は任官するとともに、養老元年（七一七）に妖僧をもって僧尼令により擯出された行基門徒を如法修行するものとして許し、天平六年（七三四）十一月二十二日には僧尼たるものは法華経および最勝王経を暗誦すべきであると提唱した。

佛教流伝必在二僧尼一、度二人才行一、実簡二所司一、比来出家不レ審二学業一、多由二嘱請一、甚乖二法意一、自今以後、不レ論二道俗一、所レ挙度人、唯取下闇二誦法華経一部一、或最勝王経一部一、兼解二礼佛一、浄行三年以上者上令二得度一(21)

また大安寺に住した道慈は、自分自身の転経の功徳の例証を示して、

律師道慈言、……住二大安寺一修造以来、於二此伽藍一、恐レ有二災事一、私請二浄行僧等一、毎年令レ転二大般若経一部六百巻一、因レ此雖レ有二雷声一無レ所二災害一(22)

と、災害の退散を実証することによって、より僧侶の地位の向上を求め、優婆塞貢進の試問のなかにも最勝王経の暗誦を定めて、この経典の普及と一般化を推進していった。

しかし一方、唐より帰って来た玄昉は新しく中国の宮中内道場や中央官庁における転経功徳による災害の除去の例を学び、これを我朝に提唱することにつとめた。それはまた王者に対する密教的な最勝王経の受容への道を開き、さきの道慈の戒律主義的な、制度的な地方伝播を求めた方向とは対立した。

最勝王経のなかで王道思想と合うものは王法正論品に「悪風起無レ恒、暴雨非時下、妖星多二変怪一、日月蝕無レ光、五穀衆花果、果実皆不成、国土遭二飢饉一由三王捨二正法一(23)」と正法護持を怠たる王者の必然的な災難を示していましめている。また同経の四天王観察人天品には、

若有二国王一被三他怨賊常来侵擾、及多飢饉疾疫流二行、無量百千災厄之事一、世尊　我等四王、於二此金光明最勝王経一恭敬供養、若有二苾芻法師一、受持読誦、我等四王、共往覚悟勧二請其人一、時彼法師由二我神通覚悟力一故、往二彼国界一、廣二宣流布是金光明微妙経典一、由二経力一故、令二彼無量百千衰悩災厄之事悉皆除遣一(24)

と述べて、君王がこの経典を護持すべきことを提唱している。

このことは聖武天皇の政情不安に対する安心《あんじん》ともなり、また一方では道慈・玄昉は天皇の護持僧としての性格をも強めていった。そして天平九年（七三七）八月十五日には、

為二天下太平国土安寧一、於二宮中一十五処一、請二僧七百人一、令レ転二大般若経・最勝王経一、度二四百人一、四畿内七道諸国五百七十八人[25]

と玄昉の提唱により最勝王経による宮中読経が盛んに行われ、さながら唐の内道場のごとき観があったが、これはまったく玄昉の立場が道慈を越えて固める結果となり、そのために彼は道慈を越えて僧正に昇進し、その弟子の義淵や良敏もまた神叡とならんで大僧都に特進した。これは明らかに入唐僧のなかでも道慈の大安寺系を越えて玄昉のごとき興福寺系が後宮の勢力と結んで天皇の側近への護持僧的動きを積極的に示すものであった。そしてそれは道慈のいう雷火調伏の効験により華やかな進出をもたらしたのであった。もちろん大極殿での最勝王経講讃法会はかくのごとく玄昉によってもはじめられたが、その講師にはさきの道慈が招請され堅蔵とともにこの会の講師となって、その聴衆一〇〇人沙弥一〇〇人を招いてあたかも「朝廷之儀一同二元日一」[26]といわれるほどであった。この時の惣数二〇〇人については去る九月二十八日の施綿僧・沙弥二三七六人の数から考えて十分の一を示すものであるが、これはさきの新度四〇〇人、および五七八人を合せて約一〇〇〇人の新度者も含まれていたであろうし、この機会に最勝王経の流布がしだいに宮中内外に拡大されていった。このことは新訳の最勝王経が道慈・玄昉のような入唐僧等によって急速にわが国に受容発展させられていったのである。もちろん彼らの栄達への道もこれにともなって基礎づくりがしだいにでき、玄昉のごときは特に道慈と異なる後宮の看病禅師という性格を強くうちだして後宮政治に近づくこととなっ

た。その要因は長屋王の変のあと、光明皇后の立后とともに聖武朝に進出して来た藤原武智麿・藤原房前等の藤原氏の進出と相まって、玄昉の進出もこれと関連を持ちながら進められていったので、それはまた朝廷の最勝王経の受容を彼ら自身推進していった結果でもあった。

つぎに金光明経と最勝王経との比較を考えてみることとする。金光明経ははじめて曇無讖(北涼　玄始三―十)(四一四―四二一)によって訳され、ついで梁の承聖元年(五五二)には真諦三蔵の七巻本が訳され、その後、唐の則天武后の長安三年(七〇三)に義浄が将来した新しい梵本にもとづいて十巻の金光明経を訳した。その各品については四巻の金光明経では十八品、義浄の最勝王経では三十一品と十三品が増訳され、その主なものは表のごとくである(第6表参照)。

この表が示すごとく両経を対比すると、義浄訳では甚だしく陀羅尼関係の諸品が金光明経より増補されている。それから最も注目すべきは四天王品が義浄訳では四天王

第6表　金光明経新旧両訳対照表

	金光明経		金光明最勝王経
訳者	曇無讖		義浄
	北涼・玄始元～十(四一二～四二一)		唐・長安三年(七〇三)
1	序品	1	序品
2	寿量品	2	如来寿量品
		3	分別三身品
3	懺悔品	4	夢見金鼓懺悔品
		5	滅業障品
		6	浄地陀羅尼品
4	讃歎品	7	蓮華喩讃品
		8	金勝陀羅尼品
5	空品	9	重顕空性品
		10	依空満願品
6	四天王品	11	四天王観察人天品
		12	四天王護国品
		13	無染着陀羅尼品
		14	如意宝珠品
7	大弁天品	15	大弁才天女品

観察人天品と四天王護国品の二つに分けて増補している
し、讃佛関係も各菩薩の讃歎品に分かれている。それは義浄三蔵の南海渡航によるインドのナーランダ寺系の密教の影響を受けたからでもあろう。義浄伝によると、

(則天武后)證聖元年乙未仲夏還至二河洛一、得下梵本経律論近二四百部一、合五十万頌、金剛座真容一鋪、舎利三百粒上、天后親迎二于上東門外一、諸寺緇伍具二幡蓋歌楽一、前導、勅於二佛授記寺一安置焉、初与二于闐三蔵実叉難陀一、飜二華厳経一、久視之後、乃自専訳、起二庚子蔵一、至二長安癸卯一、於二福先寺及雍京西明寺一、訳二金光明最勝王・能断金剛般若・弥勒成佛・一字呪王・荘厳王陀羅尼・長爪梵志等一(中略)暨二和帝神龍元年乙巳一、於二東洛内道場一釈二孔雀王経一、(中略)性伝二密呪一最尽二其妙一(27)

とあるので義浄はインドの渡航により密呪を習い、それにともなう密教系の経典の訳に興味をもっていたことが訳経の内容からもうかがえるのである。そして帰朝後彼

8	功徳天品	16	大吉祥天女品
		17	大吉祥天女増長財物品
9	堅牢地神品	18	堅牢地神品
10	散脂鬼神品	19	僧慎爾耶薬叉大将品
11	正論品	20	王法正論品
12	善集品	21	善生王品
13	鬼神品	22	諸天薬叉護持品
14	授記品	23	授記品
15	除病品	24	除病品
16	流水長者子品	25	長者子流水品
17	捨身品	26	捨身品
18	讃仏品	27	十方菩薩讃歎品
		28	妙幢菩薩讃歎品
		29	菩提樹神讃歎品
		30	大弁財天女讃歎品
19	〔嘱累品〕	31	付嘱品
	○梵本アリ		
巻	(大正蔵十六・三三五・No.六六三)		(大正蔵十六・四〇三・No.六六五)

が唐朝の内道場に進出していることもさきの玄昉の立場と相似たところが見られないでもない。このことは金光明最勝王経の内容からも、その訳出の態度にも見られるのである。この最勝王経経題については「金光明妙法、諸経最勝王」との意を示しているといい、またことに曇無讖訳・真諦訳以外に加えられた金勝陀羅尼では、「若有レ人能持二此呪一者、随二其所欲一衣食財宝、多聞聡慧無病長寿(28)」と説き呪法の必要性を強調し、如意宝珠品も同様に、一切の災厄を遠離するために「汝等当レ知有二陀羅尼一名二如意宝珠一遠二離一切災厄一亦能遮二止諸悪雷電一」と力説している(29)。もちろん密呪を金光明経の中に挿入することについては真諦訳の八巻本より見られるので義浄のみの訳本にかかげるところではないが、義浄はそれをより具体的に正確に実践的に表現することにより、中国の王法佛法論の基礎を固めようとしたことが、この経の釈出を通じてもうかがえる。

ことに国王と王法護持の関係を述べた王法正論品では、金光明経が「正論品第十一」とあるに対して真諦訳も「正論品第十六」とその題名を継承しているが、義浄訳では「王法正論品第二十」と王法の二字が付け加えられている。そして金光明経では「父王告二其太子信相一、世有二正論一、善治二国土一(30)」とあるに対して最勝王経では「於二諸国中一、為二人王一者、若無二正法一、不レ能下治レ国、安二養衆生及以自身一長居勝法上(31)」として釈尊の王法正論治国之要を力説している。治国の要道は佛の説く正法を護持し、これにもとづいて政治の実際を行うことにある。そのとき梵天、四王ともにその国に来りその王を擁護することは疑いないと説き、もしそれに反して正法を護持せざれば「王位不二久安一」はもちろんのこと、「流三行於国内、闘浄多二姦偽一、疾疫生三衆苦二」と集苦の意を述べている。またその偈頌に、

国土当二滅亡一、　王身受二苦厄一、　父母及妻子、
兄弟幷姉妹、　但遭二愛別離一、　乃至身亡歿

変怪流星堕　　二日倶時出　　他方怨賊来
国人遭二喪乱一、　国所レ重大臣　　抂拡而身死
所愛象馬等　　亦復皆散失　　処々有二兵戈一(32)

と義浄は、金光明経の「正」、および「正法」の理論を王法と結合して最終的には「由二正法一得レ王」と力説し、佛教治国の要は正法にもとづくべきものと訳している。その依本の梵本においても、インドにおいてかなり国家に対する佛教の浸透が進行した時に作成されたものというべく、中国においても王法佛法を提唱することにより天子の王権との接触を期待し、王者もまた佛教による政治の実践への熱意を示すことにあった。ことに則天武后の佛教への傾倒は非常に積極的なものがあり、この点においては義浄の訳経態度は好ましいものであった。

同様に道慈より十年後れて入唐した玄昉においても、中国の密教が善無畏等により輝かしい進出を見せていることを見聞してきた彼にとっては、王法佛法への強い憧憬と内道場への関心をあわせてもって帰国したことから考えても最勝王経がより王道思想を顕揚する経典であったことがわかる。

そして次に道慈と玄昉の両者における最勝王経の受容の態度を見るに、続紀の記する道慈の伝によれば彼は彼が示寂する天平十六年（七四四）十月二日まで律師であった。

日本素緇行二佛法一軌模全異下大唐道俗伝二聖教法則上、若順二経典一能護二国土一、如違二憲章一、不レ利二人民一、一国佛法、万家修レ善、何用二虚設一、豈不レ慎乎(33)

と唐制にもとづく戒律の重視を提唱したのに対して、玄昉の伝には、

（玄昉）為二僧正一安二置内道場一、自レ是之後、栄寵日盛、稍乖二沙門之行一、時人悪レ之、至レ是死二於徒所一、世相伝云為二

藤原廣嗣霊ニ所レ害(34)

と両者の性格は著しく相違している。ことに奈良佛教の発展における二つの段階が見られるのである。それはまた金光明最勝王経の受容時における二つの態度とも受けとれるのであって、一つは聖武朝の地方文化の向上と律令体制整備のための最勝王経の地方伝播を促進する必要を提唱する立場にあった。ここに道慈の活躍の場があった。他方玄昉の例に見られる皇后宮職を中心としての後宮への最勝王経の受容は、天皇政治に対する天子思想の受容と相まって佛教治国策の推進に新しい局面を期待せずにはおかなかった。そしてこれは前者に対して、玄昉の積極的な態度にも影響されて内道場を中心として光明皇后‖聖武天皇‖藤原武智麻呂等の中央主権層に浸透していったのである。そしてこれらの両者の態度は最勝王経の受容の上にも見られる奈良佛教の特徴でもある。

(1)　続日本紀、第十四、天平十三年三月廿四日条
(2)　同右、第九、神亀二年六月十七日条
(3)　註(2)に同じ
(4)　続日本紀、第九、神亀二年九月廿二日条
(5)　同右、第八、養老二年十月十日条
(6)　同右、養老四年十二月廿五日条
(7)　同右、第九、神亀元年四月十八日
(8)　同右、神亀元年七月一日条
(9)　同右、神亀元年七月廿日
(10)　同右、神亀二年閏正月三日条
(11)　同右、神亀二年六月廿二日条

(12) 同右、神亀二年九月廿二日条
(13) 同右、神亀元年十一月八日条
(14) 同右、神亀三年六月十四日条
(15) 同右、神亀四年二月廿一日条
(16) 同右、第十、神亀五年八月廿一日条
(17) 同右、神亀五年十二月廿八日条
(18) 同右、第十二、天平九年八月二日条
(19) 同右、天平九年五月十九日条
(20) 同右、第十、天平元年十月七日条
(21) 同右、第十一、天平六年十一月廿一日条
(22) 同右、第十二、天平九年四月八日条
(23) 金光明最勝王経巻第八、王法正論品（大正蔵一六、四四二c）
(24) 同右、巻第五、四天王観察人天品（大正蔵一六、四二七a）
(25) 続日本紀、第十二、天平九年八月十五日条
(26) 同右、天平九年十月廿七日条
(27) 宋高僧伝、第一、訳経篇第一ノ一、唐京兆大薦福寺義浄伝（大正蔵五〇、七一〇頁b）
(28) 金光明最勝王経金勝陀羅尼品、巻第八（大正蔵一六、四二四頁a）
(29) 同右、巻第七、如意宝珠品、第十四（大正蔵一六、四三三頁b）
(30) 金光明経、巻第三、正論品、第十一（大正蔵一六、三四六頁c）
(31) 金光明最勝王経、巻第八、王法正論品、第二十（大正蔵一六、四四二頁a）
(32) 同右（同右四四三頁a）
(33) 続日本紀、第十五、天平十六年十月二日条

（34）　同右、第十六、天平十八年六月十八日条

二　藤原廣嗣の乱と国分寺創建への動機

次に廣嗣の乱と国分寺について述べるならば、これについて井上薫氏は「廣嗣の乱を無視して国分寺建立勅発布年代を説く論に私は従えないのである(1)」と述べられていることは私も同感である。しかし「七四〇年の藤原廣嗣の叛乱」として論ぜられた北山茂夫氏の所論も国分寺との関係については充分に述べられていない(2)。

いまこのことを理解しようとするために、天平十三年（七四一）三月二十四日の詔の内容の検討からはじめなければならない。

この国分寺設置の詔の直接の原因となっているものには⑴年穀不豊、⑵疫癘頻至、⑶慙懼交集の三つの条件が国分寺の設置を促進させたと見るべきであり、これらの災障が除去されるときに「国泰人楽・災除福至」の目的が達成されるのである。この三つの理由のうち、㈠年穀不豊はこの年までの天災地変をもって危機感を告げ、天平七年（七三五）頃より「以㆓災変数見、疫癘不㆑已(3)」と、さらに天平十一年（七三九）七月十四日の五穀成熟経を天下の諸寺に転読しているのも、そのあらわれである。また次の㈡疫癘頻至はもちろん天平九年（七三七）の天然痘の大流行を指し、天平七年（七三五）八月十二日に大宰府に上流したこの病気は天平八年（七三六）十月には大宰府の所管の諸国に及び、そのため「去冬疫瘡、男女惣困、農事有㆑廃、五穀不㆑饒(4)」という状況がつづいて、天平九年（七三七）には「四月以来、疫旱並行、田苗燋萎(5)」と、また六月には「廃朝以㆓百官官人患㆑疫也(6)」さらに「秋七月丁丑（五日）賑㆓給大倭・伊豆・若狭三国飢疫百姓㆒(7)」、そしてついに藤原麻呂の死、つづいて右大臣藤原武智麻呂の死（天平九年〔七三七〕七月二十五日）と藤原

一族の死者が増してここに藤原政権樹立の第一歩はあえなくついえさってしまったのである。

次に第三の「慙懼交集」については、この慙は「不レ直失レ節、謂二之慙一」[8]と「タダシクナイ」または節操を失う意で、懼は「畏怖させる」「オドス」の意をもち、史記に「吾懼レ君以レ兵」[9]と見えていて、「節を失って君をおどす」という意にとるとき、直接に廣嗣の乱を指すものといえるのである。

廣嗣の乱の原因は廣嗣自身上表して「指二時政之得失一、陳二大地之災異一、因以レ除二僧正玄昉法師、右衛士督従五位上下道朝臣真備一」[10]と、玄昉と下道朝臣真備を排除するにあったことは明らかである。いま廣嗣の続紀に見えている初見は従五位下に任ぜられた天平九年（七三七）九月二十八日の除目の時である。[11]その父、藤原宇合はその年の八月五日にやはり麻呂・武智麻呂につづいて天然痘により死亡している。[12]そのとき彼は式部卿で大宰帥を兼任していた。この式部卿の奈良時代における宇合以前の任命の例を見ると和銅元年（七〇八）の平城遷都にもとづく官職の整備の時期に下毛野朝臣古麿が任命されている。そして彼の死亡の後、長屋王が和銅三年（七一〇）に補任され、ついで彼が中納言に転任するや、養老二年（七一八）九月十九日には藤原武智麻呂が式部卿に任ぜられ、[13]ここにこの職についての藤原氏の相伝形態がとられることになった。しかるに神亀元年（七二四）四月には宇合は式部卿となっていたままで高橋朝臣安麿とともに持節大将軍となって蝦夷の討伐にあたり、坂東九国の三万人に騎射を教習し軍陣に臨む準備を行い、陸奥鎮守を固め、同年十一月二十九日に征夷持節大使として鎮狄将軍小野朝臣牛養とともに帰京し、[14]二年にはその俘囚の一四四人を伊予国、五七八人を筑紫に配流している。[15]その功により宇合は昇勲しているが、式部卿の地位は異動していない。天平三年（七三一）に彼は参議となって、その没するまで式部卿のままであった。

また大宰府の主管者たる大宰帥における武智麻呂の場合には彼は天平三年（七三一）九月二十七日に大納言と大宰帥

を兼ね、天平九年（七三七）八月五日の宇合の死去に対してやはり参議・式部卿・大宰帥をば兼任している。このように大宰府についても、東北経営についても藤原勢力は強く浸透していったことを示している。ことに律令体制のなかでも大宰帥は高位高官をもって任ぜられ、他の国司とは同等に扱われていなかったことは、九州諸国が対新羅問題等にも常に厳重な警戒態勢に入る必要があって、その軍等については東北の蝦夷や、薩摩の隼人等を充当する方法がとられた。また一方では逆に帰化人等は、上総・常陸等の開発さらには陸奥出羽への進出をうながされたのも奈良時代の辺境に対する政策の一端としてうかがえるのである。

それはさておき、このような武智麻呂や父宇合の動きを受けついだ廣嗣は父の死後、天平十年（七三八）四月二十二日には、その前年の十二月二十七日に天下の災害により大和の国名を大養徳国に改められた最初の「大養徳守」に補任(16)され、あわせて父宇合とともに式部少輔の地位はそのまま温存された。そして同年の十二月四日には、

従四位下高橋朝臣安麻呂為二大宰大弐一、従五位下藤原朝臣廣嗣為二少弐一(17)

と、わずか九ヵ月の間しか大和守に止まっていなかった。この理由については後述する。また一方高橋安麻呂の大宰大弐は同年十月三十日に大宰大弐紀男人が卒していることからその後継者としての大弐就任であるが、廣嗣の大和守より大宰少弐への転落は予想外の人事であった。そして彼の謀叛は天平十二年（七四〇）八月二十日の上表文より表面化してくるのである。

廣嗣の反対にあった吉備真備については、このとき下道朝臣真備と称し、その伝においても、

前右大臣正二位勲二等吉備真備薨、右衛士少尉下道朝臣国勝之子也、霊亀二年年廿二、従レ使入唐、留学受レ業、研二覧経史一、該二渉衆芸一、……天平五年帰朝、授二正六位下一拝二大学助一、高野天皇師レ之、受二礼記及漢書一、恩寵甚

渥、賜二姓吉備朝臣一、累遷、七歳中至二従四位上右京大夫兼右衛士督一、十一年式部少輔従五位下藤原朝臣廣嗣与二
玄昉法師一有レ隙、出為二大宰少弐一、到レ任即起レ兵反、以レ討二玄昉及真備一為レ名、雖二兵敗伏一レ誅、逆魂未レ息(18)

とある。

もちろん廣嗣謀叛の理由については、玄昉・真備派の入唐帰朝の留学僧、留学生たちの急速な昇進に対する憎悪もさることながら、自分が宇合の長子として式部卿の一門としてその職を相続すべきであるという執着心もその一つの理由であった。天平九年（七三七）八月五日宇合が没して以後、天平十年（七三八）一月二十六日に式部卿を中納言多治比真人廣成が兼任し、彼は依然として式部少輔に甘んじていなければならなかった。しかし真備は天平十年（七三八）七月七日に聖武天皇が大蔵省に幸されたとき右衛士督下道真備や諸才子に梅についての詩を賦して絁を賜うなど、聖武天皇および皇太夫人藤原宮子姫等に寵愛され、そのうえ朝廷が唐制および文化の受容に積極的であったことからして彼らの栄達も順風に乗るごときであった。

そのほか乱の発生の原因については廣嗣自体の性格にもあった。天平十二年（七四〇）九月二十九日の勅に、

逆人廣嗣小来凶悪、長益二詐奸一、其父故式部卿（宇合）常欲二除棄一、朕不レ能レ許、掩蔵至レ今、比在二京中一、讒二乱親族一、故令レ遷レ遠、冀二其改一レ心(19)

と、彼の性格からして親族をも讒訴するような小人の悪癖があったと考えられる。ことに「在二京中一讒二乱親族一故令レ遷レ遠、冀二其改一レ心」は彼の大和守時代の施政の失策をも端的に表現したものといえる。そしてその上、天平十年（七三八）十月二十五日には「遣二巡察使於七道諸国一、採二訪国宰政迹黎民労逸一」(20)とあれば大和守としての廣嗣の政治についてもするどい非難反論が巡察使より報ぜられたために彼はみずから大宰少弐に転落する破目になったともいえる。

もちろん廣嗣の上表文は、朝廷に受けられるべくもなかったが、時政之得失は、玄昉・真備の過重なる天皇および後宮の寵愛によることも否めない。そして内道場を中心として地位を高めた彼らに「天地之災異」をもからませたところに彼が天皇の政治に対する重大な反対勢力となった。もともと聖武天皇として、最も苦しんでいるのが天災地変、および悪疫の流行であれば、それを追求することは、天皇が中国の天子に相当することから、天子としての鼎の軽重を問うことを意味する。そしてそれはまた積極的に時政の得失を論ずることを意味する。乱の最中に彼が自分は原則的に天皇に叛するのではないといっているのも、かかる非難が結局は天皇の政治を非難することとなったことを示している。そしてまた、いまや藤原氏の孤独化に対しても反抗を覚えるとともに彼が宇合の長子として残存し、橘諸兄・玄昉・真備・廣成・巨勢奈氏麿の勢力が新しく台頭してくるとき、彼は第一期藤原氏の衰亡期に妬猜の心をもちながら反抗していったのである。

この廣嗣の叛は予想外に根深かった。それは単なる廣嗣個人の反抗勢力の結集であったが、その組織については大宰府の要職にあったことがあずかって力があった。ことに少弐は帥の代行、大弐の代行も行う権力を持ち、社祠寺・戸口・貢挙・田宅・訴訟・兵士・器仗・伝馬・烽候等の支配力を持っていた。そしてそのうえ武智麻呂や、彼の父、藤原宇合の大宰帥時代の基盤をもとにして彼が立つとき、彼の御曹子的要素も加わってついに隼人族や豊前国大宰史生小長谷常人や、三田塩籠等を主動力として軍を組織し筑前・大隅・薩摩・筑後・肥前の軍一万余をもって大野朝臣東人の官軍に対した。しかしついに肥前国松浦郡値嘉嶋長野村で捕えられ、斬られて天平十二年（七四〇）十一月一日この乱が収まった。

けれどもこの乱による朝廷側の動きは、乱の発生を知ると、天平十二年（七四〇）九月十五日には、

勅二四畿内七道諸国一、曰、比来縁三筑紫境有二不軌之臣一命レ軍討伐、願依二聖祐一欲レ安二百姓一、故今国別造二観世音菩薩像壱軀高七尺一并写二観世音経一十巻一(21)

同十二年十月九日には、

詔二大将軍東人一、令レ祈二請八幡神一(22)

と観世音菩薩像と観世音経を造ってこの乱の調伏祈願を行っている。

そして天皇は伊勢・美濃へ行幸するなど、藤原廣嗣の乱は九州の鎮撫に当面動きは注目されているものの京中の騒ぎもただならぬものがあり、橘諸兄の別業のあった恭仁京への遷都すら計画するほど不安はつのっていた。ことに政治道徳に儒教的性格が強い当時の状況においては天皇の基盤すら動揺を来しかねない状況にあれば、天下太平国土安寧のためにも断固とした方法をとらなければならないし、このためにも「流二通此経一者、我等四王 常来擁護、一切災障、皆使二消殄一」の護国佛教思想を積極的に受容されることになったのである。即ち国分金明光寺創建の詔が廣嗣の乱後一年にして発布されているのも、その両者の関係が深い思想的な繋がりを持っていたことを示すものである。

(1) 井上薫『奈良朝佛教史の研究』一一二頁
(2) 北山茂夫『日本古代政治史の研究』二三七頁
(3) 続日本紀、第十二、天平七年閏十一月十七日条
(4) 同右、天平八年十月廿二日条
(5) 同右、天平九年五月十九日条
(6) 同右、天平九年六月一日条

（7）同右、天平九年七月五日条
（8）諸橋轍次『大漢和辞典』四、一一五七頁
（9）同右、一一二三〇頁
（10）続日本紀、第十三、天平十二年八月廿九日条
（11）同右、第十二、天平九年九月廿八日条
（12）同右、天平九年八月五日条
（13）同右、第八、養老二年九月十九日条
（14）同右、第九、神亀元年十一月廿九日条
（15）同右、第十、神亀二年閏正月四日条
（16）同右、第十三、天平十年四月廿二日条
（17）同右、天平十年十二月四日条
（18）同右、第三十三、宝亀六年十月二日条
（19）同右、第十三、天平十二年九月廿九日条
（20）同右、天平十年十月廿五日条
（21）同右、天平十二年九月十五日条
（22）同右、天平十二年十月九日条

三　国分寺創建の詔について

国分寺の成立については、国分寺成立の天平十三年（七四一）三月二十四日の詔について検討を加えなければならぬことは、井上薫氏も『奈良朝佛教史の研究』(1)で詳細にわたって諸説を検討していられることでもわかる。ことにこの

著の中で天平九年（七三七）の国分寺創建の詔が、対新羅関係にもとづくと述べられていることは、小論[2]の国分寺創建問題にさらに補うべき関連のある問題であったことはいうまでもない。

しかし井上氏が、(1)天平九年三月三日丁丑の詔を国分寺創建詔と見ていられることは、うなずけないし、また天平十二年（七四〇）六月十九日の詔についても、これが直ちに国分寺創建の詔と断ずることについてはやはり疑問をはさまざるを得ない。このことは家永説においても同様である。前者・後者ともに大般若経および法華経書写の場合を述べたのであって、これらの経典を国ごとに配布したのみで直ちに国分寺創建の詔と見なすことにはならない。やはり最勝王経の受容についてのことに基盤を置きながら考えねばならない。

もちろん井上氏の論のごとく、この十三年三月二十四日の詔については、類聚三代格に引用されている天平十三年二月十四日の勅が国分寺の成立と運営において細部にわたって述べている上、続紀の錯簡の例を引用して続紀の天平十三年三月二十四日の詔について疑問をはさんでいられるが、[3]この点については、私は反論し、むしろ類聚三代格の国分寺創建の詔のほうに多くの疑問が考えられる。

まず第一に続紀では「詔」の形式をとっているのに三代格は「勅」となっていることについて、[4]公式令によると「詔書式、謂詔書、勅旨、同是綸言、但臨時大事為レ詔、尋常小事為レ勅也」[5]との原則からして国分寺創建は全く臨時大事に属する詔の形式をとっている以上、三代格のごとき勅とすることはその性格からも至当ではない。ことに三代格の引用文は詔と勅との混同多く、藤原氏に有利に改変しているものも多く、この二月十四日の勅も全くこの例に該当する。

すなわち、その例として三代格の「光業」もまた「先業」の方が正しいし、「釈迦牟尼佛尊金像」という呼び方は適当でない。その外「安寧」と「自寧」等、三代格の誤字は甚だしい。そして詔の内容についても三代格は「諸国置二上件寺一者」と割書を挿入し、さらにその後の項目について「願」の字を頭に加えて書き出して願文の体載を整えることに意を用いていることはなお一層疑問を持たざるを得ない。

そしてさらに三代格は「毎国僧寺尼寺、各水田一十町」として、続紀の「又毎レ国僧寺施二封五十戸、水田一十町一、尼寺水田十町」を略して、封五十戸については全くはぶいている。これはその前の天平十三年正月十五日の「丁酉、故太政大臣藤原朝臣家返二上食封五千戸一、二千戸依レ旧返二賜其家一、三千戸施二入諸国国分寺一、以充下造二丈六佛像一之料上」(6)とある以上、封戸の施入の記事は当然記載されるべきであるのに、三代格はこれをはぶいていることは、この詔の記載に忠実でない面があらわれていると考えるべきである。ことに期日の二月十四日の記載については天平十九年(七四七)十一月七日の詔の「天平十三年二月十四日云々」の詔の期日との混同と見るべきであろう。これについては後に述べる。

そして私はまず続紀の詔が最も信を置けるものであると考えるものである。しかしそれをさらに詳細に検討することにより国分寺設置の史実をも明らかとなってくる。下の(　)は指摘できる史実である。

(一) 朕以二薄徳一、忝承二重任一、未レ弘二政化一、寤寐多慚、古之明主、皆能二先業一、国泰人楽、災除福至、修二何政化一、能臻二此道一。　(序)

(二) 頃者年穀不レ豊、疫癘頻至、慙懼交集、唯労罪レ己、是以廣為二蒼生一遍求二景福一。
(天平九年以来の天災地変疫病の流行)

(三) 故前年馳レ駅増二飾天下神宮一。
(天平九年十一月三日、天平十年五月廿四日条)

(四)　去歳普令㆘㆓天下㆒造㆓釈迦牟尼佛尊像高一丈六尺者各一鋪㆒、并写㆗大般若経各一部㆖

（天平九年三月三日条、天平九年二月廿二日条）

(五)　自㆓今春㆒已来、至㆓于秋稼㆒、風雨順㆑序、五穀豊穣、此乃徴㆑誠啓㆑願、霊貺如㆑答、載惶載懼、無㆓以自寧㆒。

（天平十一年七月十四日の条）

(六)　案㆑経云、「若有㆘国土講宣読誦、恭敬供養、流㆓通此経㆒王者㆖、我等四王、常来擁護、一切災障、皆使㆓消殄㆒、憂愁疾疫、亦令㆓除差㆒、所㆑願遂㆑心、恒生㆓歓喜㆒。

（金光明最勝王経滅業品第五）

(七)　宜㆑令㆘㆓天下諸国㆒各敬㆓造七重塔一区㆒、并写㆗金光明最勝王経、妙法蓮華経各十部㆖。

（天平十二年六月十九日・神亀五年十二月廿八日）

(八)　朕又別擬㆓写金字金光明最勝王経㆒、毎㆑塔各令㆑置㆓一部㆒、所㆑冀、聖法之盛、与㆓天地㆒而永流、擁護之恩、被㆓幽明㆒而恒満。

（天平十三年三月廿四日）

(九)　其造塔之寺、兼為㆓国華㆒、必択㆓好処㆒実可㆓長久㆒近人則不㆑欲㆓薫臭所㆑及、遠人則不㆑欲㆓労㆑衆帰集㆒、国司等各宜㆘努存㆓厳飾㆒兼尽㆗潔清㆖、近感㆓諸天㆒、庶幾臨護、布㆓告遐邇㆒令㆑知㆓朕意㆒。

（天平十三年三月廿四日）

(十)　又毎㆑国僧寺、施㆓封五十戸㆒、水田一十町㆒尼寺水田十町。

（天平十三年正月十五日）（天平十三年三月廿四日）

(十一)　僧寺必令㆑有㆓廿僧㆒、其寺名為㆓金光明四天王護国之寺㆒、尼寺一十尼、其寺名為㆓法華滅罪之寺㆒

（天平十三年三月廿四日）

(十二)　両寺相共宜㆑受㆓教戒㆒、若有㆑闕者即須㆓補満㆒、其僧尼、毎月八日、必応㆑転㆓読最勝王経㆒、毎至㆓月半㆒、誦㆓戒羯

磨二毎月六斎日一、公私不レ得二漁猟殺生一、国司等宜三恒加二検校一。　（天平九年八月二日）

もちろんこの詔は諸国の国司に対して出されたものであるが、㈠については聖武天皇はかねてより中国の天子思想(7)にもとづく国家の君主としての政治の実践を具現しようとする聖徳太子以来の思想である、「国靡二二君一、民無二両主一、率土兆民、以レ王為レ主」(8)の思想を継承し、さらにまた大宝令が発布されてより、いまだ八省の整備、諸国司の任命等もいまだ充分でなかった。また諸国の支配のうちでも、摂津大夫と大宰府は特に正三位、従三位等の高官が補任され、諸国司でも大和、伊賀、尾張、上総、下総、越中、備前、長門、讃岐等は大宝元年（七〇一）当初より国守の任命があるが、他の国々は和銅元年（七〇八）の補任がおくれて史上にあらわれてくる。それはやはり平城遷都と国内の整備とが共通して行われた結果を示すのであって、この年には地方官より中央へ転出するのも続出している。

ことに北陸経営は、日本海沿岸では出羽国の開発を通じて蝦夷の追込みをはかり、また上総、下総等も東北よりする蝦夷への攻撃の兵站基地としての役割を持っていた。もちろん陸奥守はその直接責任者としての地位にあった。そして一般的にいって国司の交替期を見てみると天平十年（七三八）度には一三ヵ国、一三人、十八年（七四六）度には一七ヵ国、二二人の国司交替の波が見られる。そのことはこの時期に地方政治の改変の必要がせまっていたことを示す。また天平十年には九年より疫病によってたおれたものの補充のための補任があり、十八年は大佛建立への協力のための人事刷新として国司の交替が受けとられるのである。そしていまの十一年（七三九）より十七年（七四五）までは国司の移動はかなり少ないことから考えて、いまの国分寺の創設については新任の国司に責任を負わすことなく国分寺創建の事業が推進されたのであろう。ことに天平十三年度は、八月九日と十二月十日のわずかの移動に止まっている。

もちろん九州隼人地区より薩摩に到るまではいまだ充分に朝廷の支配下に収めていないため、廣嗣の乱も、かかる朝廷の支配の及びがたい隼人との共同戦線の上に仕組まれたものであることはいうまでもない。もちろんこの序文ではその中心は「朕の薄徳」を補わんとするに「災除福至」をもってしようとした意志があらわれている。

(二)は先述のごとく、天平九年（七三七）来の旱害、地震、天然痘の流行、廣嗣の乱を指していることは前述した。

(三)は井上氏等も示されているごとく天平九年十一月三日の「遣二使于畿内及七道一令レ造二諸神社一」(9)であろうが、ここに天下神宮としていることはやはり伊勢神宮への奉幣も含まれていると見るべきである。ことに天平十年（七三八）五月二十四日の右大臣に任ぜられたばかりの橘諸兄と神祇伯中臣名代、右少弁紀宇美、陰陽頭高麦太が「賚二神宝一奉二伊勢大神宮一」(10)の史実に関聯していると考えるべきである。

(四)については天平九年三月三日の詔、「毎レ国令下造二釈迦佛像一軀、扶持菩薩二軀一兼写中大般若経一部上」(11)これは天平八年（七三六）十月二十二日の大宰府の報告による疫瘡の流行と天平九年（七三七）二月廿二日の新羅使の無礼に対する「発兵加二征伐一」という事件に対する反応であることには相違ないが、天平十三年（七四一）の場合は釈迦像を一丈六尺とし、天平九年の扶持菩薩を一軀を一鋪と訂正している点に相違が見られる。

(五)については井上氏が「『今春』と『秋稼』の語がそのまま残り、二月の勅として矛盾を蔵することになった」(12)といわれるがこれにも同じ難い。これを素直に見るとき五穀豊穣を喜んだ類例をかかげたのであって、八、九年よりの旱害になやまされた結果、それをのがれて天平十一年四月より七月までの間の「自二今春一已来、至二于秋稼一」までの収穫の喜びを指すのであって、天平十一年（七三九）七月十四日の「詔曰、方今孟秋、苗子盛秀、欲レ令二風雨調和年穀成熟一、宜レ令二下天下諸寺一転二読五穀成熟経一并悔過七日七夜上焉」(13)とあれば、天平十一年の今春より孟秋までと理解するのが至当であろう。もちろん天平十一年のこの記事以後に収穫の減少に関する事項が記載されてないし、天平十二年（七四〇）六月十五日の詔にも「勅曰、朕君二臨八荒一、奄二有万姓一、履レ薄馭レ朽、情深二履育一、求レ衣、忘レ寝、思二切納隍一、恒念、何答二上玄一、人民有二休平之楽一、能称二明命一、国家致二寧泰之栄一」(14)と、ようやく民心が安定し、寧安の楽を得ることができるようになったとあることは、この天平十一年（七三九）以来の風雨順時、五穀成熟の結果を指していると考えられるからである。

㈥については最勝王経の経文を引用しているが、これについては最勝王経の原文との相違について考える必要がある。これに関連のある経文は金光明最勝王経第三滅業品第五の文を見ると、

〔滅業品第五〕	〔続紀引用文〕
若有国土講宣読誦此妙経王、是諸国主、我等四王常来擁護行往共倶、其王若有一切災障及諸怨敵、我等四王皆使消殄(15)	若有国土講宣読誦恭敬供養、流通此経王者、我等四王常来擁護、一切災障、皆使消殄

このように経文の引用についても、そのまま流用するのでなく必要な事句について選択を試みている。そこにわが国の王法興隆に適合するように経の文字の配置を考えている。「諸国主」とか、「其王」とかいう佛教の示す一般的の国王に共通な条項を削除して、「流通此経王」に改め、「我等四王」の重複をさけている。ここにも当時の佛教経典の受容がかならずしも経典の文句をそのまま用いるのでなく、わが国の国情に合致するように文字を改変していること

は、日本人の外来文化受容に対する基本的な態度であるともいえる。

㈦については天平十二年（七四〇）六月十九日の「令下二天下諸国一、毎レ国写二法華経十部一幷建中七重塔上」[16]の七重塔建立の詔に注目しなければならないが、これにともなって、神亀五年（七二八）十二月二十八日の、

十二月己丑、金光明経六十四帙六百四十巻頒二於諸国一、国別十巻、先レ是諸国所レ有金光明経、或国八巻、或国四巻、至レ是写備頒下、随二経到日一、即令二転読一為レ令二国家平安一也[17]

との関係について考えてみる必要がある。

この記事は皇太子薨去の後四ヵ月目に出された。まえの皇太子の病に対する平癒祈願については国ごとの観音像およびその経典の配布を述べてこの経典にはふれず、いま十二月二十八日にはあらためて正月の斎会のために頒布されている。もともとこの金光明経・大般若経・金剛般若経等の護国経典の誦経転読は天武朝頃より行われていた。基本的には四大寺、京中の諸寺等で天変地変、妖星出現、天皇・皇后の不予等の場合に盛んに読誦せられる傾向にあった。天武天皇五年（六七七）の夏の天下大旱のために六月に「遣二使四方一、捧二幣帛一祈二諸神祇一」[18]また佛事としては十一月廿日に「遣二使於四方国一、説二金光明経・仁王経一」[19]と、金光明経の読誦は旱害のあるごとに諸国に波及していった。また天武九年（六八一）五月一日、始めてこの経典を宮中および諸寺で説かしめることが行われ、しだいに教理的な理解をも高まっていたようである。[20]もちろん宮中誦経と地方誦経は並列して行われているが、持統五年（六九一）には宮中誦経のため「天皇詔二公卿等一曰、卿等於二天皇世一、作二佛殿経蔵一行二月六斎一」と天智天皇以来の宮中誦経の傾向は持統天皇の場合より天皇に対する追慕のためにも「当下勤心奉中佛法上」という主張が宮中にもみなぎることになった。[21]持統八年（六九四）にはついに金光明経は「以二金光明経一百部一、送二置諸国一、必取二毎年正月上玄一読レ之、其布施以二当国官

物二充レ之[22]」と諸国に頒布され正月上旬（一日―十四日）の一七日間に読誦されることになった。そして天平八年（七三六）九年（七三七）、十一年（七三九）の諸国正税帳内に見える正月十四日の最勝王経誦経はこの恒例行事にもとづくものである。金光明経が滅罪生善を説くことは、同経の懺悔品第三のなかにも、

所謂金光滅二除諸悪一、千劫所レ作極重悪業、若能至心一懺悔者、如レ是衆罪悉皆滅尽、我今已説二懺悔之法一……当為二国王一輔相大臣之行二恭敬一、非下於二一佛五佛十佛一、種二諸功徳一聞中是懺悔上、若於二無量百千万億諸佛如来一、種二諸善根一然後乃得三聞二是懺悔一[23]

悔過懺悔の話を説いていることは、年頭斎会へのこの経の受容が高まり、その年次の五穀成熟、国安太平の祈願をこの経典によって行おうとしたところに最勝王経読誦の法会が年中行事化することによって定着化していったことが判明する。ことにそのために持統十年（六九六）には毎月十二月晦日に浄行僧一〇人を選定し、そして慶雲二年（七〇五）の金光明経の誦経の理由にも、「令下二陰陽錯乱一水旱失レ時、年穀不レ登、民多中菜色上」とその目的は「為レ救二民苦一[24]」を主として掲げている。

霊亀二年（七一六）五月十五日の寺院統制の詔にも諸国司は国師・衆僧と檀越とともに「諸国寺家、堂塔雖レ成、僧尼莫レ住、礼佛無レ聞[25]」と諸国の国師檀越等に命じて礼佛誦経の必要を述べている。

また神亀二年（七二五）の「読二金光明経一、若無二此経一者便転二最勝王経一令二国家平安一[26]」においても金光明経は前説のごとく最勝王経に置きかえられることになった。この時は「天示二星異一、地顕二動震一」という不時の異変のため通例の正月十四日の誦経でなく、特別に九月二十三日より十七日の転経であった。

このような奈良初期における金光明経・最勝王経の度重なる異変に対処する諸国での転経のためには当然、その国

庁の国師を中心に国庁で、宮中誦経の小規模な形において実践されていたことは考えられるのであって、そのためにも経典の頒布は当然必要であり、そして神亀五年（七二八）の国別十巻、ことに大国八巻、小国四巻、即ち、大国には金光明経二部、小国二部の書写安置が必要となったのである。

　諸国における金光明経および最勝王経の誦経は、諸国の正税帳においては「正月十四日斎会供養料」として天平六年（七三四）の尾張国、同八年（七三六）の薩摩国、同九年（七三七）の但馬国、同十年（七三八）の淡路国と駿河国、同十一年（七三九）の伊豆国で、それぞれそこでは八巻の金光明経（淡路・伊豆は四巻）と十巻の最勝王経が転読され、すでに天平六年頃より国衙誦経が明らかに年中行事化されていたことを示すものである。またその供養料は国衙の正税によりまかなわれ、封戸を充てられたのではない。天平八年の（七三六）薩摩国の例では、「依例正月十四日、読八巻、金光明経、并十巻金光明最勝王経、佛聖僧及読誦僧一十一軀、合十三軀供養料、稲弐拾束五把拾分把之肆、(軀別一束五把八分)当国僧合一十一軀一(十軀三百八十四日 一軀一百一十三日)惣単参千九百五十三人供養料、稲壱千五百八拾壱束二把(僧別四把)」(27)と、この例のごとく僧一一人で一年間誦経が国衙で行われている以上、国衙内の内道場の設定をも考えねばならない。そしてこのことがのちの国分寺へ発展する母体であって、天平十三年（七四一）正月十五日の「国分寺」はこのようなものを指すのである。

　そしてこれは神亀五年（七二八）十二月二十八日の金光明経の頒布の国ごと八巻または四巻の記事とも相通ずるもので、この十二月二十八日の頒布はまったく国衙における正月十四日の斎会のためで、国衙誦経が年中行事化したのは持統八年（六九四）より天平元年（七二九）に到る間であると見ることができる。また天平六年（七三四）十一月の僧尼の度者について法華経一部と最勝王経一部を暗誦してその採用の規準としたことは、諸国国師等に配する僧尼の必須の条件であったとも考えられないことはない。ことに天平九年（七三七）の悪疫流行等の三重苦の世相においては、

為二天下太平国土安寧一、於二宮中一十五処一、請二僧七百人一、令レ転二大般若経・最勝王経一、度二四百人一、四畿内七道諸国五百七十八人(28)

という臨時的な最勝王経の転読であったが、これらの誦経の恒常的なものがしだいに最勝王経のもつ悔過的性格の発展とともに大晦日より元日への大秘の思想ともつながりを持って宮中および国衙での正月一七ヵ日の誦経として斎会が実施されるようになってこれが後の御斎会の起源ともなった。

また次に七重塔の設置については、やはり井上氏も論じておられるごとく天平十二年（七四〇）六月十九日の、

甲戌、令二下天下諸国一、毎レ国写二法華経十部一、并建中七重塔上(29)

この詔が国分寺創設に直接関連する記事で、ただこの記事が詔の形式をとっていないことについては疑問があるとの考え方もあるが、ここでは七重塔がかならずしも最勝王経に限定したものでもない。法華経等にも宝塔涌出品の思想もあり、塔の存在については国分寺創建の詔の天平十三年（七四一）の詔に「其造塔之寺、兼為二国華一、必択二好処一、実可二長久一」(30)という思想こそその意を述べたものである。もちろんこの場合、天下諸国に命じ、国ごとに以前の最勝王経のほか法華経を安置することになったことにも注目すべきであろう。

さて天平十三年三月二十四日の詔であるが、これと最も関連をもって考えなければならないのが、同年正月十五日の藤原不比等の食封を「施二入諸国国分寺一、以充下造二丈六佛像一之料上」(31)という記事のなかの「諸国国分寺」の句であるが、いま注意すべきことはさきの天平十三年三月二十四日の詔の中に造寺、造佛、造塔の創設の意を表現する「造」の句が見当らないことである。むしろ聖武天皇の宸筆金字金光明経の記事のみがこの詔ではじめて出現したものであって、釈迦造像の件も、敬造七重塔も従前の詔や勅の重複として見られるところである。

もちろん国分寺の名もまだ見えていない。国分寺の記事は、正月十五日にあるのが初見である。これを考える場合その成立については金光明最勝王経の受容の神亀二年（七二五）より、その経典思想のもとに国家平安を祈願し、それが宮中・国衙誦経へ進み、最勝王経の頒布の神亀五年（七二八）、および天平九年（七三七）の大厄の後の八月二日の、

命二四畿内二監及七道諸国僧尼一、清浄沐浴、一月之内二三度、令レ読二最勝王経一、又月六斎日、禁二断殺生一[32]

の状況にまで発展し、このような国衙誦経の場所としては天平六年（七三四）より九年（七三七）までの間に国分道場として国庁の背後に国家祈願をその対称とする佛寺が国司・国師を中心として宮中の内道場に似た性格の小規模な堂宇が築かれたと考えるのが至当であろう。そしてそれが毎年誦経の必要にせまられ、拡大していってしだいに佛寺に近づき、それが国ごとに造寺されていくという結果よりして国分寺と一般に称されるに到ったと考えられる。故にこの十三年正月十五日の国分寺の称はその結果はじめて続紀に記されたものであろうし、その経済的負担において国衙正税以外に藤原不比等の遺産が祈願のために光明皇后を中心とする人々により「諸国の国分寺」のために寄進されるに到ったのでその寺の名が明らかとなったのであろう。もちろんそれは国分寺であるということは「毎レ国佛寺」または国衙の祈願寺であっても、寺の固有名は存在していなかったのであるから、二つの寺とも呼称される場合もあった。そしてこれらの寺が僧寺、尼寺と別々に建てられるべきことは僧尼令においても僧尼の同居は禁止している以上、このような二種の寺として国衙周辺に建てられたのである。

(八)についてはいまの天平十三年三月二十四日の詔を、(一)金字金光明最勝王経の一部の塔ごとの安置、(二)僧・尼寺への封戸の配分、(三)僧・尼の員数の指定、(三)国分寺の称名としての所依の経典による寺名の決定、これがこの詔の主要目的であって、他の毎月誦経、六斎日の殺生禁断等は前項にもあったごとく、僧尼の生活に関する通則にすぎない。

即ち、ここでは金字金光明経の塔への安置はやはりこれまで漸次造建されることになっていた七重塔に対してそれを「為二国華一、必択二好処一、実可二長久一……国司等各宜下務存二厳飾一兼尽中潔清上」というように国華としての性格に中央より金字写経を納入してその性格を確固とすることであって、天平十五年（七四三）正月七日の条にも正月十四日の最勝王経の転読を求めている。そしてこれらのことが詔によってなされるとき国司の国分寺充実の努力は一層積極的となることを期待したのであった。それは天平十九年（七四七）十一月七日の詔にも、

詔曰朕以二去天平十三年二月十四日一、至心発レ願欲レ使二国家永固、聖法恒修一、遍詔二天下諸国一国別令レ造二金光明寺、法華寺一、其金光明寺各造二七重塔一区一、并写二金字金光明経一部一、安二置塔裏一而諸国司等、怠緩不レ行、或処寺不レ便、或猶未レ開レ基、以為、天地災異一二顕来、蓋由レ兹乎、朕之股肱、豈合レ如レ此、是以差二従四位下石川朝臣年足、従五位下阿倍朝臣小嶋、布勢朝臣宅主等一、分レ道発遣、検二定寺地一、并察二作状一、国司宜下与二使及国師一簡二定勝地一勤加中営繕上又任下郡司勇幹堪上レ済二諸事一、専令二主当一、限二来三年以前一、造二塔金堂僧房一、悉皆令レ了、若能契レ勅、如レ理修二造之一、子孫無レ絶任二郡領司一其僧寺尼寺水田者、除二前入数一已外、更加二田地一僧寺九十町、尼寺四十町、便仰二所司一、墾開応レ施、普告二国郡一知二朕意一焉(33)

とあって、これはいまの天平十三年（七四一）の詔の後の状況を示すとともにこの詔によって天平十三年の状況も明らかとなる。ここでは天平十三年には国分寺は寺地の状況においても不便な所にあったり、まだ充分に基礎が確立せず、その責任者の国司の誠意も見られず、そしてさらに国司と国師は共同してこの諸国の金光明寺の営繕に当らねばならなかった。

その順序は塔→金堂→僧房の順序で、天平十三年には国分寺の眼目の塔の設置をめざしたものであることはさきの

十三年の詔で明らかである。その点からいって、本格的に国分寺が歩み出したのは七重塔の計画が実行に移され出してからであろう。そしてこの塔に金字金光明最勝王経を納入することによって国分金光明寺の発展の基礎とすると同時に、いままでの国分寺を明確に「其寺名為二金光明四天王護国之寺一」と僧寺名を定め、尼寺を「名為二法華滅罪之寺一」と教理的にも公称の寺名として、天皇の最勝王経護持の佛教的政治思想の具現と、「像法中興」の理想を推進しようとしたのがこの詔の意義であり、創建の詔ともいうべきものである。それはまた天平十五年（七四三）の「為レ読二金光明最勝王経一請二衆僧於金光明寺一」[34]といういいかたは、やはり最勝王経を所依とすることを明確にしようとする努力の結果を示すものであり、さらに「宣二揚正法一（中略）故以二今年正月十四日一（中略）限二七々日一、転二読大乗金光明最勝王経一又令下天下限二七々日一禁二断殺生一及断中雑食上」[35]と、国郡の行事を国家的な大会として、具現してゆくことによって国民大衆をつぎの大佛建立への意欲を導き出そうとしたにちがいないと考えられる。

しかしこの十五年の詔に、すでに僧寺の「金光明四天王護国之寺」の呼称を単に「金光明寺」と略称し、天平十九年および天平十三年の詔では「金光明寺、法華寺」と称していることは、国分寺という通称に金光明寺という通称が覆蓋されたことを示す。しかし諸国での国分寺の呼称の場合は、その国名を付して「当国の国分寺」（天平勝宝元年〈七四九〉）また「諸国の国分金光明寺」（同年）とか、また「東大寺及天下国分寺」（天平宝字四年〈七六〇〉）等と呼んでいることは、国分寺の性格が、元来の国分寺と、朝廷を中心とする「金光明寺」の性格との思想的重複を示すものである。

㈨は詔の結文であり、流通的な性格をもつ文章であり、㈩はその経済的基礎として見るべきであり、⑾は先述の論旨に述べたところであり、その僧侶の員数と日常については⑿に具現されているが、これは天平九年八月二日の条項をより国分寺において明確にしたものである。

ただしここでさきの天平十九年の詔において、いまの天平十三年の詔についてその発布が天平十三年二月十四日と誤記していることは天平十四年（七四二）の金字金光明経の頒布の勅と混同している。(36) その理由としては類聚三代格の編者が、この十九年の詔の日付をそのまま誤記したものであると考えられる。また聖武天皇の施入になる「金字金光明最勝王経」を単に「金字金光明経」と記していることは、天平十九年の詔における、天平十三年の詔の取扱いに簡略さと不正確さが指摘されるのであって、このような誤を三代格もおかしているのであると考えざるを得ない。これについては坂本太郎博士が「史料としての六国史」と題して論ぜられたなかに「格と国史との内容の相違で歴史上の重大事件に関係したものとして、天平十三年国分寺の造立の詔はあまりにも有名である。三代格でこれを勅とするが、続日本紀では詔とする。三代格は二月十四日の日付であるが、続起では三月乙巳（二十四日）とする、格には『又有㆓諸願等条例㆒如㆑左』として、五条の諸願を加えているが、続紀にはない。これらについては古来諸説紛々、決着するところがない。」と述べ、ついで、「諸願条例五条は後世の附加らしく、これは続紀のようにないのがよいと思う。続紀にミスがあるとともに、格にも後世の附加攙入がある。格文を全面的に信用することの危険であることを示す好例であると思う。」と述べていられることは、私の述べんとしたことを的確に示していられるものと考えるものである。(37)

このように考えてくるとき、国分寺の成立については天平十三年三月二十四日の詔がやはり思想史的にも創建の詔とすべきものと考える。そしてこの詔は、国分寺が国分金光明寺に転ずる経緯を示したものであるが、やはりこの詔は国分寺創建を制度として確立し、官寺の地方設置をはかり、それと同時に最勝王経の受容から廣嗣の乱を経て高まっていった国家寺院としての国分寺の成立の動きを、この詔によって決定づけようとしたため重大な臨時の詔として天下に公布された。ここにこそ国分寺成立の根本義を求めなければならない。

(1) 井上薫『奈良朝佛教史の研究』、第二章「国分寺の創建」、四七―一二三頁
(2) 拙著『東大寺の歴史』、第一章、第一節「東大寺と国分寺との関係」、一―八頁
(3) 註(1)に同じ、一二〇―一二一頁
(4) 類聚三代格、巻第三、国分寺事、四五一頁
(5) 令義解、第七、公式令第廿一
(6) 続日本紀、第十四、天平十三年正月十五日条
(7) 同右、第十四、天平十三年三月廿四日条
(8) 日本書紀、第二十二、推古天皇十二年四月三日条（十七条憲法、第十二条）
(9) 続日本紀、第十二、天平九年十一月三日条
(10) 同右、第十三、天平十年五月廿四日条
(11) 同右、第十二、天平九年三月三日条
(12) 井上薫、前掲書、一一〇頁
(13) 続日本紀、第十三、天平十一年七月十四日条
(14) 同右、天平十二年六月十五日条
(15) 金光明最勝王経第三、滅業品第五（大正蔵一六、四一七頁b）
(16) 続日本紀、第十三、天平十二年六月十九日条
(17) 同右、第十、神亀五年十二月廿八日条
(18) 日本書紀、第二十九、天武天皇五年六月是月条
(19) 同右、同五年十一月廿日条
(20) 同右、同九年五月一日条
(21) 同右、第三十、持統天皇五年二月一日
(22) 同右、同八年五月十一日条

(23) 金光明経懺悔品（大正蔵一六、三三七頁b・三三九頁a）
(24) 続日本紀、第三、慶雲二年四月三日条
(25) 同右、第七、霊亀二年五月十五日条
(26) 同右、第九、神亀二年七月十七日条
(27) 薩摩国正税帳（大日本古文書二・一三頁）
(28) 続日本紀、第十二、天平九年八月十五日条
(29) 同右、第十三、天平十二年六月十九日
(30) 註(7)に同じ
(31) 続日本紀、第十四、天平十三年正月十五日条
(32) 同右、第十二、天平九年八月二日条
(33) 同右、第十七、天平十九年十一月七日条
(34) 同右、第十五、天平十五年正月十三日条
(35) 註(34)に同じ
(36) 正倉院に蔵する経帙の銘には「依二天平十四年歳在壬午春二月十四日勅一、天下諸国毎塔安二置金字金光明最勝王経一」とあり、天平十四年二月十四日のこの勅は、さきの天平十三年三月二十四日の詔の一年後に金字金光明経が頒布される勅がでて、天平十五年正月七日の条にこの経典の読誦が提唱されていることからして、この二月十四日の勅を、続紀の編者が天平十九年十一月七日の詔で引用期日を誤記し、それを三代格が踏襲したための誤と考えられる。
(37) 坂本太郎「史料としての六国史」（『日本歴史』一八八号）

第三節　東大寺の成立

一　良弁の台頭と華厳教学の受容

官大寺の中でも最も歴史的な事件は東大寺の創建であるが、これを論ずる前に、その中心人物であった良弁について考えて見たい。

良弁の存在が正倉院古文書のうえに示されるのは天平十三年（七四一）の一切経納櫃帳に、

七月十三日、薬王蔵薬経一局　借請良弁師所　　納了赤万呂(1)

とあるのが初見である。このとき良弁師と称されて、義淵僧正の門下に入って、智憬等を弟子として、法相教学を通じて華厳教学への意欲をもやしていたと考えられる。

この天平十三年の頃は、同じく法相教学を中心として宮中内道場に進出していた玄昉がいるが、彼は玄昉の性急なあり方に少なからず疑問をいだきつつ、玄昉のもたらした唐制に模した宮中内道場を通じて聖武天皇への接近をはかっていた。そしてその行動の中心となったのは金光明寺および紫香楽宮であった。

ついで天平十五年（七四三）には正倉院文書では「良弁大徳」と称され金光明寺内に山房をかまえ、その弟子には智憬・玄澄・平摂・道鏡等の沙弥を弟子として隠然とした勢力を貯えていた。そして密教的経典に対しても少なからず関心を示して、この時期に不空羂索神呪心経を請経している。

このことはさきに玄昉が宮中内道場に進出する条件として、千手千眼陀羅尼経や不空羂索経あるいは十一面観世音神呪心経等にただならぬ関心を示していたのと軌を一にしている。

しかし良弁が内道場へ進出する条件としては、さきの玄昉のごとき「為二僧正一安二置内道場一自レ是以後、栄寵日盛、稍乖二沙門之行一、時人悪レ之」(2)ようなかたちの進出は心よしとしなかった。

ことに良弁の性格については、聖武天皇崩御に際して、良弁を批評した記事が続日本紀に見えているが、そこでは、

勅、奉二為先帝陛下一屈二請看病禅師一百廿六人一者、宜レ免二当戸課役一、但良弁、慈訓、安寛三法師者、並及二父母両戸一、然其限者終二僧身一、又和上鑒真、小僧都良弁、華厳講師慈訓、大唐僧法進、法華寺鎮慶俊、或学業優富、或戒律清浄、堪二聖代之鎮護一、為二玄徒之領袖一、加以、良弁、慈訓二大徳者、当二于先帝不予之日一、自尽二心力一、労二勤昼夜一、欲レ報二之徳一、朕懐罔レ極、宜下和上小僧都拝二大僧都一、華厳講師拝二小僧都一、法進・慶俊並任中律師上、(3)

良弁は学業優富にして、戒律清浄、さらに聖代の鎮護に堪え、また聖武天皇の看病禅師として、みずから心力をつくして昼夜に勤労したと述べて、聖武天皇と良弁との関係が、天皇の護持僧的な立場において宮中進出をはかっていたことがわかるが、玄昉のように急激な他をしりぞけるような進出方法は避けていた。

そして玄昉が皇太夫人藤原宮子の皇后宮への進出をはかったのに対して良弁は聖武天皇との結びつきを深めていった。

かくて良弁と玄昉とを対比してゆくと同時に、また天平十三年(七四一)三月二十四日の国分寺創建の詔と天平十五

年（七四三）十月十五日の大佛造顕の詔との関連性をも考えてみなければならない。

聖武天皇は天平十三年三月二十四日に国分寺創建の詔を出して以後、閏三月には平城京の武器を恭仁京にはこび、同年八月二十八日には恭仁京遷都を計画して平城の東西二市を恭仁に移している。(4)そして恭仁遷都のため左右両京の百姓の田租や畿内の租を免じて遷都計画を推進し、十一月十一日には橘諸兄をもって新京を大養徳恭仁大宮と称している。

この遷都事件については、岸俊男氏は藤原氏の勢力を象徴した平城京から橘氏に関係の強い恭仁京に遷された(5)と述べ、それがのちに良弁と行基を中心とする僧綱の勢力によって、再び信楽宮への移動を促進する結果となり、そのことは橘氏の勢力を挫折させるために藤原氏が難波遷都を計画し、一時三都鼎立の状況となった。ことに藤原氏は藤原仲麻呂を中心として橘氏の勢力を押えるために再び僧綱とはかって平城還都を強行したのであると述べられている。この岸俊男氏の所論は大佛造顕以前の遷都問題を解決する大きなかぎであるともいえる。

また井上薫氏は天武朝以来の皇親政治を押えて、藤原貴族政権を樹立しようとするありかた、即ち藤原不比等が舎人親王や長屋王を追却して、自己の女子の安宿姫（光明子）を立后することにより天皇家と深いミウチ関係を結ぼうとした先例にのっとり、天平九年（七三七）の藤原氏の疫瘡による敗退のもりかえしとして藤原仲麻呂が平城還都を推進したのであろうと考えられている。(6)

このような当時の政治情勢にもとづきながら、私は国分寺創建より大佛造顕までに僧綱内部における玄昉と良弁との立場の相違の問題を考えてみる必要があるとおもう。

まず神亀五年（七二八）僧正義淵が遷化してより、近江の紫郷山寺（シガラキサン寺）が天平元年（七二九）八月に官寺の例に入った。これはのちの紫香楽寺の原初形態であったとおもわれる。

天平元年僧綱には弁浄と神叡、および道慈が配されていたが、弁浄の死後、しだいに道慈の勢力が強まりつつあったなかに、天平七年(七三五)、遣唐大使多治比真人廣成の帰国とともに経論五千巻、諸佛像をたずさえて帰朝した玄昉は、大興善寺の不空三蔵等の動きをわが国へも導入することによって急速に宮廷へ近づき自分の勢力を拡大することに余念がなかった。この点、道慈は学問僧的な性格が強いが、玄昉ははじめから政治僧的な動きが目立ったのである。天平八年(七三六)の扶翼の童子を与えた施封のなかでは、明らかに玄昉は道慈より二人多く与えられ、この二人の地位の逆転を示している(7)。

ことに律師である道慈はいまだ大安寺の移建に余念がなかった間に、天平九年(七三七)には玄昉は最高位の僧正位にまで進んでいる。

玄昉の内道場進出はあくまでも天皇の生母の藤原宮子娘を中心とする皇后宮を中心とする護持僧的な性格を持つことに成功したからであった。そして彼の内道場での勢力はいよいよ強固になりつつあった。

しかしながら天平十年(七三八)を境として聖武朝内部において、橘三千代と美努王の間に生まれた葛城王、のちの橘諸兄の新興勢力と、藤原不比等の子の光明子、のちの光明皇后および、宮子夫人を中心とする勢力が内部で対立する様相を示すと、皇后宮を中心として勢力を増していった玄昉の勢力を押えるべく、義淵門下、および行信門下や行基、そのほか金光明寺の新興勢力の良弁門下が橘諸兄を中心として結集して、彼らは天皇を背景として新たに一大勢力をきずこうとしたのである。

そしてそれはまた、藤原勢力の退陣という好機にも乗じて新しく朝廷内部におこってきたのであった。

また天平十年（七三八）には橘諸兄が右大臣に昇進した。それはあたかも、さきの長屋王の政権の復活のごとき感があった。いいかえてみれば、藤原貴族の政権奪取に対する皇親政治の巻き返しに外ならなかった。

ことに天平九年（七三七）の天然痘による被害は、藤原一門をささえていた武智麻呂の病没によりいままで光明皇后を背景として蓄えられていた勢力が退転した。そして玄昉の台頭はまったく病没した藤原一族をなぐさめるという理由からも皇后宮では好んで迎えられたのである。

そして玄昉らの帰唐勢力の台頭を除こうとして藤原一門から立ちあがった藤原廣嗣もあえなく滅亡して、玄昉の勢力は不滅の勢を内道場に示すことになった。かかる状況において、諸国国分寺の設置の詔が出された。

しかしこの国分寺の詔が廣嗣の伏誅後、聖武天皇が恭仁京に遷って、藤原不比等が以前の食封五〇〇〇戸を返したのちに恭仁京で出されていることは、国分寺創設は橘諸兄の勢力の伸長を背景としてなされていたことがわかる。

そして橘諸兄の勢力は新都建設と同時に大和の国名を大養徳国と改め、恭仁・紫香楽を中心に勢力を伸ばしていった。ことに紫香楽宮の造離宮司が橘諸兄の父の美努王であったことも紫香楽での勢力が橘氏を中心に形成されていたといえるのである。

天平十五年（七四三）正月十三日の大養徳国金光明寺において、金光明最勝王経を講じての「像法中興」の有名な詔もやはり恭仁京で出されたのである。(8) この読経に対する衆僧の慰労にも橘諸兄が参じ、天平十五年五月三日に彼は左大臣となり、恭仁京での政権の中枢となった。そして彼は未開拓地の開拓を通じて恭仁京周辺の勢力を拡大し、旧都の藤原勢力に対抗し地歩を拡大するためにも墾田の三世一身法を推進するとともに、同年十月十五日に大佛造顕の詔を天皇をして発布させた。

もちろん橘諸兄は行基をして恭仁京の大橋をきずかせたと同時に、紫香楽での大佛造顕の寺地の開拓にも行基の弟子等を率いて協力させたのである。甲賀での大佛の造顕はそののち天平十七年（七四五）までつづけられた。

この大佛造顕は天平宝字元年（七五七）七月四日の橘奈良麻呂の事件のときも、奈良麻呂に対して勅使は「造寺元起レ自ニ汝父時ニ」(9)ときめつけられているが、この事からしても大佛造顕は橘諸兄が中心となって進められたことが明らかである。この時期における良弁の動向は、

（天平十五年）
四月二日出大灌頂経一帙十二弓 帙一枚 依良弁大徳宣、令請大宅命夫（婦）所、付金光明寺沙弥玄澄　辛国人成
「納了」　七月廿三日「赤万呂」（自署、下同ジ）(10)

（天平十五年三月）
廿三日出奉佛蔵経四巻「四月一日且納赤万呂」
浴像功徳経一巻 並上坐大徳宣出奉 受平摂師
又灌佛経一巻 依同宣 受同師「九月十日納赤万呂」
小野朝臣　田辺真人
辛国人成」
四月二日出虚空蔵経一巻依良弁大徳宣、令請大宅命夫（婦カ）所、（金脱カ）付光明寺沙弥玄澄、(11)

と見えていて天平十五年（七四三）四月には金光明寺を本拠として、大宅朝臣命婦から大灌頂経を請経している。またこのとき金光明寺の沙弥玄澄が使者となっている。一般に紫香楽の大佛のはじめは主として橘諸兄と行基が主導権を

もって推しすすめたといわれている。

しかしこの計画は、はじめの平城宮の大極殿を壊って恭仁京に遷すほどの熱意を示したが、天平十五年十一月に恭仁京の造作をとどめ紫香楽宮をまた造りはじめるなど、造宮政策は転々と変わり、そのため紫香楽の大佛造顕も全く地に着かず、決定的な動きを示すには到らなかった。

紫香楽宮で大佛を作ることは、宮居がここに遷ることに関連して国の大寺をもここにきずこうとする天皇の悲願を実現しようとしたが、この土地は狭く、そのうえ天平十六年（七四四）頃より紫香楽に不審火が相ついでその不安がかくしきれなかった。

そして定京が一定しないまま、天平十六年（七四四）十月二日に国分寺推進の中心であった道慈が示寂し、天平十七年（七四五）五月四日に四大寺（大安・薬師・元興・興福）の僧を薬師寺に集めて平城還都のことをはかりこれを決定した。

そのため橘諸兄を中心とする恭仁遷都や紫香楽離宮の計画が完全に挫折してしまったのである。そして橘諸兄の勢力が中央から敗退し、藤原仲麻呂＝光明皇后＝興福寺等の勢力が平城還都を理由として再び盛りあがってきたのである。けれども一方では天皇＝諸兄の勢力も政治の中枢をにぎっていた。また僧界では薬師寺の僧行基は玄昉についで大僧正となり、より以上、天皇の大佛造顕への意図を国民に浸透させる必要からも、行基の罪あったにかかわらず直ちに大僧正に昇進させたのであった。また一方では皇后宮を中心とした玄昉の勢力が、平城還都後にそがれることとなり、ついに天平十七年（七四五）十一月二日、玄昉は筑紫観世音寺へ追いやられてしまった。

それと同時に、さきに玄昉の活躍した皇后宮への進出に対抗して、新たに良弁大徳が天皇を中心とする護持僧的な立場を打ち立てて台頭してくるのである。

彼は義淵を師として法相教学を基盤としていた。そして不空羂索神咒心経や、華厳経に重点をおきながら、天平十六年(七四四)を中心として玄昉なきあとの地歩を着々ときずいていった。

ことに行基=橘諸兄=良弁=聖武天皇との繋りのもとに東大寺大佛の造顕へ巨歩を歩み出したのである。その中でも良弁は反玄昉勢力の一員としてこの大佛造顕事業に積極的に参画していったと考えられるのである。

即ち良弁は玄昉の敗退を見つめつつ、その轍を踏まないように意を決しながら、さらに看病禅師として天皇との密着をはかっていったのである。

もちろん良弁が紫香楽宮での大佛造顕に対する天皇への思想的指導は、彼が宮中内道場に進出するにつれて、そのつど天皇を説得し、華厳教学への導入は天平十三年(七四一)より十五年(七四三)までの間に進められていたことがうかがえる。

次に良弁の華厳教学の受容について見てみることとする。

ことに良弁は新羅より渡来した審祥の華厳教学に多く影響されたと考えられる。したがって審祥の華厳教学を知ることは、いいかえれば、それがいかに良弁に受容されているかを明らかにするということにもなる。

さて新羅の審祥についての伝は、一般的な佛教史書である元亨釈書や、宗性の日本高僧伝要文抄等には記載されずして、東大寺要録華厳別供縁起および凝然の三国佛法伝通縁起に見えているなど、華厳宗を中心とした東大寺の一部の所伝にとどまっている。もちろん、朝鮮佛教史における高僧伝中の人物としては、記載されているものは見当たらない。

故に、われわれは三国佛法伝通縁起と東大寺要録の華厳別供縁起との限られた伝中に審祥の存在を見るしかさしあたっての方法はない。

まず年代的に新しい凝然の記載例よりすれば、

新羅《ノ》学生大安寺《ノ》審祥大徳《ノ》記《ニ》云《フ》（中略）厳智師在《リ》二元興寺《ニ》一、良弁和上即住《テ》二彼寺《ニ》一、請《ス》二彼大徳《ヲ》一、其《ノ》師答云《ク》、吾《レ》名《ハ》是厳智《トモ》而心非《ハズ》二厳智《ニ》一、然《シテ》新羅《ノ》学生大安寺《ノ》審祥大徳、是真《ノ》厳智《ナリ》、応《シト》下請《ジテ》二彼師《ヲ》一講中敷《スル》華厳《ヲ》上、僧正良弁乃《チ》往《キ》二彼寺《ニ》一屈二請《ス》彼《ノ》師《ヲ》一、大徳辞《ス》レ之《ヲ》、（中略）僧正和上于レ是《ニ》奏聞《ス》、仍以《テ》二勅請《ヲ》一、此時《ニ》方《ニ》向《フ》、遂以《テ》二天平十二年庚辰十月八日《ヲ》一於《テ》二金鐘道場《ニ》上、即東大寺羂索堂也、亦名二法華堂一、大《ニ》集《メ》二京城名僧大徳《ヲ》一以《テ》二審祥師《ヲ》一為《ス》二其師宗《ト》一、方《ニ》講二宣《ス》此《ノ》大華厳経《ヲ》一（中略）天皇皇后（中略）以《テ》二天平十六年歳次甲申《ヲ》一帰二命《シ》三宝《ニ》一降《テ》レ勅百寮《ニ》肇建《テツ》二知識華厳《ノ》別供《ヲ》一、（中略）天平十二年《ニ》始《テ》所レ講《スル》之者、乃是《レ》旧訳《ノ》六十華厳新羅《ノ》学生大安寺《ノ》審祥大和尚、属《シ》二講弘之選《ニ》一初《テ》演《ス》二此宗《ヲ》一、審祥即往《テ》二大唐《ニ》一随《ヒ》二香象大師《ニ》一、学《ス》二華厳宗《ヲ》一即《チ》是《レ》承《ケ》二高祖《ニ》一之名哲也、既《ニ》以《テ》二勅詔《ヲ》一為《ス》二宗講師《ト》一、（中略）首尾三年《ニ》講《ス》二六十経《ヲ》一一年《ニ》二十巻、三年之中終二六十巻《ヲ》一以《テ》二探玄記一講《ス》二六十経《ヲ》一審祥禅師三年《ニ》終《ヘ》レ経《ヲ》天平十四年壬午《ニ》奄然《トシテ》卒《ス》（中略）本有二審祥禅師一、曾講二華厳一（中略）日本《ノ》華厳《ハ》良弁《ヲ》為《ス》二初興《ノ》本願《ト》一、審祥《ハ》是初講《ノ》祖師《ナリ》(12)

と三国佛法伝通縁起中の華厳宗の事項のなかに審祥関係の史料を類聚している。また八宗綱要における華厳の祖師について叙述している項にも、

拠二震旦一、杜順已下唯立二五祖一、日本所レ翫特仰二四祖一、杜順・智儼・香象・清涼、流二伝日本一、道璿律師為二其始祖一、律師承二香象大師一、律師授二良弁僧正一、自レ爾已来至レ今継レ跡(13)

と見え、このような凝然の審祥に関する記載のその根拠となったのは「新羅学生大安寺審祥大徳記」と考えられるけ

れども、この内容からして凝然が正確に史料を採録していないような点も多い。ことに凝然は自分の律宗的見解が強く、和上、大和尚等の記載の用語法が疑わしく、良弁僧正の僧正号については天平十二年（七四〇）には見られないことからしても、この史料の確実性は薄い。しかし、審祥については新羅学生であって大安寺に住したという事実は、この伝の引用題目によっても推考できる。その事蹟の中で、

(1)　天平十二年十月八日に金鐘寺における華厳講師として元興寺の厳智大徳を招請したところ、厳智の辞退によって審祥が華厳講師として屈請することになった。

(2)　この時の講演は旧訳六十華厳であった。そして凝然の華厳宗の系譜では「日本華厳良弁為二本願一審祥是初講祖師、（中略）大日本国華厳宗緒、審祥、良弁以来乃至二当代貫首一二十一代……」とて審祥の華厳初講を重視している。

(3)　しかし審祥については八宗綱要では日本の華厳始祖としては道璿と良弁をかかげて審祥は単に華厳初講講師にとどまっている。

この凝然の審祥伝は天平十二年（七四〇）の華厳開講を重視するもので、審祥より道璿に始祖の地位を与えているのは、凝然が律宗を中心として華厳を見ていたため審祥への史料の検討をば軽視しているきらいさえある。けれども凝然以前に存在し、凝然によって引用され書目で明らかとなった「新羅学生大安寺審祥大徳記」がかりにあったとしても、何を根拠として記述されたかは明らかでないが、そこに東大寺要録に見えている華厳別供縁起との関連が考えられなければならない。

天平十二年庚辰十月八日、金鐘山寺、奉二為聖朝一、請二審祥師一、初講二花厳経一、（中略）以二天平十六年歳次甲申一帰」

命三宝二降コ勅百寮一、肇建二知識華厳別供一、僧正曾見レ夢、東方虚空沙弥来立二僧正前一、其身著二紫袈裟青裳一、告請二厳智師一、羂索菩薩前、令レ講二華厳経一、覚則至二元興寺一、請二厳智師一、其大徳云、我無智人、但屈コ請新羅学生審祥大徳二而講説、則僧正三度請二審祥大徳一、猶辞不問、遂僧正以聞二内裏二方向聞二開講(14)一

ここにおいても天平十二年（七四〇）十月八日の開講について、審祥が厳智に代わって招請されたことが縁起的に記述されている。もちろんこの別供縁起が中心となってさきの審祥大徳記にならったのであろうが、このことについては天平十二年にして審祥の華厳教学における位置がはじめて認められたとするのであった。これらのことを考えると、審祥の諸伝では、新羅学生であった審祥はわが国に到って大安寺に住して、その学風はさきに元興寺に住していた厳智の華厳教学より深く、賢首より元暁に到って発達した新羅華厳の正統的なものをうけついでいたと考えられる。また華厳教学上よりすると道璿は唐の南部における律宗を中心とした傍系的なものによってその学風を伝えたものであると見るべきであろう。

しかしこのような華厳別供縁起および三国佛法伝通縁起の記述をはなれて、私はさらに根本的な史料である正倉院文書を中心として、審祥の存在を明らかにする必要があると考える。

審祥の初見は天平十二年七月八日の写経所啓のなかに、写経所が通常の写経目録に追加するために集められた経論疏のなかで、

花厳論卌九巻　取因論一巻　花厳経修慈分　一巻　以上審祥師本

天平十二年七月八日　　石村布勢麻呂

大田廣人(15)

と華厳論四十九巻を写経所に提供している。そして写経については華厳関係の書を写経所に送りこんでいることは、
次の天平十六年閏四月十四日の記事でもわかる。

天平十六年　閏正月
十四日納花厳経疏第二帙十巻　法蔵師選者
以十六年四月十五日返送本主審祥師所使　石村鷹万呂　知人成
右平栄師所　受人成(16)

(天平十六年五月)
廿七日
納摩訶衍起信論別記一巻元暁師選者
白紙无軸已草也、以十六年七月十一日依長官宮宣
借令請善摂師所知人成同十二日返已訖、知人成
以十六年八月四日還送受使御弟子善戒師、使人
成判進膳令吏(17)
右依令旨従審祥大徳所請来　使安寛師、受酒主　今更

この二通の写経所に対して写経の必要から経典を借り出した状況は明らかに審祥師が「本主審祥師」とあることに

よっても彼が在日していたことが知られる。そして借出の使者に石村鷹万呂、僧善摂等がおもむいていることによっても知られるのであって、天平十二年の華厳経講讃は歴史事実として認めることができるであろう。

この審祥の華厳経講讃のための典拠として華厳論四十九巻、華厳経修慈分、法蔵の大花厳経疏等を用いていることは審祥の華厳教学が法蔵の体系を受けつぐ正統的立場を持っていたことが推測できる。

しかし、審祥のこの二通の写経所への借出の「本主審祥師」「返送審祥師」「従審祥大徳所請来」の記述形式は、それ以後の天平勝宝五年（七五三）以後に見える「審祥大徳書中」とか、「審祥師書類」「審祥師経内」「審祥師経録」の注記の形式とは異なっている。これは、天平十六年（七四四）のこの時期までに審祥が示寂し、その新羅より請来された経録のみが平摂師等に経承されたことを示すものと考えるが、伝通縁起の「審祥禅師三年終経、天平十四年壬午奄然卒」(18)の記事はさきの正倉院文書の記載例からしても疑わしいもので、私は天平十六年は審祥が在世していて天平十六年より天平勝宝にかけての早い時期に示寂したと考えることが至当であるとおもう。凝然の転載せる「新羅学生大安寺審祥大徳記」がその記述の上からも不安定である以上、この死没年時は疑いの多いものであることはまちがいのないことである。

審祥のわが国に将来した経典類については幸いに、(A)神護景雲二年（七六八）二月三日造東大寺司請疏文案(19)、(B)神護景雲二年十一月十日奉写一切経所牒(20)、(C)神護景雲二年十一月十二日造東大寺司牒案(21)、(D)神護景雲二年十二月二日奉写一切経司牒(22)、(E)神護景雲二年十二月四日造東大寺司牒案(23)、(F)神護景雲三年（七六九）六月二十八日奉写一切経司移(24)、(G)神護景雲三年七月二十日造東大寺司移(25)との論疏章の目録に審祥師の経録が記載されている。

いまこれらの経録を整理すると第7表のごとくになるが、その方法としては、(A)、(B)＝(C)、(D)＝(E)、(G)＝(F)と類別

第7表　審祥師経録

号	論疏等	部	巻	著者等
(A) 一	因明正理門論記	II	四	圓測
二	同右		一	
三	因明正理門論抄		二	①範法師①無題
● 四	十地論疏	I	四	慧遠
● 五	十地論義記	〃	二	(慧遠)
六	瑜伽論略纂	〃	三	義斌
○ 七	雑集論疏	〃	五	元暁
八	佛性論疏	〃	五	神泰
九	弁中辺論記	〃	六	窺基
○ 一〇	中辺分別論疏	〃	四	元暁
○ 一一	金剛三昧論疏	〃	三	元暁
● 一二	大乗起信論疏	I	七	元暁②別記①法蔵②私記①名無①
● 一三	持地論記(持地論義記)	I帙	五	慧遠
● 一四	宝性論疏	〃	二	
一五	法花論述記		一	(義寂)
一六	唯識論疏	〃	九	圓測
一七	観所縁々論疏	II	二	圓測①神泰①
○ 一八	大乗観行門	III	三	元暁
一九	能断金剛般若論合論記		一	
二〇	涅槃无名論表		一	肇
二一	雑集論記		一	(玄奘)
二二	十二門論疏		一	(吉蔵)
二三	顕揚論論記		一	〔玄奘〕
○ 二四	三論玄義		一	元暁
二五	佛性義		一	
● 二六	発菩提心義遊心法界記		一	法蔵
二七	百法論疏		一	圓測
● 二八	法界无差別論疏		一	法蔵
二九	観行問答(第二)		一	
三〇	往生論記(往生論私記)		一	(婆藪盤豆)　以上八〇巻
(B) 三一	仁王護国般若讃述		二	慧浄
● 三二	華厳経疏		一〇	元暁
三三	勝曼経疏	III	六	義記③義疏①元暁疏②
● 三四	華厳孔目		六	(智厳)
三五	涅槃経疏	IV	二一	一部⑩抄②綱目②寂法師⑤音義同異②
三六	法華経疏		一〇	窺基
三七	維摩経疏	II	八	④鬱多羅④慧遠
三八	金光明経疏	I	七	真諦
○ 三九	楞伽経疏	II	一〇	元暁⑦一部③
四〇	両巻経疏	II	五	寂法師③一部②宗旨①
四一	弥勒経	〃	四	一部③一部②憬興
● 四二	大方等如来蔵経私記		三	(圓光)
● 四三	密厳経疏		四	法蔵
四四	大般若経綱要		一	義寂
○ 四五	大恵度宗要		一	元暁
四六	大般若経科文		一	
四七	理趣経疏		一	窺基
四八	心経疏		一	圓測
四九	能断金剛般若経疏		一	靖邁
○ 五〇	般舟三昧経略記		一	元暁

●	五一	華厳旨帰		一	法蔵
●	五二	一乗法界図		一	義湘
○	五三	涅槃経宗要		一	元暁
○	五四	法華経要略		一	元暁
	五五	法華経字釈記		一	墨掟
	五六	法華経料簡		一	義寂
	五七	法華玄義		一	(智顗)
	五八	法華玄義玄談(疏談)		一	利明
	五九	法華玄義記(疏義記)		一	利明
●	六〇	楞伽経宗要		一	元暁
●	六一	不増不減経疏		一	元暁
●	六二	楞伽玄心義		一	法蔵
	六三	婆羅提木叉戒経疏		一	
	六四	倶舎論疏		一五	神泰
	六五	佛地論述本記		四	
	六六	金剛般若論	II	四	恵遠③本下①
	六七	法華論疏(菩提流支)	III	六	疏②述記②述記②
	六八	摂大乗論疏	II	二〇	一部⑫一部⑧(神廓)
	六九	唯識論枢要		四	窺基
	七〇	唯識要集		一四	道詮
	七一	唯識枢要私記		二	
●	七二	起信論疏	II	三	元暁②慧遠①
○	七三	廣百論撮要		一	元暁
	七四	馬鳴生論疏		一	義寂
	七五	六十二見義		一	
○	七六	六現種観章義		一	元暁
	七七	大乗苑林章		一	窺基
●	七八	一道義		一	元暁
●	七九	二障章		一	元暁
	八〇	初章観文		一	
	八一	問答		二	(懐威撰)
	八二	諸経教迹		一	
	八三	実相観		一	玄聡
	八四	懲行疏難		一	
	八五	判比量		一	元暁
	八六	三宝要章		一	
	八七	安楽集		二	(道綽)
	八八	集願文		九	
		以上二一四巻			
Ⓓ	八九	大智度論釈		三	
●	九〇	華厳経論	I	六五	
	九一	大乗廣百論釈論	〃	一〇	玄奘
	九二	大乗起信論	〃	二	真諦
	九三	六門教稐習定論		一	無着
	九四	倶舎論	I	三〇	玄奘(世親)
	九五	高僧伝要行抄	〃	二	求那跋摩
	九九	佛説孛抄経		一	
	一〇〇	地持論	I	八	曇無讖
●	一〇一	五門実相論	I	五	十地玉門
●	一〇二	和浄論		二	元暁
	一〇三	造房記		一	
	一〇四	内典序		一	
	一〇五	諸経論序并翻訳時節		一	
○	一一〇	金皷経疏	I	八	元暁
	一一一	思益梵天所問経疏	I	二	

号	論疏等	部	巻	著者等
一一二	金光明経疏	I	七	(真浄)
一一三	称讃浄土佛摂受経疏	I	一	靖邁
●一一四	華厳入法界品抄		一	
○一一五	両巻无量寿経宗旨		一	(元暁)
一一六	本業瓔珞経疏	I	二	元暁
一一七	菩薩本持犯要		一	(元暁)
一一八	受菩薩戒法		一	慧沼
一一九	遺教経疏		二	
●一二〇	究竟一乗宝性論料簡	III	三	元暁
一二一	随願顕宗論		一	
一二二	真言要決	I	六	
一二三	諸経教迹		一	
一二四	竜樹菩薩和香法		一	勒那摩提　以上一七〇巻(目録は一六〇巻)
Ⓖ一二五	文殊師利菩薩問菩提論		二	天親
一二六	無量寿経論優婆提願生偈		一	曇鸞
一二七	三具足経優婆提舎		一	天親
●一二八	花厳経料簡		一	宗一
一二九	明大乗理		一	
●一三〇	雑集論疏		一〇	玄範
○一三一	摂大乗論抄記		四	元暁
一三二	随願経論記		一	
一三三	四品玄章義		一	
一三四	三蔵義		一	
一三五	大乗三蔵義九門		一	
一三六	葉波国達磨菩提因縁		一	以上二五巻
Ⓕ一三七	順正理論私記		一	
●一三八	取因論		一	(陳那)
●一三九	花厳経修慈分		一	〔審祥師本〕(提雲般若)
○一四〇	摩訶衍起信論別記		一	元暁
●一四一	華厳経慧遠師疏	I	一	慧遠　以上五巻(合計四九四巻)

(●は華厳関係書目、○は元暁関係書目、②は一部二巻等を表わす)

でき、それぞれの審祥師書類といわれる経典についてはⒶは八一巻、Ⓑ＝Ⓒは二一四巻、Ⓓ＝Ⓔは二五〇巻、Ⓖ＝Ⓕは二六巻で、合計五七一巻を含んで経録が成立している。がここに整理したものでは第7表のごとく約四九六巻が判明している神護景雲二年(七六八)より三年(七六九)にかけては東大寺における一切経の写経の必要に対して審祥の将来経本の整理が行われ、また目録一巻も神護景雲二年に作成されたのである。そのことは次の文書にても明らかである。

造東大寺司牒　奉写一切経司

合目録玖箇巻
一巻内堂経録　二巻寮一切経録上下
四巻図書寮経録之中一巻論疏之
一巻水主内親王経録　一巻審祥師経録
牒、件目録等、依今月五日牒旨、附廻使田辺廣吉、令請如件、故牒
神護景雲二年十月九日主典正六位上建部廣足
少判官正六位上志斐連「麻呂」
審祥師録　水主内親王録已上黄紙黄褾白木花軸
図書目録四巻　三巻朱頂軸　一巻□□(26)
件録等有軸无帙

そしてこの目録作成をもって、審祥本の第一期の整理完成と見ることができる。

この経録の中における経疏別の分類を示すと第8表のごとくなる。

第8表　審祥本分類表

教学	分類数	教学	分類数
因明	三	般若	六
華厳	三六	金光明	三
法相	二七	法華	七
倶舎	四	律	三
涅槃	四	伝類	二
三論	五	摂論	一
浄土	八	雑	一九

このような審祥の教学は明らかに華厳教学を基本として、さらに法相教学を従として成立している。そして華厳関係としては、この第9表に見られるように、その訳者が慧遠(4)、元暁(10)、法蔵(5)、その他となっていて、審祥の華厳教学は元暁に依存しているところが多い。またここにかかげた第7表中においても、元暁(28)、法蔵(6)、義寂(6)、圓測(5)、慧遠(6)、窺基(5)、玄奘(3)、神泰(2)、靖邁(2)、利明(2)と、やはりその依っている経論疏のなかでは元暁関係の請来経典が多いことは、根本祖師としては法蔵賢首大師をかかげながらも直接的には新羅の元暁の華厳教学を継承していることが明らかである。

もちろん元暁の渡唐説には異説もあり、渡唐せずして新羅において独自の華厳教学を打ち立てた人物として、義湘とはその態度を異にするが、審祥の依本には元暁・義湘の両師の影響を受けているが、元暁の楞伽経研究に見られる如来蔵縁起の佛性の真義を探究しつつも、唯識教学を基本とした一心観に根拠を置きつつ、金剛三昧論にもとめる、因としての如来蔵法門を顕現しようとする立場において、華厳を理解しようとしていて審祥はその中国よりの正当なる華厳教学の継承者として日本華厳の成立にただならぬ関心を持っていたといえるのである。

そして元暁が起信論をはじめ涅槃・法華・金光明・大乗同性・華厳・瓔珞・大品・大集の諸大乗経の肝心を説かんとする態度は、(27)元暁の起信論疏中にも見られる。ことに一心法を重視し、「明大乗法、唯有一心、一心之外更無別法」(28)と一心の外に大乗を知る道なしと述べ「一心者名如来蔵、此言心真如門者、即釈彼経寂滅者、名為一心也、心生滅門者、是釈経中一心者名如来蔵也」(29)と、如来蔵もまた一心によって起因するものと説いている。しかし元暁は、単に一心に起因するにしても、それが一切衆生に対して作用をもたらさない菩薩行であってはならないという。そこには行徳が果満されなければ意味のない一心観として価値のないものであることを指摘し、そこに僧宝の意義を求めている。

華厳経言、譬如深大海、珍宝不可尽、於中悉顕現、衆生形類像、甚深因縁海、功徳宝無尽、清浄法身中、無像而不現故、歎法宝竟、此下二句、歎其僧宝、言無量功徳蔵者、挙徳取人、謂地上菩薩、随修一行、万行集成、其一一行皆等法界、無有限量、積功所得、以之故言無量功徳、如是功徳、総属菩薩、人能摂徳、故名為蔵、次言如実修行等者、正歎行徳(30)

そして、衆生の無量の功徳は徳をあげることによってその人に帰し、一行即万行、万行も一行の徳により法界に及ぼして、それが積功して無量の功徳を得ることができると説くこの元暁の思想は、やはり法相唯識的な性格を充分に拭い去っているとはいえないが、その一心観の実践性を強調し唯識観を起信論を始めとする華厳の如来蔵観に転ずることにより、その世界観の発展を求めていることによって審祥を通じて理解された良弁の教学に大きくその思想が影響を与えたものと考えられる。そして義湘のごとき一乗法界図の独断場的創造性のある図示によるよりも、元暁の教学体系の方により親近性を示したのも、日本人の華厳思想受容即実践への一つの態度であったとも考えられる。

第9表　審祥経録内華厳関係書目

華厳宗関係書目	著者名	華厳宗関係書目	著者名
十地論疏	慧遠	一乗法界図	義湘
十地義記	〃	楞伽経宗要	元暁
金剛三昧論疏	元暁	不増不滅経疏	〃
金剛三昧論別記	法蔵	楞伽経玄心義	法蔵
金剛三昧論私記		和浄論	元暁
持地論記	慧遠	華厳入法界品抄	
発菩提心義遊心法界記	法蔵	究意一乗宝性論料簡	〃
花厳経疏	元暁	花厳経料簡	宗一
花厳孔目	智儼	雑集論疏	玄範
楞伽経疏	元暁	起信論疏	元暁
楞伽経抄		一道義	〃
楞伽経綱目		二障章	〃
楞伽経疏	義寂	花厳経論	
楞伽経音義同異		五門実相論	十地王門
大方等如来蔵経私記	圓光	花厳経修慈分	提雲般若
華厳旨帰	法蔵	華厳経恵園師疏	慧遠

その上わが国では、元興寺の道昭が白雉四年（六五三）に入唐して法相宗を伝え、つづいて斉明天皇四年（六五八）に智通、智達が入唐して玄奘、窺基より唯識教学を学んで、大宝三年（七〇三）に智鸞、智雄とともに再び入唐した智鳳が、法相の智周より教学を受け智鳳の門下より出た義淵は法相宗の泰斗として奈良佛教の重鎮であった。しかしこの門をたたいた良弁は義淵の法相教学をもととしながらも、その発展を求めたとき、法相と華厳の仲介的立場としての元暁の存在を知り、その門下である審祥を通じてその教学相互の関連性の追求を求めたのであった。そして審祥はかなり正確に元暁の教学を継承していたことはさきの多くの元暁の釈書の請来をもっても知れるところで、ここにこそ審祥の存在の意義が認められるのである。われわれは義淵と良弁の相互の教学の発展的橋渡しをしたのが元暁の教学を継承する審祥であると理解するのが至当であろう。

良弁の華厳教学の受容は、正倉院文書では天平十六年（七四四）十二月四日の金光明寺における華厳経の講説のために六十華厳と八十華厳を内裏へとりよせていることが初見である。

金光明寺造物所解　　申奉請経事

華厳経一部　六十巻

右、依少尼公去天平十六年十二月四日宣、付秦麻呂奉請内裏已訖、

又一部　八十巻

右、依少尼公同月廿五日宣、付秦廣縄奉請已訖、

以前、為今講説件経切要、仍

被良弁大徳宣、為今講説、件経切□充可奉、

右為今請者依宣差舎人原且奉請、早速申挙令奉請、謹解(31)

良弁はこの頃より華厳経を内裏の内道場で講じ大佛造顕への佛教の根本思想を天皇を中心として、その側近の指導者層に説きはじめたといえる。

また天平十八年（七四六）十月一日には用紙一九六〇枚を用いて華厳経八十巻を写させている。(32) さらに天平十九年（七四七）六月四日には単に経典だけではなく、元暁師の華厳経疏十巻、法蔵の華厳経疏二十巻、(33) つづいて同年六月八日に梵網経等を沙弥道鏡をしてとりよせている。

梵網経二巻奉請良弁大徳御所、使「沙弥道鏡」「八日納」「十九年六月八日丸部嶋守」「志斐麻呂」(34)

十九年六月八日出　廻浄論一巻　縁生論一巻　十二因縁論一巻
壱輪盧迦論一巻　大乗百法明門論一巻　百字論一巻
解捲論一巻　掌中論一巻　取因仮設論一巻　観惣相論頌一巻
止観門論頌一巻　手杖論一巻　六門教受(授)習定論一巻
大乗法界差(无)別論一巻　破外道小乗四宗論一巻　破外道小乗涅槃論一巻
右、依良弁大徳宣、奉請弘明師所、使沙弥「道鏡」知田辺史生
「以八月十七日、返納已畢」
少初位志斐万呂

「但子細記文、在疏櫃借文内」[35]

いまこれらの史料によって良弁と道鏡の関係をも知ることができる。道鏡は良弁の弟子で、この時はまだ沙弥であった。また華厳に関する経典の書写は天平十九年（七四七）八月二十五日より良弁大徳の宣により請経書写がはじまって、それは大佛鋳造と軌を一にするものである。ついで、東大寺写経所をして華厳経を二〇部三六二巻を九月一日より十二月十五日にかけて写させるなど華厳教学への関心がしだいに高まっていった。[36]
また吉蔵の華厳経疏二十巻もこの年の十一月二十四日に良弁のもとに集められた。[37]
かくて天平十九年は良弁にとって、華厳経研究への意欲をよりもやすと同時に、その宣布にもつとめた年であった。もちろん良弁は個人的には決して華厳経にのみにこだわることなく、むしろ不空羂索神咒心経や理趣経等密教系経典にも強い関心を示していたが、それは彼が内道場に出入する意味からも必要なことであったのである。そしてまた盧舎那佛造顕への教学的基礎をきずく上からも必要なことであって、この良弁によって聖武天皇の華厳教学に対する理解が深まって、あの「華厳経為本」の詔が出されたと見るべきである。またそれが要因となって、大佛の鋳造および開眼への道程が進められていったのである。
ことに天平勝宝二年（七五〇）三月二十八日には御願の八十華厳経の書写がはじめられていることも、天皇と良弁との関連を無視して考えることができない。

以天平勝宝二年三月廿八日奉始　御願八十花厳経
中内記従七位上
田辺榁実一帙紙十巻 墨筆　用百九十三張空四 破二　宮進納一枚

（題籤）

（表）

（裏）

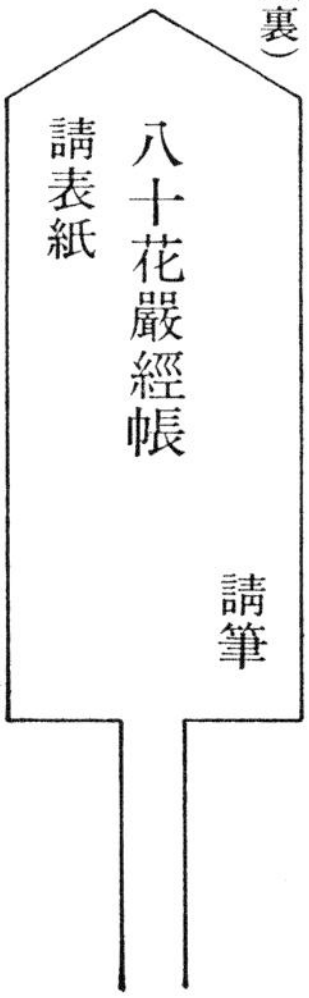

散位
従七上
三嶋宗万呂
史戸赤麻呂二帙紙十巻 墨筆 用二百張空二　破十四
散
大上
将軍水通三帙紙十巻 墨筆 用百九十九張空一
式部史生従八位下
津江継四帙紙十巻 墨筆 用百八十五張空七
散位
正八位上
山辺諸公五帙紙十巻 墨筆 用百九十三張空三 破二

書生少上　二
古神徳六帙紙十巻墨筆用百十一張空一破一
書生无位
淡海金弓七帙紙十巻用二百九張空三破三
書生无位
辛浄足麻呂八帙十巻墨筆用二百十四張

勝宝二年三月廿八日賀茂書手
下道主(38)

次にどうして華厳経を聖武天皇が良弁を介して内道場で受容されたかという問題を解決するにあたっては、正倉院に蔵する種々の献物帳の願文を相互に検討する必要がある。

(A)　東大寺献物帳

奉為　太上天皇、捨国家珍宝等、入東大寺願文

皇太后御製

妾聞、悠ゝ三界猛火常流、杳ゝ五道毒網是壮、所以自在大雄天人師佛、垂法鈎而利物、開智鏡而済世、遂使擾ゝ群生、入寂滅之域、蠢ゝ品類、趣常楽之庭、故有帰依則滅罪无量、供養則獲福无上、伏惟先帝陛下徳合乾坤、明並日月、崇三宝而遏悪、統四摂而楊休、声籠天竺、菩提僧正渉流沙而遠到、化及振旦、鑒真和上凌滄海而遙来、加以天惟薦福、神祇呈祥、地不惜珍、人民称聖、恒謂千秋万歳、合歓相保、誰期幽塗有阻、

閲水悲凉、霊寿無増、穀林揺落、隟駟難駐、七々俄来、茶襟転積、酷意弥深、披后土而無徴、訴皇天而不弔、将欲奚託勝業、式資 聖霊、故今奉為

先帝陛下、捨国家珍宝、種々翫好及御帯・牙笏・弓箭刀劔兼書法・楽器等、入東大寺、供養盧舎那佛、及諸佛菩薩、一切賢聖、伏願持玆妙福、奉翼

仙儀、永馭法輪、速到花蔵之宝刹、恒受妙薬、終遇舎那之法莚、将普賢而宣遊、共文殊而展化、仁霑百億、徳被三千、又願

今帝陛下、寿同法界、福類虚空、劫石尽而不尽、海水竭而無竭、身心永泰、動息常安、復乃天成地平、時康俗阜、万姓奉无為之化、百工遵有道之風、十方三界、六道四生、同霑此福、咸登妙果、

献 盧舎那佛

（中略）

右件、皆是

先帝翫弄之珍、内司供擬之物、追感疇昔、触目崩摧、謹以奉献

盧舎那佛、伏願、用此善因、奉資冥助、早遊十聖、普済三途、然後鳴鑾花蔵之宮、住蹕涅槃之岸、

天平勝宝八歳六月廿一日

(B) 東大寺薬物等献納帳

奉 盧舎那佛種々薬

（中略）

以前、安置堂内、供養盧舎那佛、若有縁病苦、可用者、並知僧綱後、聴充用、伏願、服此薬者、万病悉除、千苦皆救、諸善成就、諸悪断却、自非業道、長無夭折、遂使命終之後、往生花蔵世界、面奉盧舎那佛、必欲證得遍法界位、

天平勝宝八歳六月廿一日

(C)　法隆寺献物帳

献　法隆寺

（中略）

奉今月八日　勅、前件、並是

先帝翫弄之珍、内司供擬之物、各分数種、謹献金光明等十八寺、冝令常置

佛前、長為供養、所願、用此善因、奉資冥助、早遊十聖、普済三途、然後鳴鑾花蔵之宮住蹕涅槃之岸、

天平勝宝八歳七月八日(39)

これらの献物帳の願文を見てみるとき、天皇は崩御ののち「往生花蔵世界」または「仙儀永馭法輪、速到花蔵之宝刹」等と述べて先帝は東大寺の盧舎那佛を供養されたことによって華蔵世界に往生されたのであると理解されている。そしてこれらの願文に共通に見られるところの「往生華蔵世界」については、これが華厳経に説いている蓮華蔵世界を指すものであることは明らかである。

この華蔵往生の思想について六十華厳・八十華厳を対比してみると折込表（第10表）のごとくである。(40)

そしてこの華厳経の八十と六十との対照からして「華蔵世界」は六十華厳では盧舎那品に説いている盧舎那佛の浄土の蓮華蔵世界を指すのであって、これが新訳の八十華厳の華蔵世界品を指すことは明らかである。また良弁の好ん

第10表　華厳経新旧両訳対照表

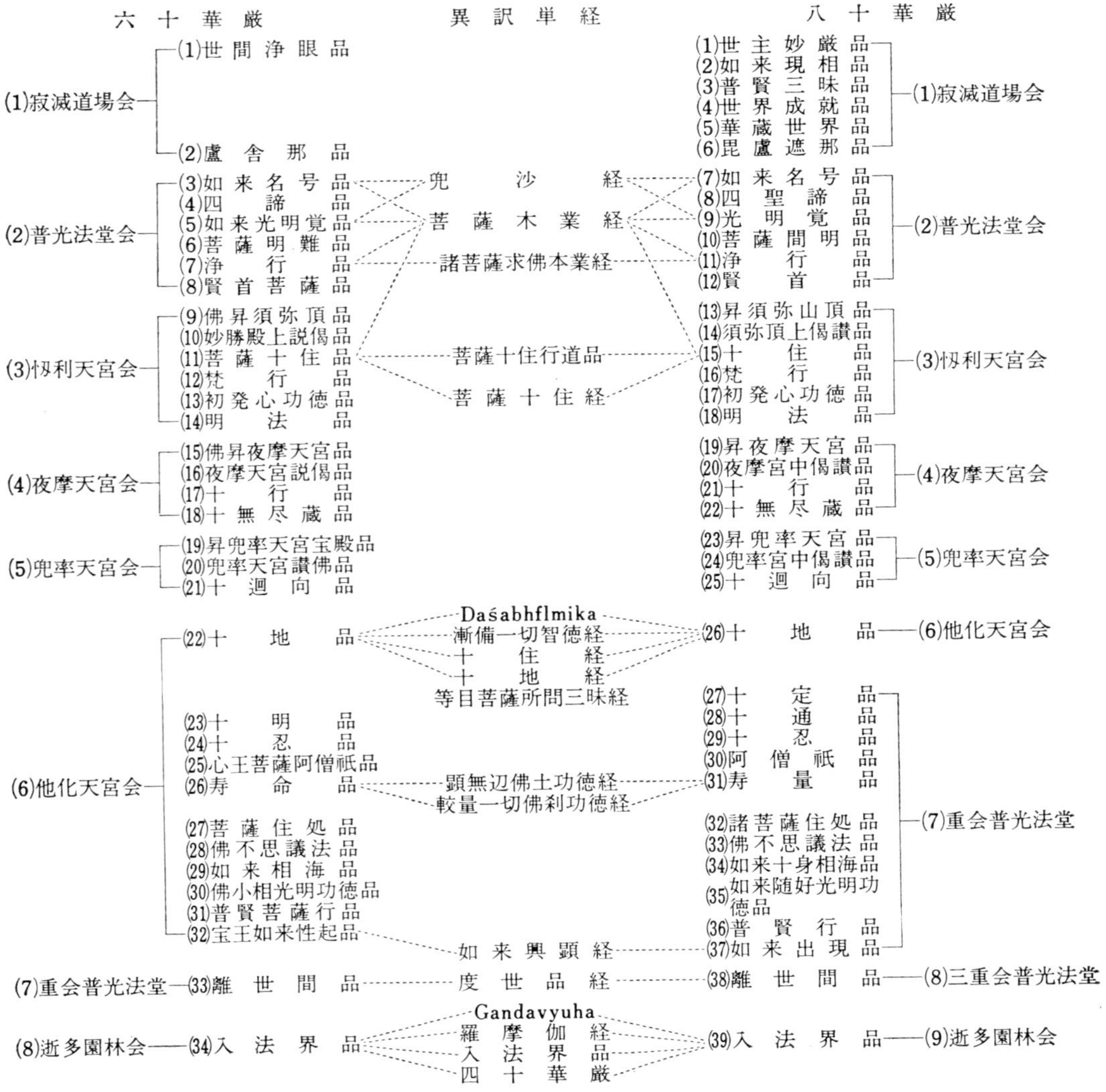

で用いた顕無辺佛土功徳経も、旧釈では寿命品を、新訳での寿量品を単本としたものである。

この蓮華蔵世界という浄土観は、良弁の教学の影響により聖武天皇のいだかれた浄土思想ともいえるのである。ことに聖武天皇は大佛造顕後において、大佛殿および東大寺の完成中途にして他界された天皇としては定まった浄土を華厳教学の中に求められたのは当然のことであった。また天平宝字二年（七五八）八月九日の勅はこのことをも明確に述べている。「先帝敬発二洪誓一、奉レ造二盧舎那金銅大像一、若有下朕時不上レ得二造了一、願於二来世一改レ身猶作(41)」この決意は聖武天皇の心情であったとともに、東大寺大佛造顕への必死の努力をも示すものであった。また天平勝宝八年（七五六）十二月三十日の七大寺における聖武天皇の追善のための梵網経講讃の法会の願文では、

講二梵網経一、講師六十二人、其詞曰、皇帝敬白、朕自レ遭二閔凶一、情深二荼毒一、宮車漸遠、号慕無レ追、万痛纏レ心、千哀貫レ骨、恒思二報徳一、日夜無レ停、聞道、有二菩薩戒一、本二梵網経一、功徳巍々、能資二逝者一、仍写二六十二部一、将レ説二六十二国一、始レ自二四月十五日一、令レ終二于五月二日一、是以、差レ使敬遣二請屈一、願衆大徳、勿レ辞二摂受一、欲レ使下以二此妙福无上威力一、翼二冥路之鸞輿一、向中華蔵之実利上臨レ紙哀塞、書不二多云一(42)

先帝の菩提のために梵網経を講じ、「欲レ使下以二此妙福无上威力一、翼二冥路之鸞輿一向中華蔵之宝利上」とあることは、さきの献物帳の願意とも相通ずるものがあることを示すものである。

そしてそれは、聖武天皇の佛教政治思想形成にいかに良弁僧正の華厳教学が反映されていたかがうかがえる。また唐の賢首大師法蔵の伝の中にも、

釈法蔵、字賢首（中略）蔵為二則天一、講二新華厳経一（中略）帝於二聖暦二年己亥十月八日一、詔レ蔵於二佛授記寺一、講二大経一（八十華厳）至二華蔵世界品一講堂及寺中地皆震動(43)

則天武后が法蔵の八十華厳の講説に際して華蔵世界品に感動の意を示したことは、この品自体華厳経中の無量無辺の浄土観である蓮華蔵世界海を具体的に示しているからでもあり、いま失訳となっている法蔵の著述のなかに「華蔵世界観一巻」が存在していたことも、この浄土観が華厳経を尊崇する人々にとって往生浄刹として強く印象づけたものといえる。

これに対して金光明最勝王経の方は王法正論品で国王に対する得益を説き、三身論を展開し、妙響十方に到って懺悔の法を説くをもって主眼とし、ことに依空満願における空観を重視している。しかしこの経典では現世における王道を説いて、正法によって一切の民衆をして十善を行ぜしめ、その結果、国土の昌平豊楽、諸天善神の守護を受くべきものとして説かれているのみで、没後に往生する世界についても、

若人命終多生㆓天上㆒、増㆓益天衆㆒、大王若未来世有㆓諸人王㆒、聴㆓受是経㆒、恭敬供養并受㆓持是経㆒[44]

この「生㆓天上㆒」とか、金光明経での「行㆓十善㆒其人寿終多生㆓天上㆒」という思想が見えるだけで如何なる浄土を指しているのか明確でない。金光明経および最勝王経では、死後の定まった往生浄土を示さず、ことにその往生する場所も天宮で、特定の弥陀や弥勒等の佛土を指していない。そして天宮に往生した人王も再びこの世に転生する可能性も存在するのであって、華厳経に説く蓮華蔵世界のような決定的な浄土を持っていないことは、聖武天皇をしてより華厳経への関心を深める結果ともなった。

そこにまた良弁の活躍の意義が見られるともいえる。故に東大寺献物帳のこの思想こそ、良弁を通じて得た来世に対する聖武天皇の境界であったと考えられる。

もちろん良弁の華厳思想の具現にあたっては、最勝王経の示している空観、即ち、

始終寂静、本来自空、是故五蘊能現二法界一(45)

のような三乗教の立場より、より高い一乗教の華厳哲学へ達し、そこに示されている「一即一切・一切即一」の思想に立つときにはじめて国土厳浄の理想を実現することができるのであると考えるとき、聖武天皇の佛教への関心は、良弁を通じて、玄昉の示した法相・唯識を超えて華厳の広大な思想に典拠を求めざるを得なくなったのであると見ることができるのである。

ことに良弁が華厳経の説いている盧舎那佛の境界を聖武天皇に示し、以前よりの四天王護国思想のみの消極的な立場を脱して広い考え方に立ち、日本の佛教文化を唐の持つ世界的文化の位置まで高めるためにも、華厳経の本尊である盧舎那大佛を造顕する必要にせまられたのであって、そこに聖武天皇と良弁との教学の実践の立場を通じて共通性が生み出されたものと考えられるのである。

そのことは、後に述べる大佛蓮弁の構成からも推察できるのであるが、その思想は八十華厳の華厳世界観にもとづいていると考えられる。一説には梵網経に説くところとの考え方もあるが、これはさきの献物帳の思想よりしてうなずけない。

しかし梵網経は華厳思想と戒律思想より合成された中国での偽経であるが、聖武天皇の崩御に際しては、華厳経でなく梵網経が読誦されていることについて考えると、それは、天平勝宝八年(七五六)十二月三十日の七大寺で梵網経を講じ「聞道、有二菩薩戒一、本二梵網経一、功徳巍々能資二逝者一」(46)と見え、この経典の写経については、天平勝宝八年(七五六)五月二十日の造東大寺司請経借収注文に、

梵網経一巻 複上下 綺白帯 白紙及表紙 水精軸 納管三個 二箇檛並塗末香 一箇赤檀継中在蓋 納紫細布袋一口 着丸組緒四条 二条紫糸 二条白橡麻

以前、奉施衆僧十八物中物、平章献大佛如前、

借収経所、

八歳五月廿日付上馬甘

判官上毛野君(真人)

主典葛井連(根道)(47)

と、聖武太上天皇はこの年の四月中旬より病が急激に悪化し、そのため孝謙女帝は急ぎ河内国より帰国され大赦が行われ官廷が悲嘆にくれるとともに梵網経の講読がしだいに盛んとなった。(48)この梵網経の大佛への納入は死期を知った天皇が死後の菩提の得果を得るためのものであった。またこの梵網経とおもわれる水精軸に、白麻紙二三枚に紫紙金泥に草木奇厳と飛鳥乱蝶の図のある装飾経の梵網経が正倉院に現存することも、聖武天皇の崩御と関係するものとも考えられる。

また天皇崩御ののちの七七日の忌中にもこの経典が読まれて、それは菩薩戒を受けて清浄心を保ち佛に生まれるという考えのもとに「逝者に資す」というのである。

この七七日の供養の意義については、阿毘達磨大毘婆沙論第七十に、

中有極多住七七日、四十九日定結生故、尊者世友作㆓如㆑是説㆒、中有極多住経㆓七日㆒、彼身羸劣不㆓久住㆒(49)

と述べて、七七忌日の思想を示している。また瑜迦師地論には、

若未㆑得㆓生縁㆒極㆓七七日㆒往、有㆑得㆓生縁㆒、即不㆓決定㆒、若極㆓七日㆒、未㆑得㆓生縁㆒、死而復生、極㆓七日㆒住、如㆑是展転未㆑得㆓生縁㆒乃至七七日住、自㆑此已後決得㆓生縁㆒、又此中有㆓七日死㆒已、或即於㆓此類㆒生、若由㆓余業可㆒㆑転、

中有種子転者、便於ニ余類中一生、又此中有有ニ種種名一、或名ニ中有一在ニ死生二有中間一生故(50)

との考え方により七七忌日が成立した。そして七七日の忌日に読経功徳して、中有の死者の霊を慰めることは、インド、中国で早くより実施され、殊に中国の七の思想の重視はより早く佛教思想受容のための助けともなったのである。死後の菩提のことについては梵網経の四十八軽戒のなかの第三十九不修福慧戒、または応講不講戒と称されているのに根拠を求めることができる。その経文には、

若佛子常応下教ニ化一切衆生一、建ニ立僧房一山林園田立中作佛塔上、冬夏安居坐禅処所、一切行道処、皆応レ立レ之、而菩薩応下為ニ一切衆生一講中説大乗経律上

若疾病、国難、賊難、父母兄弟、和尚阿闍梨亡滅之日及三七日、四五七日乃至七七日亦応レ講ニ説大乗経律一、一切斎会求レ福行来治生（中略）亦読誦講ニ説此経律一乃至一切罪報、三悪八難七逆扭械枷鎖繫ニ縛其身一、多婬多瞋多愚癡多疾病皆応四読ニ誦講ニ説此経律一(51)

と述べて法蔵もこの梵網経の主旨の中に「救ニ先亡一」という思想が強く含まれていると説いている。そしてさきの天平勝宝八年（七五六）十二月二十一日の続日本紀の記事は、明らかに先帝の亡霊を追善するために梵網経を用いたのであって、十善戒を提唱するこの経典により追修作善されることによって先帝は華蔵世界に往生されることができると考えられたのである。それは大佛の佛身が梵網経によるものでないことは明らかである。

良弁の梵網経に対する理解も、法蔵の解釈にしたがい、聖武先帝の遺霊が、「翼ニ冥路之鸞輿一、向ニ華蔵之宝刹一」(52)という意味において、解釈しなければならない。そのことは天皇の追善の国忌には亡霊をなぐさめ、十善戒を保持され(53)ているという立場から、天平宝字元年（七五七）四月十五日より五月二日の御忌日まで華厳経でなく梵網経を講ぜられ、

天平宝字の改元の詔に「護二持佛法一、無レ尚二木叉一」(54)と述べて、梵網経による追修を求め、東大寺唐禅院の供料を施す等戒律重視に向っている。

また良弁は、天平宝字四年（七六〇）七月二十三日に慈訓、法進とともに僧綱にあって、僧制の改革をはかり、唐制を採り入れて四位十三階を制定した。その内容は、

(一) 良弁等聞、法界混一、凡聖之差未レ著、断證以降、行位之科始異、三賢十地、所以開二化衆生一、前佛後佛、由レ之勧二勉三乗一、良知、非レ酬二勲庸一、無レ用二證真之識一、不レ差二行位一、詎勧二流宕之徒一、

(二) 今者、像教将レ季、緇侶稍怠、若无二褒貶一、何顕二善悪一、望請、制二四位十三階一、以抜二三学六宗一、就二其十三階中一、三色師位并大法師位、准二勅授位記式一、自外之階、准二奏授位記式一、

(三) 然則戒定恵行非二独昔時一、経論律旨方盛二当今一、

(四) 庶亦永息二濫位之譏一、以興二敦善之隆一、良弁等、学非二渉猟一、業惟浅近、輙以二管見一、略事二採択一、叙位節目、具列二別紙一(55)、

この奏状の採否については「勅報曰、省二来表一知二具示一、勧二誡緇徒一、実応二利益一、分二置四級一、恐致二煩労一、故其修行位、誦持位、唯用二一色一、不レ為二数名一、若有二誦経忘却、戒行過失者一、待二衆人知一、然後改正、但師位等級、宜レ如二奏状一(56)」と四級分置については煩瑣の故をもってしりぞけ修行と誦持を一つにまとめ、修行と誦経を一体化し、大法師位の設定を許可したのである。

この良弁の上表を通じて見られるところは、良弁の時代意識のなかに「像教将季」を叫び、聖武天皇の「像法中興」の詔と相通ずるものがある。また「緇侶稍怠」とか、「戒定恵行、非二独昔時一」など当時の僧侶の濫位の譏をは

げしく非難しているのも彼の僧徒に対するきびしい態度がうかがえるのである。そして貴族化した僧侶の政権への欲望は、この奏上にかかわらず高まって、鑑真の入寂のあと、称徳天皇の即位を機として良弁の高弟の道鏡が恵美押勝の乱後、宮中内道場の主導権を掌握して、良弁を遠ざけ慈訓一派を追放した。しかし良弁は道鏡との関係のもとに僧正位にとどまったものの、慈訓の敗退につれて内道場より遠ざけられて、東大寺の山房に隠遁し、宇多の里にもおもむいた。ことに良弁の示寂の宝亀四年（七七三）閏十一月二十四日の続紀の記事もいたって簡単で、伝も載せていないことは、良弁が道鏡の台頭によって逆に勢力が衰退していったことが考えられ、良弁は聖武天皇の崩御とともに地歩を弱めていったと見るべきである。そしてそこに良弁の生涯を通じて奈良佛教の動向もまた示されているのである。[57]

（1）大日本古文書、七、四九四頁、一切経納櫃帳
（2）続日本紀、第十六、天平十八年六月十八日条
（3）同右、第十九、天平勝宝八年五月廿四日条
（4）同右、第十四、天平十三年八月廿八日条
（5）岸俊男『日本古代政治史の研究』三三六頁参照
（6）井上薫『奈良朝佛教史の研究』「東大寺の創立」一九五頁参照
（7）続日本紀、第十二、天平八年二月七日条
（8）同右、第十五、天平十五年正月十三日条
（9）同右、第二十、天平宝字元年七月四日条
（10）大日本古文書、二十四、一七一頁。納櫃本経検定并出入帳（天平十四年七月十三日）
（11）同右、同、一七八頁
（12）三国佛法伝通縁起中（華厳宗条）東大寺図書館蔵本

(13) 八宗綱要（華厳宗条）東大寺図書館蔵本
(14) 東大寺要録、第五、東大寺宝庫蔵
(15) 大日本古文書、七、写経所啓（天平十二年七月八日）四八九頁
(16) 同右、八、律論疏集伝等本収納并返送帳（天平十六年閏正月十四日）一八八頁
(17) 同右、同右題（天平十六年五月廿七日）一八九頁
(18) 註(12)に同じ
(19) 大日本古文書、十七、造東大寺司請疏文案（神護景雲二年二月三日）一〇八頁
(20) 同右、奉写一切経所牒（神護景雲二年十一月十日）一四一頁
(21) 同右、造東大寺司牒案（神護景雲二年十一月十二日）一三五頁
(22) 同右、奉写一切経司牒（神護景雲二年十二月二日）一三一頁
(23) 同右、造東大寺司牒案（神護景雲二年十二月四日）一二九頁
(24) 同右、奉写一切経司移（神護景雲三年六月廿八日）一一九頁
(25) 同右、造東大寺司移（神護景雲三年七月廿日）一一七頁
(26) 同右、造東大寺司牒（神護景雲二年十月九日）一一六頁
(27) 高峰了州『華厳思想史』第十三章「元暁及び義湘とその門流」一九三頁参照
(28) 起信論疏、巻上（大正蔵四四、二〇四頁b）
(29) 同右（同右、二〇六頁c）
(30) 註(28)に同じ（二〇四頁a）
(31) 大日本古文書、二、金光明寺造佛所解（天平十六年十二月四日）三八七頁
(32) 同右、写一切経所解（天平十八年十月一日）五三三頁
(33) 同右、九、経疏検定帳（天平十九年六月四日）三八三頁
(34) 同右、二十四、納櫃本経検定并出入帳（天平十九年六月八日）一八一頁

(35) 同右、一八九頁
(36) 同右、九、東大寺写経所解（天平十九年十二月十五日）六三三頁
(37) 同右、十、造東大寺司解案（天平十九年十一月廿四日）三七五頁
(38) 同右、十一、御願八十華厳経用紙筆墨帳（天平勝宝二年三月廿八日）一七八頁
(39) 東大寺献物帳（寧楽遺文、下、四三三—四五九頁）・法隆寺献物帳（寧楽遺文、下、四五八頁）
(40) 片山一良『華厳経新旧両訳対照表』
(41) 続日本紀、第二十一、天平宝字二年八月九日条
(42) 同右、第十九、天平勝宝八年十二月三十日条
(43) 宋高僧伝、五、周洛京佛授記寺法蔵伝（大正蔵五〇、七三二頁a・b）
(44) 金光明最勝王経、四天王護国品（大正蔵十六、四二八頁a）
(45) 同右、依空満願品第十（大正蔵十六、四二五頁b）
(46) 続日本紀、第十九、天平勝宝八年十二月卅日条
(47) 大日本古文書、十二、造東大寺司請経借収注文（天平勝宝八年五月廿日）二九一頁
(48) 続日本紀、第十九、天平勝宝八年四月二十四日、二十九日、五月二日条参照
(49) 阿毘達磨大毘婆沙論、第七十（大正蔵二七、三六一頁b）
(50) 瑜伽師地論、第一（大正蔵三〇、二八二頁a・b）
(51) 菩薩戒経義疏校本、（坤）三十五丁（明治二十一年刊本）
(52) 註(42)に同じ
(53) 続日本紀、第二十、天平宝字元年正月五日条
(54) 同右、第二十、同年閏八月廿一日条
(55) 同右、第二十三、天平宝字四年七月廿三日条
(56) 同右

(57) 同右、第三十二、宝亀四年閏十一月廿四日条

二　釈迦信仰と大佛造顕の関係

日本における釈迦信仰の受容は、佛教初伝の当初より見られるのであるが、その系譜は遠くインドや中国に求めなければならない。

もちろんインドにおいても釈尊の入滅当初より発するものであるが、その根源となる思想については釈尊の偉大なる人格を追慕し、その神秘的紀伝を信仰することにもとづくものであるが、釈迦入滅当初の佛弟子たちにとっては釈迦の教説を整理統合し、その転法輪処におもむいて礼拝供養を行っていた。またその信仰の様相は法輪または舎利塔を涅槃佛として礼したのであったが、涅槃時より隔たるにつれて、いよいよ追慕の念が高まり、さらには釈迦の姿に接することができなかった人々については釈迦像を作成して、その苦行時、成道時、説法時等、その一代の姿を岩石に彫んで釈迦佛を慕った。しかしこの釈迦佛を造像する起源については、ガンダーラの佛像にも見られるところであるが、ギリシャ芸術の影響を受けながら発展していったものと考えられている。その初期の姿としては師子座上に趺坐し、偏袒右肩で右の手は施無畏の印を示し、左の手は屈して膝の上に置いて、体軀雄偉で顧面は眉が長く、高く螺旋状の肉髪を作って、後光は周辺に連孤文を刻んで、左右に払子を持った両脇侍を配した構想であった(1)。

このような釈迦三尊の形式はその造像の盛んとなるにつれて整えられ、釈迦一尊をもって配する場合と、迦葉や阿難を配した三尊の形式をとるものとがあらわれたのである。

このような様相はやはりインドのみならず佛法東漸について中国等にも伝わり、ことに釈迦の姿に接することがで

きないインド以外の国々では、高僧たちがその信仰の真髄を示すために盛んに造像し、君王たちも釈迦像を造ることによってその帰依の姿を示そうとした。燉煌莫高窟の千佛龕や、雲崗の石崛の群像のなかに釈迦佛の造像の例が多いのもこのためである。そのほか、釈迦遺法の弟子を救う未来佛として弥勒菩薩への信仰が、やはり釈迦信仰の一環として、石窟寺院内にその造像の例が多い。

この釈迦信仰の形態については、中国においても、釈尊に接することができなかったという意識が強くあらわされている。北魏景明四年（五〇三）十二月一日の雲崗の古陽洞の『釈迦像記』にも「今法生儌逢孝文帝、専心三宝」(2)と法生が、北魏孝文帝の佛教流布の世に生まれたことを謝して釈迦像を造っている。また、永安三年（五三〇）の「比丘道翫等造石像記」にも、

大魏永安三年嘱庚戌、四海凶凶、乗輪寇場、九服荒荒、干戈未戢、遂令三輪玙駕（中略）法鼓不振于今日、而弟子等稟質常因、賔羅塵滓限結免、根形同朝露、前不値釈迦初興、劫不逢嬢佉之子、嘱生命辰坎壈之世、塵廻生老、出垢靡遥、抧荷泳火之間、悲楽愛憎之裹、沉溺三毒之湖、（中略）各竭家珎、建造石像一区、□高一丈(3)

と、これらの例は多く見られる。そして南北朝にかけては盛んに釈迦信仰への熱意が高まるとともに造像の例多く、ことに隋朝に到っては、煬帝が文皇帝のために金銅釈迦佛坐像一軀を造って諸州に勅して図写せしめている。

隋煬帝韓廣嗣膺下武丞承大業、至徳光被於億兆、神化覃洽於黎元、占風候雨之郷、梯山請朔、蟠木流沙之地、汎海輪賝、外洞九流内窮三蔵（中略）大業元年為文皇帝造西禅定寺（中略）又於高陽造隆聖寺、碑文秘書郎虞世南撰、爾乃儼香閣以遠臨、瞹花台之相踞、金波夜上徘徊璧璫之側、王繩暁映的歴珠網之間、澹虚白於房帷、生風雲於軒牖、霊龕禅室像設化城、涌塔宝台極図神雙、又於道場設無遮大会、度清信士女、百二十人、奉為文皇帝敬造金銅釈迦

坐像一軀、通光趺七尺二寸、未及荘厳、而頂凝紺翠体、耀紫金、放大光明熱映堂宇、既感通於嘉瑞勅諸州郡各図写焉(4)

と、このような隋朝における釈迦像の普及は、煬帝の政治的勢力の伸長とともに諸州に広がっていったのである。わが国の佛伝のときの本尊やまた聖武朝における国分寺の本尊を釈迦牟尼佛として諸国に配する例も、このことに影響されているとも考えられる。その目的は釈迦像をまつることはそれが即ち億兆の民に光被するのみならず、風雨が順調におとずれ国土を豊かになることを祈るためでもあった。

このような釈迦造像の傾向は単に中国のみならず半島においても盛んに流行し、新羅の南山の釈迦三尊石佛にも見られ、またわが国の法隆寺金堂釈迦像と近い類例が見られる。それによるとその銘文に、

建興五年歳在丙辰、佛弟子　清信女　上部兒奄造釈迦之像、願生生世世　値佛聞法　一切衆生　同此願(5)

と見えている。しかし、この建興五年の年号については、百済の聖明王（五二三―五五四）の遺年号ともいわれ聖王十四年（五三六）に比定できるとも考えられている。(6)もちろんこの時期は新羅では法興王二十三年にあたり、百済・新羅ともに佛法興隆の年にあたっていることは、このような佛教興隆の思潮にのりながらわが国に佛教が伝来し、その最初に聖王よりもたらされたのが釈迦佛像であるということがいえる。

わが国の佛教の初伝の年号に関する考證については異説が多いが、その内容において、百済の使者怒唎斯致敬が、釈迦佛金銅像一軀をもたらしたことは明らかである。(7)もちろんこれを契機として、物部氏と蘇我氏の間にはげしい崇排佛論争がまきおこったことは史上明らかであるが、とにかくかかる政争は別としても、最初に佛像として釈迦尊像が渡来したことは飛鳥時代の佛像彫刻に釈迦三尊等の造像例が多く見られることでも、かかる信仰がしだいに発展し

ていったことがうかがえる。

　またこれは釈迦像のみならず敏達十三年（五八四）には「十三年秋九月、従二百済一来鹿深臣、有二弥勒石像一軀一」(8)と百済より弥勒石像がもたらされている。もちろん弥勒信仰は釈迦佛の当来佛としての性格をもっていたから、その信仰形態は釈迦信仰と表裏一体となるものである。そしてこの弥勒石像は、のちに善信尼やその弟子二人の出家の機縁となるもので、馬子は「馬子独依二佛法一崇二敬三尼一（中略）経二営佛殿於宅東方一、安二置弥勒石像一、屈二請三尼一大会設斎、此時達等得二佛舎利於斎食上一、即以二舎利一献二於馬子宿禰一」(9)と、これは蘇我氏の石川精舎の設立にまつわる縁起より書紀が採録したものであるが、ここでは弥勒佛と佛舎利との関係を示している。そしてこの縁起では舎利は「舎利不レ可二摧毀一、又投二舎利於水一、舎利随二心所一レ願、浮二沈於水一、由レ是馬子宿禰、池辺氷田、司馬達等、深信二佛法一修行不レ懈、馬子宿禰亦於二石川宅一修二治佛殿一、佛法之初、自レ茲而作」(10)と。この馬子の佛教帰依については、それが大和川流域より難波へかけ、また桂川等の淀川水系にまで進出しつつあった帰化人の勢力を利用するためにも必要であっ

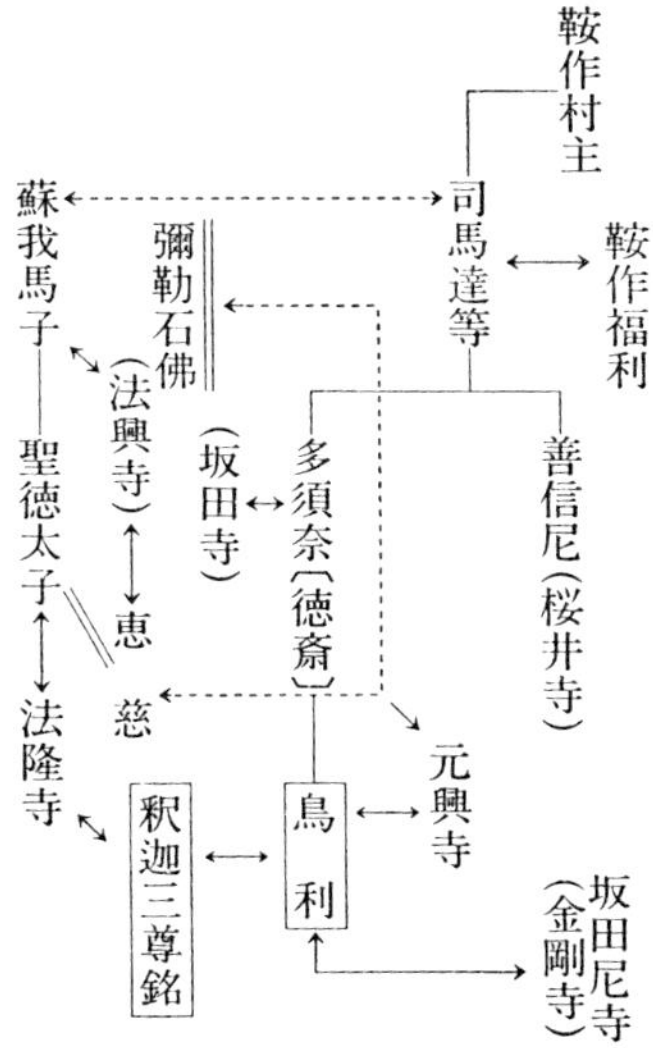

たし、対物部との対決を、有利に展開するためにも、彼らの持っている技術による協力や、経済的な援助を求めるためにも蘇我氏にとって必要であった。しかしその中心となったのは、帰化系のなかでも司馬氏の一族で、このことを図示すると上図のごとくなる。(11)
　この司馬氏の一族はもともと鞍作部に属し、対朝鮮との軍事的必要から、しだいに大和朝廷において重要な地位を得る

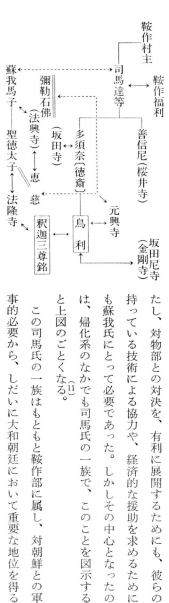

ことができるようになってから蘇我氏に近づいていった。その関係は明らかでないが、応神朝にも見えているようであるが、雄略天皇七年（四六三）での鞍部堅貴の存在が明らかである。(12)この一族は百済系帰化人で上桃原、下桃原、真神原等の付近に居住し、達等は敏達天皇十三年（五八四）には鞍作部村主と村主の地位にあった。その子多須奈は出家して徳斎法師と名のり、この人物は用明天皇のために造られた丈六像の造像にたずさわり坂田寺の草創に協力している。また同族の鞍作鳥は達等の孫にあたり、その家系については、

五月甲寅朔戊午、勅二鞍作鳥一曰、朕欲レ興二隆内典一、方将レ建二佛刹一、肇求二舎利一、時汝祖父司馬達等便献二舎利一、（中略）汝父多須奈（中略）出家（中略）又汝姨嶋女、初出家（中略）今朕為レ造二丈六佛一以求二好佛像一、汝之所レ献佛本則合二朕心一(13)

と鳥利も鞍作部の技術を佛像彫刻の作成に生かすことができた有数の帰化人族であった。その作成されたもののなかで法隆寺釈迦三尊はあまりにも有名である。

この釈迦三尊の造像の目的は聖徳太子の病気平癒を祈願するという「転病延寿」を求めるとのためであった。そのためにも願文に「当造釈(迦)像尺寸王身、蒙此願力、転病延寿、安住世間、若是定業、以背世者、往登浄土、早昇妙果」(14)という現世的要求と聖徳太子の薨去後における「法皇登遐、癸未年三月中、如願敬造釈迦尊像幷俠侍、及荘厳具竟、乗斯微福、信道知識、現在安穏、出生入死、随奉三主、紹隆三宝、遂共彼岸、普遍六道、法界含識、得脱苦縁、同趣菩提」(15)と追修菩提との二つの目的を持っている。ここに太子と等身像であるという現世利益のあらわし方を通じた安住世間への願望、しかも薨去された後の苦縁得脱のための釈迦像は往登浄土への機縁ともなるものであった。その登浄土の目的は弥勒菩薩の兜率天上生や、阿弥陀如来の往生極楽のような一定の浄土へという思想ではなく苦縁の生じない天部への往生を指すものと思われ、この浄土思想が明確でないところに釈迦佛の現世的な性格がうかがえる

のである。これは法隆寺のみならず、他の釈迦像の造像銘記においても、「為嗽加大臣、誓願敬造釈迦佛像、以此願力七世四恩六道四生、倶成正覚」(16)とか、「弟子王延孫奉為現在父母、敬造金銅釈迦像一軀、願父母乗此功徳現身安穏、生生世世、不経三途、遠離八難、速生浄土、見佛聞法」(17)と見えて、釈迦佛造像の目的は父母の孝養のため現世においても安穏なることを願い、来世においても浄土に生まれることを希むために造像される例が多かった。

またその他に大化四年（六四八）二月の書紀の記事に、四天王寺の塔内に「造二霊鷲山像一」(18)、とか斉明天皇三年（六五七）には「作二須弥山像於飛鳥寺西一、且設二盂蘭盆会一」(19)等、霊鷲山や須弥山の形を造ることによっても釈迦の生前を追慕しようと考えたのである。

飛鳥時代の釈迦信仰は要するに、(1)南北朝・隋等の釈迦信仰の形態をそのまま受け継いでいる。(2)そこには多様性が見られるのだが、その範囲はせまく現世来世の父母への孝養という目的のもとに個人的信仰を中心として形成された類例が多い。それは飛鳥時代の信仰が、やはり聖徳太子はじめ個人的救済を求める声が大きくこのためにも孝道的な釈迦信仰は適合しているといっていい。その具体的なあらわれとして、(3)(イ)釈迦像の造像、(ロ)舎利信仰、(ハ)弥勒信仰、(ニ)霊鷲山信仰、(ホ)須弥山信仰等の多様性をもって発展している。飛鳥大佛と称される安居院の像は金銅釈迦像とも称されている。このような釈迦信仰も奈良朝前期に近づいてくると、法相宗の隆昌とともに教学的体系のもとに、しだいに発展していったのである。

次に飛鳥朝の釈迦信仰における思想は、現在父母に対する孝養という現在的意義における存在理由が大きかったが、この傾向はさらに継続して次の奈良時代へと受けつがれていった。続日本紀の養老六年（七二二）十二月の条では、

十二月庚戌、勅奉レ二為浄御原宮御宇天皇（天武）一造二弥勒像一、藤原宮御宇太上天皇（持統）釈迦像、其本願縁起、写

以二金泥一安二置佛殿一焉(20)

と天武天皇のために弥勒菩薩像を、そして持統天皇のために釈迦像を作製している。そしてまた神亀三年（七二六）八月八日にも「奉三為太上天皇（元正）一造二写釈迦像并法華経一訖、仍於二薬師寺一設レ斎(21)」とて先帝のために釈迦像を造っていることは、やはり聖徳太子のときにおける状況と共通している。さきの持統天皇のためにおける問題は明らかに「出生入死、随奉三主　紹隆三宝」を意識している追修作善のためであるが、元正天皇の場合は現在生きていられる天皇に対する「現在安穏」や「七世父母、倶成正覚」を得るためのものといえる。天武期における釈迦如来造像例は山田寺佛頭、蟠満寺釈迦如来像等に見られる堂々とした身構えをもった力強い風格を示していることは天武期以後、釈迦信仰の性格が日本の天皇が中国の天子思想を受容してわが国の天皇制の上に思想的根拠を与えたことになって、さきの単なる祖先である先皇の菩提ということ以上に転輪聖王としての意識も高まってきたのではないだろうか。

この釈迦信仰の様相は、天皇の信仰形態であるばかりでなく貴族の中にも受容するものがあらわれた。ことに藤原鎌足の場合、興福寺縁起では、鎌足が中大兄皇子と事をはかり蘇我入鹿を滅ぼそうとしたときに「鎌足為レ遂二此事一、発レ願奉レ造二丈六釈迦佛像一、今興福寺金堂佛像是也(22)」と見え、このことはまた和銅三年（七一〇）三月の扶桑略記にも述べている。

右大臣藤原朝臣不比等、於二大和国平城京一、始建二興福寺金堂一、先レ是大織冠内大臣、由二蘇我入鹿誅害事一、発願奉レ造二金色釈迦丈六像一軀一、挟持菩薩二躰一、其後天智天皇八年己巳冬十月、大織冠枕席不レ安之比、忽構二伽藍一安三置件像一、内大臣薨之後、所二移起一也(23)

と、興福寺における釈迦如来を金堂に安置する由来を掲げている。もちろん鎌足にまつわる縁起もさることながら興

福寺には釈迦如来を安置する堂が多い。興福寺流記では、

東　金　堂五間四面百済国所送釈迦像安置　高一尺二寸、大織冠御本尊云云　或記云三尺至二華座一、脇士左観音、右虚空蔵、第卅代欽明天皇十三年十月渡レ之、（中略）日本最初佛像也、

西　金　堂五間四面奉レ安二丈六釈迦佛像并脇士二人、十六羅漢、八部力士、四大天王、梵釈等一、

右天平聖暦六年正月十一日、先妣橘夫人御忌日、光明皇后所二造立供養一也、

中金堂院七間四面奉レ安二置丈六釈迦如来像一、脇士四人四天王、

右件佛像等者、大織冠内大臣之入鹿大臣謀反之時、為二天下和平王位扶持一立二大願一、遂二入鹿誅討一之後、所レ奉二造顕一也、而後、堂者淡海公創二和銅三年一造二立於春日地一、流記云占二春日勝地一懸二興福寺額一、（中略）我寺釈迦佛、大織冠造立、昔降二伏逆臣一、淡海公安二置之一、故擁二護社稷国家一、(24)

とあるが、この記事は興福寺流記を編するにあたって種々の記録を集めているが、天平宝字年間の記録と考えられる宝字記に「中佛殿一乗院　延暦記名二中金堂院一、釈迦丈六佛像一口　延暦記云飛天光須弥座云云、脇侍菩薩四軀　二軀十一面観音、薬王上、已上四軀金色云云」と、興福寺における釈迦佛は鎌足の発願によるものとの考え方が強くあらわれている。しかし東金堂、中金堂、西金堂の釈迦佛のうち東金堂は聖明王よりの釈迦佛、中金堂は入鹿事件によるもの、西金堂は光明皇后による造像と各その縁起を異にしている。

しかしこの縁起については、あまりにも釈迦佛の伽藍への配置とそれぞれの縁起がととのいすぎている点に疑問が多い。そしてこのような有名な史実であるならば、当然入鹿討伐に対する法興寺釈迦佛等に対する祈願のことは家伝にも触れていなければならないにもかかわらず、家伝には鎌足が没後「如汝誓願、従観音菩薩之後、到兜率陀天之上、

日日夜夜、聴弥勒之妙説、朝朝暮暮、転真如之法輪(25)」として鎌足の弥勒を信仰して兜率天に上生したことを述べているが、釈迦佛への祈願については述べていない。

しかしひるがえって考えてみるとき、鎌足には天智天皇八年（六六九）鎌足が病に伏せって、治癒しがたいとき、天皇自身による鎌足の私第への行幸がなされたほどであった。ことに鎌足は「大臣性崇二三宝一（中略）毎年十月荘二厳法筵一仰二維摩之景行一(26)」と維摩居士への信仰が厚く、そのうえ維摩経問疾品により病をのりきることができたとして維摩経の信仰は、聖徳太子の信仰より流れて藤原鎌足にうけつがれたともいえるのである。

しかしてこの維摩経のなかに釈迦如来について説いている箇所がある。維摩詰所経の香積佛品のなかに、

云何名為下楽二小法一者上、即以問レ佛、佛告レ之曰、下方度下如二四十二恒河沙一佛土上、有二世界一名二娑婆一、佛号二釈迦牟尼一、今現在二於五濁悪世一、為下楽二小法一衆生上敷二演道教一、彼有二菩薩一名二維摩詰一（中略）於レ是香積如来、以二衆香鉢一盛二満香飯一、与二化菩薩一、時彼九百万菩薩倶発レ声言、我欲下詣二娑婆世界一供中養釈迦牟尼佛上、幷欲レ見二維摩詰等諸薩菩衆一(27)

と、香積如来が、天に昇って諸佛を供養し、また地に降って娑婆世界における釈迦牟尼如来を供養して、衆生教化のことを説いている。衆生剛強のために教化しがたいが、これを調伏するためにはまた剛強の語をもって説かなければならないと維摩は述べている。その教化への道は釈迦牟尼佛の無量自在之力によって十事善法をもって臨まなければならないとも説いているが、このような維摩と釈迦とのつながりは、諸堂における礼佛の対象として造像されたところ、釈迦牟尼佛が中心の位置を与えられる結果となるのである。ことに藤原鎌足が維摩居士への信仰があったことからも、鎌足の滅後、その子不比等は興福寺を和銅三年（七一〇）三月平城京への遷都後、新京に建てるときも「大織冠

内大臣、由二蘇我入鹿誅害事一、発願奉レ造二金色釈迦丈六像一軀、挟侍菩薩二体一、其後天智天皇八年己巳冬十月、大織冠枕席不レ安之比、忽構二伽藍一安二置件像一、内大臣薨之後、所二移起一也」と興福寺金堂の釈迦像安置の目的を述べている。(28)

このように鎌足の信仰に根ざした釈迦信仰は、法相宗の主要経典である瑜伽師地論の著者弥勒の名前がまた弥勒佛の信仰とも結びついたように、鎌足と維摩経との関係は藤原氏の釈迦信仰をかきたてるに到ったのである。

天武朝における釈迦信仰は藤原鎌足の信仰という型において発展したが、天皇の信仰にまで進展したのはやはり持統天皇の菩提のために養老七年（七二三）に釈迦像を造られたことに注目しなければならない。そしてまた持統天皇のために釈迦像をつくるのみならず、八十華厳経、大集経、涅槃経、大菩薩蔵経、観世音経を写し追修作善を行っている。

もちろんそれは七世父母に対する孝養のためにという飛鳥時代よりの考え方はそのままうけつがれているのであるが、それが、単に持統天皇のためという個人的な信仰体系を離れて、国土荘厳という目的に拡大されるに到って釈迦信仰は天皇の政治的背景を裏づけとして大きく発展していくのである。天平九年（七三七）三月三日の詔では、このとき「毎レ国令下造二釈迦佛像一軀、挟侍菩薩二軀一兼写中大般若経一部上」という聖武天皇の最初の全国に対する釈迦佛の造像祈願を求める態度であった。(29) それがさらに天平十二年（七四〇）には廣嗣の乱に対する祈願として「勅二四畿内七道諸国一曰、比来縁三筑紫境有二不軌之臣一、命レ軍討伐、願依二聖祐一欲レ安二百姓一、故今国別造二観世音菩薩像壱軀高七尺一并写二観世音経一十巻一」(30)と修羅道調伏祈願を求めるための観音像の全国的造像運動であった。そしてさきの釈迦像が新羅への征伐を加えようとするための全国祈願であり、後が廣嗣の乱への調伏祈願であれば、聖武天皇は、国家の不安への機会を用いて釈迦佛や観音像の造像運動を全国的規模に拡大していったのである。そしてその目的はあくまでも百姓を安んずるというための鎮護国家・聖朝平安を祈願するためのものであった。そしてこの状況が最も結集されたのが天平十三年（七四一）三月二十四日の国分寺の創建の詔である。しかしてこの詔にある丈六の釈迦佛尊像は天平九年（七三七）三月三日の釈迦像を指すものであって、国分寺創建の道程を示すものであった。[31] ただこの天平九年三月三日の丈六の釈迦尊像一軀がそのまま天平十三年の国分寺創建の詔にうけつがれていることは、ここにそれが直ちに国分寺の本尊となっていることを示すもので、「宜令下二天下諸国一、各敬ヨ造七重塔一区一、并写中金光明最勝王経、妙法蓮華経各十部上朕又別擬ヨ写金字金光明最勝王経一、毎レ塔各令レ置二一部一（中略）僧寺必令レ有二廿僧一、其寺名為二金光明四天王護国之寺一、尼寺一十尼、其寺名為二法華滅罪之寺二[32]」と国分寺の場合は金光明経に置きかえられている。

このことについて釈迦如来と金光明経の関係を知らねばならない。それについて最勝王経の如来寿量品において、

釈迦牟尼如来、今可下演ヨ説金光明経甚深法要一、為レ欲レ饒ヨ益一切衆生一、除ヨ去飢饉一令一レ得中安楽上、（中略）世尊、若実如来於二諸衆生一有二大慈悲一憐愍利益令レ得二安楽一、猶如二父母一余無二等者一、能与二世間一作二帰依処一（中略）若善男子善女人得二佛舎利一（中略）恭敬供養、是人当下生二三十三天一而為中帝釈上、是時童子語二婆羅門一曰、若欲下願生二三十三天一受中勝報上者、応三当至心聴二是金光明最勝王経一、於二諸経中一最為二殊勝一難レ解難レ入、声聞独覚所レ不レ能レ知、此経能生二無量無辺福徳果報一[33]

と釈迦如来は一切衆生の飢饉を救済する目的をもってこの経典を説き、その説かれた経典によって無辺の福徳果報を得るものであることを述べている。このような金光明最勝王経と釈迦如来との関係は、国分寺の本尊として釈迦を造像するという結果となったことは当然であった。そしてこの詔の「若有国土　講宣読誦、恭敬供養　流通二此経王一者」と最勝王経の滅業障品や、四天王護国品の「若有二人王一、恭二敬供養此金光明最勝経典一、汝等応下当勤加二守護一令一レ得中安穏上、汝諸四王及余眷属無量無数百千薬叉護二是経一者、即是護二持去来現在諸佛正法一、汝等四天及余天衆并諸薬叉与二

阿蘇羅一共闘戦時常得二勝利一、汝等若能護二持是経一、由二経力一故、能除二衆苦怨賊飢饉及諸疾疫一、是故汝等、若見下四衆受三持読二誦此経王一者上、亦応下勤心共加二守護一為レ除二衰悩一施中与安楽上(34)」と見えているように、この金光明最勝王経の護持そのものが、聖武天皇のいう「聖法之盛、与二天地一而永流、擁護之恩、被二幽明一而恒満(35)」との希望を満たすことができるものであった。そして天平九年（七三七）以来の天災地変に対して大般若経よりこの経典がより具体的に除災与楽を説くことにおいてすぐれていると考えられたがためにこの経典はますます重視され、それとともに釈迦信仰は国土荘厳への方向をたどって個人的救済より一切衆生を対象とする国家そのものへの救済を示すものとして発展理解されていったのである。

　国分寺の創建と釈迦信仰の関係についてはさきに述べたところであるが、天平十三年（七四一）三月二十四日に国分寺の詔のあと、天平十四年（七四二）十一月に聖武天皇は離宮の近江甲賀郡紫香楽頓宮に到り、つづいて天平十五年（七四三）十月十五日に盧舎那佛金銅像の造顕事業を紫香楽宮の近くの甲可寺を中心として起すことになった。(36)そして十月十九日にはその計画の実現のために「皇帝御二紫香楽宮一、為レ奉レ造二盧舎那佛像一始開二寺地一於レ是行基法師率二弟子等一勧二誘衆庶(37)一」と行基の協力を求め、また同時に平城京を遷して恭仁京へ、四年の歳月を経て終了し、それと同時に紫香楽宮も整備された。しかして十六年には大佛の骨柱を立て、天皇みずから参加して大佛の骨柱の綱を引いてその造顕を助けるという熱意が見られた。しかし天平十七年（七四五）五月に薬師寺の僧綱所に集まった大安・薬師・元興・興福の四大寺の僧徒の要求により再び平城にもどして恭仁京が廃されたため、「甲賀宮空而無レ人、盗賊充斥、火亦未レ滅(38)」の状況となって「是日行二幸平城一以二中宮院一為二御在所一旧皇后宮為二宮寺一也、諸司百官各帰二本曹(39)一」と決定されてここに東大寺の創建が平城京の東に実質的に定まったのである。そして計画の変更があった後、天平勝宝元年（七四九）四月一日に盧舎那佛を礼して、同四年開眼大法会が実施されて造顕を終了したが、甲賀寺より東大寺に遷されることは、鋳造について事業の変更を余儀なくして、それにつれて都城の移動にまで発展したのではないだろうか。

しかし盧舎那佛造顕の決定は、国分寺の本尊が釈迦牟尼如来であったこととの両者の関連については多くの人々がその佛身をめぐって論議を交されているが、私はこの盧舎那佛造像の基本的な問題にもどして考えてみたい。

盧舎那佛を華厳経の教主、梵網経の教主とそれぞれの主張するときに二説に分かれる。即ち佛身をめぐって華厳経説、梵網経説と分かれ、小野玄妙氏の梵網経説、橋川正・家永三郎氏は華厳教主論をとり、そのうえ家永説では教主は華厳教主説でも蓮弁毛彫の蓮華蔵世界は天平宝字初年頃で鑑真来朝後の四年を経過していることから華厳中心より梵網経中心に移った時代であると判定してその影響のもとに作製されたものと思考されているが、これは現存する正倉院蔵の梵網経に重点を置きすぎたきらいがある。

現在の大佛尊像は多くの修補が加わっているので、最初の大佛尊像は信貴山縁起絵巻に描かれているものを参照する必要がある。この絵巻では、盧舎那佛像は大理石の大蓮華台の上に金銅の蓮華蔵世界図をもつ蓮華座が置かれ、その上に施無畏手と与願手の盧舎那尊像を安置し、その背後に頭光を持った円形の光背と、身光の円形の光背とがある。そしてこれらの同心円をなす頭光・身光の内部には多数の化佛が同心円に沿って配列され、その同心円の外の部分には中央に向って来仰する合掌佛、施無畏手、与願手を持つ釈迦佛が左右より来仰している姿でもって描かれている。そして光背全体が完全な円形化した豪壮さを誇っている。しかし盧舎那佛の印相等より判別して、その造像の形態は基本的には釈迦牟尼佛の様相をもって表現されている。そこには盧舎那佛と釈迦如来との関係を探究しなければならない。

華厳経の如来名品号に、

此娑婆世界中、諸四天下教二化一切一、種種身、種種名　処所形色、長短寿命、諸得、諸入、諸根、生処、業報、如レ是種種不同、衆生所見亦異、何以故、諸佛子、此四天下佛号不同、或称二悉達一、或称二満月一、或称二師子吼一、或称二釈迦牟尼一、或称二神仙一、或称二盧舎那一、或称二瞿曇一、或称二大沙門一、或称二最勝一、或称二能度一、如是等称佛名号其数一万[40]

とて、一切の種々の身・形色・長短寿命等、あらゆる機根に相応して法を説かんとする場合、その教主たるものもまた一定不変の名称でなく相即相入して佛名は種々に変ずべきものとして、ここには釈迦牟尼というも盧舎那というも異同あるべきでないと説いている。このことを探玄記では、明らかに如来よりの能信の行を捨てず、如来の積極性において衆生に語りかけるとき「一乗ノ機ハ一時ニ頓ニ一切ノ名号ヲ納メ、一切ノ機ニ応スルノ名ナルヲ以テ[41]」佛名においては普機を根本とすべきであると理解されている。即ちこの場合「一機即是一切機」を根本として、小乗のごとき実名に依るものではない。圓教の立場はあくまでも「一名即一切名、一切名即入一名」と見るべきであると法蔵は説いている。このことは華厳宗の教義研究上も重要な論拠であり、五教章においても「謂此一乗要是盧遮那十身佛及尽二三世間一、説レ不レ同二三乗等変化身及受用身等説一[42]……別教一乗此釈迦牟尼身、非二但三身一亦即是身」とこの釈迦即毘盧舎那は「真応相融之佛身、故釈迦即十身舎那也[43]」との立場を堅持している。これは即ち華厳的見解における根本的な立場であり、華厳経の中にも、佛小相光明功徳品の中に、

往二詣盧舎那菩薩所住宮殿一、恭敬供養、於二一面一住、而不レ見二盧舎那菩薩一、時有二天子一作二如レ是言一、此菩薩者、

今已命終、生二浄飯王家一乗二栴檀楼閣一、処二摩耶夫人胎一、爾時諸天子、以二天眼一観二盧舎那菩薩摩訶薩一(44)

これは明らかに浄飯王家に転生した王子釈迦が舎那の再誕であることを説明して舎那即釈迦の立場を述べていると理解すべきである。このような釈迦牟尼と盧舎那が一乗的解釈につながるかぎり、東大寺の大佛尊像が、釈迦牟尼佛の表現を具えて、盧舎那（毘盧遮那）教理的判断を下すことに矛盾は存在しないと見るべきである。故にこの聖武天皇の詔が十月十五日に発せられたことは二月十五日の釈迦の涅槃日に相応する十月十五日を想定し、天平勝宝四年（七五二）四月九日、釈迦誕生日を開眼供養に充当し、ひいては「佛法東帰、斎会之儀未三嘗有二如レ此之盛一也」(45)と、釈迦への追慕の念を深めている。また東大寺に蔵する釈迦誕生佛等、毘盧舎那佛の誕生は即釈迦牟尼佛の再誕として、理解すべきであるとしている。

故に、天平勝宝四年四月九日の大佛開眼こそ奈良時代における釈迦信仰の最高度に発揮されたものとも理解できるのである。

ここで次に問題となるのは大佛蓮弁に描かれている蓮華蔵世界図と梵網経との関連性である。大佛蓮弁図についてはのちに述べるが、略述すると、大佛蓮弁の構想は香水海＋大蓮華＋須弥山世界＋盧舎那佛浄土（釈迦浄土）の構成にもとづいている。その器世間の理解はヴェーダより起因し、長阿含により統一され倶舎論（分別世間品）において整理されたものが用いられていると考える。また華厳経の盧舎那品にも、

有二須弥山微塵等風輪一、最上風輪名二勝蔵一、持二一切香水海一、彼香水海中有二大蓮華一名二香幢光明荘厳一、持二此蓮華蔵荘厳世界海一（中略）

盧舎那曠願　令二国土厳浄一　如意宝遍布　種々妙華敷　以本願力故（中略）

於二此蓮華蔵　世界海之内一　一一微塵中　見二一切法界一　一切諸佛雲　放二宝光明照一　是盧舎那刹　有二無量自在
一切衆生等一　蓮華中諸佛　興二種種無量一　自在変化雲　釈梵諸天衆　及転輪聖王　一切衆生類　皆悉得安住(46)

と風輪より湧出する盧舎那佛の蓮華蔵世界はこの佛の本願力の故と述べ、その佛国土厳浄の本義を示しているが、その大蓮華の上の須弥山世界図については華厳経では特に触れていないところは光明覚品に見られるが、これについて次の探玄記の解釈は注目すべきであって、そこでは、

問、此《ノ》大千界《ハ》、依《ハ》二余経論一、大囲山《ノ》内《ニ》平満《シテ》有二百億《ノ》四天下一、上方下方不《ニ》レ得三更有《ヲ》二四天下一、若上下《ニ》皆有《ニハ》則一一《ノ》四天下《ニ》、皆有二上下一故、応レ有二三百億一云何《カ》、仍説《テ》二唯百億《ト》一耶、

答、若《レ》小乗《ハ》実処理《ナレバ》無二改動一、若三乗《ハ》雖二即空真如等一而不レ礙レ事《ヲ》故、不レ壊二本事一、

若此一乗《ハ》事即無礙・円融自在《ナリ》。是故此中《ニ》明《コトヲ》レ処随レ教《ニ》、而円融《シテ》応《ジ》二十数《ニ》一顕《ス》二無尽《ヲ》一此娑婆《ノ》一界有《ニ》二二種一、融《スハ》一以二説レ法之処《ヲ》一即為《ス》二当中一、為レ成《ガ》二主伴《ヲ》一融《シテ》二彼百億《ヲ》一令レ有二上下一便得レ円《ナルヲ》　故無《ニ》二三百一也、

二縦《ニハ》於下最東近《ノキ》二囲山《ニ》一辺《ノ》一四天下《ニ》上為二説法主《ノト》一即是当中融《ニシ》二彼余四天下《ニ》一還有《テテ》二十方《ノ》眷属一具足《スルハ》　以二諸四天下　皆望レ佗為《ニスト》レ伴、望レ自為《ニヲトニ》レ主故、是則囲山亦《モ》随融移改《テシスル》也、余《ノ》十方界等融《ル》義準《ゼヨ》レ之《ニ》(47)

等、ここでは三界をもって上下に配せず、円融観において主伴と観じ、一会則一切会と理解するとき、能信所信共に融して、倶舎論に説くような上天思想は根本的に排斥されなければならないし、もしそうでない場合は「一乗ハ事即無礙・円融自在ナリ」との教義が成立しないのである。そして説処における主たる尊と従いたる菩薩はまた主伴円明の法門により融して、蓮華蔵世界は三世間説を超えてこそ成立するものであると法蔵は理解している。

この華厳経の立場は、梵網の立場と異にしている。梵網経はその序によると後秦姚興のため弘始三年（四〇一）に鳩

摩羅什が訳したものであるが、もともと百十二巻六十一品存在したが、現在では心地戒品のみしか残っていないと述べている。(48) 故にこの一品でもってすべての梵網経と理解することはできない。そしてその説処の構成にしても「釈迦即撃二接此世界大衆二還至二蓮花台蔵世界百万億紫金剛光明宮中一、見三盧舎那佛坐二百万蓮花赫赫光明座上一、時釈迦佛及諸大衆一時礼二敬盧舎那佛足下一已、釈迦佛言、此世界中地及虚空一切衆生、為二何因何縁一得成二菩薩十地道一」(49)と、この梵網経に十地を含めることはこの経典が華厳経の成立以後に影響されて成立しているきらいがある。また隋衆経目録第五衆律疑惑の下にも梵網経は疑品として認められ、この経の十地の階位は仁王経五忍十一位を承けたともいわれている。ことに蓮華蔵世界を旧華厳経では「蓮華蔵荘厳世界」または「蓮華蔵荘厳世界海」と称し、新華厳経でも「華厳荘厳世界」、または「華蔵荘厳世界海」と訳され、梵網経にいう「蓮花台蔵世界」の「台」の挿入は、四天下の小釈迦の図示を暗示する華厳経本来の思想とは異なった形而上的解釈をしている。

　盧舎那住二蓮華台蔵世界海一、其台周遍有二千葉一、一葉一世界為二千世界一、我化為二千釈迦一拠二千世界一、後就二一葉世界一、復有二百億須弥山百億日月百億四天下百億南閻浮提一、百億菩薩釈迦坐二百億菩提樹下一各説二汝所レ問菩提薩埵心地一、其余九百九十九釈迦各各現二千百億釈迦一亦復如是、千花上佛是吾化身、千百億釈迦是千釈迦化身、吾已為二本原名二為二盧舎那佛一(50)

この有名な章には、いかにも経題のごとき盧舎那佛の説いている菩提薩埵の心地に適合せんとしての釈迦の分布を述べている。その目的は下巻の授戒儀軌に必要なためその戒本としての釈迦がいかなる場所にも出現し戒律を説くことを知らしめる脚色として千釈迦の存在を述べているのであって、ただ単に蓮弁の化佛を小釈迦とするのでは教理的に弱い。殊に「本原名盧舎那佛」の文にいたっては華厳的な主件、十々の思想に外れる薄弱な一般的な表現である。

また華厳的な表現である即の論理においても、「一切即一切行、我皆得入」または「従二一佛土一入二無量佛土一、従二一劫一入二無量劫一」とその論法の表現は華厳であるが、その記述の方法は充分でない。そして下巻の重要な記載である十重四十八軽戒にしても、十重禁は菩薩地持経第五方便処戒品、優婆塞戒経第三受戒品、および菩薩善戒経所出の諸波羅夷を綜合するなど、その編纂が甚だ拙劣である(51)。

要するに梵網経が釈迦と舎那の関係を華厳経を母体として進めながらも、その論理の展開に華厳のごとき整然たるものを持たず、十重禁戒四十八軽戒の大乗的理解にのみ重点を置いて、その教理的なものを華厳より借り出しているにすぎない。釈迦の生誕物語についても、華厳経の佛小相光明功徳品の内容を簡単に叙述しなおしたにすぎず、いかなる点より考えても、梵網経のごとき拙劣な経典を依本として蓮華蔵世界海図を刻したとは考えられない。そしてかりに依本としたにしても、それは三界の図の中の小釈迦の描写にとどまり、これを無理に中央の舎那と関連を持たせるしか方途はない。また蓮弁の下の図の須弥山世界図についても説明は梵網経ではなされていない。

故に結論として、天平勝宝元年(七四九)閏五月二十日の聖武天皇の詔に、

発二御願一曰、以二花厳経一為レ本、一切大乗小乗経律論抄疏章等、必為二転読講説一、悉令二尽竟一、遠限二日月一、窮二未来際一今故以二茲資物一敬捨二諸寺一、

所レ冀、太上天皇沙弥勝満、諸佛擁護、法楽薫質、万病消除、寿命延長、一切所願 皆使二満足一、令下レ法久住、抜二済群生一、天下太平 兆民快楽、法界有情、共成中佛道上(52)

との聖武天皇の佛教に対する理解は、それがそのまま東大寺大佛造顕の理想を具現するものであり、そこに舎那即釈迦への展開が生ずる。ただ往生との問題については釈迦は南閻浮州における転輪聖王的な位置にあるため、聖武天皇

自身、転輪聖王を意識された結果として次の献物帳に見えるように、

先帝陛下（聖武）（中略）仙儀、永馭法輪、速到花蔵之宝刹　恒受妙楽、終遇舎那之法莚、将普賢而宣遊、共文殊而展化、仁霑百億、徳被三千(53)

と普賢・文殊を求めて華蔵世界に到らんとする天皇の華厳経為本の性格が明らかとなる。そしてこのような大佛造顕の思想は、日本における最大の釈迦信仰の具現であるとも考えられるのであって、そこにまた重要な奈良佛教の性格そのものが明らかとなるのである。

(1) マツラ附近出土釈迦佛像（望月信亨『佛教大辞典』所載図）
(2) 藤堂恭俊『無量寿経論註の研究』二八頁、「釈迦・弥勒二聖に対する隔絶感の形成」に所引の「釈迦像記」
(3) 右同、「比丘道翫等造石像記」三〇頁
(4) 弁正論第三（大正蔵五二、五〇九頁b・c）
(5) 『新羅・高麗の佛像』、二〇頁
(6) 黒板勝美『考古学雑誌』第一五巻第六号
(7) 日本書紀、第十九、欽明天皇十三年冬十月条
(8) 同右、第二十、敏達天皇十三年九月条
(9) 同右
(10) 同右
(11) 拙著『日本弥勒浄土思想展開史の研究』四七八頁（拙著『東大寺宗性上人の研究並史料』下、所収）
(12) 日本書紀、第十四、雄略天皇七年八月条
(13) 同右、推古天皇十四年五月五日条
(14) 金銅釈迦三尊造像記（法隆寺蔵）（寧楽遺文、下、九六二頁上）

(15) 同右
(16) 同右、(九六二頁下)
(17) 金銅釈迦佛造像記、御物(寧楽遺文、下、九六三頁上)
(18) 日本書紀、第二十五、大化四年二月五日条
(19) 同右、第二十六、斉明天皇三年七月十五日条
(20) 続日本紀、第九、養老六年十二月十三日条
(21) 同右、神亀三年八月八日条
(22) 扶桑略記、四、皇極天皇四年条
(23) 同右、六、和銅三年三月条
(24) 興福寺流記(『大日本佛教全書』、『興福寺叢書』第一)四頁
(25) 家伝(寧楽遺文、下、人々伝、八八〇頁)
(26) 同右
(27) 維摩詰所説経、巻下、香積佛品第十(大正蔵一四、五五二頁bc)
(28) 註(23)に同じ
(29) 続日本紀、第十三、天平九年三月三日条
(30) 同右、第十三、天平十二年九月十五日条
(31) 拙稿「国分寺成立考」(『大手前女子大学論集』第二号、二五頁)第二章第二節参照
(32) 続日本紀、第十四、天平十三年三月二十四日条
(33) 金光明最勝王経、第一、如来寿量品(大正蔵一六、四〇五頁c・四〇六頁a)
(34) 同右、第六、四天王護国品十二(大正蔵一六、四二七頁bc)
(35) 註(32)に同じ
(36) 続日本紀、第十五、天平十五年十月十五日条

(37) 同右、第十五、天平十五年十月十九日条
(38) 同右、第十六、天平十七年五月十一日条
(39) 同右
(40) 大方廣佛華厳経如来名号品第三（大正蔵九、四一九頁a）
(41) 探玄記、第四、十六丁（東大寺図書館本）
(42) 五教章、上ノ三、六十一丁（同右）
(43) 華厳手鏡〔華厳教主〕第一丁
(44) 大方廣佛華厳経、第三十二佛小相光明功徳品（大正蔵九、六〇五頁c）
(45) 続日本紀、第十八、天平勝宝四年四月九日条
(46) 大方廣佛華厳経、第三盧舎那佛品（大正蔵九、四一二頁b）
(47) 探玄記、第四、十六丁（東大寺図書館蔵本）
(48) 梵網経盧舎那佛説菩薩心地戒品、第十上（大正蔵二四、九九七頁a）
(49) 同右（九九七頁b）
(50) 同右、（同頁c）
(51) 望月信亨『佛教大辞典』梵網経条、四七一二頁
(52) 続日本紀、第十七、天平勝宝元年閏五月二十日条
(53) 東大寺献物帳（正倉院蔵）（寧楽遺文、下、四三三頁）

三　華厳宗の成立について

奈良時代における華厳宗の受容については、その要因として、唐の華厳宗の立教開宗と、その発展に影響されてわが国でも受容されるに到ったと見るべきであるが、わが国では、この教理は国家的規模において発展を見たのである。

まさに国分寺・東大寺の建立はこの華厳経の思想の具現のうえになされたのであって、中国における釈経および哲学的な五教判釈による立教開宗に対して、日本の華厳宗では、いまだ新訳経典の伝来日浅く写経を主として、ついで次第に教理の受容へとなったのである。

これらのことを知るために、奈良時代にいかに華厳経が受容されたかについてその経緯を考えて見る必要がある。

そもそも日本における華厳経の初見は養老六年（七二二）十一月十九日に元明天皇の菩提のために華厳経八十巻を写させたのがその始まりである。(1) そしてその後この華厳経はしばしば書写されていたのであるが、正倉院文書に見られるところでは、

（天平五年）
大方廣佛華厳経八十巻
　呉桃柒紙紫褾羅綺沉軸竹帙秘錦縁紫裏
　千五百卌

（中略）

以前経部巻数専所御願写訖 廐坂寺僧四百口 講説斉会
（天平）五年九月
法華経 方便品 観世品 如来寿量品
最勝王経 分別三身品 如意宝珠品 花厳経 初発心功徳品 十無尽蔵品
心経　已上復写一巻(2)

(天平)十三年四月十九日、従写経司請僧正所本経
僧正御所送
在旧花厳経六十巻見卌弓
天平十二年四月七日　赤万呂(3)

この「僧正御所送」というのは玄昉僧正を指すのであるが、このときの写経は、天平七年（七三五）に玄昉が唐より経論五千余巻をたずさえて帰朝したことと関係がある。(4)

また、この時の華厳経の写経と同時に注目されるのは唐僧道璿の来朝である。続日本紀に見えるのでは天平八年(七三六)十月二日の条に、「冬十月戊申施ニ唐僧道璿、婆羅門僧菩提等時服一」(5)とあれば、天平八年はすでに道璿がわが国にやって来ている。この道璿は唐の大福先寺に住し、遣唐使沙門普照と栄睿が道璿の渡日をさそって天平七年(七三五)にわが国にやって来た。聖武天皇はこのために勅を下して大安寺西唐院に住せしめた。ことに道璿は禅学と律学にすぐれ、鑑真の渡来以前においてはこの人が律学にすぐれた高僧として、注目された。ことに「常誦ニ梵網一其音清亮、如レ出ニ金石一聞者感動」(6)とあれば、彼は禅を修めていると同時に梵網戒に重点を置いていて華厳をも兼学した学者といわれている。凝然はこのことについて、この人は華厳寺の普寂について華厳を、北宗の神秀について禅を学んだと三国佛法伝通縁起で述べている。ことに大安寺西唐院に住してこれらの教学を普及することにつとめた。しかし、戒壇の壇法を授ける授戒の作法については、後に鑑真の渡来を待たねばならなかった。そして大安寺はその当寺このような留学僧を集めていた中国佛教文化研究の中心の道場であった。また留学僧の普照や栄睿が道璿に来国の願望をした

ということは彼らが律学を重視していたと同時に、道璿が華厳および禅に通じていることにより来朝を勧誘したものであろう。また道璿は来朝後、七十三歳の行表に興福寺北倉院で戒法を授けている。華厳教学との関係について道璿は「居二華厳禅苑一、故世曰二華厳尊者一」と伝にあるように、中国南部に見られた禅宗系華厳をわが国に伝えたと考えられる。また日本高僧伝要文抄によると「釈道璿者、唐許州人也、住二河南府福先寺一、俗姓衛氏、衛霊公之後也、……依二華厳浄行品一一々依行」(7)とあれば、道璿は唐僧としてわが国に来朝し、天平八年（七三六）前後に華厳教学を日本に伝えたことになる。

また一方、唐以外の朝鮮系華厳宗の将来者である審祥については、はじめ新羅にあったが、のち入唐して賢首大師法蔵にあって華厳宗を学び、わが国に渡来して天平八年に良弁のために華厳経を講じたといわれている。この良弁と審祥の関係については先に述べた。

また天平十六年（七四四）において審祥は平栄の所に使を送って法蔵の花厳経疏を返送していることによって、すでに華厳注釈書をわが国にもたらして華厳宗の伝来に尽力していたのである。

奈良時代、良弁までの華厳宗の発展はもちろん審祥や道璿の来朝を期として、唐・朝鮮系の華厳教学を中心に組織されるようになったのは天平八年より天平十二年にかけての両師の活躍によるものであった。けれども両師の華厳教学に対する教理的立場についてはうかがえるものは少ない。わずかに諸宗章疏目録に審祥の著として華厳起信窺法門一巻とあるのみである。しかし華厳経の書写は天平十三年、十四年、十六年、天平勝宝三年（七五一）、同四年、同五年と大佛建立が計画されるにつれてしだいに多くの経典および経疏を写している。

もちろん道璿の梵網経系の華厳も、六十華厳ならびに起信論系の審祥の華厳も、ともに大安寺系の華厳というべきであっていまだ東大寺系の華厳としては成立していない。しかし両師の華厳教学を基盤として立ったものは良弁の考えにもとづく華厳であった。この人は東大寺の開山としてあまりにも有名であるが、それがどのような華厳教学体系のなかにいれられるべきであるかということについては著述そのものも見当らない現状であるので、明確にはしがたいのであるが、天平十三年（七四一）より良弁の名が正倉院文書にはあらわれてくる。(8) また天平十五年（七四三）には「大徳」と称され、不空羂索神咒心経を内裏より請経している。(9) さらに天平十六年十二月四日良弁は華厳経を講説するために盛んに請経している。(10)

天平勝宝三年（七五一）には、

花厳二部並八十花厳者
一部麁経欠第二帙、第二巻皆表花軸無帙
一部注経複八巻 黄表花軸在帙
右為用本経、自羂索堂奉請如件
天平勝宝三年五月十二日鴨筆
使下道主(11)

花厳経一部六十巻黄紙及表朱軸、綺緒漢手竹帙六枚
右為用本、自羂索堂奉請使上馬甘
天平勝宝四年潤（閏）三月一日

検他田水主

返送既了、使舎人大友廣国　収智憬師、教輪師(12)

東大寺写経所

花厳経疏一部廿四巻慧苑師撰

右、依少僧都(良弁)去年九月一日宣、付舎人葛木人当□已訖、今為供養大会日、応奉返如前、仍□小長谷金村令

請、

天平勝宝四年潤(閏)三月廿八日紫微台舎人少初位上他田水主

散位従七位上三嶋縣主

正八位上呉原伊美吉「生人」自署(13)

造東寺司

可奉請経論幷疏五百十一巻

(中略)

花厳経疏一部十巻法蔵師撰花厳旨帰一巻法蔵師撰

花厳八会章一巻　花厳一乗教分義　一部三巻法蔵師撰

右依少僧都良弁師三年七月廿七日宣奉請　使主典　阿刀酒主(14)

このような正倉院文書に見える華厳経の受容より考えてみると、東大寺においては、華厳経の講讃は羂索堂を中心とするものであったと考えられる。この場合羂索堂の山房に止住している良弁大徳の弟子の智憬や教輪を中心に華厳経が盛んに研究された。しかしこの二人の僧たちの学んでいた華厳経は道璿のもたらしたものではなくて新羅の審祥のもたらした元暁の経疏を中心として研究されていたのである。

またのちの「華厳宗布施法定文案」に見えている天平勝宝三年（七五一）の華厳宗の経疏論のなかでも、法蔵の華厳経疏、慧苑の華厳経疏、および宗一、元暁等の経疏が多く用いられ、起信論疏では法蔵・延法・曇遷・元暁・慧遠等のものが重視されている。(15) このことについて見ると奈良時代における華厳宗の体系としては、㈠新羅系の華厳がことに重視され、元暁・義湘・明晶・表員等の智儼の影響を受けた華厳の教学が審祥を通じて伝えられ、さらに㈡恵光・霊弁・慧遠等の地論宗系の十地経を中心とする華厳系と、㈢法蔵の著述を中心とする起信論、探玄記をもととする華厳も伝わっていた。(16) しかも刊定記を中心とする慧遠の学系が奈良華厳において特に注目されている。ここにおいてこれらの学説が教学樹立のうえで重要視されていたことは、刊定記を通じて新釈の八十華厳に接したということもうかがえるが、探玄記を中心とする立場より新訳の八十経、刊定記を好んで用いられている場合が多い。このことはまた当時の金光明経の受容の場合のようにうかがえるように、北涼曇無讖の訳した金光明経よりも、実践性の高い唐の義浄の訳した金光明最勝王経のほうに重点が置かれるようになった例と同様である。そして八十華厳はその密教的内容により、新訳という名のもとに日本では好んで受容したともいえる。

そして奈良時代は中国の大雲経にもとづく大雲寺や、竜興寺等が諸国に設けられたが、日本ではさきのように金光明最勝王経が伝わると、いままでの金光明経の信仰より、いよいよこの経典の護国思想が強調され、わが国独自の進展を見せたのであった。そしてこの経典の四天王護国品、王法正法論などは、天平十三年（七四一）より諸国に設けられた国分寺創建の教理的根源となったことは聖武天皇の宣命などから考えてもわかる。

そして国分寺がたとえ唐大雲・竜興寺の場合に類似しているにしても、この寺院の建立および発展の方法はわが国独自のものをもっている。

唐代において玄奘や慈恩がでて法相・唯識の三乗経の全盛に対して、一乗の妙理を解いた華厳経が賢首大師法蔵により重視され、中国での華厳宗を樹立するにいたって発展し、そのうえ実叉難陀の訳場につらなった法蔵は最勝王経を訳した義浄の訳場にも参加した。ついで実叉難陀の新華厳経は、さきの佛駄跋陀羅が四二〇年（東晉元熙二年）より二年間で訳した旧経より一七五年後の、唐の則天武后證聖元年（六九五）より聖暦二年（六九九）にかけて訳された。この新経はまもなく洛陽の佛授記寺のみならず、則天武后のために宮中長生殿等でも講ぜられた(17)。実叉難陀はまた大安三年（七〇四）に大乗入楞伽経を訳し、法蔵は玄宗の先天元年（七一二）に入寂している。さきの実叉難陀の八十経を日本へもたらしたのは道慈であり、道慈の渡唐中最勝王経の訳者の義浄が活躍していたし、道慈が養老二年（七一八）に帰朝していることから、八十華厳もこのときにわが国に伝えられたのを、養老六年（七二二）に先帝追善のために書写されたものであろう。そして新訳本の経疏である慧苑の刊定記が、唐僧道璿によってはじめて伝来したことは注目すべきことである(18)。いまこのような状況を示すものとして、天平勝宝三年（七五一）の正倉院文書の華厳宗布施法定文案を見る必要がある(19)。

華厳宗布施法定文案

（端裏書）
「華厳宗布施法文案」

華厳宗僧等謹解　申行定布施法事

経論合弐伯陸拾参巻　五千弐伯陸紙
経二百廿七巻　四千三百九十九紙
論卅六巻　八百七紙
布施銭陸伯弐拾貫　此講師一人一度料者 復師以下半々減耳
大方廣佛華厳経　六十巻　一千一百三紙
施二百十四貫三百文
大方廣佛華厳経　八十巻　一千五百六十二紙
施一百貫
施一百卌巻
信力入印法門経　五巻　一百二紙
□度諸佛境界智光厳経　一巻　或二巻
十八紙
(大方広)□佛華厳入如来徳智不思議境界経　二巻
二十四紙
大方廣佛華厳経修慈分一巻九紙
□庄厳菩提心経　一巻　七紙

大方廣菩薩十地経一巻　八紙
兜沙経一巻　六紙
菩薩本業経一巻　十三紙
諸菩薩求佛本業経一巻　十一紙
菩薩十住経一巻　五紙
「右十経十五巻同帙」
漸備一切智徳経五巻　一百十四紙
以上廿巻三百十七紙
施卌巻
十住経四巻　或五巻
「二　右二経九巻同　帙」　一百十三紙
□等目菩薩所問三昧経三巻　或二巻
六十二紙
顕無辺佛土功徳経一巻　二紙
□巻　七十紙
□度世品経六巻　或五巻
「三　右四経十四巻同帙」一百三十七紙

以上十八巻三百八十四紙　施卌貫
羅摩伽経三巻　八十四紙
楞伽阿跋多羅宝経四巻　一百九紙
「四　右二(七)経九巻同帙」　以上七巻　百九十三紙
施卌貫
注楞伽阿跋多羅宝経七巻　百八十七紙　不入例者
入楞伽経十巻　一百八十七紙
施卌貫
大薩遮尼乾子所説経十巻　一百五十一紙
施卌貫
諸法無行経　或一巻
三十四紙
入法界体性経一巻　或入法界経
十二紙
大方等如来蔵経一巻　十一紙
十住断結経十巻　二百七十三紙
以上十四巻　三百卌紙

施卅貫
不増不減経一巻　七紙
金剛三昧経二巻　或二巻
二十七紙
菩薩瓔珞本業経二巻　四十五紙
法界体性無分別経二巻　三十二紙
大方廣如来性起徴密蔵経二巻
「五　右八(九)経十二三巻同帙」
「已上第一櫃」　六十一紙
以上八巻　一百七十
二紙　施卅貫
十住毗婆沙論十四巻　又無論字　又十二巻
又十五巻
二百九十九紙
施卌貫
十地経論十二巻　又十五巻
二百八十二紙

花厳論五十巻　一千二百七十五張
施卅貫
一乗佛性権実論三巻
一乗究竟宝性論四巻　又云宝性分別七乗増上論　又三巻
又五巻　百四紙
大乗起信論一巻　廿六紙
大乗起信論二巻　廿九紙　不入例者
法界無差別論一巻　八紙
入大乗論二巻　卌七紙
三無性論二巻　出无相論　題云三无性論品
「六　右六論十一巻同帙」
卌一紙　以上十巻
二百廿六紙
施五十貫
右経幷論等所定施法、顕注如前、仍録状、
謹解
天平勝宝三年五月廿五日　維那僧

大学頭僧　少学頭僧

華厳経論一部　五十巻欠二巻
華厳経疏一部廿巻　法蔵師述　用紙一千五十七張　施五十巻
華厳経疏一部廿四巻　恵苑師述　用紙一千卌四張　施卌貫
華厳経疏一部廿巻　宗壱師述　用紙八百張　施卅五貫
華厳経疏一部十巻　元暁師述　用紙二百九十六張　施卅貫
華厳経方軌一部五巻　智儼師述用紙　一百九十九張施十貫
入楞伽経疏一部八巻　元暁師述　用紙二百六十張　施廿貫
入楞伽経疏一部十二巻　尚徳師述　用紙六百廿一張施廿貫
四巻〈入楞伽〉経疏一部五巻　菩提流支述用紙二百廿五張　施十五貫
四巻楞伽経疏一部八巻　杜行鎧述　用紙三百卌五張施廿貫
又一部五巻　菩提達摩述　用紙百八十一張　施
四巻楞伽科文一部二巻　菩提達摩述　用紙七十六張
楞伽宗要論一巻
四巻楞伽抄一部二巻用紙六十九帳
以上八巻用紙三百廿六張　施廿貫

「七」「右四疏十巻同帙」

如来蔵経疏一部二巻　衍法師述　用紙廿五張

不増不減経疏一巻　元暁師述　用紙卅一張

以上十一巻　三百八十二張　施廿五貫

十地論疏一部七巻　慧遠師述　用紙四百八十三張　施廿貫

起信論疏一部二巻　法蔵師述　用紙一百張

起信論疏一部三巻　延法師述　用紙一百廿張

起信論疏一部一巻　曇遷師述　用紙卌張

旡差別論疏一部一巻　法蔵師述　用紙五十張

起信論疏一部一巻　青丘大行述　用紙廿張

〔起信論疏一部二巻　元暁師述　用紙七十五張〕

起信論疏一部二巻　恵遠師　用紙八十一張

以上十巻　四百十一張　施廿五貫

起信論疏一部二巻　元暁師述　用紙七十五張　百七十張

起信論別記一巻　元暁師述　用紙卅八張

金剛三昧論一部三巻　元暁師述　用紙百七張

以上六巻　二百廿張

「右五疏十巻同帙」

〔旡差別論疏一巻　法蔵述　用紙五十張　施廿五貫〕

華厳経論一部五十巻 且来者　霊弁師述　用紙一千二百七十五張

施九十貫

〔金剛三昧経論一部　三巻　元暁師述　用紙一百七十張〕

十地五門実相論一部六巻　十地五門師述　用紙一百廿張施八貫

一道章一巻　元暁師述　卌張

十門和諍論一部二巻　元暁師述　用紙六十張

二障章一巻　元暁師述　五十張

大乗止観論一部二巻遷禅師述　用紙七十張 一巻顗禅師述 一巻曲授禅師述

宝生論宗要一巻　元暁師述　卌張

華厳経旨帰一巻　法蔵師述　用紙廿一張

以上七巻　二百六十張　施廿五貫

華厳綱目一巻　法蔵師述　用紙廿五張

華厳関脈義記一巻　法蔵師述　用紙九張

華厳遊心法界義(記)一巻　法蔵師述　用紙十九張

華厳玄義章一巻　法蔵師述　用紙十六張

一乗法界図一巻

華厳発菩提心義一巻　法蔵師述　用紙十二張
華厳七処八会一巻　　用紙卌一張
「九　右十一疏　十一巻　同帙」
(未写)華厳文義要決一巻　表員師集　用紙十四張
以上八巻　百卌七張　施廿五貫
〔華厳一乗教分記一部　三巻　法蔵師述　用紙六十七張〕
〔一道義章　一巻　元暁師述　用紙卌張〕
〔二障義章一巻　元暁師述　用紙五十張〕
〔宝性論宗要一巻　元暁師述　用紙卌張〕
(未写)華厳問答一巻　智厳師述　用紙五十張

華厳孔目一部四巻　智厳師述　用紙五十四張
一乗法界図一巻　用紙十三張
以上六巻　二百十七張　施十五貫
華厳伝一部五巻　法蔵師述　用紙卌九張
華厳一乗教分記一部　三巻　法蔵師述　用紙六十七張
以上八巻　百十六張　施廿五貫
「十　右三疏　十二巻同帙」
「已上　第二櫃」
花厳宗

(注)〔　〕は重複または抹消の分

以上、非常に煩瑣となったけれども、奈良時代の華厳宗を知る上にはこの史料が、もっとも明確なものとして見ることができるので掲げた。これは主に華厳宗の必要な経論二六三巻(経三二七巻・論三六巻)を注したものであるが、ここでは奈良時代の華厳宗の疏のなかに圧倒的に新羅の元暁と法蔵のものが多いことに注目すべきである。それについで智儼・慧苑のものがある。このことは玄昉・道璿等を通じて唐の祖師たちの章疏も若干受容されてはいるけれども、やはり基本的には新羅の元暁を中心とする賢首大師の正統を受けつぐ朝鮮の華厳教学が中心となってわが国に受容されていたことが明らかである。

ことに元暁の華厳は如来蔵思想を立場とし、そのなかに金剛三昧経を中心とするすべての大乗を摂する無量義を立て法華経の主張する佛知見も、華厳経のとく華厳唯心義のもとに一乗の法界に圓融し、法界即如来への足がかりを示している。

ことに元暁には起信論へのただならぬ意欲があって、それには法蔵の起信論義記を継承している。

このことについて高峯了州氏も、元暁の態度について「元暁が果位の三昧として解している金剛三昧に於て如来蔵の法門が開顕される所以は、金剛三昧は因に於ては金剛般若であって空に入り、果としては海印三昧に同じて普法に合するものであり、そこに開顕される如来像は三乗一乗に一貫するところの大乗の原理である。元暁が起信論をもって涅槃・法華・金光明・大乗同性・華厳瓔珞・大品・大集の諸大乗経の肝心一以てこれを貫くものと説く所以であり、従って宝性論により如来蔵の立場を以て四教を組織せる慧苑の教判の継承を意味するのである」(20)と述べていられることは、さきの経疏の来意を考えるうえにも必要なことである。法蔵・慧苑・元暁と流れて来た朝鮮華厳の伝統は、審祥の来朝とともに大安寺で華厳の成立を見、さらにそれは良弁の教学体系の主流ともなった。そして元暁の起信論疏の多くをはじめ、華厳経疏十巻、さらには法蔵の探玄記・慧苑の刊定記も相ついで審祥らから講ぜられた。

そしてここに見える華厳宗の諸疏より考えて見るとき、奈良時代の華厳宗の中心とする教学は、その主流として元暁→審祥のような賢首教学を朝鮮によって継承した華厳の如来蔵経にもとづく体系のうえに、元暁の起信論研究の業蹟を重ねたものである。さらに楞伽経を中心とする法身常住にして六度の行を勧め、三界唯心の理もまた華厳唯心義と一致するところあるをもって合せて受容された。ことに元暁の入楞伽経疏八巻も受容されていることからして、このときの華厳宗は法蔵＝慧苑＝元暁＝審祥＝良弁という教系と直接唐よりの道璿による梵網戒にもとづく律学中心による華厳の教学体系が含まれていたと考えるべきである。

しかるに良弁について一冊の華厳関係の論著も現存しないということは、どのように理解したらいいのであろうか。もちろんのちの東大寺の伽藍興亡による消滅といってしまえばそれまでであるが、そこにもし著述があるならば名称だけでも後世に伝えられているのが当然であり、審祥の場合や寿霊等の場合も存在しているのであるから、当然教学的な継承者であるべき良弁の教学体系を明確にし得ないということは不思議である。また一方の考え方からすると、良弁は華厳教学の実践的方向をたどった開山であるため教学的な章疏は現存していないともいえる。さらにまた良弁以後の華厳教学の教理的な発展についても、良弁の弟子であった実忠、等定、正進、忠慧、永興、良慧、良興、標瓊、鏡忍、安寛等についても教学の章疏は現存しない。

ことに東大寺の大佛造顕の意義と背景については、㈠奈良佛教が鎮護国家のための佛教として梁武帝や則天武后の佛教的国家統治の方法をさらに日本独自の天武朝以来の金光明経の護国思想に合せて国分寺建立にまで発展させた以上、その国分寺創建を前提として東大寺大佛の造顕にふみきらなければならなかった。㈡聖武天皇および光明皇后ならびに橘諸兄を中心とする政治的中心勢力が一つには国内の天変地変や、疫病の流行に対する人々の不安を除き、人心の一新を求め、他方国外への外交政策の推進、唐文化の吸収による国内文化の向上の金字塔として大佛造顕に畢生の努力をかたむけた。㈢行基を中心とした諸国への勧進が、たとえ行基の個人的な要求にもとづく社会事業であっても、また律令制の僧尼令を逸脱したような行動であったにしても、佛教の地方伝播に大きな役割を示し、そのために行基を大佛造顕の主動力として配したところにこの事業をかえって完成へ導く原動力になった。㈣奈良時代の佛教思想が金光明経から金光明最勝王経に発展し、ついで大佛建立の思想的根拠を華厳経に求めて、万人が華厳経に説く普賢行を行ずることによってこの世界をそのまま荘厳国土、即ち蓮華蔵世界と化することが、良弁・慈訓等を中心として聖武天皇、および光明皇后に説かれた結果、東大寺華厳は実践的・政治的な方向で具現されていったためであるといえるのである。

以上のごとく奈良時代の華厳宗の受容は、いまや唐よりの六十、八十およびこれらの経典の新しい注疏の受容を通じて発展し、それが具現の方法として東大寺大佛を建立するという像法的な動きが中心であった。そしてこの時代、いま像法の時であると理解された奈良佛教は、華厳の廣大なる理想の実現にあたって、この道をなにもまして選んだということは、国土統一と佛教文化の受容が一体化した形でうけとられたといえるのである。

聖武天皇ののち孝謙・淳仁・称徳・光仁の四朝を経て平城京における道鏡一派の僧綱政治の紊乱のあと、人心一新を目ざして桓武天皇により都を山城国長岡京に、そののち葛野の地に遷して、延暦十三年（七九四）十月二十二日に平安遷都が実現して、ここに七代七十余年の寧楽の都は、南都と呼ばれることになった。

そして良弁僧正を中心とする奈良時代より平安時代に到る華厳教学は東大寺内の華厳別供衆によって法灯が保たれたが、奈良時代のような華やかな国家的実践性はしだいに薄れていった。それは東大寺の組織が拡大化するにつれて、伽藍維持における経済的基礎の確保に重点が移されたからでもあった。良弁の高弟の実忠も知事僧・上座僧として活躍し、東西両塔や大佛殿の修理には尽したけれども教学的発展にはただ二度、二一年間「華厳供大学頭」の政をとったと述べているだけである。(21) このようにして良弁の高弟たちは華厳経を講じて相続しているが、次第に華厳宗は振わず、良弁の弟子も絶えてしまった。それに対して弘法大師空海を中心とする真言教学が空海の東大寺別当就任とともに発展し、東大寺に影響を及ぼすにつれて良弁を中心とした影はしだいに薄れていった。ことに大安寺に学んだ空海が、三論教学を基礎としてわが国での真言密教を確立するや、東大寺東南院方の三論別供衆は真言教学の付属としてその自主性を失っていった。(22)ことに空海は東大寺で受戒してより、最澄に対抗する意味からも東大寺に接近し、この寺の密教化につとめた。またその教学よりしても、十住心論中に華厳の三賢位を引用し、第六他縁大乗住心の章では十地の解釈に華厳経の十地品(主として八十華厳)を次々に引用しているし、第九極無自性住心では盧舎那佛、はじめ成道の時、第二日に説いたのが華厳経であり、ここでは、釈迦即毘盧舎那の理解のうえにたって説明を加え、華厳の宗義については「乃ち華蔵を苞《かね》て以て家とし、法界を籠めて而も国と為す。七処に座を荘《かざ》り、八会に経を聞く、此の海印定に入りて法性の圓融を観じ、彼の山王の機を照して心佛の不異を示す。九世を刹那に摂して、一念を多劫に舒ぶ。一多相入し、理事相通す。帝網をその重々に譬へ、錠光をその隠々に喩ふ。遂に覚母に就いて以て発心し、普賢に帰して證果す。三生に練行し、百城に友を訪ふ。一行に一切を行じ、一断に一切を断ず。初心に覚を成じ、十信に道圓なりといふと雖も、因果異ならずして五位を経て車を馳せ、相性殊ならずして十身を渾《ひたゝ》げて同帰す。是れ即ち華厳三昧の大意なり(23)」と秘密荘厳心を十住心の窮極位に配する一位前の九住心にあたる華厳の判釈について華厳経を多く引用するとともに、杜順の「華厳五教止観」や法蔵の「金獅子章」を中心として華厳と密教との関係について強く一行即一切行の立場を強調している。また即身成佛義にも華厳経十地品や、その唯心義の三無差別の思想にも通ずる「心佛及び衆生も三なり、是の如きの三法は平等平等にして一なり、一にして無量なり、無量にして一なり、而も終に雑乱せず、故に重々帝網なるを即身と名づく(24)」との華厳唯心思想を受容している。

このように審祥・道璿らが齎した大安寺華厳は、東大寺華厳に継承され奈良時代の政治思想にまで発展したこの教学も、真言宗の立教開宗を見るや、その基礎学として、即身成佛への根本的概念を形成するのにとどまった。それはまた華厳宗と真言宗との教理的合一化を示すものであってかかる意味から考えて華厳教学の他宗への吸収による分裂がうかがえるのである。そこでは華厳唯心義は行として真言教学に受容されることによって華厳宗としての独自の教学を打ち立てることが弱まり、平安時代はむしろこの密教の流れのなかに東大寺華厳も流されていったといえるのである。

ただそのなかにあって東大寺寿霊は「五教章指示記」を、天台との融会を示しつつ法蔵の教学への忠実な理解を高めようとしたが、これも充分に目的を達することはできなかった。平安時代にあって華厳宗の独自の立場をきずこうとしたのは光智であった。東大寺要録では天徳四年（九六〇）に尊勝院を建立し、そこで聖朝の宝祚を祈り、天下の災異を攘除するために一〇人の僧を置き、昼は仁王般若経を読み、夜は尊勝・大日・薬師・観音・延命・不動の真言をとなえ官符をいただいて寺内の一院とした。さらにこの院の院司には東大寺のなかの華厳宗の僧をもって任じ「師資相伝令勤二行件事一、抑以二華厳宗一為二院住僧一」と規定した。[25]このため尊勝院はこののち華厳宗を学ぶ住僧が止住することになって、東大寺華厳を継承するための重要な院家となった。この初代の院主には光智律師を任ぜられ、そのもとで慈高・仁範・仁鑒・法秀・平州・法春・神蓮・頼算・松橋の九人が師資相承して華厳教学を次代に伝えることとなった。

（1） 続日本紀、第九、養老六年十一月十九日条
（2） 大日本古文書、七、写経目録（天平五年）七、二〇頁、同二、天平十三年四月卅日の写経勘紙解にも「花厳第一巻卅一、二巻十八、三巻卅、四巻廿四、五巻廿八、已上百卅一枚合」（二八七頁）、また田辺当成解にも「花厳経四帙冊弓」（二九六頁）とあり、さらに天平五年にも八十巻が伝わって写経されていることが明らかである。
（3） 大日本古文書、七、写経目録（天平十二年四月七日）八八頁
（4） 続日本紀、第十六、天平十八年六月十八日条
（5） 同右、第十二、天平八年十月二日条
（6） 元亨釈書、巻十六、力遊唐道璿伝（国史大系、第三十一巻、二三二頁）

(7) 日本高僧伝要文抄第三、高僧沙門釈道璿伝（国史大系、第三十一巻、七九頁）
(8) 大日本古文書、七、一切経納櫃帳（天平十三年七月廿三日）四九四頁。ここでは薬王蔵薬経を良弁のところより借用して、智璟に閲覧させていることを示している。
(9) 大日本古文書、八、写経借帳（天平十五年十一月十三日）三六三頁・同八、写経 論疏充本 用紙帳（天平十六年三月九日）三六五頁、このときは理趣経十六巻の写経のための料紙をも注文している。
(10) 大日本古文書、二、金光明寺造物所解（天平十六年十二月四日）三八七頁
(11) 同右、九、間写経本納返帳（天平勝宝三年五月十二日）六〇五頁
(12) 同右、九、同右（天平勝宝四年壬三月一日）六〇七頁
(13) 同右、十二、東大寺写経所返疏文（天平勝宝四年閏三月廿八日）二五八頁
(14) 同右、十二、造東大寺司請経論疏注文案（天平勝宝三年七年廿七日）二六一頁
(15) 同右、十一、華厳宗布施法定文案（天平勝宝三年五月廿五日）五六五頁
(16) 石田茂作『写経より見たる奈良朝佛教の研究』八四頁
(17) 道端良秀『中国佛教史』一二三頁、華厳宗の成立参照。
(18) 坂本幸男『華厳教学の研究』七頁
(19) 註(15)に同じ
(20) 高峯了州『華厳思想史』一九三頁。亀谷聖馨『華厳発達史』二九〇頁にも同様の論が述べられている。
(21) 東大寺要録、巻七、東大寺権別当実忠廿九箇条事（東大寺蔵本）
(22) 拙稿「弘法大師と東大寺」（『密教学密教史論文集』所収）
(23) 十住心論（真言宗全書）・空海（日本思想大系本）二五五頁
(24) 即身成佛義（真言宗全書）
(25) 東大寺続要録、諸院篇（東大寺蔵本）

四　大佛造顕と蓮弁毛彫の思想

奈良時代に東大寺の本尊として造顕された大佛尊像の台座にある大佛蓮弁の図像は、盧舎那佛を説く蓮華蔵世界の構成を示すものであるが、また、ことに大佛殿の構成そのものも、あたかも忉利天宮のごとく、盧舎那佛説法の様相を示しているとも考えられるのである。このように考えるとき、大佛尊像の盧舎那佛と各蓮弁の盧舎那佛とが一多相即の関係を保ち、各蓮弁の本尊の盧舎那佛と蓮弁内に描いた三界の諸天とが、華厳哲学の主伴圓明の思想につながっているといえる。それが最下層の大理石の大蓮弁の涌出として見るとき、大佛殿の盧舎那大佛そのものが大きな蓮華蔵世界の立体的構成であると見ることができる。いま大理石の大蓮華が破損のため石で囲まれているため往時を偲ぶことができないが、その実体は信貴山縁起絵巻の描写を見れば最も明らかなところである。

この蓮弁の構成からその基本的な構造を考えてみるとき、それは盧舎那佛説法図（釈迦説法図）・須弥山世界図・大蓮華涌出図の三つの構成で考えてみるべきで、特にインド以来最も古い宇宙世界の構成図をなしている須弥山世界図を中心に描いているのである。

もともとインドの自然崇拝より起こる須弥山世界は、ヒマラヤ山系の雪山とインド洋の大海の世界構成においてバラモン教が説き出した世界観であったが、それが佛教の開展とともに佛教思想における上天思想ともからんで人生論をも形成するに到った。

釈迦の生涯に直接接した人々は法輪をもって説法処と観じたが、釈迦滅後、追慕思想が生まれてくるとともに霊鷲山常住説法の信仰が高まった。そしてそれにつれてアレキサンダーのインド侵入以後、ギリシャ彫刻の影響を受けて佛像彫刻の技法等が伝わって釈迦像が造顕されると同時に釈迦在世中の様相を示そうという意欲も後世の佛弟子たちによって高められていったのであった。

しかし経典やその内容の具現としての佛像群の発達はまず釈迦尊像の発展の後に付属的に発展していったので、初期においては釈迦の過去の本生図、佛伝図が中心であったが、これらにおいては須弥山構成とともに見られるものは少ない。けれどもインドにおける佛伝図は松本栄一氏が『燉煌画の研究』で述べられているごとく(1)、「本行経変相」「降魔変相」「涅槃変相」に三大区分をなすものといわれている。

これらの場合においても釈尊の本生思想等の根源をなすものは因果経に見えているごとく、釈尊は「乗二六牙白象一、発二兜率宮一、無量諸天作二伎楽一、焼二衆名香一、散二天妙花一、随二従菩薩一、満二虚空中一、放二大光明一普照二十方一、以二四月八日明星出時一降二神母胎一」(2)すなわち釈迦の娑婆世界への下生は兜率宮よりと考えられていた。そして釈迦誕生後七歩歩行の後、足より大蓮華を出すとする思想は、九竜出でて太子に香水を雨降らす灌頂の構成とともに本生図では重要な構成要素となっている。また佛本行集経や因果経等のなかに悉達太子の捨宮にあたって四種鬼神が付随したのは方廣大荘厳経では四天大王とあり、のちの四天王思想発生の要因とも考えられ、太子が剃髪を援けたのは帝釈天であるとか(修行本起経)、釈尊が母の摩耶夫人教化のために三十三天に昇って説法せられた(増一阿含経第二十八)等、上天思想は経典内において釈迦の生涯の本生譚や説法諸相を具現する上に大きな脚色の作用をなしている。

そしてそれらの事はさきの器世間をあらわす須弥山国においてもいえることであり、諸経典の中に須弥山図が構成される理由も、佛の説法教化の荘厳の具現と、一切衆生の作善上天への誘引を示すと同時に、その教理の広大無辺なることを見る人をして直ちに悟らせようとする目的のもとに作成されたのであるといわれている。

しかし、この須弥山説の原流については、やはりインド神話等に発生を求めなければならない。として Rig Vada（梨倶吠陀）を中心として紀元前一五〇〇年に成立したインド人の神話の宇宙観のなかには、インド・アーリア人が牧畜を主として生業をいとなんでいた関係によりその生活の繁栄と敵に対する降伏を祈願するためにも、宇宙の万象を自身の運命とも合一して、神に祈ることによって神の力によって生命や生活を約束されると考えた。そして自然現象を神格化し、ことに天体現象の不思議に感激して種々の神を成立させた。その基本的構成は、蒼空の万有を蔽って、天体の運行を認め、その時刻の誤らないことをもって Varuña は宗教に対する Rta をあらわすものであるとも考えられた。さらに太陽の存在を認め、これを Sūrya, Mitra, Savritr, Pūsan, Visnu 等、それぞれの性格を神格化して Rig Veda はあたかもインド人の太陽の神話とまでいわれている。

しかし彼らアーリア人の農耕や牧畜に直接影響を与えるのは太陽よりもむしろ気流現象であって、そのためにそれを支配する神として Vāyu（風神）や Parjanura（雨神）が重んぜられ、特に雷霆の支配者として、またインダス河の豊饒な沃地と、その河のもつ防衛的役割からしても、Indra（インドラ）は天空地の諸神の中において第一位の神界の中心的地位を獲ている。

この Indra こそ因陀羅とも帝釈天とも訳して、勇決の義をもって、天帝、天主の位置を与えられ、須弥山頂の忉利天（trayastrimas）善見城に住するとされている。

そしてさらに吠陀の信仰では天神から次第に空神（気流現象の支配者）に移り、地上の諸神の信仰に移って、天空地の現象に即して無数の庶神、雑神、悪鬼、羅刹を鉄囲山の山腹の凹地に配し、地下には悪鬼の住する処として地獄を求めた。そしてこれらの神の存在は、種々の天然現象を支配し、相互に諸神は人間の味方となったり、敵となって運命をつかさどり、ここに古代インド人は神と人との通路を開いていく方法において種々の儀礼や祈禱、また供養法なり咒術等が案出されて神意を動かす秘法ともなっていた。(3)

このVadaの讃歌にはこのことをうたって次のごとく述べている。

「われ今宣らんヴァジュラ（インドの武器、電撃）手に持つインドラが、最初にたてし勲業を、彼はアヒ（水を堰きとめる蛇形の悪魔ヴリトラ）を殺し、水〔路〕を切り開き、山腹を穿てり。」

「震う大地をうち固め、揺らぐ山々をとり静め、天も安けく支えたり。虚空の果てを測りては、その拡がりをいや増しつ、その神の名はインドラ天」

「悪魔アヒ（ヴリトラ）を殺しては、七河の流れ滔々と、ウアラ（悪魔の名）の囲みを破りては、群れなす牛を奪還す。雲まに火（電光）を生む戦の猛者、その神の名はインドラ天」

「馬・牛・戦車・村人も、彼の指示に従いつ、曙つぐる暁紅も、天翔ける日も彼生みき水の流れの道しるべ、その神の名はインドラ天(4)」

もちろんこの神話の歌は、一雷光の神格化でもあり、川を支配する水を意味すると同時に、反面インドにアフガニスタンよりヒンドゥークシュ山脈を越えてインダス河の上流の地域に侵入した彼らの讃歌でもあった。そして先住民族を悪魔化し、沃地を奪取する姿でもあったであろうが、このインダスの神インドラがインド創造神として不動の地位をアーリア人のバラモンたちによって与えられたともいえる。

須弥山図における帝釈天の地位は、佛教の発展以前においてかくも組織立てて存在したのであって、このようなアーリア人の古代インドの神話作成の結果、それは釈尊当時のインドのバラモン思想の中にも強く存在し、民衆の考え方、造物主に関する宇宙観として大きな力を持っていたためにこれを無視することができなかったであろうと考えられる。

ことにヴェーダのなかにあらわれる多数の神々は dera（天的なるもの）の地位を与えられ、漢訳経典では天と翻訳された。それは「投射する」とか「輝く」との意味で、それらの神々は、天・空・地の三界に配分され、その数は通常三十三神といわれている。そして神々は偉大なる人間として表象され、人間的弱点すらともなうものと考えられている。人間の苦楽は神の仕事に依存するものと考えられ、神は邪悪な人間を罰するとともに、罪のつぐないをする人にはこれをゆるすとされている。そして神に対しての人間の希望は、財宝・利益・家畜・健康・長寿・名声・繁栄・子孫・勝利を決め、苦痛・困難・不幸・危害・病気などからのがれようとしてこれらの神々に祈願をこめた。(5) そしてこのような古代インドの神話的宇宙観が、須弥山思想の構成に大きな要因となったことは否定できない。そしてそれが、釈尊入滅百年後の第一次結集のなかに説かれたという長阿含経のなかにこの組織的なヴェーダ時代の宇宙観が導入され、それは佛教的宇宙観として発展して、さらに倫理的な性格を加味して須弥山思想として再登場してくる。

佛教の示す宇宙論については、その人生論と交錯しているために、二者互いに相影じていることを知らなければならないことはいうまでもない。その構成については、先に述べたごとくインドの古代神話より発生するものであったが、かかる婆羅門を中心とする宇宙観について釈迦自体もそれを全く無視して説くことはかえって民衆の離反をもおこしかねない状況でもあったであろう。

そのためにこの古代の宇宙構成を綜合的に指示しているものとして長阿含経に含まれた宇宙観を探ってみたい。もちろんそれは後に示す倶舎論のような完成されたものではなく、初期の部派佛教の素朴なあり方をよく示している。

ことに宇宙の広大さを長阿含経に含まれる世紀経閻浮提品では「如下一日月周二行四天下一、光明所レ照、如レ是千世界、

長阿含経佛教宇宙図

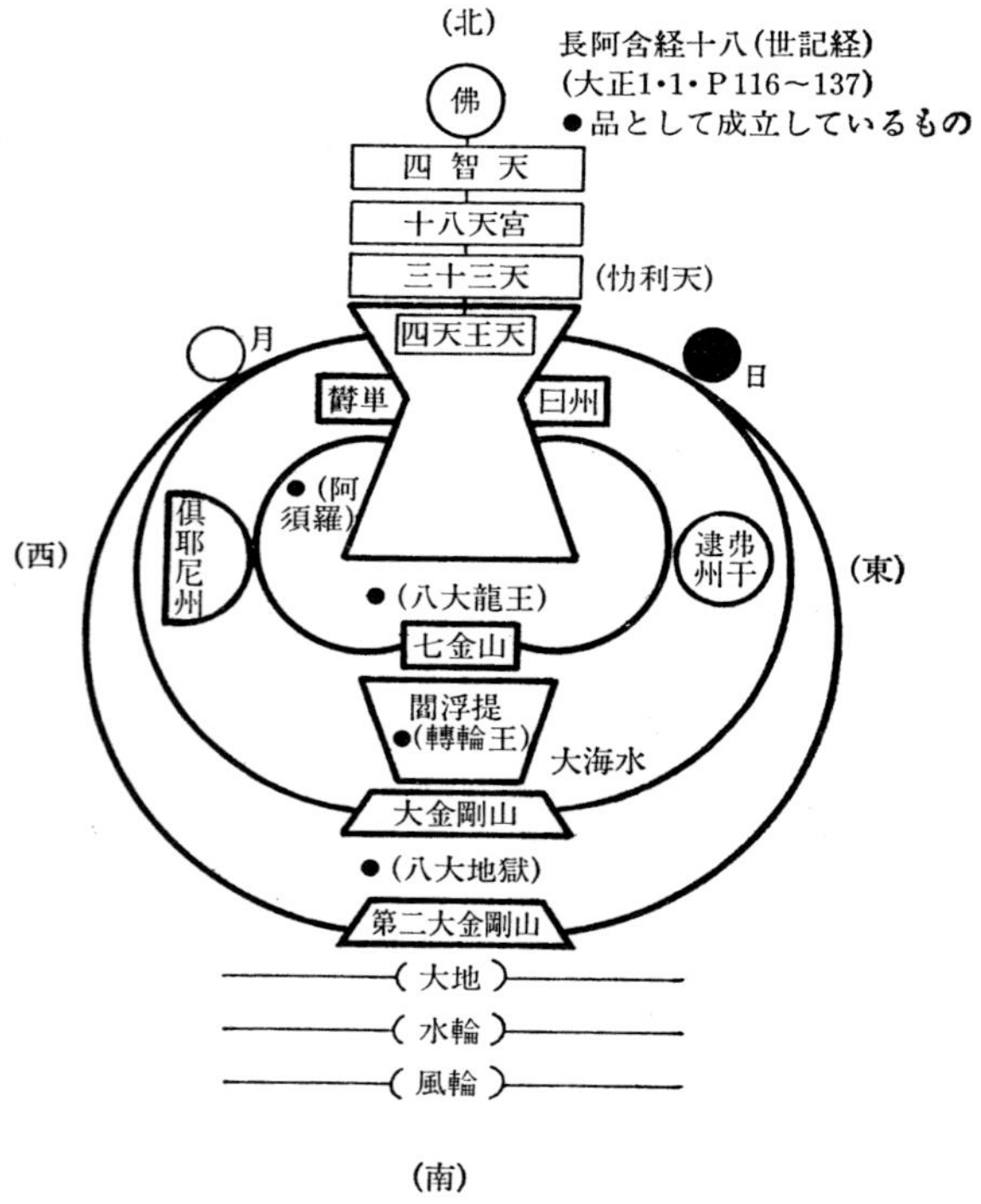

中有二千日月一、千須弥山王、四千天下四千大天下、四千海水四千大海、四千龍四千大龍、四千金翅鳥、四千大金翅鳥四千悪道、四千大悪道、四千王四千大王、七千大樹、八千大泥犁、十千大山、千閻羅王、千四天王、千忉利天、千焔摩天、千兜率天、千化自在天、千他化自在天、千梵天、是為二小千世界一、如二一小千世界一、爾所小千千世界、是為二中千世界一、爾所中千千世界、是為二三千大千世界一(6)」と説明しているが、そのあとで須弥山世界の構成を細部にわたって説

いている。もちろんこの構成はただこの閻浮提州品のみならず、欝単曰品、転輪聖王品、地獄品、龍鳥品、阿須倫品、四天王品、忉利天品等にわたって見るとき前頁図のごとき構成となる。

この宇宙構成については、やはりその原流として、釈尊以前に発達したインド神話、またついで発達したバラモンの世界観の構成を無視することはできない。

このバラモンの世界観については木村泰賢博士がその著『小乗佛教思想論』で述べていられるごとく、バラモン経典のなかのプラーナ（Purāna）に属する種々の書にある世界観の影響を考えなければならない。(7)

そこでは宇宙を上界と下界とに分け、その中間に須弥山を置いて上界へ昇る階梯と考えている。そしてこのようなバラモン教の世界観では、天部（解脱者の住する浄土）に転生するもので、下界、たとえば地獄のごとく種々の罪悪を犯したものが、それ相応の下層地獄に生まれて、自己の生前の罪障をつぐなわなければならないものと上下の二つに区分して示している。たとえば自分の父母を殺し、または婆羅門を殺したものは、広さ一万由旬の黒繩地獄において熱銅をもって毛髪の数ほど苦しまなければならない等のことである。このような古代宗教における倫理思想は三界思想の宇宙構造にもそのまま受けつがれている。

またバラモン教でいう須弥頂上の忉利天（Trayastrimsa）の三十三天についても、この教の世界観ではもとは造物主たる梵天が中心であったが佛教の須弥山（Mhā Sumeru）の上の忉利天では梵天より帝釈天（Sakra あるいは Sakradevānāmindra）に重点が置きかえられ、梵天は十二天宮の中の梵加夷天宮に移されている。それはやはり須弥山の中腹に四天王天を存在させる必要からも忉利天との関連のもとに、三十三天の中央は帝釈天の「恵み深きもの」としての地位をより高く釈尊は認めたであろう。そして佛天と梵天を遊離させることにおいてバラモン教を佛教と離脱するに足る超越性を具備しているものとしての自覚が高まったものとも理解できる。そしてもともとインドの造物主であったブラフマン（梵天＝Brahman）は佛典の中ではその光明、不死の力はもはや与えられず、単に佛陀に帰依する善神と化してしまう。そして、インドラ（帝釈天）の方が神々の主として、佛教の教える「耐え忍ぶ」という徳を持っている忉利天の主《あるじ》として君臨するに到ったのである。(8)

佛教の須弥山の構想においては、バラモン教世界観をその前提として大きく展開しているが、その主要目的は「諸善奉行」と「諸悪莫作」の根本的な十善行に対する解決をこの世界図を中心として階層的に説明することにより、上天思想と堕地獄思想を交錯して当時のインドの人々を倫理的に悟入させていこうという努力をなしていると認めることができる。そしてこの須弥山思想を大きくかかげているものとして、大楼炭経・起世因本経・長阿含経等の思想的発達を見ることによってより明らかとなる。

たとえば大楼炭経に、転輪王の国土統治について「転輪王以正法行為政現、不転善現、行十善事、教諸小国王、傍臣左右人民、奉行十善事、転輪王哀念諸郡国人民、如父哀子、諸国人民、愛敬転輪王如子愛父、転輪王治天下、閻浮利地平正無有高下」(9)と、人々が転輪聖王の十善行を行ずることによって天下が安泰となると説いていることは、王者はすべからく十善をもって政治にのぞむべきことを意味づけている。

これらの原始佛教経典においてかかる倫理思想が強いのは、この転輪聖王品と、それと対称的な地獄品、さらには人々の転生を説いた部類に多い。もし身口意の三業が清浄でないときには直ちに堕地獄の憂目に合うものと規定づけられている。そしてそれは生前の罪悪をつぐなうべきものとして、その過去の悪のために堕地獄においても死滅することがないとて「過悪未尽故不死」(10)という応報思想をもって地獄を描いている。

この大楼炭経の思想は、起世経になるとさらに高められている。地獄でうける悪業のむくいについても「彼地獄、乃至受諸厳切重苦、命既未終、乃至未尽悪不善業、及以人身所作来者、如是次第、具足而受」[11]とその悪によってきたるところを追求している。そしてさらに、

以身悪行、口意悪行、如是作已、彼因縁故、身壊命終、当堕悪趣生地獄中（中略）以身善行、口意善行、如是作已、彼因縁故、身壊命終、生於天上、此処識滅、彼天上識初相続生[12]

と、善行を修するものは天上界に、悪行に堕するものは地獄に相続して生まれかわるものと述べていることは、初期佛教における生天と地獄の思想をあらわしている。

このことは長阿含経にもうけつがれ吸収されている。あるいはこの起世因本経は長阿含の世記経の別行異訳であるともいわれている。そして東方のウッタラクルに生まれた人の因縁に托して人間の善悪の方向について述べたなかに、

人前世に十善行を修し、身壊命終して欝単曰に生れたるなり。寿命千歳にして不増不減なり。是の故に彼の人の寿命千歳なり。復次に殺生する者は悪趣に堕す。殺さざる者は善趣に生ず。是の如く竊盗・邪婬、両舌・悪口・妄言・綺語、貪取・嫉妬・邪見なる者は悪趣中に堕す。不盗不婬、両舌悪口妄語綺語せざる者は即ち善趣に生ず。もしくは不殺不盗不婬、両舌悪口妄語綺語せず、貪取嫉妬邪見せざるものあらば、身壊命終して欝単曰に生じ、寿命千歳不増不減なり[13]

ここでは欝単曰州人の善なる性格に照らして述べてあるも、この十善行は善趣に、十悪行は悪趣にとの思想は初期の小乗の立場では最も基本的な型態であった。そしてそれが悪趣（地獄）の内容が充実されるにしたがってより具体的に説明が加えられるに到ったのである。このような長阿含を通じた須弥山思想と善趣・悪趣（天上・地獄）の思想が統一整

理されるに到ったのが倶舎論である。

さきの大楼炭経や起世経、ひいては長阿含経（世記経）の思想よりおこりさらに発展整理されたものが倶舎論における器世間論である。特に第十一の分別世間品第三の四、五ではその取扱いにおいてさきの諸経典との相違が見られる。倶舎論の構成図においては、長阿含の構成形態より天部においては静慮処（禅天）にもとづく階層分離が行われ、東勝身州と西牛貨州が、その図形が半月形と円形に置きかえられている。また四州に付属する中州も加えられ、その世界図の下部の地獄における熱寒の区別をもうけて罪障による堕地獄の思想をもりあげている。

しかしかかる図形の相違もさることながら思想そのものにおいて、長阿含等に見られる十善思想は消滅し、劫による業の増上力に中心を置いた理解が高まっている。そこには「許二此三千大千世界如レ是安立形量不同一、謂諸有情業増上力」との業による有情の増上力によるものとして器世界のあり方を述べている。(14)

この有情の業の増上力とは、器世間（須弥山世界）の種々の有様は有情の「種々相は別業の所感にして、世界の種々相は有情の協同的に感じたるもの、即ち共業所感なり」として考えられている。(15) 釈論にも「十六地獄一切衆生増上業所起」(16)として宇宙観を用いて無上菩提を得る段階として説明しようとしているところに倶舎論の特徴がある。そして下天有情の上昇の条件としても、「離二通力依レ他　下無二昇見レ上」(17)と有情の業の増上力を認めることによって天に昇ることができると説いている。そして業の増上力の不足する下界の眼には上界の天を観ることができないのはこのためである。

また倶舎論では長阿含等に見られた十八宮と四智天の間を定と慧の均等を得るため四層の静慮（Phoxaña）を新たに設置して、無色界、色界、欲界と三界の人生観にもとづかない単なる器世間の区分を廃したのである。それは別図（折込）に示す通りである。

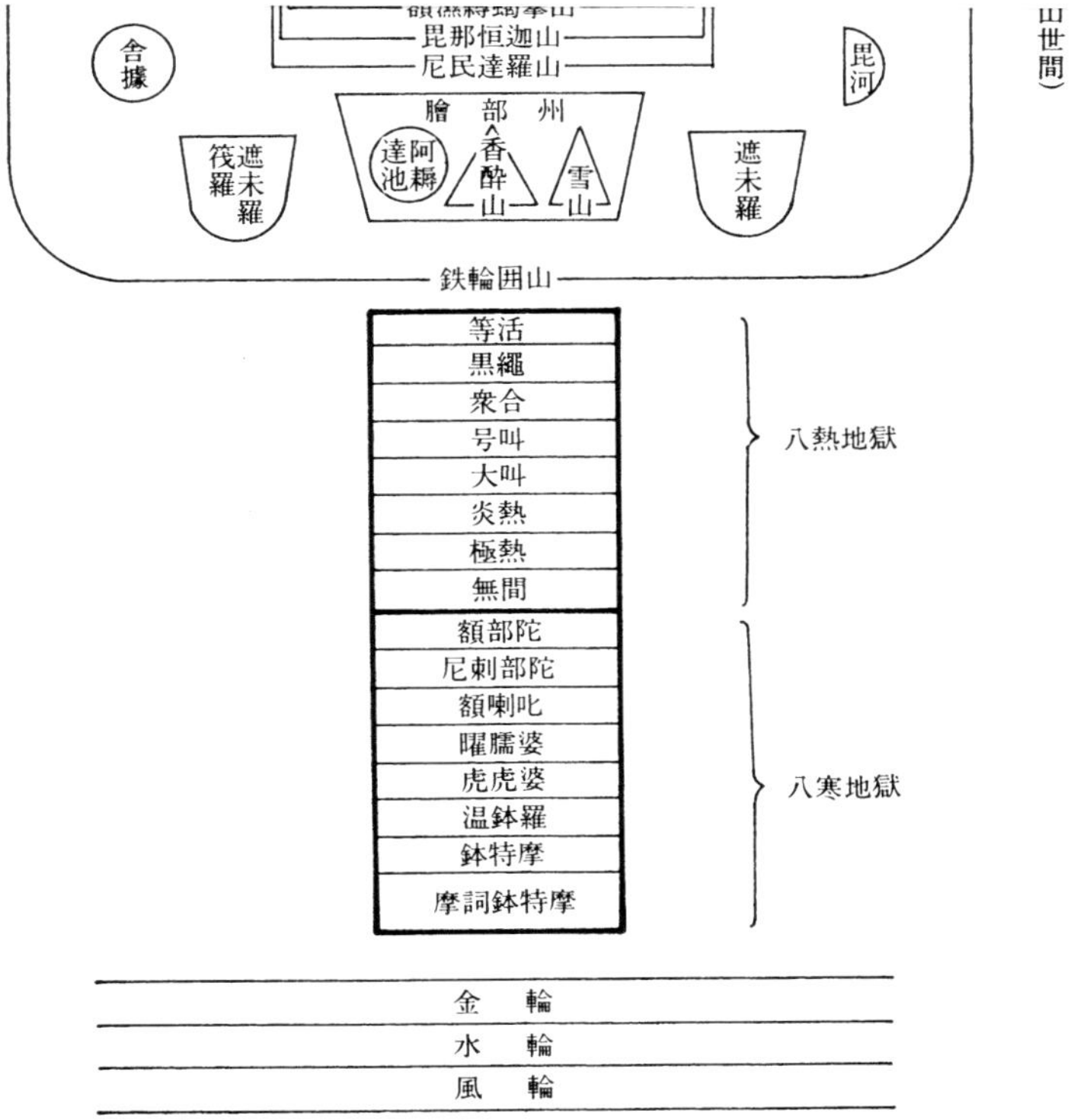

毘那怛迦山
尼民達羅山
舍擄
毘河
山世間）
贍部州
筏羅遮末羅
阿耨達池
香酔山
雪山
遮末羅
鉄輪囲山
等活
黒繩
衆合
号叫
大叫
炎熱
極熱
無間
八熱地獄
頞部陀
尼剌部陀
頞哳吒
臛臛婆
虎虎婆
温鉢羅
鉢特摩
摩訶鉢特摩
八寒地獄
金輪
水輪
風輪

もちろんこの三界区分についてはわれわれの住む欲望の領域（欲界）、それは人間のもつ欲望の集積によって生ずる世界を考えることより出発し、それを物質的なもののある世界と、物質的なもののない世界との二つに区分し、そして寂滅（消滅 nirodha）の境地を開展しようとすることにおいて三界説定の基本的な思考があった。中村元氏も、

止滅（nivodha）の境地は、このすぐれた物質の領域（色界）と物質の無い領域（無色界）とのかなたにあると考えられた。たといこの二つの領域に住する生存者といえども「この止滅を知らないが故に再び迷いの生存をくりかへすにいたる」(18)

この滅の思想（＝止滅の思想）は、須弥山世界説の転生思想を根本から打ち破るものであった。その滅への歩みは菩薩の大慈悲とわれわれの行において苦業の世界から抜け出すことであると倶舎論で述べている。

菩薩済レ物遂二己悲心一故以レ済レ他即為二己益一、誰信三菩薩有二如レ是事一、有二懐潤一レ己、無二大慈悲一、於二如レ是有情一、此事実難レ信、無二心潤一レ己、有二大慈悲一、於二如レ是有情一、此事非レ難レ信、如有下久習無二哀愍一者上雖レ無レ益レ己而楽損レ他、世所二同悉一如レ是、菩薩久習二慈悲一、雖レ無レ利レ己、而楽二他益一、如何不レ信、又如有情由二数習力一、於二無我行一不レ了二有為一、執以為レ我而生二愛著一、由二此為一レ因甘負二衆苦一、智者同悉如レ是、菩薩数習力故、捨二自我愛一増二恋レ他心一、由レ此為レ因甘負二衆苦一、如何不レ信（中略）、以二他苦一為二己苦一、用二他楽一為二己楽一不下以二自苦楽一為中己苦楽上、不レ見三異レ益レ他而別有二自益一(19)

このように自分と他人との関係、それは発展すれば有情世間のすべてのあり方について自己の煩悩による欲望を滅尽して他の有情のための無我行にいそしむことにより、自らの菩提を求められるものであると理解することであった。そしてかかる立場に立つときはじめて「心に常に忿毒をいだき、好んでもろもろの悪業を集め、他の苦を見ては欣悦

するものは死して琰魔の卒となる」[20]といわなければならなかった。

そして有情世界の様相を示すことは人間の存在を明らかにすると同時に寂滅の世界に生じなければならない行為の階梯を示すものとしてインドの宇宙論を転用して、人生の悟りへの論に改めなければならない必要にせまられたのである。そのためにもこの三界世界図の構成は倶舎論にとっても重要な意義をもつものであった。そこでわれわれのいかなる苦しみも、すべて五根の認識作用に縁っておこるのであって、この煩悩により苦を生ずるという認識より離脱するならば、苦しみが生ずることはあり得ないということを知る必要がある。そしてこの悟りへの道は苦行の滅尽を知ることにより佛の無上菩提に近づくことができるのであると説いている。この点における発展はやはり如来蔵思想を説く華厳経における須弥山思想の受容を考えるうえにも大きな前提となるものである。

次に華厳経における須弥山思想の受容については、倶舎論との多くの関連性を見ることができる。まず華厳経全体の品の構成においてその説処を中心として見られるのである。ただ、旧訳と新訳においてその品の構成は多少増減があるが、釈尊が「以二自在神力一、不レ離二菩提樹座及須弥頂妙勝殿上夜摩天宮宝荘厳殿一趣二兜率天宮一切宝荘厳殿」[21]という境界に達して説法をはじめるという構想のもとに演ぜられたのは共通している。これを両巻の構成より見ると第11表のごとくなる。

このように品の構成より須弥山→夜摩天→兜率天と欲天の中で説法が行われている。

このような構成は、世間浄眼品においても見られる。そしてここに釈尊のマカダ国寂滅道場において開会されたときに集まっている大衆のなかに天部の諸天も勧請され、その天部は三十三天・夜摩天・兜率天・化楽天・他化自在天・大梵天・光音天・遍浄天・果実天・摩醯首羅天の十天が見えている。

もちろんこの天部についての理解については、向上・向下の二つの解釈を示すために、倶衆としては向上門で、偈頌の場合は向下の様相を示している。表示すると第11表の通りである。

このように釈尊の説処と同様に、華厳経にあらわれた天衆の上下は、その根本的な境界は、すべて「盧舎那佛宿世善友」であり、また「於二一念頂一、一切現化、充二満法界一」という考え方のために悟りの段階としての上界への向上という天部の上昇は、衆生教化の成佛の方向において向下の性格をとらざるを得ない佛教の上求菩提下化衆生の根本的な性格をあらわすものであるといえるのである。即ち他化自在天における法界の虚空寂静の方便を求める姿は、衆生

第11表　華厳経新旧諸品比較一覧

六十華厳		八十華厳	
9	佛昇須弥頂品	13	昇須弥頂品
10	菩薩雲集妙勝殿上説偈品	14	須弥頂上偈讃品
15	佛昇夜摩天宮自在品	19	昇夜摩天宮品
16	夜摩天宮菩薩説偈品	20	夜摩宮中偈讃品
19	如来昇兜率天宮一切宝殿品	23	昇兜率天宮品
20	兜率天宮菩薩雲集讃佛品	24	兜率宮中偈讃品

第12表　九天往相還相表

(天)

摩醯首羅天＝法界虚空寂静方便光明法門
↑↓
果実天＝観一切衆生諸根法雲法門
↑↓
遍浄天＝観察衆生善根法門
↑↓
光音天＝寂静愛楽滅衆生苦法門
↑↓
大梵天＝照現諸法入不思議法門
↑↓
大自在天＝教化無量衆生蔵法門
↑↓
化楽天＝一切法分別化法門
↑↓
兜率天＝成熟諸佛転法輪法門
↑↓
夜摩天＝諸衆生離憂廻向善根法門

(向下←　向上→)

の雑憂の善根から出発し、滅苦と善根積重の方向は向上へとおもむかなければならないし、それはまた佛は方便を以て、衆生の済度をおこない一切衆生の諸根を清めるため法輪を転じなければならなかった。そして一切衆生が悉皆成佛の佛果を得るたすけのためにも如来は菩薩となって下生すべきであって、弥勒の上生下生の思想もこの釈尊のかかる態度にあらわれているといってもいい。そしてそれが世間浄眼品という序品において見られることは、全巻に通ずるといってもさしつかえない。

そしてこの昇天についても信→住→行→向→地の法の向上を示すものともいわれている。そこでは欲界における天界・天衆の表現は佛陀の内観による菩薩道の階梯を示すものでもあり、あわせて住・行・向・地の実践道を提示せんとするものでもあった。

華厳経中にある諸天の名称を綜合して三界図を構成してみると別図（折込）のごとくなる。

この図は、大佛蓮弁図とも共通しているところも多いが、その構成の基本となったのは、如来光明覚品の記述である。爾時、世尊、両足の相輪より百億の光明を放ちたまひて、遍く三千大千世界の百億の閻浮提、百億の弗婆提、百億の拘伽尼、百億の欝単越、百億の大海、百億の金剛囲山、百億の菩薩の生、百億の菩薩の出家、百億の佛の始成正覚、百億の如来の転法輪、百億の如来の般泥洹、百億の須弥山王、百億の四天王天、百億の三十三天、百億の時天、百億の兜率陀天、百億の化楽天、百億の他化楽天、百億の梵天、百億の光音天、百億の遍浄天、百億の果実天、百億の色究竟天を照し、此世界の有ゆる一切のもの悉く現ず。此に佛、蓮華蔵の師子座の上に坐したまひて、十佛世界塵数の菩薩の眷属有りて、囲遶せるを見るが如く、百億の閻浮提も亦復是の如し。佛の神力を以ての故に、百億の閻浮提には、皆十方に各一大菩薩有り、各十世界塵数の菩薩の眷属と倶に、佛の所に来詣せる

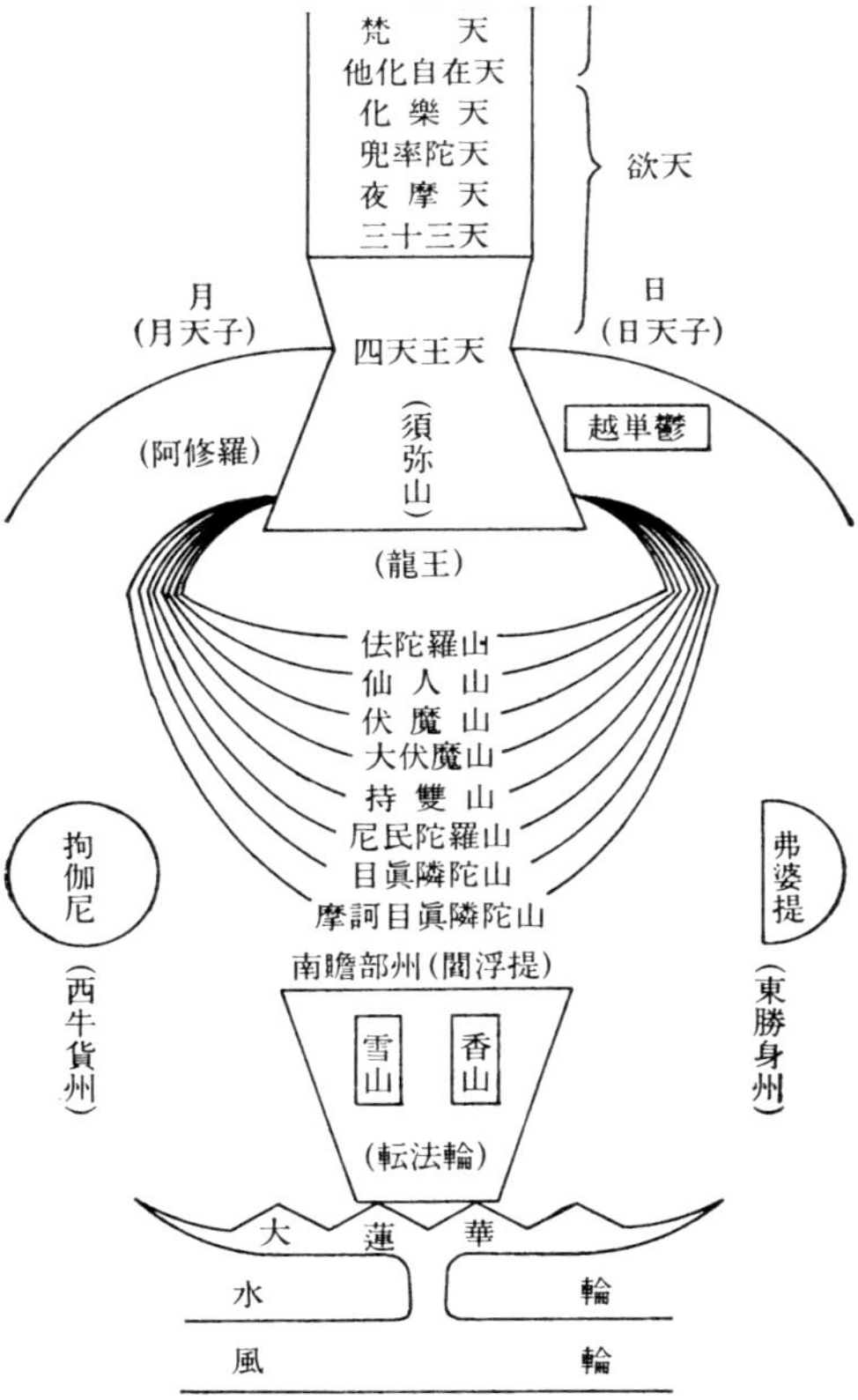

梵天
他化自在天
化樂天
兜率陀天
夜摩天
三十三天
欲天
月
(月天子)
日
(日天子)
四天王天
(須弥山)
越単欝
(阿修羅)
(龍王)
佉陀羅山
仙人山
伏魔山
大伏魔山
持雙山
尼民陀羅山
目眞隣陀山
摩訶目眞隣陀山
拘伽尼
(西牛貨州)
弗婆提
(東勝身州)
南贍部州(閻浮提)
雪山
香山
(転法輪)
大蓮華
水輪
風輪

を見る。謂ゆる文殊師利菩薩、覚首菩薩、財首菩薩、宝首菩薩、徳首菩薩、目首菩薩、精進首菩薩、法首菩薩、智首菩薩、賢首菩薩なり。是諸の菩薩の従来せし所の国は、金色世界、楽色、華色、薝蔔華色、青蓮華色、金色、宝色、金剛色、玻瓈色、如実色の世界なり。各本国の佛の所、謂ゆる、不動智佛、智慧火佛、浄智佛、具威儀智佛、明星智佛、究竟智佛、無上智佛、自在智佛、梵天智佛、伏怨知佛の所に於て梵行を浄修せり。(22)

ここでは釈迦が両足の法輪より光明を放って梵行を説き、四州・大海・大鉄囲山・如来の転法輪、須弥山・四天王天・三十三天・時天・兜率天・他化楽天・梵天・光音天・遍浄天・果実天・色究竟天等を照らして、世界の一切のものを現出し、その結果述べようとすることは佛(盧舎那佛)は蓮華蔵の獅子座に座しているということを明らかにすることであった。もちろん蓮華蔵世界についての描写については旧経では盧舎那佛品・宝王如来性起品、新経では世界成就品・華蔵世界品・如来出現品等の各所で述べられているが、このようなととのった須弥山世界の描写はこの部分が最も整理されている。ただ、さきの図の諸天に関しては菩薩十無尽品(23)の天界の分類を引用して作成した。

探玄記では、この構図について「佛身光を以て事を照して衆をして見ることを得しむ」ために、文殊菩薩は偈を掲げて「如来の出世は一乗円教を以て、須弥楼山等の一類の世界に於て、化を施す分斉を顕さんが為の故に(24)」「一会即一切会」を明らかにしようとする目的があったのである。そして須弥山世界は佛の所照の対象であり、「所照は世界無辺なりといえども、皆是れ須弥山世界なるを以ての故に(25)」との構想をもって須弥山世界を受容している。そして華厳的な理解に立って一会即一切会の方向は根源的には一念の中において三世一切の佛事を顕現しようとする考え方に立つものであった。これはまた八十華厳の場合も同様である。

しかしこれらのことの理解については、演義鈔等にも、

是一会偏二一切処一、非二是多処各別有レ会、乃至法界亦如レ是偏此円融法非二思之境一(26)

このようにこの一会一切会は如来の神通力により同処同会であって、異なる場所とは考えられないが、その根底には思の境でないとして述べている。そのことは、この文のあとにつづく光明覚品の偈頌の中にも、

能見二此世界　一切処無レ著　如来身亦然一　是人疾成佛

（能く此世界の、一切処に著《じゃく》することなく如来身も亦然なりと見ば、是人は疾《すみやか》かに成佛するであろう）

計二数諸佛国　色相非色相一　一切尽無レ余　是彼浄妙業

無量佛土塵　一塵為二一佛一　悉能知二其数一　是彼浄妙業

（諸佛の国の、色相と非色の相を計り数えて一切を尽して余すこと無かれ、是れ浄妙の業である。無量の佛土の塵、一塵を一佛と為し、悉く能く其数を知れ、是れ彼の浄妙の業である）

一切世界如来境　悉能為転二正法輪一　於二法自性一無二所転一　無上導師方便説

（一切の世界は如来の境にして、悉く能く為に正法輪を転ずるも、法の自性に於ては転ずる所無し、無上の導師は方便もて説きたまう）

若能如レ是了二諸法一　是知二諸佛無量徳一　観二察諸法及衆生　国土世間悉寂滅一　心無二所依一不二妄想一

是名三正念二佛菩提一　衆生諸法及国土　分別了知無二差別一　善能観察如二自性一　是則了二知佛法義一

（若し能く是の如く諸法を了《さと》らば、是れ諸佛の無量の徳を知らん、諸法及び衆生と、国土世間とを悉く寂滅なりと観察して、心に所依なく妄想せざれば、是を佛の菩提を正念すとなづく、衆生と諸法と及び国土とは、分別了知して差別無し、善能く自在の如しと観察せば、是れ則ち佛法の義を了知するなり）(27)

とある考え方とも共通する。そして華厳の教学の開展はかかる釈迦牟尼を盧舎那として再現するところに、釈迦の一会は舎那の一切会となって、融通無礙であらねばならないとするものである。釈迦と舎那の関係は十身具足して三身の区別を立てないところに華厳の立場がある。

往二詣盧舎那菩薩所住宮殿一、恭敬供養（中略）而不レ見二盧舎那菩薩一、時有二天子一作二如レ是言一、此菩薩者、今已命終、生二浄飯王家一乗二梅檀楼閣一、処二摩耶夫人胎一、爾時諸天子以二天眼一観二盧舎那菩薩摩訶薩一[28]

そして、舎那の再誕、あるいは下生としての釈迦を認識していることは、やはり閻浮提の転法輪の転輪聖王としての地位を釈迦に与えんとするためでもあった。そしてこの二者が相即相入するところにも理事無礙法界の證（あかし）として具現しようとした。そして釈迦を閻浮提に位置を与え、舎那を大蓮華が香水海より湧出した上に見理された蓮華蔵世界の中心に配して、一位一切位の立場をも説明しているのである。

そして華厳経における最もはなやかな盧舎那の出現（光明遍照としての性格）は性起品に見られる佛の太陽としての性格を合一して例證したところにあった。そこでは佛の智日としてのありさまをよく述べている。いまそのことを明らかにするならば、

復次に佛子、譬へば日の世間に出でて無量の事を以て、衆生を饒益するが如し、謂ゆる闇冥を滅除し、一切の山林、薬草、百穀、卉木を長養し、冷湿を消除し、空を照して虚空の衆生を饒益し、池を照せば則ち能く蓮華を開敷し、普く悉く一凡の色像を照現し、世間の事業皆究竟することを得。何を以ての故に。日は能く普く無量の光を放つが故に。如来身の日も亦復是の如く、無量の事を以て普く一切衆生を饒益す。謂ゆる滅悪の饒益は善法を長養し、普照の饒益は一切衆生の闇冥を除滅し、大慈の饒益は衆生を救護し、大悲の饒益は一切を度脱し、正法

の饒益は一切の根力覚意を長養し、堅信の饒益は心の垢濁を除き、見法の饒益は因縁を壊せず、天眼の饒益は悉く衆生の此に死し彼に生るるを見、離害の饒益は衆生の一切の善根を壊せず、慧光の饒益は一切衆生の心華を開敷し、発心の饒益は一切菩薩の所行を究竟す。何を以ての故に。如来身の日は普く一切の慧の光明を放つが故に。佛子、是を菩薩摩訶薩の第三の勝行にして如来を知見すと為す。

復次に佛子、譬へば日出でて先づ一切の諸大山王を照し、次に一切の大山を照し、次に金剛宝山を照し然して後に普く一切の大地を照すも、日光は是念を作さず、「我当に先づ諸大山王を照し、次第して乃至普く大地を照すべし」と。但彼山地に高下有るが故に照すに先後有るが如し。如来応供等正覚も亦復是の如し、無量無辺の法界智慧日輪を成就して、常に無量無礙の智慧の光明を放ち、先づ菩薩摩訶薩等の諸大山王を照し、次に縁覚を照し、次に声聞を照し、次に決定善根の衆生を照し、応に随ひて化を受けしめ、然して後に悉く一切の衆生を照して、乃《いま》し邪定に至り、為に未来の饒益の因縁を作す。如来の智慧の日光は是念を作さず、「我当に先づ菩薩を照し、乃《いま》し邪定に至るべし」と。但大智の光を放ちて普く一切を照すのみ。佛子、譬へば日月の世間に出現して、乃《いま》し深山幽谷に至るまでも、普く照さざる無きが如し。如来の智慧の日月も亦復是の如く、普く一切を照して明了ならざる無し。但衆生の希望、善根に不同あるが故に、如来の智光は種種に差別せり。佛子、是を菩薩摩訶薩の第四の勝行にして如来を知見すと為す。(29)

そしてこれは盧舎那の智慧光明を最も正しく表現しているところからも思想的には以前の舎那と釈迦との関係をより拡大して華厳の法界厳浄の態度をあくまで貫こうとしている。如来名号品の中には、

娑婆世界中（中略）佛号不同、或称二悉達一、或称二満月一或称二師子吼一、或称二釈迦牟尼一、或称二神仙一、或称二盧舎那一、

或称二瞿曇一（30）
と釈迦と舎那を同義に配していることはさきにも述べた通りである。

そして広大無辺な華厳教主としての舎那の位置は光明遍照の名のごとく、インド佛教の教主としての釈迦の位置から佛教宇宙観をふまえた世界性のある舎那に発展向上していったのである。そのためにこの蓮華蔵世界の構造のなかにインド世界観の現形である須弥山世界の構造が含まれることになったのである。

次にこの須弥山図を中心とする華厳経の経変の日本への伝来について考えてみることとする。

中国における須弥山図を構成せる図像には多くを見出し得るのであって、燉煌の莫高窟の法華経菩薩本事品の変相図（31）では右上隅に日月を配して須弥山が描かれ三尊佛をその上に配置しているが、これは法華経本事品の「如二土山、黒山、小鉄囲山、大鉄囲山、及十宝山、衆山之中、須弥山為二第一一、此法華経亦復如レ是、於二諸経中一、最為二其上一」（32）の思想によるもので、その中心となっている本尊は釈迦と聖衆である。もちろん法華経変相図の場合、全面図の場合は釈尊を中心に置いているのは如来寿量品の偈の「常在二霊鷲山　及余諸住処一、衆生見二劫尽、大火所レ焼時、我此土安穏、天人常充満、園林諸堂閣、種種宝荘厳、宝樹多二花果一、衆生所二遊楽一、諸天撃二天鼓一、常作二衆伎楽一、雨二曼陀羅華一、散二佛及大衆一、我浄土不レ毀、而衆見二焼尽一、憂怖諸苦悩、如レ是悉充満」（33）の思想に基づいている場合が多い。しかし、須弥山法華経変相図の場合はさきのごとくやはり左上端に限られている。同様のことは千佛洞第一四九窟の維摩経変相四六図でもいえることで、（34）この場合も左上側に描かれている須弥山は大海中に涌出したキノコ状に描かれ、その頂上部に忉利天宮の三尊佛が見える。そしてその下に日月を持った阿修羅が四天王と共に列席して維摩と文殊の問答の対決を聴きいっている様相を示している。四八図ではそれが右上にうつって鉄囲山、七金山に類した二金山のみが描かれ、日月を左右に配し、三尊佛でなく忉利天の堂宇を三つ描いている例もある（五三図）。それは不思議品に関する図像として描かれ「文殊師利言、居士東方度二三十六恒河沙国一有二世界一、名二須弥相一、其佛号二須弥燈王一、今現在、彼佛身長八万四千由旬、其獅子座高八万四千由旬、厳飾第一、於レ是長者維摩詰、現二神通力一即時彼佛遣二三万二千師子座高廣厳浄一、来二入維摩詰室一」(35)および妙喜世界を説明する見阿閦佛品にも「吾当下不レ起二于座一接中妙喜国上」として、経文では鉄囲山、大海泉源須弥諸山、及日月星宿、天龍鬼神梵天等宮が、維摩の断取という神通力を具現せんため描かれ、閻浮提より忉利天に到る三道宝階を示した図像もある。そしてこの功徳により「閻浮提人亦登二其階一上二昇忉利一見二彼諸天一」(36)というため須弥山頂の三尊は忉利天の三尊と考えられる。これらの須弥山図はともに（四六・四七・四八・四九・五〇・五二ab・五三図）左側上隅に描かれているのが通例である。また三宝宝階を示したものとして五二九窟の入口の右の壁に描いている兜率上生国は梯子により須弥山上の兜率天に昇ることを示している。

このような説明図としての須弥山図が、中心に配置されてくるようになるのは松本氏の示されているものでは報恩経の変相図である。この場合、もちろん報恩経自体、燉煌壁画における特殊な様相を示すものであって、このことは唐代に近い頃の作成ということについて、大唐大慈恩寺三蔵法師伝に顕慶元年（六五六）十二月五日に「勅為二佛光王一度二七人一（中略）輙敢進二金字般若心経一巻并函、報恩経変一部一」(37)とあることにより当時すでに報恩経変が成立していると松本氏は述べられている。そしてそれが燉煌においてまことに多く描かれている。報恩経については、開元釈経録に

大方便報恩経　一巻　後漢月支三蔵支婁迦讖訳(38)

と、ここでは支婁迦讖の訳とされているが、大正蔵経では失訳となっている。もちろんこの経典は佛の報恩に関して説かれた説話を集め、「如来本於生死中時、於如是等微塵数不思議形類一切衆生中、具足受身、以受身故、一切衆生

亦曾為如来父母、如来亦曾為一切衆生而作父母、為一切父母故、常修難行苦行」(39)と父母の報恩を説いていることは、佛教が東漸するにつれて、佛教思想と中国の儒教思想との関連性を強調するために父母の報恩思想を説くこれらの孝道思想にもとづく儒佛両思想の交渉期にあたる諸経典が、インドと中国との中間に存在する北涼国、干闐国、亀慈国等で採録されたと考えられる。ことに父母恩重経のごとき明らかに偽経的なものが燉煌千佛洞で発見されるなど、佛教が中国に渡来する前期においてかかる経典が西域地方で作成されたことは、僧徒の積極的意志のみならず、中国に近い群少諸国の佛教受容の過程からもうなずけるのである。大方便報恩経もかかる性格をもつ経典であろう。そして燉煌周辺にある報恩経変相図はこのような意図からも、佛教が中国思想になじもうとする表現の一端でもある。そして変相図のごときマンダラ的様相は中国人の中華思想とも合流できる様相をもっていたことからも好んで受容されたのであろう。ここに報恩経で注目すべきは次の文である。

是故如来(釈迦)乗㆓機運㆒化、応㆑時而生、応㆑時而滅、或於㆓異刹㆒、称㆓盧舎那如来応供正遍知明行足善逝世間解無上士調御丈夫天人師、佛世尊㆒、或昇㆓兜率陀天㆒、為㆓諸天師㆒、或従㆓兜率天下㆒、現㆓於閻浮提㆒、現㆓八十年寿㆒、当㆑知如来不可思議、世界不可思議(40)

ここに釈迦と盧舎那佛が結合し、華厳経の名号品の前型のような様相すら示している。また釈尊が、その前生地の兜率天で法を説く本生譚的上生思想は、上求菩提下化衆生を説く佛典本来の形態である以上、世尊はその説処を自在に移動して一切衆生を教化できるとされている。

そのためにも報恩経では、「爾時如来出于三昧、釈提桓因忉利天王、即以天衣敷師子座、爾時如来即昇此座結加趺坐、如須弥山王処于大海」(41)と、佛が三昧に入った後は師子坐にあってあたかも須弥山王が大海に屹立しているように偉大であると説くとき、須弥山を例證して変相図の中に描いている。

いまこの報恩経変相図のなかにも、松本氏は華厳経主盧舎那佛品の抽出図として理解されているけれども、これは後に述べる華厳変相図等の場合と異なり、千佛洞第一三五C窟壁画盧舎那佛図の体中に須弥山を表現した様相と、五九図の報恩経変相図における須弥山を侍した如来図（下段）（九一図）等との相関性を見てみるとき、これはさきの孝養品の経文と共通するのではないだろうか。また報恩経変相の五七図にも如来の中央に須弥山が描かれている等、報恩経変相図は五七図等、五代の時代に作成されたと推測されるということから、釈迦と舎那の合流はこの于闐地方より燉煌に入るまでにしだいに思想的発展をなしとげるに到ったと考えられる。ことに華厳経が佛陀跋陀羅の全訳の原本を于闐国に求め、同国の実叉難陀が唐経の原本をこの国より得る等華厳経と于闐地方とは密接な関係が見られ、これらの事よりしても、西域地方の佛教文化形成の過程において釈迦＝盧舎那の思想が早くより発展していたと考えるべきである。報恩経変相図に須弥山を持せる如来、または須弥山世界を示す如来像は、釈迦の昇須弥山上忉利天説法等の具現としての上天の様相として理解すべきであり、また反対に全世界教化救済のための下生への希望を託するものであるというべきである。

すべて変相図等の経典理解の図像は、悟りの往相についてはその視点をまず下層に置き、しだいに上層へ運ぶことによって悟入の道にかない、最後に中尊に止め、如来の還相（衆生済度）については再び中尊より下って最初の視点に止まるのが正当なる観察の方法であり、最初より中尊に注目することは戒むべきである。大佛蓮弁毛彫の場合にもかくのごときことがいえる。

故に私は松本栄一氏の『燉煌画の研究』「第三章　尊像中特殊なるものに関する研究」のうち盧舎那佛のごとき、

報恩経と関連のある図像に対して、それを華厳教主盧舎那佛図と決定づけられたことには同意できない。そしてショルチュク壁画と二月堂光背との類同性を考えられないでもないが、于闐出土の図像を盧舎那佛と断定することにはうなずけない。しかし、これらはむしろ、報恩経の釈迦如来↓盧舎那におよぶ過程において須弥山の存在が、法華・維摩経等の左上隅の図より、如来の体内図、すなわち如来蔵思想の具体的表現として、不自然な形態をとりながらも描き出そうとしている報恩経下層の如来像にこそ、舎那と釈迦との結合の漸進的な傾向が見出されるのではないだろうか。

そしてこのような報恩経の思想、ならびに変相図を媒介として華厳経の世界図が成立すると考えられるけれども、

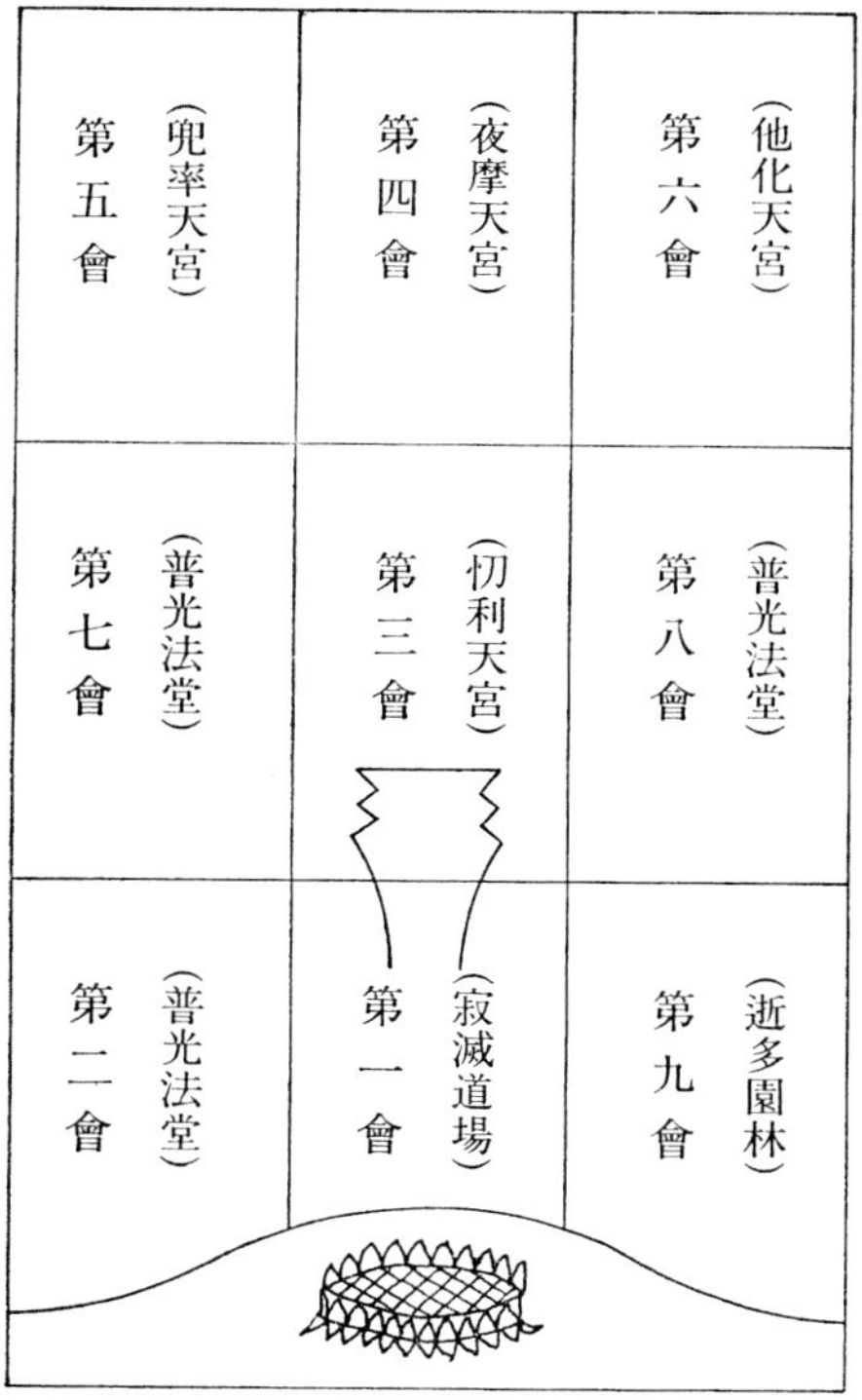

これについては、燉煌画においては千佛洞において一一七・一一八・一六八・一一八下・一〇二・一三八窟の図が残され、七処九会をあらわしたものが多いが、その配置について第一〇二窟の華厳変相図に、九会の配列を示し、図の中央に須弥山を置いてその周囲に九会を配しその九組の聖衆はすべて釈迦を中尊としている。その構図については上のごとくである。

第九会の配置は第一会の寂滅道場、第二

会および第七会、第八会の普光法堂、第九会の逝多園林では、佛の三昧として示されたものが地上に充当されているに対して、第三会の忉利天宮、第四会の夜摩天宮、第五会の兜率天宮、第六会の他化自在天宮は天宮の四会のため図中でも須弥山より上方に描く形態をとっている。(42)

ここで第三会の忉利天宮では須弥山を中心に置き、第一一八F窟図では須弥山を特に拡大している。そしてこのほか第八窟図でも、忉利天宮の三昧をあらわすため須弥山を中央に描いて、日月を左右に配している。

これらの図は、華厳経に基づく図像であるが、それは綜合的な一体化した構図ではなくして、各会について一面ずつの描写により、経典の説明を具現する意図のためのもので、ここでは須弥山図もただ中央の忉利天宮の三昧の説明となっているにすぎない。このような変相図は完全な蓮華蔵世界図というよりも、華厳経の説明図として、のちの華厳海会曼荼羅の原流となるも、大佛蓮弁の図形とは本質的に異なるものであるが、ただ共通性として、大蓮華涌出の図形が下層に加えられ、すべて蓮華蔵世界の具現であるとする点に、両者ともに大蓮華を描き、須弥山を中心としていることに共通性が見出せる。そしてここに蓮華蔵世界を描くにしても、華厳の七処九会を描くにしても、さきの報恩経の釈迦＝舎那の立場をとるかぎり第一会と第三会は須弥山を中心として図像を形成すべきであるという構図上の発展および制約がうかがえるのである。もちろんこれは七処九会の八十華厳の類例しかわからないが、華厳経伝記による釈法誠の伝にある七処八会の図像は、さきの変相図と同様に須弥山を中心とした諸会の解説図を形成していたといえる。(43)

ここにかような法会の分配による華厳経変相図の中央に須弥山を配して描いてゆこうという傾向は、唐において、少し時代は下るが、開元二十八年(七四〇＝天平十二年)に玄宗に上奏して薦福寺道場にて金剛智三蔵が梵本を訳し、新羅の慧超が筆写し、のち不空三蔵の訳と称された「大乗瑜伽金剛性海曼殊室利千臂千鉢大教王経」と称する経典がある。それはあたかも密教が雑密より純密に移行せんとするときにとかれたこの経典のなかに、

釈迦牟尼如来、在摩醯首羅天王宮中於毘楞伽宝摩尼宝殿中、如来在百宝摩尼宝座上、興共毘盧遮那如来、於金剛性海蓮華蔵会、(中略)毘盧舎那如来法界性海秘密金剛界蓮華台蔵世界海、於中有大聖曼殊室利菩薩、現金色身、身上出千臂千手鉢、鉢中顕現出千釈迦、千釈迦復現出千百億化釈迦、(中略)一者牟尼世尊説入阿字観本寂無生義、是毘盧舎那如来説、為往昔千釈迦千百億化、釈迦成道時、此佛因地作菩薩時、如来為与説此阿字観、修入根本清浄無生門(44)

との本尊である千臂千鉢の文殊菩薩を中心として説いているこの経典は多くの華厳思想を受容している。また梵網経の十発趣心も説き十善為心についても述べて(第七)、さらに須弥山世界を描く図像に対して経典では、

入出無時於十方法海三千大千世界中、百億日月百億須弥山、四百億四天下、一切菩薩修行菩提(45)

と、この経典は梵網経の釈迦および須弥山世界の構想に影響を受けながらも、この経典を具現する燉煌千佛洞の第七二窟壁画や第六窟壁画に描いている千臂千鉢文殊像では、須弥山が中央に配置されている。いままで、左上隅にわずかに描かれていた須弥山が本尊(中尊)をささえる中央に移され、それはあたかも大海中に屹立した須弥山の上の蓮華台の座に結跏趺坐している中尊(ここでは文殊菩薩)をのせて経典に述べているように、身体に種々の妙宝や天衣を著して、頂背の円光の中に千臂、千鉢を持つ手を描いて、一鉢中に各々一化佛をあらわし、その一大構想の下に須弥山図を描いて、その左右に日月を配しているなど、そして須弥山の軸部には難陀・跋難陀の二竜王が纏絡の状を描いて、海中よりは半分を水上にあらわした阿修羅王が見えている。

大佛蓮弁須弥山世界構成図

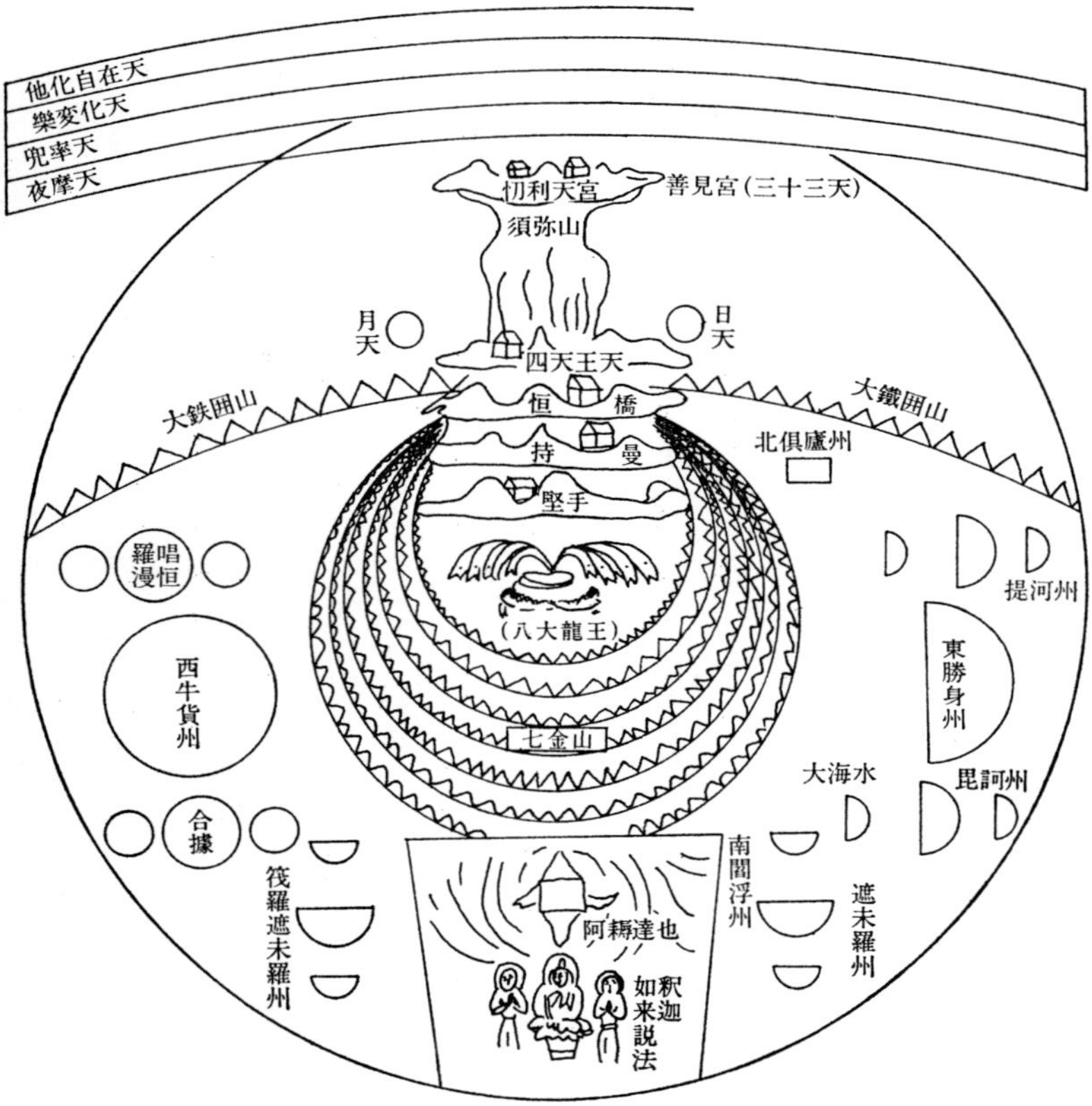

大蓮華

このように唐の中期に近づいている千臂千鉢大教王経にもとづく千臂千鉢文殊図で、須弥山が中央に描かれるようになったことは、須弥世界図がしだいに図像の中央において中尊をささえる台としての性格を持つとともに、それは須弥山上における如来説法の具現、たとえば華厳経における「昇須弥頂」または「昇兜率天宮」との佛の三昧境中の説処をより明確に人々に示すためにも、華厳変相図に見られたような多くの説処を分割して一時に表現しようとする方法ではなくして、一図像の中心に中尊を安置し、この中尊の教説が八方におよび、それは須弥山頂に昇ることにより、より光明を放つ形において本尊を見現しようという表現形態をとっていることは、さきの華厳変相図等の散漫な描写のしかたより、より中心を持った力づよい表現と説得力を持っているといえる。このように唐中期に到るに従って単なる経典の説処のみの散漫な説明的な図像より、それをむしろ中尊の周辺部に避けて、中尊の示す教現をより明確に、より偉大に、より効果的に、より中心的に具現しようとする傾向が強まって

大佛蓮弁構成図

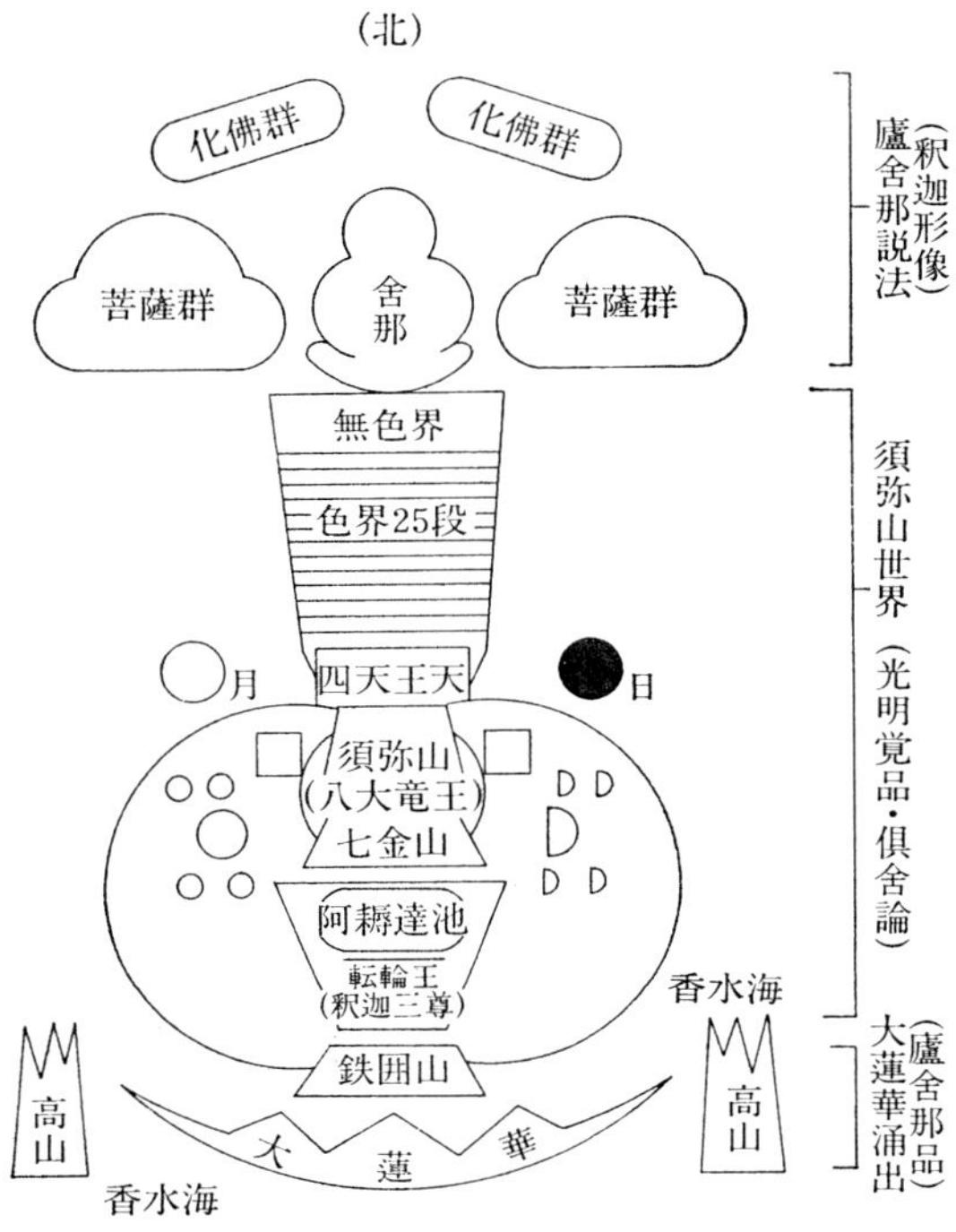

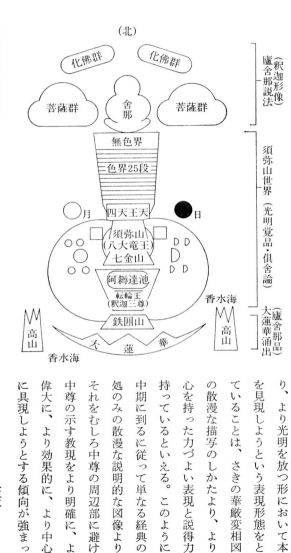

いったことを示すのがこの千仏洞の第七十二窟、第六窟の図（松本氏、前掲書、第一六六図ａ・ｂ）であるといえる。そしてこのような必要からも、須弥山は中央に日月をひかえてそびえたつ図として描かれるようになって、日月、即ち一般的にいう時間と空間を超越したところに如来の真実義が存在するのであるという佛教の抜本義を立てるためにも、須弥山は中央に配され、これが後世の須弥壇を形成する基本的な構想として一般化していったと考えられるのである。

このような中国における華厳変相図の変遷は、日本への華厳経の伝来とともに受容されてきたのであって、東大寺の大佛造顕の場合においても、これが採用されたが、大佛の場合は中国の場合に見られた変相図の流れをくみながら、華厳経、倶舎論等の経典の内容より是非挿入すべきものは入れて三界図は簡略化されている。そして図形はよりわかりやすく、倶舎論の構成にもどしながら舎那の法会の宇宙的性格をはなやかに立体的に表現することに成功している。そしてそれが空中（処空）に大会を演じ、世界荘厳のより具体的な現実化として大佛造顕が計画されたのであって、ここにこそ聖武天皇の雄大な構想が立体化された「華厳経為本」の根本義が明らかにされたのである。そしてかかる観点に立つとき、華厳経に須弥山思想を受容することによって、より拡大され超越した法界厳浄の究竟に到ることをもって、国土荘厳への意欲を燃やされたのがわが国における聖武天皇の理想とも合致して、この偉大なる大佛尊像が、その結果として造顕されるに到ったのである。

（１）　松本栄一『燉煌画の研究』、第二章「佛伝図及本生図」、三三三頁
（２）　過去現在因果経（大正蔵三・六二四頁ａ）
（３）　木村泰賢『印度思想史』、「リグヴェダーの哲学」参照
（４）　ヴェーダー、アヴェスター世界古典文学全集、インドラの歌
（５）　金倉圓照『インド哲学史』、「ヴェーダの宗教と思想」参照

(6) 長阿含経、十八、世起経閻浮提州品第一（大正蔵一、一一四頁b・c）
(7) 木村泰賢『小乗佛教思想論』、「婆羅門教の世界観（特に器世間について）」
(8) 中村元『原始佛教の思想』「神々と宇宙」、二〇二頁参照
(9) 大楼炭経　第二、転輪王品第三、（大正蔵一、二八二頁c・二八三a頁）
(10) 同右、第二泥梨品第四（同、二八四頁a）
(11) 起世因本経　第三、地獄品中（大正蔵一、三七七頁b）
(12) 同右、第七、三十三天品中（大正蔵一、四〇一頁b）
(13) 長阿含第十八、世記経、鬱単曰品（大正蔵一、一一九頁b）、国訳一切経、阿含部七（三七九頁）
(14) 倶舎論第十一分別世品第三ノ四（大正蔵二九、五七頁a）
(15) 同右、第十、第二節九山（国訳一切経、四六七頁註六参照）
(16) 阿毘達磨倶舎釈論巻第八（大正蔵二九、二一六頁b）
(17) 倶舎論第十一分別世間品三ノ四（大正蔵二九、六〇頁c）
(18) 中村元選集『原始佛教の思想』下「三界説の萠芽」（二四一頁）
(19) 倶舎論十二分別世間品三ノ五（大正蔵二九、六三頁c・六四頁a）
(20) 倶舎論十一第三項特に獄卒に就きて（国釈一切経毗曇部二十六、四七七頁）
(21) 大方廣佛華厳経十三如来昇兜率天宮一切宝殿品第十九（大正蔵九、四七八頁c）
(22) 国釈大蔵経、華厳第一、如来光明覚品五（一二七頁）
(23) 大方廣佛華厳経十二菩薩十無尽蔵品（大正蔵九、四七七b）
(24) 華厳経探玄記第四（大正蔵三五、一七二頁a）
(25) 同右（同b）
(26) 大方廣佛華厳経随疏演義鈔十三之上、十丁
(27) 大方廣佛華厳経第五、光明覚品（大正蔵九、四二四頁b・四二五頁a）国訳大蔵経、華厳経一、一三六～一三八頁

(28) 大方廣佛華厳経第三十二　佛小相光明功徳品第三十（大正蔵九、六〇五頁ｃ）
(29) 同右、第三十四宝王如来性起品第三十之二（大正蔵九、六一六頁ａｂ）、国訳大蔵経、同上品（九八四、五頁）
(30) 同右、第四、如来名号品（大正蔵九、四一九頁ａ）
(31) 燉煌千佛洞第八窟壁画法華経変相図（松本栄一『燉煌画の研究』三三図ｂ）
(32) 妙法蓮華経薬王菩薩本事品第二十三（大正蔵九、五四頁ａ）
(33) 同右如来寿量品第十六（同、四三頁ｃ）
(34) 松本栄一、前掲書、図像篇四六図
(35) 維摩結所説経不思議品（大正蔵一四、五四六頁ｂ）
(36) 維摩結所説経見阿閦佛品（大正蔵一四、五五五頁ｂ）
(37) 大唐大慈恩寺三蔵法師伝（大正蔵五〇、二七二頁ｂ）
(38) 開元釈経録第十四（大正蔵五五、六三三頁ａ）
(39) 大方便佛報恩経第一、孝養品第二（大正蔵三、一二七頁）
(40) 同右、第一同品（大正蔵三、一二八頁ａ）
(41) 同右、第三、論義品第五（大正蔵三、一三七頁ｃ）
(42) 松本栄一、前掲書、一九二頁
(43) 華厳経伝記第五、法誠伝（大正蔵五一、一七一頁ａ）
(44) 大乗瑜伽金剛性海曼珠室利千臂千鉢大教王経第一（大正蔵二〇、七二五頁ｂ・ｃ）
(45) 同右、第九（大正蔵二〇、七七一頁ａ）

第三章　平安時代における寺院の成立と構造

第一節　宮中真言院の成立

いままでは承和元年（八三四）十二月九日の弘法大師空海の上奏による宮中真言院の設置については、その歴史的意義について充分に検討を加えられていない。また真言院そのものについてもそれを解明するにあたって、有職故実とか、または内裏儀典の立場などから論議されているような傾向が強かった。

私はいま、歴史的な立場に立って空海の入唐の経緯をさぐり、さらには不空三蔵の唐における政治的な活動とも関連をもちながら宮中真言院の性格を明らかにしたい。

もともと宮中真言院については、佛会紀要では承和元年（八三四）に空海が上奏して秘密趣によって新たに法会を興すべきを天皇に奏上して、今までの御斎会を中心としていた最勝王経の経典論議では「読二其文一、空談二其義一、不二曾依レ法画レ像結レ壇修一レ業」としてその法会の意義の軽いことを述べて、これより以後はすべて経法によって七日間のあいだ一室に諸尊を勧請して真言を持誦して御修法を実施し、顕密二教をおのおの法会を分けて顕教としては御斎会を、密教としては後七日の御修法を行い、そのことが如来の本意にそうことができ、法会を充実することができると述べ、この上奏文は宮中に顕密二教並立することによって密教存立の意義を政治的にも宗教的にも認めさせようとした空海の積極的な意志にもとづくものと考えられる。

そしてこの御修法の濫觴が、ひいては内道場である宮中真言院の創立となった。その最初には勘解由庁において行われたけれども、宮中に真言院が建立されてからは、そこをもって宮中内道場と定められ、この真言院に支障のあったときは豊楽院、大膳職等で修法が行われ、時には紫宸殿等で行われたこともあった。そして後花園天皇の時までつづけられていたが、長禄以後は一時中断してしまった。けれども、後水尾天皇の元和九年(一六二三)に義演准后の歎願により再興され明治初年まで存続したのである。

もちろん真言院は後七日の御修法を厳修する宮中の道場であって、この御修法は金胎両部の両界曼荼羅を隔年にかけて本尊として密壇を飾って息災増益の護摩を修し、五大尊・聖天・十二天等の壇を設けてその供具を奠布して、諸尊の真言をとなえ、国家の福利と、聖躬の安穏を祈願するために玉体・御衣の両加持と、香水加持を行うことをもって御修法の中心としたのである。また延喜式には、

凡真言法毎年正月。起㆓八日㆒至㆓十四日㆒。於㆓真言院㆒修㆑之[1]

として御修法の期日を規定している。しかしこの空海の上奏による宮中真言院の設置については、この時にはじまるにしても、その遠因は奈良時代にはじまり、その原流はさらに唐の内道場にその設置の根拠を求めているといえるのである。このことについては次に述べることとする。

まず内道場の発生について日本では天武朝に見られるが、それはまだ内道場と正確に認めることはできないけれども、天武天皇九年(六八一)五月一日はじめて金光明経を宮中および諸寺に説かれるにいたった[2]のをはじめとする。そ

れについで十二年（六八四）にはじめて僧尼を招いて宮中に安居を行い、さらに天武天皇の不予に際しては薬師経を宮中に説いて平癒を祈り、僧正・僧都以上を招いて宮中で悔過を行い、とくにこの傾向がたかまって朱鳥元年（六八六）七月には一〇〇人の僧を招いて金光明経を宮中で読ませ、また同年八月二日には、

度二僧尼幷一百一、因以坐二百菩薩於宮中一、読二観世音経二百巻一(3)

として、天武天皇の不予を契機として宮中内に諸佛事が天皇のために数々催されるようになったのである。もちろんそこには天武天皇の積極的な佛教帰依の方向もうかがえるのである。けれども、また別に入唐より帰った僧たちの唐内道場の制を移そうとする意味も働いた。

天武天皇が崩御されて、持統天皇は先帝の追善のために持統天皇四年（六九〇）五月十五日に、はじめて内裏において安居の講説を行い(4)、持統天皇七年五月十五日に無遮大会を内裏に行い同年九月十日にも、

（十日）丙申、為二清御原天皇一設二無遮大会於内裏一(5)

十月有レ詔、講二仁王経一、凡於二内裡一講二仁王最勝王経一、始レ自二此時一以為二恒例一(6)

と無遮の大会を内裏に行っている。この無遮大会は、中国においても陳文帝が行っている例がある。

天嘉四年、帝於二大極殿一設二無遮大会一、行二捨身法一、復集レ僧、行二方等陀羅尼法、法華懺金光明懺一並別製二願辞一、称二菩薩戒弟子皇帝一(7)

このような中国佛教の無遮大会の先例にもとづいて、日本でもこの頃から盛んに聖武朝にかけて行われるようになった。おそらく孝徳天皇白雉四年（六五三）五月十二日に入唐した道昭・定恵などが、親しく玄奘三蔵の唐における活動等を見聞して、わが国における宮中内道場の必要を強調した結果であろうと考えられる。内裏読経の行事はまだ持

統天皇以後、充分に恒例となるまでに到らなかったけれども、聖武天皇の時代になると非常な勢いでもって盛んとなっていった。まず神亀二年（七二五）正月十七日には「請二僧六百人於宮中一読二誦大般若経一、為レ除二災異一也」(8)に、宮中で大般若経を転読して、熒惑星の災異を除こうとされた。そして聖武天皇が災異を除き、吉祥を祈る理由は「敬レ神尊レ佛」のであるという考え方は、さらに金光明最勝王経（義浄訳）の伝来とともに、しばしば国家の平安のために宮中で講ぜられ、そのほか同様の目的のために僧六〇〇人、尼三〇〇人を宮中に請じて金剛般若経等を転読せしめられている。(9)

しかし神亀五年（七二八）八月二十一日の皇太子の病気および薨去から、聖武天皇・光明皇后の佛教帰依の態度も手伝って無常観が高まった。

皇太子寝病、経レ日不レ愈、自レ非二三宝威力一、何能解二脱患苦一、因レ玆敬造二観世音菩薩像一百七十七軀幷経一百七十七巻一、礼レ佛転レ経、一日行道、縁二此功徳一欲レ得二平復一(10)

またこのことがあってより仁王経を朝堂に講じたりしている。

そして聖武天皇の佛教帰依の方向は、神亀五年から打ちつづいた数々の災害によってますます高まっていった。

神亀五年　皇太子薨去
天平二年　熒惑星あらわれる
天平三年　災旱
天平四年　百姓飢饉
天平五年　光明皇后病篤し

天平六年　大地震
天平七年　太宰府天然痘流行
天平八年　天然痘の東上
天平九年　諸国飢饉、旱害

と毎年のようにつづく災害に加えて、近しい者の死も皇太子のみにとどまらなかった。たとえば天平九年（七三七）四月十七日には、光明皇后の兄の藤原房前をはじめ、つづいて七月十三日に藤原麻呂、同二十五日に藤原武智麻呂、さらに八月五日には藤原宇合と薨がつづいたのである。

このように藤原一門の災害が相つづいておこり、

勅　朕以㆓寡徳㆒臨㆓駅万姓㆒自暗㆓治機㆒未㆑剋㆓寧済㆒廼者、災異頻興、咎徴仍見、戦々兢々責任㆑予矣(11)

となげかなければならなかった聖武天皇は、天平七年（七三五）五月二十四日には宮中および大安寺、薬師寺、元興寺、興福寺の四寺に命じて、大般若経を転読して災害を消除し国家の安寧を祈らせている(12)。また同年八月十二日に、全国へ蔓延のもととなった太宰府における天然痘の流行のきざしに、府内の大寺や九州の諸国の諸寺に到るまで金剛般若経を読ませている(13)。

このような国家不安の真只中に帰朝したのが玄昉であった。玄昉は、その入唐が養老元年（七一七）、三月九日多治比真人、阿部安麻呂ら総勢五五七人を四隻の船に分けて難波津を出発した中にあった。玄昉はこの時渡唐してより在唐一七年に及び天平六年（七三四）十一月二十日に種子島（多禰嶋）に帰着した。このときの入唐は吉備真備とともに在唐の一八年という長期にわたった(14)。

玄昉の在唐中に集めた経巻は五千余巻に及んでいるといわれるが、主として濮陽の智周に学び法相の第四伝としてわが国に帰って来た。玄昉の在唐は唐の玄宗の開元四年（七一六）より一三年に及び、その期間はちょうど善無畏三蔵がインドから唐に入ったときより入寂するまでに当っている。密教伝来よりすれば、開元八年（七二〇）には不空三蔵が南海から帰唐し、瑜伽大法を金剛智に伝え、つづいて開元十二年（七二四）福先寺で大日経を訳し、同二十年（七三二）には金剛智が入寂するなど善無畏系密教および金剛智の訳経が盛んになされたときであった。ことに開元十八年（七三〇）には智昇が後漢明帝永平十年より六百六十余年間に一六七人で訳経された一〇七六部九〇四八巻のリストである開元訳経録を編している。

　玄昉のもたらした五千余巻の経典というのはこの開元訳経録中の経典であったことがよく知られている。

　開元四年、西天無畏三蔵来、先レ是睿宗聞二師名一、遣二将軍史献一出二玉門一迎候。至レ是帝夢二異僧来謁一、命図二其容于壁一、及二師入見一与二壁像一不レ異、帝説飾二内道場一居レ之、尊為二教主一師訳二出毘盧舎那等経一、密教一宗於レ玆為レ盛、日本国遣二沙門玄昉一入二中国一求レ法[15]

善無畏系密教が玄昉により日本に流入されたことがわかる。

速水脩氏は玄昉について「奈良朝における観音信仰の受容について」[16]という論文のなかで、「玄昉の官僧としての急速な栄達の背景には密教的呪術的色彩を顕著に認めることができる」と述べて、天平九年（七三七）八月に僧正に補せられたのは藤原四家の疫病による急死を背景とし、彼の霊験への期待のもとに行われたのであろうという二葉憲香氏の所論[17]を支持している。もちろん玄昉が不空羂索観音を中心として密教的観音信仰を具備していたことは天平九年内匠寮返納の文書に速水氏が指摘された。

内匠寮返納経合四十五巻
法華経八巻　　最勝王経二十巻
金光明経八巻
千臂千眼経二巻　　請観世音経一
不空羂索経一弓「僧正」　　十一面神咒心経一巻
観自在菩薩如意経一
観世音秘密蔵咒経一「僧正」
観世音菩薩授記経一「僧正」
十一面観世音神咒経一「僧正」
（天平）九年十月二十五日

この「僧正」は玄昉と見られる。また天平十三年の千手千眼陀羅尼経の跋に、

天平十三年七月十五日、僧正玄昉発願、敬写千手千眼経一千巻、藉此勝因、伏願　皇帝陛下、太上天皇、皇后殿下、与日月斉其明、共乾坤合其徳、聖寿恒永、景福無疆、皇太子殿下及諸親王等、文武百官天下兆民、咸資化誘、各尽忠孝、又願淪廻於地獄熱煩苦、餓鬼飢餓苦、畜生逼迫苦等衆生、早得出離、同受安寧、遂令聖法之盛、与天地而永流擁護之恩、被幽明而恒満、上臻有頂、傍及無辺、倶発菩提心、頓悟無生理(19)

とあり、このような玄昉の態度が観音信仰を契機として密教的立場をとったことがうなずけるのであるが、さらに大日経が天平八年（七三六）九月二十九日の写経目録に見えて天平九年にすでに書写されていることは、玄昉が善無畏の

開元十二年に（七二四＝神亀元）釈した大毘盧遮那経（大日経）[20]を日本にもたらしたことが判明する。この経典は天平九年（七三七）三月三十日に写され、[21]また、善無畏の蘇婆呼童子経も天平八年に写されていることからしても、[22]玄昉の帰朝は善無畏系密教経典およびその思想の将来と密接な関係があるものといえる。

このような前提に立ちながら続日本紀の天平九年（七三七）十二月二十七日の条に、

皇太夫人藤原氏（宮子）就二皇后宮一見二僧正玄昉法師一天皇亦幸二皇后宮一、皇太夫人為下沉二幽憂一久廃中人事上、自レ誕二天皇一未三曾相見二法師一、一看恵然開レ晤、至レ是適与二天皇一相見、天下莫レ不二慶賀一、即施二法師絁一千疋、綿一千屯、糸一千絇、布一千端一[23]

という記事について、玄昉が中宮の内道場に出入し、特に皇后宮職を中心として下道真備らとともに活躍したことがわかるのである。ことに天平七年より疫病の流行によって、聖武天皇一族にこの病の類を及ぼすかどうかは天下の政治をも左右する以上、光明皇后や橘宮子夫人等の病については心を悩ましたことであろうし、玄昉が「法師一看恵然開晤」という文字の読み方について「看を見る」と解さず「看病の看」とみるとき真言陀羅尼等の咒術修法により開晤したと理解することができるのである。それはあたかも、金剛智三蔵が、開元七年（七一九）に唐の玄宗皇帝の最も寵愛した第二十五の公主（皇女）が病にたおれ、目を開かないのを金剛智が、

智詣レ彼択二取宮中七歳二女子一、（中略）智以二密語一咒レ之。二女冥然誦得（中略）智入二三摩地一以二不思議力一令三二女持レ勅詣二琰摩王一、食頃間、王令下公主亡保母劉氏護二送公主魂一随中二女至上。於レ是公主起坐開レ目、言語如レ常、帝聞レ之、不レ俟二伏衛一馳レ騎往二于外館一。公主奏曰、冥数難レ測、今王遣廻略覲二聖顔一而已、可二半日間一然後長逝、自爾帝方加二帰仰一焉[24]

と、このような唐の公主の一時的蘇生の物語にせよ、金剛智が玄宗の後宮に入って真言加持の法を修して地位を得、また真言弘通のきっかけを握んだ事実などは玄昉も唐で見聞した宮中と内道場の関係をわが国でも密教的立場を基盤に現実に推し進めようとしたのである。玄昉が皇后宮職を中心として密教的政治権力の把握に勉めたことは唐およびそれ以前の内道場のあり方からいって決して新しい問題ではなく、それは玄昉が始めたことであるよりも唐文化の異常なまでも受容された当時にあってはむしろ普通のことであった。特に大陸文化の移入に積極的意志を示した聖武天皇としては駕を馳せて宮子夫人の治癒を喜んだのであった。ただこの当時には唐のような内道場の制はわが国では完備されていなかったから、玄昉は皇后宮職を中心として活躍しなければならなかったという障害はあったようである。

その上、天平九年、十年は玄昉の活躍と同時に秘密部の経典が他の顕教部を圧して書写されているのもこの当時の社会不安の時代思潮に基づくものであったであろうことはさきの考察においても述べたところであり、天平九年（七三七）八月十三日の詔にも、

詔曰、朕君二臨宇内一稍歴二多年一而風化尚擁、黎庶未レ安、通旦忘レ寐、憂労在レ玆、又自レ春已来災気遽発、天下百姓死亡実多、百官人等、闕卒不レ少、良由二朕不徳一致二此災殃一、仰レ天慚惶、不二敢寧一、処故可下優二復百姓一使上得二存済一(25)

とあるごとく病疫、飢饉、地震のおそったとき、藁にでもすがりたいような聖武帝一族の気持は密咒を理解し、善無畏の秘法を唐からもたらした玄昉に期待するところ大であったに違いなかった。その結果として、玄昉は、さきに帰朝した道慈よりも早く出世し、天平八年には入唐学問僧玄昉であったのが、天平九年七月十三日の参議藤原朝臣麻呂の死よりその存在が認められ、また武智麻呂が天然痘にかかるや宮中読経の功徳を提唱して、天平九年八月十五日には、僧六〇〇人を招じて宮中に大般若経を読んだのにつづいて、宮中一五ヵ所に僧七〇〇人を請じて大般若経および

最勝王経を読ませて天下太平・国土安寧を祈った。もちろん道慈等の活動もうかがえるけれども、義浄訳の金光明最勝王経無染陀羅尼品、除病品、長者流水品は、さきの曇無識訳の金光明経に比して義浄の最勝王経方がはるかに密教的陀羅尼信仰をあおっていることから考えても、玄昉の台頭には最勝王経は好適な経典であり、機会であったともいえるのである。そして玄昉はそのあとすぐ天平九年八月二十六日には「以㆓玄昉法師㆒為㆓僧正㆒、良敏法師為㆓大僧都㆒」[26]として道慈を超えて僧正位に任ぜられ、ついに後宮に進出する機会を得たのであった。玄昉はこの点よりすれば法相宗の伝来より善無畏系密教の唐における体得によって、奈良朝における政治的地歩をきずくことができたと見ることができるのである。

　しかしこのことがかえって玄昉の自縄自縛となって、藤原廣嗣は天平十二年（七四〇）八月廿九日に上表文をたてまつって時勢の得失を述べ玄昉を除かんとする勢力となった。しかし、その目的は果たすことができなかったけれども天平十七年（七四五）十一月二日、玄昉を筑紫の観世音寺に流すことによって朝廷から除かれることとなった。[27]ことに玄昉伝に、

僧玄昉死、玄昉俗姓阿刀氏。霊亀二年入唐学問。唐天子（玄宗）尊㆑昉、准㆓三品㆒令㆑著㆓紫袈裟㆒、天平七年随㆓大使多治比真人廣成㆒還帰、賷㆓経論五千余巻及諸佛像㆒来㆓皇朝㆒亦施㆓紫袈裟㆒着㆑之。尊為㆓僧正㆒安㆓置内道場㆒、自㆑是之後、栄寵日盛稍乖㆓沙門之行㆒、時人悪㆑之。至㆑是死㆓於徙所㆒[28]

とあるごとく、玄昉は唐内道場のあり方を聖武後宮に実現しようとしたのであった。そして内道場を中心とする僧侶の政治的進出の道を開いたのはまさに玄昉であったと断ずることができるのであり、すなわち唐内道場の制が玄昉の帰唐により日本に影響を与える結果となったのであった。

次にこの玄昉のあり方に影響されて朝廷に自己の基盤をきずいたのは、天平宝字八年（七六四）を中心として暗躍した道鏡であった。宝亀三年（七七二）四月七日の条にある道鏡伝にも、

下野国言、造薬師寺別当道鏡死、道鏡俗姓弓削連、河内人也、略渉二梵文一以二禅行一聞、由レ是入二内道場一列為二禅師一、宝字五年従レ幸二保良一、時侍二看病一稍被二寵幸一、(29)

と見えて、彼もまた宮中内道場を中心に政治的に進出した僧であった。

道鏡の進出は天平宝字五年（七六一）十月二十八日よりの平城宮の改造に起因する近江国保良宮への孝謙女帝の行幸による不予に対する看病に始まった。(30) この保良宮への行幸は、その間において道鏡と孝謙上皇との関係が近くなったが淳仁天皇と孝謙上皇との間は確執を生ずるに到った。そのために淳仁天皇は恵美押勝とはかって道鏡の勢力の増大を押えようとした。道鏡は地歩の拡大のために河内国狭山池を修理し、自分と対抗する少僧都慈訓を「行政乖レ理、不レ堪レ為レ綱」として排斥して自分が少僧都となって僧綱を掌握した。(31) そして、道鏡がしだいに「常侍二禁掖一甚被二寵愛一」のを見て心よからぬ思いをいだいた恵美押勝はついに天平宝字八年（七六四）九月十一日乱をおこしたが、これも玄昉に対する藤原廣嗣の場合と同様に敗北してしまった。そして道鏡は称徳帝の重任への動きを示し淳仁天皇を廃した。ついで自らは大臣禅師となって佛教を盛んにするのは高位に昇る必要があると説きだしたのである。天平神護元年（七六五）道鏡は太政大臣禅師に昇り、自己の中心の寺院の弓削に封戸二〇〇戸を施した。しかし道鏡の政治掌握は神道家の喜ばぬことをおもんぱかって、天平神護元年には白衣の僧の政治掌握は「神も佛法を護る立場にあるものだ」として彼の存在を肯定させる詔を天皇に出させ、さらにこれを裏づけ、法王たる彼の皇位継承への推進母体として八幡神の虚偽の託宣を太宰主神習宜阿曾麻呂とはかって成功させようとしたが、これまた玄昉と同じく下野薬師寺

に配流されて終末をとげた。

このように道鏡のたどった道も、玄昉のたどった道も、その成功への糸口はともに内道場への進出であり、それが咒禁性の高い陀羅尼集経等にもとづいて天皇一族を中心とする療病を目的とした接近であった。ただし玄昉は唐的な影響を受けて出発したのであったが道鏡はそれを日本的に、神佛習合的な傾向をもって進めていったことが両者の相違している点である。

しかも玄昉も、道鏡も梵文に長じているということは陀羅尼の咒術力が大きかったことと、壇法に特異なものをもっていたからでもあった。けれどもその出世の基盤となった内道場は極めて個人的な傾向の強いものであった故に、自身の失脚ののちはかえりみられることはなかった。そこには不空三蔵が唐で示したような確固たる基盤に立つ内道場でなく、咒術性の強い、天皇個人の信仰道場としての内道場であったことは、善無畏系密教が充分に奈良時代に正純密教として発達するに到らなかったといえるのである。しかし葛城・久米地方より河内・弓削地方にかけて、密教経典を受容する寺院が多かったことは考えられるのであって、河内の智識寺（後に道鏡とも関係する）の盧舎那佛を礼拝した聖武天皇が大佛建立を発願されたのも、このような大日経信仰の一端と理解されないのではない。

しかし私はこれらの内道場がすぐに空海の内道場と関連づけて考えることはできないにしても、これらの傾向が基盤として発展し、わが国の佛教に内道場受容の立場があったことを明確に裏づけることができると考えるものである。空海の内道場を考えるためには、やはり不空三蔵の立場をもとにして考えなければならない。そこでそれについて次に見てみることにする。

中国の内道場については道端良秀氏がその著『唐代佛教史の研究』のなかで指摘されているごとく、宮中内に設けられた道場という意味で、佛教法会を行う一院であり、高徳の僧を招いて国家、国王のために祈願をする道場であった。その発生は後魏にめばえ、名称は隋代にはじまるといわれている。大宋僧史略に、

内道場起於後魏（中略）（隋）煬帝以レ我為レ古、変革事多、改二僧寺一為二道場一改二道観一為二方壇一、若内中僧事、則謂之二内道場一也(32)

と規定している。天子の内殿に精舎を立てたのは東晋の孝武帝太元六年（三八一）「帝於二内殿一立二精舎一奉レ佛、召二沙門名徳者一居レ中行道」(33)がそのはじめである。内殿に精舎を立て行道して法会を開き、名徳の沙門を召すことは、請雨や苦薬をのがれるため、あるいは国王の佛道精進への道を開くものであったが、インドよりの高僧がやって来たときには内殿で講経することも屢々であった。梁武帝は宮中の重雲殿をこれに充て、僧旻より勝鬘経の講讃を聞いたり、普通二年には雲光法師より法華経を学んだりした。

陳武帝もこれにならい、永定三年（五五九）に「勅、大内設二仁王大斎一詔二沙門宝瓊一於二重雲殿一講二大般若経一」(34)と重雲殿を用いている。しかし隋文帝はことに佛教を厚く信じ、梁武帝にならって大同四年（五三八）に大極殿で無遮大会を行い捨身を行っている。同じく陳宣帝もこれにならい、この頃より無遮大会については大極殿を使用して行っている。

内道場は講経、安居行道が中心であって、唐太宗貞観元年（六二七）には、

正月詔二京城徳行沙門一並令レ入二内殿一行道七日、度二天下僧尼三千人一詔以二皇家旧宅通義宮一為二興聖寺一(35)

と正月七日間の行道を行っている。行道は行道悔過を指すのであろうし、のちの修法壇法を中心とした内道場とはその性格を異にしている。少なくとも善無畏・不空よりおこってきた宮中内道場と、それ以前のものとには、その発展のあり方を異にし、前者は顕教的、後者を密教的ということもいいうるのである。

玄宗の開元四年（七一六）に、善無畏がインドから来たとき、玄宗は善無畏のために内道場をかざり、ここで新しい将来経を訳経させたことは、さきの陳、隋、唐初の内道場での新訳経典の読誦講讃という内道場の性格を継承していたと考えられる。しかし天宝五年（七四六）の不空三蔵の内道場進出には注目すべき問題が多い。

不空三蔵は神竜元年（七〇五）西域に生まれ、善無畏三蔵がやって来た開元四年（七一六）より四年後の開元八年（七二〇）に入唐して、金剛智に付嘱している。このとき善無畏八十七歳、金剛智四十九歳、不空十五歳であった。そのち金剛智のもとにあったが、開元二十九年（七四一）金剛智の入寂とともに渡印求法をのぞみ獅子国等より金剛頂経等梵本経典一千二百巻をたずさえて帰唐した。飛錫の不空三蔵の碑文では、

至二天宝六載一、自二師子国一還、玄宗延入建レ壇、親授二灌頂一住二浄影寺一[36]

と、天子に対して内道場で五部灌頂を行ったのは不空が最初であった。この当時金剛智は、

開元己未（七年）歳、達二于廣府一勅迎、就二慈恩寺一尋徙二薦福寺一所住之刹必建二大曼拏羅灌頂道場一度二於四衆一[37]

と、自分の住んでいる寺院内に灌頂道場をわずかに持っていたにすぎなかったのであって、不空のような完全な五部灌頂を行っていたかどうか疑わしい。金剛智が不空に約束したことは、金剛頂経の完全な伝来と、それに基づく五部灌頂の実施であり、これによって善無畏以来の大日経偏重の密教受容から一歩進むことであった。

不空三蔵が金剛頂経を中国にもたらすと、金剛頂経を中心とする金剛界的密教への関心が高まり、両部灌頂が完全な形で実施されるようになった。この天子灌頂により各節度使も不空のもとに参じ、天宝十三年（七五四）には灌頂を受けるものが数千人に及んだ。功徳使李元琮は不空三蔵より「授二五部灌頂一并授二金剛界大曼荼羅一」[38]るように五部灌頂は地方にも伝播することができるようになった。そして金剛智三蔵が金剛頂瑜伽修習毘盧遮那三摩地法一巻等を訳

しているのに対して、不空三蔵は天宝十二年（七五三）八月に河西節度使として哥舒翰が封ぜられると、彼のために不空は河西におもむいて金剛頂経三巻を訳出した。潼関を守っていた哥舒翰が安禄山の侵入を予想し、ことに潼関の地は長安を守るのに大切な要害で、ここが破られれば渭水流域の平野で防禦すべき地点もなかった。そのためにも不空を請じ転禍攘災の修法を哥舒翰は求めた。

しかし、天宝十四年より至徳二年（七五七）に到る安禄山の乱は不空三蔵の教線を拡大するために好機を得たものといえる。この乱以後、粛宗の信憑を集めた不空三蔵は「至徳二年尅、復二京洛一、和上親承二聖旨一、精建二壇場一為二灌頂師一」(39)とあって三朝（玄宗・粛宗・代宗）の信仰を一身に集めることになったのである。

不空三蔵と粛宗との関係は戦陣の祈願を通じて結ばれることになり、不空の密教が中央に進出する機会を得ることとなった。安禄山の逆賊は「逆徳者亡已孽難逭垂於竹葉」の格言のごとく陛下の軍は破竹の勢いで、これを破ったことをたたえた不空三蔵は、しばしば表を奉った。至徳三年（七五八）正月二十三日の上表では、

不空誠歓喜、不空託二蔭法流一、思レ弘二密教一孤遊二万里一、遍学二五天一、凝二想十方一覩二華蔵之諸佛一、専精二五部一窮二禁苑之真言一（中略）前載（至徳二年）函関未レ啓、陛下養徳春宮、早奉二徳音一、曲垂二省問一、兼賚二香薬一密遣二加持一、及陛下北巡。不空雖レ不レ獲二陪侍一、弟子僧含光等帰レ従レ西、出又得三親二遇鑾輿一（中略）十月清宮以建二辟魔之会一、正朝薦号、仍臨二灌頂之壇一塗二飾上宮一、熏習二別殿一(40)

と、ここにあらわれた不空の態度は灌頂によって国家安泰を求めんとした粛宗との機縁を謝し、自ら内道場を荘厳して密教を弘めようと考え、安禄山の変を要因として真言壇法の弘通を考えたのであった。この結果、不空の要望を入れて乾元元年（七五八）「帝（粛宗）請二入内一、建二道場護摩法一、為レ帝受二転輪王位七宝灌頂一」を粛宗に不空三蔵が授けている。(41)

不空三蔵の密教は善無畏の密教に対して多分に護国的様相も強かった。「聖政惟新、方将昭報昊穹済斯仁寿、導上皇汾陽之賀、類上帝圜丘之壇、演沙劫而転法輪、朗千界而懸佛日、智蔵久霑王化」(42)と至徳二年、大乱の終ると同時に、密教の宮廷進出をはかった。そして至徳三年十月に灌頂壇を宮中にきずいた。不空三蔵の態度は義浄三蔵の継承を意図し、義浄訳の最勝王陀羅尼品をはじめこの経の密教的咒術性の強調と、これに関連する密壇の荘厳および、灌頂の国家的必要性を提唱したのであった。

不空三蔵としては宮中ならびに大興善寺および諸国に灌頂道場を設置されることを願い、その意義は、教学的には「毘盧遮那包二括万界一、密印真言呑二納衆経一、准二其教宜一有レ頓有レ漸、漸謂二声聞一、小乗登壇学處、頓謂二菩薩大子灌頂法門一、是詣二極之夷途一為二入佛之正位一、頂謂二頭頂一、表二大行之尊高一灌謂二灌持一明二諸佛之護念一」(43)と、その灌頂の意義を述べ、それは頓中の頓として顕教の講経法会よりすぐれていることを主張している。これは空海の場合も共通している。さらに「曼荼羅灌頂壇者、万行之宗、密證之主、将登二覚路一、何莫レ由レ斯」(44)と、五部灌頂は真言秘法中の秘法として、安史の乱鎮撫のために欠くべからざるものとして粛宗、代宗の佛教擁護の政策への不空三蔵のたびかさなる上表となったのである。不空三蔵は「所訳金剛頂瑜伽法門、是成佛速疾之路、其修行者心能頓超二凡境一達二于彼岸一」するものであり、そのためにも真言諸佛の方便はそれ一にあらず、上は邦国の災厄を息滅すると同時に風雨静まり、佛力を恃んで国家を輔けるものであるとの信念のもとに「真言福祐長護二聖躬一大乗威力永康二国界一」ずるものであると主張した。(45)

そして天子が正教を護持し、金輪帝位を得んとするためには、金剛頂経にある宝生灌頂を受けられるのが至当であると説いた。即ち表制集に、

(代宗)陛下允三膺宝祚像一有二宝生之名一、以 陛下興レ念随二通明一、有二随求之号一、像能光明洞徹、如二 陛下光宅四維、明能威似二魔怨一、如陛下威降二万国一、謹案二金剛頂経一、一切如来成等正覚、皆受二宝生灌頂一、乃至陛下玄功格天、正法理国事与レ時並(46)

と見えているごとく国王をもって宝生如来に充当して、天子が金剛頂経に基づく宝生灌頂を受けられることによって天子の威光増益して正法理国する要道は密教にあると述べた。

不空三蔵は、玄宗、粛宗、代宗の三代灌頂師として不動の立場をきずくと同時に、灌頂道場を宮中内道場に限らず、官寺である大興善寺に国の灌頂道場を置き弟子懐感・含光以下大徳四九人を置いた。そして大興善寺に灌頂道場をきずいたのは「件寺是初置二長安之日一、将レ鎮二帝国一、首建二斯寺一」という大興善寺が国家の寺であったからここに鎮護国家の道場として国のための灌頂道場を設けんとされたのである。そして宮中内道場と、国の灌頂道場と二つの立場をとり、一つは天子のため、一つは国家のためという理由のもとに設置されることになった。その上表文によると、

請三大興善寺修二灌頂道場一

右臣竊観二度災禦難之法一、不レ過二秘密大乗一、大乗之門灌頂為レ最、今属二閏夏之月一百花皆栄、伏望 命二三蔵不空一、於二前件寺一為レ国修二一灌頂道場一、其道場有二息災増益之教一、有二降伏歓喜之能一、奉二此功力一以滅二群兇一、上滋二聖寿一無レ彊、承二此兆一久泰、臣素無二才行一、忝奉二駆馳一、謹献二愚誠一倍三増戦汗一、如 允臣所レ奏、請二降 墨勅一、依奏

乾元三年閏四月十四日、宮苑都巡使禦侮校尉右内率府率員外置同正員、賜紫金魚袋内飛竜駆使臣史元琮状進

八月二十五日　開府判行軍李輔国(47)

とあって、ことに闍那崛多等の住した密教に因縁の深い大興善寺のような官寺に灌頂道場を設置することは国内全般

に密教を弘通することを意味し、その教線の樹立に大きな役割を果たすものと考えられたのである。もちろん不空三蔵としては単なる灌頂のみならず大随求陀羅尼、大佛頂陀羅尼、仁王経法、涅槃経、大虚空蔵経、大聖文殊師利菩薩佛刹功徳荘厳経その他請雨経等を中心として三代にわたり真言の化門を拡大したのであった。そして天子即ち「陛下承二法王之付属一満人心之志願持二普賢之密印一行二天子之正教一」[48]とのべ「王者至レ理総帰二於正法一」さらに「密行内持」[49]して内殿を荘厳し、菩薩の大願を発し、像教を宣揚して、密教興隆すれば「聖王之力、遂成二無戦之功一」[50]と、戦勝よりも宗教の力により国家を支配することがいかに天道にかなったものであるかを説きおこして、そこに密教による国土荘厳の方策を不空三蔵は生涯にわたって上奏したのであった。

不空三蔵の弟子の青竜寺恵果もこの不空三蔵の王法佛法の教法をうけつぎ王法密教の弘通につとめた。

不空三蔵の遺告である「三蔵和上遺書」によると、[51]

㈠　自分が天竺へ密教の中心となる瑜伽秘密の受容に二十余年をついやし、「一朝供奉三代帝師」となってより「人主尽授二瑜伽密伝法契一」また十八会瑜伽道場を建立して、弟子の三七人の僧たちは一一修行して「毎入二道場一依レ時念誦、九重万乗恒観二五智之心一」それにともなって宮中の百寮は三密之印を持し、自分は当代(代宗)灌頂すること三十余年に及び入壇授法の弟子は頗る多い。

㈡　しかしいまや吾年七十に登って、気力漸く衰えを見せた。そして自分の法を伝えるのはただ六人で、金閣寺含光、新羅の慧超、青竜寺恵果、崇福寺慧朗、保寿寺元皎・覚超の人々で、「汝等開示、法燈不レ絶、以報二吾恩一」ことに心がけねばならない。

㈢　これらの弟子たちは「各自策励如二吾在日一必須三和睦同共二住持一」として自分のもっていた金剛鈴、金剛杵と銀の金剛盤、菩提珠の念珠、水精念珠および合子等を与えて内裏内道場および保寿寺、化度寺、大興善寺に住し、ことに「諸寺弟子等、吾在之日、汝等依レ吾、吾護二念汝一、吾百年後、汝等依レ国、於レ国須レ忠、努力虔誠為レ国持念、国安人泰、吾願レ満」んと、青竜寺曇貞にまず真言を授け護国祈願の大切なるべきことをさとした。

(四) 吾が受法三十年の弟子の功徳使季元琮に法具遺品等を渡すべきこと。

(五) 自分の翻経の文珠経、宝楼閣念誦法等は翻釈いまだ終らないので弟子により翻訳して朝廷に進むべきこと。

(六) 李大夫および五台山金閣寺、玉華寺へ金八七両、銀二二〇両半を施入して、修功徳を行って永代供養のこと。

(七) 和上の塔所の僧院および文殊閣の道場に浚南荘はじめ寺領を施入のこと。

(八) 最後に「吾重告二諸弟子一汝等須レ知、人代無常誰免レ此也、師資之道以レ法義情親、不レ同二骨肉一、与レ俗全別、汝等若依二吾語一是吾法子、若違二吾命一、則非二法縁一吾寿終後、並不レ得三著服及有二哭泣攀慕一、憶レ吾即勤加二念誦一、是報二吾恩一」の道である。そして自分のために寂後にその灰を加持すべし、灌頂法の相伝については「汝等諸子是従二佛口一生従二法化一生得二佛法分一即同二普賢身一行二普賢行一住二普賢心一円明廓周、五智斉現、修行如レ此是契二吾心一何労二駆駆営営一非法不益之事吾所レ告焉」

（註　この不空の遺告については大師の御遺告と関連性があるものと考えられるものが多い。いま便宜上八ヵ条に分けたまでである。）

このような遺告をのこした不空のあとをしたって弟子たちはそれぞれ青竜寺、五台山金閣寺等に住し、大興善寺をついだ慧朗や、宮中長生殿念誦沙門で、また内道場保寿沙門の覚超等はこの不空の遺志をついだ。

もちろん不空三蔵付法弟子である恵果は、長安の青竜寺に住し、また「三朝国師内道場持念、賜紫沙門曇貞」の弟子となり、不空三蔵にも接したこの人は、二十五歳にして「特奉恩旨詔命入内、於長生殿」と灌頂念誦に参加し、大暦十年(七七五)十一月十日青竜寺で代宗の別勅をうけて、

勅賜東塔院一所、置二大毘盧舎那灌頂道場一、七僧持念、至二大暦十一年一、加二持代宗皇帝一、応レ時便差　勅賜二紫衣一対一(52)

かくて青竜寺に灌頂道場を開き、不空系の真言灌頂法を護持し、不空の遺志を全うした。しかし恵果は不空のような積極的な開教宣布は行わず、むしろ不空の遺した遺業をつぎ、曇貞と共に青竜寺の道場にあって両部の秘法をうけつぐことに専念していた。もともと青竜寺系密教では曇貞等も祈雨修法にすぐれたものをもっていたので、恵果等もこの傾向を多分に受けていたと考えられるのである。

以上論じたところをみてみると、不空以前の宮中内道場は多分に行道的なものを中心として講経・釈経の場としてその存在の意義を示していたけれども、不空三蔵の出現によって宮中長生殿に宝生灌頂等を中心として天子に対する密教の祈願修法を修する道場として改変され、そこに宮中内供奉僧あるいは内道場念誦僧として密教系の僧が内道場に進出することとなった。そしていままで天子の祈願については多分に道教的信憑性の強かった宮廷において粛宗・代宗の佛教帰依の積極的傾向もてつだい、その上、不空三蔵のようなナーランダ系の正純密教の高僧をむかえて、中国宮廷における内道場は、密教道場として画期的な変更を余儀なくされたのである。ここに中国の内道場が顕教的内道場から密教的内道場に変っていったのであった。そしてその主動力はすべて不空三蔵の活躍にもとづくものであって、その存在意義は中国密教史上まことに大きな偉業であったというべきである。

次に空海と宮中真言院の成立の関連性について考えて見ることとする。空海ははじめ大安寺に学び、南都六宗を学

び、玄昉、良弁、道鏡等の宮中内道場を中心とした動きに関心をもつとともに、中国の善無畏三蔵・不空三蔵の動きをも留学僧の帰国によって知っていた彼は、玄昉のもたらした善無畏系密教に対して、金剛智、不空系の新しい灌頂道場を中心とする密教の受容に心を動かし、華厳宗の良弁の内道場進出や道鏡の内道場進出が教理的裏づけなしに個人の名誉と欲心につながる宮中進出であったことを見つめた空海は機を求めて渡唐せんと考えていた。そしてはからずも不空三蔵入滅の大暦九年（宝亀五年＝七七四）に生誕しているのも後世その再誕といわれる因縁が生じ、空海自身もそれを自覚して活躍するようになったのである。(53)

空海は延暦初期においては虚空蔵求聞持法を体得し、三教指帰を著わして三教について学び佛法帰入の意志を示した。さらに久米寺で玄昉等の請来して伝えていた大日経を閲読し、善無畏系密教の存在を知り、延暦十四年（七九五）四月九日東大寺戒壇院で具足戒を受けている（延暦二十三年説もある）。そして延暦二十三年（八〇四）五月十二日入唐留学を命ぜられ、遣唐大使藤原葛野麻呂、石川道益とともに摂津国難波を出帆した。しかし風おさまらず同年七月六日、再び唐に向い、第二船で最澄と共に肥前国松浦郡田浦を発した。

空海の入唐以前における真言教学の研究には勤操の指導を受け、ついで大日経を閲読した。このとき金剛頂経は伝来していたかどうかは不明で、不空系密教の真髄は日本では詳かでなかった。むしろこの点において空海入唐の中心目的があったので、恵果の存在はあらかじめ心得て入唐したものとうかがえるのである。最初、二〇年の入唐をもくろんでいたが、事実は恵果の示寂に臨んで在唐二年間で帰国することとなった。

空海の入唐は、長安到着後、大安寺道慈等の旧縁をたよって西明寺に入り、西明寺志明・談勝法師等の招介を受けて青竜寺恵果にまみえた。ここに不空三蔵の直系である恵果より五部灌頂、胎蔵金剛両部秘法、金剛頂経、梵字儀軌、瑜伽観智等を受けて入唐の目的を果たすことができたのであった。帰国後空海は高雄山寺を中心として初期に真言密教を弘め、最澄の理趣釈の提示を求められるとこれを排して、独自の化門を高野山に張ったが、しだいに嵯峨天皇の帰依を受けて、神泉苑の請雨経法以来、真言宗からはじめて僧綱に任ぜられることとなって、宮中真言院の設置に及んだのであった。

しかし空海の宮中真言院設置は、承和二年（八三五）正月八日より始められ、それは彼の入寂年時に属している。

御遺告に、

一、可レ請下用以二二十四口定額僧一宮中正月後七日御願修法修僧上縁起第十四

夫以大唐青竜寺住僧数千、就レ中定二供僧一百口一皆秘密徒也、即内道場御願正月修僧等以レ此請用、但今案二物意一我日本国修僧十五口之中大阿闍梨耶一人、入室弟子一人（謂二入室弟子一者是為レ令レ守二佛舎利等一也）三綱之中行事一人、今以二十二口一、可レ請二用於年替一、彼支度皆在二式文一、勿レ令レ請二用努力他僧一、須下先録二七日以前修僧等名簿一奏聞上、次参二入修僧一畢之後亦奏聞、若在下殿上仰被二省捨一僧徒上者、雖二厥之人一速可レ令二罷出一、依レ此不レ得レ請二補非門徒僧一但任二大阿闍梨心一簡二定門徒之中智行者一亦経二奏聞一請用而已云々(54)

この御遺告にも見えるごとく、空海は青竜寺において代宗等の内道場に出向いた例にかんがみ、宮中内道場への進出をはかったのである。

この宮中真言院は承和二年（八三五）正月八日よりはじめられたので、後七日御修法阿闍梨名帳には唐朝における不空三蔵の天宝五年（七四六）の内道場設置の例として、長生殿内道場にならったという考え方については性霊集に見えているごとく「奉三為国家一請二修法一表」に「大唐開元已来、一人三公、親授二灌頂一誦持観念」し、そのために「宮中則

捨₌長生殿₋為₌内道場₋、復毎₌七日₋令ト₌解念誦僧等₋持念修行上」という方法のもとに設置されたのであることは明らかである。(55)国王のために密教の壇法を修することについてはさきの不空三蔵の場合に多く見てきたところであり、空海もまた一貫して不空や恵果の立場を継承していることはいうまでもないのである。ことに御請来目録にある新経の不空三蔵訳の目録について、金剛頂経三巻より密厳経二巻までの経題巻数は、不空三蔵が代宗に差し出した「三朝所翻経請入目録流行表一首」(56)と全く同文であり、これをそのまま請来目録に加え、不空が七七部一〇一巻を占めているのに対し、空海の場合は貞元録以外のものも加えて一七〇部一四九巻に増加している。とにかく不空訳が大きな部分を占めていることは空海がいかに不空三蔵を中心として新しい密教を受容することに努めたかがわかるのである。曼荼羅道具等の一切の伝法灌頂に対する要具を具備して帰った空海は、地方に化門をはった順暁等の密教を受容してきた最澄とは密教伝承においてはくらぶべくもなかった。そのために最澄は「弟子最澄」と伏して金剛頂経の書写を空海に請わねばならなかった。また最澄が般若理趣釈経を借用せんとしたときは、これは瑜伽の中心である、理趣釈のなかの心佛衆生の三理趣等をかかげて反論し、秘蔵はたやすく伝えてはならないと拒否した。これは空海がいかに理趣釈を中心として不空系密教を具現しようと必死であったかがわかる。

空海の密教に対する護国的傾向は帰朝後、不空の大興善寺の例にならって東大寺に「為₌国家₋建₌立灌頂道場₋」し、息災増益の法を行うことを決めた。

そして宮中の真言院の設置まで、帰朝後高雄山寺で仁王経および守護国界主経によって鎮護国家のための修法をせんことを願い、弘仁七年（八一六）には嵯峨天皇の御厄を祈誓し、その後、東大寺に真言灌頂道場を国のためきずき、東寺を嵯峨天皇より任されてより、ここを唐の青竜寺に比して「教王護国之寺」として灌頂道場を設け、密教弘通の人以外の止住を禁じた。そして僧五〇口を置き「讃二揚真言経一転レ禍修レ福、鎮レ国護レ家」ための祈願を行わせ、ここを基礎として宮中へ接近していった。嵯峨天皇は空海により灌頂壇にのぼられ、ついで天長元年（八二四）の大旱魃に請雨経を神泉苑で修して効験あらわれてより朝廷の帰依がますますあつくなり、それと同時に東寺の基礎も固まった。そして鎮護国家のために諸国諸寺で安居に最勝王経や、法華経・理趣般若・海竜王経等がまちまちに講ぜられていたのと同様に、東寺でも毎年夏安居に守護国界陀羅尼経を講じた。天長二年の炎旱疫病の流行は宮中においても仁王般若経を講ぜられると同時に、このとき空海は東宮講師に任ぜられることになった。再びまた天長四年（八二七）炎旱がつづくと、祈雨を行い佛舎利を宮中内裏に入れて礼拝灌浴せしめた。もちろんこのときには守護国界主経の「羅惹不レ知レ名、人民多貪殺、三綱弛紊五常廃絶、則旱澇飢饉邦国荒涼、国行二十善一人修二五戒一則五穀豊登、万民安楽」という文を引用して、宮中内道場進出の機会をとらえるようにつとめている。わが国では唐のごとき道教的信仰形態が宮中にあったのでなくて、神祇を中心とする神道的立場があったために、唐の長生殿のように不空三蔵以前より準備されているのでなかったし、その上、道鏡の失敗もあって空海の内道場への進出はいきおい慎重ならざるを得なかった。そこで空海は大僧都に任ぜられた機会をとらえ、正月の宮中最勝会を引用して顕密二教論より顕劣密勝の立場をとって内道場設置へつとめようと考えたのであった。

承和元年（八三四）正月ついに中務省で息災増益の法を修し、ここにはじめて後七日の御修法が宮中で行われる例がはじまった。もちろん大唐の内道場に擬せようとする意志は十分にあったと考えるべきであろうし、空海としても早くからこの日の来ることを待っていたともいえる。承和二年正月の御斎会のあとで、去年につづいて後七日が年中行事として行われることを願って、空海はついに承和元年十二月十九日その上表文を作成した。

空海聞、如来説法有二二種趣一、一浅略趣、二秘密趣、言二浅略趣一者、諸経中長行偈頌是也、言二秘密趣一者、諸経中陀羅尼是也、浅略趣ト云者、如下大素本草等経、論二説病源一、分中別薬性上、陀羅尼秘法者、如二依レ方合レ薬、服食除レ病、若対二病人一披二談方経一无レ由レ療レ痾、必須四当レ病合レ薬、依レ方服レ薬、乃得三消下除疾患上、保二持性命一然今所レ奉レ講最勝王経、但読二其文一空談二其義一、不二曾依レ法画レ像結レ壇修行一、雖レ聞レ演二説甘露之美一、恐闕レ嘗二醍醐之味一、伏乞自レ今以後、一依二経法一、講経七日之間、特択二解法僧二七人、沙弥二七人一、別荘二厳一室一、陳二列諸尊像一、奠二布供具一、持二誦真言一、然則顕密二趣、契二如来之本意一、現当福聚、獲二諸尊之悲願一、勅依レ請修レ之　永為二恒例一[57]、

ここではいままでの御斎会の南都北嶺の論議は、ただ文を読み空しくその義を談ずるだけであって全く浅略趣というべきで、法身説法の理よりすれば意味の浅いものである。またこのところに引用している「大素本草」の事例は、空海が好んで用いた顕教を破する例であったようで、弘仁四年（八一三）の最澄が不空訳の理趣釈経を求めたことに対する空海の反論のところにも「若使三千年読二誦本草大素一四大之病何曾得レ除[58]」と用いている。このように顕劣密勝の立場を明確にあらわして後七日の経法を提唱し、秘密趣による図像結壇の法令を宮中で行う必要は「顕密二趣、契二如来之本意一」として、法会の密教化を説いたのであった。空海は一方では顕劣密勝と顕教を破しながら、終りの文では顕密二趣が如来の本義にかなうとして、正月の初七日の顕教の最勝会のあとにつづくものとして後七日をもってきたことは、逆にいえば顕教との無用な争論を排除しようとした結果であったともいえる。もちろん解法僧、沙弥の差し出しは大唐青竜寺の例にならい東寺よりと規定され東寺と宮中真言院は一本化することを求めたものであった。この修法が佛舎利（如意宝珠）への祈禱であると同時に玉体、玉衣に対する祈願で、毎年行われなければならなかったことからして恒例となることは必然のなりゆきであったから、東寺と宮中との繋がりも永久的なものとなったのである。

以上論じ来ったことをかえり見ると、宮中内道場は空海をもって、不空三蔵が三代にわたって唐の内道場を密教化したと同様に、ほとんど同じ経路をたどって、玄昉、道鏡以来の断続的なわが国の宮中内道場を真言化することに成功したと同時に、それはまた南都佛教および天台宗の宮中進出をはばむことをも顕劣密勝という立場をとって主張しつづけたのであった。

それが空海にしてはじめて教判的立場に立ちながら護国的に推進したところに不同の基礎が宮中にきずかれることとなった。そして顕劣密勝を主張しながら、それを裏面に置いて顕密は佛身の二つの必要な不二法門としての解釈を加えることによって、奈良佛教側よりの無駄な抵抗を受けることなく自宗の発展を期待することができたのであった。そこに平安新佛教を大成した最澄と空海との根本的な性格の相違が見られるのである。

いまここに宮中内道場に焦点を合わせながら空海がいかに不空三蔵の遺業を具現したかについて述べたまでである。

(1) 延喜式、巻二十一、玄蕃寮
(2) 日本書紀、第二十九、天武天皇九年五月一日条
(3) 同右、朱鳥元年八月二日条
(4) 同右、第三十、持統天皇四年五月十五日
(5) 同右、持統天皇七年九月十日条
(6) 扶桑略記、五、持統天皇七年十月条
(7) 佛祖統記、三十七（大正蔵四九、三五二頁c）
(8) 続日本紀、第九、神亀二年正月十七日条
(9) 同右、第十、神亀四年二月十八日条

(10) 同右、第十、神亀五年八月廿一日条
(11) 同右、第十一、天平七年五月廿三日条
(12) 同右、第十二、天平七年五月廿四日条
(13) 同右、第十二、天平七年八月十二日条
(14) 同右、第十一、天平六年十一月二十日条
(15) 仏祖統紀、四〇法運通塞表十七之七（大正蔵四九、三七三頁b・c）
(16) 速水脩「奈良朝における観音信仰の受容について」（『続日本紀研究』一二一）
(17) 二葉憲香「行基の生涯と反律令仏教の成立」（『南都佛教』九）
(18) 大日本古文書、七、写経司雑受書幷進書案及返書（内匠寮ノ返納経）一七五頁
(19) 寧楽遺文、下、六一八頁、千手千眼陀羅尼経跋
(20) 開元釈経録、九（大正蔵五五）五七一頁
(21) 大日本古文書、七、写経請本帳、七五頁
(22) 同右、七、写経請本帳、六〇頁
(23) 続日本紀、第十二、天平九年十二月廿七日条
(24) 宋高僧伝、第一（大正蔵五〇、七一一頁c）
(25) 続日本紀、第十二、天平九年八月十三日条
(26) 同右、第十二、天平九年八月廿六日条
(27) 同右、第十六、天平十七年十一月二日条
(28) 同右、第十六、天平十八年六月十八日条
(29) 同右、第三十二、宝亀三年四月七日条
(30) 同右、第二十三、天平宝字五年十月廿八日条
(31) 同右、第二十四、天平宝字七年九月四日条

(32)　大宋僧史略、中、内道場（大正蔵五四、二四七ｂ）
(33)　佛祖統紀、三十六（大正蔵四九、三四一頁ａ）
(34)　同右、三十七（大正蔵四九、三五二頁ｂ）
(35)　同右、三十九（大正蔵四九、三六三頁ｂ）
(36)　代宗朝贈司空大弁正廣智三蔵和上表制集（以下表制集という）四（大正蔵五二、八四八頁ｃ）不空三蔵碑文
(37)　宋高僧伝、第一（大正蔵五〇、七一一頁ｂ）
(38)　不空三蔵行状（大正蔵五〇、二九三頁ｂ）
(39)　表制集、第一（大正蔵五二、八二六頁ｃ）
(40)　同右、第一、至徳三年正月二十三日上表文（大正蔵五二、八二七頁ｃ・八二八頁ａ）
(41)　宋高僧伝、第一（大正蔵五〇、七一三頁ａ）
(42)　表制集、第一（大正蔵五二、八二七頁ｂ）至徳二年十月二十四日上表文
(43)　同右、第一（大正蔵五二、八三〇ａ）廣徳元年十一月十四日上表文
(44)　同右、第二（同右、八三六頁）大暦三年六月十三日上表文
(45)　同右、第三（同右、八四〇頁ｂ）大暦六年十月十二日上表文
(46)　同右、第一（同右、八二九頁ｂ）乾元元年九月一日上表文
(47)　同右、第一（同右、八二九頁ｂ）乾元元年閏四月十四日上表文
(48)　同右、第三（大正蔵五二、八四〇頁ｂ）大暦七年正月二十七日上表文
(49)　同右、第四（大正蔵五二、八四六頁ａ）大暦九年六月十一日上表文
(50)　同右、第二（同右、八三四頁ｃ）大暦二年正月十四日上表文
(51)　同右、第二（同右、八四四頁・八四五頁）三蔵和上遺書一首
(52)　大唐青竜寺三朝供奉大徳行状（大正蔵五〇、二九五頁ａ）
(53)　東寺長者補任一（続々群書類従、十二）弘仁十四年条

(54) 御遺告（大正蔵七七、四一一頁b）
(55) 性霊集、第四、奉為国家請修法表（坂田光全、性霊集講義二六頁）
(56) 表制集、第三（大正蔵五二、八三九頁a）三朝所翻経請入目録流行表一首
(57) 続日本後紀、第三、承和元年十二月十九日条
(58) 性霊集、第十、答叡山澄法師求理趣釈経書一首（性霊集講義四二五頁）

第二節　真言密教の南都寺院への進出

一　聖徳太子関係寺院について

つぎに空海と南都佛教との関係について述べ、さらに聖徳太子建立寺院の密教化に関して検討を加えることとする。

もともと空海は南都の大安寺の道慈の門下の勤操の弟子として同寺に学んで、延暦二十三年（八〇四）には東大寺戒壇院で受戒をうけた。そして最澄が東大寺の四分律戒に疑問をいだいたのに対し、空海はそれを肯定する立場をとりながら入唐への道をはげんだ。空海の入唐は不空三蔵系の恵果の密教を受容し、道慈が伝えていた善無畏系の陀羅尼、咒術を中心とした密教よりも、密教実践の灌頂作法について詳しい事相の伝受をうけることが目的であった。空海は「朗㆓三密於一法㆒、究㆓十地於一生㆒」(1)めるために「真言秘蔵経疏、隠密、不㆑仮㆓図画㆒不㆑能㆓相伝㆒」(2)という新しい密教を理解する目的をもって金胎両部の曼荼羅を書写して帰朝する必要があった。ことに「得㆘伝㆑命以㆓唐梵之式㆒、答㆑恩以㆗秘密之宝㆖、真言加持之道、此日来漸、曼荼羅灌頂之風」をわが国に伝え「令㆓印度新教㆒授㆓若人㆒」(3)を意図したと

宮中真言院図

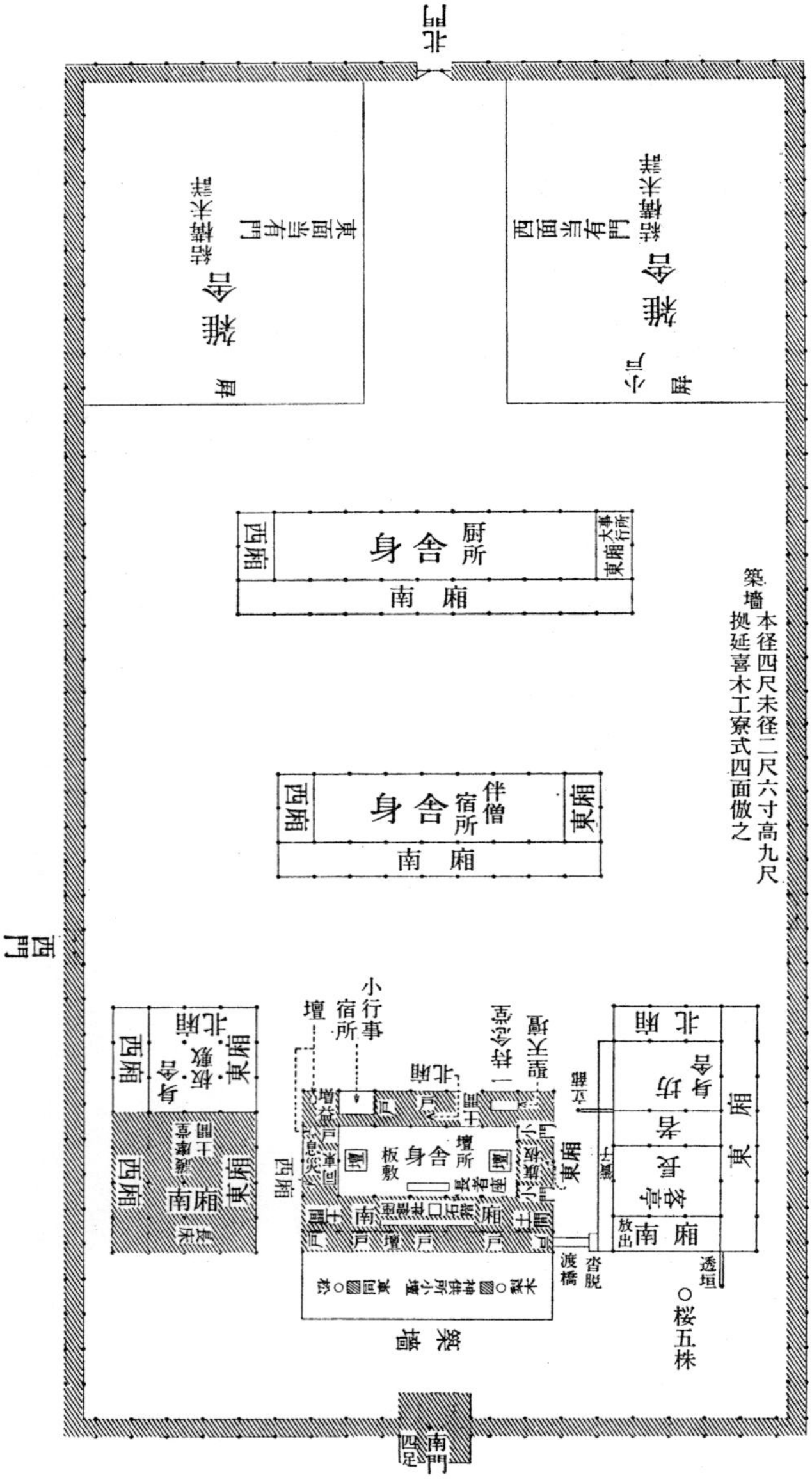
北門
西門
東門
土門一
南門
四足
築墻本径四尺末径二尺六寸高九尺
拠延喜木工寮式四面倣之
廚所
舎身
東廂
西廂
南廂
伴僧宿所
舎身
東廂
西廂
南廂
小行事宿所
壇所
舎身
板敷
北廂
南廂
東廂
西廂
客亭
坊
南廂
北廂
東廂
放出
透垣
桜五株
渡橋
沓脱
築墻

考えられる。そしてこの新密教の目標は「存レ源」のために梵経を重視し、常楽の果を期待し、自利法門のみを願う奈良佛教に対し、利他の化門をはからんとするためであった。御請来目録に、

必当下福智兼修、定慧竝行、乃能済二他苦一取中自楽上、修定多途有レ遅有レ速、翫二一心利刀一顕教也、揮二三密金剛一密蔵也、遊二心顕教三僧祇眇一焉、持二身密蔵一十六生甚促、頓中之頓密蔵当レ之也、(4)

と述べて、顕密両教を判じ、少なくとも空海は「頓中之頓」なるものは密教であると理解することによって奈良佛教の漸悟を主張する佛教の成佛思想から抜けでようとしたのであって、ここにこそ空海教学の根本思想が存在したのである。しかし最澄が利他のみを主張したのに対し、空海は自利・他利の二門を融合することにおいて南都佛教との融和をも期待したのであって、最澄の提唱する捨小取大、即ち三論・法相が「以レ論為レ宗、不レ為二経宗一也」で「天台独斥二論集一、特立二経宗一、論者此経末、経者此論本、捨レ本随レ末、猶二背レ上……向レ下……也」というごときはげしいものではなかった。空海が主張した密教の頓悟については、奈良佛教を顕教として、本質的には平安佛教の密教とは否定の立場をとっていても、「頓中之頓」として表面的には、南都佛教の漸頓にいたる漸進的成佛をも認めていることは顕戒論を立てて、比叡山をもって一向大乗寺として南都と対立した最澄と大いに異なる立場をとっている。空海は御遺告において述べているように、

一、末代弟子等可レ令レ兼二学三論法相一縁起第十二、

夫以真言之道、密教之理、同入性故入二阿字義一也（中略）以レ密為レ内、以レ顕為レ外、必可二兼学一、因レ茲軽二本宗一勿レ重二末学一宜下知二吾心一兼学上而已、(5)

と、南都佛教の三論・法相の兼学を唱え、最澄が経と論に分けて排斥した南都佛教を空海は顕と密において融合した。

「弁顕密二教論」でも、華厳教理を重視し、華厳の事事無礙円融の法界縁起を基礎として、その上に理を捨てて事を重んじ、事勝理劣の立場において三密用大の教判を構成して、宇宙的世界観の中心に大日如来を配して法身説法を主張し、即事而真・当相即道をもって即身成佛を説いた空海の教学の背後には、奈良の華厳教学との融合のもとに天台への優越性を具現しようとする態度が見られるのである。そしてかかる理由からも、帰朝後、空海の密教は南都の東大・興福・大安・元興寺等から歓迎されたのである。空海の東大寺への接近は時の権別当実忠（良弁の直弟子）が、空海の密教に対するよき理解者であったことによって、空海が東大寺別当に就任する機会を与えたと考えられる。そしてこのことが東大寺の密教化を促進し、ひいては、寺内に真言院を建立し、灌頂道場を設置することを可能とした。

空海が中国密教の護国性を重視したことは、奈良の国家佛教の傾向を、抵抗することなく継承し、密教の発展に護国性を加え、華厳教学のみならず、南都の法相教学の阿頼耶識縁起を転じて金剛界種子として認め、その上に、自己の密教の身密・語密・心密の三密を建立して、入曼荼羅の思想を発展せしめたのであって、ここに南都との教理的接近をうかがえるのである。空海の東大寺別当辞任後、平城上皇の皇子、高岳親王が東大寺にはいってから、空海の弟子たちが相ついで入寺する機縁となり、のちに聖宝僧正は佐伯院を誘置して東南院をきずき、この寺の密教化を一層進めることになった。ここに平安密教と南都佛教との融合が完璧に近いまでに推進された。

また空海と大安寺の関係においても、御遺告に「夫以大安寺、是兜率之構、祇園精舎業矣、尊像釈迦即智法身之相也、初発心本、吾祖道慈律師遂ニ為推古天皇御願一者也、依レ之吾大師石淵贈僧正彼寺為ニ本寺一而御弟子等皆令ニ入住一也、随吾以ニ彼寺一為ニ本寺一（中略）方今案ニ本意一吾先師御寺大安寺是勝地矣、先師嘗レ地被ニ建立一也、」(6)と師勤操との関係で天長六年（八二九）に大安寺別当に補任されて、再び南都への基盤をきずきあげた。そのことは、空海が三論宗の興隆を旗じるしとしながら教線の伸長をはかり、また元興寺には、師、勤操の弟子願暁が住していた関係から空海および門弟等が、この寺へ進出し得る機会を得ることになったのである。しかし同様に大安寺の行表に学んだ最澄が、顕戒論を主張してしだいに南都と遠ざかっていったのに対して、空海の真言教線が、師僧を中心として南都へ伸びていったことは、たとえ平安遷都という政治的理由によって、南都寺院の教学が衰退していったいきさつがあったとしても、南都の寺院勢力はまだ北嶺の佛教に対しての自主性をもっていた以上、最澄のごとくむげにこれに反対することは立教開宗にかえって不利な条件を与える結果となった。

空海の真言宗興隆の背景には、対天台宗を意識する以前において三論―法相―華厳―真言の教理的靭帯を形成し、その教線の伸長をはかるとともに南都寺院の政治組織にまでも進出したのであった。そして空海の最後の目的である真言宗樹立の立場においては、南都佛教教学を肯定しながら、否定していったので、十住心論はまさにその典型的なものであるといえる。真言教学の最終段階の「秘密荘厳心」を確立する以前において「他縁大乗心」の法相の住心を配置し、ついで覚心不生心を立てて三論宗の住心を認め、さらに「一道無為心」たる天台の教学を述べ、極無自性心における華厳教学を持ってきたことは、法相宗→三論宗→天台宗→華厳宗→真言宗の体系において真言教学の確立を企図したのであった。ことに天台宗を華厳宗の下に位置したことは、空海が華厳教学をいかに重視していたかがわかる。これを真言教学と寺院との関係に置きかえてみると、興福寺→大安寺・元興寺→延暦寺→東大寺→東寺への教線伸長の路線をあらわしているともいえる。

そして南都の三論・法相の教学を重視すると同時に、最近とみに興ってきた天台宗を無視することができないまま、それに同意することができない空海としては、その帰するところ華厳への意欲を高め、その上に密教を樹立して顕劣密勝の立場を確立したのである。また寺院史的立場においても、奈良時代の興福寺の勢力は、いまだ大安・元興両寺の寺院勢力ほどでなく、その勢力拡大は平安中期の藤原氏の進出を待たねばならなかった。むしろ平安初期の南都ではまだ元興寺、東大寺が最も強力な存在であったと見られるので、空海は不空の大興善寺進出と同様に官大寺である東大寺の寺院勢力を利用することが最も大きく中央に働きかけるために有利であったことから、華厳と密教との教理的融合性とともに南都への進出――南都寺院の密教化――を推進したのである。

次に空海と聖徳太子信仰および、太子建立寺院の密教化の問題、ひいては真言宗教線の伸長について、その歴史的事実として比較的に史料の明確になっている法隆寺、四天王寺、橘寺、廣隆寺等の場合について考察する。

法隆寺では、法隆寺別当次第に、

延鳳大徳　治十四年、以専寺和上人為別当　或本四十年云云承和年中任之

長賢律師　治八年専寺人　元慶二年任之

慈願大徳　治四年専寺人　寛平年中任之

禎果内供　治八年専寺人昌泰元年任之　同三年五月七日受戒之時、専寺大小十師冨緒(雄)河流死畢、仍法務権僧正大小十師移入

長延大徳　治四年専寺人　延喜四年任之

寛延律師　治十六年同延喜年中任之

已上六代委細日記等無之

已下代々諸任等私抄之(7)

等、その補任の任日等については最初は明らかでないが、少なくとも最初の法隆寺別当は法隆寺の寺内の人より補任

されている。しかしその補任の経緯が平安の承和年中よりしか判明せず、奈良時代の動きが判明しないのも、この寺の勢力が奈良時代にはあまり重要視されなかったことによる。三論宗の法脈のなかでは、

慧灌─智蔵┬道慈
　　　　　├智光┐
　　　　　└頼光┴霊叡┬薬宝─願暁
　　　　　　　　　　├漸安
　　　　　　　　　　└玄覚─宣融┬玄耀─道詮─長賢
　　　　　　　　　　　　　　　└明澄─道昌

と元興寺系の三論の人々が法隆寺に住していた。ことに東大寺玄耀の弟子の道詮は三論宗の根本であると主張して法隆寺に四〇年も住し、弟子として長賢を育成した。またさきにかかげた長賢律師はこの人に相当するから、この専寺の別当は三論系の人々であったとも考えられる。しかるに寛延の以後、法隆寺の別当には東大寺の人が補任されることになった観理、法縁、長隆、忠教、仁階等はすべて東大寺出身の人であった。ところが、

観峯大威儀師　治十六年仁和寺人、東大寺分寛弘二年任之

と、観峯が法隆寺別当に補任されてから東大寺で真言宗を専攻せる仁和寺の僧が別当となる例が開かれ、その後、仁満威儀師が同様に仁和寺出身者として補任されている。そして平安中期になって興福寺琳元已講がこの寺の別当に任ぜられるようになってからのちは、すべて興福寺より別当が迎えられることになって法隆寺は法相宗化していったのである。

このような法隆寺の動きを見てみると、法隆寺に興福寺が進出する以前において、三論宗、華厳宗、真言宗等の出身の僧が補任されていることは、法隆寺がこれらの教学に影響されていたことを示すものであろう。そして三論教学

を通じて奈良時代に元興寺との接触を保っていた法隆寺は、元興寺三論宗が東大寺に糾合されるとともにこの寺も東大寺の支配下に属し、東大寺が空海の別当とともに密教化してゆくと、法隆寺でも仁和寺系の僧の別当補任が実現することになったと考えられるのである。このように私は、法隆寺の密教化は興福寺の台頭以前において、一時真言教線が浸透したことを知るのである。

いま、ひるがえって、平安新佛教における聖徳太子信仰を見てみると、最澄においては、

聖徳太子者、霊山之聴衆、衡嶽之後身（中略）同悟二法華三昧一、以演二諸佛之妙旨一者也、竊見二天台玄疏一者総二括釈迦一代之教一(8)

と述べ、また最澄が四天王寺の太子廟に詣でたとき、

今我法華、聖徳太子者、即是南嶽慧思大師後身也、厩戸託生汲二引四国一、請二持経於大唐一、興二妙法於日域一、等鐸振二天台一、相二承其法味一、日本玄孫興福寺沙門最澄、雖レ愚願レ弘二我師教一、不レ任二渇仰心一(9)

と、聖徳太子の南岳慧思後身説の影響を受けて、天台教法の弘通への意欲を燃やしている。このことについて武田賢寿氏は「聖徳太子が南岳の後身であることを示すことによって、その南岳禅師の法を伝承する鑑真和上の天台及び戒律の思想が、我国における法華弘通の第一人者たる、聖徳太子の佛教精神と全く合い一致するものなることを示し、以て鑑真の戒律及び天台の法門に対する南都学僧等の不満を防ごうとしたものに外ならない」(10)と述べられていることは注目すべきである。そして最澄の法華一乗を受持する立場をもって太子信仰が形成されていることがわかる。かくて最澄の太子信仰の高まりは、天台宗の鎮護国家の思想が深まるにつれて大きくなっていったのである。

このようなことは空海においても見られるのであって、空海が大同元年（八〇六）四月に唐の越州に着いたときにも、

日本国求法沙門空海啓（中略）南嶽大士後身、聖徳太子始到、揚江応真、鑒真鼓レ棹船破(11)

と太子の慧思後身説を述べている。その結果として、この鑑真にまつわる伝説は、日本側の留学僧等が、中国との親近性を提唱する上において唐招提寺の法進・思託等によって盛んに提唱されたものと考えられるのである。

空海はまた弘仁元年（八一〇）八月に河内国の磯長にある聖徳太子陵に参籠して、高貴寺を建立している。

大師記文云、弘仁元年以二河内国霊処一建二立道場一香気寺是也、卜二籠居一之間、参二詣上宮聖王聖徳太子御廟一一百ヶ日、第九十六日之夜半、有二一霊鏠一。(12)

また、法隆寺の古今目録抄に、

大師者太子、聖徳御身也、天竺勝鬘、唐土南岳、日本上宮、皆是弘法大師也、詣二太子廟崛一證二発光定一皆是有レ由、故大師御筆自然留二太子御前一。(13)

とある。もちろんその説の信憑性においては疑わなければならないけれども、唐律伝承においておこってきた思託等が律宗の日本化を導きだすためにとってきた聖徳太子慧思後身説に仮託する考え方が、逆に、平安新佛教の祖師たちによって、提唱されだしたのである。

最澄・空海両祖師とも一つには、唐国と日本の佛教との親近性を提唱するために、二つには、奈良佛教が道慈や、聖武天皇等の佛教信仰を基盤としているのに対して、平安新佛教の樹立に際しては、奈良佛教より古い聖徳太子に対する信仰を提唱することの方が、奈良佛教を超越して新宗をたてる上に有利に自宗を展開してゆくことができると考えたからである。第三に聖徳太子信仰は、インド、中国等における釈迦信仰のごとき釈尊追慕の思想は、わが国ではかの国ほど積極的に見られないのであって、むしろ日本佛教においては釈尊追慕への佛教の復古性よりも、和国教主たる聖徳太子への復帰、ならびに太子追慕への思想を基盤にして佛教の日本化が進められてきたことは重視すべきであろう。ことに太子の十七条憲法における「篤敬三宝」の理論展開は、日本佛教に一つの命題を与えたともいえるのであり、日本佛教が太子以後において国教化してゆく段階において、まことに適切な方向を示したものと、祖師たちも考え、受容者側も理解したのである。そこに奈良佛教の盛時より南岳慧思の太子後身説に種々の展開が見られるのであって、日本書紀の編纂等においても、聖徳太子の記事については多くの佛教的修飾が加わっていることからも先の伝承が奈良時代に僧俗ともに人口に膾炙されていたと考えられる。このような思想的傾向を無視して最澄や空海が教線を伸ばすことのために、そのような聖徳太子信仰の思想的意義を高めることによって新しく平安新佛教を展開しようと考えたのである。以上のことからして、両祖師ともに太子追慕の思想を推進しつつ、自らの教線の伸長をはかったのである。

最澄の場合は法華義疏を中心として、天台法華宗の立教への理想的立場として聖徳太子を信じ、四天王寺の廟に参詣したのであるが、それはあくまでも個人信仰に基礎を置いたものであるのに対して、空海の場合は、その太子建立の寺院を真言宗の教線内に吸収することであった。そしてそれがあくまでも自然的に進められることによって、平安初期に太子建立と称する寺院を真言宗化することができたのであるが、最澄の場合には聖徳太子信仰の提唱者は最澄一代にとどまって、その伸長はむしろ鎌倉時代になって親鸞上人がこの思想を継承し聖徳太子和讃が唱え出される頃になって、盛んに主張されることになったのである。

いま真言宗化した聖徳太子に関連した一、二の代表的寺院について再び考察を加えることとする。四天王寺については、さきに最澄が太子廟に詣でた等の場合も見られるのであるが、天王寺の別当職については、川岸宏教氏のすぐれた報告によると、平安初期には四天王寺は沈滞の時代に入り、「天長から承和という時期は、弘法大師空海を頂点とする真言密教の伸長期であり、初期の四天王寺別当に圓行や三明の真言法系のものの名が見えることも佛教界の趨勢と無関係ではあるまい」と述べられている。(14)

しかし何故に四天王寺が、天台宗化する以前に真言宗化したかということについては、最澄の太子廟参詣が、その当初においてこの寺を天台宗化するほどの大きな意味をもっていなかったのに対して、初任時の別当の任否は不明にしても、承和年中に初代別当として圓行が補任されたことは重視すべきであろう。天王寺別当次第に、

承和四年初補四天王寺別当、蓋和上者杲隣法師之門徒、入唐従二青竜寺義貞和上一受二両部密教一云(15)

とあり、圓行は弘仁十三年（八二二）に空海のもとで両部の大法を受けてから、杲隣のもとで灌頂壇に入ってより、承和五年（八三八）には入唐請益僧として、長安青竜寺の座主義真について密教を学び、わずか一年にして帰朝して山城北山霊厳寺に住している。これについて、圓行は承和四年空海の弟子として、空海の没後に入唐したときに、実慧の命を受けて、弟子たちが青竜寺恵果の墓前に法服および財貨等を捧げて菩提をとむらっている。このように空海の法弟として重要な地位にあった圓行が最初の四天王寺の別當に補任されたのである。ここに四天王寺の真言密教化した事情がうかがえる。ことに、東大寺方の三明律師の四天王寺別当の就任は、四天王寺と東大寺との接近および、東大寺勢力の進出が見られるが、このことは、すでに東大寺が空海およびその弟子たちによって真言化していたから、四天王寺もその東大寺の密教化の影響をうけて真言化していったと考えられ、法隆寺の密教化していったのと類型的な性格が見られるのである。しかし一時、真言密教化した四天王寺も、園城寺方の進出の結果、台密化して東大寺との関係を脱していったのである。

最後に、山城に聖徳太子によって建立されたという峰岳寺、即ち廣隆寺について述べることとする。

廣隆寺の成立については、当然秦氏の氏寺的性格のもとに発達したのであるが、推古天皇の十一年条では、

十一年十一月己亥朔、皇太子謂二諸大夫一曰、我有二尊佛像一、誰得二是像一以恭拝、時秦造河勝進曰、臣拝之、便受二佛像一、因以造二蜂岡寺一(16)

というのがその成立の由来を示している。この推古十一年（六〇三）は、秦氏の祖の弓月君が応神天皇十四年（二一四）帰化してより三八〇年後、秦酒君に禹豆麻佐の姓を賜わってから一三〇年後にあたっている。この時、帰化人秦氏の氏ノ上の河勝は、数百年来の秦氏の集団居留地であって、同氏の本拠であった山城国葛野群太秦の地に蜂岡寺を建立したのである。この寺の本尊は隋の煬帝から聖徳太子に贈られた佛像だともいわれ、書紀にも「秋七月。新羅遣二（沙喙部）奈未竹世士一貢二佛像一」とも述べていることから、新羅王より賜わった佛像を収めたものといわれている。この寺の本尊については薬師佛とも、如意輪観世音菩薩とも、また弥勒菩薩ともいわれているが、現存する弥勒菩薩がほとんど間違いないともいわれ、廣隆寺交替実録帳に「金色弥勒菩薩像一軀、居高二尺八寸、所謂太子本願御形」とあるのが、この寺の本尊だとも称されている。

廣隆寺も、四天王寺、法隆寺、中宮寺、橘寺、池後寺、葛木寺と同様に太子建立の寺院に属しており、この寺名も、古来、蜂岡寺、秦寺、秦公寺、桂林寺、香楓寺、三槻寺、葛野寺、太秦寺等とも種々であるが、資財帳では「秦公寺」と公称されている。この寺の成立には朝野群載の承和三年十二月十五日の記録に、廣隆寺縁起について、

謹検二日本書紀一云、推古天皇十一年、冬十一月己亥朔、皇太子上宮王謂二諸太夫一曰、我有二尊佛像一、誰得二此像一、将二以恭敬一、秦造河勝進曰、臣拝レ之、便受二佛像一、因以造二蜂岡寺一者謹検二案内一十一年冬受二佛像一小墾田宮御宇、

推古天皇即位壬午之歳、奉二為聖徳太子一大花上秦造河勝所レ建二立廣隆寺一者、但本旧寺家地、九条河原里、一坪、二坪、十坪、十一坪、十三坪、十四坪、廿三坪、廿四坪、廿六坪、卅四坪同條、荒見社里十坪、十一坪、十四坪、十五坪合拾肆町也、而彼地頗狭隘也、仍遷二五条荒蒔里八坪、九坪、十坪、十五坪、十六坪、十七坪并六箇坪之内一、即施二入水陸地肆拾肆町肆段一陌玖拾弐歩一也、又去延暦年中、別当法師秦鳳窃二取縁起資財帳等一逃亡、又去弘仁九年、逢二非常之火災一堂塔歩廊、縁起雑公文等、悉焼亡、然則此寺縁起資財帳等共焼亡、或散失、雖レ然或地治開付二図帳一、或地常荒未二開発一、或地入レ京未レ入二其替一、今為二後代一粗注二其由一、留二直寺家一、以為二累劫亀鏡一

承和三年十二月十五日　檀越（太秦公）宿禰永道

大別当伝燈大法師位寿寵　法頭朝屋宿禰明吉

小別当伝燈大法師位道昌　都維那伝燈満位僧恵最

上座伝燈満位僧賢禎　寺住伝燈満位僧安恵(17)

とあるように、古くより秦氏は太秦の地に秦河勝を中心として繁栄し、桂川および淀川水系にかけて地歩をきずき大陸文化を吸収していた。またこの地から秦酒公や、秦大津父等の人々がでて、わが国に養蚕、機織、管弦、舞楽、酒造、工芸、美術等をもたらし日本人にこれを教えていたといえる。このような秦氏は、ついに日本における佛教がしだいに国教化し、盛大となるとともに、自分の在地に私寺を建立することとなった。ここに秦公寺は秦氏の祈願寺として創建されるとともに、このような帰化人系の寺院は、聖徳太子の佛教振興政策とも結びつき、古代弥勒信仰とも関連していた。また奈良時代に入ってはこの寺は主として三論宗の寺院として発展し、代々の別当も元興寺を中心とする人々によって指導されていったのである。

しかし、平安遷都とともに秦公寺は一時興隆をみたようであるが、延暦年中には寺内が秦氏出身の泰鳳等によって荒らされてしだいに衰え、その上、弘仁九年（八一八）には大火に逢い、諸堂宇が滅尽した。しかし、次に秦氏より道昌が別当となるに及んで再び復興のきざしが見えた。道昌の別当については、廣隆寺別当次第に、

第九大別当道昌僧都 于時当寺別当、元興寺三論宗、密宗ハ弘法太子御弟子 仁明天皇治天下、第三年（承和三）丙辰正月廿一日補別当官府在之 寺務四十□年、或卅七年、古記不同可勘之、寺務之間凡僧歟、貞観六年任権律師、同十六年十二月廿八日任少僧都、同十七年二月九日卒去七十八

道昌申公家堂舎等任旧記造営之、号廣隆寺　綵色虚空蔵菩薩并像一躰并地蔵菩薩像一躰 高六尺五寸 両像検校道昌僧都造立安置

霊像薬師佛一軀居高三尺御座内殿□于中安置云云

□天皇御宇□辛丑歳安置歟、慥可勘之、寺内諸院家堂塔三面之僧坊等此寺務之時悉造畢、依事繁略レ之(18)

と、廣隆寺の再興について道昌が活躍したことを記している。このようにどうして道昌が廣隆寺に地歩をきずいたかというと、三代実録の道昌入寂の記事に、

貞観十七年二月九日、癸亥、少僧都法眼和尚位道昌卒、道昌、俗姓秦氏、讃岐国香河郡人也、幼帰二佛道一、受二学三論宗之経典一、弘仁七年、被二年分試一音訓兼通、九年於二東大寺一受二具足戒一、自後研二綜諸宗一、語究二秘要一、就二神護寺僧空海一登二灌頂壇一受二真言法一、道昌音吐可レ感、詞弁寡レ仇、天長七年、始充二延請一、奉二御所佛名懺悔導師一、（中略）年七十八、遷二化於隆城寺別室一(19)

以上のことから道昌は、元興寺三論宗の人であり、密教については空海に学び、東大寺で具足戒を受けたということ

とが判明する。そして空海とは十歳頃より親交があったので、のちに高雄の灌頂壇で空海から灌頂を受け、さらに承和元年(八三四)には、般若経秘鍵を東大寺真言院で講じている。このように空海と道昌との関係が深かったことも道昌を通じて廣隆寺が真言化していった有力な理由であった。

次に、道昌が秦氏の出身であったことは、その成立の歴史的条件からも秦公寺を管理・発展させる義務があった。ことにそれ以前の泰鳳の失策はいやが上にも道昌をかかる地位へもっていったものといえる。

そしてまた空海の師の勤操は性霊集補闕鈔に「諱、勤操、俗姓秦氏、母則鳥史、大和州高市人也[20]」とて、飛鳥地方にいた秦氏の出自であったことによって、空海が秦氏の協力を得て教線を伸長してゆくことができた基盤となったとは疑いない。貞観十五年(八七三)の「廣隆寺資財帳」には「秦公寺」の印を押しているが、道昌の頃まではこの呼称で呼ばれていたものといえるが、廣隆寺の呼称は別当次第にあるように、道昌が堂塔伽藍を修理し、造佛に尽した時に、この寺号に改められたと考えられるのである。そして廣隆寺の密教化は道昌をもって急速に進んだ。そして、この寺の別当職は、㈠元興寺道慈門下を中心とする元興寺三論宗の支配を受けた時代、㈡元興寺ならびに東寺長者の支配を受けた時代、㈢三井寺の智證門下の支配を受けた時代、㈣仁和寺御室を中心とする弘法大師の門徒により支配を受けた時代と変転していった。まことに道昌は廣隆寺の中興開山として、また秦氏の一族として、この寺を盛り上げていったのである。そしてその後はこの一門が道昌門下として廣隆寺の寺務をとることになったのである。[21]

しかし道昌の一門の元興寺系は玄虚がそのあとをついで、廣隆寺と隆城寺の別当となったが、道照・良照・僧命等二十三代を経て時圓の天喜元年(一〇五三)までは元興寺三論宗の人で東大寺入寺または、元興寺において真言宗を学んだ人々によって占められた。しかし第二十四代の廣隆寺別当に智證門下の増誉が入ってくるについて一波乱が道昌門下との間に生じた。

時圓卒去之後、別当未補之刻、寺僧等各致ニ競望一他門人面々、成ニ墾望一、然間依ニ不虚之議一権僧正得レ時堀河院御宇、承徳二年戊寅十月十一日、兼補ニ両寺大別当職一畢、爰寺僧寺務道昌門徒、始依レ被レ放、一寺大愁、門侶含レ歎不レ達ニ訴訟一之間、住侶等或晦レ跡逐電、或離レ寺引居、依レ之恒例佛事悉退転厳重寺役皆懈怠、莫レ非ニ此時一矣(22)

とて、智證門徒の進出について、はげしく道昌門徒から離寺も辞せない態度でもって反対している。このような太子関係寺院についての智證門徒の進出は、廣隆寺のみならず、四天王寺等でも見られたところであり、真言宗の弘法大師弟子たちの事相の分派のはげしいときにあたって園城寺の台密系による巻返しがおこってきたのである。

廣隆寺は智證門下の増誉を追放したのち、弘法大師系の有力者の寛助を迎え「自今以後弘法大師門流可レ補」という慣例をつくりだした。ついで勝覚―良実―信證―寛遍―寛敏―禎喜等相つぎ、三十三代に二品親王道深が廣隆寺別当となるに及んで、この寺は真言宗仁和寺系の人々によって相伝されることとなった。このように平安新佛教における真言宗の教線伸長によって飛鳥・奈良朝に建立された寺院が真言密教を受容して真言宗化していった経緯を示した。この事によってわかったことは、空海の真言宗の伸長について、南都の佛教、特に三論宗寺院を支配下に置くこと、および、東大寺の残存勢力の上に立って教線の伸長をはかったことである。大安寺＝元興寺＝東大寺の路線に立って、旧佛教寺院の再興をはかるとともに、密教的傾向を顕教的なこれらの寺院の上に付加していったのである。顕密一致より顕劣密勝の立場に立つ空海と、一方では教学面において、他方においては祖道精進を名分として、大安・元興を掌握し、さらにまた講国佛教の傾向を援護して、平安新佛教として朝廷内部にも働きかけ東寺を基盤として、天台宗をとなえる最澄に対抗することとなった。また一方の最澄は天台法華宗を提唱し、戒律の再検討をとなえ、南都戒壇と対抗したことは、かえって空海を南都寺院に近づけることとなり、南都が最澄の天台に協力しない結果となった。そしてあまつさえ、法隆寺、四天王寺等の聖徳太子の関係寺院までも、空海の東大寺別当就任につれて密教化してしまった。

南都佛教を経論に分けた最澄と、顕密に分けた空海とは、その教線進出に大きな差異を生じたのである。空海の最澄に対する優位性は、大陸密教の完全なる受容と相まって、南都寺院の掌握と、その教理の融合にあった。平城天皇の不遇と相まって東大寺の良弁僧正の弟子で有力者であった実忠権別当と空海の提携の結果、南都への進出の機会を得た空海は、さらに高岳親王の入寺を契機として不動の地位を東大寺にも確立したのである。

平安密教の南都佛教への進出は、かかる条件のもとに確立されて、単なる鎖護国家を標榜するのみに止まった顕教系寺院は密教への改変を余儀なくされたのであるが、それはまた反面からいうと、旧佛教寺院が新時代に生きてゆく道でもあったのである。日本佛教において聖徳太子への思慕は、聖徳太子信仰として平安時代の祖師たちから再認識され、それが奈良佛教への優位性を確立するうえからも、また鑑真以後の大陸佛教を受容する必要からも主張されたのであって、それはまた佛教の日本化に対する理想像をつくりあげ、佛教を日本化するうえに大きな役割を今後果たすこととなったのである。

（1）　性霊集、第五、青竜和尚献納袈裟状一首（前掲書一九〇頁）
（2）　御請来目録、（大正蔵五五、一〇六五頁b）
（3）　性霊集、序（前掲書六頁）
（4）　註(2)に同じ（同右、一〇六五頁c）

(5) 御遺告（大正蔵七七、四一一頁a）
(6) 註(5)に同じ（同右、四一〇頁c）
(7) 法隆寺別当次第（法隆寺蔵〔別当記〕）（群書類従本）
(8) 伝述一心戒文中（大正蔵七四、六五四頁）、伝教大師全集、第五、付録一〇頁
(9) 同右（同蔵七四、六四七頁）
(10) 武田賢寿「伝教大師の太子信仰についての一考察」（『印度仏教学研究』一一の一、九九頁）
(11) 性霊集五、与越州節度使求内外経書啓（前掲書一七八頁）
(12) 東大寺具書（続群書類従、釈家部二七下、三一頁）
(13) 古今目録抄上、御物影印本
(14) 川岸宏教「天王寺別当職について」（『四天王寺女子短大紀要』Ⅲ四三頁）
(15) 天王寺別当次第（続群書類従、四下）
(16) 日本書紀、第二十二、推古天皇十一年十一月一日条
(17) 朝野群載、巻二、廣隆寺縁起、承和五年十二月十五日条
(18) 廣隆寺別当補任次第（廣隆寺蔵本）
(19) 三代実録、第二十七、貞観十七年二月九日条
(20) 性霊集補闕鈔、巻十　故僧正勧操大徳影讃幷序（前掲書三九七頁）
(21) 清滝淑夫「廣隆寺の成立について」（『南都仏教』第一四号）
(22) 註(18)に同じ

二　弘法大師空海と東大寺

弘法大師空海と南都佛教との関係は、いままでしばしばとりあげたところであるが、ことに、さきに平安初期における真言密教の南都寺院への進出については前項で論じた通りである。(1) そのとき主として空海と大安寺、空海と聖徳太子信仰の関係、さらには空海と法隆寺および四天王寺等の関係について述べた。そして真言宗の南都への進出が、大安寺＝元興寺＝東大寺の路線に立って、それらの寺院の再興をはかるとともに、しだいに密教化していって顕教的なこれらの寺院に密教教学が受容されていったことについても述べた。

いまここでは真言密教と南都佛教との関係を明らかにするため、東大寺と弘法大師との関係について見ていきたいとおもう。

空海は、その出生が佐伯氏といわれ、讃岐国における佐伯氏の出身であった。

佐伯氏については新撰姓氏録に、

佐伯直

景行天皇皇子、稲背入彦命之後也、男御諸別命、稚足彦天皇諡成務御代、中ニ分針間（播磨）国一給レ之、仍号二針間別一、男阿良都命、一名伊許自別誉田天皇為レ定二国界一、車駕巡幸到二針間国神崎郡瓦村東崗上一、（中略）己等是日本武尊平二東夷一時、所レ俘蝦夷之後也、散二遣於針間（播磨）、阿芸（安）、阿波、讃岐、伊預（予）等国一、仍居レ此為氏也、後改為二佐伯一（中略）爾後至二庚午年一脱二落針間別三字一偏為二佐伯直一(2)

と、佐伯氏は東国より移住させられて讃岐に住むようになった部族といわれている。弘法大師はこの讃岐国に住みついた佐伯氏の後裔であるが、奈良時代右京に住した佐伯氏の出身で東大寺の創立に力をつくした佐伯今毛人もこの一族であった。

この佐伯今毛人は天平十八年（七四六）より天平勝宝七年（七五五）までの一〇年間、造東大寺次官となり、天平勝宝七年より天平宝字元年（七五七）までの三年間は造東大寺長官として活躍した。延暦九年（七九〇）十月三日に七十二で薨ずるにあたって、今毛人は、

聖武皇帝、発レ願始建二東大寺一、徴二発百姓一方事二営作一、今毛人為領二催撿一頗以二方便一勧二使役民一(3)

と、東大寺造営にあたって今毛人は大きな功績があった。(4)また延暦僧録にも、「東大居士」と称され、この人は聖武天皇の大佛鋳造をたすけ、大佛殿、東西両塔、講堂、三面僧坊、食堂、戒壇院等の建立につくし、さらに称徳天皇の西大寺造立を援けるなど多くの寺院の建立を指導したと同時に、自分の信仰としても日別に金剛経を読み、礼佛散花し、常に僧伽梨衣を持して佛教帰依の心も強かった。(5)

この佐伯今毛人と空海の関係は彼が十七歳のときに今毛人がなくなったことになるので、その直接的関係は見られないが、しかし佐伯氏出身者が東大寺創建に尽力したという同族的意識がこれを助けたとともに、空海が東大寺に進出するための必要な条件にもなったことはいうまでもない。のちに聖宝僧正がこの縁故をたどって佐伯氏の遺構を移して東大寺に東南院を建てたというのもこれらの関係の影響を示すものといえる。

東大寺東南院の本堂は、はじめ大安寺の丑寅の隅にあった佐伯院を遷したものである。

奉付属寺家壱院号香積寺俗各佐伯院在平城之左京五条六坊

田地五町六段百卅歩

四至　東限道北限小道西限小道　并大安寺園葛木寺　南限大路、

在物

五間檜皮葺堂舎壱宇、金色薬師丈六像壱軀　同色脇士日光月光菩薩像弐軀　檀相十一面観音像壱軀(6)

この佐伯院はもともと大蔵卿正四位下佐伯宿禰麻毛利、および弟の参議正三位佐伯宿禰今毛人が国家のために宝亀七年（七六六）に資財を投じて建立した堂宇で同時に、真守今毛人が隠遁するために勅官符を受けて買得したところであった。ことに真守の子の女子はここに居住して、延喜五年（九〇五）まで一三三年存続したのであったが、のち荒廃していたのを佐伯氏出身の東大寺別当道義のときに東大寺南門脇に移し、権僧正聖宝に付属して東南院を建立したのであった。このように大安寺の近くに佐伯氏の住居が存在したということは、空海が大安寺への入寺の機を得るに便であったことは疑いない。またこのことも佐伯氏と南都寺院を結びつける強い絆となったのであろう。

いま空海と東大寺との関係について歴史的観点からみるのと、教学的視点から考えるのと二つの方向がある。

東大寺と弘法大師との関係は、延暦十四年（七九五）に東大寺戒壇院で具足戒を受けたのにはじまる。(7)そして東大寺よりは安禎・真良・安暨・薬上の諸律師が立会って元興寺の泰信律師が戒和上となって行われた。

入唐前のこの関係は、入唐帰朝後四年に東大寺別当を海雲律師についで朝廷より拝命することになった。東大寺別当次第(8)では、

　大法師空海弘法大師、真言宗　東寺長者始

　讃岐国、多度郡人、佐伯氏、元大安寺僧、有レ勅移二東大寺一、弘仁元年任、去延暦廿二年遣唐大使葛野麻呂共入レ唐、廿四年、帰朝、寺務四年弘仁元、二、三、四（中略）承和二年三月廿一日禅居、年六十三東大寺真言宗始也

　修理別当実忠弘仁頃、或本云　弘仁六年

この空海の東大寺別当への補任は彼が三十七歳のことであったが、その背景には二月堂等を建立した良弁僧正の高弟

で密教に理解の深かった実忠和尚が修理別当として現に生存していたときであった。実忠は良弁在世中より造寺造塔につくし、天平宝字八年（七六四）には東塔の露盤をかまえ、宝亀元年（七七〇）には大佛殿を完成し、延暦十八年（七九九）に大佛の背に土を盛って、倒れるのを防ぎ、同二十三年には境内四方の垣や、南大・西大門等の諸門をつくり、大同元年（八〇六）には食堂周辺の工事にかかっている。ことに東大寺権別当実忠として二十九ヵ条を示したのが弘仁六年（八一五）四月二十五日で、空海の別当辞任後一年のときにあたる。(9) このとき実忠は年八十五歳であったから、空海在職は実忠の八十より八十四歳までであった。その上実忠は、単なる伽藍修理の事業だけでなく、

一、奉二仕華厳供大学頭政一事
合二度　廿一年自二去延暦九年一至二十七年一一度 自二大同元年一至二当年一（弘仁六年）一度
一、奉二仕十一面悔過一事
合七十年自二去天平勝宝四年一至二大同四年一、毎年二月一日 二七ヶ日間奉仕如レ件
一、奉二仕涅槃会一事
合六十二年於レ自二去宝字五年一至二当年一 毎年二月十五日奉仕如レ件
一、奉二仕半月読経一事
合五十三年自二去宝字五年閏四月十五日一、至二于当年一請二法花花厳 勝鬘経一僧次両座幷同僧侶等毎半月二部大乗奉読如レ前
右三条事、奉二為　先々尊霊後々国家一　兼為二梵釈四王竜神八部伽藍護法、奉国天神地祇有名無名大少神等一、廣為二生々四恩、世々四生一、同出二苦源一、斉成二楽果一、法師実忠発二弘誓願一資二身具一永期二三際一所二奉行一也(10)

と、実忠和尚は個人的にも十一面悔過や涅槃講、華厳・法華・勝鬘経等を読経して日々の祈願を怠らなかった。御遺

告にも「依二勅命一渡二東大寺一」[11]とあることは、勅命によって東大寺西室に住して東大寺別当職に補任されたことを指すのであろうが、その補任の背景には実忠和尚が進んで空海を招いたとも考えられないではない。東大寺としては聖武天皇、良弁僧正、実忠和尚といっても、その伽藍は天皇の発願によって唐の大寺のあり方を発展させたものであっても、東大寺に入唐僧を中枢部に迎えることは少なかった。ここに入唐僧の空海に対して大きな期待がよせられたのは、実忠が南都にあって時代より忘れ去られようとしたこの大伽藍を新しい入唐僧によってよみがえらそうとする実忠の期待が、空海を東大寺に引きつけたのであった。また空海自体としても、唐における華厳宗のあり方や、自分の構想をもっている真言密教は、あながち教学的にも、華厳宗とは相互に親密な関連性があると同時に、大日如来と毘盧遮那佛との関係においても、合一性は主張できるし、さらにまた不空三蔵が唐朝において活動したごとく、朝廷の国家的祈願寺に真言密教の地歩をきずいておくことは真言教線の拡大のためにも必要なことで、そしてこの機をのがさずして南都に将来の真言の化門を張ろうと考えたのである。

空海の東大寺に在住中における重要な出来事というと弘仁元年（八一〇）九月におこった薬子の乱であった。病弱な平城天皇が大同三年（八〇八）頃より病状悪化とともに、同四年（八〇九）四月に皇太弟嵯峨天皇に譲位して、平城天皇の皇子の高岳親王を皇太子とした。もともと平城天皇には藤原種継の女で、いったん藤原縄主に嫁した藤原薬子がいたが、その長女が平城天皇が皇太子であったときに入内したのにつれて、その母薬子も東宮宣旨として皇太子（平城天皇）に接近して寵を専らにした。平城天皇の即位ののちは薬子のいうことはすべて聴きとどけられて、その上その兄の藤原仲成の横暴には目にあまるものがあった。平城天皇の譲位後、その仲成の妹等がもとの地歩の回復をはかって乱をおこしたが、直ちに鎮圧され仲成は殺され、薬子は自殺し、上皇は剃髪し、皇太子高岳親王が廃されて、東大寺に入られることになった。そして三論宗を律師道詮に学び、真言密教を空海に学ぶこととなった。(12)この皇太子は法名を真如と称され、貞観四年（八六二）宗叡とともに入唐してのち再び渡印を企てその途上で歿された。

東大寺別当に補せられた空海も、その実務については実忠その他に重要な寺務を任せ、自分は高雄山や乙訓寺に止住して真言教線の確立と、最澄との交流にいとまはなかった。

そして弘仁二年（八一一）十月には乙訓寺の修造のために別当となり、東大寺と高雄山寺との不便を解消するためにこの寺を中心として活躍しようと考えられた。しかしやはり高雄山寺を軽視することはできないとともに、高雄灌頂を求める伝教大師最澄の希望も切なるものがあって、弘仁三年（八一二）十月二十九日には柑子のとれる乙訓寺を辞して高雄に帰り、十一月十五日には、多年の念願であった金剛界結縁灌頂を行い、最澄以下もこれに参加した。また十二月十四日には引きつづいて胎蔵界灌頂を最澄以下僧俗一四五人に授けて、これには東大寺よりも平智、願澄、霊寵らが参じた。そしてこれを機会にますます高雄山寺の基礎を固め、この寺に杲隣を上座に、実慧を寺主に、智泉を都維那として三綱を択んで任じた。(13)また弘仁四年（八一三）正月清涼殿にて論議に及び、即身成佛の道を説いたともいわれている。(14)しかし確実な史料は欠くも、このとき空海の師である伝灯大法師位勤操が律師に任ぜられたことから考えて、弘仁四年の最勝王経を講じた御斎会に師とともに参加していただろうという可能性は強いと考えることができる。そしてたまたま内論議で即身成佛の問題に触れるところがあって、空海の師に代って論を発表する機会を得たのかも知れない。また、空海の東大寺別当の任期最後の年とも考えられる弘仁四年に、空海は高雄山寺で金剛界灌頂を行い、最澄・円澄の入壇あって大いに化門をはった。

要するにこれらの事実から考えて、空海の東大寺別当の任期中は、東大寺そのものの活動に対する彼自身の大きな動きは見られないのであって、わずかに南院（真言院）を寺中に建立して、(15)大日経研究の道場とすると同時に、将来灌頂道場をもきずく院としての基礎を固めようとしたにすぎなかった。

東大寺別当の辞任は空海が東大寺より離れていくのではなくして、空海がこの寺のもっていた華厳教学の伝灯を吸収する機会を得たことにともなって、ことに即身成佛の教理を推進してゆくについて、日本の華厳教学の吸収は非常に必要なことでもあった。また空海の教学体系が実際にこれによって大きな変化を与えつつあったことも、真言教学推進の上からも充分理解できるのである。

その後における空海と東大寺との関係は明確ではないが、弘仁十一年（八二〇）東大寺に華厳経八十巻を道俗の募縁によって書写供養して納めている。(16)そしてこれを機縁として東大寺真言院の充実をはかり、弘仁十三年（八二二）二月十一日に灌頂道場をきずいた。そのときの官符に、

大政官符

応下東大寺真言院置二廿一僧一令中修行上事

右検二案内一、太政官去弘仁十三年二月十一日下二治部省一符偁、右大臣（冬嗣）宣、奉レ勅、去年冬雷、恐有二疫水一、宜レ令下二空海法師一於二東大寺一為二国家一建二立灌頂道場一夏中及三長斎月修二息灾増益之法一、以鎮中国家上者、今被二従二位行大納言兼皇太子傅藤原朝臣三守宣一偁、自レ今以後、宜下件院置二廿一僧一永為二定額一不レ向二食堂一全令二修行一、別当之僧専中当其事上、但住僧交名、専当法師等簡定牒二僧綱一令レ行、若僧有レ闕、随以補レ之、

承和三年五月九日(17)

この東大寺真言院内に灌頂道場を公式にきずく理由としては弘仁十一年（八二〇）冬十月の雷害や疫病等の不時の災害

によるものであると述べ、空海は「於二東大寺一為二国家一建二立灌頂道場一[18]」という主旨であると述べている。もちろん東大寺に灌頂道場をきずくことはさきの真言院を設置したときにすでに空海の意中にあったことと考えられるが、ことにその師不空三蔵が唐の天宝十五年（七五六）五月に、隋代より国家の寺院として建立された大興禅寺に迎え、不空三蔵もこの寺にあって訳経にたずさわると同時に乾元三年（七六〇）大興善寺内に灌頂道場をきずく勅許を申請した先例があった。即ち、

　請於興善寺置灌頂道場状一首

請大興善寺修灌頂道場

右臣竊観度災禦難之法、不過秘密大乗、大乗之門灌頂為最、今属閏夏之月、百花皆栄、伏望　命三蔵不空、於前件寺為国修一灌頂道場、其道場有息災増益之教、有降伏歓喜之能、奉此功力以滅群兇、上滋　聖寿無彊、承此兆久清泰、臣素無才行、忝奉駆馳、謹献愚誠、倍増戦汗、如　允臣所奏、請降　墨勅　依奏

　乾元三年閏四月十四日[19]

この不空三蔵が国家の息災増益のために灌頂道場を大興善寺にきずき、さらに廣徳元年（七六三）には国のために灌頂道場を寺内に設置することになって、「毘盧遮那は万界を包括し、密印真言は衆経を含納する」故に、いま灌頂道場をきずき「毎載夏中及三長斎月、依経建立[20]」するための勅許を乞い、さらに廣徳二年には大興善寺に定国寺僧（日本の定額寺僧に当たる）四九人の配置を求め許されている。この不空三蔵の乾元より廣徳年間に到る動きと同じ動向を示しているのが、弘仁十三年（八二二）より承和五年（八三八）に到る空海の東大寺真言院灌頂道場設置の動きであった。都が京都に遷ったとはいえ、東寺・西寺等の動きがまだ平安的官大寺の性格を充分持つに到っていないときにあたっ

て、東大寺は奈良時代的な代表的国家祈願の寺院として南都に君臨していた以上、この寺を中心として唐の大興善寺のように灌頂道場をきずくことは、一方では真言密教の国家的要素を強調することができると同時に、他方では南都佛教に真言を導入することができる大きな端緒となることと考えられたのであろう。ことに承和三年（八三六）五月の二十一日の定額僧の設置は、年分度者的な性格をもっていたにしても、不空三蔵の九四人の大興善寺の定国寺僧に相当するものであって、特にこの定額僧たちが「永為二定額一不レ向二食堂一、全令二修行一」ためのものであって、真言密教の専修道場としての真言院の性格を規定づけている。ただ全体の僧たちの統率権だけは東大寺別当において住僧の交名をば僧綱に申請することになっていた。真言院の僧が三面僧房内の食堂に向わないという意味は、一般の僧房に生活する僧たちとは直接の関係をもたず、東大寺の僧房清規にわずらわされないで、安居の間および三長斎日に国家の息災増益のために、灌頂を実施することができるのを目的として設置された定額僧であった。この真言院の伽藍は「点二大佛大殿之前一、当二東塔西塔之中一」位置にあって、五間四面の灌頂堂であり、そのなかに両部九幅の曼荼羅を安置していた。真言院は早くも長久八年（一〇四七）には、

一、南院

檜皮葺三間四面堂一宇、同三間四面僧房一宇、同五間四面僧房一宇、同西大門一宇、同東門一宇

件院皆悉無実[21]

とその堂舎は破損して、大師時代の旧態はこの時に見るべくもなかった。さらに真言院は治承年中に大佛殿とともに炎上して、そののち聖守上人が再建したが、再び松永の兵火で炎上して現在の建物は江戸初期の再興にかかるものである。

そのほか、空海は天長元年（八二四）に東大寺で三宝を供養するために蔬飯を設け[22]同二年に益田池を開き、またこの真言院で承和元年（八三四）に法華経を釈し、般若心経秘鍵をも解いたといわれている。

いまこれらの空海と東大寺との関係について御遺告を中心にまとめてみると、御遺告第八の「一、吾後生弟子門徒等以二大安寺一可レ為二本寺一縁起[23]」のなかに、大安寺を勧操の住持であったことから本寺としてあがめる必要を説くと同時に自分が勅命によって東大寺に南院を建てたことから「此間出生弟子等便宜入二住東大寺一」せしめると規定し、第十六の「一、可レ試二度宗家年分一縁起」では「簡二定諸定額僧中能才童子等一、於二山家一試度、即於二東大寺戒壇一受二具足戒一、受戒之後於二山家一三箇年練行、厥後各々随レ師受二学密教一」とあって東大寺戒壇院の受戒を真言定額僧の受けなければならない戒壇と規定している。即ち御遺告では空海が歩んで来た道を弟子たちも同様に進まなければならないとして、㈠東大寺戒壇院での受戒、㈡東大寺別当、㈢東大寺真言院の定額僧の存在、これらが空海と東大寺が結びつく大きな要因として、空海によって推進されたのであった。しかしさきに真言院の荒廃のことでも触れておいたが、空海の生涯および御遺告等では、真言宗の教線の中心は東大寺よりも東寺・高野山に置かれるようになって、東大寺の真言院の存在価値はしだいに薄らいでいった。もともと八宗兼学を標榜する東大寺では、真言そのものに対する教学的理解は、本来の華厳教学ほど当初においては重視されなかったのであるが、空海の先例に基づきその弟子たちが東大寺に地歩を固めるにつれて東大寺そのものも真言院・東南院を中心として密教化していったのであった。

そして真言教線の拡大にあたっては、京都より高野への路線に沿って発展していった。そして御遺告では全くその路線を示しているといえるのであって、政治的には東寺に中心を置き、密教修学の根本道場、ひいては入定の地としてまた聖地としての高野山に重点を置いている。しかし空海の入定後は実恵、真雅を中心とする真言の化門は大いに

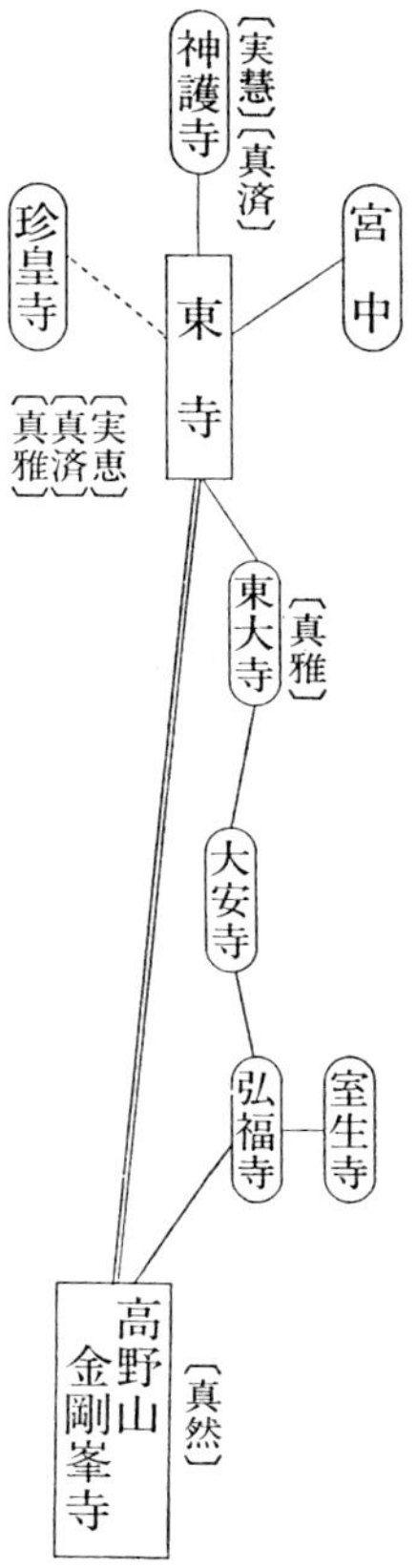

発展したけれども、実恵は空海の請来された経蔵を守り、春秋二季の伝法および結縁灌頂を行い祖道を守るとともに、神護寺を中心に活躍し、真済も同じ道をたどった。しかるに真雅はむしろ東寺および宮中内道場を中心に真言教学を発展させて、承和十四年（八四七）に東大寺別当となり、空海の例にのっとり四年間在任した。そしてこれを契機としてその弟子聖宝は真雅の東大寺別当に補任されたときに出家得度し、法相学を東大寺平仁に学び、華厳学を玄永に学んだ。また貞観十七年（八七五）には東南院を、翌年に醍醐寺をそれぞれ建立して、真雅系の真言教学は東大寺東南院にも継承され以後東大寺における真言・三論の教学研究の中心道場となっていったのである。[24]

つぎに空海と華厳教学との関係はまず空海の御請来目録にあらわれた華厳関係の典籍を見ると次の如くである。[25]

新訳経

華厳入法界品四十二字観門	一巻	不空訳
華厳経入法界品頓證毘盧遮那字輪瑜伽儀軌	一巻	不空訳
新訳華厳経	四十巻	般若訳

旧訳経

華厳経心陀羅尼　一巻　実叉難陀訳

論疏等

華厳経疏　卅巻　澄観撰

華厳十会　一巻　不詳

大方廣佛華厳経品会名図　一巻　同

華厳会請賢聖文　一巻

金師子章幷縁起六相　一巻

杜順禅師会諸宗別見頌　一巻[25]

これらの華厳関係の書は唐の清涼大師澄観が賢首大師法蔵のあとをうけて華厳教学の復興に尽していたときにたまたま空海の入唐を見るのであったから、彼は、この影響をうけて澄観が唐の興元元年（七八四）より貞元三年（七八七）までに撰したところの華厳経疏六十巻を持ち帰っている。[26]ことに澄観は不空三蔵の訳場にも出入して密教への理解も深く、その上、八十巻華厳経を中心に広く華厳経学との関係も尋ねていたから空海にとって最澄の天台教学に打ち向ってゆくためにも真言教学を体系づける資料を多く親近性のある華厳教学に求めたものであった。そして帰朝後、最澄が空海より大同四年（八〇九）には華厳経（四十）および金師子章幷縁起六相一巻を借用しようとしたり、華厳入法界字門一帖や華厳儀軌を書写している動きもこのことを示すものである。

澄観新花厳疏上帙十巻　唐本

烏枢滲摩法一巻複余法

右為二傳法一借請、未二写得一、然依二書旨一御院給書、依レ員進送如件、惟天照察、謹附二円満一稽首和南

弘仁七年二月十日　外資寂澄状上(27)

高雄遍照大阿闍梨法右

このように澄観の大華厳経疏は空海の請来目録のなかで非常に重要視されたのであった。

ことに空海が八十華厳を重視したことが最も明確に見られるのは、弘仁十一年（八二〇）の知識華厳会のための願文では華厳経一部八十巻を写し「大方廣佛華厳経は、事理無碍にして一多相融す、帰するものはたちまちに青雲の上に飛び、誦するものは大日の輿に入る」と讃えて書写供養している。このように八十華厳を中心とする澄観の華厳経疏を重視する空海の華厳教学に対する理解は、即身成佛義を打ち立てんとする空海の立場にも多く見られるのであって、空海の代表的著作である十住心論では華厳教学に対する批判を行った第九極無自性住心の引用文にも賢首大師の華厳金師子章の十門や、清涼大師の新華厳疏を引いて一行即一切行についての典拠を求めている。しかし華厳思想のうちで空海が最も興味を引かれたのは、華厳経の唯心思想として知られている旧華厳第十一巻の夜摩天宮菩薩説偈文の後半の唯心偈の思想であった。そのあらわれとして弘仁四年（八一三）十一月二十五日に最澄に送った理趣釈経の借出をことわった返書に、聞理趣、見理趣、念理趣の三理趣をかかげ、なかでも念理趣の解釈に託して、最澄の不空訳の理趣経訳を求める心を難じた。

若し可念の理趣を索《もと》めば汝が一念の心中に本よりこのかた具さにあり、更に他心の中に索むることをもちいざれ、また次に三種有り、心の理趣、佛の理趣、衆生の理趣なり、若し心の理趣をもとめば汝が心中に有り。別人の身中に覔《もとむ》むることを用ひざれ、若し佛の理趣を求めば汝が心中に能覚者あり。即ち是なり、又諸佛の辺に求むべし、

凡愚の所に覓《もと》むることを須《もち》ひざれ。若し衆生の理趣を覓《もと》めば汝が心中に無量の衆生あり、其に随つて覓むべし(28)

と、他人に書や教理の蘊奥を求むべきでない。悟りの菩提心は自身にもっているものであって、その心のなかにこそ佛理趣がやどり、その心の中に無量の衆生があるのだという三無差別の立場に立って自分の見解、即ち真言教学に対する根本義について述べ、ここでいう「大師の訓旨」というのは恵果阿闍梨を指すのであって、性霊集の「勧二諸有縁衆一応レ奉レ写二秘密蔵法一文」のなかに、

貧道(空海)遠遊二大唐一求二訪深法一幸得レ遇二故大廣智三蔵付法弟子青竜寺法諱恵果阿闍梨一受二学此秘密神通最上金剛乗教一、和尚告曰若知二自心一即知二佛心一知二佛心一、即知二衆生心一知二三心平等一即名二大覚一、欲レ得二大覚一応三当学二諸佛自證之教一、自證教者所レ謂金剛頂十万偈、及大毘盧遮那十万偈経是也、(中略)故金剛頂経説自受法楽故、説二此理趣一不レ同二応化佛之所説一(29)

この三心平等の説は、十住心論に、

心の無量を知るをもっての故に身の無量を知る。身の無量を知るが故に智の無量を知る。智無量を知るが故に即ち衆生の無量を知る、衆生の無量を知るが故に、即ち虚空の無量を知る(30)

この四無量心はもちろん大日経に基づくものであっても、四無量心を得るならば正覚を得るということは心佛衆生さらにその差別がないという華厳の唯心観に立っている。心と身の不即不離を説く真言の立場からすると、三世一切の佛、すべて我心より造る処だと説いて、我身即大日、身即不動とする根本義に触れ、さらに竪には十住心、横には二教を配している。しかしこの唯心観はその根源はやはり華厳経の如来林菩薩偈文に求められねばならない。ここでは、

心如二工画師一、畫二種種五陰一　一切世界中　無二法而不レ造　如レ心佛亦爾　如レ佛衆生然　心佛及衆生　是三無二差別一(31)

この偈文に基づく華厳唯心偈(如心偈)の影響があったものと見なければならない。(32) 探玄記にもこの偈について「心の如く佛もまたしかりなりと、凡を持て佛に類す、心の凡を造るが如く作佛の亦爾り」と解し、そのうえ「心と佛と別なし、心凡夫となるに心と凡と別なし」と身心の不即不離を主張し、「是心変ニ佛相一而現故」(33)の理をあらわしている。この法蔵の主張に対し、澄観は、「旧訳の心佛衆生と是三差別なしというによって、則ち三皆無尽、無尽即是無別之相、心佛衆生と体性皆無尽というべし、妄体本真をもっての故にまた無尽」(34)と述べ、また随疏演義抄では、さらにこれを進めて「心是総相者法界染浄万類万法、不レ出ニ一心一、是心即摂ニ一切世間出世間法一」と心により万象印現するという三昧の境地を説き、佛も悟も、「佛果契心始本無二、同一円覚、故亦無尽、(中略)佛果契レ心則佛亦心造」(35)と説明し、一心即真如の道を明らかにし、「三世所有皆是一心作故」という心作の根源を基盤として「唯是一心故名ニ直如一」と理解している華厳唯心観は、Naya の道をたずねる空海にとって、佛果は心をもとにして心を契機として求められ、心に大日をつくる基盤を求め、身心の不即不離の立場にその真言密教への出発点を求めたのであろう。もちろんさきの性霊集にある「大師の訓旨」ということを考えれば、恵果自身に当時華厳教学において活躍していた澄観の影響を多分に受けていたといえるのであろう。そしてこのことが空海をして華厳唯心観への共感をわきたたせ、それを理趣釈に止揚することにおいて真言教学の判教を打ち立て、中国では見られなかった発展をわが国でもたらすし、真言宗を立教開宗したのである。そして南都佛教と真言教学は空海の教理的世界の中で不即不離の関係にまで発展し、即身成佛義から十住心論まで南都華厳教学は、天台教学に対する真言教学の裏の基盤として推進されたのであった。

(1) 本章第二節一
(2) 新選姓氏録(群書類従、第十七)一六五頁

（3）続日本紀、第四十、延暦九年十月三日条
（4）角田文衛『佐伯今毛人』（人物叢書）、『日本古代人名辞典』参照
（5）日本高僧伝要文抄、第三、（東大寺図書館蔵）佐伯今毛人伝（東大居士伝）
（6）随心院文書、平安遺文一、一九二号
（7）金剛寺文書一、日本高僧伝要文抄、第一、弘法大師伝
具足戒を空海が受けたことに二十三年四月七日説と十四年四月九日説があり、具足戒は入唐と関係すると考えるときは二十四年をとるべきも、入唐当日に東大寺に行くことはあまりにも事急にすぎるし、具足戒の授戒が一日で終了するものでもないので、十四年説を一応採ることにした。
（8）東大寺別当次第（薬師院本）、東大寺図書館蔵および群書類従本（第三輯）
（9）東大寺要録、第七（東大寺宝庫本）
（10）同右、第七、東大寺権別当実忠廿九箇条事（同右）
（11）御遺告、縁起第八（大正蔵七七、四一〇頁c）
（12）三代実録、第四十、元慶五年十月十三日条
（13）性霊集補闕鈔、第九、高雄山寺択任三綱之書（真言宗全書本）
（14）水鏡下、嵯峨天皇の条（国史大系本）
「弘仁四年ノ正月ニ、真言宗ニハ弘法大師一人、又四家大乗ノ顕宗ニハ、四ケノ本寺ノ各其高僧面々ニ、此御門ノ御代ニ、内裏清涼殿ニシテ、宗論御座テ、弘法ハ忽ニ当坐ニ即身成佛シ給テ、密宗ハ勝給ヘリキ、此時ヨリ同年同月ニ御斎会ノ内論義ト云事始リシナリ」
（15）御遺告縁起第八、東大寺要録、第四、東大寺縁起
真言院建立の正確な史料は見られない。むしろ弘仁三年二月十一日の東大寺灌頂道場を置くことから考えて、それが東大寺真言院に置かれたものとするならば、それ以前に東大寺南院（真言院）が建立されていたと考えるのが至当であろう。
（16）性霊集、第七、知識華厳会願文一首（真言宗全書本）

(17) 類聚三代格、巻第二、応真言院置廿一僧令修行事
(18) 日本紀略、十四、弘仁十二年十月廿四日条
「冬十月丁亥、詔曰、云々、其被レ害諸郡、給復二三年一尤貧下者去年負租税未報及当年租税、亦蠲二除之一」にあたり、冬雷の被害によるものであることをさきの真言院の史料からうかがえる。
(19) 表制集、第一(大正蔵五二、八二九頁b)請於興善寺置灌頂道場状一首
(20) 同右、第一(大正蔵五二、八三〇頁a)請置灌頂道場墨勅一首
(21) 東大寺三綱堂舎損色検録帳 長久八年十一月二日・東南院文書之一(大日本古文書二六七頁)
(22) 性霊集、第七、於平城東大寺供養三宝願文一首(真言宗全書)
(23) 御遺告(大正蔵七七、四一〇頁c)
(24) 佐和隆研「聖宝僧正とその造像について」(『南都佛教』第一号)
(25) 御請来目録(大正蔵五五、一〇六三、四頁)
(26) 境野黄洋『支那佛教史講和下』
(27) 仁和寺記録、十九(弘法大師伝記集覧)三一九頁
(28) 坂田弘全『性霊集講義』、四二〇頁
(29) 性霊集補闕鈔、巻第九、勧諸有縁衆応奉写秘密蔵法文、坂田光全『性霊集講義』三六八頁
(30) 十住心論、第十、秘密荘厳住心、第十(日本思想大系『空海』二八三頁)
(31) 華厳経、第十、佛昇夜摩天宮自在品、第十五(大正蔵九、四六五頁c)
(32) 『南都佛教』第七号、心特輯号、参照。また「如来林菩薩の偈の全文と唯心偈に関する文献」のうちの華厳唯心偈講義竜温師述(九五頁)を参照されたい。
(33) 華厳経探玄記、第六(大正蔵三五、二一五頁c)
(34) 大方廣佛華厳疏、第二十一(大正蔵三五、六五八頁c)
(35) 華厳経随疏演義鈔、第四十二(大正蔵三六、三二三頁b)

第三節　東大寺の寺院構造について

一　東大寺別当の性格について

東大寺は、奈良時代に創建され、八宗兼学の寺院として、また鎮護国家の道場として国家組織を背景として成立した。その初代の別当には良弁が勅任された。

そして僧侶三〇〇〇人以上をもって僧団社会を形成し、その経済的基礎は封四〇〇〇戸、水田一万町を国家より施入され寺院の運営にあたった。そして、東大寺別当はかかる僧団の宗教的、社会的最高責任者であった。いま私は別当職の性格を検討し、あわせて東大寺そのものの構造、なかんずく僧侶集団社会の特質を究明しようとするものである。

寺院の社会においても国家制度と同じく寺院統率者と被統率者に分割される。統率者は被統率者に対して、佛教的慣習により、これを統率する。別当・三綱等は寺院社会の統率者に属し、大衆は被統率者に属する。別当は寺院社会の最高責任者であると同時に、三綱を統率して、僧尼の風紀取締、還俗・死亡および僧尼の修行の便をはかるとともに、寺領の管理、伽藍修造の責任を帯びていた。

三綱は別当のもとにあって、その中でも上座・寺主は寺院の経済的事務を行い、都維那は、法儀の実施と僧侶の監督に従事した。

いま東大寺の別当職は、東大寺の建立が完成した天平勝宝四年（七五二）五月二日の少僧都良弁の任命によってはじまる。そしてその任期は四年で、天平勝宝四年（七五二）―大同四年（八〇九）海雲律師までは華厳宗出身者をもって任命されていたが、弘仁元年（八一〇）はじめて真言宗僧たる大法師空海の任命があってより真言宗の別当任命が多くなった。そして東南院が聖宝僧正により創建されると三論宗・東南院系の別当補任も多くなった。華厳宗系の別当の補任は、重衡による炎上後、鎌倉の再建なって正治元年（一一九九）再び尊勝院系の弁暁が任ぜられ、その後この法系に属する宗性・公暁・定暁・経弁等が補任せられて真言出身者に対するに到った。

元来諸寺別当は貞観十三年の格によれば「凡寺家流例、自在二三綱檀越一」にあって、相共に雑務を行うも、別当は「尤是為レ令荘二厳伽藍一」ために清廉の僧をもって任じ、「秩以二四年一為レ限」ことになっていた。[1]伽藍の荘厳とは、伽藍の維持のため、寺内堂舎の修理造営に常に尽力すべきものと視定している。

延喜式には、

凡諸大寺幷有封寺別当三綱、以二四年一為二秩限一、遷代之日、即責二解由一、但廉節可レ称之徒不レ論二年限一[2]

凡諸大寺別当三綱有レ闕者、須下五師大衆簡二定能治廉節之僧一、別当三綱共署申送上（中略）若薦挙不実科二責挙者一、兼解二却見任一[3]

と、大衆の推挙に依って任命された。そして七大寺別当はまず専寺僧をもってするのが例であった。

そして諸寺別当は、

凡諸寺以二別当一為二長官一、以二三綱一為二任用一[4]

と述べている。また東大寺別当の補任に当っては、

別当者、自爾以来不レ依二臈次一、只被レ簡二任僧綱凡僧之中一、已経二数代一也[5]

あるいは、

寺家別当職者、多以二常住僧綱一、被レ拝二任件職一、若無二僧綱一之時、以二常住已講一、又為二其司一、若無二常住僧綱已講一之時、以二他処散位之僧綱一、被レ拝二任其職一也、然而未レ有下乍レ置二常住之人一、偏被二拝中任不常住之人上(6)

とて、東大寺別当職には大政官より勅命により任命されるので、任命の対象となる人は東大寺に常住して僧綱に任ぜられた人物をもって補任するのが正式の場合で、その場合﨟次即ち、入寺してからの年齢については考えないのが通例である。しかして、寺内の別当たるべき僧侶が、いまだ僧綱に任ぜられていない時は三会已講をもって任命する。即ち澄心のごときは、位階は伝燈大法師位にすぎなかったけれども「常住伽藍、年﨟共高、為三会已講、居衆之上座」とともにさらに「勤二仕雑事一、見二其忠節一、尤足薦挙」(7)とて権別当に補任せられた。法縁ははじめ三会已講であったが、観理大僧都の譲により大法師に任ぜられ、(8)寺内の器量の人であったために別当に昇進した。そして、もし寺内に相当すべき人がない時には他所から任命することとなっていた。しかし東大寺別当は、延喜式にも述べているごとく最初に五師大衆の推挙が必要であった。

法縁は天延二年（九七四）三月二日の東大寺五師大衆の奏状により、五月二十四日重任の官宣旨が出され、(9)澄心も寛弘八年（一〇一一）十一月二十一日の東大寺所司五師学衆の奏状により、寛弘九年（一〇一二）九月二十二日に重任官符が出された。(10)深覚も同様長和四年（一〇一五）四月二十五日の東大寺所司已講五師学衆等の推挙により別当に任ぜられている。(11)

しかし、五師大衆等が別当を推挙するに当っては当該別当が能治廉節の僧でなければならない。

能治即ち法縁の場合をもってすれば、まず堂舎の修造に尽力する人でないと別当として適任者でないと述べている。

法縁は、三論宗を学ぶ東南院系の人で、山城国狛氏の出身であって、延敞と観理に師事し師匠観理の推挙により別当となった。四年の任期を終え交替期に際して東大寺五師学衆等が申請した彼の重任の理由は、法縁は天禄二年（九七一）五月十七日別当に就任してより、歳月僅かに二年にしかならないけれども、東大寺の大伽藍は長年の累積により甍瓦多く顛覆して、堂舎尽く破損しているのに際し、法縁は鋭意修理に勉めた。なかでも造立修理をなしとげたものには、以前より最も大破している大僧房六宇・東塔院・戒壇院・薬師院・正蔵院・講堂・軒廊・食堂入隅・上下政所房等を修理し、その功労前任者等に超越するところがあった。そのほか、恒例御願の節会僧供等を旧のごとく復活し、後進の僧に対して志を励ますところがあったので、能治功課を五師大衆が認て重任をすることができるとその理由を述べている。(12) 澄心も同様、その最も優れた例で、着任未だ年浅いにもかかわらず、自身伊賀国の出身であったことも手つだって、

拝堂則未レ収二寺物一以前、私廻二方針一、催二前遠近僧俗一、手自入レ杣、採二数万之麻木一、及儲多了二之結縄一、急以結二構大佛殿裳層五間一、不日修造、見聞之輩驚感レ之(13)

のごとき敏腕家であった。その上寛弘六年（一〇〇九）俄に東塔が大破した時も、材木・葺瓦を調達し、一層より四層まで、たちまちにして造り終った。全く「今計二其一任之功一、猶勝二他百年之忠一」るところがあると認められた。そのほか佛聖・僧供料等の調進、例事法要の厳修、ならびに楽器・舞楽衣裳等に到るまで、改善修営に勉め、特に、

就中寺家近代別当多在二於洛一、依不レ興二学道一、蛍雪之類懈怠、住持之人寥少、当時毎日講経教者、挑燈之輩折角、終夜撃二論鼓一者、鑽光之類研レ牙、加以維摩大会専寺竪義者、聴衆問難之後、結二問奥底一判二定得略一、其労已年積也、既為二南都学道之棟梁一、東大吏途之柱石也(14)

と澄心の功は多大なものがあった。その業績は「少僧都澄心、一任大功、数年労続、古今無雙盍仰二恩賞一」と大衆よ

り讃美せられて重任することとなった。また深覚の場合に東大寺大衆が述べているように、東大寺別当職たる人は「不レ及ニ治術之人一」ざれば、堂舎を「敢非レ可ニ修造一之処」という修理に心を砕くような人物をもって補任されるべきであると考えられた。

即ち能治の別当とは伽藍修理への積極的意欲を所持していなければならないとともに、学道精進の輩でなければならない。

伽藍護持に対する東大寺の思想的背景は、正倉院に存する聖武天皇詔書銅板に、

以代代国王、為我寺檀越、若我寺興複(復)、天下興複(復)、若我寺衰弊、天下衰弊、復誓其後代有ニ不道之主、邪賊之臣一、若犯若破障而不レ行者、是人必得ニ破辱十方三世諸佛菩薩一切賢聖之罪一(15)

とあって、天下の興隆と、東大寺の伽藍の興隆とは相互に思想的連関を有すると考えられた。そして東大寺別当が補任せられて後は、この寺の伽藍の修理、造顕に力を致すべき理由は、それがそのまま天下の興復を意味するものであると考えられたためであった。特に佛教的咒術的思想形態を背景として成長した宮廷貴族たちにとっては、伽藍の荒廃は、佛教儀式の衰退に通じ、国家に対する鎮護国家の祈禱が成就されないことになって、そのため国家への謀叛が起り、庶民の不安も醸成されると考えたのである。法橋上人位奝然の別当補任の永延三年（九八九）の官符の中にも、「若有ニ後代聖主賢卿一、成ニ此願一、乾坤致レ福、愚君拙臣、改ニ替此願一」と述べ、別当はかかる思想的・政治的目的を成就すべき義務についても「寺家別当職、将修ニ治破壊堂舎一、欲レ興ニ復凌遅佛法一」と述べている。

特に良弁以来海雲に到るまでは華厳宗を学ぶ人々から任命されたが、その間実忠は権別当として特に修理に力を尽したため、天平宝字八年（七六四）東大寺の東塔露盤を修理し、宝亀元年（七七〇）に大佛殿を構立し、延暦二年（七八三）

には大僧都等定を別当に任じ、延暦十八年（七九九）には大佛の背を修固し、延暦二十二年（八〇三）には大垣大門を造り、大同元年（八〇六）には食堂前の谷掘固めに、弘仁六年（八一五）には「東大寺権別当実忠廿九箇条事」を陳じて、造寺の功をかかげている。(16) そして実忠は、天平宝字四年（七六〇）権別当になるとともに修理目代をも兼ねて空海の別当就任に至る五五年間ほとんど伽藍の修理に従事したために、華厳宗出身の学識のみに秀れていた東大寺別当は権別当実忠の強力な背景のもとに、伽藍修理の職務を完遂できたものと考えられる。

しかるに、東大寺別当についてここに新しい変革がもたらされた。それは、従来良弁より代々華厳宗出身者をもって東大寺別当に任ぜられていたに対して、真言宗出身者をもって別当に任ぜられる例が開かれた。

それは空海がはじめて真言宗出身者として弘仁元年（八一〇）三十七歳にして別当に任ぜられた。特に御遺言に、

但依㆓勅命㆒渡㆓東大寺㆒建㆓立南院㆒、此間出生弟子等、便宜入㆓住東大寺㆒也(17)

とて、真言院を弘仁十三年（八二二）に国家のための灌頂道場として建立し、真言院を学ぶ僧をもって常住僧とした。特に承和三年（八三六）朝廷に申請し真言院二十一口定額僧となった満位僧真昶が貞観元年（八五九）に、住位僧安軌も元慶三年（八七九）にそれぞれ東大寺別当になった。(18)

真言宗と東大寺との関係は、真言宗中の「簡定㆓諸定額僧中能才童子等㆒、於㆓山家㆒試度、即於㆓東大寺戒壇㆒受㆓具足戒㆒、受戒之後於㆓山家㆒三箇年練行、厥後各随㆑師受㆓学密教㆒云々(19)」として真言宗では東大寺戒壇院を経過すべきことを規定して南都への積極的な進出を図っている。このことについては先に述べた。

嘉保二年（一〇九五）、経範の東大寺別当の申請について「東大寺別当は、顕教、密教の両宗の人より補せられるのが、過去よりの慣例であった。特に弘法大師は元は大安寺の住僧であったが、嵯峨天皇の勅命によって東大寺に移住した

例により、経範を別当職に補せられたい[20]」と述べていることは、経範のごとき真言宗出身者によって東大寺別当に任ぜられる理由であった。

以上のごとく東大寺別当は、平安時代には華厳宗系別当と真言宗系別当の二種に分れた。しかし真言宗別当は、東大寺に常住せぬ人が多かったのである。

次に東大寺別当の任期については、前述の貞観十三年の格によって考えると、諸寺の三綱等は寺院の寺務関係の雑事をたずさわるに対して、さらに別当を設置したのは、寺院の伽藍を修理造営するための管理者として補したのであって、その任期は四年であると規定している。東大寺別当も一任四年で、重任の場合は、任期四年終了後再び官符をいただいて重任することとなっている。そして重任の場合は、当然その重任の要請を五師三綱により、その能治のことを證明されなければならなかった。

その補任の条件については、任期満了の場合と、前任者の死亡の場合により、前任者の推挙および権別当の昇進、別当の師弟関係による譲によることも多い。

即ち、最初においては光智あるいは澄心のごとく修理に対して能治たるの仁をもって補したのであるが、平安中期に到っては単なる修理の実際的効果によるよりも、「公請の労」をもって補任の評価とする例が多くなった。長元六年(一〇三三)済慶を東大寺別当にするに対して、東大寺別当は「常住修学之者」あるいは「奉公有労之輩」を任ずるのが通例であると述べている。即ち公請《くしょう》とは永承六年(一〇五一)有慶の補任に際しても、諸講の官請の度数が多く、東大寺に長く住していることが条件であるとともに、維摩会研学竪義、および精義として参勤すること一四年、東大寺における御願法花会竪義の探題を一九ヵ年をはじめ、さらに三会の職衆は追年怠らず、特に殿上御論義に八箇度および法性寺、慈徳寺、圓教寺、圓融寺、仁和寺、醍醐寺御八講、等の講師および問者に三〇年余り出仕し、また宮中御八《みは》講《こう》の講師および聴衆《ちょうす》を勤め、法成寺御八講にも参ずる等、これら朝廷より施行された諸八講、諸論義に招請された実蹟功労によって、諸大寺の別当、所司になることが約束されたのである。有慶はまた、「倩案事情、経二三会之道一人、若僧綱、若已講、皆以被レ拝二任大寺之司一」のが通例であって、たとえば、真範僧正は公請の労により興福、元興両寺の別当となり、道讃権少僧都は西大寺、法花寺別当および東大寺の権別当となり、圓縁律師は西大寺、大安寺別当に拝任された。明空、朝懐、増祐、輔静等も三会遂業の後幾年もたたないで大寺の所司に任ぜられたと例證している。(21)

　このように階業をなしとげた人々はすべて七大寺の別当等に任命されたのであるが、これは平安時代になって、朝廷の年中行事が充実するとともに、慣習的な諸行事が、公卿の実生活、及位階の進級に絶対的な条件となり、有職故実の研究は彼らの官界進出への必須の条件であったと同様に、僧侶階級においても、年中に催される諸八講に参仕し、その八講に対する課題について着実に研究し、用意して、その故実にもとらないようにするとともに、講場に臨んでは、表白、神分等の文章の優美さを競い、その論題の究明については、他に優っていなければならなかった。いまこのことについて、鎌倉時代において建久十年(一一九九)正月十四日東大寺別当に拝任せられた弁暁の場合にも、

　爰弁暁自二生年十一歳一常二住本寺一修学之労五十箇年、公請労四十二年、年々齢闌六十、官位為二法印大僧都一已為二寺僧之一﨟一、又為二公請之第一一(22)

と述べて、別当に任命していただきたいと訴えている。また元仁二年(一二二五)大安寺別当職を東大寺に附すべしと訴えている時にも東大寺では大安寺の「別当職者(中略)云二公請一、一﨟之其器量仁、相二置于玆所一待二拝任一也」(23)と述べていることは、平安時代における別当職拝任に対しては、「公請労」が別当となる絶対的条件と考えられていた。

特にこの公請の諸法会については、維摩会、最勝講、法勝寺御八講、等の外に、宗性の記した春華秋月抄草十五によると、寛元四年(一二四六)正月より十二月までに次のごとき諸八講が見られる。

四条院御八講	正月、八、九日	
有隟(栖)川八講	正月十一日	
西八条八講	同月廿七日	関東右大将ノ為
後鳥羽院御八講	自二月十八日　五ヶ日	
最勝金剛院八講	三月六、七日	奉為後京極殿
長講堂御八講	自同九日　五ヶ日	奉為後白河院
廣隆寺御八講	同月十四日	為信清内府
城薗院御八講	同月十七日	為良平左府
報恩院御八講	四月四、五日	奉為九条殿
石清水八講		
安楽心院御八講	五月十日	為範季贈左府
安楽光院	五月十三、四日	奉為後高倉法皇
弘誓院御八講	五月十九、廿日	奉為先帝
吉田御八講	五月廿日	
久我御八講	五月廿七日	

池　八　講　六月十二日
土御門八講　六月十三日　為義時
知足院殿御八講　六月十四日
四条中納言八講　六月廿一日　親俊
清水谷大納言御八講　六月廿五日
安楽寿院御八講　六月廿六日　奉為八条女院
幡摩前司御八講　七月五日
陽明門院　七月四、五日
浄土寺八講　七月八、九日　為公教也
寂勝光院御八講　自七月八日　五ヶ日　奉為建春門院
有巣河八講　七月十一日　為鎌倉禅尼二位
坊城殿御八講
松尾八講　七月十六日
西宮八講　七月十七日　為定房大納言
勧修寺八講　自八月一日　四ヶ日　定方右府
後堀川院御八講　自八月二日　五ヶ日
谷堂八講　八月十六日　卿二位為也

絹笠八講　八月廿二、三日
粟田口八講　自八月廿七日　五ヶ日　為忠家中納言
二位宰相八講　九月二日
歓喜寿院御八講　九月十六日　奉為七条女院
藻壁門院八講　九月十七、八日
陰明門院
刑部卿御八講　九月廿七日
北白河院八講　十月二、三日
坊城殿御八講　自十月七日　五ヶ日　土御門院奉為
吉祥院御八講　自十月十七日　四ヶ日　左京大夫三位
春花門院御講　十一月八日
新熊野御八講　自十一月八日　五ヶ日
西園寺八講　十二月八、九日
土御門八講　十月廿日、廿一日
頭弁八講　近年無之、定日不知之
藤三位八講
安居院八講　為證憲也

佐土院　御八講　　　自今年可被始行之

藤三位長論八講

(奥書)寛元四年五月七日於白河宿所記之

等が行われていて、年中佛教行事として、僧侶公請の場が屢々おとずれた。(24)

そしてこれは僧徒が僧綱に補されるためにも朝廷公請の勤は常に必要であった。特に公請の中でも、興福寺維摩会において「維摩会講師者以二公請一為レ先、以二年臈一為レ㝡被二抽賞一者古今不易之例」で、最も大切なものであった。そして最勝講・公家季御読経番論義・御斎会・大乗会・法成寺・法勝寺・尊勝寺の御八講および二季仁王会、臨時御読経・院中御講経等は京都において公請される主なものである。その外所属寺院の中で公請に准ずる大会があり、これに出仕することも、僧綱に昇進し、大会の講師等に参ずる条件でもあった。

興福寺では、維摩会番論義、法華会、慈恩会、春日二季八講等がこれに当り、東大寺では法華会、華厳会、佛生会、御斎会、万華会、解除会、般若会、千燈会、万燈会等がある。延暦寺では天台勧学講等が行われ、それらの講会の功労によって賞にあずかることになっていた。

即ち公請とは勅旨によって行われる勅会、院旨によって行われる御八講等を指し、その時はそれぞれの宣旨により招請されるのが通例であった。例えば宗性の場合の㝡勝光院御八講に公請されたとき次のごとき院宣が出されている。

右、依　院宣奉請、自来八日被始行御八講如件

宗性権大僧都

㝡勝光院

宝治二年七月三日　　公文従儀師長快

修理別当法印権大僧都尊実(25)

以上みてきたごとく、中世寺院社会においては、年々の大会に参加できる僧侶がその人の出世への常道であったとともに、そのためには絶えず寺内において、その準備がなされなければならなかった。東大寺では華厳経を研究する探玄記三十講、因明を研究する因明講等が随時行われ、講師と問者は相互に交替して、同一巻内での討究がくりかえされた。かかる僧侶集団が学衆あるいは学侶と呼ばれる階層であった。学衆はさらに諸講会および大会に対する準備を行い、荘園雑務にも携った。そしてこれら僧団を統率しているのが別当職であり、そのためにも別当の任命は厳重になされた。

仁治二年(一二四一)正月七日に東大寺別当に任命された法印前権大僧都定親の場合を見ると、定親は正月七日に出された官符の到来とともに十七日には初任の吉書を行っている。吉書とは、東大寺内の三綱(七人)、小綱(六人)、各堂童子等を新別当の住房である新熊野房に招き、酒肴を設けて招宴する。そしてその席上諸庄目代を任命する。目代には、

執行　修理目代　下司目代　御油目代　瓦目代

そしてそこでまた諸庄の管理責任者を決定する。この時には、

笠置寺座主、大井庄、茜部庄、黒田庄、湯船庄、薬園庄、櫟庄、清澄庄、雑役庄、飛騨庄、賀茂庄、猪名庄、長州庄、水無瀬庄、玉井庄、後河庄、大井庄内の三ヵ所(板戸郷・高橋・楽田)

等の荘園支配組織をも確立する。時の三綱であった上座法橋範慶は、執行、上司目代、御油目代、雑役庄を兼任管理し、権上座法橋隆厳は、修理目代、黒田庄、薬園庄を、権上座兼俊は水無瀬庄を、寺主定厳は清澄庄を、権寺主俊快

は賀茂庄をそれぞれ移管された。かくのごとき荘園の東大寺支配権の確立に当っては、東大寺三綱が該当されるのが通例であった。しかしそのほかに年預五師と称して、五人の雑務取扱者が居り、それらの人の中からも荘園管理に当るものもあった。後河庄の管理はこの時では助五師貞圓が当っている。そして「五師等者諸供料□三綱所者僅庄務許也」とて、三綱が庄園管理に主として当ることとなっていた。修理目代以下の三目代等は三綱の支配下にあった。また奈良時代より継続経営されていた諸国の御封の沙汰人をも任命し、当時鎮西の観世音寺の年貢は東大寺の重要な財源であったので沙汰人を設けていた。その他拝堂に当っては講衆、出世後見、判書加判責任者、瓦目代等を決定し、修理すべき箇所についての点検を聞く等の順序を経て吉書を終えたのち、その吉書日記等を寺主の手で作成した。ことに吉書の場合のちの諸職任命書の作成等新別当の職務執行上の諸方針を確立している。[26]その後十月二十六日に愈々拝堂が行われることとなった。

当日まず第一日目は別当は政所房(中御門房)にて、三綱・寺主等が奉行となり行列を組み五師、得業等が前駆となって出発し、まず大佛殿に到り、大鐘を合図に経を読み諷誦文を捧げる。その後に列は八幡宮に参詣し、誦経・諷誦文を捧げ、さらに下司竈神殿にて奏楽とともに、舞楽をもよおし、幣帛三つを捧げる。次に上司庁にて印蔵を開き印鎰櫃を取り出し、唐櫃を出して文書を点検し吉書を行っている。この時には美作国よりの返抄に対する御判を終え、その後三綱が再びこれに署判し、「東大寺印」を押してから、「御封」と申して印櫃に付して収めることを行っている。その後に政務をとる庁屋で吉書後の酒宴を行い、再び政所房に引き返した。第二日は第一日に准じて大佛殿、八幡宮を礼拝し、第三日も同様であるが、政所における行事はこの日には行われなかった。ただし第三日目は行事終了後童舞および延年舞が行われ、これら拝堂に要する費用等には黒田庄、笠間庄、北伊賀庄等が充当された。[27]

かくのごとく定親の拝堂に対する記録は、中世における東大寺別当職の内容を明らかにする重要な史料であるが、別当が中世においては、単に伽藍の修理という職務内容から発展して、東大寺の経済的基盤である荘園の統括権を有するに到ったことは、別当の地位が政治的活動の場を持っているとともに、経済的支配機構の上に位置していたことが明らかとなる。しかして、東大寺の収入機構である封戸収納の制度は、中世にあっては別当新任吉書の時の「封」の署判のごとき形式的な、儀式的なものに変ってはいるけれども、聖武天皇以来の封五〇〇〇戸の収取内容を検討することが別当の主な任務であったことは、吉書に残されたこの儀式よりして明らかである。たとえば長久二年（一〇四二）の周防国への封戸調庸雑物についての東大寺返抄を見ても、別当深覚は草名の署判をなし、小別当、勾当、専当、知事等が連判し、長久三年（一〇四二）の下野国への東大寺返抄にも、別当の外三綱が連署している。そしてその上に「東大寺印」を押捺していることは、(28)別当が東大寺の封戸を収納する最高責任者であったことは明らかである。

以上の考察よりすれば、中世はいうまでもなく、元来佛教寺院は、佛教思想を根底として、「僧伽梵名、飜云二一味和合等意一、云三上下無二諍論一、長幼有二次第一、如二乳水之無一レ別、護二持佛法一」するために建立され、僧侶はこの中に止宿して、彼らは「寺役佛事之勤、若修学二道之営、或沙弥小児之誡、或末寺庄園之政、都世間出世善悪二事之沙汰、満山一味同心評二定理非一畢、可二政行一也」と定めて「多分之衆徒」の意見は絶対的に承認すべきであり、大衆集会は寺院の社会的経済的基礎をおびやかす事件の発生に対しては、屢々催され、衆議の決するところにおいて行動すべきものとなっていた。(29)特に寺院の学侶、大衆等の性格に対する具体的検討については、さらに検討を加えた後に再び論究することとするが、とにかく別当は寺院の維持についての最高責任者であり、その任務は、伽藍の修理、造営をはじめ、学侶、大衆に対する教学の最高研究者であることも必要であった。それと同時に寺院の所有している封戸、荘園の最高管理者であって、実務については三綱とともにその統括に従事した。定親、宗性等はともに別当就任後、大井庄下司職に大中臣奉則、平言光等を補任する等荘園内の人事にも、支配権を持っていた(30)ことはこの間の状況を示すものであろう。

つぎに東大寺別当の華厳宗系出身者と真言宗系出身者との関係については、もともと東大寺別当は良弁をもって勅任されたのであり、良弁は義淵について華厳を学んだ華厳宗出身者であることはいうまでもない。良弁以後良興から海雲に到る十代の間は、その出身については明らかでないが、権別当に良弁の東大寺建立の柱石となった実忠が存在したから、ほとんど良弁の弟子、実忠の高弟等が別当職にあって、華厳宗出身者であったとともに、任期も良弁を除いて平均四、五年を限度としている。空海に到っては、東大寺で受戒し、その後東大寺別当職となったが、彼はその在任後東大寺内に真言灌頂道場を新設してより、真言院定額僧を補任し、ことに真言宗の僧たらんものは東大寺戒壇に登るべしと規定したことは、東大寺をして真言道場に改変するような影響を与えた。そしてついで真雅が二十三代別当となり、延喜三年（九〇三）には東南院を醍醐寺開山聖宝の手によって建立され、三論宗を弘めてからは、東大寺内における真言宗勢力は、東南院を中心として確固たる地歩を占むるとともに、真言系別当は主としてこの院家の出身者が多いとともに、この系統の人々は必然的に東寺長者を兼任するものが多くなった。延敒、観理、法縁、澄心等はこの系統より出身した別当である。これに対して華厳宗系の別は空海を先例とする真言宗系別当の進出に対して抗するために四十五代光智は、東南院が「三論長者諸宗三論宗中殊撰二器量一以二官符一所二補来一也、而延久三年永以二東南院々主一可レ為二此宗長者之由一被二宣旨一」(31)に対して、尊勝院を建立し「光智幸蒙二天恩一拝二別当職一」より、「以二華厳宗一為二院住僧一」として、この院家よりの別当職就任を主張し、光智の資である観真をもって六十一代の別当職とした。(32)

しかしこの両系統の別当は、その性格において時代的変遷とともに、別当職補任の様相を異にする。

真言系別当においては、東大寺別当職は「顕密二宗之人」をもって補任することは「大師之門跡、而公請労積、年﨟共高」ものをもって第一条件と考えられ、嘉保二年(一〇九五)東大寺別当に任命された経範のごときは、別当就任後直ちに空海の遺跡であった真言院の荒廃を修復せんとしたのであるが、このような真言系別当の態度は、尊勝院を中心とする華厳系学衆の喜ばないところであったので、彼は約束を履行することができなかった。そして東南院系の人々にとっても、真言系別当が東大寺常住僧でない人をもって補任するに到っては憤らざるを得なかった。澄心の就任に対しても「就中寺家近代別当多在二於洛一依不レ興二学道蛍雪一之類懈怠、住持之人窓少」(33)とて、真言系別当においては東寺長者と兼任する場合が多く、四十二代寛救、五十代寛朝をはじめ、宇多法皇の資が相つづいて東大寺別当職に任命される等、貴種の人(貴族出身者)が多く任命され、平安時代においては、光智以後、観真、延幸の二人の外はすべて東寺、勧修寺、仁和寺、醍醐寺、および東南院系の真言系別当により、東大寺別当職が占められた。任期に到っても、深観、定海等では十二年の長きに及び、定海のごときは「天平行基菩薩、承和弘法大師、斉衡真如親王、延喜聖宝僧正、各銜勅命勤二知識一致二営造一」のに力を致し、当時において「寺領之庄園為二治国之要道一所レ残之封戸庄園不レ及二十分之一二」という状況において、「寺大力微、東補西壊」してゆく姿は、全く「自レ非二庄園之力一何致二土木之功一」(34)として大治四年(一一二九)権都維那法師覚仁とともに黒田庄、王滝杣の確保に努めた。その後東大寺別当を辞して後、東寺長者となった。また寛信のごときは東大寺別当と東寺長者は同時期であった。空海の例をもってすれば、東大寺別当は、東寺長者となる以前に補任されるものであったが、その後に到っては東寺長者の任期中に補任されることとなって、東大寺別当はむしろ東寺長者の兼任の場合が多くなり、東大寺別当補任に対する重要な条件であった東大寺常住僧をもってする条項は守られなくなる場合が多くなった。そのために近代別当の多くが洛中にあるがごとき結果となり、彼らは宮中の諸修法および宮中真言院に出仕する関係から、東大寺別当職が完全に執行されないこととなった。

特にまた真言系別当の中には深覚（藤原師輔十一子）、雅慶（式部卿敦実親王息）、深観（花山天皇第四子）、覚深（花山院第三皇子）、定海（右大臣源顕房息）、覚成（藤原忠雅息）等、貴族出身者が多いことは、東大寺への貴族の進出を知ることができる。しかし、これら貴族出身者は、東大寺の伽藍の修造より、公請労を通じての自己の昇進に積極的意欲を示し、華厳系別当ほど伽藍の修理等に対する積極性は見られなかった。

平重衡による治承の南都焼討は、東大寺の灰燼という結果を生じさせたが、尊勝院弁暁、俊乗房重源のごとき強力なる推進者と、天平盛時への追慕によって東大寺再建という世紀的事業が完遂されたのである。ここにおいて伽藍の復興のみならず、寺院内の貴族主義をもってする真言系東大寺別当職の温存に対して、華厳系学徒からの反発がおこった。そして東大寺別当職を良弁時代に復元すべきという意欲が新伽藍の完成とともに高まっていったと考えられる。そして真言教学が東大寺の主流をなしていた平安時代より、奈良朝佛教の最盛時への復帰のためには、華厳教学の研究を通じて行わなければならないといらはげしい意欲が華厳系学侶衆の間で高まり、寺内において東南院系に対する尊勝院系の新展開を見るに到った。

鎌倉時代において、その最初にかかる意識をもって東大寺別当職に就任したのは弁暁であった。弁暁が延杲と東大寺別当職について意見を異にしているが、この論議を中心として、いま両別当職について考えてみる。

弁暁は東大寺別当職は東寺一長者をもって兼帯するのが妥当であるという延杲の意見に対し、東大寺別当職は良弁以来、弁暁の前任者覚成に到るまで八二人のうち六〇人までは東大寺の僧侶である。しかし東大寺別当の内東寺長者となったものは、この内二十余人であるが、その中七、八人は東大寺止宿の僧であって、真言宗を学ぶ僧をもって補任せられている。これは、真言宗は東大寺内に発生した由来よりして遂に南都僧をもって東寺長者となしたためである。東寺の住侶をもって東大寺別当職に任命されたものは十余人にすぎない。即ち、

　以二本寺僧一代々専為二別当職一之故也、而寺家其器量之人断絶之時、以二弘法大師之門人一押三取同寺僧二之故、中古以来粗以二一長者一被レ補二此職一也、寺家若有二器量一人之時、何可レ用二他寺一乎(35)

と。真言系別当は空海門下の東大寺在住僧をもって補任するのが正当の経緯であったけれども、東大寺内に別当に対する適任者が存在しない時には東寺止住僧が東大寺止住僧に準じて任命される例が開かれたと述べている。そして六十二代仁海はかかる理由により長元二年(一〇二九)に補任された。この例について、

　東寺長者雖レ非二寺僧一、連々被レ補二任別当一者、即以レ之為レ例歟、然而寺家若於レ有二其人一之時者、以二寺僧一為二別当一全不レ顧二東寺之人一(36)

として、東寺止住者による東大寺別当補任は、東大寺常住僧中、僧綱位階の所持者、あるいは三会已講の充当者なき時の便宜的措置として始まったのであるが、彼らが中央権威者たる藤原氏出身者が多く、貴族への連繋が強固であったために、東大寺内に適任者が存在した時においても容易に別当となることができたのであった。

　さらに東寺長者と東大寺別当の補任について、八十三代禎喜の場合においては仁安二年(一一六七)東寺一長者に補任され、顕恵の資である敏覚は、東大寺三論宗出身として東大寺別当に補任したが、東大寺大衆と意見が相違し、遂に治承元年(一一七七)十月七日、東大寺にその党と共に闖入し、房舎等を破壊したために遂に十二月六日、その職を停止された時、禎喜はその時に乗じて、東大寺別当職を兼任した。しかし禎喜の東大寺別当就任は事実上有名無実で

あり、東寺長者にその主眼が置かれ、雅宝、俊證等すべて、東大寺別当を東寺長者が兼任した例であり、この東大寺別当の兼任制は後白河天皇の時代より強行された。

特に治承炎上後、寿永より文治に至る一〇年間は東寺長者をもって兼任していることは、真言勢力が東大寺再建にとって、中央勢力に近づくためにも必要であったであろう。また権僧正勝賢は、少納言通憲の子で、東寺二長者に文治四年(一一八八)に任命され、建久四年(一一九三)まで在任し、東大寺別当には建久三年(一一九二)より同六年まで在任した。勝賢の任命については、

賞成僧正補二一長者一之時、以二東大寺別当一、被三補二任勝賢僧正一畢、是則勝賢依レ伝二得東南院々主一、枉可レ被資二同寺僧一之由、造寺上人(重源)依二申請一也[37]

とあり、重源の申請により、醍醐寺座主勝賢が任命された。ここに藤原通憲一族の東大寺への進出が見られる。これは重源が醍醐寺僧であって、その再建事業の完成のためにも、醍醐寺出自、東南院方の勝賢をもって東大寺別当に就任せしめることは必要と考えられたのであろう。

しかるに、勝賢は早く入滅したために覚成は再び東大寺別当の兼任となったが、つぎの定遍は東寺、東大寺を一時兼帯したが、これは定遍が「是其時本寺無二指人一之上、世間乱逆之尅、定遍不レ惜二身命一於二軍陣之中一、始終勤二仕御祈一、其叡感之余、両職一時被二兼補一畢」という功労によるものであった[38]。

また弁暁の東大寺別当についての延杲との相論は、東大寺別当が東寺長者の兼任が慣習化することを恐れることであった。

自二最初一非レ兼二両職一、是皆　後白河院之御時并我君(後鳥羽)御宇之間也、若以レ為二一長者一、必令レ兼二帯此職一者、長者惣

無㆓可㆑絶之世㆒、寺僧争可㆑抽㆓其身㆒哉、寺家之滅亡佛法之凌遅、職而可㆑因㆑玆歟(39)

と述べて東大寺別当職に、東寺長者になったものがかならず任命されるならば、旧来よりの東大寺常住僧の任命は不可能となり、東大寺の独立は危険となることを警告し、東大寺別当職には東大寺寺僧中より絶対に任命されるべきであると主張した。

弁暁のこの主張は東大寺別当職は、

(一)　東大寺常住僧をもって補任されるべきで、東大寺常住僧中で公請の労多いものをもって任命されるのが正当なる任命である。

(二)　東寺長者による東大寺別当職の兼任は、本来の任命方法でなく、兼任は排除すべきであること。

これらの主張は、明確に良弁よりの東大寺別当職の性格を示しているというべきである。

以上東大寺別当について考察をしたのであるが、東大寺の最高統率者はもちろん別当職にあった。そして寺院が僧侶という佛に奉仕する人々の集団社会を形成している故、統率者たる別当は集団社会の中より選出されるのが寺僧集団としても有利な結果をもたらすと考えられたことは当然である。ここに東大寺別当職は、東大寺という寺院僧団の常住僧中より、僧侶および三会已講等に列した者から選出されるべきであるという慣習法が成立したのである。そしてかかる慣習法は、寺院僧団においては宗派的権威をともなって成立した。すなわち東大寺においては華厳宗、東寺においては灌頂僧、興福寺にては藤氏一族等、寺院の代表者であるとともにその宗の宗教的支配者であることが必要な条件であった。そして同一宗派の僧侶集団の中に、他宗派系の異質的集団が形成され、これが単なる研究団体である場合は許されるが、その研究団体の成長によって他の異質的集団の代表者が、同一集団の代表者に転化せんとする時に最初よりの慣習法は法としての効果を発揮するのである。

即ち、東大寺の寺院社会において、上代においては華厳宗僧侶集団の代表者は良弁以来東大寺別当職に存し、「鎮護国家」の祈禱をなし、国家に奉仕することが、この僧団の目的であったが、空海以来、東南院を中心とする三論宗系僧侶集団と、光智以来尊勝院を中心とする華厳宗系僧侶集団とが竝存し、前者が真言宗系僧侶集団との連繫のもとに、後者との対立となった時、後者は、前者成立以前の事例を慣習法化し、先例主義をもって対決せんとする様相を示した。「常住僧」「能治」「公請労」等の別当職補任に対する条件は、東大寺を成立させた華厳宗系により掌握されるべきであると弁暁等は主張し、それは東大寺の利益代表であることが絶対条件であったのである。ここに別当職の性格が明らかとなる。

(1) 類聚三代格、巻第三、貞観十三年九月七日条
(2) 延喜式、巻二十一、玄蕃寮
(3) 同右、別当三綱の項
(4) 同右
(5) 大日本古文書、家わけ十八、東南院文書之一（四七号）寛仁四年十二月卅日太政官牒
(6) 同右、東南院文書之一（五七号）永承六年五月廿三日太政官牒
(7) 同右（四二号）、長保四年十二月廿九日太政官牒
(8) 同右（三四号）、天延二年五月廿四日太政官牒
(9) 同右
(10) 同右（四五号）、寛弘九年九月廿二日太政官牒
(11) 同右（四六号）、長和五年五月十六日太政官牒

(12) 註(8)に同じ
(13) 註(10)に同じ
(14) 同右
(15) 正倉院中庫、前棚所載、聖武天皇詔書銅板銘（寧楽遺文、下、九七一頁）
(16) 東大寺要録巻第七、雑事章第十（東大寺宝蔵）（続々群書類従、第十一、一三三頁）
(17) 御遺言（大正蔵七七、四一〇c）
(18) 弘法大師正伝（弘法大師伝記集覧九七七頁）
(19) 東寺長者補任、第一（続々群書類従、第二、四七五頁）
(20) 大日本古文書、家わけ十八、東南院文書之一（六一号）嘉保二年六月廿二日太政官牒
(21) 同右（五七号）、永承六年五月廿三日太政官牒
(22) 春華秋月抄草、第十三（東大寺図書館架番号一一三・一二一・二三一一一）所収。拙書『東大寺宗性上人之研究並史料』上三二九頁
(23) 同右
(24) 春華秋月抄草、第十五（東大寺図書館架番号一一三・一二一・二三一一三）所収。同右著、上、三三八頁
(25) 天台宗雑論義抄、第二（東大寺図書館架番号一一三・四二・二一二）紙背文書同右著、中、三〇〇頁
(26) 旧薬師院文書、東大寺図書館蔵、『南都佛教』第一号所収
(27) 東大寺続要録、拝堂篇、東大寺宝庫蔵（続々群書類従、第十一、二九四頁）
(28) 大日本古文書、家わけ十八、東大寺文書、第二、東南院文書之一（二四八・二五一号）
(29) 元暦二年文覚四十五箇条起請（平安遺文、九、四八九二号文書）
(30) 中村直勝『荘園の研究』一八九頁
(31) 東大寺続要録諸院篇（続々群書類従、第十一、二七三頁）
(32) 同右（同右、二七七頁）

(33) 註(10)に同じ
(34) 著者蔵、東大寺文書、大治四年東大寺衆徒申状(平安遺文、九、四六九三号文書)
(35) 註(22)に同じ。拙著、上、三二八頁。東大寺別当補任子細(建久九年十一月日)、弁暁愁状案(同年月カ)
(36)(37)(38)(39) 註(22)に同じ

二 学侶について

古代寺院の社会的基礎構造を明らかにするためには、寺院構成の問題をさらに検討しなければならない。寺院はいうまでもなく佛教法会を厳修する道場を中心として形成されるのであり、法会を執行する人々により集団社会がいとなまれているのである。寺院には国家的性格寺院と、私寺的性格寺院があり、前者においては、国家的な法会がいとなまれ、後者では個人の祈禱をはじめ、また貴族のような氏族的な集団に対する祈禱等がいとなまれた。いま私が述べようとする、古代において四大寺と称せられた東大寺・興福寺・延暦寺・園城寺のごとき寺院の平安時代における寺院社会の構造と学侶の性格について検討を加えようとするものである。ただし、興福寺については国家的・私寺的両面性を持っている。

しかしこの四大寺の中でも史料的な関係により、最も大きい存在であると同時に国家的寺院の性格の強い東大寺の構造を中心として述べようとするものである。

東大寺に限らず、古代寺院社会の考察には、三つの組織を考えなければならない。「別当」「学侶」「堂衆」である。即ち、寺院においてこの三つの僧侶の組織体は主要な地歩を寺院社会内に占めていたからである。

次にまず学侶層の集団の中心ともいうべき院家の成立について述べる。

東大寺の院家には、東南院と尊勝院の二つの大きな院家が平安時代中期より成立して、この二大院家の勢力が、東大寺別当職を出すなど互いに競って、東大寺の歴史を左右している。

東南院は、平安初期に東大寺別当道義律師によって、延喜四年（九〇四）七月二日夜に三百余人の人夫等によって、佐伯院にあった香積寺《こうしゃくじ》を壊して、東大寺の南大門の東脇の地に移して東南院と号した。そののち道義律師はこの東南院に聖宝を招じて、三論・真言宗の東大寺における本所となした。

この東南院には五間檜皮葺薬師堂一宇を建て、この内に金色丈六薬師像一躰を安置し、その脇侍として日光・月光像を置き、その他に檀像の十一面観音像一軀等をも含んで一堂をなしていた。さらに悲田院一宇を壊して、東南院院主の房舎とした。(1)

この東南院には三論宗を学ぶ学侶たちが住居し、東南院院主はまた三論宗長者と称せられた。また延久三年（一〇七一）には、東南院院主をもって、東大寺別当となる道も開かれた。平安中期には、白河天皇もこの院に御幸されたことがある。この院主について、東大寺要録によって鎌倉中期まで示すと、

聖宝―延僘―観理―澄心―済慶―慶信―覚樹―恵珍―聖慶―道慶―

―勝賢―定範―道快―聖実―聖憲

となっている。

その所領については、嘉禄元年（一二二五）の記録では、

山城国——宇治庄、狛野庄、槻村庄
大和国——虚空蔵寺、安隆寺、角庄、和邇庄、白土庄、別府庄、檜垣庄、会喜庄、櫟庄、中門庄、大槻庄
摂津国——頭成庄、長州庄
伊賀国——簗瀬庄、阿波庄、山田庄、廣瀬庄、湯船庄、富永庄、別府庄
伊勢国——安楽寺
越後国——豊田庄
丹波国——曾我部庄
備前国——陰陽頭位田
周防国——宮野庄

として、すべて二一ヵ所が充てられている。

また一方、東大寺における院家として、もう一つの大きな勢力をもつに到った尊勝院については、東大寺要録によれば、天徳四年（九六〇）十一月二十八日に、ときの別当光智が奏状して、東大寺内に一院をたて、知行僧を置くことを申請し許されて、この院が成立した。

この尊勝院は、五間四面の礼堂についている檜皮葺堂一宇と、十三間の僧房とによってなりたっていて、本尊としては金色毘盧舎那像一体と釈迦如来像および佛頂尊勝如来、薬師如来、十一面観世音菩薩、延命菩薩等のおのおの一軀、ならびに梵天・帝釈・四天王等の諸像が安置されていた。この院ではさきの知行僧十口をもって毎日昼は仁王般若経を転読し、夜はもっぱら尊勝・大日・薬師・観音・延命不動の真言を唱え、聖朝安穏・国家豊楽を祈り、天皇、

皇后ならびに藤原氏への祈願をこめた。このような尊勝如来を中心とするこの院は、真言を唱え、天下の災変を除くために、光智の個人的意志によって創立を見たのであるが、この院が、さきの東南院の場合と異なるところは、この院主が知行僧を選ぶについて、華厳宗の習学僧をもって院住僧としたことであった。その理由として「華厳経は、大日如来の肝心をぬきんで、普賢薩埵の行願をあつめ、圓融の理甚深にして測り難く、利生の誓は広大無辺にして、第一の宗を立てて、廣大の教を興さん」と述べて、奈良時代以来の華厳宗を復興せんとして、この院をもって本拠としようとしたことである。そしてこの知行僧十口のうちには、応和元年（九六一）に六十七歳の光智律師をはじめ慈高・仁範・仁鑒・法秀・平州・法春・神蓮・頼算・松橋等が居り、のちに華厳宗の教学の興隆に力をいたした松橋のごときは、わずかに二十六歳の青年僧であった。(2) 尊勝院の院務については、

光智―法春―松橋―運幸―観真―良真―千猷―延幸―深幸―延尊
―定暹―隆助―弁暁―道性―良禎―勝信―宗性―宗顕

となっている。しかし尊勝院は光智の没後は、あまりふるわず、わずかに華厳の法澄を護持するにすぎなかった。この院の教学上の発展はむしろ鎌倉時代に弁暁法印がでてからであった。またこの院に対する経済的な基礎については、朝廷がこのために、大和国の正税のなかから五〇〇〇束をさいて、諸尊常燈佛供料としてこの院に差しのぼすことを許した。このために康保四年（九六七）には、大和国内に、尊勝院に対する常燈佛供造佛写経百部法花八講伝法会料および修理作料、ならびに供僧住僧等随分供料に対する荘園が定められた。これによると、

大和国

添上郡――平城左京三・四条等田畠、長井庄、簀河庄、和邇庄、櫟北庄、多富庄、大岡庄
添下郡――深溝庄
山辺郡――新富庄、横路庄、隠岐庄、長屋庄
城上郡――椿富庄、薦堤燈油園
城下郡――内田家一所、遠南庄
十市郡――杜本庄
高市郡――長富庄、宮富庄、田部庄、山本庄、近坂庄、八多庄
葛下郡――田辺庄
宇智郡――家地一処
宇陀郡――草薬園、竹田庄、橘庄、萩原庄

山城国

相楽郡――旧鋳銭岡田庄、泉郷家地等有之、綺《こま》郷家地等有之、祝園《ほうその》郷家地等有之
綴喜郡――清水庄
久世郡――石田庄

となっている。この荘園の管理は尊勝院内の院司である別当・検校・勾当《くとう》・知院事がこれにたずさわった。しかしこれらの荘園も、平安末期には、沽却されたり、年貢納付が完全に行われなくなって顚倒して、鎌倉時代には大和国では田部庄・櫟庄・清澄庄、山城国では銭司庄、伊賀国の財良寺・丸柱庄・玉滝庄・王滝寺・槇山（真木山）庄・黒田

新庄のみになってしまった。

このような両院家の成立は、以前の東大寺における三面僧房における僧侶の共同生活より独立するものとなった。そして僧坊以外の他の地に個人的な寺領の相伝形態をもつ院家が成立して、僧房生活者はしだいにこれらの院に走るものも多くなった。そのほか、院家はその経済的基礎のもとに、東大寺の経済からも、独自な運営をもつに到って、その荘園支配の形態に重層的な要素を在地にもたらすことになったのである。

元来、東大寺には奈良時代より、多くの僧侶は、講堂の周辺にあった三面僧房に朝夕住まっていた。三面僧房は、東室、北室、西室の三面にあり、その構造は、天平時代の正倉院の麻布図が残っていて判明する。

三面僧房は、延喜十七年（九一七）十二月一日に講堂とともに全焼した。この時の扶桑略記では、「東大寺講堂一宇十一間、ならびに三面僧房百二十四間焼亡」となっているので、長さ一二四間あったことがわかる。(3)そして東室《ひがしむろ》には、「南階十二房、同小子房十二房、北階大房十二房、同小子房十二房」と、一二房に分かれた房室があり、西室はこれに対して南、北階大小一〇房に分かれていた。こちらには、棟が東西に通って、一房の大きさは桁行三間で、おのおのの室の中央に馬道《めどう》が横断していた。この僧房に住んでいる僧たちは、毎日六時の鳴鐘によって、その生活は規整されていた。春は花厳会に臨み、秋は般若の法莚に連なり、夏は万花会に出仕して、冬は千燈・万燈会に列座することになっていた。この僧房内の生活の状況については東南院文書に天喜四年(一〇五六)四月二十三日に僧房内の僧が検非違使の追及を受けて殺された事件において明らかとなる。(4)この事件は東大寺に隠宿させていた山村頼政の子の法師を検非違使が追捕するために東大寺に向ったとき、東大寺三面僧房の房主がこれを拒否したので、この日の辰時に寺中の北の岡より、甲冑や藺笠を着て弓矢刀鉾をたずさえた騎兵・歩兵七四八〇人ばかりが、三面僧房の北室の馬道から乱入し、北室の第二房に住していた同法師を捕え、房内で頸をとって、その死骸を鎮守二十五所の岡に、引き捨てて退散した事件が起った。(5) またこのことを引きとめた東大寺の僧にも弓矢を討って射散するなどの乱暴をしたので、寺内の大衆は集会して朝廷に抗議した。

この時に殺された法師の持物および部屋については「彼の房を見れば、血肉流散して佛像、経論のことごとくにしみとおり、房内のへだてなどを打ちこわし、またこの時に責めとったものは綿衣二領、紬衣一領、三重表衣一領、同裳一署、甲袈裟一条、夏表衣一領、同裳一署、五条袈裟一条、狩袴一署等であった」と記している。これによって、僧房内においては、板床の上に、一房ずつへだてがあって、そのなかに、自分の念持佛をまつり、日々の法衣等も室内に納めて生活をしていたようである。

このような三面僧房における僧侶たちの生活も、平安中期になると、東大寺の寺院社会の構造に、別当以外に、学侶と堂衆の階層が分かれてくるのである。

ことに寺内組織において東大寺では、東大寺別当および三綱→院家および学侶層→法華堂・中門堂の両堂衆、興福寺でも興福寺別当および三綱→院家および学侶層→東金堂・西金堂の両堂衆が見えているし、その他東寺でも学衆と供衆、高野山でも学侶と行人等大略寺院の構成組織はかかる様相を呈していた。

さらに換言すれば、別当は寺院集団社会の最高統率者であり、統率の責任は伽藍の維持と法会の儀式の厳修であると同時に寺院僧侶の育成統理にも当った。そして学侶は法会の主催者であると同時に、少数の僧綱を含んで寺院社会で教学をもって任ずる中枢的存在であった。一方堂衆は、非学侶的な、法会の実践と荘厳という面において欠くべからざるものであるが、教学的な負担は帯びていなかったようにおもわれる。

さて、ここではこの寺院における三つの構成体のうち、その教学的な中枢機関である学侶について、その性格を明らかにしよう。

学侶とは南都僧俗職服記では「学問之為交衆スル僧ナリ」と述べてあり、堂衆が「両堂衆　是論不レ出、平日法用肝要ニ勤レ之」と学侶とは区別している。学侶は学問に専ら従事し、論義に参加するのに対して、堂衆は論義に参加することができず、平日の法用にのみ参加し、供花、読経、読師等の役にたずさわるものと規定されている。

即ち学問（主として佛教に関する）をもって佛に仕える僧侶の集団を指して学侶と呼称したのである。学侶に対する呼称には時代により種々あるが、上代では「学問僧」「学生」「学僧」と呼ばれていた。特に学侶と称されたのは主として平安時代になって、堂衆との階層分離を示す上に盛んに用いられるようになったのである。

このように学侶は寺院内の教学の振興に主たる目的をもっていた僧侶で、学侶の勉学機関は談義、法会が中心であった。南都ではことに内明と因明と二つの教義を是非習得しなければならない教学でもあった。そして学侶相互の切磋琢磨の場である会・講の竪義を勤めることが彼らの登竜門であった。ことに僧官の有する僧綱はもちろん学侶中の優なるもので、とくに院政時代以後南都の寺院では貴族出身者が多く入寺してこの地位を獲得して、学侶層の指導的立場に立つとともに、教学振興の中枢的役割を果たす場合も多かった。たとえば貞慶・宗性の場合もこれに相当する。

一般に寺内における学侶のみならず僧侶の昇進の次第は、[6]

一、法師中﨟等　二、大法師　三、已講　四、法橋　五、律師　六、法眼　七、権少僧都　八、少僧都　九、権大僧都　十、大僧都　十一、法印　十二、権僧正　十三、僧正　十四、大僧正是次第昇進

の一四の階梯があった。ことに法中官位について、

一、法中官位　官者辞退、位者不辞之、

四大寺之内一口

大僧正　僧正　権僧正　極官也 法大臣也

大僧都　権大僧都　少僧都　法大納言也

少僧都　権少僧都　法中納言也

律師　権律師　法参議也

以上官

法印　大和尚位 極位也 法一位　法眼　和尚位 法二位　法橋上人位　法三位也

以上位

別当　寺務長吏 貫主寺家　検校　執事　座主　権別当

長者　寺務長吏 貫主寺家　法務　正法務也　四ヶ大寺等之内一口

権法務　執印法務也　上座　大法師位　春日東西御塔、北円堂 興福寺龍花院在之

権上座　大法師位 准已講受戒次第　寺主　大法師位　権寺主　大法師位 受戒次第

都維那　法師位　権都維那　法師位 中﨟受戒次第

従儀師　法師位　已講　非職、准僧綱 大法師位　准已講　同已講 大法師位

擬講　同 大法師位　勾当　春日東西御・塔北円堂 大乗院・一乗院在之

得業　非職 大法師位　擬得業　同 大法師位　執行　寺務未補之時 在之

以上職

五　師　大法師位　学頭　戒和尚

と寺院の僧侶は僧官、僧位、僧職の三つに分かれていた。しかし学侶層は「非職」に含まれている。また已講、擬講、得業は、寺院経営上の直接の執務は外され学業専一に住侶としての生活を送っていたものと考えられる。解脱上人貞慶の勧学記には、学徒は、

一、不レ可レ空二昼夜六時一事

辰巳　学問　午　勤行　未　学問　申　外典世事等　酉　勤行念誦

戌亥　学問　子丑　休息睡眠　寅卯　学問

右のような生活を送り、宗内外寺内外の論義には、学侶は万事をすてて参ずべき義務を持っていた。

一、決択之庭、聴聞之砌、抛二万事一、可二差出一、且為レ会資二威儀一、且為レ身成二才学一興隆也、得分也、必臨二学場一可二聴聞一也、恒例之大会、希代之診事者、無二故障一者可二見物一、為二寺社之栄仕一、興隆之一分故也、於二自余見物一者、縦雖レ有二逸興一、堅可レ令二停止一、為二不用之基稽古之障一故也(7)

と、談義および十二大会その他の法会は自己の学問を試みる場であると同時に、僧官僧位を獲得する機会でもあった。興福寺学侶の性格について、最も端的に示されているものに、天正十七年(一五八九)の多聞院英俊長実房権大僧都が連歌宗匠の紹巴の前で戯作した「興福寺住侶寺役宗神擁護和讃」がある。(8)

この和讃を中心として、当時の興福寺の学侶のあり方を考えてみると次のようである。

まず興福寺の僧となる者は、最初に出自の氏族を簡定し(主として藤原一門が多かった)、童形の「児《チゴ》ソタチ」のとき入室

し、ついで般若心経、唯識三十頌、成唯識論を師について習い、これをつらいながらも暗誦せしめられ、十三から十四、五歳ともなると、いままでの有髪を剃り捨てて、東大寺戒壇院で受戒を得け、衣、装束を新しく作った。受戒後より臈をもって数え、二、三年を経て二、三臈になると声明講や重難の入らない論義等に出仕することが許され、問題講では探《さぐり》でもって問者に充てられることもはじまった。東大寺でも講問の問者に対する探は、三季講や因明講において、鎌倉時代より行われ「先達之中守㆓夏臈之次㆒可㆑請㆑之、問者論匠者講衆之内、以㆓当座探㆒可㆑勤㆑之」(9)等と見えているし、現在の講問の場にてもこれを実施している。この時より布施の支配にあずかる。ことに学侶として重要な観禅院三十講に出仕するために、初年度の二月より問者の引声の口受を受け、観禅院三十講では正式ではないが、特別の取計いをもって問者役を勤仕することが許された。これが興福寺内の寺役のはじめであった。東大寺では世親講、倶舎三十講がこれに相当する。この出仕が完全にとげられた時、近所の知り合いを集めて一献酒を進めて祝うことも行われた。その後毎年六月二十日の観禅院における撲揚講番論義、および十二大会の一つである十二月十一日の同院における淄州会番論義に新入として帳付けされる。特に興福寺のごときは藤原氏の他氏排斥の傾向が強く、氏種姓の明確なものでないものは入寺のみならず、論義出仕さえ覚束無かった。だから他氏および出自のいやしいものはこの論義より上へは許されなかった。学侶となるものはこの番論義を経て、氏種姓を正されはじめて下臈分として、僧侶集団の下級層に位置を占めることができたのである。これよりしだいに興福寺十二大会中の竪義を漸次終えることになるのであるが、最初は十二月八日の講堂における方廣会の竪義等に出仕すると同時に下臈分の三十講等に問者となり、ついで竪者となり、切声をもって難答に及んだ。入寺以来七年目の五月には奈良町を廻り、その年の冬、観禅院・菩提院の加行《けぎょう》を終り、毎日講をはじめ、寺内の寺役に出仕し、八臈の四月に、観禅院三十講にはじめて登高座が許され、新講師を勤めることができた。そして新講師の祝と、加行終りの祝には一献を用意して寺僧をもてなさなければならなかった。この時はじめて新しい「白シシュウ色」の袈裟と「ネリ衣ノ白キ」を著けることが許された。五月五日の興西院三十講の問答には菩提院の三十講が終ったものから選ばれた。この間加行は二年間つづけられ、唯識講、興西院、菩提院の諸講には絶えず参勤し、十四、五臈にしてはじめて、三十講の講師となることができた。この時再び三日間の悦酒を催し、出自の尊卑は、酒宴の大小にかかわった。ここで下臈衆を去って、中臈衆に入る招請をいただくことができた。興福寺ではこの中臈が六方衆（「非両門跡被官之類多之、学非学相交者也」——戌亥方、丑寅方、辰巳方、未申方、竜花院方　菩提院方——）の中心となっていた。この中臈衆は九月晦日に行われる南圓堂の法花会の加行を百日勤め、法花会竪義における論義の内容を記憶して、稽古にはげみ、合せて御八講および十月十日の維摩会、十月十三日の慈恩会の番論義を勤めて、ここに中臈衆即ち六方衆より成長して学侶衆に入ることができた。

即ち学侶は尋常の下臈中臈の人々ではなかなかなることが不可能であったと同時に、諸講論義の学的経験を経なければならなかった。ここに、学侶の寺院内における社会構成上の位置が明らかとなるのである。

ひとたび学侶衆に入ったならば「諸屋ノ参籠数多シ、毎日講問勤行シ、論義決択談義シテ、天下国家寺社以下ノ万ノ祈禱ヲコタラス、貴賤ノ聖霊トムライノ、寄進ノ料所数多シ、布施物ヲトリヲキテ、寺役ノ便トスルナリ。学問器用の仁体ハ両門（大乗院・一乗院）江メサレツヽ、御同学ニ成ヌレハ、諸供納所拝領シ、寺ノ読師ニ定ル」がごとき生活を学侶は日々行っていたのである。その結果、寺内の奉行とか、目代の職を与えられることもあった。これらに補任された時再び三日一献の宴を開き人々に披露することになっていた。そして次の年得業の簡定を受け、季行事、田楽頭役を得るとともに、維摩会の竪義を遂業すれば「已講ノ官ニ（ヲ）経シッツ、法会ノ導師ニ定ル」ことに規定されていた。維摩会竪義遂業の後は、三会の論匠を経て、権律師に補任された。またついで遂業の律師が権大僧都に昇進することは一身の名誉稀職であるが、なかなかここまでは到らず、「年ヨロヨロトナリヌレド、僧都デハツルアワレサヨ」という連中が多かった。まして、「法印」を得る人は全く少なかった。けれどもその時はもはや死期に近づいている。ことに権僧正、僧正、大僧正になる人は天下に何人とてもなかった程であった。このような「交衆ノ次第」はそれ自体学侶の生活および寺院内に占める社会的位置を説明していると同時に、中世における寺院社会の構造を如実に物語っているといえるであろう。[10]

このような興福寺の社会構造は、興福寺のみの構造でなく、南都佛教寺院集団を結成している東大寺等においても、同様に見られるのであって、維摩会という共通目的により顕教によって成長する学侶層にとって、共通の社会構造に基盤を置いていることは、当然考えられることであった。ことに古代寺院の性格を究明するためには、その中枢である中・上﨟衆に属する学侶の問題が解明されなければならないであろう。この問題について、時代は下るけれども史料的に明確である東大寺宗性の例を採って東大寺の場合について考察を進めてゆくこととする。

東大寺の宗性については、彼は藤原隆兼を父として、藤原氏の長良卿流を受け継ぐ貴族出身者である。隆兼の早世後に権中納言宗行に猶子としてあずけられ、宗行もまた彼を尊勝院道性にあずけた。このような貴族の寺院進出は白河院の院政期を境として、東大寺のみならず、興福寺にも多く見られる傾向であった。宗性の師事した道性は一条兼良の息であると同時に藤原兼実の猶子でもあった。

道性は弁暁についで、東大寺の華厳宗再興の願を有し、彼が「出ニ自槐位之孫枝一、入ニ于華厳之僧林一」という貴族出身者であったと同時に、数々の公請に応じ、学侶としての社会的地歩を固めると同時に、華厳宗が、

華厳末葉之内、故弁暁法印以後三十余年、無二勤仕之者一、当寺門徒之中、貞乗僧都以後六ケ年、已被二棄置一畢

となってしまっていることを嘆き、さらに、

抑内学外学之道、南京北京之輩、学者多レ自二牛毛一、抽者稀レ自二麟角一、於二当宗一者学者惟少、抽者不レ聞、先師弁暁法印遺弟等之外、又無下嗜二此教一之者上、不レ堪二衰微之恨一、雖レ有二興紹之志一、身之不背思今無レ験、而去承元元年、院宣云、華厳宗殊可二興隆一云々自レ蒙二綸命一、殊勧二器量一、或謗三不材而為二門跡之上首一、或咲三微運而居二階級之末班一(11)

と道性はつとに「入二于華厳之一宗一、倩々顧二涯分一雖レ稟二下愚之性一、殊勧二門徒一、常挿二中興之心一」と華厳宗の再興を求めていた学僧であった故、宗性もまた華厳中興への大志をいだき、そのためには道性の意のごとく三会巡労、公請学道労により僧位僧官の獲得による華厳一宗の再興について道性の先業を継承したいと考えていた。宗性は童名は有夜叉丸と称した。(12) 建保二年（一二一四）以前に東大寺に入寺し、道性を師として仰いだ。その時、道性は法印に叙せられ、「於当宗者学者惟少」と、後輩の進出を待っている頃であった。時に年齢十四歳であった。この初﨟の時はおそらく、戒壇院で受戒を得て有髪の有夜叉丸は、養父、藤原宗行の「宗」と、師の道性の「性」をとって、得度名を道性より授けられた。得度の後、「宗性」の法名を得た。すなわち受戒時をもって初﨟とすることは戒﨟と称せられることによって明らかである。受戒第一﨟後、次年の七月二十七日倶舎三十講に参じた。倶舎三十講は、学問、出世を志すものにとっての最初の道場であった。

この三十講制度は「古寺以二三十講一以為二規模之学道一、学侶競レ功、文義探レ玄者只此事也」(13)と修学の基本でもあった。故に三十講は宗の長吏であるものおよび別当等はその院および坊舎で、毎年退転なく施行して、別当、長吏の不在の時は権官がこれを代行すべきものとされていた。権官こそ「六宗権官学路之極位」と称されて、当然三十講を主

催する義務があった。一年中二度の三十講は興福寺では通例であった。またたとえ障害があっても一度は実施する必要があった。その講師には宗内の碩学を精撰し、学徒は宗の先達のもとで「自二春之始一誘二引学徒一、為レ自身レ他、可レ読二三十講充文一也」と同時に習学に当っては、三十講の廻請以後は、三十講に必要な巻については施主の沙汰として受講者に対して、論義に相当する巻を受講者が読んで学ぶために開巻したかどうかを問い、もし開いていない時は、古参の僧は擯出され、新参の僧は請定を取り消された。また開巻しても、勉学の師匠の名を問うて、その僧が独学であったならば採用されなかった。「縦雖レ堪二自讃一於二三十講文一者、必対レ人可レ読レ之、為レ止三誑惑之輩自称二独学一也」。と学問僧の独学は排され、必ず指導の師である出世後見の意を聞くべきとされた。そして受講者の懈怠、不読は師匠の指導によるものとして、師匠の不学が明らかとなった時には師匠が罪科に問われねばならなかった。寺院の学徒にとっては三十講は「凡人之前途只在二三十講論匠一」という状況で、三十講は非常に重視された。倶舎三十講は圓暉の作成した倶舎頌疏と仁王経を付して順次談論する三十講であって、十人余が毎月一日より「且為三相励二興隆一、且為二修学伝燈一、殊廻二衆議一、始二行此講一」ことになっていた。(14)

倶舎三十講は、別当坊、あるいは八幡宮にて実施せられていたが、若年の学衆としては、その外に世親講にも出仕する必要があった。

世親講は、

建久七年春比、欲二始行一之処、自然延引漸及二六月之比一、別当醍醐僧正（勝賢の入滅は建久七年〔一一九六〕六月二十二日、五十九歳）入滅、因レ玆冬十月遂行レ之、先為二日来之沙汰一、奉レ図二絵世親幷三幅像一、依二衆力難一レ及、申二請岳崎法眼一、而加二綵色一、軸表紙幷佛台等、以二執行法橋尊信住房一為二政所房一儲二会場一講二演之一、次聊遂二開眼一、導師西室得業

頼恵 問者実勝二有二表白詞一、論匠三雙也、於二小捧物一者、寺家沙汰也(15)

とて、勝賢の滅後はじまった講で、法華経を講讃し、倶舎論を副談した。その場所は寺内の唐禅院、あるいは尊勝院・東南院で行われていた。これは番論義の形式であり、三論・華厳の二宗のものが、これに参加した。

添曳二満座之講衆一之外撰三傑出之人二、為二会座之先達一、即維摩会供奉之已講、成業也、彼大会参勤之人外、更不レ用二先達一、且為二後代一、永所二定置一也、惣限二人数一、廣定二講衆卅人、先達十人一、設雖レ有二其器一、数満之上、不レ可二添入一之由議定了、(15)

とて、世親講は厳重な規定のもとに実施された。番論義の講師は已講であり、問者は法師位であった。東大寺年中行事では六月二十五日に定まっていて、捧物として雑紙一千帳が、（大井庄より）差出されていた。(16)世親講は学侶の講中最も重要なもので、毎年大井庄の庄役を管理していた。ために大井庄下司は、

以二十二月一中、為二期限一、不レ可二越年一、毎年無二懈怠一、悉可レ納二置于世親講蔵一(17)

という義務を帯びていた。寺院としても、これらの講会は甚だ重要なものであったが、寺に死没者・訴訟等の生じた時には、当然「云二公請一、云二寺役一、可二投止一之由所二牒送一(18)」あって、講会は停止されるのが通例であった。宗性は建保四年(一二一六)夏臈三廻十五歳で十二月十日より五日間講堂で実施された法花会の竪義を勤めた。竪者は大体四人であった。またその他四臈では九月二十三日の三論大師講竪義にも出仕し、倶舎三十論の諸講のみならず、主たる華厳宗の論義は、毎年、五月一日より尊勝院で実施されていた。これらの論義は暗誦する程修練させられていたのであって、(19)このような寺内諸院の論義では、大体番論義の形態をとっていたから講師と問者は交互に実施されている場合が多い。また夜分、昼間の寺役後、学徒が一院に集まって実施していることもあった。学侶相互に、講答に秀美を飾った人に

対しては、「一寺之沙汰、万人之美談」として「来二慶賀一之人是多、送二賀礼一之輩又繁」(20)き状況を呈し、別当また問題講を結構するたびに、この優秀なる学徒を請じ、これらのことが、維摩会の竪義等に出仕できる唯一の道でもあった。宗性は承久元年(一二一九)九月十四日、俄に道縁宰相公が竪義を辞退したので、その闕分として維摩会竪義の請にあずかった。

元来当時竪義者となるものは、「修学寺役労賜明年維摩会研学竪義」のが普通であって、その学侶の年齢は、

生年十三ニシテ初応二寺家之召請一、春秋十五ニシテ早列二禅院之講肆一其後住レ寺修学十有余廻、只嗜二稽古一、未レ空二寸陰一、寺底之役皆以歴ヨ仕二一明一

また、

凡依三為二去年倶舎卅講々師一之所作二殊勝一、所レ預二今年維摩竪義請一也

とて、倶舎三十講等は維摩会等につながっている重要な講であった。(21)ここに三会制度と、寺内三十講との相互関係が見出されると同時に宗性のような貴族出身者は早くこのような処遇にあずかることができた。そしてこの維摩会竪義の道は、三会遂業への道が開けてゆくことを意味している。ことに宗性の維摩会竪義出仕については、承久元年の精義が、師匠の権大僧都道性であったことは、宗性にとって有利な条件でもあった。ここに寺院社会内部における貴族間の引立てによる昇進が考えられ、また、師匠とすべき人には貴族が多く位置していたことによっても、当時貴族出身者のみに僧綱昇進の道が開かれていたことが推測できる。

たとえば、伝燈法師位永朗の場合のごとく、寺内の方廣会竪義・法華会竪義・竜樹供竪義・八幡御八講講師問者役・卅講講師問者役を勤め、齢六十歳になっていても、維摩会の一夜の竪義をも勤めることができず、大会の高座に登

れない学侶は、わずかに成業に准ずることすら難しかった。

しかるに宗性のごときは早くも十八歳で竪義を遂げた翌年には、十九歳で京都の法勝寺御八講に聴衆として参加することを朝廷より許された。法勝寺御八講とは白河法皇の国忌を法勝寺阿弥陀堂で修することにはじまる御八講で三講の一つであった。公卿の上郷が定められ、證誠一口、講師十口で、講師は三会已講以上であるべきであった。聴衆は十口、東大寺、興福寺、延暦寺、園城寺の四大寺の僧を請じて行われ、天皇、上皇等の行幸だとか御幸もあった。第五日目が正忌日に当り、毎日朝夕二座に分かれ、宗性は園城寺の大法師源圓と問答を交した。この時の證誠は法印権大僧都定範であった。定範は権中納言成範の子で、信西入道通憲の孫に当り、醍醐座主を勤めたと同時に、東大寺、東南院に住し、この時建保元年(一二一三)よりの東大寺別当の任期にあった。(22)故に宗性が法勝寺聴衆に参加する機会を得ることになった。ここで宗性は「承久三年窮冬之季、別当法印権大僧都定範、於㆓当寺東南院㆒被㆑行㆓倶舎論第十四五巻三十講㆒之時」(23)に学識ある難答を見せたことによって、維摩会竪義後直ちに京都に参ずることができたのであろう。ここにも、貴族相互間の同族集団に対する保護育成の様相が呈せられている。しかし、法勝寺の御八講のごとく、南都北嶺の両者が対問する道場ではもはや華厳、倶舎、因明等の南都的な教学に止まっていることは不利であり、進んで天台教学を修得しなければならなかった。そこに南都方の学侶の一つの学問的境界があり、かかる京都の教学に対処できぬ人々は、寺内に止まって、僧綱に昇進する機会は遠く得られなかったであろう。ことに天台四教儀等は宗性も「請㆓交学道㆒之時、天台論義尤大切也」(24)と述べているごとく重要な眼目であった。

このような京都の御八講に請ぜられることは、自然と宗性をして「随㆓公請㆒之志深」く「交㆓学道㆒之思不㆑浅」ざらしめた。このために、次の公請の準備として「最勝講問答記」「法勝寺御八講問答記」等を盛んに書写し、先学の講答の数例を知っておく必要があった。そして貞応三年(一二二四)には御斎会番論義、および最勝光院御八講に参ずる等、漸次京都の論場に参加する機会が多くなった。これら御八講の構成は、ほとんど法勝寺御八講と異ならない。さらに法成寺竪義、圓宗寺法花会等の天台三会の聴衆となり、このことがまた季御読経等への参加の労効として認められた。

また南都では、寺内の倶舎三十講の開白、結日の重要な論義の講師となると同時に維摩会の聴衆として出仕する回数も増した。さらに定範に従属して法勝寺阿弥陀堂の元仁元年(一二二四)における後高倉院御周忌御斎会に参ずる等、皇室貴族の周忌等にも参加できるようになった。時に二十三歳であった。

ことに宗性は嘉禄元年(一二二五)にはじめて最勝講聴衆となることができ、その他「季御読経番論義」等京都における種々の御八講に参ずることは、僧綱を得るための重要な過程であった。

京都における諸八講の性格についてはしばらくおき、学侶の昇進の問題についてさらに論を進めたい。

僧綱に学侶が昇進するためには、南都では維摩会、寂勝会、御斎会の三会を経なければならないことはいうまでもないが、最勝講への出仕は、「依二学道之労一、被レ召二寂勝講聴衆一者、聖代通規、明時之佳例」(25)である。またこれに出仕するには法勝寺聴衆、季御読経の論義に先に出仕していることが必要であった。

列二法勝寺聴衆一之者、或昇二綱之崇班一、或任二講師之恩請一

もしこの聴衆に参ずることができなかったら、

一門之学侶何漏二優労効之御時一也、十年之微功豈レ空哉、一身旁得二其理一、当年尤当二其撰一(26)

と、即ち公請の場に参ずる中でも、法勝寺御八講聴衆、最勝講聴衆等は僧綱へ昇進する学侶にとって欠くべからざる

ものであった。

東大寺内でも華厳宗の専攻者は当時他の諸宗の専攻者にくらべて公請を受けることが少なかったことは、京都における天台系が宮中等において僧侶の公請に対して優位な位置を保っていたことによるものであろう。故に南都の学侶が京都の公請に応ずるためには進んで天台教学を理解する必要もあった。

しかしかかる公請に応ずる間も、学侶は、寺内の探玄記三十講、三論宗三十講、倶舎三十講等には絶えず出仕しなければならなかった。

このような朝廷の公請に出仕した場合、他寺の公請の学僧と御八講の座次について相論がおきる場合も多かった。ことにその場合解決される目標は、﨟次と年齢と労効（何回重要な公請に応じているか）という問題により解決されることが通例であった。嘉禎三年（一二三七）の金光明会内論義において、番の論匠について相論が生じた。番論義は三雙であった。﨟次よりすると、命圓・宗性・房源・聖憲が二番、三番の問答を順次に、命圓―宗性、房源―聖憲という組合せで実施すべきであると僧綱は決定してその請定を出した。しかし宗性の意見では命圓は天台の住学生であるも、寂勝講聴衆は未参である。ただ法勝寺聴衆を一年ばかり勤めただけで、「宗性対彼不レ可レ勤二問者一之由」と反対した。この時、

凡寂勝講聴衆対二法勝寺御八講聴衆一勤二問者一事、此御願幷季御読経其例是多者歟、然而仙洞最勝講番論義之時、寂勝講聴衆為二上番一、法勝寺御八講聴衆為二下番一、為同番之日又寂勝講聴衆為レ答者、御八講聴衆為二問者一、季御読経御論義其例在レ之(27)

と最勝講聴衆と法勝寺御八講聴衆との軽重については、講問の場合最勝講聴衆の方が法勝寺御八講聴衆より上位であ

ると主張し、宗性の主張が通り、宗性は二番を、命圓は三番を勤めることにより解決された。

この問題は﨟次より、公請の度数が講衆として重要視されたことを示すもので、公請は学侶にとって、昇進の典拠としてゆるがせにできない性質のものであり、このような講問の席次の相論が中心となって、衆徒蜂起等の理由となることも多くあった。

ことに八講については、東大寺文書に次のような重要な三会制度等との関係を示すものが見えている。(28)

八講衆定置

今度闕出来時、以二僧綱一可レ被二補入一事

最前闕　勝寛律師為レ古入之故先可レ被レ入レ之

第二第三闕　猶二以僧綱一可レ被レ入レ之其仁可レ被レ任二政所御意一

右件御八講者、一寺規模之学道、百口清撰之昇進也、是以未レ補二入此講衆一之輩者、不レ応二遂業請一、又以往之例、多者以二僧綱一補二任之一、而如二近来一者、講経雖レ似二繁昌一、蹤跡併以如レ忘、事之凌夷職而由レ斯者歟、仍為二紹隆一毎其闕出来、先以二僧綱一可レ補レ之由、度々雖レ有二評定一、甲乙競望之族、就有レ道之儀、尤自由也、自今以後、其闕出来之時者、云二最前一云二第二第三一、以二彼三口僧綱一、次第可レ被レ補レ入者也、此条凡僧之中、猥成二競望一、猶於レ令二補任一者、講衆更不レ可二同座一、且為二向後之亀鏡一、依二衆議一所レ乞載二出世後見判行一并五師所連署、於二此状之面一也、敢不レ可レ令二違乱一之状如件

仁治弐季九月廿三日　　年預五師（宗堯）

権律師（乗信）

大　法　師　（慶賀）（以下大法師四人著判）

このような諸八講への学侶聴衆の出仕には欠員制をとっていた。東大寺には百口の学生が学侶として存在していた。また延応元年（一二三九）宗性は三十八歳で三会の講匠を勤めている。ことに東大寺、興福寺等と相論が生じた時、朝廷の打つ手は、まずこれら学侶の昇進を止め、公請を停止することでもあった。このために、たびたび寺院と朝廷等との相論が発生している。以上のことからここに三会遂業までの東大寺の学侶のあり方を知ることができる。次に三会制度と学侶との関係について述べたい。

三会とは三大会ともいわれ、南都方では興福寺維摩会、宮中御斎会、薬師寺最勝会を指し、京都の天台方では、法勝寺大乗会、圓宗寺法華会、圓宗寺最勝会をもって、南都の僧綱進出の階梯に対した。

もともと三会制度は朝廷より諸寺の僧侶が僧官（僧綱）に補任される便宜のために設けられた大会である。その中で、最初の維摩会について考えてみると、維摩会は鎌足の薨後三〇年間中絶していたものを藤原不比等が、

凡、維摩会者、内大臣之所始也、大臣観二善根之遠植一、慮二慈蔭之弘覆一、遂尋二遺跡一、莫レ廃二此会一、仍以二毎年十月十日一始、至二十六日一畢、即内大臣忌日也[29]

とて、鎌足の忌日をもって、維摩会を実施する日と定められたことにはじまる。

鎌足は、天智天皇八年（六六九）十月十六日に薨じた、これ以前天智天皇は十月一日鎌足の家に病を訪い鎌足の「天道補仁」「積善余慶」を賞して、彼の病歿を嘆かれた。

この鎌足と維摩会との関係については、鎌足の維摩経信仰にはじまる。即ち、斉明天皇二年（六五六）鎌足の病に対して、百済の禅尼法明が「維摩結経、因二問疾一発二教法一、試為二病者一誦レ之[30]」と天皇に、維摩経をもって鎌足の病を

癒することができると奏した。そこで、天皇は法明のこの願を許されて、ここに鎌足を癒することができたことによって鎌足が維摩経を信仰するようになった。

この治病を要因として、翌三年（六五七）には、鎌足は、

三年丁巳、内臣鎌子、於二陶原家一、（在二山城国宇治郡一）始立二精舎一、乃設二斉会一、是則維摩会始也[31]

と維摩斉会をはじめたのがこの維摩会の最初という。このように維摩経と鎌足の関係は思想的連関をもっていた。また同四年には、山科陶原の家で、鎌足は呉僧元興寺福亮に維摩経の講説を聞き、大織冠伝にも、

大臣性崇二三宝一、欽二尚四弘一、毎年十月、荘二厳法筵一仰二維摩之景行一、説二不二之妙理一、亦割二取家財一、入二元興寺一、儲二置五宗学問之分一[32]

と、維摩経は鎌足の佛教帰依の誘因となった。ことに鎌足と維摩経信仰については、経典中の方便品、文殊師利問疾品等に最も影響されたものと思われる。このように維摩会の成立は、藤原鎌足の個人的信仰より出発したもので、会場となった山科寺・厩坂寺も、この一族の私寺であった。

しかし、奈良時代になって、藤原不比等、光明皇后等この一族が朝政に参与したり、天皇とこの一族が政治的・血族的関係を確立するに到って、同氏の氏寺はまた官寺的傾向をも帯びて、ついに維摩会も藤原氏の進出とともに、奈良朝末期より国家的行事となる性格をしだいに帯びてきたのである。

しかし維摩会が三会制度の一つとして成立するのは平安時代の承和六年（八三九）十二月の勅によるものであった。続日本後記第八に、

勅以下経二于興福寺維摩会講師一之僧上、宜レ為二宮中最勝会講師一、自今以後、永為二恒例一[33]

として正月八日の御斎会、三月七日の薬師寺最勝会と並んで三会の一つとして僧侶の僧官への登竜門としての地歩をきずくことができたのである。

また三会の中、宮中の御斎会は神護景雲二年（七六八）よりおこったといわれているが、この会は最勝王経によって鎮護国家を祈る行事で、「最勝王経にの給わく『国王此経を講ずれば王つねに楽びを受け、民又くるしびなし』」との理由から、大極殿にて、「七日夜をかぎりて、ひるは最勝王経を講じ、夜は吉祥悔過をおこなはしめたまふ」と見えている。(34)

毎年正月八日を初日として、第六日の十三日まで、朝座、暮座の二座に分かれ、延喜式では講師・読師・咒願師各一口、法用四口、聴衆二十五口となっているが、寿永三年（一一八四）では講師一人に対して、問者一二人をもって論義を交える形式となっている。そして、第六日目には内裏で番論義三番が行われる例であった。朝廷の公卿中よりは上卿および奉行を任じて、出仕の僧侶の諸事および法会の準備等にたずさわらせた。この場合、聴衆（問者）には東大寺、園城寺、延暦寺、興福寺の四大寺の僧が多く召集されるのが平安中期以後通例となった。ことに三会制度の中でも、御斎会は最も重要な法会であった。

凡、毎年十月興福寺維摩会、屈下諸宗僧学業優長果二五階一者上為二講師一、明年正月大極殿御斎会、以二此僧一為二講師一、三月薬師寺最勝会講師、亦同請レ之、経二此三会講師一者、依次任二僧綱一、他皆效レ此(35)

と貞観元年（八五九）正月八日に規定して、承和六年（八三九）の詔のごとく実施せられた。

次に薬師寺最勝会の場合も、天長八年（八三一）にはじまり、三月七日から十三日まで、天武天皇が皇后即ち持統天皇の追善のために実施されたのが、この会である。この会は「代々の御門の御のちの人、檀越として、山し（階）な寺の維摩会の作法を儀式にはうつせり」とて、維摩会の儀式にならったものといわれている。そして三月の最勝会には、御斎会と同様、初日より第六日まで一人の講師に対して、朝暮二座にわたって論義が問者(十七口)との間に交されることになっている。

この三会に対し延喜式では、

(御斎会)

凡毎年起二正月八日一迄二于十四日一。於二大極殿一設レ斎。講二説金光明最勝王経一。請僧卅二口。(講師読師呪願各一口。法用四口。聴衆廿五口。)沙弥卌四口(講読師従各二口。呪願以下従各一口。)其講師者。経二興福寺維摩会講師一者便請レ之。読師者。内供奉十禅師。及持律持経。久修練行三色僧。遙以請用。但当用之時。具録二其名簿并次第一。先申レ官聴二処分一。不レ得二輙恣一。聴衆者。均択二六宗学業有レ聞者一次第請レ之。天台宗僧。及四天王梵釈常住等寺十禅師各一人亦預レ之。前レ斎四日。録レ名申レ省。省申レ官。(事見二儀式一。)

(最勝会)

凡薬師寺最勝会、毎年三月七日始十三日終、其講師経二正月御斎会一者、便請之読師以二本寺僧苦修練行者一。次第請用。

(維摩会)

凡興福寺維摩会。十月十日始十六日終。其聴衆九月中旬。僧綱簡定。先経二藤原氏長者一定レ之。但専寺僧十人待二彼寺送名簿一請用。其竪義者。探題試レ之。及第者即叙二満位一。省寮共向二会庭一行事。(36)

以上、三会のことについて三宝絵は、

維摩、御斎、最勝、是を三会といふ。日本国の大なる会これにはすぎず、講師は同人つかうまつる。終ぬれば、已講といふ。次によりて、律師の位にをさめ給、格に見たり。

とて、貞観元年（八五九）の規定を示している。

　この貞観元年の三会制度の確立は藤原良房が平安時代はじめて太政大臣となって二年目に相当し、藤原北家の勢力が南家を圧して盛んとなる時代でもあった。

第13表　維摩会講師の出身寺院と藤原氏出身者数の一覧

年号	藤原氏出自	興福寺	薬師寺	法隆寺	元興寺	東大寺	西大寺	延暦寺	大安寺
八五九→九〇〇（貞観元→昌泰三）	一	一〇	六	一	五	八	一	一	三
九〇一→九五〇（延喜元→天暦四）	三	二一	四	―	七	一一	一	六	一
九五一→九九九（天暦五→長保元）	三	二四	四	―	二	一三	一	四	二
一〇〇〇→一〇五〇（長保二→永承五）	一六	三六	二	―	―	一一	―	一	一
一〇五一→一〇九九（永承六→康和元）	二五	四一	―	―	―	七	―	―	―
一一〇〇→一一五〇（康和二→久安六）	二四	三八	一	―	―	一〇	―	―	―
一一五一→一一八〇（仁平元→治承四）	一九	二三	―	―	―	六	―	―	―

注　宮内庁書陵部蔵　維摩会研学竪義次第（巻子本）による。(37)

そして藤原氏出身の維摩会講師は平安中期より院政期にわたって増加を示している。また維摩会に興福寺が重要なる地歩を確保してくるのは、藤原氏出身者が維摩会講師に増加する時期と呼応して、しだいに一族の独占的傾向を示すに到った。このことは維摩会を主催し、講師となるものは、興福寺僧および東大寺僧が有利であったことを示すものである。故に平安中期以後は、藤原氏以外の氏族は講師になることすら困難な状況とまでなった。その結果南都よりの三会参加者はほとんど藤原貴族と興福寺住侶によって占められるという結果となったことを知ることができる。ここに三会制度と貴族制度との合流が見られると同時に、院政期を境として貴族の寺院進出がしだいに増していったことを知ることができる。

このように院政期以前の三会制度は、つぎの宮中最勝講・法勝寺御八講・仙洞最勝講の三講制度と合体化して、公請という絆で固く結ばれて、各大寺の学侶の上におおいかぶさっていた。これは一面には延喜式以来の三会制度の実質的な慣習法的な改変ともいえるのである。そしてこのような三講制度の設置は四大寺をして貴族化することに役立つと同時に、皇族や藤原一門の貴種が寺院を基盤として寺院社会の上に君臨するに有利な条件を具えるに到った。三会・三講のこの二つの制度は、寺院内の学侶階層の教学振興を刺激し、大寺にいる多くの貴族出身僧侶の昇進を有利に導いた。けれども四大寺などに属さない僧侶だとか、あるいは属していても出自の身分が低く維摩会などに参加できない僧侶には全く昇進の道が閉されていたといえるであろう。しかし少なくとも寺内の両院家に属し学侶と呼ばれ向学心に燃えている僧侶についてのあり方については、宗性の実例が示すごとく、その性格がはっきり把握できるのである。

そしてこの三会を終えると、学侶は已講と擬講の学職に昇進した。已講は三大勅会の講師を終った僧で、三会講師の請を受けてより、勤仕以後を已講といい、勤仕以前を擬講と称した。そして已講中より順次僧綱に任ぜられるのが例であった。擬講はまた当講とも称された。少なくとも三会已請となることは「経二三会一之道人、若僧綱、若已講、皆以被二拝任大寺之司一」[38]とて、三会を経ずして僧綱だとか、諸寺の別当となることは不可能であった。ここに学侶僧における大きな断層が存在しているのである。ことに院政期以後、維摩会に出仕した学侶は、ほとんど貴族の子弟であったことは、彼らの学的才能と他僧侶との優劣もあるが、維摩会等を通じて、三会・三講が貴族の寺院進出の基盤であったことは疑えない。ことに維摩会は、藤原鎌足の忌日に結願日が充当され藤原氏の氏長者が主催していたことからなおさら貴族出身者、特に藤原一族の僧侶がこの会の遂業を終えることを「大業」として喜悦していたことが想像できる。

維摩会講師は「講師請、或撰二学労之功一、或優二公請一之仁恩請」するのが通規であり、三会の講師の請を受けるべき性格の学侶は「及二三旬齢一」ものが採用された。興福寺覚長の場合では、

維摩会講師者、以二公請一為レ先、以二年臈一為レ㝡、被二抽賞一者古今不易之例也[39]

とあって、その公請とは単に最勝講聴衆のみでは充分の資格を得られない。覚長のごときは「最勝講聴衆・公家季御読経・季番論義・御斎会聴衆・法勝寺大乗会聴衆・法成寺御八講・法勝寺御八講・尊勝寺御八講・二季仁王会・臨時御読経・院中御講経等」の公請に応じているものが有力な候補者となる資格であると述べている。このように京都の公請はもちろん興福寺の学業としては「維摩会番論義、法華会・慈恩会精義・春日二季八講講師」を経ていなければならないと主張している。これは学侶が三会已講までに経なければならない全課程であり、佛教学の多くの試問が終えられる人々でなければ到底三会講師に請ぜられることは期待できないと同時に僧綱となる可能性もなかった。そし

てさらに氏種姓の問題が障壁として存在したのであるから、寺院社会は一つの科挙制度的な位階制度により、僧侶の昇進への狭い門が開かれていたと推論できるのである。学効といい、年歯といい、講師たるにふさわしくない僧は、官位の栄達も、貴族的な待遇も受けることができなかった。

三会講師を経た人は、その昇進次第は釈家官班記に、

一、顕宗名僧昇進次第

南京 興福東大両寺々 中講演不レ知レ之

三会遂レ業 以レ之称二得業一、三講 最勝講、仙洞最勝講論匠 法勝寺御八講

三会遂レ講 僧綱 三講 講師 探題 證議 正権 別当 僧正 證議僧正前後 依レ時不定也

（中略）

承和元年宣云、以二今年維摩講師一為二明年御斎会講師一、加二薬師寺最勝会一、以二三会労一可レ被レ任二僧綱一(40)

ことに興福、東大、延暦、園城の四大寺の内の顕教の学侶は、その昇進にあずかるには「顕宗名僧者、就二公請労一被レ任レ之、密宗輩浅位之時、大略不レ帯二公請之労一依二師匠挙奏一、可レ有二其沙汰一」とし両宗の昇進の過程を異にしている。法会の賞に当っても、顕宗の人は諸法賞、御導師賞、重講公請賞と、公請の重なるごとに優越の賞を獲得して、僧官に列するのを早めた。それに対して密宗は諸祈禱たとえば御産御祈、日月蝕御祈雨御祈、御修法賞等、多くの修法祈禱の効験により、師匠の吹挙によって昇進していることは、顕宗系が御八講等に参加するに対して、別当の吹挙および出自の氏姓を重視したことにより昇進をはかったのに対し、密教系は、昇進について、師資相続の関係がより密接に関連していたことをあらわすものといえるのであろう。即ち、密教的同門意識がより強いともいえる。

宗性の場合は、延応元年（一二三九）十月十日、去年十二月宣旨を蒙って維摩会講師を勤めた後、翌年正月八日の御斎会に参じ、講師となり、同年三月十二日薬師寺最勝会の講師を勤めて三会講師を終えている。「孤露之身不レ図悉遂ニ三会講匠一蛍雲之勤不レ空、既満ニ一期本望一、是偏三宝加被之力也」と、その遂講を喜び、「欲帰ニ本寺一何日再執ニ此五師子如意一」と、昇進学道の一つの目的を達したことを物語っている。[41] この過程は先の釈家官班記に示した過程と同様であり、鎌倉時代においては、ほとんど定日通り、三会昇進の法規が、承和元年の規定のもとに執行されていたことを知ることができるのである。

三会終了後は三講に対する講師を勤仕するために、同年五月二十四日に最勝講第五日暮座講師を勤め、七月三日法勝寺御八講第五日朝座講師を終え、八月二十二日季御読経に参じ、十月十日維摩会の精義を済して、いよいよ僧綱に進まんとした。そして興福寺尋性が、最勝講も経ずして、「公請労」により権少僧都に任ぜられているうちに、彼もまた「募ニ公請労一被レ任ニ権律師一」べきことを朝廷に請願し、仁治二年（一二四一）正月十四日、御斎会結願の僧事において、これが聞きとどけられて任官することができた。権律師に補任されて後は、公請および藤氏の諸講への招請がにわかに増し、石清水八幡宮十六会・源顕平八講・藤原定通八講師・勧修寺西院八講・安楽光院御八講・最勝金剛院御八講・成恩院御八講・藤原師員八講・金光院八講・浄土寺八講・弘誓院御八講・仁和寺蓮華心院御八講・飯室大僧正良快一周忌八講・知足院殿御八講等、京都における貴族集団の年中行事的なたびたびの追福作善の法華八講に招かれることとなった。

このような各種の公請労はもちろん「准ニ三会講一勤労次第補ニ権少僧都一」[42]の申請となり、権少僧都への補任を願うことになるのであるが、僧侶は顕宗ではほとんど権官昇進が通例であり、補闕が生じた時にしか補任できなかった。

即ち僧綱は定員制により補任されていた。

権少僧都は「三会極労守レ巡賜レ賞者例也」特に「遂業奉公以来已歴二十六箇年一」また権律師勝詮の場合のごときは「勝詮不顧少量恭黷大会遂業之後十三ヶ年」の間、この昇進転任を鶴首していたのである、宗性の場合約三ヵ年にして昇進していることは、前記の僧たちより早かったといえる。

再び、昇進後も、律師時代と同様の公請は、相ついで勤仕しなければならないと同時に、寺内の学侶の補導にも当らねばならなかった。権少僧都になってから加わった諸八講は、西宮八講・松尾山荘八講・最勝金剛院御八講・谷堂八講・吉祥院八講・新熊野御八講・後堀河院御八講・北白川御八講・後鳥羽院国忌御八講等、国忌御八講が目立って多くなっている。また権律師は法橋上人位が相当位階であり、権少僧都は法眼和尚位が相当位であった。宗性は再び一階の昇進を願い、寛元三年(一二四三)五月十一日愁状を捧げ「後進下臈之類、超越之仁、已及二数輩一」の理由をかかげ「寂勝講々師法勝寺御八講々師及二五ヶ度一」とさきに維摩会精義をしとめた道澄、乗信等の大僧都になった例、および延暦寺圓弁が最勝講講師をつとめず、興福寺威信僧都また宮中金光明会、薬師寺寂勝会講師を勤めざるにかかわらず補任されている例を引用して、臈次の上で上位にある宗性にとっては心もとない次第であるとて、昇任を希望した。(43)

権大僧都は「俗姓尋常之人、稽古修学之輩、公請有労之族」はこれに昇進することができたのであって、南都では大僧都になってから法印を与えられる場合が多い。宗性の昇任については、翌年(寛元四年=一二四六)の正月に許され一階を昇進した。

宗性は権大僧都に補任されてから、彼は東大寺尊勝院院主となることができた。尊勝院は初代光智が華厳宗学侶の修学道場として、手掻門脇に院家を建てたので、東南院が三論宗の道場であるに対して、ここには華厳官長吏が院主として同門の徒を統率することとなっていた。華厳宗長吏は尊勝院および同門の学侶の指導をするのであって、東大寺全体を統率する権限は持っていなかった。これは華厳宗長吏でなく東大寺別当職になった人が掌握していたのである。

宗性が法印に叙せられたのは宝治元年（一二四七）で、権大僧都後一年にして叙せられた。法印大和尚位の位階昇進は道性の場合では「一宗の長」として院主等を勤めていても、弟子に大僧都の人がある時は、「身雖レ為二長者一、位浅レ自二弟子一、臨二法筵一殊領二乗門一少例、望二申法印一」と法印の必要を説いている。この法印権大僧都に任ぜられたことは、宗性をして東大寺別当になる資格を与えられたことでもあった。

東大寺別当については、さきに述べたが、長元六年（一〇三三）の済慶の補任に当って「常住修学之者」あるいは「奉公有労之輩」が補任されるのが通例であって、永承六年（一〇五一）の有慶の補任においては、有慶は殿上御論義八ヶ度・法性寺・慈徳寺・圓教寺・圓融寺・仁和寺・醍醐寺等の御八講の講師問者に出仕した実績により補任せられた。文応元年（一二六〇）七月十九日、宗性またこの例により、各種公請の労により五十九歳四十七﨟のとき東大寺別当に補せられた。

しかし寺務二年にして停められ、勧修寺前大僧正聖基が補せられた。次いで文永四年（一二六七）権僧正を蒙らんことを願った。権僧正のための申請において、「長諸宗者、被レ許二権僧正一者承前之例」であり、宗性は一朝の中において「独継二花厳倶舎両宗之法命一、顧二其紹隆一」ただ「雖レ不三専学二真言宗一、亦非レ無二随分之勤一」、また学問的には「不レ怠レ伝栂三尾之遺風二」継承することに勉めた。もっともこのごろ真言宗を習得しない人々は僧正に補せられ難いとのことであるが、東大寺の道快僧正また入壇せずして権僧正となっている例もある。

偏募二顕宗公請之労一令レ補二権僧正一、兼三学真言宗二之寺、唯顕宗僧正、自門他門有レ例、有レ跡、宗性其身雖二賤労効一、

超二先達其勲一、雖レ疎二微功一、過為二後日此勧学一寧不レ許二一階昇進一哉(44)と、華厳宗倶舎兼学をもって権僧正の官を求めて、文永六年（一二六九）四月三日の後嵯峨上皇の東大寺受戒のとき、宗性は羯磨師役をつとめたので、昇進が許された。ここに宗性を通じて南都の顕宗の学侶の昇進の一断面を知ることができたのである。

またこれらの学侶を中心として東大寺のごとき集団社会を形成している寺院では、おのおのの層の中で集会制度が完備されていた。惣寺集会《しゅうえ》、学侶集会、講衆集会、堂衆集会などがある。

東大寺の集会制度では、僧侶の生活問題や、寺領のことに検討が加えられ、惣寺集会では衆徒は万障を除いて参列しなければならなかった。単なる個人的な他行のような理由によって欠席することはできなかった。もし病気や出張で出席できない人は、厳重な「天判起請文」を提出しなければならなかった。そしてこの集会制度で議決を得るには三分の二の出席を確保しなければならなかった。また惣寺集会は主として大湯屋で沐浴後行われた。このときには政所の三綱や、沙汰人である年預五師はもちろん、下部役人小綱なども参加しなければならなかった。その惣寺集会の会議法はまず衆徒の不参を決定することに始まる。小綱は念佛堂の巳の終の太鼓が鳴り止むと同時に出仕者の交名を読みあげ、それを始終二度読む。そして第一回目の時に出仕しない衆僧に対しては三人合の罪（つまり集会の沙汰人である五師の三人に酒宴をふるまう）という経済的罰則が設けられていた。二度目の時の不参者は五人分の科《とが》に当り、五師五人全部への酒樽を振舞うことになっていた。会議が始まれば最初に年預五師などから議決沙汰すべき項目が示されて、討議に移ってゆく。そのとき議する人は、条目の順序に議決すべきで篇目によらず衆僧の単独の意見により自由に臨時の題目を提出することはできなかった。

東大寺文書にあらわれた中世の東大寺の惣寺集会の議決法は、次のごとくなっている。

一、不レ可レ同二座于非道僧綱沙汰一事
一、或依二権門一、或依二人語一、乍二思寄一閇レ口不レ可レ有レ之事
一、或得二権門語一、或恐二権門之威一　不レ可レ有二無想評定一事
一、或得二人語一、或存二贔屓一、或存二別心私曲一或就二利欲一、或存二偏執一、不レ可レ致二非理之衆儀一事
一、於二心中一存寄二題目一、致二斟酌一不レ可二同口一事
一、肝要題目在レ之者、可レ有二追加一事
一、随二多分評議一不レ可レ有二異議偏執一事
一、云二衆徒一、云二学侶一一味同心、致二其沙汰一不レ可レ有二別心私曲一。若有二内通矯餝之輩一者、可レ処二罪科一事
一、集会出仕之仁、俄令二故障出来一、以二起請文一可レ被レ乞レ暇、若無二證文一者、全不レ可レ称レ暇事
一、沙汰未然遂之以前、惓二于長坐一、不レ可レ有二退散一事

このように集会の規式が厳重に定まっていた。このことは学侶集会、講衆集会、堂衆集会などにもこの惣寺集会の方法が拡大解釈されて、東大寺の寺院社会が統制されていたのである。その発生は恐らく平安時代にあったであろうと考えられるのであるが、鎌倉時代になるとより条文が細分化されていったのである。

以上われわれが見てきたごとく古代社会において一つの集団社会を形成している寺院社会において、その社会構造の実質をなしているのは、僧侶に対する教学と法会と慣習に基づく制度であった。古代佛教思想に育成された中央大寺院はその社会生活を営む上において、学侶層という中心となる僧徒を育成し、援助する義務を持っていた。そして

学侶は寺院社会に対おいて、個人の個性を越えた統一性のもとに、講衆として学業を成就しなければならない義務をもっていた。

しかしこのような学侶集団の寺院社会に占める位置については、学侶集団を形成している個人が、その生活共同体の中に、全生涯を捧げることによって幼年期より慣習法的に寺院生活が規定されていたことは、この集団が他の非学侶集団のような多様性とその性格を異にしている。教学習得という宗教的な目的が、寺院統率者となることができると同時に社会的な高度な位置に個人を投げ込む可能性が多い僧侶出世制度のもとにおいて、学侶集団はその共通の目的のもとに、師(出世後見)を選び相互に切磋琢磨しなければならなかった。これが三十講という会場を中心として行われた。ここに院家の成立をも見出し得るのである。中世という時代的な観点に立つ場合、正法護持の傾向は種々問題を呈するであろうが、国家的宗教行事を通じた鎮護国家という共通の宗教目的のもとにいとなまれているといえる。わが国の大陸佛教をうけた古代中央大寺院においては、他の鎌倉初期に見られるような専修的な別宗を立てるがごとき個人的宗教宣布が許される場は存在しなかった。このような社会的な封鎖性が慣習法的に存在しているとき、学侶としては、年薦と学業によって自己を開いてゆくしか方法がなかった。

寺院内部における貴族と非貴族との相論が絶えず中世の寺院を解釈する上に問題となるが、貴族出身者も、一時的には非貴族出身者よりも有利な条件で入寺して来ても、三会とか、御八講とかいう学問的成果の明確な会場においては、かならずしも貴族が優先するとは限らなかった。

われわれが寺院社会の中における学侶の問題を考察するに当って、宗性のごとき一学侶の示す類例は、その層の社会的構造を知る上に重要な資料を提供してくれるものと信ずるものである。

即ち中世寺院社会における学侶は、「学問を専修することにより、寺院に奉仕する僧侶集団（および個人をも含む）」であって、法会、講論談義の定期的な実施を通じて、寺院内に教学振興の責務を負っていると同時に、同社会内に一つの専攻寺院を持ち、院家という個別的な集団社会を形成した僧侶階層であると考える。そしてこの階層は歴史的には平安中末期頃から、寺院内に貴族出身者の入寺がはげしくなり、源平乱後の鎌倉時代の専一的な思想に刺激されて、旧佛教の復興をとなえ、新佛教の庶民性に相対すると同時に、所属寺院内の復古的な教学振興運動をおこしたのもこの階層の人々であった。

日本における国家および佛教寺院が教学法会の振興をもって主目的としている時代においては、彼らは常に寺院の中枢的位置にあったと考えられるのである。

（1）東大寺続要録、諸院篇（東南院）（東大寺蔵原本）
（2）同右、諸院篇（尊勝院）（同右）
（3）扶桑略記、第二十二、延喜十七年十二月一日条
（4）大日本古文書、家わけ十八（東南院文書二之四三四号）東大寺所司等連署日記案
（5）同右、同、二の四三五号、天喜四年四月廿三日、東大寺所司大衆等解案
（6）尋尊御記、信雅本、興福寺所蔵
（7）日本大蔵経、法相宗章疏二、二八頁。解脱上人小章集　勧学記
（8）紹巴作・興福寺和讃、一巻、興福寺所蔵。永島福太郎『中世文芸の源流』二五三頁
　　興福寺住侶寺役宗神擁護和讃
　天正十七己丑年十一月読師多聞院住英俊長実房権大僧都、作連歌宗匠紹巴臨江斎勤、東林院住孝誉権僧正寺役次第尋申ニ付テ頓作

興福寺寺僧ノ　始終ノ出生尋ヌレハ　氏種姓ヲ簡ヒテ　児ソタチニテ入室シ　般若経三十頌　唯識論ヲ習ヒツツ　論義利鈍ニ随ヒテ　覚ルコソハ術ナケレ　十三四五ニ成ヌレハ　頭ヲソリテ戒ヲ受ケ衣衣装ソ造作ナル　二三臈ニ成ヌレハ　利鈍ニヨリテ無重ヤ　声明講ニ出仕シテ探ヲ取ト問講ヤ　法用ニ当リヌレハ布施ヲ取ルコソ嬉シケレ　サテ又二月ノ末ヨリ　初年問者ノ引声ヲ　習フコソハクルシケレ　三十講ニ出仕シテ　外様ノ問者懃ルヲ　寺役ハシメ目出ト　近所知音呼アツメ　一献酒ヲススメツツ　淄僕両講番論義　新入帳ヲヒラケハ　横入叶ハヌ寺ニシテ　是モト種姓糺サレ　下臈分ノ衆ニ入リ　方廣会ノ竪義ニ　越度セヌトソ申ケル　神無月下旬三ケ日下臈分三十講　問者懃ル切声ニ雑紙一束ノ布施ソカシ　七年目ノ五月ニ　犬狩ニ出仕シテ町廻リスル嬉シサヨ　其年ノ冬ノ暮　観菩ノ加行四目ノ内　当座不賦術サヨ　明暮論義覚ヘテ　毎日講ヲツトメツツ　寺内入堂ヲコタラス　五日ニ一度大廻リ　七度ヒノ後夜入堂　翌ノ日ノネフタサヨ　ヤウヤウ卯月ニ成ヌレハ観禅院ノ登高座　一宗ハナス論義ニ　利鈍ノ稽古顕ルル　加行ノ講師祝ヒニテ　一献カマヱ酒ヲモリ　寺僧モテナシ大義ナレ　結願ノ後ヨリ　白シウ色ノ袈裟　ネリ衣ノ白キヲ　著テアリクコソ嬉シケレ　興西院ノ三十講　催ノ時ハ菩提院　三十講ノ済次第十五ケ日ノ間ニ問講懃ル出世ナレ　程ナキ二年ノ加行ニ　年ノ暮ニ入リツツ　コソノ如ニ加行シ　二年スルスル成就シテ　唯識興善両講ノ講問度々参リツツ　十四五臈ニ成ヌレハ　三十講ノ論匠ノ　悦酒コソハ大義ナレ　一献飯酒結構ニ　三日ノ営モ物入ハ　人ニヨリ多少ソ　御寺家ヨリ　中臈ノ　放請トルソ目出キ　是ヨリ下臈ノ衆ナラス　猶六方ノ衆ソカシ　南圓堂法花会加行百日懃メテ　竪義ノ論義覚ル　稽古ハ智恵ノ勝劣ヨ　西金堂ノ着座ハ　秘所ノ祝義成ケリ　御八講ヤ維摩会　慈恩会ノ番論義　懃メテ六方成リ上リ　学侶衆ニ入リツツ　諸屋ノ参籠数多シ　毎日講問懃行シ　論義決択談義シテ　天下国家寺社以下ノ　万ノ祈祷ヲコタラス　貴賤ノ聖霊トムライノ寄進ノ料所数多シ　布施物ヲトリヲキテ　寺役ノ便トスルナリ　学問器用ノ仁体ハ　両門江メサレツツ　御同学ニ成ヌレハ　諸供納所拝領シ　寺ノ読師ニ定ル　一寺ノ奉行供目代　位ニイタリ　悦酒トテ　三日一献飯酒コソ　亦一段ノ大儀ナレ　次年過テ得業ノ　簡定給ハリ成リ上リ　季行事田楽頭役ハ　此位ヨリ懃ルソ大会ノ竪義遂ケハ已講ノ官ニ経シツツ　法会ノ導師ニ定ル　竪義遂ヌ得業モ　年ヨレハ権律師　成リ上ルソ嬉シキ　遂業ノ律師ハ　権大僧都ニ成ルコソハ　寺ニ希ナル名誉ナレ　竪義トケヌ律師ハ　年ヨロヨロト成リヌレト　僧都テハツルアワレサヨ季田両頭懃メ　テ　法印ニ成リツツ　一臈極ル目出度サヨ　先ノ近ハアワレルナ　以上ハ交衆ノ次第ナリ　宗ハ法相大乗宗慈理圓実宗ト云フ　天竺晨旦吾朝ニ　三国相承慥ニテ　余宗ニ遙越タルソ　釈迦弥勒血脈ノタヱサルコソハ名誉ナレ　法相擁

護ノ為マテニ神護景雲二年ニ　鹿嶋ノ宮ヨリ此山ニ　影向ナルコソ類ヒナキ　公上ノ転ン講ニメサレテ　四座ノ證義ニ座ヲ並ヘ参勤スルソ美目ナレ　六宗ノ長官其上ニ　村上ノ応和ニハ宗ノ名誉余ニスクレ　弥勒出世ノ暁ノ　権ノ長官定ル　諸宗ノ中ニ法相宗佛智ニ叶フ召状ヲ　閻王ヨリ送ラレキ　白川承保年中ニ　和州一国ノ吏務ヲハ吾寺ニ補セラル　諸徳大衆相挙リ　光ヲハナス智者達ハ　星ノ如ニ出現シ　宗教繁昌並ヒナシ　因内二明ノ光リコソ　月日ヲアラソウ斗ナリ　寺僧ニナルハ先世ヨリ七玉値遇ノ縁ニヨル　初ハ魚ニテ御神供　禰宜社家ニクラワレテ　後ニ三笠ノ鹿サル　御山ニ生ヲ受ケツツ　法文ヲ耳ニソヒ　人ニ生レ寺ニナレ　論義決択ノ縁ニツレ　ヤウヤウ氏ノ寺ニキテ　寺僧ニナルトソ云ヒ伝フ　親ノ子ヲ思フハ　希ニ偏頗ノ思ヒアリ　権現御利益ハ　三千ノ大衆ニ　更ニ親疎ナキトノ　御託宣ソ貴キ　南無ヤ三笠ノ大明神　慈悲万行ノ誓ヒニテ昼夜各ノ三反ノ　擁護ノホトコソ有難キ　弥勒三会ノ暁　見佛聞法タノモシヤ　願我奉仕大明神　昼夜不退相続念　今世後世必擁護尽除一切諸障碍

(9) 東大寺続要録、佛法篇、東大寺所蔵
(10) 和歌森太郎「中世協同体の研究」(『中世興福寺における学僧教育』) 参照
(11) 大日本佛教全書、東大寺叢書二、東大寺尊勝院記追加、一七九上・一八〇頁下
(12) 倶舎論、第二十四巻要文抄（東大寺図書館架番号一〇三・三・五―四）紙背文書。拙著『東大寺宗性上人の研究』上、一〇八頁参照
(13) 日本大蔵経、法相宗章疏二、護持正法章、二〇五頁上
(14) 倶舎論、第十九巻頌疏講問答記（東大寺図書館架番号一〇三・四・二―二）奥書
(15) 東大寺続要録、佛法篇（東大寺所蔵）
(16) 東大寺年中行事、旧薬師院文書
(17) 東大寺文書（東大寺図書館架番号一・三・三七）
(18) 世親講聴聞集、三（東大寺図書館架番号一〇三・二九・四―二）
(19) 華厳宗論義抄（東大寺図書館架番号一〇三・二〇・一）奥書
(20) 倶舎論第八九巻要文抄（東大寺図書館架番号一〇三・三・五―一）

(21) 倶舎論第九巻文義抄第四（東大寺図書館架番号一二二・八四・一）
(22) 尊卑分脈、二、四八九頁
(23) 明思抄、第十四（東大寺図書館架番号一二二・七二・一五―七）
(24) 天台宗論義抄、第一（東大寺図書館架番号一〇三・一一・五―一）
(25) 婆沙論第一帙抄、（東大寺図書館架番号一一三・一四九・一）紙背文書宗性訴状
(26) 法勝寺御八講問答記（東大寺図書館架番号一一三・二八・八―一）紙背文書、寛喜元年四月廿五日宗性愁状
(27) 金光明会番論義問答記（東大寺図書館架番号一一三・三六・一）拙著『東大寺宗性上人之研究并史料』上、五二五頁
(28) 東大寺文書（成巻文書）五七巻、東大寺別当出世後見・五師等連署置文（大日本古文書・東大寺文書七・二七〇頁）
(29) 政事要略、二十五、年中行事十月、興福寺維摩会始事
(30) 扶桑略記、第四、斉明天皇二年条
(31) 同右、第四、斉明天皇三年条
(32) 大職冠伝、上（寧楽遺文、下、八八〇頁）
(33) 続日本後記、第八、承和六年十二月十五日条
(34) 三宝絵、中、法宝（山田孝雄著『三宝絵略注』二二一頁）
(35) 日本三代実録、二、貞観元年正月八日条
(36) 延喜式、二十一、玄蕃寮
(37) 宮内省書陵部蔵、維摩会研学竪義次第（巻子本）
(38) 大日本古文書、東南院文書一、七三頁、永承六年五月廿三日大政官牒
(39) 春華秋月本抄、第一（東大寺図書館架番号一一三・一二二・二―一）
(40) 群書類従、二四、釈家官班記下
(41) 三会勝鬘講問二明論義抄（東大寺図書館架番号一一三・二二〇・一）
(42) 太上天皇御受戒記（東大寺図書館架番号一一三・一一〇・一）紙背文書

(43) 春華秋月本抄十二、拙著『東大寺宗性上人之研究並史料』中、一六九頁
(44) 法勝寺御八講問答記、第十四（東大寺図書館架番号一一三・二七・一七―一四）紙背文書、文永四年十二月十五日宗性愁状
(45) 東大寺文書、東大寺図書館蔵（東大寺図書館架番号一・一・一四一）東大寺衆徒申状案嘉暦二年五月九日・衆徒事書（年欠）（同一・三・八二）・東大寺申詞条々書（年欠）（同四・一九五）等の文書より整理してこの条目を集めたのである。

三　堂衆・僧兵について

寺院社会における僧兵の発生およびその性格については、現在に到るも明確な解明がなされずいまだ不充分である。それは史料の制約と見解の定説化による非発展性にもとづくものと察せられる。昭和四年（一九二九）大屋徳城博士の『日本佛教史』の中に「僧兵論」(1)として発表されてより、つづいて辻善之助博士が同じく『日本佛教史の研究』（続編）のなかで「僧兵の起源」および「神木入洛と公家武家思想の対照」の論文(2)をかかげ、『日本佛教史』ではこれが具体例を示され、さらに日置昌一氏が『日本僧兵研究』(3)を刊行され、平田俊春氏が『平安時代の研究』のなかで「強訴の研究」「僧兵論」「上代寺院の武力の発達」との三部作を昭和八年（一九三三）に発表されているなど(4)、昭和三十年（一九五五）に勝野隆信氏が『僧兵』(5)としてまとめられている。

その成立については、従来より種々の論点が区々述べられているけれども、僧兵起源論については、㈠年分度者制の紊乱（得度制度の癈弛）、㈡廬山寺文書の二十六箇条起請（良源時代）を中心とする比叡山における慈覚・智證両門徒の争乱と悪僧の出現、㈢三善清行意見封事十二箇条に見える濫悪僧の出現にその起源をもとめている。しかして、㈢はほとんどそれが決定的な問題として定説化さえしている。そして「諸寺年分、及臨時得度者一年之内、或及二三百人」

也、就レ中半分以上、皆是邪濫之輩也」と年分制度のみだれを追究し、「天下人民、三分之二、皆是禿首者也、(中略)形似二沙門一、心如二屠児一、況其尤甚者、聚為二群盗一」[6]とある理論が僧兵成立論を大きく左右している。そして兵仗をたずさえることを禁じられている僧徒が兵仗を持つことによって悪僧としての性格をもつものとして理由づけられ、「僧兵とは僧侶が集団をなして武器を執った姿である」、また「緇衣をまとう身にして集団をなして干戈を取るものを僧兵という」と規定し、辻博士も「その始めにおいては百姓等が負担の重きに堪え兼ね、特権ある僧侶の階級に逃れるやうになり、此等の僧侶が増加するに従うて、その風儀が乱れ、弓剣を帯し、暴行するやうになり、加ふるに領地保護の必要上、僧兵の発達を助成したのである」[7]という論旨は三善善行の意見封事を全面的に肯定したことによって僧兵論の大旨として、いままでには、僧兵即悪僧論が僧兵を論ずる主目的とされている。

このような諸論を振り返ってみるのに悪僧論即ち僧兵論とするならば、寺院はすべて悪僧にみちみちている法場となり、寺院の集団指導性がいたずらに「いみじき非道事も、山階寺にかゝりぬれば、又ともかくも人ものいはず。『山しな道理』とつけておきつ」[8]という結果のみに注目しすぎて興福寺や延暦寺の寺院集団社会としての実態が忘れ去られているとして、これに反論を出した平田俊春氏は「僧兵論」において学侶と衆徒を区別し、平安前期の衆徒を僧兵と直ちに考えることは非常な誤に陥るとして、平安中期における衆徒は「全く学侶其自身であって、学問を専門としていたので」[9]学侶と衆徒を混同してはならないし、さらに「平安時代に於いての寺院の武力は衆徒にあらずして、堂衆や庄園の兵士であった。茲において衆徒を僧兵とすることに問題が生じてくる」[10]と述べて平安時代の衆徒と中世の衆徒とはその兵杖を帯し、悪行を働くうえにおいて性格を異にすると論ぜられている。寺院が強訴を企てたことは公家にも責任があり、寺院が佛法王法論をかざすところに、強訴の特質が見られると述べられているが、衆徒を学侶を含めて考察し、以前よりの堂衆一本の僧兵論を訂正されたことは卓見といえるし、僧兵がのちに堂衆の武力団体化して中世的僧兵として台頭してくることも比叡山等の例で示されている。そしてまた寺院の武力はその他荘園の兵士であることを指示されたこともうなずけるが、私はさらに東大寺の例を範として、さらに発展的に、縦の系列において学侶＋堂衆＋神輿＋郷民(庄民)＋神人の混成的僧兵軍団の形成過程という論点より、時代の推移を見ながら論究することは、寺院社会が慣習法、年中行事により容易に改変されるものでないという特性からも、ここに再び新たに僧兵論を展開すべきであるという考えにもとづいて論を進めると同時に、まず堂衆のあり方についても詳細に考えてゆくつもりである。そして従来からの先見概念にとらわれた僧兵論については、それがすべて否定すべきものとはいえないまでも、僧兵論については寺院社会における重要論題として再検討を加えるべきときではなかろうか。この点において、先の勝野氏の論は興福・東大・延暦・園城の四大寺に分けて「生れるべくして生れ、育つべくして育ち、しかし滅ぶべくしてついに滅んだ僧兵の歴史を綴らんとされた」(11)立場は私たちも同感するものであり、寺院社会が構造上、宗教上、一般社会構造と相違するものである以上、僧兵の成立事情を再考することは当然でなければならないし、武家集団と異なることももちろんである。

しかしまた反対に南都北嶺を通じて共通の場に立って——たとえば平家の南都焼打や、源氏への協力の場合——論じなければならないこともあり、寺内発生史的にも類同性は存在するものと考えなければならないであろう。このような意味においても私は私なりに、東大寺の僧兵を中心として南都の僧兵の発生と活動についての歴史的必然性をあらためて考えてみようとするものである。

さて、中世の寺院社会における僧侶集団の組織については一般に「学侶」「堂衆」に分けて考えられるが、比叡山では「学生」と東堂・西堂・横川の「堂衆」、高野山では「学侶」と「行人」、興福寺では「学侶」と東金堂・西金堂の「堂衆」、東大寺では「学侶」と法華堂・中門堂の「堂衆」と学侶と堂衆を分けて称されていることは、上記の分類がこれらの寺でもあてはまることがわかる。もちろん、学侶が良家出身を主とし、堂衆が市井の無頼や、貧農の子弟であるとする一般的規定には疑問が生じる。それは必然的に両者の対立を想定するからである。このことについては私はさきに『東大寺の歴史』のなかで両者の性格を論じて、学侶は「学問のために交衆する僧」をいい、堂衆は「禅衆」と称され、寺に住しつつ学問のために交衆しない僧であると述べた。延暦寺に見られるような堂衆では「夏衆と号して佛に花奉りしやから」であるという性格をもっているにしても、これらの堂衆のみが果たして僧兵の唯一の母体であろうか。平田氏の論のごとく、果たして「東大寺では奴婢の子孫が堂衆となった」というのは信をおけない。(12)これらの疑問をもちながら南都の堂衆の性格を見ることとする。

南都の堂衆には東大寺の法華堂と中門堂の堂衆、一般にこれを両堂衆と呼称している。興福寺では東金堂衆と西金堂衆を合わせて両堂衆といっている。南都僧俗職服記(13)によれば、

一、住侶　一寺ニ住院之輩ナリ、当時得度前ニ入寺依而各住侶也、
一、学侶　学問之為　交衆スル僧ナリ、
一、非学侶　学侶寺ニ住テ居テ不交衆也、出世不同、
一、両堂衆　是論不レ出、平日法用肝要ニ勤レ之、
東大法花堂衆、東大中門堂衆、興東金堂衆、興西金堂衆等也、
但、東・興之﨟次ヲ以テ授戒会和上蒙、宣下時者色衣不レ論、紅紫着之、禁色之袴等着レ之、(中略)

一、衆徒　武士帰依之輩、雑染受戒交衆之者、称之、当時末葉之輩、春日祭礼幷法会竪義以下勤レ之、興福寺卅講、法花会竪義、維摩会散華等也、東大寺法花会卅講等勤行、以二学侶之中臈席一為レ先也、衣重衣白五条裹頭帯二討刀一、古代除位勿論也、（中略）只称二仮名、官名、国名等一也、官務是長也、沙汰衆記録所貝衆蜂起之時吹貝也、等有之、其余ハ平衆徒也。

この南都僧俗職服記は室町末期に記されたものと見られるが、多分に中世の南都の寺院組織についての僧侶の職務と僧衣等についても詳細に述べている。そこには、その寺院に関する階層として分けて、

法親王、諸王、入道親王、猶子、地下子、住侶、学侶、非学侶、両堂衆、律衆、坊官、北面、侍法師、力者、三綱、中綱、勾当、小綱、専当、衆徒、承仕、堂僧、従僧、伴僧、院代、監事、結衆、田楽法師

等の身分を詳細に説明している。しかしここで僧兵として考えられる層は少なくとも先の学侶、両堂衆、衆徒を指すのである。もちろんここでの堂衆とは、性格的には学侶、非学侶に次ぐものとして存在し、臈次を学侶と同様に称していた。これは東大寺の両堂衆の場合にも見られることで、両堂衆の成立が、

当寺両堂禅衆、最初者於二大佛殿一致二供華等勤行一之処、会合難儀之間、一方者以二法華堂一為二本堂一、一方者南中門為二道場一(14)

という大佛殿の供華衆として発生している。そして堂衆となるためには登壇受戒という階梯をふまねばならなかった。たとえば文和二年（一三五三）五月の法華堂衆であった定忍の訴状は、同じ堂衆の圓春との臈次争いのとき、圓春が出家次第を守らずして法華堂の通夜浄行衆の号を募り、惣ての当行衆を語らって当行衆の上位にある定忍の座上に坐せんとするのを停止せんとする争いがあった。(15)

この場合に見られる堂家のしきたりとは、東大寺に入寺した期日をもって臈次を決定し、一日でも早く寺に入り出

家したものをば、上位に置く慣習があった。法華堂では通夜浄行衆と当行衆とは、かならず当行衆が上位にあるべきであった。この当行衆とは、

記録　条々事

一、堂務之仁、如当行記、丑時已上入峰苦行、於闕如之躰者、不可補之、猶以久修練行之人可用之事、

一、片荷水以下之人、不可叶律宗分、縦雖競望無、親疎之儀堅可停止事、

一、通夜衆分、不依老若、寺外止住制禁、既以為建久之憲記之上者、猶堅可守之事、

長禄三年己卯十二月十九日　法花堂満堂衆等

堂司大法司長弘（花押）　栄珍（花押）

筆師大法師延恵（〃）　尊英（〃）

大法師実専（〃）　実成（〃）

律宗分　良英（〃）　行賀（〃）

律宗分　定源（〃）　了快（〃）

律宗分　重俊（〃）　諸進玄祐[16]

ここでは丑時に入峯苦行することをもって当行と呼んでいる。また興福寺の両金堂衆でも正月一日より二十七日の間、「七堂御社百度詣始之」[17]として七堂内の神社をめぐる行を行う。主として法華堂では夏に行われているものと冬中の当行があった。その方法としては、当行は夏中当行と冬中当行の二度に限られ、これを順逆二度の修業といい、金胎両部の修業に充当された。当行は法華堂衆、中門堂衆ともに行い千日不断行とも千日華とも称されている。

現在法華堂の東西の扉にみられる「始自長承元年十一月廿八日千日不断花也[18]」「保延元年八月廿五日千日満但結願九月十二日畢[19]」などはその時の当行の満行を祝った落書である。この当行衆は法華堂→天地院→阿伽井山の三ヵ所を巡行する入峰行で、春日山中の花山で樒《しきび》を切り出し、九〇日間の行法に用いる樒一八〇荷をこのときとり出すが、その羂索院縁起としては「釈尊八千度娑婆往来して二利の行を修し成佛し給ふ、今に捨身求菩提之行力を以て、彼の八千度行を二千二百日に縮めて修行成就するなり。[20]」、そのために日花、行人五百日、片荷水、日数七百日、丑時日数にて合せて二千二百日であるため釈迦如来娑婆往来八千度行を二千二百日に縮めて修業したというのである。またさきのように千日不断花と称される所以は樒の花を用いて三月堂の正面の不空羂索観音、東正面の不動明王、西正面の地蔵菩薩の三体と、北面の執金剛神の四本尊に対して、カワラケにすすぎ射水して「我今奉献、清浄妙花、唯願本尊、哀愍納受」の偈を唱え房花（五枚葉）を捧げるので、平均一日樒二荷ずつ使用し、それが千日間であれば二千荷の樒を採集し、一日毎五十三の房花を交替しなければならなかった長期にわたる苦行であった。この供花の樒を採集するための入山の時期は朝山、夕山、中山の三つの区別があり、朝山は七ツ半か六ツ時に、夕山は六ツ時、中山は四ツ時であるが、朝山が本来の姿で午前五時より入山するのが例であった。

しかしさらにきびしいものとしては丑時入山で、手松明をもって後夜がすぎると入山し、初七日、二七日、三七日、百日、二百日と節々にあたった時に行われることになっていた。羂索院縁起にも「丑時赴㆓寅之一点㆒水汲、調㆓安居之供花荘厳㆒事、是為㆓本尊威光倍増㆒也、云々」とあって、もともと朝山としても夜明けの入山は異式で丑時登山が本式で、それは秘法の行として行中を他人に見られないという意味と行者の精神統一のうえからも必要であった。[21]

嘉永四年（一八五一）の当行日記によると、

宝珠院大先達
盛順房戒和上光海大和尚　春秋五十四　丑時行者
竜蔵院山先達
朝存房大徳律師宏徳　年四十七　三年目片荷水行者
中性院
祐海房大徳律師竜興　年三十九　二年目日花行人
持宝院・文珠院弟子
泰善房大徳律師栄訓　年三十六　三年目片荷水行者
法住院・竜蔵院弟子
長政房大弘準　年二十六　二年目日花行者
佛生院・中性院弟子
明海房法師竜全　年二十一　初年日花行人
宝珠院附弟
孝禅房法師喬丈　年十三　初年日花行人
以　上　七口(22)

と見えていて、おおむね七人を単位として山行が実施され、そのうち大先達は丑時行法に手水屋に登ってくるだけで、あとの山先達が以下をひきつれて花山に樒を採集にゆく。また片荷水行者は、手水屋の前の閼伽井より水を汲む行者で当行三年目の古練が行い山先達となっては初年および二年目の行人を指導する役目を持っていた。そして十三歳、二十一歳等の堂衆の弟子たちを中心とする初年の日花行人は進んで山に入り、房花をつくる花柄七本（一本は大木、六本は小木）で、大木は大尾といい、牛の調骨、小木は小尾で牛の四足両耳に譬えたといわれている。これは畜生道苦を表現したもので、花柄が法華堂に到着するときは花柄迎といって、その三日前に堂衆方の一﨟職より承仕に触れさせて、その日はすべて法華堂に出仕する。このような当行はその出発に対してはまず法華堂を荘厳し、ついで行法に必要なものを手水屋にはこばせ、「チワノミ」「六角ガサ」「脚半」「手拭」「タスキ」「草履」「ワランジ」「夜着」等が含まれている。

その日の法華堂では、

日中供花

初夜　例時勤行

阿弥陀経、三条錫杖、阿弥陀讃、尊勝陀羅尼（於法華堂礼堂）

不空羂索悔過、梵音、不空大咒、慈救咒（於法華堂内陣）

大黒講式　九条錫杖　心経　小咒（於大黒天勧行）

後夜勤行

吉祥悔過　懺法　釈迦讃　尊勝陀羅尼　慈救咒

（観音御仏餉）

心経　観音経　宝号

（執金剛神方）

心経　尊勝陀羅尼　慈救咒(23)

を勧行し、これが終ると草鞋脚半に身を固めて班蓋をもって二月堂の北方より山に登り、天地院に向う（また二月堂南方の飯道社の前を通って天地院に向ったときもある）。天地院に入ると天地院弁才天および地蔵、蔵王権現、八幡宮、信貴毘沙門天、阿弥陀、地蔵等の前で道勤行を行い弁才天の前では弁才天咒、蔵王権現にては慈救咒、毘沙門天では毘沙門天咒を唱え、最後に閼伽井社では、「九条錫杖　尊勝陀羅尼　慈救咒　弁才天咒　荒神咒　南無八大金剛童子」を唱えて勤行を終え、そののち樒を花山で採集して下山する慣例となっていた。

このようなものがさきの「当務之仁、如当行記、丑時巳上入峰苦行(24)」に当るものであり、古来当行と称されるものはかかる性格のものであったと推察される。この当行の夏中加行の食料については嘉暦四年（一三二九）の置文によると、

（端裏書）
「夏中当行食事置文」

定置　防州正税物事

合拾斛者

右、拾斛内伍石者、唐禅院止住之仁宛之、伍斛者夏中当行食事寄之、但無当行之時者、為正物可被宛別要用也、凡件五名相宛食事之上者、縦為当行、不可任于別当堅守可禁之、所詮彼正税物、自油倉乞下行之時者、沙汰相共

納于堂司之辺、任当行之人数可乞下行也、又限于夏中上者、其外当行事不沙汰之限、於下知之散用者、夏中以後以注文可被披露老中也、人数多而令不足事者、無力之次第哉、不可及于入立、若有残分者同可為公物、仍為無後日之相論、以一味之評定所定置之状如件

嘉暦四年五月晦日　　諸進快賢
　　　　　　　　　　堯弁（以上十二人連署）(25)

このような嘉暦年時における当行の食事費は周防国衙領の正税物によって充当し、五名宛の食事を用意することは当行が五―七人の単位で山先達により実施されていたことが判明する。またその当行の食事費に充当した正税物は油倉に乞いて下行を依頼し、その下行あったのち堂司のもとに収納し、当行の人数が決定してから当行に応じて配分するのであるが、その主たるものは「限于夏中上者、其外当行事(26)」は沙汰せずとて、夏中の当行が通例であった。

このような当行衆に対して通夜衆というのは、法華堂の正面の燈油を欠かさないように留意し、通夜衆等の売券のなかにも「為通夜衆等之沙汰、至正面御燈油者、永代無懈怠可令勤仕者」であるということから通夜衆が夏中当行にいっている当行衆の留守中、正面の燈油や、また丑時詣の準備やその他の夜を通して堂の諸用を果たしていた関係上、寺外住は禁じられていた。このような堂衆の在り方は中門堂の場合も同様と考えられるのである。

ただこのような性格を持っている堂衆が果たして僧兵の主導権を握っていたかどうかについては、多くの疑問の残るところである。

けれどもまた一方では、これら堂衆を中心とする人々においては多分に荘園の支配に関係している場合が多い。しかしその場合、堂衆自身の場合も納所職、下司職の職掌に補任されてはじめて関係している。その他に堂衆の寄人で

あるがために任命されている例もある。暦仁二年(一二三九)山城国玉井庄の下司職に任命された藤原廣村は自分の親父玄恵が童形の時より源昵の譲りにより下司職に補せられたとともに廣村も「為玄恵子息之上、為堂家之寄人、奉公不浅」故をもって玉井庄の下司職に補せられた。(27)これは彼が中門堂の寄人であったのが縁となって庄官に任ぜられたのである。また伊賀国黒田庄でも庄民等が時には「各号両堂寄人」することによって杣役や難事を忌避しようとしたこともあった。(28)ことに法華堂領であった摂津国長州庄では「当堂知行既経七十余年(正和四年現在)預所之相承」(29)に及んでいるなど庄官補任の例も多かった。

もちろんこのような荘園との関係において、堂衆が長州庄等に悪党が発生したために入部・苅田したこともあったし、法華堂衆が河上庄に、

当堂者、往古依為無縁無怙之道場、闕佛供燈明之資縁、天性依無堂領・堂免之新所、空年始修練之勤行、然間禅徒、或合力各各之種子而買取段歩之田地、如形配夜燈、日供之備進、或勧進所縁之貴賤、而自儲散在之新所、既弱擬修正二月之要路(30)

として法華堂衆は河上庄内に屓所三斗米を持っていた。このように寺内近在の地に自分たちの名田を所有し、法華堂や二月堂の供料を負うことによって自らも寄人化し、さらには受戒得度をうけて堂衆となるものも多かったと推察されるのである。堂衆の中には承久四年(一二二二)の僧弁意のごとく、弁意、覚縁、賢長の興福寺西金堂衆や忠賀・良盛のごとき同寺東金堂衆が「離東西金堂衆、於一向法花堂不可兼行仕候」(31)といっているように東大・興福の両堂衆は相互に被官を異動することができたのは、寺院を異にしても堂衆の性格がともに共通的な性格をもっていたからでもある。しかしこれは差し止むべきであって、時には堂衆をめぐる東大・興福両寺の争論の原因ともなった。

そしてこのような堂衆がいざこざをおこした例としては、「東大寺法華堂執金剛神長日勤行、及八幡宮秋季談義料所[32]」であった周防国東仁井令で応永三十三年(一四二六)に給主職をその荘園内に持っていた叡春等が、年貢無沙汰の押妨をなしたときに「堂衆等、可閉籠之旨、対寺門訴之[33]」という手続を経て寺門に訴訟を起こしている。それは単独の形で訴を起こすことは寺内の和合を乱すものとして許されてはいなかったのである。また大和国藤井庄で乾元二年(一三〇三)に治部卿泰継なるものが興福寺や東大寺の堂家の寄人となって大佛供料を差し出していた虎熊丸を殺害し反抗したときに興福寺は春日本社より神人を下したが、東大寺も泰継のために殺害されたことについて「爰東大寺両堂、令合力伊賀国国民等、相共令入部[34]」めて大佛料供米五拾斛の納入を約束すると同時にその土地を安堵させた例もある。このように堂衆等の単独の荘園への下向はほとんど法華堂や中門堂衆の個人的な関係の所領や当堂の荘園に騒動が持ちあがり当行や通夜行ができなくなるという経済的理由のもとに一味同心する場合に主導性を持つ場合が多く、このような問題に学侶大衆が参加したときには、この騒動がより拡大していくという方向をたどっている。

故に、堂衆と学侶とはその出発点より修行内容も異なり、住院も相違しているのであって、一部で反学侶的な動きをするものがあってもそれが即ち悪僧化するという単純な思考方法で説明することはさけるべきである。ただ彼らが僧兵集団に加わることがあっても、それが主導性を必ず持たなければならないという理由は考えられないのであって、僧兵の母体となるものはさらに他に求めるべきである。そしてここに若い学侶僧の動きを無視して考えることができないのである。

この法華・中門の両堂衆はもともと学侶とは異なって、しばしば諸事の訴訟や、東大寺八幡宮の神輿動座、衆徒蜂起等に関して、京都や、荘園等に出向いてゆくことも多かった。また承久四年(一二二二)の弁意法師起請文によると、この当時、弁意のごとく、興福寺西金堂衆や、東金堂衆と兼帯して法華堂衆となっていたものもあったようで、堂衆は一寺に専従しているとはかぎっていなかったようである。ことに建武元年(一三三四)八月二十七日に法華堂衆が、その所領である東大寺領新懺法供料所、新別府庄の違乱に際して発向したときの記録には、(35)

一、両堂衆は、その責任者の堂司を残して、諸進、聖《ひじり》などすべて身に差支えないものはみな発向に参加すべきで、もし差支えのあるものは、代官を差し出すことができた。もし代官を差し出すこともできなかった供僧は、長く堂衆より追われて、ふたたび還職することはできない。

二、発向の供僧中で欠員ができたとき、例えば法華堂衆で欠員のあったときは中門堂衆で補充するなどして欠員を補い、ひとたび、この庄のことのように事件に対する堂衆の発向が議決されたときには、両堂衆は連絡を密にしなければならない。また突発的な事故が供僧の身の上にできて補充者が見つからなかったときは、供僧としては一身をかえりみないで発向に従うべきである。

三、特に今度の発向は、新別府庄の新懺法供料という法華堂の通夜衆にとっては重大な事件であるから、供僧衆はもちろん衆徒の大事をもって下向すべきで、浄行通夜衆はすべて参加すべきで、たとえどのような大事が出来ても、通夜衆はそのために供僧分のように自分の欠席に対して他の人を代りに立てることは許されない。

四、この事件発生の以前から、堂衆の契約に反対して、堂衆を離脱させられたものについて、下向のときに再び参加を願ったり、堂衆として還補を念願するために公家や武家などや、あるいは寺の上臈の人から口入《くにゅう》を受けたり、縁者から申請があっても、すべて堂衆が連判起請している以上は絶対に許されない。

五、また堂衆は起請して発向するのであるから私曲を計らず、下向すれば悪党退治に専念し、供料を興行することに尽くすべきである。

と、このような堂衆の結束は、両堂衆が東大寺の発向のような実力行使に対する発向の中心組織であったことを示すと同時に、僧兵としての動きをも見せていたことを物語るものであろう。

しかし堂衆は僧兵衆団の指導的役目はもっていなかったが、東大寺内に閇門や蜂起の騒動が持ちあがった場合、

一、寺門蜂起之時ハ毎度法花中門堂両堂之衆被加召哉之由、堂方申哉、於大湯屋辺ハ南北ニ内ニ床シ着座シテ出仕之由申哉、（中略）近年之儀之事者、於両堂之衆之内蜂起之時、具サニ以器用之躰族、具時安養坊立貝之衆ニ被召、惣而蜂起之時、貝ニ上手ヲ於堂衆之内請之者也、於大湯屋ハ厳重之集会義也(36)

とて、堂衆は禅衆として、修二会の作法等で貝を吹くことに達能であるために蜂起の貝吹に用いる等のことはあっても、その蜂起の主導権はあくまでも学侶にあった。ただ堂衆は蜂起参加への申入れは行ったと考えられる。

僧兵をもって一般に「南都大衆」あるいは「山階寺大衆」「東大寺大衆」または「大衆蜂起」「大衆入洛」と称し、あるいは「東大寺衆徒」「寺僧之綱以下衆徒」等、大衆と衆徒はその用字法を異にしている。これは公卿たちからは一般に東大寺僧徒だとか悪僧などと呼ばれているけれども、寺内組織においては明確な判別がなされていたことは、さきの南都僧俗職服記でもすでに示したところである。

しかしその区別は建永二年（一二〇七）七月四日の興福寺の蜂起にあたって、

当時大衆号修学者大衆可止蜂起(37)

と記されていることからしても、修学者をもって大衆と規定している。これからして大衆とは学侶集団をもって大衆と考えるのが至当である。しかし学侶集団のすべてを大衆と称するかというと、そうではなく、下層公家出身者や中

﨟の若輩の学侶をもって大衆の概念のなかに含むべきであると考える。衆徒とは「武士帰依之輩、雉染、受戒交衆之者称之」(38)それは竪義以下これを勤めた人々で、おもに衆徒と呼ばれるのは、

以学侶之中﨟席、為先途也、衣重衣、白五条裏頭帯討刀古代除位勿論也(39)

という人々で、学侶の中﨟を先頭としてそれ以下の学侶もこの時は衆徒の一員となって蜂起に参加することが許されていた。蜂起の場合には裏頭して訴訟の僉議に参加するのであるが、これについては、さきの職服記の法服の条に、

一、白五条、重衣着用之時掛レ之、鈍色衣之時掛レ之、但色衣鈍色之時不レ掛レ之、白精好ニ無文一也、宮門跡者有レ之也、裏頭之時着ニ白五条一也、以ニ色袈裟一裏頭之義無レ之(マヽ)、或打掛裏頭同レ之、打掛裏頭背巻着レ之。不レ脱、袖威儀小威、胸有ニ是裏頭之准義一云云、又祭礼用楽頭坊之児袍ニ裏頭一白五条、但号ニ舟裏頭一其形異也、南都北嶺裏頭之様不レ同云云、猶可レ尋也(40)

と裏頭は白五条袈裟を頭にかぶることによって裏頭というのであって、それは重衣（黒衣）を着するときに合せて用いる場合が多い。この重衣は「中﨟以下着之」のであるから裏頭をして黒重衣を着するものは少なくとも学侶の中﨟を先頭として、竪義以前の若い学侶であることは明らかである。

つぎに裏頭を着用する必要については、僧兵の蜂起の原因は東大寺の場合、㈠寺外の周辺における興福寺僧徒との争論のために動いた場合、㈡荘園の争乱によって蜂起に及んだ場合の二つが最も多く、㈢寺内の学侶と堂衆や、別当等とのいさかいのため争乱に及んだことは、先の二者に比べてはるかに少ない。すなわち、僧兵的な動揺を東大寺が示すのは、㈠対興福寺との自衛的争乱、㈡対公家・武家等に対する積極的荘園政策の推進の場合であって、後者のような経済的理由が加味されているときには、その争乱はより切実な意味をもつからおのずからはげしさを加えてくる。

東大寺において、このような衆徒が蜂起する場合、㈠興福寺の大和一円化、平安末期よりは土打段米を東大寺領寺田や荘園に付加された場合、㈡伊賀国の黒田庄・鞆田庄への伊賀国在庁官人の押妨、ならびに鎌倉末における黒田悪党の追放、および周防国衙領の確保のための場合、などが主たる原因であり大規模に行われた例である。もちろんの場合、東大寺八幡宮の神輿動座、大佛殿等七堂の閇門、離寺、法会停止の非常手段に訴えたことはいうまでもない。ことに康和四年(一一〇二)九月二十八日の神輿動座は「東大寺領伊賀国黒田庄、為国司被顚倒之間、僧悉上洛訴訟[41]」するほどの一寺大愁訴であった。それは黒田庄が天平施入以来の伝統を持つ東大寺の有力な経済は基礎となっていた荘園であったからでもある。また周防国衙領が黒田庄の顚倒以来、それにかかわるものとして東大寺が確保する場合においても、寛喜元年(一二二九)十月三十日の明月記の記載によると、

東大寺修理料申一州事、又伊賀庄新補地頭押領事、国事有御沙汰、依申請、周防不被沙汰其替之間、遅々歟、庄事定毫已内々触関東、云云、

十一月二日、東大寺僧綱已下群参、不給周防国者、不可帰寺、僧徒逐電、本寺可閉門戸由申云々、末代僧徒嗷々、非恒規歟[42]、

とて僧徒の群参はまったく非合法といわれ、「左道背恒規、為佛法不便之由」とののしられ、さらには「末代出家為法師者、只朝敵謀反武勇之外無他行歟、雖欲行善政、此法師原充満之世、更無術歟[43]」と定家をしていわしめるほどの暴挙に及んだのも、それが再興と寺領確保という経済的要求につながっていたからである。文保年間の長期にわたる八幡神輿の京都での放置も兵庫津の目銭の差配に関することからおこった。

くだって永正五年(一五〇八)十二月二十三日の、周防国衙領土居八町が大内左京大夫義興によって押領せられようと

したときの蜂起について、東大寺は大内義興が寺領国衙を押領したことに対してこれを返付してもらいたいと信花坊英海五師をもって申し入れたが落着しないために、十二月二十三日の夜半丑刻に八幡社頭をとざし、巳刻には貝を吹き大湯屋で惣寺の集会《しゅうえ》をもよおし蜂起・閇門を一定した。この時の集会は学侶等の若衆が中心であって老衆は参加していない。そのために、議定が一決したうえはこの次第を老衆に知らすために再び戌刻に集会して、つづいて天狗社(大仏殿より東石段を上りつめた左側の辛国社)で第三度の蜂起を行い、手向山の一鳥居より東南院(本坊)の北芝でさらに蜂起し、真言院より中水門郷に到り、戒壇院を北へ通り抜け北中門に大衆おのおの集会して、そこで僉議文を読みあげ七堂を閉門し、さらにこのことについて興福寺にも通報し協力を求めた。この蜂起のときには大衆老若は重衣に白五帖の裹頭をつけ評定をしている。

この蜂起の順序は、この大内氏に対する周防還付の訴訟のつづいた永正六年(一五〇九)二月二日の開門の場合も、

二月二日七堂開門酉剋在之、先前ニ於大湯屋有集会テ集義之趣二月堂之衆ヘ牒送アテ、大湯屋ヨリスグニ上テ貝ヲ立テシキリ在之、貝之衆之外ハ大佛之東之廻廊ニ相待テ貝ヲ吹終テ、東之廻廊之衆ニ相加テソレヨリ北ニ後門ヘ罷移テ開門之子細僉議シテ各退散、落居之趣ハ大内方以三条殿、国衙之事、悉以去年分ヲ初テ寺門ヘ可去渡之由、色々(マヽ)競望アテ三条殿書状在之、則寺門ヘ被出、具以披露如此厳重之、大内方請取之トテ開門在之[44]

と、このように寺内閇門等のことは訴訟の要求が通るまでなされた。もちろん閇門は初期の段階であって、これが実施されないときは神輿動座という第二段階にまで進むのである。この寺門訴訟のための閉門はこの時には永正五年(一五〇八)十二月二十三日より三九日間にわたり、この間年はじめの大佛殿修正会はむろん延引して三月一日より修正会が実施されるという異例が行われた。これは宗教的には国家より指定された行事が完全に期日に行われないことを

意味し、このために、国家に飢饉や悪病が流行し、戦乱となってもその責任は寺院側にあるのでないという宗教的圧力を公家武家方に加えようとする目的にもとづくもので、ひるがえせば寺領の安堵を求めようとする動きでもある。この点については勝野氏は時代の信仰の力を借りるものであり、信仰の威力と説明されている。(45)中世という時代はまたこのような寺院の、ある時には無暴とさえ考えられる要求にも、これを許していたところに時代の宗教的あり方がわかる。しかしこれが初期の段階においては正当であってもしだいに回が重なるにつれて、悪徒化し慣習化していったことは否めない。そのために、公家からは天魔の所為とか奇謀とか称されて、法力示威の行動に対して非難の声も高くなっていったのである。

寺門閉門の行動で止まらなかった訴訟の場合は、寺門大衆は神輿動座の手段に移っていった。興福寺では「御寺大衆請下御社鉾榊等、相共京上、出御寺丈六堂、(中略)大衆入洛着勧学院」(46)という行動に出なければならなかったし、東大寺では東大寺八幡宮の神輿を大佛殿→手掻門→木津→光明山寺→宇治→東寺へと神輿振りを実施しなければならなかった。しかし寺家が神輿動座にふみきるためにはまず種々の段階を経なければならなかった。まず第一には衆徒の団結が必要であった。文保二年(一三一八)十二月二十六日の兵庫関回復以下五ヵ条の要求を達成するための動座にあたっては、

記請　条条

一、雖レ及二神輿之動座一、不レ優二神威一、偏寺務并三方貫首等、雖レ被レ加二炳誡一、更以不レ可レ拘二制法一、若依二今度沙汰一事、寺務・貫首以下被レ改二替所職一者、弥住二我執一、不レ被レ還二補本職一之外、不レ可レ有二落居之期一、若又衆徒学侶等之中、称二張本一雖レ及二罪科之沙汰一、更以不レ可レ為二叙用一、同可レ申二子細一事、(47)

と固く制約を交わし、寺家大訴のうえは寺務貫主の改替も覚悟し、張本として罪科に処せられたときは協力してこれを排除することができるまでは神輿の帰座を行わないとの強い主張をもっていた。そして「御動座之時節、閇三社七堂之門戸、可令押留神事法会之旨、満寺共同之一決」という鉄則に立った。このことは興福寺でも同様で、嘉禎二年(一二三六)石清水別当宗清と別当未補のことについての争論に際して春日神木を平等院に押出したあとにおいては、

嘉禎二年正月一日、旧年衆徒之訴訟、于今相続、神木於平等院様所御越年、寺僧僧綱以下衆徒同候于宇治、元日二日二ヶ日之間、捨神木皆下向寺社閉門、寺僧令返電之越也、東西金堂之修正以下恒例臨時之大小佛神事、皆悉打留了、諸房諸院大家小家皆閉門戸、寺僧出行之姿、黒衣布袈裟改裹、無用□裹改塗足駄可用、引足駄之由云々、可謂是佛法魔滅期之至也、別当未補、是依寺家之騒動也、(48)

と寺門を閉じ、寺僧の出行は黒衣を着し、裹頭となることは訴訟が実施されていることを寺院内で示す意味をもっていた。しかし彼らの盟約とはいかなるものであったかについては、その衆を集めすべて連判起請を出さなければならなかった。学侶一味の契約については、諸寺の学侶とも共通の性格をもつと考えるのが至当であって、

一、凡一味和合者、僧衆之軌則、芝蘭膠柒者、修学之朋友也、堅専同心之約諾、互不可有親疏偏頗之義、於学侶中、雖何色之難儀出来、面々存身上之大事、不可見放事、(49)

と、高野山等の学侶の場合にも見られた申状は南都の興福寺でも、「当寺大衆之習、為三千一味之群議、無理而不尽、無事而不窮」(50)と三千一味之群議、学侶同心は諸寺でも寺内の行動をまとめる中心であった。訴訟に当っても上﨟の僧はいきおい消極的となりがちであり、よほど寺の重大事でないかぎり動揺しようとはせず、学侶の中﨟の人々は積極的に事を解決しようとして強い主張をするためその主導性を獲得するようになった。ことにその訴訟が維摩会や、常

楽会、また東大寺では法華会、学侶の供料を差し出す大井庄、黒田庄、茜部庄等の荘園の存否にかかわる問題については重大であった。また京上ともなれば「不憚権門、不恐威勢」人々の偏狭にかたよらず、無想の評定をすべきものと定められている。この訴訟の安否が学侶の安否に共通するとき、学侶評議一決の内容は他の堂衆等に漏らすことは禁止されているし、たとえ門主の厳命や、師僧や二親の懇請があっても、議決に違反し私曲をはさむことは許されなかった。それは寺内の僧徒でひそかに敵方に内応するものがあれば訴訟の意味はなくなるからである。しかし同じく訴訟に応じた院家の門主があるときは、それが荘園への要求や、維摩会の座位等の問題が解決（この場合に「入眼」という用語を用いている）した場合においても、三方貫主や門主等の寃罪を払いのけるまでは訴訟の完全なる解決とはいえないのである。もちろん東大寺の「学侶之安否」はすべてこの訴訟に窮まるのであるが、もしそれでも東大寺で解決しないときには、他寺即ち興福寺の学侶にも「難儀之上者、牒送他寺学侶、可致同心沙汰」と申状を送っている。これは、また興福寺側でも同様の場合がある。興福寺は東大寺と共同作戦をとることにおいて院、朝廷に対する圧力となるし、東大寺が興福寺と結ぶことは、対藤原氏政策を有利に導こうとする場合に多く用いられる方法であった。ことに学侶の集会を開き群議一決するのちは神佛照覧の上であるから、その内容を露顕させるものがあれば神罰冥罰をこうむり学侶を擯出し、供料をとりあげられ、赦免の期はないものと覚悟しなければならなかった。また神輿動座の行動をおこすに当っては東大寺別当、尊勝院院主、東南院院主の三方貫首あるいは御寺務ならびに三方門跡に「可有御同心之由可申入方々」ことはもちろんであったし、「名僧良家分同触申此由可申入」ることも忘れていなかった。(51)

しかしながら神輿動座ともなれば、学侶中臈以下のみでは充分な軍事力とはならない。

そこで堂衆への呼びかけとなることは前述したが、両堂衆もまたこの申入れを受けて、集会を開き、両堂の堂司を残してすべて身に差支えないものは発向に参加すべきであって、差支えのおこったものは代官を差し出し、それが理由なくてとどこおったものは、また、堂衆より追放され還職されることはないと約束されていた。定まった出陣数に対する両堂より差し出す人数の不足については融通をつけあい、両堂衆は連絡を密にしなければならなかった。もちろん供僧たち（堂衆）も「供僧面々大事存、可被下向」ことはいうまでもない。そして堂衆が連判起請しているうえは私曲をはからず、悪党退治、訴訟入眼に力を入れるべきは当然果たさなければならない義務と考えられていた(52)。

次に、かかる学侶および堂衆を主動力としても、上洛に対する宗教的権威を高めるためにも八幡三所の神輿をかつぎ出すことが必要であった。康和四年（一一〇二）の田楽をめぐる興福寺下部との争乱に発した動座上洛には「衆徒殊含欝憤之余、相催末寺等」が参加し、永仁二年（一二九四）七月十三日の動座も神人・学侶・道俗が加わって入洛に及び「十三日神人等依レ令二張行一、俄及二御入洛一之処、散在神人及貴賤道俗、不レ招自集、千余人之輩、各奉頂二戴神輿一、如レ飛而御進発」(53)という状況で入洛した。その理由は荘園あるいは他寺との争乱であっても、

夫帰依二佛海之習一、無レ問二和漢一、謗必得レ罪、被レ重二宗廟之道一、争分二尊卑一、蔑二如当宮一乎、況国々所々、垂二跡於神道一云々、神慮有レ恐、浅深難レ測歟(54)

という本地垂迹と王法佛法という神佛思想に対する反発は、その責は朝廷側にあるとしている点は注目すべきであり(55)、かかる思想を栖として、永仁三年（一二九五）の訴訟では(1)東南院関係の備前国野田・南北条・長沼・神前の四ヵ荘の事、(2)花山院と相論の発生している摂津国杭瀬庄の事、(3)尊勝院との争いのある石山寺座主職事、(4)竜口庄事、(5)二月堂領赤緒庄との堺の相論、(6)光明山古河庄についての近衛殿と光明山寺との相論、(7)勧修寺領群家庄の事など七ヵ条も同時にかかげていることは、神輿動座という行動に出るときは共同訴訟という手続もふんでいる場合が多かったこと

を示している。神輿動座より入洛に到る道程は、永仁三年の例では衆徒が八幡三所神輿三基を頂戴して、八幡宮の遷殿にうつし、大佛殿中門正面東向に置き神輿をかざりつけ、先例に任せて手掻門に入れ、伶人の奏楽、神人の警蹕あって、玉井庄の光明山寺を発し、同寺の二つの堂に到着し三日間逗留し、この間、学侶・堂衆はここへ出向いて集結し、道路の左右に炷松を立て異様な儀式を行い兵力を誇示した。

そののち千余人の勢力となって神人の警蹕いよいよ高らかに天にとどろき、武士の防禦をさえぎり、二条東洞院より神輿振りして第二第三の二基の神輿を内裏四足門に振り捨て、第一の神輿は訴訟の対象の(2)条に基づいて花山院亭に振り入れ、神宝・神木等を捨てたのち再び御所へとってかえし三度大音声をあげて捨てさったため、洛中の周章これにすぐるものはなかった。そののちこの神輿を東寺の金堂へ公家により安置するのが例となっていた。

このような神輿を引き出し、それをかつぎ出し道中を警固するためには多くの神人を召集しなければならなかった。これらの神人とは平常は手掻会の夫役を負っている郷民や庄民であって、ここでは臨時雑役として寺側が徴集する兵力である。

学侶と堂衆と神輿を動座することを決定した寺側は、その数を千以上として示威しなければならない必要にせまられた。その主体となったものは郷民と庄民である。郷民とは東大寺の場合、転害・今小路・宮住・中御門・押上・南院（水門）・北御門の七郷の住民を指し、それらは郷内に手向山八幡宮（東大寺八幡宮）の末社の祇園社をまつり祭礼に際しては協力する義務をもっていた。この郷民は番匠により統括されていて番役を寺家につとめ寺内の警固等に任じていた関係上、手掻会等には騎馬に乗って出てくるものもあった。もちろん神輿動座の大訴のときは彼らは当然参加する義務を帯びていて、

押上郷民等申

八幡上洛之人夫事、度々所存分申入候畢、爰番匠等、背二先例一、不レ可レ出二人夫一之由申候之条存外候、且依レ之自余之号所等、皆以申二子細一候之間、人夫忽可レ闕二如一候之条歎存候、且木工等無二先規一之由申候之条、不レ得二其意一候、則去年河原之御禊之時、二ヶ度致二沙汰一候了(56)

とあることは七郷の郷民が上洛の人夫として召集されていることを示している。そしてこれら郷は東大寺の工人や、八幡宮の神人、あるいは寺家の雑掌等の止宿している所であり、小綱・堂童子も家地を持ち(57)、手掻会番頭役をつとめなければならなかった。頭の交名としては「上ツカサ(上司)・下司・セイノウ(細男)・ホッショ(法施)・スマイ(相撲)・ミコシドコロ(御輿所)・キヒョウ(騎兵)・ソノコマ(其騎)」などに充当されている。貞和四年(一三四八)の転害会の執行日記によれば、このときの行列内の騎兵役を勧仕しているのは、

キヒヨウ(騎兵)　七郎、カミツカサ(上司)アフラクラノ下部
キヒヨウ　イシ五郎　ヨリトウ三郎キタノミカト(北御門)　イマサイケ(今在家)(58)

と、東大寺八幡転害会記の絵図でも騎兵は他と異なり武具をつけ騎馬姿で描かれている(59)。これらの郷民は東大寺と興福寺の闘諍の歴史をひもといてみると、その最初の仁寿年間に行われた東大寺・大安寺の雑色人の兵仗を帯して明詮僧都をおびやかしたのも彼ら雑色人と呼ばれる人々で、永承五年(一〇五〇)興福寺僧徒が手掻会におもむいて乱行し、保延元年(一一三五)には、東大寺の僧で興福寺の僧と戦うものを移郷に処しているなど、平安中期より郷民は手掻会を通じて東大寺と結ばれ、そのためにしばしば興福寺の奈良支配権の進入を防ぐ東大寺側の主戦力ともなった。このこ

とは興福寺郷の場合も同様で、東大寺郷・興福寺郷は奈良を二分する相対立する郷となって東大寺は木津より入る京都街道を掌握する以上、北からの侵入に対しては絶えず先頭に立たされていたし、その宿命を帯びていた。また興福・東大の二郷の接する雲井坂近辺は最も両者の郷民のいさかいが絶えずあった所でもある。これら郷民が、

近日寺辺之躰、依衆徒一類之所行、懸巨多有得銭、追捕民屋焼払、所々或国中与党之輩、得寺門擾乱之便、引剝強盗以下致種々乱吹、如今者人民争可令安堵寺辺候哉、愁歎之至、令哀察候、爰郷民等以一味同心之儀、各帯兵具馳向致防禦等者、何令現如此之乱悪哉、随而度々雖相触郷々、更不致其用意不忠間凶賊陸《（マヽ）》梁追日令倍増(60)

とあるのをみると寺辺の近くの郷がたえず両寺の衆徒により有得銭を負荷され、民屋が焼払われるようなことが屢々行われるために兵具を帯び自衛の手段を講じられなければならなかったことは、郷民が神輿入洛等にかりたてられる場合との関連を示す。時には騎兵ともなり、兵杖を原則として用いることができない僧徒に対して、兵具を持つことも、寺内警固の夫役・番役等を負うている彼らにとっては決して禁じられている行為ではないし、この寺家の大事の時にこそ寺家への奉公、夫役の軽減への道でもあると考え、また、恩賞にもあずかりたいという武士団的な性格も自然に発生してきたことも考えられる。

また手掻会を中心にこれを縁として結ばれるものに東大寺八幡宮に付属する神人がある。これはさきの七郷内に居住する人もあるが、多くは社領内の荘民や、東大寺領内の荘民より番役をもって徴集された。八幡宮神人は鞆田庄、黒田庄等にも存在し、主として黄衣を着すのが例であって、黒田庄では「神人廿人之輩者、着用尋常之黄衣等、可令勤仕神輿之御共、毎年御祭以可為同前、但臨時課役并有得交名」(61)と、この荘内の神人たちはもちろん「永以可為定数、此是為令免許本寺臨寺課役也」(62)とあるのが例であった。

進注　鞆田　御八幡神人事
合三人者　ヲカハシノコレチカ
フセノミツクニ
キノモリヒロ
右、任恒例可勤行仕之状如件
嘉禄三年八月　　日公文百姓等(63)

注進　真木山庄神人交名事
合
阿閇元包　　大中臣貞行　　紀末利
紀末次　　　布施行安
右可為　八幡宮神人交名注進之状如件
嘉禄参年九月　　日(64)

さきの郷民が対興福寺関係に直接的な危機感をいだいていたのに対して、荘園の荘民は東大寺とは経済的関係において結ばれていたので、荘園問題にからむ訴訟に対しては当然神人も参加を要請されたのである。神輿をかつぐ駕輿《かよ》丁《ちょう》役等引受けていた関係上、三基の神輿は黄衣神人でかつがれていた。元亨元年(一三二一)、また正和四年(一三一五)十二月十八日の兵庫関回復以下の五ヵ条をかかげての神輿入洛の事、元応元年(一三一九)正月十八日の入洛のとき蓮華王院に安置した神輿などは元亨元年(一三二一)まで三年間にわたる訴訟を経て入眼《にゅうがん》し、神輿を帰座させることになった。

(一) 兵庫関の顕密重色の料である故、東大寺に先例通り返付されたい。

(二) 周防国衙領について東大寺大勧進の尊智上人の申状にまかせ大内介重弘の国務張行を禁止すべきである。

(三) 兵庫三ヶ津の目銭を東大寺七重塔の修理料として修理が終了するまでは東大寺に付せられたい。

(四) 久富三楽名の押妨の停止。

(五) 伊賀国内保庄の勅許なく院に付せられたこと。

この五ヵ条は寺内安否のための大訴を行ったのであって「今此五ヶ条之内雖為一事、勅許猶残、本訴不開眉者及神輿入洛不可有静謐之期、」[65]と甚だ強硬なものであったが、元亨元年(一三二一)には五ヵ条の訴状はほぼ、東塔修理料三ヶ津商船目銭の半分、全体の四分の一をもって東南院修理料にあてられ[66]、新関の停止を定め、その他の条項もほぼ貫徹され許容されたので元亨元年には神輿帰座のはこびとなった。このとき東大寺は神人に対して、

御帰座諸庄神人元亨元

諸庄神人支配事

黒田庄奉　玉滝庄奉　鞆田庄奉二十人　湯船庄奉寺方四人院家領五人　内保庄奉三人　玉滝寺奉六人又一人　上笠間庄奉五人　下笠間庄奉六人　薦生庄奉五人　大部庄奉六人　杭瀬庄　廣瀬庄奉三人　槇山庄奉三人　賀茂庄奉二人　和尓庄奉三人　白土庄二人　銭司庄奉　安部庄奉

松尾庄　山田庄奉且四人　法用(ママ)庄奉四人

新別府　富永庄奉　鰹原一人　海印寺奉　水瀬庄奉　簗瀬庄奉且三人　東明寺　阿波庄奉三人　玉瀬別府　与野庄奉
長州庄　赤尾庄　新庄奉　猪名庄
右、諸庄神人等、悉随催促、可令参洛、若於懈怠庄民等者、定有後悔歟、厳密可被加下知之旨、依衆議所配之状
如件、

元亨元年五月十八日(67)

等、三六ヵ寺の末寺・荘園より神人八九人以上に対して神輿の帰座のために配文回請を送って召集を促した。これは帰座の場合のみであるが、動座の場合もこれと同様およびそれ以上の大規模な動員が促されたであろうことは推察されるのである。

このように神人の参加は荘園への寺方の臨時夫役の労役として課せられたとともに、荘園内でも悪名の高き勇者を差し出したであろう。これらについては、勝野隆信氏引用の石清水文書にも、「年来神人濫悪を先となし、緇侶貪婪を本となして、或は公私の田地を押領し、或は上下の財物を掠取る。京畿を論ぜず、辺陲を嫌はず、党を結び群をなして城を塡め郭に溢る。ただに人民を滅亡するのみに非ず、兼ねては同侶同伴も合戦をなす。学を抛げて刀兵を横たへ、方袍を脱して甲冑を被りたり。梵宇を焼失して、房舎を破斫す。弓箭を携へて左右の友とし、矢石を以て朝夕の翫とす。」など押妨を極めている。ことにこのような「神人の濫行を見ては万人歯を切り、衆徒の威勢を聞いては四海脣を反す。近日神人浄侶とも訴を致すに、度々の制符に背いて、みだりに神輿を舁て公家を驚かし奉る。これ朝威をゆるがせにするのみか、かえつて神慮を憚からざるなり(68)」と大内記のなかにある鳥羽天皇の宣命に述べている、神輿をかつぐ神人がいかに居丈高であったかがわかる。これは東大寺でも九月五日の手掻会の駕輿丁に「櫟庄四人、清

澄庄四人、薬園庄四人、松本庄四人、玉井庄三人、賀茂庄二人」[69]を徴集していることからも駕輿丁をうけもつ荘民が群集心理と学侶大衆の先導に酔痴れてしだいに悪徒化していったことは現在の大衆運動のあり方からしても推察できるのである。そして強訴における最初のこぜりあいはこれら神人および郷民等と公人との接触からはじまり、さらに堂衆・学侶の介入となって僧兵集団は洛中で種々の問題をひきおこしたのである。

これらの考察から、さきに平田俊春氏が僧兵論において指摘された寺院の持つ集団的指導力については、私も同感である。ことに寺院の集会制度を重視され、僧兵の発生は、その集団的指導力、即ち寺院内の集会制度の発達に基づくものであるということについては傾聴すべきである。しかし学侶の寺院社会における集団指導性の欠如をともなうにつれ、平安後期になってより堂衆、寺領荘民に押された強大なる武力が発達して、僧兵は悪徒化したと述べられていることについては、この平田氏の論に対して、別の見解をもつものである。私は平安時代のみならず、それ以後においても、寺院を和合衆(仏教的意味においても)とよぶ学侶の集団指導性は絶えず確立されているものと考えたい。ことに神輿動座という動きが単なる短期間の小さな事件の発生を理由としておこるのでなく、寺内・領地等の五乃至七ヵ条の難題の事件の集積のうえに行われていることである。またある場合には寺院僧侶集団の生死に関するような根本的な経済的要請に基づいて計画されていることは、さきの東大寺の場合、黒田黒党・兵庫関・周防国衙領の問題の内容を詳細に検討しても判明する。そしてまえにも述べたごとく学侶は三方貫首の同意のもとに堂衆によびかけるのであって、そののち寺の三綱および政所を通じて郷・荘の神人・荘民を兵士役(臨時雑役)として徴集するのであるから決して単なる暴徒とはいえない。即ち多くの集会を持つ寺院においてはその集会が統制ある議決をなしたとき、それは一大勢力として団結されるものであり、堂衆等の違約的な行動は厳重にいましめられるものである。これはさきの集会内容からも説明できる。多少両堂家の争乱があっても、学侶の指導のもとになされる神輿動座のまえにはかかる問題は小事として排除され寺家一大事のまにえは一大合同がなされるのが当然であって、われわれが僧兵論を展開するときこれら学侶の集団指導性に重点を置くべきである。そしてこの学侶等が他寺の学侶や堂衆(東大寺と興福寺、園城寺等)と共同戦線を持つとき、源氏平氏をもしのぐ軍事力となる。また対抗する武士団においても指導性を持つ良家の武士はその指導力を把握している御曹司の存在によって武士団の権威と指導力を確立していたし、また郡司・荘司および荘民をも統率して軍団を形成していたと同様である。寺院でも貴族と血縁的関係のある良家の子弟と強力な発言力を持つ学侶は寺内に優位を保って、もともと律宗分といわれる両堂衆とは官位的にも経済的にも階層を異にするのであるから、学侶は堂衆の協力を得て、寺院軍団の指導力となり得たのである。

そこで私は僧兵集団を二つに分類し、学侶・堂衆集団と、郷民・荘民(神人)集団とに分けて考えるのが至当だとおもう。そして両者を統率しているのがやはり学侶集団であり、その学侶集団は主として寺院の中堅をにぎる中臈層にあり、この中堅層の動きが僧兵集団を形成指導していったのである。この僧兵という軍団組織への改変の手続は、恒例の手掻会等の祭礼に対する番役、即ち恒例夫役を非常時のときには臨時夫役に切りかえ、刀仗を持ち、学侶は裹頭して薙刀を持つことによって、そのまま軍団として成立展開するのである。したがって学侶集会はそのまま作戦集会ともなるのであって、ついで神輿動座という軍事行動に移っていった。法会と祭礼に動かす人々を集める寺社の方法は、すぐに兵力の母体ともなるのである。

このように学侶の集団指導性が確立され、充分に計画が練られても、その内容において、やはり僧兵軍団は混成的な要素を持ちやすいのであって、この弱点を押えるためにも神威を借る神木・神輿の動座をはからねばならなかった。

さらにこの場合においても群衆心理はつきまとうものであるから、末端に対する学侶の指導性が確立しがたいことは、現在のいろいろな事例を見ても明らかである。宮中や公家よりする悪僧即ち僧兵という概念はこうしてできあがったのであって、従来の公卿の日記のみで僧兵を論ずることは、一面観に立つのみで適正でない。ただ僧兵について南都の事例に片寄ったのは史料の制約によるものであり、さらに北嶺の事例については今後発表されるであろう先学の試論を期待するものである。

(1)「僧兵論」(大屋徳城『日本佛教史の研究』(二)、五〇九―五八二頁)
(2)「僧兵の起源」(辻善之助『日本佛教史の研究』続篇、一六―三八頁)、神木入洛と公家武家思想の対照(同書三九―四六頁)
(3)日置昌一『日本僧兵研究』
(4)「僧兵論」(平田俊春『平安時代の研究』、一四五―一七八頁)
(5)勝野隆信『僧兵』、至文堂刊
(6)本朝文粋、第二(国書刊行会本三七頁)
(7)註(2)に同じ。三八頁
(8)大鏡(日本古典文学大系本)、二三五頁
(9)平田俊春、前掲書、一五〇頁
(10)同右、一六一頁
(11)勝野隆信、前掲書、序、二頁
(12)平田俊春、前掲書、二三二頁
(13)南都僧俗職服記(東大寺図書館写本)
(14)諸集(大日本佛教全書本)東大寺叢書第二・二一二頁
(15)法華堂衆定忍重申状、東大寺文書(東大寺図書館架番号、一・二四・七七)

(16) 法華堂衆議記録（京大所蔵東大寺文書、〔三月堂古文書〕二一九号ル号、長録三年十二月十九日）
(17) 類聚世要抄、巻二（主婦之友社図書館蔵）
(18) 法華堂柱落書、長承元年十一月廿八日落書（西側扉北附柱）
(19) 同右、保延元年八月廿五日落書（西側扉南附柱）
(20) 東大寺現存遺物銘記及文様『寧楽十四』五頁
(21) 当行密記、佛生院本（文化六年五月写本）東大寺図書館蔵
(22) 註(20)に同じ
(23) 同右、三頁
(24) 註(16)に同じ
(25) 夏中当行食事置文（京大所蔵東大寺文書三ノ九）
(26) 同右
(27) 東大寺中門堂衆解状、東大寺図書館架蔵東大寺文書（一・一三・二六）
(28) 黒田御庄官等解状、東大寺文書（一・一・三一〇）東大寺図書館蔵
(29) 長州庄記録（京大所蔵東大寺文書三ノ七）
(30) 法華堂禅徒訴状、東大寺文書（一・八・一五四）徳治三年閏八月日
(31) 僧弁意等連署起請文案（大日本古文書・東大寺文書五）四四四頁、承久四年四月十九日
(32) 沙弥道詮 足利義持 御教書（大日本古文書）東大寺文書八・二四四頁、応永卅三年八月廿八日
(33) 同右
(34) 虎熊丸・春晴丸大佛供米寄進状（大日本古文書・東大寺文書九）一〇七頁、乾元二年四月日
(35) 京大所蔵、東大寺文書、三ノ一、記録、建武元年八月廿七日
(36) 東大寺執行所日記、薬師院文書（ヤノ一〇九）法印叡実本
(37) 類聚世要抄、巻十六（前掲所蔵）

(38) 南都僧俗職服記（東大寺図書館写本）
(39) 同右
(40) 同右
(41) 類聚世要抄、巻十九本（前掲所蔵）
(42) 明月記（大日本史料、五ノ五）三二一頁
(43) 同右
(44) 註(36)に同じ
(45) 勝野隆信、前掲書参照
(46) 類聚世要抄、巻十七（前掲所蔵）
(47) 東大寺僧徒起請文、東大寺成巻文書（第三十巻）文保二年十二月二十六日〔(大日本古文書・東大寺文書六)〕三七五頁
(48) 類聚世要抄、巻一（前掲所蔵）
(49) 金剛峯寺学侶一味契約状（続宝簡集、二十二、大日本古文書家わけ第一・高野山文書之二）永享四年九月十七日
(50) 興福寺十地院成遍申状（大日本古文書・東大寺文書五）一〇三頁、仁治三年八月日
(51) 学侶年預以下連署起請文、東大寺文書（三・三・三三〇）応安元年九月十五日
(52) 記録新儀法料所、新別符庄下向間事（京大所蔵、東大寺文書三ノ一）
(53) 東大寺八幡験記（群書類従本）二四九頁
(54) 同右、二五〇頁
(55) 平田俊春、前掲書、八二頁参照
(56) 押上郷民等申状（薬師院文書・東大寺図書館蔵）年未詳（室町期カ）
(57) 永島福太郎「東大寺七郷」(『南都佛教』、第四号）三〇頁
(58) 同右
(59) 東大寺八幡転害会記（続群書類従本）

(60) 興福寺六方衆申状、東大寺文書（三・八一）室町期、十二月十二日
(61) 東大寺年預所下知状、東大寺文書（一・一・一〇二）嘉元二年二月八日〔大日本古文書・東大寺文書十〕一九三頁〕
(62) 年預所置文案、東大寺文書（一・一・一〇五）文永二年十一月廿七日〔同右、同十、一七〇頁〕
(63) 鞆田庄神人注文、東大寺文書（一・一・三〇五）嘉禄三年八月日
(64) 真木山庄神人交名進状注、東大寺文書（一・二四・一三九）嘉禄三年九月日
(65) 註(47)に同じ
(66) 竹内理三『寺領荘園の研究』、三二八頁
(67) 八幡宮御帰座諸庄神人注文（薬師院文書、二三・東大寺図書館蔵）元亨元年五月十八日
(68) 勝野隆信、前掲書、七三頁
(69) 東大寺年中行事（東大寺図書館蔵）

第四節　定額寺の成立とその性格

定額寺の問題については平安時代の佛教寺院の成立に関する問題として、かなり早くからその研究が発表されている。その最初としては橋川正氏が『総合日本佛教史』のなかで「元来寺院には官の大寺をはじめ諸国国分寺の如き官寺と、氏寺の如き私建立の私寺とがあるが、私寺であっても、朝廷の力によって管理せられ、准官寺としての待遇をうけ、国家の認定を受けるものを定額寺と呼ぶ」と述べられている。

そしてその起源は奈良時代にさかのぼるものとして、具体的には延暦二年（七八三）六月の格にその規準を求められている。

もちろんその基本としては准官寺という性格を中心に置いて考えられている。それについて宝月圭吾氏は「平安朝に於ける寺院法制の一考察」のなかで私寺濫造の問題をとりあげ、「政府は寺院の統制上、斯の如く濫立せられる私寺中、特に有力なるものを選定して、准官寺としての取扱いをなし、これをいわゆる定額寺なる名称を以て管轄した」と述べられて、定額寺が私寺統制という経済的な打算から割り出されたものとの見方をとられている。(1) そこに定額寺をもって、㈠私寺乱造の弊害を除去するために生まれた寺院の国家統制を意味する。㈡准官寺である。㈢官額を与える、などの問題が、この定額寺制設置の大きな目的であると理解されているようである。この点については竹内理三氏はまた『律令制と貴族政権』のなかで、貴族と寺院の項目をかかげて「寺院貴族化の一段階」としてこの定額寺の問題をとりあげ、「定額寺の制度は本来は国家の寺院統制の上に萌したものであるが、ついで国家負担の軽減のための制度となった」と述べて「国家統制上の保證義務を利用して或は修理料、或は灯分料の施入を得る手段と化した」という主旨をもって、延喜式に見られる大寺・国分寺・定額寺の三寺院統制のなかに設置された寺院統制の手段であったと説を分けて論ぜられている。(2) しかし、この定額寺の性格については、単に寺院（私寺）の国家統制のもとに発生した准官寺という単純な問題にしぼって、その性格を定義づけようとするところに多くの矛盾が発生するのである。まず定額寺の教学的性格およびその資財帳を中心とした寺院のあり方および運営方法、また貴族との相関関係などにも、検討を加える必要があろう。これらの点について、さらに論を進めていきたいとおもう。

定額寺の「定額」の意味については、先学の説に見えている天平勝宝元年（七四九）七月十三日の詔の墾田の量を定めたなかに大安・薬師・興福・法華・国分寺金光明寺に一〇〇〇町、大和の国分寺金光明寺には四〇〇〇町、元興寺に二〇〇〇町、弘福・法隆・四天王・崇福寺・新薬師・建興・下野薬師寺・筑紫観世音寺には寺別五〇〇町を、法華寺には寺別四〇〇町と定めて、「自余の定額の寺は寺別に一百町」(3)と、墾田の所有を示したなかにはじめて定額の名がでてくる。これはその記述の形式からして諸国の法華寺に次ぐ諸国の定額の寺という意味と理解すべきであるが、この「定額の寺」を、平安初期の定額寺に直ちにあてはめて理解することは無理であろう。しかしこれについて霊亀二年（七一六）五月十五日の詔を見てみるとき、

今聞、諸国寺家、多不レ如レ法、或草堂始闢、争二求額題一、幢幡僅施、即訴二田畝一、或房舎不レ脩、馬牛群聚、門庭荒廃、荊棘弥生、遂使下無上尊像永蒙二塵穢一、甚深法蔵、不上レ免二風雨一、多歴二年代一、絶無二構成一(4)

と、ここでは諸国の寺院が荒廃にまかせて、修補するものもなくいたずらに風雨にさらされていることをなげき、ことに藤原武智麻呂の支配していた近江国のことを例にとって、いまやこれに類する諸国の寺々については、「闡二揚佛法一、聖朝上願」なりとの主旨に基づいて、

諸国師等、宣明告二国師衆僧及檀越等一条二録部内寺家一、可下合二并財物一、附レ使奏聞上、又聞、諸国寺家、堂塔雖レ成、僧尼莫レ住、礼佛無レ聞檀越子孫、惣二摂田畝一、専養二妻子一不レ供二衆僧一、因作二諍訟一、誼二擾国郡一（中略）其所レ有財物田園、並須二国師衆僧又国司檀越等相対検校、分明案記、充用之日、共判出付一、不レ得二依レ旧檀越等専制一(5)

と述べている。これらの条項をみて見るとき、その当時の私寺のあり方が明確となってくる。即ち、ここでは奈良時代の私寺成立については、まず草堂をかまえ本尊を安置し、ついでこの寺院の「額題」を求めるとあれば、寺号を得て、額題が定められてはじめてその寺が国司の認証を得て、国より承認された寺院であることを意味すると解すべきであろう。そして幢幡をかかげ、田地の施入を受け、しかるのち寺院内に房舎を形成することによって寺院として成

立するのである。

　この寺院では、諸国の国師と、その当該寺院の衆僧が伽藍で法会の厳修につとめ、その寺院に対する財物・田園等の支配については、その寺の檀越となったものが国司の指導のもとに実務にたずさわっていた。時には国司自身が檀越となる場合もあった。

　しかし事実上においてはこれらの寺院では檀越の支配権がしだいに高まって専制化するようなことにもなったことは、この事実からしても明らかである。また大同元年（八〇六）八月二十二日の太政官符でも「大小諸寺毎レ有ニ檀越一田畝資財随レ分施捨、累世相承」とあり、また「不レ顧ニ本願一、而追ニ放檀越一」(6)とあれば、この檀越には、大小の諸寺の本願となった在地の土豪や氏族が定額寺の檀越であったためにその経営に混乱が生じたこともあった。また延暦二十四年（八〇五）正月三日の太政官符によると「禁ニ断王臣諸家称為ニ定額寺檀越一事」とか「諸寺檀越名載ニ流記一、已入ニ定額一」(7)といって、王臣諸家という朝廷に権威を持っているものが諸寺の檀越となるような傾向も強まってきた。その結果諸寺の檀越の中には愚闇の徒が多くなり、自分の檀越である寺の寺田を佃したりすることも起って、定額寺が檀越によって私有化されるような憂いさえおこってきたのである。

　このことから考えても、定額寺はそれ以前の「檀越の寺」の性格をそのまま継承したものであることは言をまたない。そして定額寺は中央の寺院のためよりも、地方の寺院の規整のために発案された制度であり、そのことは諸国に平安初期には定額寺が分布して、その地方の檀越出身の僧等を中心として建立された檀越のための祈願寺であったことについては以上のことからも推察できるのである。

　ことに檀越の名を、その寺の流記資財帳等に記入することは当然のことであり、その結果、国司がその寺院の成立を公認するということになるのである。

即ち「諸寺檀越名載＝流記一、已入＝定額＝」というのが定額の意味であると考えられる。もちろん天武八年（六八〇）四月五日の条にすべての食封のある寺の由緒を商量して、しかる後に、「定＝諸寺名＝」(8)べきであると記されていることも関連して考えるべきである。この場合には食封の確定があってのち寺名を決定しているが、いかに食封を施入する檀越の経済力によって寺院が成立し、支えられていたかということが、これからでもわかる。即ち定額寺においては、檀越による食封の施入を裏付けとして寺名が決定され公認されるという制度をとっていたことを示すものである。それはまた、平安初期の定額寺の決定についても檀越の田畝資材の施捨が行われ、それが流記資財帳に記されたときをもって「入＝定額＝」ということについては先にも述べた通りで定額の定義はこれをもって基本とすべきである。つまり諸国の私寺の中より、国司が見聞して流記・資材とともに国司が国寺として存立するに足るものを具備していると認めたとき朝廷に申請して「定額の寺」として認められるのである。それは表面的には国家的な統制とも見えるけれども、本質的には寺院の資格を定めることによって、寺院の存立の意義を地方において高めると同時に、地方文化の開発をうながし、これら寺院の存在を国家により公認することによって非法の檀越を追放し、非合法な私寺の乱立を防ごうとしたのが定額設立への重要な意義であった。そしてひそかに道場をきずくという反僧尼令的な動きを規制しようとしたのであった。

そしてこのような定額の意味を認めるとともに、それらの定額寺の性格について次に考えてみることにする。

定額寺の問題として、それが国家統制の必要として史実に見えてくるのは延暦二年（七八三）六月十日の勅に、「京畿定額諸寺、其数有レ限、私自営作、先既立レ制、比来所司寛縦」にして、これを規制しようとされなかったと見えているが、(9)この場合、京畿の定額となっている檀越の建てた寺という意味をもって定額諸寺を見るべきは先に述べた。そしてそれが、「其数有限」と述べていることは、延暦二年以前、即ち光仁元皇による佛教統制の強化が行われたときに、その規制がすでに必要となっていたであろうことが、この条文からも察せられる。しかし定額の諸寺は、その適格性を国司が判定する以上、その有資格の寺院の数が自から国ごとに定まってくるという意味であって、はじめから定数という意味に理解すべきでないことは明らかである。そしてその後に「私立㆓道場㆒、及将㆓田宅薗地㆒捨施、并売易為㆑寺」と述べているが、これはさきに見てきた「檀越の寺」の成立条件と全く合一するものである。そしてこのような檀越の寺が、定額的な扱いを受けることはこの時期にはますますはげしくなり、京畿においては寸土といえども寺院ならざるはないというようなことも予想されるに到ったために、ついにこの制が出されたのである。天暦頃より永祚にかけて史上にあらわれている定額寺の分布を見ても、やはり山城国で定額寺に列したものが多いことも、畿内地域では定額寺の前身とも見られる檀越の私寺の乱立を防がなければならない状況が多く存在したことがうかがえるのである。

もちろん、このような定額寺については、延喜式に「凡諸寺燈油者、大寺用㆓当寺物㆒、但東西寺用㆓官家功徳分封物㆒、其諸国国分二寺并諸定額寺、別稲一千束已下五百束已上出挙、以㆓其息利㆒買用㆑之」(10)と見えているが、ここでも定額寺は大寺の部類に入らず、国分寺に次ぐ諸国の定額に列せられた檀越の寺ということであらわされている。史上にあらわれた定額寺についてその用語から考えてみても、「預㆓定額㆒」とか「預㆓定額寺㆒」また「為㆓定額㆒」などと書かれて、定額寺となったことをあらわしている。たとえば鹿島神宮寺における「去天平勝宝年中始建㆓件寺㆒。承和四年預㆓定額寺㆒。須㆘依㆑格国司講師相共検校㆒、而今此寺雖㆑預㆓定額㆒無㆑有㆓田園并修理料㆒」(11)と見えるように奈良時代に建立された神宮寺が改めて承和四年（八三七）に定額寺となったのである。この場合、「預二定額寺一」ということは、「定額に預る寺」と理解すべきであることがわかる。即ち、奈良時代にすでにこの寺が建てられていたけれどもいまここで常陸の国司および講師がともに検校してはじめて格にもとづいて定額寺に定められたのであって、それと同時に田園ならびに修理料が新たに充当されることになったことを示している。しかし、鹿島神宮の場合、その寺院経済の運営が十分でなかったがために、寺院は破損し修理を必要としたのであった。もともとこの寺は、天平勝宝年間に創建されて、鹿島連大宗、大領中臣連千徳と修行僧満願によって建てられたもので、鹿島明神の神宮寺となると同時にこの神社の宮司をもってこの寺の氏人とし、その宮司の氏寺的性格をも持っていたのである。即ち定額寺が破損した場合、その寺の氏人がこれを修理することはもちろんであるが、もしそれが不可能である場合、即ちいまこの鹿島神宮寺のごとく、「氏人等無レ力二修理一」場合においては、国司がこれに代って援し、修理を加えるのが通例であり、それに用いた費用は、朝集使に付して言上するのが例となっていたのである。即ち定額寺は、このように在地の氏人の建てた菩提寺あるいは祈願寺に基づいて発生した寺院である場合が多く、律令体制下の国司の公認を得、朝集使によって当該寺院の資財帳等が管理上申せられることによって定額寺としての資格が定まり、次いで寺号と僧侶数の定員がその寺の希望するごとくに決定し、はじめて定額に預ることができたのである。しかしこの順序は前後することもあり得るのである。即ちこれが「定額に預る」という意味にとるのが至当であろう。また貞観十年（八六八）六月二十六日の格によれば、延暦十七年（七九八）より、五畿内七道・定額の資財帳等について朝集使により検断されることになったと見えているから[12]、この時より、諸国の定額寺の資財帳が朝集使によって改められたと理解すべきであろう。この資財帳は、延暦十五年（七九六）三月二十五日の格によれば、

諸国定額寺資財者、国司与二三綱檀越一共検校処分、其任二三綱一者、依二檀越衆僧請一。国司覆勘充任、若寺家破壊及有二余犯失一者。推二問所レ挙衆僧檀越等一。依レ法科レ罪。自今以後永為二恒例一(13)

と見えているように定額寺の資財帳は、国司が定額寺の三綱檀越とはかってその寺の資材を管理すべきことを定めている。この場合、定額寺の三綱は、定額寺の資財を施入した檀越とその寺に住している僧侶の推薦によって、その寺の三綱となっているのであるから、三綱・檀越はともに寺側の代表者であり国司は国側の代表者である。そして、この両者によって、定額寺の資財が正しく用いられているかどうかを点検するとともに国司はその結果を朝集使に付して京都へ上申する義務をもっていた。もともと、これは毎年朝集使によって京都へ報告されねばならなかったけれども、それは四年に一度となり、また次いで貞観十年(八六八)には六年に一度となるように、しだいに遅れていった。(14)このように、資財帳の上申が遅れていったことについては、それ自体今までの国司による定額寺支配の力がしだいに弱まっていったことをあらわすものであろう。換言すれば奈良時代の律令体制によって、寺院を支配しようとした動きから、離脱して平安時代の貴族的な支配構造によって定額寺が管理されるように変わったことを意味する。それは延暦二十四年(八〇五)正月三日の格が述べているように、王臣諸家が定額寺の檀越となることを禁止しているにもかかわらずこの傾向がしだいに高まって「仮二託権勢一以レ寺私付二王臣一」として定額寺の檀越となって、その氏寺を形成していた在地の氏族がその寺を維持するために新たに中央の藤原氏政権の貴族との関係をもとめ、これを新たに檀越とあおぐ方がかえって国からの援助よりも、貴族や王臣からの助勢が得やすく、定額寺を発展させる上においても有利であると考えた場合、定額寺の檀越が、進んで王臣に寺を付けるという現象を導き出したと言えるのである。(15)そして、迎えられた王臣勢は「不レ顧二本願一、而追二放檀越一改二替綱維一、田園任レ意」という結果となって、王臣勢家はその設立者であった人々を寺から追放して、その寺を私有化していこうとしたのである。それは即ち、定額寺の性格を離れて貴族の祈願寺や、皇族・王臣などの御願寺的な性格に定額寺がしだいに変質していくことをあらわすものであって、ことに定額寺の中でも、元号を付した嘉祥寺、貞観寺、元慶寺、仁和寺などは、名目は定額寺に発するけれども、それが天皇の誕生や、追善を期して造寺されたことから実質的には御願寺的性格を強く持ってきたのであって、この点からも、定額寺が御願寺に発展してくる結果となる原因があるのである。

先に見てきたように、定額寺は奈良時代後期より発生してきた寺院組織であるが、その定額寺がいかなる宗教形態をとっていたかということも考えなければならない。たとえば、山城国乙訓郡木於山に権少僧都道雄が、華厳宗を中心として開いた海印三昧寺においては、この寺の堂塔佛像が朝廷より寄進されたものであることを理由として定額寺となり、公卿を別当とし、毎年、年分度者二人を許されている。そしてこの二人の年分度者は東大寺で受戒を受け、その後、十二年の間寺を離れて出ることは許されなかった。そして、その中の最も智行優れた者をもってこの寺の座主に任ぜられることに定められているが、この海印寺での佛教教学の勉学は「七家八宗の業道を習う」という立場をとっているので、華厳宗の人は、もちろんその宗学だけでなく八宗をすべて学ばなければならないことになっていた。[16]

また、近江国野洲郡の金勝寺においても、この寺が興福寺僧願安の開基にかかり、弘仁寺間に、国家のために伽藍を建立して金勝寺と名のり、この寺もまた天長十年（八三三）に定額寺となったのであるが、「開二此勝地一、構二造精舎一安二置佛像一、別建二八宗院一」[17]とあるように、ここでも八宗を兼学していることがわかる。また、斉衡二年（八五五）に定額寺に列した安祥寺の年分度者について貞観元年（八五九）四月十八日の太政官符では次のごとく述べている。

夫真言教門、諸法之肝心、如来之秘要。凡在二佛子一必可二修習一、仍課二度者一以為二自宗一、自余七宗皆為二兼学一、度者必須三並学二一宗一立二此兼済之道一、示二彼不別之心一、仍試度之後、便籠二寺家一、七年之際、不レ聴レ出レ山、画則講二所レ兼之経論一夜則念二所レ宗之経咒一、又令下二此度者一毎年相次、夏中三月講中演法華寂勝仁王等経上。其講師者、寺家簡定、牒二僧綱所一将レ令二宛行一、但法花寂勝年々相替令レ講二一部一、至二仁王経一毎年加講、住山限満、当レ行二利他一須下准二新薬・弘福・法隆・崇福等寺之例一預中維摩会寂勝会竪義之列上、(18)

とあるごとく、年分度者は、単に自分の専攻する宗学以外の七宗を兼学することをたてまえとしていたのである。そして「度者須下先習二自宗一而後兼学上、但其論疏道於二七宗之中一任二度者之意一、其課試之法、各依二所レ兼之宗本法一、複試二竪義一」として、七宗のうち、自分の選んだ学問について、度者の意にまかせて、試問を受けることができたのである。このような、年分度者が、七宗を兼学するということは、まだ奈良時代佛教の佛教教学研究の方法が、平安時代初期にまで、伝承されていたことを知ることができるのである。それは即ち定額寺が、先の海印寺や、金勝寺の例でも見られるように、七宗を兼学する性格をおびた寺院であるということを、示すものと言えるのである。

しかしてこのような定額寺も、平安新佛教と言われる、真言宗や天台宗が興ってくると、新しい動きを示してくる。たとえば元慶二年（八七八）に、定額寺となった嘉祥寺を例にとると、この寺は文徳天皇と仁明天皇のために建立されたのであるが、そこでは空海の弟子真雅がこの寺に住し、「真言宗以レ此為二要道一」とて真言宗を中心とした定額寺となりそこでは真言の悉曇と声明を学ぶことによって度者を定めることになっていたのである。また安祥寺においても、真言の教えはすべての佛法の肝心であるとして、ここでもまた真言宗を基本として年分度者を定めている。ことに元慶寺においては遍照和尚の上表による元慶寺は陽成天皇降誕を祝して、至心に発願して堂宇を建立し、佛像を新たに安置したのであって、「夫増二宝祚於長代一真言之力也、消二禍殆於未萌一止観之道也、是以奉レ祈二仙齢一」と天台密教の立場において成立した密教的傾向の強い定額寺であった。もちろんそのためには、この寺で度者となったものは「今上降誕之日、剃頭得度、但受戒之儀於二延暦寺戒壇一、令レ受二菩薩大乗戒一、受戒之後更帰二本寺一」(19)として度者は後に延暦寺の戒壇に登って受戒を受ける慣例となっていた。そして元慶寺ではそれぞれ、大悲胎蔵業一人、金剛頂業一人、摩訶止観業一人と天台密教による年分度者を定めていた。このような密教の相承の場合、おのずから顕教的な研習方法とは異なっていた。元慶寺の場合における伝法阿闍梨の設置と年分度者との関係においても、

夫以顕教宗者、不レ簡二授業之師一、至二真言教一者、未二灌頂一者、不レ能レ読二一句一、除二非阿闍梨一不レ聴二輙伝授一、所レ謂、毘盧舎那、金剛頂等経、尤是真言之秘蔵密教之根本也、不レ置二伝教阿闍梨一、使三誰人伝二此教一(20)

として、密教の年分度者はかならず伝法阿闍梨の指導を求めなければ、梵語に通ずることや加行作法等を学ぶことができなかったのであって、この点からいっても密教の口訣をもってする師資相承の教学伝授の立場は、顕教より血脈を重んじているのである。そしていままでの登壇受戒後は、ただ自らの研究する部門において師を選んで僧房で学ぶという形式を脱却して、中国の不空を中心とする密教の伝授の作法に倣って新しい寺院僧侶の立場が生まれてきたのである。ことにその中でも阿闍梨位は重視されることになったのである。そしてその建前として、顕教の受戒に匹敵する重大な密教の法会は灌頂であり、これは空海が帰朝後わが国に伝えて以来朝野ともにこれを重視した。もちろん灌頂には二種あって、結縁者のために随時行うのが結縁灌頂と呼ばれ、法を伝承するために人を簡《えら》び器量によって授けるものを伝法灌頂という。そしてそのためには承和十年（八四三）の国家のために東寺に真言宗伝法阿闍梨位を定めるための格のなかでは、衆中で金胎両部の大法と宗義、および五種の護摩の法について学んだうえ修練加行したものから人の師に適するものをもって阿闍梨位を授け、それについて覆審試定してその名簿を録し、別当はこれを朝廷に

奏聞してその後の報告を待ち、これが許可となったあかつきにはその宗の長老の阿闍梨が東寺で伝法職位を授与する制度となっていた。このような制度を通じて春秋の灌頂を行い、「奉二為国家一永修二灌頂一」という傾向は空海の伝来し開創した真言宗はもちろんのこと、圓仁のもたらした天台宗の密教においても灌頂は定義を正す上に重要な意味をもっていたのである。空海の御遺告の第十二条、第二十一条にも明らかにこのことを規定している。

もちろんこのような態度は空海の弟子たちが開いた真言宗系の寺院では血脈に関連する重要な問題であるけれども、元慶寺の年分度者の例でも見られたごとく、真言宗では灌頂せざるものは、その梵字を理解することもできぬほど習学の道がきびしかったため、必然的に「密教莫レ令二他宗僧雑住一」という立場がこれらの定額寺で強められていくのが当然であった。これは真言宗系の年分度者のみならず、天台密教系もこの例に漏れるものではなかった。ただ延暦寺を開いた最澄が、最初から中国の灌頂を重視する密教をわが国に伝えていなかったために天台密教の発達は法華止観の教学の推進より立ち後れたのであるが、圓仁、圓珍等によって密教が再び受容されると、この宗でもやはり、天台密教の年分度者は「夫増二宝祥於長代一真言之力也」とて真言の国家祈願への重視を無視することはできず、密教系の定額寺では競って年分度者のなかに「大悲胎蔵業・金剛頂業、摩訶止観業」等を加えることになったのである。

いまひるがえって平安初期における年分度者の経緯をたどってみても、延暦二十五年（八〇六）正月二十六日の格で十二律に基づいて度者の数を分かって、年分度者を華厳業二人、天台業二人、律業一人、三論業三人、法相業三人と区分し、それぞれその習業の分野を分けて習学させて得度の規準としている。[21] そして天台・真言宗の年分度者についてはその数を増加させていった。承和二年（八三五）にはその基本的形として、真言宗では金剛頂業・胎蔵業・声明業の三つに分かれ、天台宗では遮那業、止観業、金剛頂業、蘇悉地業と分かれて、年分度者は師資相承・血脈尊重の立場をとるにいたったのである。そして年分度者の受戒は、真言宗系は東大寺戒壇院で、天台宗系は延暦寺戒壇院で行う方式をとっている。

このような方法は、定額寺の年分度者の場合にも適用されているのであって、寛平元年（八七七）に定額寺となった圓成寺においても、「金剛界業一人、胎蔵業一人」の二人の年分度者はともに毎年三月の試定後、東大寺戒壇で受戒を受けねばならないことになっている。元慶三年（八七九）に定額寺となった元慶寺においては「大悲胎蔵業、金剛頂業、摩訶止観業」の三人の年分度者は、得度後の受戒については延暦寺戒壇にて菩薩戒を受けることになっている。

このように定額寺の年分度者の授戒については、東大寺、延暦寺の両戒壇によっているが、これもまた平安佛教の真言系の定額寺については東大寺で、天台系の定額寺については延暦寺で授戒を行う立場を貫いている。

それは、これら定額寺がその成立の事情については先帝菩提のためだとか、鎮護国家または神願を果たさんためなど種々の理由があるが、その建立された寺院の発展については、平安新佛教といわれる天台・真言の二宗との深いつながりを度外視して理解することはできない。承和二年（八三五）十月十五日には義真の上表により「花厳天台等七宗年分度者、受戒之後、各試二其業一、依レ次差二任立義復講及諸国講師一」するの制を開き、諸国講読師を通じて全国に天台宗を広めることをはかった。(22) また真言宗もこれについで、承和四年（八三七）八月五日に真言宗僧を毎年諸国講読師に任ぜられ、「真言法教雖レ始二行京城一而未レ遍二辺境一」(23) という状況よりぬけだそうとした。そして元慶五年（八八一）九月十六日の格では、天台・真言の両宗の僧で諸国講読師にならんとして「各争二宗業一已致二諠譁一」ものが続出するまでになり、国の甲乙を論じたり、人の優劣を論ずることなく天台宗の次は真言宗としだいに講読師を補すべきであるという決定がなされるに到った。(24)

そして平安時代に発展したこの新しい二つの佛教は、律令制のなかの諸国講読師の制を一つの教線として発展していくと同時に、また一方では諸国講読師として下向して、その地方の寺院の創建、あるいは再建、さらには定額寺化への促進をはかっていったことも推察できるのである。ことに諸国の国分寺・神宮寺および定額寺が、これら二宗出身の講読師の統制化にあったことからも、この新佛教の影響は大きかったと考えられる。東大寺で得度後、真言宗を学んだ増允が安房国講師に補せられたのも、この一例である。

しかしこの傾向は諸国講読師の制が、国分寺制度の衰退にともなって発展しなかったが、ここに次いでおこってきた貴族と同じ貴族出身者との繋りのもとで定額寺を発展させていこうとする動きは平安時代の新しい寺院のあり方を示すものであった。

寛平元年（八八九）七月に山城国に故右大臣藤原氏宗の終焉の地（京都市東山鹿谷）に関白基経の妹の尚侍藤原淑子の発願により圓成寺を建立し、宇多法皇の御願によって定額寺に昇格したが、最初は、氏宗の一族でもって僧となりこの寺を維持しようとするものがなかったがために、圓成寺別当となった益信に付されたが、のちに、氏宗の一族から僧遍真が出て、益信の一門のみの圓成寺の別当職相承を止めようとしたこともあったが、もともとこの圓成寺は真言専学の年分度者と七宗兼学のもの、あわせて二人の年分度者を持っている真言系の寺院であるが、この定額寺については、益信の申状にもあるごとく、

此寺預二定額一不レ為二僧綱講読師所一レ摂、門徒之中年歯長大、慈悲平等、護法勝者、以レ之為レ首、互為二年預一、令レ勾二当雑務一(25)

と、圓成寺は山城国の講読師の支配や、京都の僧綱の干渉なく、益信の門徒のみで寺を主管すべきであると述べてい

る。そしてこれは、いままでの定額寺の僧綱・諸国講読師の支配を受けることから離れて、益信の門徒による真言的師資相承の立場をとってこの寺院を支配しようとする定額寺の新しい方向を採っている。ここにも定額寺内に平安新佛教の寺院構造改変への浸透が明らかにされるのであるが、この場合その弊害として、この寺の創建者の意図するものが無視されるようなこともおこってくるのであって、圓成寺においてはその創建者である氏宗の一族の出身者である僧遍真の弟子との問題がおこってきて、益信はその別当を辞するような立場も生じてくるのである。そして圓成寺の雑務は遍真は「御弟子弁僧正(益信)門徒、大臣苗裳之中年臈是高衆望在レ躬」によって、益信門徒が寺務を専断することを止めている。

この経緯を考えると、圓成寺は貴族によって創建され、そこに真言宗の高僧を迎え、その宗により発展してきた定額寺であるが、いまその創建者の一族で僧となるものがある場合には、この寺は再びその一族にその寺院の支配をゆずることがおこったのである。これは、定額寺が成立した後も、その由来に基づいて貴族の菩提寺ないし祈願寺となることによって、定額寺の性格がしだいに氏寺的性格を帯びてくることがわかるのである。そしてこの場合、最初の氏寺を国家が定額寺として認證した立場とは異なって、いまの立場は、定額寺が反対に国家の支配から離脱して、氏寺的性格を強めることによって御願寺的な様相をも示してくるのである。そしてここに貴族的寺院としての新しい歩みをはじめるのであって、この点からいっても定額寺は、国家認證という立場を通じて成立して、のちに御願寺や六勝寺等の成立以前にあらわれてくる寺院形態といえるのである。

また山城国の山科小野郷に創建された勧修寺についても、昌泰三年(九〇〇)に藤原高藤の娘、胤子が宇多天皇の中宮となり、醍醐天皇を生んだが、その天皇の御願を得て、宇治郡大領宮道弥益の旧宅を改めて寺院として、承俊律師のもとに定額寺として延喜五年（九〇五）には年分度者に真言宗声明業一人、三論宗一人を許されて成立したのであるが、(26)ここにも真言宗の定額寺進出が見られるとともに、この寺がやはり高藤一族の祈願寺または菩提寺であったことはいうまでもない。ここにも定額寺が、しだいに貴族の氏寺的性格を強めて成立した動きが見られるのである。

また定額寺の具体的なあり方について検討を加えるに当って、その資財帳を見る必要がある。

現在知られているこれらの定額寺の資財帳については、安祥寺伽藍縁起資財帳（貞観九年〔八六七〕六月十一日）、(27)廣隆寺資財帳（貞観十五年〔八七三〕）、(28)河内国観心寺縁起資財帳（元慶七年〔八八三〕九月十五日）(29)が定額寺のものとして見られる主なものである。そして定額寺の寺内組織を知るものとしては貞観十年（八六八）正月二十三日に編された禅林寺式がある。

そのなかでも、廣隆寺資財帳は、貞観十年（八六八）六月二十八日の官符をそのまま引用していることからその官符に基づいて作成されたものといえる。(30)この太政官符によると延暦十七年（七九八）正月二十日、五畿内七道諸国にある定額寺の資財帳については、以前より毎年作成して朝集使を通じて朝廷に提出するならわしであったが、国司により朝廷に進められることがおこたりがちで、かえって諸国の定額寺が壊されることも多かったため、その正確を期することと、諸国講読師の交替の年次が六年であったために、六年一進としたが、国司の任期が四年交替であったので、ここに改めて、定額寺の資財帳も四年一進、即ち国司の交替期に応じて朝廷に進めるべきものであると改正された。その提出に当っては二巻は上申のために一巻は僧綱所に保管し、他の一巻は勘解由に差し出すものと規定された。この廣隆寺資財帳は貞観十五年（八七三）三月五日に作成されて提出されたもので、その時はちょうど四年目に当っている。いまこれらの範例に基づいて資財帳を見てゆくと、安祥寺は六年一進により、貞観寺、観心寺は四年一進による資財帳である。

これらの資財帳の作成にあたって共通している項目は、一、佛物、二、法物、三、常住僧物、四、通物、五、楽具、六、水陸田、七、雑公文、八、別院に分類されていて、これは延暦十七年（七九八）正月二十日の官符に基づいて作成された多度神宮寺伽藍縁起資財帳の佛物、塔、宝物、布薩、楽具、僧物、通物、墾田等の分類とも共通したものがある。そのような例から考えても、資財帳はまず最初に佛像、経典、常住僧物の三宝物をあげ、ついで伽藍を維持するための陸田、墾田等を記載する定めとなっていたと考えられる。しかし元慶七年（八八三）の観心寺の記載例では、最初に伽藍の建築物をあげ、ついで佛像等を記している。もちろん寺院によって多少の異同はあるが、その源流は奈良時代の寺院縁起幷流記資財帳の記載例をもとにして作成されているといえるのである。

つぎに空海の弟子の真紹の開いた観心寺と禅林寺についてその定額寺としての性格を見てみることとする。真紹はその伝によるとはじめ空海のもとに師事し、空海の示寂後、実慧に従って灌頂を受け、承和七年（八四〇）東寺小別当、同十年（八四三）伝法阿闍梨位職を実慧より授けられ、同十四年（八四七）四月権律師に昇り、その年に実慧が示寂すると東寺二長者となり嘉祥元年（八四八）律師に転じ、斉衡元年（八五四）文徳天皇のため河内観心寺で五智如来を造顕し、貞観五年（八六三）に藤原関雄の旧邸に禅林寺を創建して、同年九月に定額寺とした。さらに、貞観七年（八六五）権少僧都に、十一年（八六九）に少僧都となって貞観十五年（八七三）七月七日に禅林寺で示寂した、時に七十九歳で、世に禅林寺僧都と呼ばれていた。

この真紹が貞観十年（八六八）、示寂五年前に弟子たちに示した付属状には、

奉付属寺事

合弐箇院　就中

一、観心寺本是山野、而先師従去天長四年起首、切除夷坦所建立也、堂舎幷資財等員在別巻、

一、禅林寺以去仁寿三年十月買取藤原関雄朝臣宅、而建立之相続、以去貞観五年、経　勅為定額寺、堂舎幷資財等員在別巻

右二箇寺頃年ム甲所労摂也、而年齢老衰、臨終之期不知今幾、因玆奉付属宗叡大々徳々之末、則門徒之中簡択其人、付属而已、寺式在別 仍勒状奉付如件

貞観十年正月廿三日

権少僧都法眼和尚位「真紹」(31)

とて、真紹の建立になる二つの寺院を定額寺として国より認めている。ことに禅林寺は真紹の臨終を予定した寺院であり、これについては禅林寺式を作成して寺院の運営の基本を後代のために定めている。

この禅林寺式には十五条あり、

一、長く三摩地礼儀を修してならびに念誦を絶ざらしめぬ事

一、布薩・説戒をば闕怠せざる事

一、上堂の時晩上早却すべからざる事

一、施主の法会を行うとき、衆は食堂に集まり平等に食を受くべき事

一、上下和穆して学道護法の事

一、大衆集会の時、衆は威儀を修め清潔にして上堂すべき事

一、新たに具戒を受くれば、六箇年は寺内に住して外に出づべからざる事

一、よろしからざる門徒をして寺務を領知せしむべからざる事
一、顕密両教を弘伝すべき事
一、長く先師忌日の追福を修すべき事
一、長く労して観心寺の佛燈料を送るべき事
一、この寺の僧等宅を設くべからざる事
一、固く上堂の人履を盗用することを禁断する事
一、聚落に入って数日を過した僧等は洗浴後上堂すべき事
一、三宝施物を以て計って財とし長く修理に充用すべき事(32)

など細部に分かって記しているが、この禅林寺では本尊として金色の五智如来と金胎両部の曼荼羅をかかげ、毎日初夜に三十七尊礼懺のため尊勝陀羅尼を誦し、五佛を称礼し、その他弥勒、観音、虚空蔵、地蔵、毘沙門等の十尊をたたえ、「帰命頂礼等倭国之称名、依例唱之」るなど護国の祈願をこめ、後夜には童子、沙弥、未受法僧等が初夜にならって佛の称名を行うことになっていた。

また禅林寺では昼の作法がはじまるときには大衆食堂に集合し、経典を読み、相つづいて食事をとる。そのほか、布薩日を設け、西堂にて行い、法会がはじまれば僧の上堂には威儀を正し、唄、散華、諷誦文を読み、時に施主あって法会に臨み、その後施食あるときには食堂に集まり応分の食《じき》をいただき施主に唱礼五観を行ずべきである。しかし施主が他処で講読師を招いて法事を営むときはその施主の施食については受けることを許される。

もちろん、この禅林寺に住む僧は上下和合すべきであるが、もし僧中で佛教にそむくものが出てきたときは、座主

は二、三人の長老とともに、その罪をさとすべきである。

また住僧の制としては、さきのごとく定額寺の年分度者としてこの寺で得度し、受戒を受けた後は六ヵ年この禅林寺に籠居して学道にはげみ、顕密両教を学ぶべきとされている。そして先師の忌日には追福の佛事を行い、寺内の僧徒は、修学を業とすべきで、寺外に住することは許されない。もちろん三宝物の盗用はもっての外である。

このような禅林寺の規式のなかにも、盛んに「凡為ニ余門徒一者、勿レ乖ニ此制一」とか「余之門徒不レ得ニ乖忘一」というように真紹の遺告的な性格は具しく書かれていて、この定額寺に対する指導性を真紹は高めている。もちろんこのような貴族の旧宅の買得によって寺院が成立している場合は、より以上、開山の統制はその寺院支配の構造上大きく展開されている場合が多い。もちろんこの禅林寺式は、空海の御遺告を範としていることもうかがえる。

この禅林寺の経営については、僧侶に対する伝法供料が国より施され、その田園の管理には検校と学頭が当っていた。また、真紹の先師実恵は丹波国氷上郡に忌日料の田園を設けこれを禅林寺に施入している。また観心寺は実恵の建立した寺である関係上、その修理料田は真紹が買得施入したが、地利が少ないため、この禅林寺より佛燈料と駆使の衣服を助成することとしている。もちろん、この禅林寺の寺領や資材については細かく規式にはあげてはいないが、この寺と同じ性格をもつ観心寺の場合では次の如く述べている。

観心寺は、益信の圓成寺に見られたように、「不レ経ニ僧綱講師管領一、師資相承、門徒相存」という僧綱、諸国講師の支配を受けず、門徒のみがこの寺の運営に当るべきであるとして、定額寺となっても実質的には国の干渉を求めていない。この寺は河内国錦部郡の山中に一五町の敷地の上に三間檜皮葺の如法堂、五間檜皮葺の講堂と、さらに僧房、経蔵、宝蔵、食堂をもって山寺を形成していた。

第14表　観心寺資財帳(平安遺文174号)

国	郡	地	面　積	施入者	施入年月日	官符
			町 反 歩			
河内	錦部	寺地	15. 0. 000	真紹居住地	承和3. 3.13	太符
		高田庄	5. 4. 000		貞観11. 6. 9	民
			30. 0. 000	(但し野地)	〃 9. 3.17	国判
			1. 0. 000	台沙弥丸七世父母のため	承和12. 1.10	
		高向地	1. 5. 000		〃 8. 7. 2	郡判
			地 3. 320		〃 9.10.19	民符
		(比野地)	墾田 4. 180	売人草原富吉	〃 12.10.27	〃
		治田野庄	4. 5. 000		貞観14. 3. 3	国判
	石川	佐備庄	水田1. 1. 150 陸田1. 3. 100 林 2. 7. 000		〃 11. 6. 9	民符
		大友庄	水田 7. 318 陸田1. 0. 000 林 4. 0. 000		〃	〃
		新開庄	10. 4. 000		〃	〃
		田舎庄	1. 0. 180		〃	〃
		仲村庄	2. 1. 100		〃	〃
		社屋庄	1. 0. 000			
		切山庄	20. 0. 000		〃	
		東坂庄	20. 0. 000		承和 3. 3.13 貞観11. 6. 9	太符 民符
	古市	古市庄	16. 0. 000	淳和院施入	〃 10. 7. 9	
				座主恵淑等加う		
				国守安部房上		
				橘嘉智子施入	〃	
紀伊	伊部	近河内庄	8. 3. 331		〃 11. 6. 9	〃
		大山田庄	3. 2. 316		〃	〃
	那賀	秋名庄	15. 5. 069		〃 16. 6. 9	〃
但馬	養父	某庄	0. 3. 256 墾田 1. 9. 141		弘仁14.12.13	国判
		島田	0. 4. 192	恵淑元慶7.8.13奉納燈料施入	天長 1. 8.29	〃

第15表　貞観寺資財帳(平安遺文165号)

国	郡	地	面積	施入者	施入年月日	官符
			町 反 歩			
山城		寺辺	19.7.162	刑部亟高階常河		
	紀伊	岡田	6.8.283	大領掃部豊成 故右大臣施入地	貞観 4.2.7 〃 6.9.8	太
		鳥羽	9.2.239	内蔵寮田	〃 6.9.8	〃
	乙訓	浅水田	1.0.000	戒本田・内蔵寮田	〃 4.10.23	民
美濃	多芸	多芸庄	140.0.000	故右大臣家地・権少領 宮勝	〃 9.5.15 〃 8.1.20	太 〃
	安八	若女庄	16.9.162	太政大臣家地 安八郡太領守部秀名	〃 4.9.8 〃 6.10.9	民 太
		長友庄	116.2.083	権博士守部廣嶋	〃 3.12.27 〃 6.10.9	〃
	大野	栗田庄	15.0.000	故大納言源定賜田	〃 6.4.9	〃
	方縣	枚田庄	15.0.000			
遠江	長上	市野庄	167.0.000	内蔵寮庄	〃 6.3.4	〃
	長下	高家庄	12.9.324	清原池貞一身田	〃 7.9.14	〃
越前	坂井	田宮庄	11.9.179	太政大臣家地	〃 4.9.8	民
伊賀		比自岐庄	7.4.314	散位日下部氏継	〃 7.9.5	太
丹波	桑田	辛鍛冶庄	20.0.000	源朝臣定賜田	〃 6.4.2	〃
信濃	筑摩	大野庄	102.2.000			
武蔵	高麗	山本庄	9.7.300			
	多摩	弓削庄	4.1.020			
	入間	廣瀬庄	33.5.288	故右大臣施入	貞観 9.2.19	
下野	芳賀	小野庄	14.2.300		〃	
備後		深津庄	95.0.000			
伊予		苧津庄	49.5.131			

備考 (1) 貞観寺領　田地　755.7.082（町 反 歩）

熟田	327.7.242
荒田	148.3.086
未開地	271.6.001
畠	8.0.113

(2) 太は「太政官符」, 民は「民部省符」, 国判はそれぞれ「国司証判」.　(34)

いまこのようにして成立した定額寺について、その経済的基礎について考えようとするとき、その最も完全に近い定額寺として考察できるのは、真紹の住房より発展した観心寺の場合と藤原良房、相良の帰依を受けた貞観寺の場合である。両者を対比して検討して見るためにいまこれを表にしてかかげる（第14・15表参照）。

この表で見るとき、観心寺の場合その寺地の設定は、承和三年（八三六）閏三月十三日の官符により一五町がまず定められた。そしてこの一五町は真紹がここに住して建立した山房というべきものであったが、そののち、台沙弥丸等が、私地である河内国錦部郡壱町の高田庄の土地を七世父母のために観心寺に施入したが、この高田庄を中心として寺領を拡大していった。承和十年（八四三）十一月十四日の太政官符により河内国守をもって、観心寺の別当に充てることとなると同時に、寺勢もしだいに高まっていたが、まだ一地方寺院にすぎなかった。しかるに太政官の貞観十一年（八六九）五月二十七日の符によってこの観心寺が真紹の申請によって「真紹守二先師之遺跡一、念二興隆久遠一、望請為二定額寺一伝二之万代一」として、観心寺が定額寺となると、貞観十一年（八六九）六月九日の民部省符でもって、観心寺に近い高田庄の土地をはじめ、石川郡の佐備庄・大友庄・新開庄・田舎庄・仲村庄・杜屋庄・切山庄・東坂庄・古市郡の古市庄・紀伊国伊都郡の近河内庄・大山田庄・那賀郡の秋名庄など寺領の大半の土地が民部省によって施入された。この施入については、もともと買得していたものを公認している場合もあるだろうし、古市庄のごとく、座主恵淑の施入や淳和院の施入地も含まれている。しかし、次の貞観寺の場合に見られるような全寺領が貴族の施入地によって形成されるという場合とは異なっている。この点からいって観心寺は典型的な定額寺の寺領のあり方を示しているともいえる。即ち、定額寺の申請が受容されると直ちに貞観十一年（八六九）六月九日には第一回の流記資財帳が提出され、施入地が定められ名実ともに定額寺として成立したのである。また貞観十四年（八七二）には定額寺の流記資財帳四年一進の貞観十年（八六八）六月二十八日の符に基づいて再び増加した土地を記入して朝廷に進められた。これがこの流記帳では治野田庄について国判を求めた場合である。そしてこの流記帳の記した元慶七年（八八三）まで十一年間は変動なく朝廷に申告していたのである。故に観心寺は、その別当に国司をもってするという地方的な定額寺として成立したために、国司の申請により寺領が確保された寺院であるといえる。

これに対して貞観寺は典型的な定額寺で、その成立当初より御願寺的性格さえうかがえるのである。

もともと太政大臣良房は良相の兄で、この良相は五十五歳で、その私宅は貞観寺の地にあった。彼は若くして妻大江氏をなくし、それ以来、「大臣本習二内典一精二熟真言一」という佛事に心をよせていたため、その妻のために念佛を申し、臨終のときも「正二面西方一作二阿弥陀佛根本印一」して薨じたほどであった。そのような良相が、「与二僧正真雅和尚一私相謀、使下念二諸佛之加持一、修中真言之秘密上」[35]と真雅と親交あり、そのことから貞観寺に、自分の受領であった山城国岡田里・美濃国多芸庄・信濃国大野庄・武蔵国山本庄・弓削庄・廣瀬庄、下野国小野庄・伊予国苧津庄等を貞観九年（八六七）三月九日に施入して、この寺の経済的基礎を固めた。もともと貞観寺は貞観四年（八六二）七月二十七日に嘉祥西院から分かれて、貞観寺と年号をもって寺名としている。このとき山城国乙訓郡八条榎小田里などの故左大臣藤原冬嗣の地一丁四反二百歩を藤原忠宗より寄進され、つづいて二品秀良親王家も貞観五年（八六三）六月十一日に貞観寺観音堂燈分として新田八反を施入された。[36]この八反の地は、寺辺の深草里・飯喰里で、そこには源定の賜田があったために、[37]後に源定の賜田を貞観寺領にする機会が生まれた。また貞観寺はしだいに近在の地を相博して拡大していった。そして貞観六年（八六四）九月八日には鳥羽田九丁二反二百三十九歩が施入されて寺領の基礎がいよいよできたのである。[38]

それからこの「貞観寺領等根本目録」と名づけられて貞観十四年（八七二）に田地目録が作成されるまでの間に内蔵寮の地、清源池貞の一身田、右大臣良相の受領田、等が相ついで施入された。この貞観寺が定額寺となったのは、貞観四年（八六二）七月二十七日の「以㆓嘉祥寺西院㆒、号㆓貞観寺㆒」[39]という時をもって定額寺として成立したときと見るべきで、ただ嘉祥寺より自動的に発展をとげているために、嘉祥寺の定額寺の寺格がそのまま移されたのではないかと考えられる。

またこの時、太政大臣良房の寺地施入もあり、美濃国安八郡若女庄、越前国田宮庄等が施入されていることはこのことを裏書するものである。

このように見てくると貞観寺の場合は、観心寺の場合と本質的にその発生形態が相違するともいえる。一方は国司の公領、一方は貴族の施入田をもって定額寺の基礎としているのであって、貞観寺は貴族の住宅から発生した定額寺の性格をよく示しているといえる。これはおそらく元慶寺、嘉祥寺等、一連の年号を付した寺院と共通的な性格として考えることもできるのではないだろうか。そしてこの二つの寺院の相違は、いままで見てきた法制的な定額寺を離れて、実際的なあり方を示す上において資財帳の持つ意味は大きい。このような貴族的定額寺はもとより定額寺の本質より離脱するもので、やはり貞観寺が後に仁和寺に吸収され、御願寺的性格をしだいに強め、また地方の定額寺も藤原一族の地方国司への補任とともに地方のこれらの一族の氏寺として、貴族化して発展をとげなければならなくなっていくのであった。そして定額寺の制も、以前の諸先学の奈良時代よりの寺院統制というために設けられたとのみ理解するのはいまだ意をつくしていないといえるのであって、むしろこの制は、次の元号のある御願寺的定額寺や、藤原忠平の建てた法性寺や白河法皇の法勝寺、さらには藤原道長の法成寺等の平安中期の皇族および貴族の御願寺が発生する前期的形態として定額寺の実態を理解する方が正しいと考えるものである。

(1) 宝月圭吾「平安朝に於ける寺院法制の一考察」(『宗教研究』一〇の一一、日本文化と佛教)
(2) 竹内理三『律令制と貴族政権』五一七頁
(3) 続日本紀、第十七、天平勝宝元年七月十三日条
(4) 同右、第七、霊亀二年五月十五日条
(5) 同右
(6) 類聚三代格、巻第三、大同元年八月二十二日太政官符
(7) 同右、延暦廿四年正月三日太政官符
(8) 日本書紀、第二十九、天武八年四月五日条
(9) 続日本紀、第三十七、延暦二年六月十日条
(10) 延喜式、巻二十一、玄蕃寮
この「定額」の意味については、中井真孝「定額寺私考」(笠原一男博士還暦記念会編『日本宗教史論集』上、一三一頁。「定額」の字義について、「定額」とは額を定める。すなわち寺号の公定を意味することが明白である」と述べられている。
(11) 類聚三代格、巻第三、天安三年二月十六日条
(12) 三代実録、第十五、貞観十年六月二十六日
(13) 類聚三代格、巻第三、延暦十五年三月二十五日太政官符
(14) 註(12)に同じ
(15) 日本後紀、第十四、大同元年八月廿二日条
(16) 類聚三代格、巻第二、嘉祥四年三月廿二日太政官符
(17) 同右、巻第二、寛平九年六月廿三日太政官符
(18) 三代実録、第二、貞観元年四月十八日条

(19) 類聚三代格、巻第二、元慶元年十二月九日太政官符
(20) 同右、巻第二、元慶八年九月十九日太政官符
(21) 同右、同第二、延暦二十五年正月廿六日条
(22) 同右、巻第三、承和二年十月十五日太政官符
(23) 同右、同第三、承和四年八月五日太政官符
(24) 同右、同第三、元慶五年九月十六日太政官符
(25) 同右、同第二、寛平元年七月廿五日太政官符
(26) 同右、同第二、延喜五年九月廿一日太政官符
(27) 平安遺文、一—一六四号
(28) 同右、一—一六八号
(29) 同右、一—一七四号
(30) 清滝淑夫「廣隆寺の成立について」(『南都佛教』第一四号)
(31) 平安遺文、一—一五五号
(32) 同右、一—一五六号
(33) 同右、一—一七四号
(34) 同右、一—一六五号
(35) 三代実録、第二十五、貞観十六年三月二十三日
(36) 平安遺文、一—一三六号
(37) 同右、一—一三七号
(38) 同右、一—一四五号
(39) 三代実録、第二十二、貞観十四年七月十九日条

第五節　御願寺の成立とその性格

一　御願寺の成立とその性格

御願寺について多くの寺院成立史上の問題を含め、さらには御願寺と定額寺の成立過程の様相として、種々の論旨がいままでに多く述べられている。

しかしそのうちでも竹内理三氏が『律令制と貴族政権』第Ⅱ部のなかで、「貴族と寺院」としてとりあげられた問題のうちで、「Ⅲ御願寺の成立」および「Ⅳ六勝寺建立の意義」については傾聴すべき多くの問題を含んでいる。御願寺については、竹内説によると、「その本願、それは天皇・上皇より一般庶民にいたるまで、祈願する処により建立したもので、その建立者のための祈願をおこなう寺である」と述べられ、それを狭義に考えるときには、天皇の御願を修する寺院であると述べられている。(1)

もちろん御願寺が、その成立の段階において、積極的意志においてなされたのと、成立後に御願寺たることを望むという消極的場合も考えられるのであるが、これが平安時代に成立した初期の年号を冠した御願寺と、あるいは四圓寺、さらに後の法勝寺を中心とする六勝寺の御願寺とはそれぞれの場合と性格を異にすることはいうまでもない。

いまこれらの相違の問題を基盤としつつ、平安時代における御願寺の性格について、あらためて検討を加えてみることとする。

そして、ここで御願寺と称することは、一代に勅旨により造営され、天皇の息災および不予等の場合の祈願をこめるという目的のもとに設立されたものであるが、それが天皇のみならず、太上天皇・太皇太后・皇后等の御願にかかるものも称したのである。その場合、竹内氏のいわれるような一般庶民の設立寺院にまで広義の御願寺とすることにはかえって御願寺の性格を誤る可能性もないではない。ただし、一般庶民が祈願寺として設立した寺院が、天皇の祈願を行うため、御願寺に列したという御願寺が、同義的に理解されている場合もないではないが、ここでは本来の意味において、先の概念において御願寺を考えることに重点を置くことにしたのである。

もちろん定額寺と御願寺はその性格を異にするものであって、定額寺は、諸国国司がその資財や寺院管理にあたり、延暦十五年（七九六）三月二十五日の太政官符では、「諸国定額寺資財者、国司与㆓三綱檀越㆒共検校処分、其任㆓三綱㆒者、依㆓檀越衆僧請㆒、国司覆勘充任」(2)、そして定額寺の修理については承和八年（八四一）五月二十日の官符では、

諸国定額寺、堂舎破壊、仏経曝露、三綱檀越、無㆑心㆓修理㆒、頃年水旱不㆑調、疫癘間発、静言㆓其由㆒、恐縁㆓彼咎㆒、宣㆕重下㆘知五畿内七道諸国㆖、修㆓理荘㆔厳定額寺堂舎幷仏像経論㆒、今須㆚毎㆑寺立㆘可㆓修理㆒之程㆖、附㆓朝集使㆒言上㆙習㆑常不㆑革、並処㆓重科㆒、(3)

と見え、このことは、諸国定額寺は朝集使の報告にしたがって修理が加えられると同時に、諸国寺院の中で国司も推挙して定額寺となすこともできたとも考えられるのである。

しかし御願寺の場合、その成立は全く条件を異にしているのである。

御願寺のうち、平安初期に属するものは、延暦寺・嘉祥寺・貞観寺・元慶寺・仁和寺等、年号を配した御願寺と、醍醐寺・圓融寺・花山院等、天皇の名を冠した御願寺が見られる。

これに対して、平安後期の御願寺はいうまでもなく、法勝寺・尊勝寺・最勝寺・圓勝寺・成勝寺・延勝寺の、いずれも「勝」の字を含めた御願寺である。

また、この御願寺の成立過程はやはり平安佛教の成立とは決して無関係ではなく、初期の御願寺と後期の御願寺とはその性格を異にするといわざるを得ないのである。

ところで、平安時代における御願寺成立の条件としては、村上天皇時代に成立した新儀式のなかに、

御願寺事付太上皇、皇后御願寺、幷僧俗私造レ寺奏付二属公家一事等、近代之例、一代新有レ被レ修二造御願寺一、天台山、定心院、四天院、貞観寺、元慶寺、仁和寺、醍醐寺、法性寺、延命院、大日院、雲林院等之類也、先点二勝地一、次定二預人一、或上卿奉レ仰、僧俗司相共勤二仕其事一、貞観寺例、是也、或只有二俗官一無二僧司一、法性寺、大日院等、是也、随二其申請一充二其料物一、或不レ経二所司一、後院奉レ仰、勤二仕造作之事一、雲林院、御堂宝塔等、是也、又太上皇、皇后、幷僧綱、公卿、或以二私寺一奉レ付二属公家一為二定額寺一、天安寺、禅林寺、圓覚寺、圓成寺、補多楽寺等、是也、造畢之後、或修二法会一、或必不レ被レ修、但依二奏請一、御願寺依二寺司奏請一、自余本願人奏、有レ置二定額僧一、幷年分度者等一、又以二近国正税一充二分燈油佛聖供等一、上皇、皇后、僧俗付二国家寺等一、亦皆准レ之、[4]

とあって、太上天皇や、皇后の御願寺やあるいは僧俗がまず私に寺を造り、その完成を見て勅許を得て公家に付属するものを御願寺というと規定している。

平安初期において見られる代表的な御願寺としては、延暦寺・定心院・四天王院・貞観寺・元慶寺・仁和寺・醍醐寺・延命院・大日院・雲林院等がある。

また私寺をもって公家に付属したものを定額寺と称し、その例としては天安寺・禅林寺・圓覚寺・圓成寺・補多楽寺等が存在し、これらの寺に定額僧と、年分度者等を置き、近国の正税をもって燈油佛聖供に充当することを規定している。このように御願寺の性格は平安時代の佛教寺院のあり方を考える上に重要な意味をもっている。

このような立場よりして延暦寺も御願寺の一つの存在形態としてつぎにとりあげた次第である。

もちろん平安時代を通じて御願寺は数多く成立するが、竹内理三氏は詳しくこれについて個々の寺院をあげて説明を加え、その性格を明確にしようとされている。(5)

この御願寺の成立の問題において、竹内氏が指摘され、さきに私も述べておいた新儀式の御願寺に関する条項は見逃すことができない。

御願寺事

付太上皇、皇后、御願寺幷僧俗私造レ寺奏レ付ニ属公家一事等(6)

この場合、御願寺の定義を考えて見ると、㈠太上天皇や皇后が自分の祈願を成就する目的のために建立されるに到った寺院を御願寺と称することができる場合と、㈡僧侶や公卿、または地方の国司等が私に造寺造佛をした場合、その寺の由来や構想を玄蕃寮に申請して御願寺たることを認めることにより成立した場合とに分類している。

この二つの御願寺の分類について具体的に寺院名をあげ、まず第二の場合は延暦寺内の定心院・四王院等、叡山内の圓仁や光定が知造院事となって建立したものを御願寺としている場合で、その発願の意志が天皇にあるか、あるいは僧侶にあるかの問題があるにしても、いずれも僧侶が建立して御願寺化した場合で、(7) 叡山楞伽院内の真言堂や恵心院等も藤原師輔や兼家の公卿により一寺院内に建立された堂宇が御願寺的扱いを受ける例もある。(8)

このように㈡の場合は建立者の申請によって御願寺化したと見られるもので、延暦寺妙香院の場合のごときは僧侶がまず建立してのち朝廷に申請して御願寺化した適例である。

この寺は尋禅が永祚二年(九九〇)に五間四面檜皮葺の一院を建立し、釈迦・普賢・文殊像を安置して、「成ニ鎮護国家之誠一竊思早致二不日之勤一適畢二土木之功一、願及二天聴一将レ為二御願一」(9)とて、尋禅が病によって倒れんとするときに申請して御願寺とせんことを願ったのである。

また尋禅の弟子尋円・尋算等が妙香院を相承したときも、「検二古実一件院先師慈忍僧正（尋禅）以二私房一為二御願所一、奏二聞公家一」とか、「茲院者、祖師座主慈忍（尋禅）権僧正為二鎮護国家一奏二聞公家一以為二御願一而奉レ祈二聖朝宝祚一」(10)とて、尋禅が公家に奏して、御願寺となしているのであって、これは建立者の意志によるものである。しかしこの傾向のあり方については竹内氏も示されているように、単に妙香院の場合のみならず「謹検二傍例一、道俗尊卑私建二立堂塔一申二成御願一定二置供僧一古今巨多不レ可二勝計一（中略）昔日当時傍例、将為二今上御願一、令レ勤二御祈願一、但至二于所司供僧一尋禅之門徒之中抜二仙山修学者一」(11)と、尋禅は当時、僧侶の私の住房であっても公家に申請することによって御願寺化することができるという範例を知って申請しているのである。

また公卿が建立し、のち申請によって御願寺となった例としては、摂政太政大臣藤原兼家が二条京極の第宅を捨てて積善寺と称し、この寺を御願寺とする申請を、大江匡衡の願文によって出している。(12)

このように御願寺は公家・僧侶の奏請に基づいて承認するという新儀式の規定はかなり実行されていたと見ることができる。

しかし僧侶の住持は、さらにこの寺が入室弟子により相続するという条件がのちに加えられた。それはさきの延暦寺内の妙香院の場合、この寺は一条天皇の祈願のため御願寺となり、院司に尋光、別当に鎮粛、十禅師に尋円以下九人を選び、すべて尋禅の入室弟子をもってこの寺を相承することを規定し、妙香院の運営に当っている。その状況について次の康平三年（一〇六〇）の太政官符は端的にこの事情を述べている。

太政官牒　妙香院

応二転任一検校職之事

別当阿闍梨伝燈法師尋算

右得二尋算今月十五日奏状一偁、謹検二案内一、玆院者。祖師座主慈忍権僧正為レ鎮二護国家一、奏二聞公家一、以為二御願一、而奉レ祈二聖朝宝祚一矣、爰僧正尋光僧正尋圓、為二慈忍権僧正入室弟子一、以補二任彼院検校職一、而尋圓権僧正入滅後、権大僧都頼賀以レ為二彼僧正入室弟子一因補二任其職一、但頼賀僧都逝去之後、競望輩雖レ有二其数一、或是末葉或是孫弟也、至二于尋算一者、為二彼尋圓権僧正入室弟子一年臈共長之上、補二任当院別当職一以来、廿二余年于レ今焉、従二尋円僧正一、一門可二相承一之旨具載二遺訓一、望請天恩因二准傍例一、被レ補二任件職一者、将祖師之遺誡不レ謬、弥致二鎮護国家之誠一者、従三位行権中納言兼宮内卿源朝臣経長宣奉勅、依レ請者、院宜下承知依レ宣行上之、牒到准レ状、故牒、

康平三年十二月廿九日　　正五位下行右大史兼算博士小槻宿禰牒在判

正四位下行右中弁兼皇后宮権亮讃岐権守藤原朝臣(13)

ここでは尋禅が御願寺としたのち、尋禅の入室の弟子の尋光・尋圓を妙香院の検校職に補任したところ、尋圓の示寂後、尋圓の入室の弟子の頼賀をこれに充てた。しかるに頼賀の逝去ののち、弟子の間で競望となって、ついに若輩を排して尋圓の入室の弟子であった尋算を年臈高き故、妙香院の別当とし、尋圓一門に限ってこの寺を相承すべきことを遺制して、法系の維持をはかっている。

ここに(二)の御願寺の性格を知ることができるのであるが、このような場合について竹内氏も多くの例をあげて説明されている。しかし私は、ここではそれよりも(一)の場合、即ち太上天皇や皇后等の建立になる御願寺について、さら

に詳しく見ていく必要を感ずる。

ことに平安時代の御願寺的性格寺院に対して高取正男氏は、「御願寺は貴族、豪族を檀越とする私寺が官に登録されたもの」「御願寺は皇室を檀越とする皇室の私寺で、そのかぎりでは僧綱などによる国家統制を受ける義務はない」[14]と檀越により分類されている。また、村井康彦氏は愚管抄の慈圓の意見を立てて、「白河ニ法勝寺タテラレテ国王ノウヂ寺ニ是ヲモテナサレケルヨリ、代々皆此御願ヲツクラレテ、六勝寺トイフ」[15]文を引用して、「天皇家の御願寺」即ち「先に引用したように、愚管抄が当寺(法勝寺)を称して『国王ノ氏寺』としたのは、まことに適切な表現というべきである」[16]と述べて、愚管抄の法勝寺を「国王ノ氏寺ニテ今ニアガメラル」[17]との御願寺に対する見方を支持している。

しかし竹内氏は、法勝寺等の六勝寺の事例に対して別に院願寺という考え方を示されている。

このように平安時代の御願寺の性格について、その建立の主体によって寺院の見方に区別が見られるが、御願寺を皇室の氏寺と見る考え方は藤原氏の氏寺的性格をもって御願寺を説明しようとする立場で、氏寺であるか官寺であるか、という性格の判別についてより正確であってほしいという考え方が残る。また「国王の氏寺」は、愚管抄の作者の慈圓が藤原氏の氏寺観をもって見た立場に傾いている。院願寺即ち六勝寺との問題は、院政期の御願寺という性格を述べられているのか、あるいは白河院・鳥羽院の設立寺院をもって代表しようとされているのか、もしそうであれば堀河天皇の尊勝寺などは院願寺といえないことにもなる。

このように平安時代の御願寺の概念形式については、定額寺との関係を含めて非常にむずかしい問題を含んでいる。しかしそれは御願寺としてすべて平行的に概念づけようとする矛盾もあると私は考える。

これについては歴史的発展段階を追って説明するならば、さらに明確になると考えるものである。

この見解に立つとき、私は平安時代の御願寺を三つに分類することができると考え、㈠延暦より仁和に到る年号を冠した延喜式以前の御願寺、㈡仁和寺形成以後、四圓寺の設立を含めた御室の形成をともなった御願寺(それはまた多分に、藤原氏の氏寺的性格で展開した法性寺・法成寺の御堂的寺院の形成のための示唆ともなった)、㈢院政期の六勝寺を中心として、寺領即御領として皇室の経済的基礎となるとともに御所をともなった法皇が政務をもとる院庁的な性格さえも加わった寺院、例えば宇多法皇の仁和寺を中心とする御室的寺院の復活と、上皇・法皇の院御所の外郭的性格を備えた御願寺に分けて考えてみることができる。

またそれを京都の地理的条件より検討を加えてみると、その地域から、㈠は山科地域より比叡山周辺、㈡は仁和寺周辺、㈢は白河(岡崎)周辺と、御願寺の分布形態もこのように歴史地理的に区別することができる。

即ち、それぞれ御願寺として、天皇家の氏寺的性格を持った寺院として形成されたものと考えられるが、すぐに「国王の氏寺」とただちに言い切ることには少し疑問を持つものである。それはまた後に述べるけれども、たとえば法性寺・法成寺も、藤原氏の氏寺とはいえない。氏寺はやはり氏長者の支配する興福寺以外にその概念をあてはめることはできない。ある意味においては法性寺は忠平の私の祈願寺であり、法成寺は道長の私寺であったという考え方も生まれてくる。また北家の氏寺といっても、藤原貴族の中で摂関政治を行うことにより、自己の祈願の対象として私的に形成され、後にその一族の祈願をも行った寺院として、これらを考えなければならないのであるから、私は法性・法成寺をどのように見るかをさらにあらためて考えてみたい。六勝寺においては、むしろ仁和寺方式に類型を求めつつ、白河院政の基礎を固めるために形成された御所的性格寺院であるといえる。そしてそこでは、法皇を中心とする御領維持を求めながら、同時に政治の主導権確保のための御願寺的性格寺院として成立したのではないだろうか。

このように平安時代の御願寺を分類して考察することは、より明確に平安時代の寺院史を見ていく一つの方向であると考えるものである。

(1) 竹内理三「貴族と寺院」(『律令制と貴族政権』第Ⅲ部)
(2) 類聚三代格、巻第三、延暦十五年三月廿五日太政官符
(3) 続日本後紀、第十、承和八年五月二十日条
(4) 新儀式(群書類従、五)七一頁
(5) 竹内理三「御願寺の成立」(『律令制と貴族政権』第Ⅱ部)
(6) 註(4)に同じ
(7) 山門堂舎記(群書類従、十六)五二九頁
(8) 叡岳要記下(群書類従、十六)六三二頁
(9) 山門堂舎記、妙香院(群書類従、十六)五五三頁
(10) 同右、五五六頁
(11) 同右、五五四頁
(12) 本朝文粋、第五、八八頁
(13) 山門堂舎記(群書類従、十六)五五七頁
(14) 『京都の歴史』(1)、定額寺と御願寺、五六八頁
(15) 愚管抄、第四(日本古典文学大系本)二〇六頁
(16) 『京都の歴史』(2)、六勝寺と鳥羽殿、国王の氏寺、三一頁
(17) 愚管抄第二、皇帝年代記、白河天皇条(日本古典文学大系本)一〇四頁

二　延暦寺の成立

延暦寺の寺号が、もとの一乗止観院を中心とする比叡山寺より、この寺名に改められて延暦寺と称する勅許を得たのは叡山大師伝では弘仁十四年（八二三）二月二十六日と称している。(1) しかしてまた比叡山寺の成立は延暦七年（七八八）ともいわれている。(2) けれどもこの延暦七年説は甚だ疑問が多い。ことに延暦十年（七九一）十二月二十八日の僧綱牒によると、

僧綱　近江国国分寺

　僧最澄（年卅　臈十）

今授修行入位

　延暦十年十二月廿八日威儀師伝燈大法師位常耀

都修行伝燈大禅師位賢憬

都　伝燈大法師位行賀

都　伝燈大法師位玄憐

師　伝燈大法師位善謝

師　伝燈大法師位等定(3)

と見えて、最澄がまだ延暦十年（七九一）にして近江国分寺の修行入位僧でしかないことから、比叡山寺の設立者とはいまだ考え難いのである。

しかし彼が近江国分寺僧であったことは、その修行場として、たえず比叡山を求めていたことは考えられるのである。そしてその山上に庵をつくって立教開宗への道をたどっていたと考えられる。もちろんこの私庵をもってただちに私寺と簡単に承認することはできないのであって、最澄の行動が認められるまではやはり近江国分寺僧としてしか僧としての資格は得られなかったのである。しかし彼が国分寺僧であったがために、かえって延暦寺の経済的基盤が近江国を中心として得られたことも、延暦寺の発展の過程として認めるべきでもある。

もちろん最澄は「俗姓三津首、滋賀人也」とあるから、近江国坂本の出身として十五歳に国分寺僧の闕を補うために近江国講師であった行表の推挙を得て国分寺僧となったのである。それは弘仁十二年（八二一）十二月二十六日の太政官符の引用のうちの延暦二年（七八三）四月二十八日の太政官符では「今国司等、（中略）擢下当土僧之中堪レ為二法師一者上、補レ之」[4]と見えるので、最澄もかかる過程において近江国分寺僧になったと考えられるのである。そして規定通り東大寺で受戒を受けることになったのである。ことに最澄が修業入位僧として近江国分寺でその存在が認められた延暦十年（七九一）六月二十五日の続紀の記事によれば、それ以前の、延暦三年（七八四）に寺家がみだりに山野を占することを禁じていることからしても、最澄の比叡山進出はまだ考えられないのである。[5]

しかし最澄も延暦十八年（七九九）六月十二日の禁制のごとく、「沙門擅去二本寺一、隠二住山林一、受二人属託一、（中略）宜下諸国司巡二検部内所一レ有山林精舎幷居住比丘優婆塞一、具録言上上」[6]とあることは、最澄のごとき山林修行者が多く山房を形成して修行していたことを物語るものでもある。

このように考えてみると、最澄の渡唐以前において、一乗止観院を中心とする法華一乗に基づく延暦寺の出現は、正確には把握できないのである。

しかし延暦十六年（七九七）の太政官符を真なりと考えるならば「僧最澄住滋賀郡比叡山」という記事より延暦十六年頃より比叡山の修行場に入っていることになるが、その場合は近江国守笠朝臣江人が最澄の比叡山止住を許していたことになる。(7)

しかし最澄の比叡山一乗止観院設立への努力は、やはり彼が入唐後、大唐天台山国清寺の教学の影響を受けて帰国してからであると考えなければならない。

顕戒論縁起に記している国昌寺僧最澄の言によれば、自分は「平安東嶽比叡峯、精進練行十有五年(8)」と述べていることから、延暦十九年（八〇〇）頃より入山していると見られ、それはあるいは延暦二十三年（八〇四）の渡唐以前、ということになるが、これも正しく比叡山寺の成立とはいい難い。

次に考えられることは、延暦二十四年（八〇五）の最澄請来目録に「大唐貞元弐拾壱年歳次乙酉弐月朔辛丑拾玖日乙未、日本国比叡山寺求法僧最澄録(9)」と見えてここに比叡山寺求法僧最澄とあるが、この寺号を冠しているのは、焼滅した請来目録で、台州録や越州録の現存の日本僧求法僧最澄目録の惣合二百三十部四百六十巻にはじまる請来目録では日本国求法僧最澄録と見えて、寺号を冠していないことから、さきの請来目録の比叡山寺号は疑問をもたざるを得ない。即ち請来目録を作成する段階においてはまだ比叡山寺として完全な寺院構成は見られないと考えられる。

しかし羯磨金剛目録に押印してある「比叡寺印(10)」の文書から考えて、弘仁二年（八一一）にはすでに比叡寺が成立していたと見るべきである。

ただこの比叡寺名が、比叡山寺と同じものであるかどうかに疑問も生ずるが、この場合は同義と見るべきで、少なくとも、この年次に比叡寺、あるいは比叡山寺との呼称がおおやけに存在したと考えられるのである。そのためにも延暦二十三年（八〇四）三月二十八日に、遣唐大使藤原葛野麻呂の帰国にともなって帰国してより八年間における最澄の動向を考えて比叡山寺の成立を考えなければならない。

もちろん最澄の入唐求法の目的は、天台山に登って道邃・行満より天台教学を学ぶことであった。上表文にも「最澄奉使求法、遠尋霊蹤、往登台嶺、躬写教迹」[11]と、その目的を明らかにしている。彼は帰国後、延暦二十四年（八〇五）復命して、同年九月一日、勅により「於清滝峯高雄山寺、造毗盧舎那都會大壇、令伝授三昧耶妙法」[12]と、高雄山寺で灌頂を行っている。この高雄山寺の称が、清滝峯高雄山寺と称していることを考え合わせてみると、のちに最澄が高雄山寺に類して一乗止観院を中心とした山寺を比叡山に建てて比叡峯比叡山寺と称することとなったとも考えられるのである。この比叡山寺が、比叡山を中心として具体的に動き出してくるのは延暦二十五年（八〇六）正月三日の天台法華宗年分度者加入のための上表文を出発点とすると見られるのである。

請加新法華宗表一首

沙門最澄言、最澄聞、一目之羅、不能得鳥、一両之宗、何足普汲、徒有諸宗名、忽絶伝業人、誠願、准十二律呂、定年分度者之数、法六波羅蜜、分授業諸宗之員、則両曜之明、宗別度二人、華厳宗二人、天台法華宗二人、律宗二人、三論宗三人、加小乗成実宗、法相宗三人、加小乗倶舎宗、然則、陛下法施之徳、独秀於古今、群生法財之用、永足於塵劫、不任区区之至、謹表以聞、軽犯威厳、伏深戦越、謹言

延暦二十五年正月三日　沙門最澄上表[13]

もちろん最澄の天台法華宗年分度者は、比叡寺設置への僧数の増加を求めたことと同時に、彼の一乗止観院が、帰唐後、単に最澄の個人的な山房であってはならないという自覚からもでてきているのである。

もともと年分度者の制は、持統十年（六九六）十二月に「勅旨講㆓読金光明経㆒、毎年十二月晦日度㆓浄行者十人㆒」(14)と見えるのが初例で、この浄行十人が、年分度者の定数となっていったのである。そして祈年読経は金光明経であったため、奈良時代に到って護国佛教的傾向が強まってゆくにつれて、年分度者も十人より拡大して数百人、数千人もの得度者が生まれ、東大寺の落慶法要等の必要からも臨時に増加される傾向が見られるのである。

そして、聖武・孝謙（称徳）朝における年分度者制度の乱れは、宝亀年間より延暦期にかけて改革の必要にせまられ、延暦十二年（七九三）四月には、自今以後年分度者は漢音を学ぶもののみとし(15)、同十七年四月、歳三十五以上で大義十条を理解するもので、そのうち五以上に通ずるものを採用し、延暦二十年（八〇一）四月十五日の勅では、三論・法相の二宗の別を年分度者に与えることになった(16)。また延暦二十二年（八〇三）には、さきに二宗の別を与えたが、三論を専攻するものは少なく、専ら法相を学ぶものが多いという傾向が生じ、三論・法相を五人ずつにして、三論宗の分を三人増加しようとした。

しかしこの五人の定数は「当年無㆑堪㆑業者、闕而莫㆑填、不㆑得㆘以㆓此宗人㆒補㆗彼宗数㆖」という規定に基づいて増減が考えられたのである(17)。この場合、法相宗の人も、三論宗の者も、その宗に必要な経疏を読み、共通して法華・最勝王経を必修の経典としている。それは得度者が試度合格ののちしばしば宮中読経会等にも参加する必要があったからでもあった。そして「経論通熟、乃以為㆑得、雖㆑読㆓諸論㆒、若不㆓読経㆒者、亦不㆑得㆑度」(18)と漢音のみの試度は改められたが、依然として教理研究より読経に重点が置かれているのは、先の理由によるものである。

これに対して最澄は「徒に諸宗の名のみありて、忽ち業を伝ふる人を絶す」と非難をあびせ、単なる読経中心の年分度者でなくして、経典読誦には十二律呂で、戒律には六波羅蜜にのっとって授業諸宗の分類を考えるべきことを提

第16表　年分度者宗別配分表

	延暦二十三年太政官符	延暦二十五年最澄上表	延暦二十五年太政官符
年分度者宗別配分	三論宗(5) 法相宗(5)	三論宗(3)（成実宗） 法相宗(3)（倶舎宗） 華厳宗(2) 律　宗(2) 天台法華宗(2)	三論業(3)三論(2)成実論(1) 法相業(3)成唯識論(2)倶舎論(1) 華厳業(2)五教指帰綱目 律　業(2)梵網経、瑜伽声聞式 天台業(2)大毘盧舎那経(1)摩訶止観(1)

案した。さきの延暦二十三年（八〇四）の制で、三論・法相宗度者の修業課程は、経典章疏の他、法華・最勝・華厳・涅槃の経典が必修であったことから最澄は年分度者の教学体系を統一するという名目を立てつつ、巧みに年分度者の中に天台業を挿入することを考え、その効を得ることとなったのである。いま、年分度者の各宗の配分を見るために右の表を掲げる。

この表から朝廷より出された太政官符と最澄の上表とを考えあわせると最澄は明らかに三論・法相の年分度者数の減少をはかって天台業の成立を考え、その名目として奈良の古宗の華厳・律の復活のための年分度者の設定を求めたのであった。しかし実質的には天台が南都の諸宗と同等に認められたいことをねらった方策でもあった。

ことにこの太政官符の中に「受戒之後、皆令下先必読二誦二部戒本一、諳中案一巻羯磨四分律鈔上、更試二十二条一、本業十条、戒律二条、通二七以上一者、依レ次差二任立義、複講及諸国講師一」[19]と、この諸宗諸業の及第者は諸国講読師や、立義、複講となる道も開かれるのであって、承和二年（八三五）には天台宗を諸国に弘めるための公許を得て[20]、そののち承和四年（八三七）八月五日の真言宗僧を諸国講読師になす公許と対抗することになった[21]。そして元慶五年（八八一）には天台・真言の「両宗僧等至レ擬二補諸国講読師一各争二宗業一已致二諠譁一」という教線発展の争いにまで発展して[22]、政府はじめの講読師を天台宗に、あとの講読師を真言宗にと分けざるを得なかったのである。そしてこのような要因をなしたのが、最澄の上表文であり、延暦二十五年（八〇六）の太政官符でもあったのである。

この太政官符のもとで実施された大同二年（八〇七）より弘仁十一年（八二〇）までの十四年間の天台法華宗年分得度学生名帳によると、やはり年分度者は遮那経業と摩訶止観業と二人ずつの年分度者を得ている。[23]

もちろんこの年分度者は遮那業（大日経を中心とするもの）の者は年々毎日、大日経・孔雀王経・不空羂索神変真言経・佛頂尊勝陀羅尼経の諸真言の護国真言を長念し、止観業のものは法華経・金光明経・仁王経・守護国界主経の大乗経典を転読長講すると同時に止観研究の学衆としたのである。最澄は「凡法華宗天台年分、自弘仁九年永期于後際、以為大乗類」[24]と弘仁九年（八一八）より定着した年分度者の獲得を求めている。しかしその出発はやはり大同二年（八〇七）と考えるべきで、大同二年（八〇七）より弘仁二年（八一一）までが比叡山寺の形成の時代であったと見るべきであろう。

そしてこの五年間は空海の帰朝後間もなく、彼の動向の判明しない間に天台宗年分度者の基礎をきずこうとする最澄の願いがこめられていたのであろう。しかしこの年分度者の定着には、まず最澄の十二年山門を出でずという条件は、当時の年分度者の制度にそぐわないものであった。貞観七年三月二十五日の太政官符によると年分度者は「凡有二得度者一、先与二度縁一、次令レ入レ寺、就レ中年分者経二二箇年一、臨時度者経二三箇年一令レ練二沙弥之行一、然後初聴二受戒一」という官符の原則に立っていた。しかし最澄はそれを無視して、毎年の政府の得度体制を認めず年々試度、年々得度という規定を、山家年分の場合に用いて独自の天台宗の試度と受戒を打ち立てることを求めたのである。即ち、

下二治部省一符偁、撿二旧例一、年分度者経二二箇年一、臨時度者経二三箇年一。然後令二受戒一者、然而山家年分既異二諸宗一、得業以後何更経レ年、凡年々試度年々受戒謂二之年分一、若不レ尓者恐有レ所レ闕、伏冀、依二先師式一当年授戒、則閇二山門一、誓二護国家一、又雖二臨時度者一不三必経二三年一、縦雖レ少レ年而廿歳以上才行兼備堪レ為レ僧者。方加二試練一

同聴二登壇一[25]

と見えて、比叡山では六条式に、「得度の年佛子戒を授けて、菩薩僧となし、その戒牒には官印を請はん、大戒を受け終らば叡山に住せしめ一十二年近門を出でず」という山家学生式に基づき、この学生式は顕戒論に、

住山修学、十二年を期するの明拠を開示す　四十六

謹んで蘇悉地羯羅経の中巻を案ずるに、云く、もし時念誦《じねんじゅ》を作《な》さば、十二年を経《へ》よ。縦《たと》ひ重罪ありともまた皆な成就せん。仮使《たと》ひ法具足せざるも皆な成就することを得んと。

(已上経の文)

明らかに知んぬ、最下鈍の者も十二年を経ば必ず一験《いちげん》を得んことを。常転常講、二六歳を期し、念誦護摩《ねんずごま》、十二年を限る。然れば則ち、佛法霊験ありて国家安寧なることを得ん。[26]

と述べて一験を得るために十二年の籠山を求めたと見るべきである。

しかしこれは大乗戒壇を叡山に設置するという前提のもとに考えるべきで、大乗戒壇の実施は最澄の没後翌年の弘仁十四年(八二三)にまで後れなければならないから、最澄の生涯では、公許の戒壇受戒でなく、私の受戒を山寺で実施していたにすぎなかったと見るべきであろう。

ことにさきの天台法華宗年分学生名帳のその後の動きを示す天台霞標の記事では、

天台法華宗年分得度学生名帳

自二大同二年一、至二于弘仁九年一、

合弐拾肆口之中住山一十口　相奪随縁　養母死去一口

僧光戒 養二老母一不レ住レ山　師主比叡山最澄　興福寺

僧光仁 巡遊修行不レ住レ山　師主比叡山最澄

僧光智 法相宗相奪　不レ知二師主一　西大寺

僧光法法相宗相奪　不レ知二師主一　元興寺
以上四人、大同二年三年四年五年、合四箇年、天台
法華宗、遮那経業学生、得度者
僧光忠死去弘仁六年夏
僧光定住山　師主比叡山最澄
僧光善法相宗相奪　不レ知二師主一　西大寺
僧光秀法相宗相奪　不レ知二師主一　興福寺
以上四人、大同二年三年四年五年、合四箇年、天台
法華宗、摩訶止観業得度者
僧徳善住山　興福寺
遮那経業　師主律師修圓
僧仁風不レ住レ山　大安寺
止観業　師主律師永忠
以上二人、弘仁二年、年分得度者
僧徳真不レ住レ山　興福寺
遮那経業　師主比叡山最澄
僧徳圓住山　興福寺

止観業　師主大安寺伝燈満位僧圓修
以上二人、弘仁三年年分得度者
僧圓貞不レ住レ山　興福寺
別勅法相宗相奪
僧圓正住山　興福寺
止観業　師主比叡山最澄
以上二人、弘仁四年分得度者
僧圓修不レ住レ山　興福寺自移二高雄家一
遮那経業　師主比叡山最澄
僧圓仁住山　興福寺
止観業　師主比叡山最澄
以上二人、弘仁五年分得度者
僧道慧不レ住レ山　興福寺
遮那業　師主
一乗沙弥玄慧住山　比叡山止観院
止観業　師主比叡山最澄
以上弘仁六年年分得度者

僧正見不レ住レ山　未レ知ニ入寺一
別勅法相宗相奪　師主未識
僧正思養ニ老母一不レ住レ山　未レ入レ寺
止観業　師主比叡山最澄
以上弘仁七年年分得度者
一乗沙弥道叡　比叡山止観院
遮那経業　師主比叡山最澄
一乗沙弥道紹　比叡山止観院
止観業　師主比叡山最澄
以上弘仁八年年分得度者
一乗沙弥興善　比叡山止観院
遮那経業　師主比叡山最澄
一乗沙弥興勝　比叡山止観院
止観業　師主比叡山最澄
以上弘仁九年年分得度者
一乗沙弥弘真
一乗沙弥弘圓
以上弘仁十年年分得度者(27)

とあってこれを見てみると、大同二年（八〇七）より弘仁九年（八一八）の年分度者のうち、興福寺の僧で、最澄と同じく比叡山に登った光戒は老母を養うために山を離れ、光秀また本寺に戻り、光仁は修行をおこたり、西大寺より来た光智・光善、元興寺よりの光法・光善はともに法相宗に舞い戻って密教研習の意欲を見せていない。ことに大同二年（八〇七）より四年間の年分度者は完全な形では成立していない。

またつぎに弘仁二年（八一一）の止観業でも、興福寺よりの徳善は住山していても、大安寺の仁風はまた遮那業をとげず去っている。もちろんこれは、興福寺方よりの妨害も多かったことはいうまでもないが、一般的に見て最澄の遮那業に対する養成が止観業より劣っていたことは否めない。それは空海のもとにいたり彼が密教の再出発として求めるところが多かった理由でもあろう。

結局、弘仁七年（八一六）まで天台年分度者は実質的に成立せず、弘仁八年（八一七）より九年・十年にかけてしだいに安定してきたのである。

この状況からみて、さらに延暦寺の成立を再び考えてみることとする。

弘仁二年（八一一）の羯磨金剛目録について、この文書に「比叡寺印」の見えていることについてはさきに述べたが、そこに「止観院経蔵」または「鎮国道場」あるいは「比叡止観院」の名称があり、弘仁二年における比叡山寺一乗止観院は成立していると見るべきであるが、この寺の年分度者は師主修圓に導かれた僧徳善が住山しているにすぎなかった。そのほか止観業の師主をつとめる元大唐留学伝燈大法師永忠のほか、さきの義真・圓澄・光定や勝虞・常騰・如宝・修哲らが住山して止観院の経営に当っていたのであろう。

しかし、比叡山寺の将来を最も憂えさせたのは何といっても弘仁三年（八一二）の最澄の重病であった。一心戒文に「去弘仁三年、在二最澄法師病床一、其年五月付法印書、授二圓澄法師一」とその病は篤く、将来を圓澄に託するほどであった[28]。そして自らも遺告をしたためて、比叡山寺座主を圓澄に、惣別当を泰範に任せている。

老僧最澄遺言

山寺惣別当泰範兼文書司師

伝法座主圓澄師

一切経蔵別当沙弥孝融

近士土師茂足

雑文書別当近士壬生雄成

右、為住持佛法、撿挍経蔵文書、唱導一衆、宛行如件、宜我同法随件別当言、応承引、勿左右是非、但三箇年間雑文書并道具雑物等、自経蔵不得出入、雖終三年、自院内不得出散、以遺言、

弘仁三年五月八日

老病僧最澄

知事僧泰法(29)

この文書でも、老病僧最澄と見え、最澄四十七歳のときである。

この比叡山寺一乗止観院は泰範を別当兼文書司師に任し、経蔵は請来経疏を中心として習学の中心道場であったのである。弘仁三年（八一二）に最澄は遮那業の師主となっているが、止観業は圓修であったが、やはり比叡山寺の年分度者は安定せず、憂いを残して死ぬことを考えた最澄は天台止観と真言宗との一致に苦しみつつ、ことに密教との一致はまさに危機に陥りつつあったのであった。

しかし幸いに重病が回復すると最澄はいよいよ空海へ近づいてゆくのである。

私は、この弘仁二年（八一一）より三年にかけて比叡山寺が一乗止観院を中心として成立したと考えるのが、年分度者の様相や、最澄および弟子たちの状況からも推して妥当であると考えるものである。

そのほか最澄の書状からも、弘仁年間は「此頃寺繋多犯悩、諸房近事童子諸師懐恨状言云々(30)」と寺内はさわがしく、弘仁三年（八一二）十一月十九日最澄は空海に「最澄雖進海外、然闕真言道也(31)」と、その海外での真言教学の勉学の不十分さをみずから認めなければならなかったほどで、比叡山寺の遮那業はあってなきがごとくであった。

しかし空海との交流は二年しかつづかず、弘仁五年（八一四）十一月二十五日、最澄が理趣釈を求めて容れられずついにたもとを分かった(32)。

それとともに最澄は比叡山寺別当の泰範を失い、空海との真言教学の差はますます大きくなるばかりであった。そこで最澄は弘仁九年（八一八）山家学生式を作成して、子弟の養成と天台止観の保持を志し、真言業を失った最澄は一路、法華一乗に基づく圓頓戒の樹立を求め、次には戒壇院成立にまでその執念をもやしたのである。

次に比叡山寺を延暦寺と改称したことについては、延暦寺が御願寺であるとは明確に認めにくいが、その発生的な性格は見られるのである。

弘仁十三年（八二二）六月十一日の比叡山に一乗戒壇を求めた最澄の上表文のなかに、

伝燈大法師位寂澄表偁、夫如来制戒、随レ機不レ同、衆生発心大小亦別、所以文殊・豆盧（賓頭盧）上座異レ位、一師十師羯磨各別、望請、天台法華宗年分度者二人、於二比叡山一毎レ年春三月、先帝国忌日、依二法華経制一、令二得度受戒一、仍即一十二年不レ聴レ出レ山、四種三昧令レ得二修練一、然則一乗戒定、永伝二聖朝一、山林精進、遠勧二塵劫一、謹副二別式一

謹以上奏(33)

と述べて天台法華宗の年分度者の最澄の要請に応じられた桓武天皇の意に感謝の心をあらわすと同時に、桓武天皇の国忌（大同元年三月十七日崩御）の三月十七日に得度日を決定している。貞観十一年（八六九）二月一日の官符によると、「先格度者、起レ従二三月十四日一始試、十七日得度(34)」と桓武天皇の国忌にあわせて得度を実施している。

このほか、貞観八年（八六六）に追加の年分度者を求めたときにも、「先皇御願、国忌之日同令二得度一、今二人即　今帝御願臨二降誕之日一(35)」と、やはり天台宗年分度者の増員にあたっても、清和天皇の降誕日の嘉祥三年（八五〇）三月二十五日を選んでいる。恵亮の上表文にも「恵亮以下去嘉祥三年八月五日、陛下御二東宮一之日上、上三啓所願一已畢、頃年殊垂二恩感一毎二降誕日一、臨時得度于レ今八箇年(36)」と年分度者と御願日とを結びつけることにより、延暦寺そのものも御

願寺化していこうとする傾向が見られるのである。

もちろん比叡山寺は、延暦二十五年（八〇六）正月二十六日に年分度者として天台宗二人を定めてより弘仁十四年（八二三）二月二十六日の先帝国忌の日の年分度者の得度受戒の決定まで、最澄の比叡山における山房として出発した止観院が、初期においては摩訶止観の研習道場であったものが、しだいに寺院化して、比叡山寺と発展し、最澄の示寂後、「勅賜二寺額一、宜下改二本名一、号中延暦寺下」(37)とされたものであって、最澄の生前には延暦寺の寺号は与えられなかった。

それはやはり官寺的性格でなく、依然として、最澄の私寺的性格が強かったからであると同時に、㈠空海と最澄が互いに確執があったという朝廷側の遠慮と、㈡大乗戒壇の成立以前に寺号が与えられないこと、㈢最澄の延暦寺戒壇院の成立に対する南都諸寺の反対が意外に強く、最澄生前中に寺号を与えることはひかえなければならなかった等の理由によるものであろうと考えられる。

延暦寺の寺号は他の諸寺と異なり紀年をもって延暦寺と称した。それは桓武先帝と最澄との関係、ことに一乗止観院の成立について、桓武天皇の協力があったことから考えて、延暦の年号を冠して寺号とすることになったのであろう。そして最澄は弟子たちに遺告して、諸種の遺誡を与えているが、そのなかでも、

㈠　毎日長講諸大乗経、慇懃精進、令法久住、為利益国家、為度群生、

㈡　我同法等四種三昧、勿為懈倦、

㈢　兼年月灌頂時節、護摩紹隆佛法、以答国恩、

と。また五月十五日に付嘱書を出して、

最澄心形久労、一生此窮、天台一宗、依二先帝公験一、授二同前入唐受法沙門義真一已畢、自今以後、一家学生等、

一事以上、不レ得二違背一、
今且授二山寺私印一　院内之事、圓成佛子、慈行佛子、一乗忠、一乗叡、圓信等、可二相荘行一、
且附二上座仁忠幷長講法華師、順圓一申送、(38)

と見えているから、延暦寺の山家学生式の実施による年分度者の決定、および一乗止観院、のちの戒壇院等の中枢伽藍は義真の支配にゆだね、それはまた延暦寺別当としての主要なる義務でもあった。

しかし、決定事項に対する山印は圓成と慈行があたり、上座仁忠のほか最澄の一四人の弟子たちはそれぞれ延暦寺の山内に院を形成して、一乗止観院を中心として延暦寺が成立したのである。

弘仁九年（八一八）の最澄・義真の延暦寺の構想は、(39)かならずしもその年までに伽藍が完成していたとは一般的な状況からは認めがたいが、このような山上伽藍としての十六院が構想されていたことは考えられないでもない。

もちろんこの構想は最澄・義真の時代を通じて一応形成されていても、東塔以外の西塔、横川はのちに完成を見るもので、即ち座主圓澄のときに西塔が整備され、圓仁のときに横川が完成したのである。

この叡岳要記の弘仁九年（八一八）七月二十七日は、最澄の天台法華年分学生式の六条式と八条式の中間に当たり、六条式（弘仁九年五月十三日）では「十二年山門を出でず」と山門とあるも、八条式では「住山十二年、両業を修学せんと欲するものあらば、且に本寺（止観院）幷に師主の名を注し、明かに山院の状をとりて、すべからく官司に安置すべし」、また「凡そこの天台宗の院には俗別当両人をつかわし、番を結んで検校を加しめる」など、八条式では山院、「天台宗の院」など院の形成が見られるのは、最澄がいよいよ止観院を中心とする山房の形成、山院の完備を提唱し、年分度者の修行道場の設置を画したと考えられるが、弘仁九年（八一八）では度者四人にすぎず、これからいっても叡

第17表　延暦寺伽藍一覧（叡岳要記）

塔	九院	十六院	別称	別当・大別当	別当・小別当	別当・別当	三綱・上座	三綱・寺主	三綱・都維那	知院事
東塔	一乗止観院	根本大乗止観院		義真	真忠		薬芬	慈行	圓信	
東塔		法華三昧院	根本法華三昧院			延秀				圓信
東塔		一行三昧院	根本一行三昧院			圓仁				法雄
東塔		般舟三昧院	法華常行三昧院			道紹				仁哲
東塔		覚意三昧院	法花覚意三昧院			真忠				朗然
東塔		東塔院	法花千部東塔院			徳善	真順	神悦	蕭然	
東塔	戒壇院	菩薩戒壇院	法花戒壇院			義真				光定
東塔		護国院	法花護国多門院			圓哲				寂然
東塔	惣持院	惣持院	法花佛頂惣持院			真徳	妙堅	興善	孝行	
東塔		根本法花院	根本法花知見院	圓澄	恵暁		圓證	徳圓	等真	
東塔		浄土院	法花清浄土院			薬芬				煖然
東塔		禅林院	法花清浄禅林院			薬澄				真忠
東塔		脱俗院	法花清浄脱俗院			薬芬				行宗
東塔		向真院	法花清浄向真院			康遠				唯叡
西塔	四王院									
西塔	八部院									
西塔	山王院									
西塔	定心院									
西塔	西塔院	西塔院	法花千部西塔院	康遠	真忠		慈行	道叡	寂然	
西塔		宝幢院	法花延命宝幢院			光定				證圓

岳要記の弘仁九年の十六院は後の東塔伽藍の一応の完成時を示すものと見るべきであろう。そしてその文章の構成も正規でないが、その中で「建二立衆院一」および「同法禅衆発二精進心一修二持諸院一」とあることはこれらの十六院の成立の状況を案外示しているのかも知れない(40)。

またこの十六院の管理者が、叡山大師伝中の最澄の弟子一四人の薬芬・圓成・慈行・延秀・華宗・真徳・興善・道叡・乗台・興勝・圓仁・道紹・無行・仁忠と相違しているのもあるが、大略、最澄がその子弟を山内に配置して、それぞれの門下子弟の養成をはかったためこのような山院が形成されたと見るべきであろう。参考までに十六院の状況をあげると第17表のごとくである。

これで見るかぎり、止観・法花・東塔・西塔・惣持の五院のうち止観院は根本中堂で大寺に当るため、東西両塔と法花・惣持が、三綱を保持した大きな山院と考えられるのである。

もちろんこの叡岳要記のほか、最澄の著わしたという「日本国大徳僧院記」も弘仁九年(八一八)とあって、最澄が比叡山寺形成の焦点をこの時期に合わせている場合が多いのも、やはり年分度者の制の成立の事情に合わせてこの寺の成立を考えていたからであろう。しかしこの史料の持っている共通の年次については、後代の人の粉飾であるという疑問を否定するわけにはいかない。

この延暦寺の寺院組織および僧団の形成を決定づけるのは、貞観八年(八六六)の延暦寺規式の制定である。

それは圓珍が天台座主となり、最澄に伝教大師、圓仁に慈覚大師の諡号を申請した時期でもあり、またいままでの延暦寺の状況がやはり山上の僧が威儀を乱し、ややもすれば先師の誓いにそむき、互いに偏執の心をなして、師資相承の伝燈も乱れたため、いままでの止観業のみの延暦寺座主や、遮那業(真言業)の師主よりの座主の選任では、延暦寺の組織が混乱をきたすために、いままでの制を改めて、「自今以後宜以下通二達両業一之人上為二延暦寺座主一」(41)という原則を打ち立てて、延暦寺の統制をはかったのであった。

これはやはり円珍の大唐における修学の結果としてみちびかれたもので、延暦寺はここに最澄の止観や戒律偏重の立場より抜け出して、時の流れの主流をゆく真言密教の隆盛に遅れないようにしようとする円珍の深い配慮によりなされたものである。

いまその延暦寺規式をかかげると次のごとくである。

延暦寺式四条

〔一〕禁下制修二灌頂一日職掌僧闕怠上曰、灌頂法者、鎮レ国御願、修来尚矣、而年序既積、人心漸薄、遂使下差二職掌僧一、多致二辞退一、弁二行諸事一、人功恒乏上、若不レ立二法制一者、後代何修、今須一年不レ参者、一年不レ聴レ歯《ツラナルヲ》レ衆、二三年衆闕者、永不レ預二衆例一、亦拘二階業一、既遂二階業一之輩、一年不レ参、至二於擬補一、一年抑止、既得レ所之類、有二闕怠一者、触二寺家一、所レ請之事、一切不二判行一、但沉二重病一、及居二師僧父母喪一者、不レ在二此限一、

〔二〕禁下制供二舎利会一職掌僧闕怠上曰、舎利会者、故座主円仁阿闍梨、誓以護レ国、合寺衆僧、上中下倶随喜、連レ名同為二檀越一、闍梨生前、加レ署奉行、豈至二没後一、早致二背忘一、況是奉レ酬二釈迦之徳一、亦乃鎮二護朝家一之事乎、而頃年差二職掌僧一無レ心二助修一、永代事業、何不二厳制一、今須下永為二公会一、世々勤修上、其有二闕怠一之類、一准二灌頂一、将レ懲二其怠一、

〔三〕禁二制寺裏養一レ馬曰、太政官去貞観元年九月十七日牒偁、伽藍之風、潔浄為レ本、況深山絶頂、豈有二損穢一乎、今聞、或人妄養二乗馬一、踏二汙佛壠一、食二損庭花一、自レ今以後、莫レ令二更然一、若乖二此制一、有二濫犯者一、一度教喩、返二

与其主一、再有レ犯者、須下捉二其馬一送中於左右馬寮上、而愚昧僧等、猶致二違犯一、雖下捉二其馬一送中於寮家上、各有レ所レ託、随即返請、寺司徒有二送レ馬之煩一、僧徒都無二慎レ制之意一、今須下捉レ馬送レ寮之日、申二請上宣一、令中寮勤守上、若其馬主改レ心懺悔者、寺家申レ官、令二寮返与一、若不レ触二寺司一、請返之類、勿レ歯二僧中一、

〔四〕　禁二制山僧著二美服一、曰、美麗衣裳、先師所レ制、故座主圓仁闍梨、亦加二厳制一、而山僧等猶頗有レ著、雖二是親族所レ与、檀越所レ施、而猶違二先式一、損二山家風一、今須下一切禁二断蘇芳滅紫青赤白橡《ツルハミ》等之色一、専以二壊色一、為中其衣裳上、若有二違犯一者、不レ預二衆例一、先レ是寺家申二請施二此制一、至レ是聴レ之(42)

この圓珍の規式を考えるとき、第一条では延暦寺の僧、当寺で灌頂が行われるときに欠席したり怠ったりしてはならないと述べているが、これは嘉祥元年（八四八）二月の圓仁の上表文に、天台止観と真言法は互いに義理が真理において相通じ、その上、中国の例を見ても、諸祖師この通を唱えていたことについては自分も理解しているが、いま帰朝後、自分もまた「奉二為国家一、永修二灌頂一、増飾二皇祐一、鎮二護聖境一」(43)とて、ここに灌頂の必要性を強調している。このことは圓珍もまた規式で強調していて、両者は共通した主張を延暦寺の僧徒にむかって叫んでいることは、一方では最澄の高雄灌頂以来の伝統を重んじつつも、他方では伝法灌頂が密法伝承の上に重要な要素をなしていることを述べて、最澄以来の戒律至上主義を押えようとしている。それは戒壇院完成以後における延暦寺の立場は、いかに空海の開いた東寺以来の灌頂が平安密教の形成の上に優位にあったかを如実に知らされたためでもあった。これに先だつこと五年前の承和十年（八四三）に、空海の弟子実恵は、「大士灌頂法門、是詣極之夷途、為二入佛之正位一、頂謂二頭頂一、表二大行之尊高一、灌謂二護持一、明二諸佛之護念一超昇出離、何莫レ由レ期」(44)とて、灌頂の密教受法における必要性を強調している。ことに「夫於二灌頂一有二結縁一有二伝法一、結縁者謂二随レ時競進者皆授一レ之、伝法者謂二簡レ人待レ器而方許一レ之」(45)

と、特に伝法灌頂の場合は、その宗の法を将来に伝えるものとして重視されたのであるから、これに列席を怠った延暦寺の僧をたしなめた圓珍の動向は、ややもすれば圓頓戒を終えたのち、将来をとまどって、止観研究を怠る愚僧たちに鉄槌を加えるものであると同時に、天台遮那業の伝統を重んじない人々に対する警告でもあった。

その上、真言宗では実恵進言して、「修練加行堪レ為二師範一者、先受二阿闍梨位一」[46]という勅許も早く得ていたのであって、真言宗の長老は阿闍梨位を得ると同時に東寺で伝法職位まで得ることができたという先進性に、いまさらながら延暦寺の密教伝法体制の不備を圓珍が嘆かざるを得なかった結果でもあった。この第一条の規式はかかる発想に基づくものと考えられるのである。しかしこの灌頂に用いる費用は莫大であったため真言宗でももともと実恵は春秋二季であったのを秋一期とするほど灌頂料を減じて、その持続を考えている。

第二条の舎利会は、釈迦の遺徳をたたえるという、圓仁以来の延暦寺の重要なる法会の一つであった。この法会はおおむね四月中に行われていたようである。三宝絵によるとこの法会は、

舎利会は慈覚大師（圓仁）のはじめ行へる也、（中略）貞観二年に此会を始行ひて総持院につたへおけり。多の色衆をとゝのへたて二り別当をさす事はながきことゝなれゝば、人の力のたふるにしたがふ。日は定れる日もなし、山の花のさかりなるを契れり。昔佛のの玉はく、「佛の舎利を供せむと佛のいます身を供することは功徳ともにひとしくして、果報ことならず。一たび舎利をゝがむに罪をけし、天に生る。宝のうつは物をつくりていれよ。宝の塔をたてゝ置。」とのたまへり。かくのごとく説給へる事のおほかれば、涅槃の時に衆生のともがらは如来をこひかなしびたてまつりて、舎利をばねがひあらそふ。（中略）会をゝがみたてまつる人は近くみたてまつる事を悦ぶに、山にのぼらぬ女はよそにきく事をかなしぶらむ。[47]

と舎利会はこの寺での重要な年中行事であった。ことに戒壇の授戒実施にあたっては、受戒者は釈迦遺法の弟子である以上、その釈迦をたたえる舎利会には欠席することが許されなかったのも当然で、圓珍は圓仁の開いた舎利会をうけつごうと宣言したのであった。

第三条・第四条は山家学生式であって、最澄がきびしい修行の上で耐え抜いてきた先例をくずすものは山家修行の僧徒に当らぬと同時に、まして馬上で山上に昇るとはもっての外であった。しかしかかる禁制が出されるという理由として、これまでそれが破られていたことは、やはり延暦寺における止観業と遮那業との重点の置きかたにおける疑問が、僧徒をして自然と怠惰へ赴かせたのでなかろうか。そこにもこの第三条の規正の必要性がうかがえるのである。

第四条の美服まとうべからずは、いうまでもなく、比叡山を下って都におもむく僧徒に対する戒めでもあった。もちろんあわれんで親族が与える場合もあったであろうし、また檀越の布施、さらには各種の条件があったにしても厳重に取り締られなければならないことであった。

もちろんこの四条の規式は、延暦寺が今後諸寺に伍して行く上において最小限度の必要な事項であったことを圓珍が認めた結果でもあった。

そして延暦寺は仁和四年（八八八）禅院を西坂本に建てる以前は、全く山上の寺院として、十二年籠山の聖地として鎮護国家の道場であったのである。

また圓珍は貞観十一年（八六九）二月一日に、これまでの延暦二十五年（八〇六）の遮那業一人・止観業一人の二人の年分度者を、六人に増加することを求め、金剛頂業・蘇悉地業等も加えて、より以上に天台宗徒の発展を画した。(48)

もちろんその根本思想としては、六条式の、

凡両業学生一十二年所修所学、随レ業任用、能行能言、常住二山中一、為二衆之首一、為二国之宝一、能言不レ行、為二国之師一、能行不レ言、為二国之用一、

凡国師国用、依二官符旨一、差二任伝法及国講師一、其国講師一任之内、毎年安居法服施料、即便収二納当国官舎一、国司郡司相対撿挍、将下用国裏修レ池、修レ溝耕レ荒埋レ崩、造レ橋造レ船、殖レ樹殖レ紵、蒔レ麻蒔レ草、穿レ井引レ水、利レ国利上人、講レ経修レ心、不レ用二農商一、然則道心之人、天下相続、君子之道永代不レ断、

右六条式、依二慈悲門一、有情導レ大、佛法世久、国家永固、佛種不レ断、不レ任二慺慺之至一、奉二圓宗之式一、謹請二天裁一、謹言、

弘仁九年五月十三日　　前入唐求法沙門最澄(49)

という六条式は最澄の教線拡大の方針を徹底するためにも年分度者の増加の必要性が高まったのであった。

しかし延暦寺に定心院と総持院・四王院が御願の院となって、朝廷との親近性が拡大するにつれて、より延暦寺が御願寺的性格を強めていかざるを得なかったことも認めなければならない。

まず定心院の成立の状況から見てみると、定心院は承和十三年（八四六）仁明天皇の御願により成立した。その目的は「上護二国家一、下覆二人民一、比二常楽之楽邦一」を得るためであったと述べている(50)。そして僧一〇人を配し、近江国より年貢を支弁し(51)、承和十四年（八四七）に到って定心院に十禅師を置くまでに到った(52)。これらの十禅師は毎日大般若経を転じ、六時に如法修行して、宮中最勝会や臨時法会の公請にあずかるほどの特典が与えられていた。

しかして定心院は承和五年（八三八）より十三年までの九ヵ年中に延暦寺山内にきずかれ、慈覚大師圓仁がこれをた

すけ仁明天皇の御願寺として特別の待遇が与えられた(53)。

また惣持院は文徳天皇の御願寺として仁寿三年（八五三）より貞観四年（八六二）まで十ヵ年を要して山内にきずかれ、四王院また別当内供奉光定、文徳天皇御願として鎮護国家のために山内に創建したのであった(54)。

このように御願寺が山中にきずかれることは延暦寺としては好ましいことでなく、また最澄の本旨にそむくものでさえあった。

太政官宣

応レ令レ勤ニ修　御願一延暦寺諸院禅師等事

右右大臣（基経）宣、定心、摠持、四王三箇院、是代々聖朝深発ニ御願一所ニ建立一也、安ニ置禅師一、毎レ院備レ員、読経念佛、日料有レ限、今聞、件等禅師或住ニ持他寺一暗送ニ巻数一、或頻称ニ故障一恣出ニ山門一、既乖ニ　先帝之御願一、却失ニ禅定之道心一、宜下仰ニ彼寺一、令上勤ニ修之一

貞観十四年十一月一日(55)

そして、この定心・惣持・四王の三箇院を山内に設けたことは、仁明・文徳の御願によるとはいえ、その所属の十禅師たちは延暦寺に住せず、他寺に住して、単に巻数を送るだけというルーズな有様であったことは、山門としても承服できないというのであるが、この延暦寺の御願寺化を見てみるとき、そこには単に最澄以来のきびしいあり方と、延暦寺が真言化するにつれて、山上の修業が怠りがちとなり、授戒終了後は、貴族の檀越の巻数を集めることにのみ終始するものが出て、その実態は変革せざるを得なかったのである。これは単に天台宗のみならず真言宗においても同様の傾向が見られたのである。

天禄元年（九七〇）十月十六日の天台宗座主良源の二十六ヵ条の起請においても、舎利会が行われたときにも堂達や三綱、都維那等が会日に曳物や饗宴に興じて本来の厳粛さを失ってしまっているとなげいている。また、六月会にも講師や聴衆は「遍于東西之嶺、滋味連日溢于主客之坊、招衆徳於旅亭、朝朝之饗松葉忘味、（中略）高徳鳩集、珍膳乱於舌間」と、延暦寺内では法会のあとの饗宴が盛んで、本来の所行を忘却してしまっている。また梵網戒の戒文を暗誦するのが原則となっているにもかかわらず制戒を守らず、習学もしない現状になっている。そのほか年中行事の修正会や、修二月会、舎利会、七月十六日や十一月二十四日の大師供讃衆、灌頂讃衆、六月・十一月の法華会法用等に出仕する僧も、その声明や音曲を学ばず、法事に参じても口をつぐんで発しようとせず、たまたま発しても奇声を出して、音曲を乱すこと多く、年分学生も、「心性違法、不順衆制」として、いままでの規式を失い籠山十二年の間も、四種三昧を修せず、当今はただ常行三昧を行うのが精一杯というところである。まして籠山十二年の間も、得業生は大原を越え、小野に向かい、「東西南北出入往来無忌憚之類」さえもでてきている状況である。

ことに授戒についても、

一、禁制授戒間成乱致妨者事

右授戒、是教人永入佛家之初門、引物直至道場之中路、我朝之大事、此宗之興隆、莫過於斯者也、而提奨戒者、黒律儀人、為有私怨、猥妨公事、或列見之次、引出而寃凌、或登壇之間、乱入而闘逆、事之狼藉、更不足言、自今以後、禁制異常、若有不安、具録愁状、進上政所、随即勘糺、若猶習旧、致乱逆者、当寺之僧永処衆断、他寺僧及沙弥童子、慥捕其身、将付検非違使、不得阿容之(56)

このように叡山の僧徒の混乱ははげしさを増していったのも、師資相承血脈尊重の偏向に基づく派閥的傾向が強く打ち出されるという密教法門独特の性格が、表面に打ち出されてきたのであるといってもいいのである。

そして天台法門が圓仁・圓珍の出現により、さらに最澄以来の戒律至上主義はしだいに消滅して、密教王国的な傾向が高まって来たためであったともいえる。

次に考えられることは、延暦寺を中心とする天台教団の発展である。

その要因はやはり六条式の止観・遮那の両業の学生中十二年籠山して常に山中に住しているものを国宝となし、よく言いて行動がともなわない者は国の師、行動はあっても人を教導できないものを国の用とするとして、国宝以外の国師あるいは国用に当たる階層の得業者をば延暦二十五年（八〇六）正月二十六日の官符にしたがって伝法および講師として諸国に派することを約束していることは、天台宗の諸国講読師が年分度者制度の背景のもとに教線を地方に拡大する素地をもっていたということである。

それは最澄の出自が近江国分寺の出身であったという理由にもよるけれども、最澄は諸国講読師の補任の制を通じて天台法門を全国に弘めようとしたことに遠因するのである。承和二年（八三五）の義真の上表は、表面的には華厳・天台等の七宗の年分度者がさきに諸国講読師となっている先例にならって講読師としていただきたいという願意をこめているが、ここにも最澄の遺志を強く打ち出している。

太政官符

応レ令三天台宗傳二弘諸国一事

右伝燈大法師位義真表偁、撿二案内一、太政官去延暦廿五年正月廿二日下二治部省一符偁、攘レ災殖レ福佛教尤勝、誘

レ善利レ生無レ如ニ斯道一、夫衆生之機或利或鈍、故如来之説有レ頓有レ漸、開レ門雖レ異遂期ニ菩提一、凡諸宗業廃レ一不レ可、花厳天台等七宗年分度者、受戒之後各試ニ其業一、依レ次差ニ任立義複講及諸国講師一者、今天台一門已立ニ円宗一、大乗三学流伝未レ周、望請、別当乙箇下堪レ為ニ講読師一者各一人上、毎年申レ官補レ之令甲レ演ニ伝件宗一、其一任之内毎レ年安居法服施料、依ニ先大法師最澄所レ奏年分之式一、便即収ニ納当国官舎一、国郡官司相共撿挍、将レ用下国内修ニ池溝一耕ニ荒廃一造ニ船橋一殖ニ樹木一蒔ニ麻紵一之料上、然則復皇風遠振、慧日再明、宣ニ揚像教一、弘ニ闡妙法一、作ニ菩提之由漸一、為ニ彼岸之良因一、謹請ニ　官裁一者、権中納言従三位兼行左兵衛督藤原朝臣良房宣、奉　レ勅、依レ請、

承和二年十月十五日(57)

もちろんそのほかにも、弘仁九年（八一八）に最澄が著わしたといわれている日本国大徳僧院記（弘仁九年比叡山寺僧院等之記）に、

天台法華院総摂六大宝塔院

安ニ東上野宝塔院一　在ニ上野国緑野郡一
安ニ南豊前宝塔院一　在ニ豊前国宇佐郡一
安ニ西筑前宝塔院一　在ニ筑前国一
安ニ北下野宝塔院一　在ニ下野国都賀郡一
安ニ中山城宝塔院一
安ニ国近江宝塔院一
已上両宝塔在ニ比叡峯一(58)

第18表　天台別院分布表

年月	国	寺院名
承和六	伊勢	多度神宮寺
七	播磨	大道寺
〃	〃	清妙寺
〃	〃	観音寺
〃	伊予	定額寺
嘉祥三	上野	聖隆寺
貞観五	摂津	悉檀寺
八	近江	園城寺
元慶二	加賀	止観寺
五	信濃	観音寺
〃	陸奥	弘隆寺
六	近江	延祥寺
〃	〃	無動寺
八	山城	雲林院

六大宝塔院を上野・豊前・筑前・下野・山城・近江に配しようと計画していたようであるが、その実施の結果については明確ではないけれども、天台宗が、南都の諸宗のごとき僧房内に止まる学問的形態を脱して、籠山修行終了後は、積極的に地方教導に赴くべきであるという、平安佛教のもつ実践的要素を強く打ち出していたといえるのである。

また諸国国分寺講読師の中に天台業の得業者を導入することは最澄以来の政策であったであろうが、これには任限があったため、地方への教線の伸長には恒常的な視点にたつときはむしろ別院であり、また別院を中心とする末寺の形成であった。天台別院のうち、平安初期に類するものをあげれば第18表のごとくである。(59)

これはさきの六大宝塔院とくらべると、多少は相違するところはあっても、畿内地方より北陸、山陰、関東、東北、さらには四国の一部までも、しだいに天台宗が伸びていったことを示すもので、その要因としてはやはり天台年分度者の分布をさきがけとして延暦寺教団が発展していったことを示すものである。

以上、延暦寺の成立にともなう寺院形成の過程およびその性格について述べたが、その結果、延暦寺は後にいう御願寺という性格は最初からは認められず、止観院を中心とする最澄門下の山房の集結という山寺としての性格が強く、高雄山寺・観心山寺等と同様の形成過程を示したものの、天台法華宗年分度者への最澄のふみきりは天台教線の全国的波及を求め、籠山後の天台得業者の諸国への発展にともなう教線の伸長を画したものであった。

しかし、天台教線も、やはり奈良時代以後の鎮護国家道場的な寺院形成の要素より完全に脱することは不可能であったため、おのずから中央政権への働きかけも強まり、籠山僧すらひそかに下山するというほど祖師の鉄則はややもすれば怠りがちとなっていった。

ことに定心院・惣持院・四王院等の御願諸院の延暦寺内での形成は、延暦寺そのものを御願寺化してゆく傾向を早めた。

延暦寺西塔院にしても嘉祥三年（八五〇）三月より八僧を置き「不レ憚二寒熱一、不レ倦二日夜一奉三為聖主（清和天皇）二丁寧勧修、而今上（陽成天皇）即位之後、接レ堂度レ僧、自二内蔵寮一充三行佛燈僧料一、但有二禅師之号一」[60]と、天皇の交代期における祈願所として西塔院が形成され、これは定心・四王・惣持等の院に准ずるものであった。そこでは御願大般若経等も読んで天下太平の祈願がこめられ、佛眼真言を念誦して、巻数が奏聞され、西塔院はもともと最澄が鎮護国家のために薬師佛を東塔院に安置したのに対して、釈迦像を安置して伝法の本としたところであるが、いまや西塔院がしだいに御願寺的傾向を強めていったのであるが[61]、それは即ち延暦寺をして御願寺と化していったのであるともいえるのである。

このような年分度者、および安置僧、そのほか御願祈願寺の成立は延暦寺のみならず、真言宗寺院にも積極的に見られたところであり、延暦寺をはじめとして紀年を冠した寺院においてより明確にあらわれるところである。

そしていまここでは延暦寺成立の問題を、御願寺の形成および天台教団の発展過程を見つめつつ、同時に平安初期寺院のあり方をここで示したまでである。

（1）「叡山大師伝」（続群書類従、八下）四七七頁
（2）辻善之助『日本佛教史』上世篇、二五九頁

(3) 平安遺文、八—四二八七号
(4) 類聚三代格、巻第三、弘仁十二年十二月廿六日太政官符
(5) 続日本紀、巻第四十、延暦十年六月廿五日条
(6) 日本後紀、巻第八、延暦十八年六月十二日条
(7) 平安遺文、八—四二九一号
(8) 同右、八—四三一五号
(9) 同右、八—四三一〇号
(10) 『書道全集』十一、平安一、第八号「最澄筆　羯磨金剛目録」
(11) 僧最澄上表文（平安遺文、八—四三一二号）
(12) 僧最澄牒（顕戒論縁起、上、平安遺文、八—四三一五号）
(13) 請加新法華宗表一首（日本思想大系『最澄』〔顕戒論縁起〕）三五九頁（平安遺文、八—四三二〇号）
(14) 日本書紀、巻三十、持統天皇十年十二月一日条
(15) 日本紀略、巻十三、延暦十二年四月廿八日条
(16) 類聚国史、巻百八十七、佛道十四、度者（延暦二十年四月十五日条）
(17) 同右、巻百七十九、佛道六、諸宗（延暦二十三年正月七日条）
(18) 註(17)に同じ
(19) 類聚三代格、巻第二、延暦二十五年正月廿六日太政官符
(20) 同右、巻第三、承和二年十月十五日太政官符
(21) 同右、同、承和四年八月五日太政官符
(22) 同右、同、元慶五年九月十六日太政官符
(23) 顕戒論縁起（日本思想大系『最澄』、一九一頁）
(24) 天台法華宗年分学生式（六条式）（日本思想大系『最澄』〔山家学生式〕一九四—一九五頁）

(25) 類聚三代格、巻第二、年分度者事、寛平七年十月廿八日太政官符(但し、貞観七年三月十五日太政官符の文を引用せるもの)
(26) 顕戒論、下、住山修学十二年期するの明拠四十六(日本思想大系『最澄』、一一五頁)
(27) 天台霞標、第一(大日本佛教全書本)一六頁
(28) 伝述一心戒文下(平安遺文、八—四四三五号)
(29) 僧最澄遺告(平安遺文、八—四三五一号)
(30) 僧最澄書状(同右、八—四三五五号)
(31) 同右(同右、八—四三六五号)
(32) 僧空海書状(同右、八—四三九一号)
(33) 類聚三代格、巻第二、弘仁十四年二月廿七日太政官符
(34) 同右、同、貞観十一年二月一日太政官符
(35) 同右、同、貞観八年閏三月十六日太政官符
(36) 同右、同、貞観元年八月廿八日太政官符
(37) 叡山大師伝(続群書類従、八、下)四七六頁
(38) 同右、四七七頁
(39) 叡岳要記(群書類従、十六)五七〇頁
(40) 景山春樹「三塔・九院・十六谷」(『比叡山と天台佛教の研究』)。同著『比叡山寺』二六頁
(41) 三代実録、巻第十三、貞観八年六月三日条
(42) 同右、同、貞観八年六月二十一日条
(43) 類聚三代格、巻第二、嘉祥元年六月十五日太政官符
(44) 同右、同、承和十年十一月十六日太政官符
(45) 註(44)に同じ
(46) 註(44)に同じ

(47) 三宝絵、下、二九八頁
(48) 類聚三代格、巻第二、貞観十一年二月一日太政官符
(49) 平安遺文、八―四四一七号
(50) 続日本後紀、巻十六、承和十三年八月十七日条
(51) 同右、巻十六、承和十三年十二月廿九日条
(52) 同右、同、承和十四年二月十八日条
(53) 山門堂舎記(群書類従、十六)五二九頁
(54) 同右(同右)五三〇頁
(55) 類聚三代格、巻第二、貞観十四年十一月一日太政官符
(56) 天台座主良源起請、平安遺文、二―三〇三号
(57) 類聚三代格、巻第三、承和二年十月十五日太政官符
(58) 弘仁九年比叡山寺僧院等之記(園城寺蔵)景山春樹『比叡山寺』文所宝塔院三一頁
(59) 高木豊「法華教団の成立と展開―別院の設定」(『平安時代法華佛教史研究』)四四頁
(60) 類聚三代格、巻第二、貞観十八年三月十四日太政官符
(61) 同右、同、仁和二年七月廿七日太政官符

三 嘉祥寺と貞観寺・安祥寺の成立

いまさきに延暦寺の成立とその性格を検討したが、ここでは平安初期に見られるやはり年号を冠した御願寺の成立とその過程について考察を加えたいと思う。それは御願寺の成立を通じて、これらの寺々が天台宗や真言宗に属しつつ、平安佛教の中心的存在となっていったからである。

そのために嘉祥寺、貞観寺、安祥寺、元慶寺等を中心として述べていくこととする。

まず御願寺の一つである嘉祥寺の成立の場合を考えてみると、この寺は、空海の弟である真雅が、貞観元年（八五九）三月十九日、「夫嘉祥寺者、先帝奉㆓為深草天皇㆒所㆓建立㆒也、旧跡風流、宛然在㆑目」(1) と表をたてまつって嘉祥寺を建てている。

この真雅の上表の真意は、空海が真言宗を開いて以来、悉曇梵字の字義を解するもの少なく、ここに「以学㆓字相㆒者、廣生㆓世間之庶智㆒、観㆓字義㆒者、深證㆓出世之妙智㆒」と、真言字義を学ぶことこそ嘉祥寺の教学的な目的であったのである。

そのためにも年分度者三人の研修は、字義よりして大佛頂梵字を暗書し、大隋求梵字、悉曇章の梵字を暗書することによって、三人を配分し、読誦すべき経典としては、大孔雀明王経三巻、佛頂尊勝梵字（佛頂尊勝陀羅尼）を充当している。

そしてこれらの年分度者は、清和天皇の御誕生日にあたる嘉祥三年（八五〇）三月二十五日に度者となることを約束している。ここに御願寺の特徴が見られる。

そしてこの嘉祥寺の寺号も、嘉祥年間の天皇であった仁明天皇の在位年号をとると同時に、天皇はまた嘉祥三年（八五〇）三月二十一日に四十一歳で崩御されており、その追善供養のため、仁明天皇の清涼殿を移してこの寺の本堂としていることは、またこの寺号のおこってきた由来でもある。

また、つぎに文徳天皇の場合についても、嘉祥三年三月二十一日に即位され、天安二年（八五八）八月二十七日に崩御されている。そしてさきの清和天皇の時代につづくので、先帝の追善と今上帝の天下清平と人物安楽を願ってこの寺が成立したのである。故に真雅の上表文のなかにも「深草聖帝（仁明）正覚之花更鮮、田邑先皇（文徳）、無価之宝弥照」と同時に「今上陛下殖二良因於往劫一、纉二宝祚於今辰一」ことを目的として建立しているのである。しかしこの天下清平と人物安楽という目的のためには、転経の力によって聖体の不壊を祈る必要がおこり、そのために密咒の功力によってこの目的をとげるべきということとなり真言宗の高僧が招かれたのである。

そしてこの嘉祥寺成立の動機となった真雅と天皇との関係を考えてみるならば、真雅は仁明天皇の内裏に出入して真言三十七尊の陀羅尼を唱え、その音声殊に美しく、「清和太上天皇降誕之初、入侍二擁護聖躬一、太政大臣忠仁公（清和天皇外祖父藤原良房）与二真雅一相謀建二立精舎一、安二置尊像一、奉二為震宮一（東宮）於レ此修善」(2)と、清和天皇の御誕生の護持僧的立場において天皇と接触することによって嘉祥寺の成立を見るに到ったのである。これはのちの僧正遍照が元慶寺を建てた場合とも共通する。これはもちろん空海が宮中真言院の成立をはかった裏面に唐の不空三蔵のあり方を受容したと同様、真雅もまた空海の舎弟として、真言宗を推進してゆく立場からも先師と同様の道をたどったのである。ここに真言密教の陀羅尼門の重視と出産祈願という形態において貴族政権と真言教団との結合がうかがえるのである。そして良房の女子として生まれた明子は文徳天皇の皇后であると同時に清和天皇の母でもあり、仁明天皇の皇后の藤原順子はまた文徳天皇の母で、ともに藤原良房の妹であって、このような良房のミウチ関係による成長は藤原氏にとっては「めでたき御ありさま」であったのである。(3)即ち、その良房の子女の明子の皇子誕生の祈願僧として真雅が出仕して、その効験があったことに原因して嘉祥寺の成立となったのである。そして真雅のさきの上表でも年分度者三人の僧は持念の僧として嘉祥西院に住まわせ、孔雀経、尊勝陀羅尼を誦唱して、その中で真雅の弟子として嘉祥寺の貫首たり得るものは、永代この寺を相承し、この真言業を継承すべきであると述べている。

これは従来の奈良佛教の八宗兼学の寺院相承の方法とは全く形態を異にするのであって、真雅の弟子でもって寺家を相承することは、その法系以外の門徒にして貫首たることを許さないという条件が付帯しているのであって、御願寺における天皇の御願と貴族社会と、真言教団との強固なつながりを見せるのである。これは明らかに御願寺の大きな特色であると同時に平安佛教の伸長の主たる理由の一つである。

次に貞観寺の場合を考えてみる。この貞観寺はさきの嘉祥寺と全くその成立を同じくするが、この寺は「貞観寺者、今上之御願所二建立一也」(4)とて清和天皇の御願によるものであった。そしてさきの嘉祥寺西院を吸収拡大して貞観寺となしたのである。(5)すなわち「貞観寺建立之初、未レ定二其名一、因仮二嘉祥寺一為二年分号一、即称二西院一、安二置度者一、貞観四年七月廿七日、以二嘉祥寺西院一号二貞観寺一、而年分之号、仍レ旧不レ改」として成立した。

その成立の理由については「夫貞観寺者、先皇(文徳)仁寿之初(嘉祥三年三月二十五日)、今上(清和)降誕之日、星垂二長男之光一、月有二重輪之慶一」て清和天皇は誕生して襁をとるまでの成長が遅かったために、真雅と良房が議して、「念二諸佛之加持一、修二真言之秘密一」(6)してその生長を祈願して、もしこの願望がかなえられるときには一堂をかまえて、寺宇をなさんと約束したというのである。そしてこの御願寺の造営に関しては「一切不レ費二無レ益国之用一、一事不レ行二有レ苦レ民之務一」(7)して完成したと述べていることは、定額寺が諸国の管理化に造営修補されたのとはその性格を異にするのである。

この嘉祥寺西院(仁明天皇清涼殿を移した)ははじめ嘉祥寺の仮堂として用いられていたのであるが、この建物を本堂に改め、毘盧舎那佛をまつる宝塔と、尊勝如来の金像を造り、あわせて灌頂堂一宇を増築している。そのほかに藤原良房は存生の日に釈迦牟尼佛丈六像を中心として梵天、帝釈天および四天王像をまつる堂宇を建て、貞観寺の一堂に加えた。それと同時に藤原順子も貞観寺西堂を建て、それに対して僧正真雅は胎蔵界曼荼羅を安置するために東堂を建てている。

このように清和天皇の生誕を機に嘉祥寺が御願寺として成立すると同時に清和天皇の代にさらに藤原良房や、その関係者が、堂宇を増築してしだいに規模を拡大していったのである。そして貞観十四年（八七二）七月九日の太政官符では、さきの嘉祥寺の年分度者三人を改めて、貞観寺の年分度者となし、やはり真言法門の研学をさせている。(8)

また安祥寺の場合には、藤原冬嗣の子の順子が、その夫の仁明天皇とその子文徳天皇のために御願寺として建立され、嘉祥元年（八四八）八月に前摂津少掾上毛野朝臣松雄の私山に、藤原順子が四恩のために寺を建て、仁寿元年（八五一）三月にはじめて七僧を置き、仁寿二年秋閏八月に稲一千斤を常燈分と施入され、斉衡二年（八五五）には定額に当てられ、同三年に到って四至を定め、度者三人を得ている。(9)

ことに順子は仁明天皇の室に入内して、在位十八年にて仁明天皇の崩御に会い、また自分が十九歳で生んだ文徳天皇もわずか九年の在位の天安二年（八五八）八月二十七日に崩御された。このとき、藤原順子は「后哀慟柴毀、後遂落彩、為レ尼、請二東大寺戒壇諸僧於五条宮一、受二大乗戒一」その上「母儀之範、求レ古少レ比、深信二釈教一建二立精舎一、額曰二安祥寺一」と両天皇の崩御を契機として、非常に佛教信仰への道が深まっていったのである。(10)

文徳天皇の七七日供養には定まった御願寺もなく、単に廣隆寺および近陵諸寺でのみ行われている。このときにはまだ安祥寺には天皇の御願寺的性格は存在していない。この安祥寺は、順子の東大寺僧を五条第に導びいて受戒あった縁により権律師伝燈大法師位恵運を中心として営まれた。恵運は「東寺実慧之従也、承和五年、共二圓仁師一同レ舟入レ唐、十四年帰、貞観十三年九月卒年七十四」と釈書に見えて、彼がやはり実慧付法の弟子として、(11)入唐求法を終えて、故文徳天皇追善のため母后順子の帰依を得て、御願寺的性格が与えられたのである。安祥寺の恵運の金剛子念誦珠の相伝次第によると、恵運は恵果阿闍梨→空海阿闍梨→実恵阿闍梨→恵運阿闍梨との法脈をとっている。

安祥寺は上寺と下寺に分かれ、上寺には堂院としては礼佛堂一間（長五丈）と五大堂一間（長四尺）を配し、下寺には檜皮葺佛堂と軒廊・僧房・門楼を配し、恵運が青竜寺義真より受けた佛舎利九十五粒を安置している。もちろんこの安祥寺は佛堂に毘盧舎那佛、阿閦佛、宝生佛、観自在王佛、不空成就佛等の密教的佛像を中心として、不空羂索観音、釈迦佛、唐より恵運が将来した五大虚空蔵ならびに文徳天皇御願のための五大明王、太皇太后御願の八大明王、法華経・最勝王経・仁王経ならびに文徳女御の藤原明子の御願の華厳経・大般若経、六字神咒経などがある。しかし安祥寺が実質的に伽藍が建立され、寺塔が完備するのは貞観元年（八五九）四月で類聚三代格に見られる貞観元年四月十八日の太政官符がまさにその出発を示すものである。

このとき安祥寺に三人の年分度者が定められているが、この寺も、「夫真言教門、諸法之肝心、如来之秘要、凡在二佛子一必可二修習一[12]」と、その重点は伽藍の内容、および法脈伝授のあり方から考えても空海の弟子実恵の伝燈を受けつぐ真言宗系に重点が置かれている。それは年分度者の規式においても、「課二度者一以為二自宗一（真言宗）、自余七宗皆為二兼学一、度者必須下兼二学一宗一立二此兼済之道一[13]」とあるが、このことは空海御遺告のなかに「以レ密為レ内、以レ顕為レ外、必可二兼学一、因レ茲軽二本宗一（真言宗）勿レ重二末学一、宜下知二吾心一兼学上[14]」と実恵の道を恵運が相承したことが明らかである。

真言宗年分度者については、その成立は承和二年（八三五）正月二十三日に空海の上表によって認められ、それは最澄が天台法華宗年分度者を確立した弘仁九年（八一八）五月二十一日より一七年後である。

しかし真言宗の他宗兼学方式は、あくまでも空海の南都教学との協調の上に打ち立てられたものであって、華厳・天台・律・三論・法相を兼学したその秘奥に真言教学を打ち立てることにより奈良佛教より優越しようとしたのに外ならない。この安祥寺の御願寺としての性格は本質的には安祥寺そのものを真言宗の年分度者の支配のもとに置くことを目的としているのである。そしてこの寺を文徳天皇の御願寺とするために、文徳天皇の崩御された忌日の毎年八月二十一日より七ヵ日、天皇の正月命日の二十七日（文徳天皇は天安二年八月二十七日崩御）まで、文徳天皇のために尊勝法を修している。

この寺の年分度者は文徳天皇の在世時に許可を求めようとしたが、許可は得られたが実施に及ばなかったのである。(15)しかしてこのように安祥寺の例を考えてみても、貞観寺と同様、真言宗の主動性という形において御願寺が成立しているのである。

また貞観寺の座主については、貞観十八年（八七六）八月二十九日の三代実録の記事に、

勅置二貞観寺座主一、不レ令下二僧綱一摂領上、先レ是、僧正法印大和尚位真雅奏言、貞観寺者、今上之御願所二建立一也、故太政大臣忠仁公、与二真雅一戮レ力推レ誠、経略修造、彫鏤荘厳、成レ之不レ日、公家施二入田園資財一、安二置僧十六口一、令レ修二念真言業一、今堂宇輪奐、資具既備、非レ有二主領一、誰能斉遵、伏望准二天台宗一、特置二座主一、勿レ令下二僧綱一摂領上、其座主必簡下定受二学両部大法一、修練加行、堪レ為二師範一者上、三綱与二俗検校及別当一共署、上奏補レ之、若有下座主幷定額僧中任二僧綱一者上、更還二本寺一、不レ令二寄住一、従レ之(16)

と、貞観寺は天台宗に準じて座主制をとることとしている。これは延暦寺の座主制よりはるかにおくれている。

しかしこれは御願寺が真言宗の得業僧によって占められ経営されていることを如実に示すものでもある。そしてこ

の座主制は「特置二座主一、勿レ令下二僧綱一摂領上」といままでの僧綱の支配をはなれて、両部大法を修し、その師範に足るもののみが任ぜられるという真言宗独自の寺院支配形態が御願寺にも適用されたのであって、これはまた天台宗座主の場合とも同様で、ここに奈良時代以来の僧綱による寺院統括体制が打ち破られ、平安時代には僧綱制はしだいに有名無実化していったのである。

いまこれらの御願寺について真言宗による成立支配の形態を見てきたのであるが、次の元慶寺の成立の場合は遍照僧正を中心とする天台宗の御願寺への進出を見ることができるのである。そこにもまた御願寺と平安佛教との密接な関係を見逃すことはできない。

（1）　三代実録、第二、貞観元年三月十九日条
（2）　同右、第三十五、元慶三年正月三日条
（3）　大鏡、第二、太政大臣良房条（日本古典文学大系）六六頁
（4）　三代実録、第二十九、貞観十八年八月廿九日条
（5）　同右、第二十二、貞観十四年七月十九日条
（6）　同右、第二十五、貞観十六年三月廿三日条
（7）　註(6)に同じ
（8）　類聚三代格、巻第二、貞観十四年七月十九日条
（9）　安祥寺伽藍縁起資財帳（平安遺文、一―一六四）
（10）　三代実録、第二十、貞観十三年九月廿八日条
（11）　元亨釈書、十六、安祥寺恵雲伝（国史大系本）二三四頁
（12）　類聚三代格、巻第二、貞観元年四月十八日条

(13) 註(12)に同じ
(14) 御遺告、弘法大師伝紀集覧、八一四頁
(15) 註(12)に同じ
(16) 註(4)に同じ

四　元慶寺の成立

元慶寺は僧正遍昭が発願した御願寺であるが、この僧正遍昭は、その父を良岑安世といい桓武天皇の皇子であった。[1]この良岑安世は延暦四年（七八五）に生まれ、伎芸にすぐれ、延暦二十一年（八〇二）特に臣下に下って良岑朝臣と称した。大同二年（八〇七）右衛士大尉を経て、同四年には右近衛将監となり従五位下をさずけられ、弘仁元年（八一〇）には丹後介となり、つづいて但馬介、さらに弘仁二年二月二十七日に蔵人頭に補せられている。

また弘仁三年十二月五日に正五位下に昇進し、さらに但馬守となり、また美作守も兼任して、弘仁八年（八一七）には右大弁、左衛門督、近江守になっている。近江守は弘仁十年までで任期を終え、弘仁十一年には参議・左大弁に、同十二年に中納言に、つづいて春宮大夫をつづけ、天長五年（八二八）大納言に昇進して、蔵人頭を六年継続して天長七年（八三〇）七月六日に薨じている。[2]

この安世の子の良岑宗貞については、続日本後紀の承和十二年（八四五）に従五位上を授けられていて、そののち左兵衛佐の職を与えられ、翌年には備前介となり、嘉祥二年（八四九）には渤海国使の王文矩を京都に入れるための勅使に任ぜられ左近衛少将に昇進している。[3]つづいて嘉祥二年（八四九）正月に蔵人頭に補せられていたが、嘉祥二年三月

二十一日に仁明天皇が崩御になると出家して僧となって遍昭と称したのであった。

その出家の理由については、

左近衛少将従五位上、良岑朝臣宗貞出家為レ僧、宗貞先皇之寵臣也、先皇崩後、哀慕無レ已、自帰二佛理一以求二報恩一、時人愍レ焉(4)

仁明天皇の病状が悪化し出したのは嘉祥三年正月頃からであって、二月二十日には宮中の諸行事にも出御できない状況となった。そこで「鎮二国家一攘二疫癘一佛力頼レ之」(5)と、天皇の病状の回復は佛法の加持力に依存せざるを得ないという状況にまで差し迫ってきた。二月五日には劇痛はげしく、天皇の遺制を読みあげるほどであった。また諸寺誦経、近江国への殺生禁断、あるいは梵釈寺の延命祈願、僧綱および十禅師を宮中に呼んでの加持祈禱とあらゆる手段を講じて病気平癒の祈願が相ついでなされたのであった。

しかし病状は悪化して、ついに天皇の御体に触れての加持祈禱にまで発展した。そして天皇の苦悩はきびしく、祈禱者の有験のものはすべて呼びよせられ、北山の修行者観善や大法師真頂などは簾中に入って祈願をこめたがさらさら効験はなかった。(6)二月七日食事も通らずただ天皇の死を待つのみであった。二月十五日には名僧六十口、そのなかには承和十四年（八四七）七月八日に帰朝した入唐請益僧圓仁をはじめ延暦寺定心院十禅師等を仁寿殿に招いて文殊八字法を修し、(7)また三論宗少僧都実敏、法相宗大法師明詮、天台宗大法師光定、総持院大法師圓鏡等諸宗の座主を招いて清涼殿で三ヵ日間の法華経を講じ、京都付近の四九寺、また真言宗僧をして護摩法を修するほか、大般若経を転読する等あらゆる手段を労して天皇の病気平癒を祈願した。(8)そしてさらに一百寺へ使者をつかわしての誦経、承和銭一千文の燈料寄進等の方策を尽しても天皇の回復はままならず、遂に嘉祥三年（八五〇）三月十九日延暦寺僧徒による七佛薬師法を受け、受戒ののち同月二十一日崩御になったのである。

於二清涼殿一修二七佛薬師法一、画二七佛像一、懸二御簾前一、七重輪燈立二於庭中一、復於二紫宸殿南庭一、新度二十人一、先レ是有レ詔度二五百人一、是日天皇落レ餝入道、誓受二清戒一四品中務卿宗康親王、従四位上阿波守源朝臣多、同時入道、並天皇之皇子也、時人莫レ不レ悲レ之(9)

このような天皇の崩御は宗貞の心を佛道精進へと向けさせたのであって、遍昭とあらためた宗貞は、

なにくれといひありき侍しほどに、つかうまつりしふかくさのみかど、かくれおはしまして、かはらむよをみむもたへがたくかなし、くら（蔵）人頭少将などいひて、よるひるなれつかうまつりしなごり、なからむ世にもまじらじとて、にわかに家の人々にもしらせで、比叡にのぼりて、かしらおろし侍りしにも、さすがにおやなどのことは心にやかゝりけむ、

　たらち根はかゝれとてしも、むば玉の、我くろかみをなでずや有けむ(10)

この宗貞は「形チ美麗ニシテ心正直也ケリ、身ノ才人ニ勝タリケレハ天皇殊ニ睦マシク哀レニ思食タリケリ、然レハ傍ノ人此レヲ憎ムテ不宜ス思ケリ」(11)。そして宗貞はその人格が、「才操相兼、衆望所帰」(12)と、その衆望をにない、歌文に通じた宗貞の存在は、その血縁的関係においても桓武の直系として将来を望まれていたのである。

しかし良岑宗貞の出家の理由は単に仁明天皇の崩御という理由だけではなく、それは橘逸勢事件の影響も大きくあずかった。

承和九年（八四二）七月十五日、嵯峨上皇は、以前からの病状が悪化して嵯峨院に崩ぜられた。この崩御を機として、十七日には、仁明天皇の皇太子恒貞親王の周辺の東宮坊伴健岑と、但馬守橘逸勢を中心として事件が生じ、それは橘

氏による政権改造のための運動に、恒貞親王が参加する形となった。そして仁明天皇のあとに、かりに恒貞親王が即位された場合、そこに伴健岑および橘逸勢の政権を樹立して檀林皇后を中心として、藤原政権の台頭を押えようと考えたのであった。[13] 橘逸勢はその中心として動き出したのであって、まず東宮を擁していったん都を去って東国に入り、伴一族を結集して都へ攻め上らんとする計画であったようである。そして逸勢は法師等をして敵方を呪咀するような前徴も見えた。

そこで急いで諸関を押え、張本人の伴健岑、橘逸勢を捕え、そのほか関係者の処断を行い嵯峨太皇太后（橘嘉智子）にもその由を伝え恒貞親王を皇太子の座から下して一件落着したのである。[14] ことに仁明天皇の皇后藤原順子は、藤原冬嗣の子で、藤原良房を兄としているため、順子＝良房を中心として、藤原政権を打ち立てようとする動きは仁明朝内部において活発であった。

それは光明皇后の場合以来、桓武天皇のときも乙牟漏を入れ、そののち藤原氏が天皇家と血縁的関係を持つことが少なかったことも、藤原良房を急がせた理由でもあった。

また一方、淳和天皇の皇后は正子内親王で、恒貞親王はその子で、藤原氏と関係なく、嵯峨天皇また橘氏との縁深く、橘逸勢にしてみれば、藤原順子の生む道康親王の登場をはかる良房一族を、檀林皇后と正子内親王を背景としてこれを一挙にほうむり去ることは、藤原氏と天皇との一族的関係を打ち立てんとする彼らの野望をくじこうとすることであった。そして皇朝政権をとりもどそうとする動きでもあった。橘逸勢のこの計画は嵯峨上皇の崩御と期を同じくしたのであった。しかしこれは水泡に帰してしまった。

そのような動きは承和十四年（八四七）の檀林皇后を中心とする橘奈良麻呂への正一位太政大臣の追贈運動と、[15] 藤原

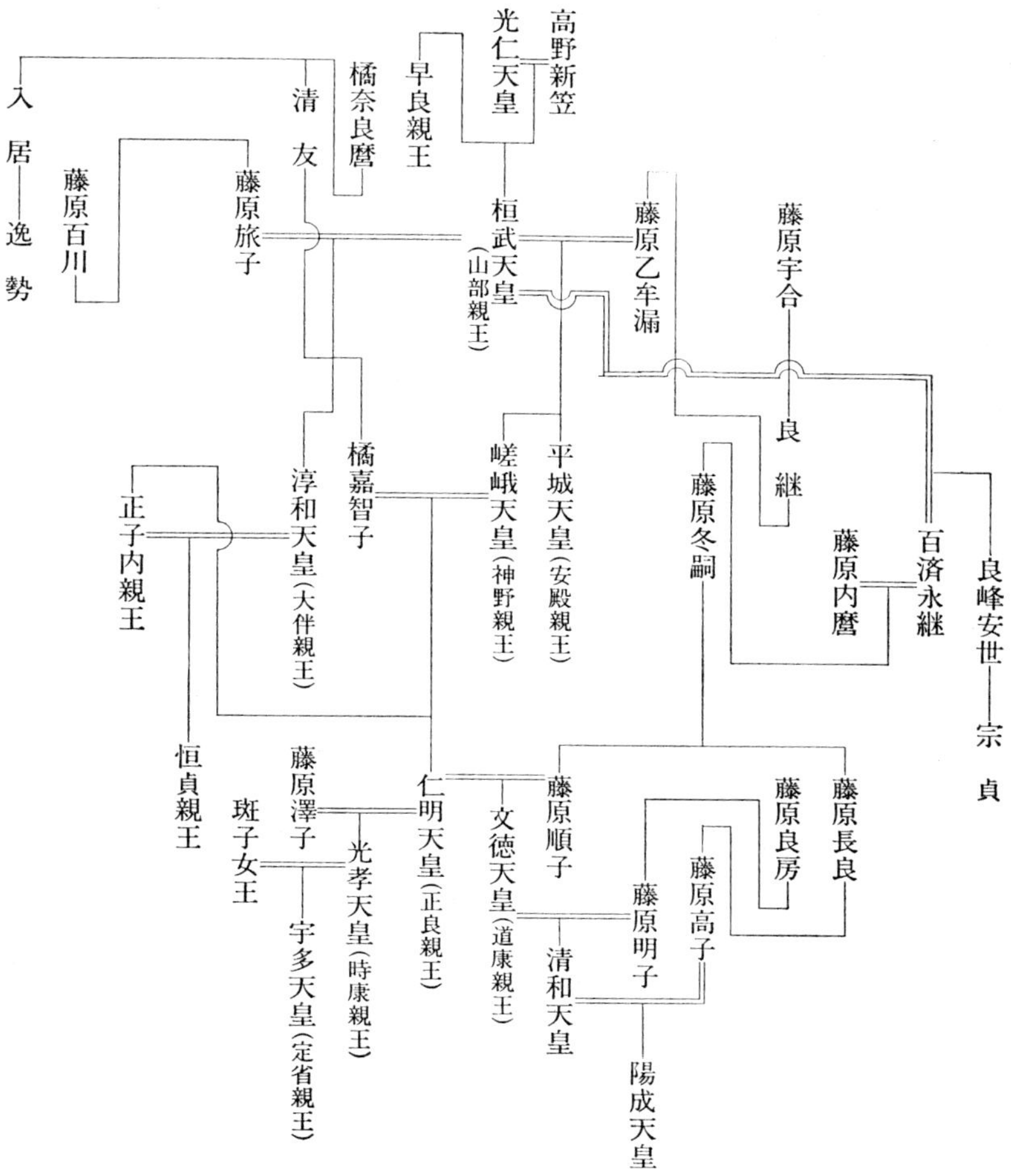
高野新笠
光仁天皇
早良親王
橘奈良麿
清友
入居
逸勢
藤原宇合
良継
藤原乙牟漏
桓武天皇（山部親王）
藤原旅子
藤原百川
良峰安世
宗貞
百済永継
藤原内麿
藤原冬嗣
平城天皇（安殿親王）
嵯峨天皇（神野親王）
橘嘉智子
淳和天皇（大伴親王）
正子内親王
恒貞親王
藤原長良
藤原良房
藤原高子
藤原明子
藤原順子
文徳天皇（道康親王）
清和天皇
陽成天皇
仁明天皇（正良親王）
藤原澤子
光孝天皇（時康親王）
斑子女王
宇多天皇（定省親王）

良房が嘉祥三年（八五〇）七月十七日、良房の外祖父藤原冬嗣を追崇して太政大臣と追贈した運動と期を同じくして、両者が祖先追贈運動を通じて対立していたことも、その後の両者の動きからもわかるのである。(16)

このような橘氏と藤原氏の仁明政権での勢力の争奪を見てきた良岑宗貞は、恒貞親王とは父系方の従兄弟に当り、その母の淳和天皇の皇后であった太后（正子内親王）は恒貞親王の廃太子の決定に震怒悲号して、良房の動きのみならず檀林皇后の処置にも、彼らに同じだとしていきどおり、進んで尼となったほどであった。

元慶三年（八七九）淳和太皇太后の崩御に際して、この太皇太后正子は仁明天皇と兄弟で、檀林皇后の子であったが、檀林皇后に似て美しく賢く、そのために淳和天皇の皇后となられたほどであった。そして、

承和七年五月、淳和太上天皇崩、皇太后落髪為レ尼、毀容骨立、九年七月嵯峨太上天皇崩、皇太子欻遭二讒構一、見レ廃、太皇震怒、悲号怨二母太后一、皇太子退居二於淳和院一(17)

とて、その悲痛さははかるべくもなかったが、その間の背景については前頁の系図を参照されたい。

ことに仁明天皇が道康親王を立太子すると同時に、藤原良房の子の明子を道康親王に近づけて、自己の勢力の拡大をはかったのである。

この傾向はのちにもつづくのであるが、良岑宗貞が仁明天皇の崩御後、文徳天皇につかえようとしなかったのもかかる藤原系の天皇につかえまいとする心持と、淳和系への同情、さらには仁明天皇の追善という多くの理由でもって出家するに到ったのである。遍昭が「深草の帝の御時に、蔵人の頭にて、よるひるなれつかうまつりけるを、諒闇になりにければ、更に世にもましらずして、ひえの山に登してかしらおろしてけり(18)」とか「かはらむよ（世）を見むもたへかたくかなし」というのは、かかる意味を示しているのである。

この良岑宗貞は、嘉祥三年(八五〇)三月二十八日に出家して、延暦寺の圓仁のもとで入寺して、籠山することになった。[19] この入寺について辻善之助氏は、藤原氏が真言宗をもり立てていたのに対するために天台宗に入ったのであると述べられているが、[20] そのことも間接的に理由となるであろうけれども、遍昭は密教を学んで承和十五年(八四八)に帰京して来た圓仁に対する新しい魅力で、その真言教学を学び仁明天皇の菩提と、比叡山の籠山十二年は彼にとっても静かに宿世の因縁を考える上にも必要であったとうかがえるのである。

そして宗貞と圓仁の関係が発生したのは、嘉祥三年(八五〇)二月十三日の仁明天皇の聖体不予の御祈禱に天台宗座主前入唐請益僧圓仁が延暦寺定心院の十禅師とともに文殊八字法を実施するために、宮中へまねかれた時より、彼はひそかに延暦寺への出家を目ざしていたと考えられるのである。

ことに圓仁と良岑氏とは深いつながりがあった。それは圓仁が入唐求法したときに唐の海州から登州の赤山法華院に入るまで遣唐使藤原常嗣らの舟に乗ったときの船頭は良岑安世の子の長松であり、遍昭と兄弟であった。また圓仁に慈覚大師の大師号、安恵に天台座主職を与える使者となったのも少納言良岑経世であったことからも、圓仁と良岑氏は深いつながりがあったことによって彼が圓仁のもとに走ったと考えられる主な理由でもある。

そして仁明天皇の菩提のために文徳天皇は仁明天皇の寝所ともなっていた清涼殿を嘉祥寺に移して、佛堂としてその霊をなぐさめた。[21] またさきの宗貞の出家につづいて仁寿元年(八五一)には仁明天皇の第七子の常康親王も「親王追慕先皇、悲哽無レ已、遂帰二佛理一、求二冥救一」[22] そのほか藤原貞子も先皇を哀慕追恋して悲感のあまり入道して尼となるなど、仁明天皇の関係者は次々と文徳朝より去っていった。

一方、遍昭は延暦寺へ入寺後、斉衡二年(八五五)五月十二日に圓仁のもとで圓頓戒を受け、その圓仁の室に入った。

天安二年（八五八）最澄ののち戒壇院を設けて、その遺志をついだ光定が示寂すると、実質的に延暦寺は圓仁の指導のもとにあった。

　またこの年、文徳天皇は突然崩御され、清和天皇の即位となった。また文徳天皇の時代は圓仁が帰ったといっても、やはり僧綱の主動権は斉衡三年（八五六）より真済、真雅等に掌握されていて、天台座主であっても、圓仁は大法師に止まっているにすぎなかった。その上、真済らは空海に大僧正を追贈するなど真言宗の勢は強く、それらの動きに乗じて、藤原氏等に働きかけた南都の僧たちは、ついに、

毎年十月興福寺維摩会、屈下諸宗僧学業優長果二五階一者上為二講師一、明年正月大極殿御斎会以二此僧一為二講師一、三月薬師寺最勝会講師、亦同請レ之、経二此三会講師一者、依レ次任二僧綱一、他皆效レ此[23]

と、南都の僧侶の僧綱への昇進の道を開く三会制度がはじまった。このことは天台宗の僧侶の三会進出を押えると同時に南都寺院へ進出した真言宗徒の僧綱への昇進の道を早く開くことでもあった。そしてそれはまた密教的傾向の強くなってゆく状況への興福寺を中心とする南都方のささやかな抵抗でもあった。[24]

　ことに文徳天皇の寝病に際して冷泉院におもむいた真済もまた文徳天皇を通じて自宗の発展を求めた一人であったが、彼も貞観二年（八六〇）に示寂し、遍昭の師圓仁も貞観六年（八六四）に示寂した。その結果、籠山中の遍昭は圓珍について学ぶことになった。圓仁はさきに入唐して、五台山に登り、青竜寺に到り、両部灌頂をはじめ、多くの真言教学を義真等から受け、延暦寺の真言化につとめたが、圓珍もまた同様に入求法して空海のあとをしたい青竜寺の法全より両部の秘旨を体得したが、彼が空海の甥であったことも密教習得上の大きな力となったのであった。

　もちろん遍昭は圓仁より真言大法や、金剛界壇供等を受けていたが、慈覚大師圓仁の急逝により、心ならずも圓仁

の遺書によって、安恵にあずけられたが、安恵もまた逝去して、あらためて遍昭は圓珍の指導を受けることになった。圓仁の遺書には「圓仁雖レ非二其人一、誓在二伝燈一、爰我遍昭大徳、幸有二稟学之望一、圓仁不レ勝二随喜之誠一、随求得悉欲レ奉レ伝之、而命既促、心事相違、歎息之至、筆墨何究、伏願遍昭大徳照レ之、随二付法弟子安慧大徳辺一、稟二学両部大法一、助レ伝二我道一、勿レ令二墜失一」(25)と見え、遍昭はその間安慧について胎蔵、蘇悉地、大瑜伽を受け、圓珍に付いてから三部大法を再び学んだのである。

遍昭の動向が再び明らかとなってくるのは、貞観十一年（八六九）二月二十六日に、さきの貞観六年（八六四）二月十六日の僧綱の位階の制によって法眼和尚位を授けられているからである。その理由は貞明親王の誕生ののち東宮となった祈願のため大極殿で三日間六十僧の大般若会の請僧となっていたからである。

そして遍昭は貞観十三年（八七一）九月九日に延暦寺における阿闍梨審定に推選されて貞観十五年（八七三）二月十四日に阿闍梨となったのである。

延暦寺座主伝燈大法師位圓珍　誠惶誠恐謹言、

請授真言阿闍梨位僧事

法眼和上位遍照(昭)年五十八 臈一十八　当寺

右、遍照(昭)、曾蒙故太政大臣藤原朝臣(良房)教、就圓珍辺、聴釆大毗盧遮那、金剛頂、蘇悉地、三本経文、兼再受、先於故阿闍梨安慧所、稟学胎蔵、金剛界、蘇悉地等三部大法、更通大日如来三種悉地法了、悉曇字母、書読匪懈、爰遍照捨豪出家、軽生重道、思国如身、悲物若己、而年臨耳順、器堪人範、仍依太政官去貞観十三年九月九日牒旨、共寺中諸阿闍梨幷宿徳僧等審定、応授阿闍梨位之状已訖、望請准勅牒旨、授与阿闍梨位、令伝法明之道、奉翼聖

化、福利人神、唯圓珍才非其人、謬承師授、誓不墜失、奉答国恩、謹録事状、伏聴天裁、圓珍誠惶誠恐謹言、

　貞観十五年二月十四日

　　延暦寺座主阿闍梨伝燈大法師位上(26)

このような延暦寺での遍昭の動向は貞観十年（八六八）十二月十六日の陽成天皇誕生を契機としてにわかに活発化する。遍昭が僧正に任ぜられたときの宣命にも「法眼和尚位遍昭は東宮の時より始めて、朕躬を相護り仕へ奉る事も有り、またことにおほしめす御心も有に依て殊に権僧正に任じ賜ふ(27)」のであると述べて陽成天皇の護持僧として、再び中央に登場してきたのである。

そして、遍昭は天皇が中宮藤原高子の胎中にあるときより、男子降誕の祈願をこめ、その効験あって、元慶寺の成立となったのである。その理由として、遍昭の上表によると「中宮有レ身之日、今上降誕之時、遍昭発心誓願草二創此寺(28)」と花山の地を求めて漸次堂宇を建てることになった。これは「夫増二宝祚於永代一者、真言之力、消二禍胎於未萌一者止観之道也(29)」と、圓仁・圓珍の求めてきた天台系密教の弘通をはかった。遍昭としては、圓仁・圓珍についているが、彼は圓珍のより密教重視の理劣事勝よりも、圓仁の事理具密の立場をとっている。

元慶寺が年分度者三人を求めたことは、さきに真雅が嘉祥寺分として大佛頂梵字・大随求梵字・悉曇章梵字を暗誦する三人の度者を天安三年（八五九）に定め、安祥寺が大孔雀明王経・大佛頂真言・大随求真言等の年分度者三人を得たごとく、元慶寺も同様に大悲胎蔵業・金剛頂業、摩訶止観業の三人の年分度者を求めている。

しかしさきの二寺の場合では真言宗年分制度に基づいていたのに対して、元慶寺の年分度者の試業は天台宗年分と同様十二月上旬に勅使を迎えて対読課試して五口通ずるもの以上を及第として陽成天皇の誕生日の十二月十六日に剃

髪得度して、受戒は延暦寺の戒壇に登り、菩薩大乗戒を受け、受戒が終ると元慶寺に戻って五大尊の前で、止観業のものは仁王般若経を転読し、真言宗は三時不動真言を念佛することを求めている。(30)

元慶寺はまず定額寺に指定され、元慶二年（八七八）に元慶寺別当および三綱制が確立し、六年を交替制としている。(31)

このような御願寺的な性格寺院ではつづいて年分度者の制を確立する必要にせまられた。その場合、まず籠山の年次について考えられなければならなかった。

元慶寺は延暦寺（一二年）、海印寺（一二年）、安祥寺（七年）、金剛峯寺（六年）の例を参照して六ヵ年と定めた。(32) そして三人の年分度者を六年籠山させることをもって諸国講読師の資格をも得るようにしたのである。

もちろん遍昭は元慶寺の創始者であったから元慶寺座主となり、年分度者の育成に力をそそいでいる。と同時に僧綱にも任ぜられる。ことに遍昭はかねてから、当時の寺院のあり方に多くの疑問をいだいていたために元慶六年（八八二）六月三日七ヵ条の改革案を掲げ、僧綱の実権の回復をせまった。

その七ヵ条とは次のごときものである。

一、応レ令下僧綱兼二任諸寺別当一者以二四年一為中秩限上事

二、（欠）

三、（欠）

四、応レ令下治部玄蕃等省寮一押二署戒牒一并捺上印事

五、応三諸寺別当被レ補之日、令二省寮僧綱承知一事

六、応レ令二五畿七道諸国依レ実放生一事

七、応レ禁ニ流レ毒補レ魚事

これは遍昭が宮中参仕の功により権僧正に抜擢されたのち、西寺にある僧綱所に到り、いままでの制を再検討することとなったときの最初の改革案である。[33]

僧綱が諸寺別当を兼任しても、近時は終身を期待したり、後輩に道を開こうともせず、なかには国の公認の解由さえも持たず、その上、夏﨟さえも偽って、昇進を求めたり、あまりにも長く諸寺の別当を兼ねるためかえって仕事に怠惰が生じるほどである現状から、ここで任期を定めて、国司の交替と同じ四年交替とすることを決めるべきであるとしたのである。

また、寺院の主管者である諸寺別当を定めるときにも、いままではその官符は僧綱所には知らされず治部省、玄蕃寮だけで処理され、僧綱所へは何の通知もなく、また諸寺別当も任官して着任後、寺自身で任命する三綱については関知せず、その人物の適不適さえも判明しない、これは僧綱の寺院統率権の弱体化をまねくために改めたいと述べている。

この遍昭の第一条と第五条は、しだいに貴族社会が発展してくるにつれて、奈良時代以来の僧綱の指導性が弱体化し、そのうえ貴族の有縁者の別当補任の場合、さらにまた天台・真言の対立、そして国の任命権よりも、師資相承の重視は、仮に適材者でない場合も、寺院の指導権を護持するために貴族の子弟が入寺していく場合も考えられるのであって、遍昭の意見は、事は正しいけれども実施の困難な問題でもあった。

しかし、この遍昭の意見はのちの延喜式に見られるところでは任期四年については承認され、「遷代之日即責ニ解由一（中略）其未得ニ解由一輩永不ニ任用一」[34]とあるようにこの遍昭の提唱する格式の条文の厳守は延喜式作成のとき、その意をとりいれられている。また任符の認知についても、遍昭の意をとり入れて「凡諸寺別当三綱等任符、出後下二承知符於省一、省下二知於寮一、寮亦令二綱所押署一」と遍昭の意見を全面的にとりいれているが、また一方では、

凡僧綱不レ得三輙任二諸寺別当一、若不レ獲レ已、待二別勅一任レ之、

或案云、先代僧綱等以二提賞之人一任レ意、任二諸寺別当一、仍立二此制一、然則此文非レ謂二以僧綱拝任之謂一、僧綱之任人也云云

と、遍昭の僧綱の支配権の強化に反する意見が延喜式に定められていることも、遍昭の一条・五条の上表が、のちの延喜式作成時にたくみにとりいれられつつも一部は排除されていることがわかる。(35)

また諸寺の年分度者については延喜式では所定の年分度者数以外、臨時の年分度者としては男二〇人、女一〇人以外は認めていない。

この遍昭の意見では諸寺得度者があるときにはまず度縁を与えて入寺させ、毎年三月以前に諸寺に牒を下して、当年の受戒者の交名を進めるならわしである。そしてその交名を僧綱所に集め治部省や玄蕃寮のものが点検して名籍を勘知して、そののち登壇受戒させる例となっていたが、このごろでは受戒しようとするものも戒牒だけ持って公験に見せかけ、真僧と称して人々の目をごまかす。そのため濫吹の僧多く、省寮がもっとよく威儀を正し、戒場に向って官符度縁を正して、白紙戒牒を持つような勝手なまねをさせてはならない。

この遍昭が恵運の意見を参照して述べた上表は、さきの延暦寺の規式等にもあるように、しだいに籠山修業や、重要な受戒さえ不明朗なかたちになっていった当時の状況がわかるのである。遍昭は元慶寺においては、きびしくこれを取り締まり、「業を授くるには人を選べ、是れ法を興し、邦を利するの由也」(36)とて元慶寺では花山元慶寺式を立て

て、年分度者たるものは六ヵ年の住寺を定め、その間法華、阿弥陀三昧を行い、さらにはその指導者たる阿闍梨をも「夏﨟已積、器堪レ為ニ師範ニ」をもってなすべきであるといっている。

また元慶寺は天台系寺院として、その菩薩大戒は延暦寺の天台大乗戒壇を重視しているが、遍昭は受戒終了後は七大寺に配して三乗教も学ぶべきことを提唱している。そして、「入ニ延暦寺及七大寺一以兼ニ学諸宗ニ」(37)と、受戒後の得業生の勉学の怠慢をいましめて学道精進をすすめている。

ことに彼の弟子の中より安然や最圓等の高僧が輩出したことも、遍昭の努力の結果であったのである。

そしていままで元慶寺の成立および遍昭の年分度者統制のありかた、そのほか、僧綱における上表文等をみてきたが、ここに延暦寺以後の御願寺における真言・天台の進出がより明確にとらえられたのであるが、遍昭のごとき天台教学に対する自己の見解を明らかにしている人は少なく、延暦寺においても圓仁、圓珍なきあとは、山門の統制もゆるみがちで良源の出るまで延暦寺の再編成はなりがたかったようである。

このような貴族社会の進展にともなう御願寺は、のちに院家や房を中心とした六勝寺の場合のような御願寺とは異なり、平安初期に見られる御願寺では、単に天皇の誕生日、あるいは崩御の追善菩提、または天皇の蒙恩にあずかった人がその感謝のため、御願寺をつくり、そこに真言や天台の高僧を求めて寺院運営の基礎をきずいたのである。ここにあげた遍昭の場合には、その動向が最も明確に見られるのであって、元慶寺はその適例といってもいいのである。

しかしこのような貴族の建てた御願寺の外に、次のような例もある。

常住寺十禅師伝燈法師位延庭奏言、於ニ山城国葛野郡北山一、奉ニ為国家一、建ニ立道場一、名曰ニ興隆寺一、四履六町、安ニ置千手観音像一躰、梵王帝釈像各一躰、四王像四躰一、貞観二年詔令下二木工寮一修中造堂舎上、春演二説冣勝王経一、秋吼二講妙法蓮華経一、安居之中、転二読大般若経一、誓二護国家一、深期二永代一、望請。為二御願寺一、修二戒律真言両宗一、但不レ経二僧綱幷講師之摂一、従レ之、(38)

即ち常住寺十禅師延庭が、山城国葛野郡北山に国家のために道場を設けて興隆寺と称して、千手観音、梵天、帝釈天四天王を安置していたのを、のちに御願寺とした例で、このように貴族以外でも、山中の修行僧が道場をもって寺としていたが、国家祈願という理由で御願寺化する例は、より多くこれ以外にも地方で見られたであろう。ここに御願寺の広い解釈も生まれるのである。

（1） 遍昭の系図

光仁―桓武―平城
　　　　　　嵯峨―仁明
　　　　　　淳和
　　　　　　伊豫親王
　　　　　　葛原親王
　　　　　　仲野親王
　　　　　　良峯安世―僧遍昭（宗貞）―素性

（2） 公卿補任、弘仁七年条・天長七年条

（3） 続日本後紀、第十九、嘉祥二年四月廿八日条

（4） 文徳実録、第二、嘉祥三年三月廿八日条

(5) 続日本後紀、第二十、嘉祥三年正月廿七日条
(6) 同右、同、嘉祥三年二月五日条
(7) 同右、同、嘉祥三年二月十五日条
(8) 同右、同、嘉祥三年二月廿二日条
(9) 同右、同、嘉祥三年三月十九日条
(10) 遍昭集（大日本史料一ノ一）、二六九頁
(11) 今昔物語、十九、頭少将良峯宗貞出家語第一（大日本史料一ノ一）、二七九頁
(12) 続日本往生伝（大日本史料一ノ一）、二八三頁
(13) 続日本後紀、第十二、承和九年七月十七日条
(14) 同右、同、承和九年七月廿三日条
(15) 同右、第十七、承和十四年十月五日条
(16) 文徳実録、第二、嘉祥三年七月十七日条
(17) 三代実録、第三十五、元慶三年三月廿三日条
(18) 古今和歌集、十六、哀傷歌（大日本史料一ノ一）、二七〇頁
(19) 文徳実録、第一、嘉祥三年三月廿八日条
(20) 辻善之助『日本佛教史』、上世篇、三八五頁
(21) 文徳実録、第三、仁寿元年二月十三日条
(22) 同右、仁寿元年二月廿三日条
(23) 三代実録、第二、貞観元年正月八日条
(24) 拙稿「三会制度について」（『印度学印度教研究』第七巻第二号）参照
(25) 慈覚大師伝（大日本史料一ノ一）、二六四頁
(26) 園城寺文書（同右）、二五八頁

(27) 三代実録、第三十六、元慶三年十月廿三日条
(28) 同右、第三十二、元慶元年十二月九日条
(29) 註(28)に同じ
(30) 類聚三代格、巻第二、元慶元年十二月九日条
(31) 三代実録、第三十三、元慶二年二月七日条
(32) 類聚三代格、巻第二、寛平四年七月廿五日
(33) 三代実録、第四十二、元慶六年六月三日条
(34) 延喜式巻二十一、玄蕃寮(別当三綱条)
(35) 註(34)に同じ
(36) 三代実録、第四十七、仁和元年三月廿一日条
(37) 同右、第四十七、仁和元年五月廿三日
(38) 同右、第十、貞観七年四月十五日条

五　大覚寺の成立

御願寺を形成してゆく場合、さきの嘉祥寺の場合に見られたように、嘉祥年間の天皇であった仁明天皇の在位年号をもって寺号とし、天皇の崩御ののちは追善のため清涼殿を移して本堂として、年分度者は清和天皇の御誕生日をもって得度日としている。また貞観寺の場合には清和天皇の御誕生に対して、早く襁をとるに到らなかったので真雅と良房が、その生長を祈願して願望がかなえられた故に、一堂を興して御願寺となしている。ここに天皇に関する吉祥日、または追善供養日をトして御願寺の発足をはかっている。しかし年号寺のみならず延喜式以前の御願寺の形成、

それにともなう真言宗の京都西山地区への進出を考えてゆく場合、まず大覚寺の成立の条件を考えてみることとする。大覚寺成立の中心となった人物は、淳和太皇太后、即ち正子内親王である。

廿五日癸酉、淳和太皇太后、請下以二嵯峨院一為中大覚寺上曰、嵯峨院者、太上天皇昔日閑放之地也、昇霞之後、渉レ日既深、階庭不レ披、台樹亦壊、仍比年頗加二修葺一、僅避二風雨一、尋想二宿昔之余哀一、欲レ守二終焉於此地一、而今尊像禅経、時備二敬礼一、鍾磬香花、随以安置、伽藍之躰、佛地之端、五六年来、適然具足、若不三変レ名定レ額以示二往来一、殊恐樵夫牧童、或致二誤犯一、願也楼閣仍レ旧、便為二道場一、名号惟新、称曰二大覚一、欲レ使下二追慕攀啼之志一、今古无レ移、真如法性之因、自他共ゥ利、勅曰、宜下随二太后御願一、賜レ額曰二大覚寺一、頒中レ行天下上(1)

この三代実録の記事でもわかるように、淳和太皇太后は嵯峨天皇の離宮であった嵯峨院をもって、天皇の崩御ののち道場を建て、先帝追慕のため大覚寺と名づけ、淳和太皇太后の御願寺となったというのである。

この正子内親王の動向についてはさきに元慶寺と遍昭との関係においてもふれておいたが、いま再び真言宗の進出との問題においても重要な意義をもっている。

この淳和太皇太后の関係を見るために系図を示すと左のごとくなる。この淳和天皇の皇后の正子内親王は嵯峨天皇の皇女で、橘嘉智子の子で仁明天皇の妹として母を同じくしている。(2)

ことに淳和天皇の即位は嵯峨天皇とは同年であるが、嵯峨天皇は藤原良継の女の乙牟漏と桓武天皇との子で、淳和天皇は藤原百川の子の旅子と桓武との子で、皇位が嵯峨より淳和に遷ったことは嵯峨の皇后である橘嘉智子を擁する橘氏の勢力と、藤原式家の勢力の均衡のうえに平和を築こうとする動きでもあった。しかし政治の動向はむしろ橘嘉智子を中心とする勢力が強く、淳和の即位後は左大臣を任せず、嵯峨天皇以来の天皇が直接政治を見るという傾向がつづけられた。

しかし嵯峨天皇より淳和天皇への譲位は、嵯峨上皇の第二皇子の正良親王を皇太子とすることにおいて順調になされたが、この当時、立太子をめぐる皇太子の地位はかならずしも、天皇への道程としてその地歩が安定したものでは

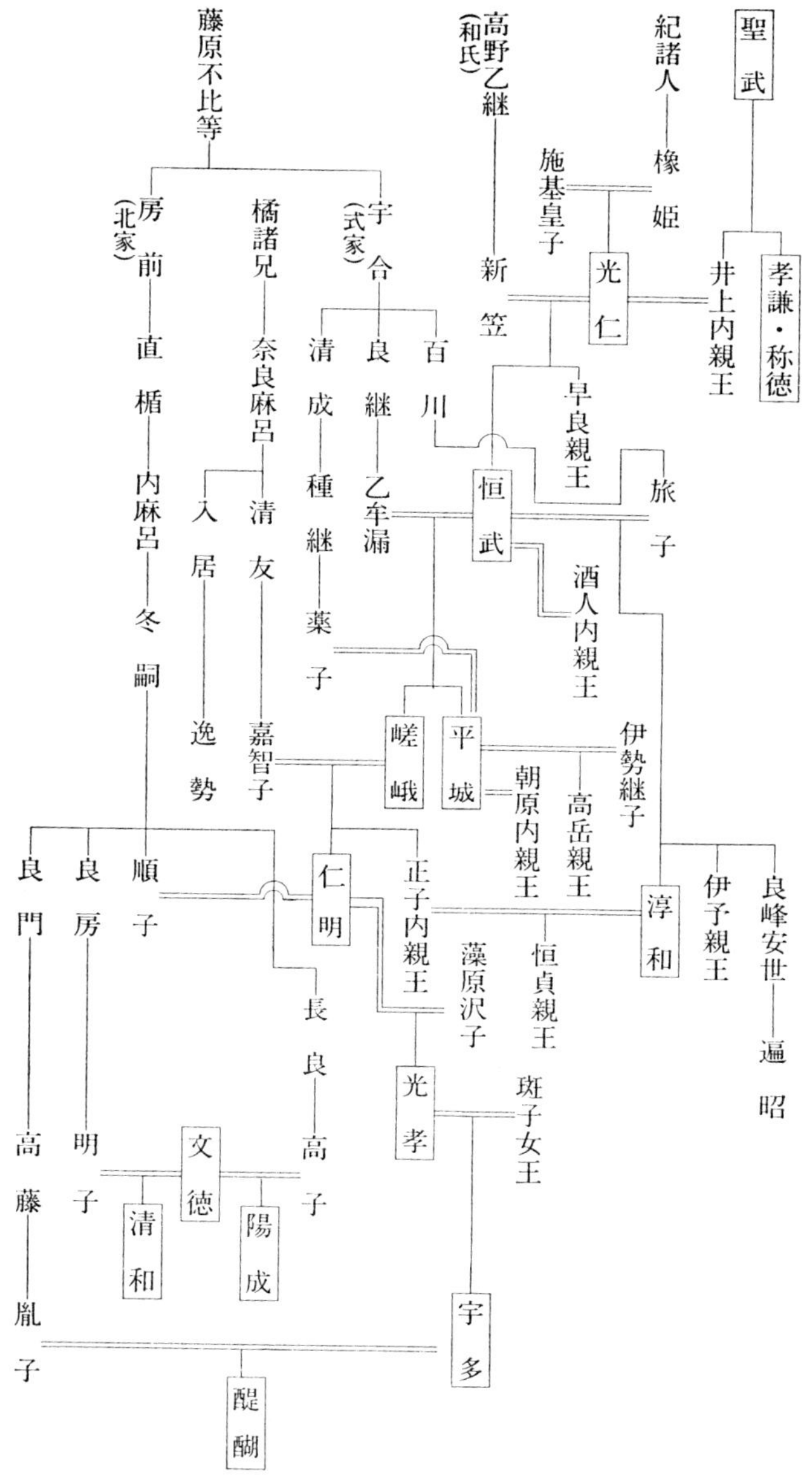

なかった。たとえば高岳親王が平城上皇と、薬子の変により廃されたごときである。淳和天皇（大伴親王）が藤原園人を東宮傅に擁していることは、やはり淳和の即位に藤原氏の勢力が動いていたことも明らかで、ことに即位後、北家の冬嗣が左大臣に昇進しているが、これは譲位に際しての嵯峨上皇の淳和推挙に協力したからでもあった。

淳和天皇については嵯峨天皇は譲位に際して、「在位十有四年太弟与レ朕、春秋亦同、朕雖レ乏二知レ人之鑒一与二太弟一周旋年久、太弟之賢明仁孝、朕之所レ察、仍欲レ伝二位於太弟一、已経二数年一今果二宿心一、宜レ知レ之」(3)と同歳にもかかわらず、譲位を決定されたうらには淳和天皇の天皇としての賢明さが認められたことも一つの理由であった。

しかして正子内親王の入内については嵯峨上皇と橘皇后の鍾愛の結果、立后が決定され、(4)天長四年（八二七）二月二十七日に皇后と定めるとともに橘弟氏、藤原吉野を皇后宮大夫として任ぜられている。(5)この吉野は兵部卿綱継の子で式家に属し、天長三年二月には淳和天皇の抜擢を受けて蔵人頭となり、皇后宮司も兼ねていた。また彼が後に正子内親王の子の恒貞親王の廃太子の事件とともに大宰権帥として追放されているのも、淳和朝における皇后と親しい関係にあったことがわかるのであって、正子内親王の立后は橘氏の勢力と式家系の背景において、冬嗣・緒嗣の承認のもとに決定され、冬嗣が天長三年（八二六）七月二十四日に薨ずるとともに緒嗣を中心とする式家の勢力は、再び淳和天皇とのミウチ関係という立場より強化されていった。しかし、藤原冬嗣は生前にその子良房のために嵯峨上皇の皇女源潔姫の降嫁を求め、また自分の子の順子を正良親王（仁明天皇）に入内させ、天長四年（八二七）道康親王（文徳天皇）の誕生となって、これが式家をしのいで北家興隆の礎となった。

淳和天皇は淳和院において正良親王に譲位を行われたが、このことは皇后の子の恒貞親王を皇太子とする条件のもとに橘太皇太后の生んだ正良親王を嵯峨天皇が淳和天皇にゆずったと同様に譲位となったと考えられると同時に、橘太皇太后の勢力がやはり強く動いたと考えられる。ことに仁明天皇に入内した順子の背景には良房が存在し、ここに仁明天皇のミウチ関係は橘氏と北家を背景としているが、良房自身は立太子に順子の子の道康親王を求めていたが、橘氏の背景に立つ恒貞親王の立太子は天皇と正子皇太后との関係において認めざるを得なかったと考えられる。藤原氏およびその他のミウチ関係の樹立には皇太子への入内が自己の将来を約束する重要な問題であったから、関係氏族がこの問題に鎬を削るのも当然であった。

ことに恒貞親王の立太子は淳和系の式家の勢力、橘氏の背景、さらには北家の良房の勢いなど三つ巴の抗争の傾向を強めることになった。天長十年（八三三）二月より淳和上皇と正子皇太后は淳和院に遷り、皇太子恒貞親王の無事を願っていた。恒貞親王は立太子後、文室秋津を東宮大夫としていたが、その東宮房には多くの舎人および帯刀舎人を具して、大伴氏の一族の伴健岑・氏永・武守等も含まれていた。ことにこの一族および橘逸勢（但馬権守）の画策により、ついに承和の変となり、藤原北家の順子と仁明天皇とのミウチ関係により、淳和上皇、嵯峨上皇の相ついでの崩御の結果、正子内親王の子の恒貞親王を皇太子より追放する事件となったのである。

そしてこの結果北家のミウチ関係を強化し、仁明朝での良房の台頭を意味した。また別に橘氏を守ろうとする檀林皇后にしても、中立的立場に立ってこれを見逃すしか方途はなかったのである。

もちろん正子皇后は、この変の以前、承和七年（八四〇）五月八日に淳和上皇が淳和院で崩御になると直ちに二年後の承和九年（八四二）十一月五日に落薙して尼となり、先帝の菩提をとむらった。

このことについて素性法師は後撰集のなかで、

西院の后おんぐしおろさせ給ひて、おこなはせ給ひける時、

彼院の中島の松をけずりてかきつけ侍ける

音に聞く松が浦島今日ぞみるむべも心ある蜑はすみけり(6)

と、正子皇后の落髪を非常に悲しんでいる。

またこの付近はさきに嵯峨上皇が、淳和天皇に譲位されたのち離宮として嵯峨院のあった所であって、その景観はすぐれ、朝は鶏声に起き、大沢の池畔また温きよそおいを得るなど、当時においても優美な狩場をもった離宮であった。またこの風景について仁明天皇が上皇のため詔を出して、これをたたえているほどである。

為二嵯峨院一、下レ詔曰、鶏観之上、日照先被、竜輅所レ過、恩典曲降、嵯峨院者、先太上天皇光臨之地、茅宮聳レ構、分二東西之名区一、芝蓋駐レ蔭、追二汾陽之高賞一、宣遊斯在、引年其深、然則当邑之甿《タミ》、須レ霑二慶幸一、近壊之戸、豈无二優恤一、時惟長嬴方申二亭育一、思下順二天序一、式施中恵沢上、宜二山城国葛野郡貧民、去年借貸未レ入者、及雑賦未レ進等、特免レ之(7)

この嵯峨院で上皇の崩御後、さきの伴健岑・橘逸勢の変がおこり、皇太子恒貞親王は「皇太子は知らずもあらめど、善からざる人によりて相わづらうことは、古より言ひ来つるものなり。またさきざきにも法師らをして、呪咀せしむとまをす人あまたあり。(中略)或人のまをす、属坊人《つけるつかさびと》らも謀《たはわざ》ありとまをす」(8)とて皇太子の冤罪は、この変に参画する人物の階層の低位さ、伴健岑の讒言によって成立したことからも、決して大規模な謀叛でなく、これは明らかに道康親王擁立に対する良房方の策謀に引きこまれた結果であるといえる。皇太子の母の淳和太皇太后は「皇太子欻遭二讒構一見レ廃、太后震怒、非号怨二母太后一(9)」と号泣して、母太后(橘嘉智子)の見て見ぬ態度に抗議している。この母太后の立場は、もし同調するときは仁明天皇の立場に対する危険さえもうかがえたからでもあろう。

この変による打撃は、主として淳和系の排除と、来る文徳・清和・陽成期への良房・基経の摂関政治をきずく上の犠牲としてこの廃太子の変をきずきあげたのであるといっても過言でない。

この変の結果、廃太子となった恒貞親王とともに淳和院に起居するに到った正子皇太后は、文徳天皇より斉衡元年(八五四)四月十九日に太皇太后の尊号を与えようとの申し出があったが、その実は、文徳天皇の生母である藤原順子を皇太夫人とする問題とからまれたことに怒りを示され、その上さらに入道の身とて、これに応ぜずこれを拒否された事情もあって(10)、文徳朝に対する正子皇太后の怨嗟の気持は消えることがなかった。

そして正子皇太后が淳和天皇崩御より二一年の忌日の貞観二年(八六〇)五月には、淳和院の裏で五日間法華経を講じ、諸寺の名僧を請じて嵯峨・淳和天皇の追善供養のための大斎会を実施した(11)。このために皇太后の私財を投じ、清和天皇も米六百石をはじめ、新銭十二万五千文等をほどこし、僧尼・優婆塞・優婆夷および隠居飢窮の人々二万九六七四人に施を与えるなどの供養を行い、正子皇太后自身も延暦寺の座主、圓仁阿闍梨を請じて菩薩戒を受け、法名を良祚と称して、この佛縁によりいままでの怨嗟の心を除こうと考えられたのであった。

そののちこの住居であった淳和院は、貞観十六年(八七四)四月十九日の夜中に失火して、暁まで全焼の憂目にあい、尼公もこの院をのがれて院の西南の松院に火を避けるということもあって(12)、わずかに残った洞裏殿に住されるという状況となった。

その後、淳和院は再建されたが、貞観十八年(八七六)二月二十三日に正子皇太后は、嵯峨・淳和天皇の菩提のため、一寺を建立しようと考えられ、淳和院が恒貞親王の住居であった関係上、もと嵯峨天皇の離宮であった嵯峨院を中心として一寺を建立し、自己の安住の地を求めることになった。

この大覚寺造立を発願された当時の嵯峨院は荒れるにまかせ、院としての規模も見られないほどであった。そのため、屋根を葺替え、修理を加え、正子皇太后は父皇の旧宅に宿昔の余哀を想いうかべ、自分の終焉をばこの地に求めようとする決意を持たれたのであった。

そして貞観六年（八六四）淳和院を改めて道場としてより、(13)しだいにこの旧殿を改めて佛寺とするため佛像を安置し、法具を備えてはいたが、まだ定額として名を示すには至っていなかったが、ここに正子太后の御願寺として大覚寺と称して天下に示すことになったのは、貞観十八年（八七六）二月二十五日であった。(14)

そしてこののち大覚寺に僧俗別当および度者をあたえることになって、名実ともに以前の離宮を改め、旧観を脱して寺院としての資格を具備するに至った。これについて菅家文章に、淳和太皇太后の令旨をのせている。

奉二淳和院太后令旨一請三大覚寺置二僧俗別当并度者一状

右此寺元太上皇之閑院也、微誠有レ達、乃許為レ寺令下所レ恐像末時及、去レ聖逾遠上、若無二精進練直一不レ令三心事諧合一願也、別選三持戒修心兼堪二住持一、毎年二人予得二度例一若下其人研精不レ緩智慧有レ聞者、唯安祥寺等之例上予維摩最勝之竪義輪転之次、即在二安祥寺下一又諸寺皆有二僧俗別当一若無二別当一恐失二綱紀一、重願也僧俗別当各一人随二寺家願一以被レ配三任俗別当一、必用二公卿一、功徳無辺善根無量興三隆佛法一護三念国家一、上奉レ翊二過去聖霊等一下普及二一切衆生界一謹請二処分一

元慶□□年九月廿日(15)

この文章は元慶年間に奏上されたものであるが、これについて正確な年次を欠いているが、三代実録の元慶五年（八八一）十二月十一日の条に、

淳和院永置二公卿別当一、先レ是、无品恒貞親王奏言、淳和院、縁二先太后遺旨一、為下京城尼不レ能二自存一者、所中依止上也、凡其所レ行諸事一如二太上天皇在世時一、又大覚寺、是嵯峨天皇旧宮也、又嵯峨太上天皇、太皇后、淳和太后三陵在二其近側一、又檀林寺、是嵯峨太皇太后御願所レ建也、三所行、同如二一家一、請永置二公卿別当一、令二其検校一、詔聴レ之(16)

と淳和院に公卿別当を置くことは恒貞親王が、先太皇の母公の遺志により尼僧を居住させていたが、それが止まるによって、大覚寺として運営の発足を計画する目的で設置したのであるという理由から、その設置は母公入滅後二年を経て認可されたと考えられる。

この元慶□□九月廿日は、大覚寺の称号が許された貞観十八年（八七六）より元慶五年（八八一）までの間に決定されたのであるが、これが淳和太皇太后の令旨と見るときには、その崩御の元慶三年（八七九）三月二十二日以前、即ち元慶の年号のある元慶元年（八七七）より三年の二十二日まで、元慶元年九月二十日、あるいは元慶二年（八七八）九月二十日に大覚寺の年分度者の決定がなされたのであろうと考えられる。そして貞観元年に認められた安祥寺の年分度者が、文徳天皇の皇后順子の御願寺として成立しており、三人の度者が定められていた(17)のに対して、大覚寺は安祥寺の例に従うも、度者は二人に定められ、安祥寺と同じく維摩会と最勝会の竪義に任ぜられることの許可を与えられている。

このように大覚寺もまた御願寺として、特に天皇直接の御願寺という性格ではなくして、正子内親王を中心とする皇太后の旧離宮を中心として形成された御願寺である。そしてこの大覚寺の寺地は元慶五年（八八一）八月二十三日には山城国葛野郡二条大山田の地三十六町をもってその中心として、その四至は東は朝原山、西は観空寺および栖霞観東路、北は山嶺となっている。[18]

このように大覚寺の成立は、単なる天皇や皇后の祈願所という成立の状況や、延暦寺のような広大な寺域の中に成立した御願のための寺院という形態をもって成立したのではない。

さきに述べてきた嘉祥寺の場合にしても、それは「嘉祥寺は先帝深草天皇のおんために建立する」[19]、また貞観寺も「貞観寺は、今上御願所として建立する」[20]。さらに安祥寺も同様、藤原冬嗣の子の順子が、その夫の仁明天皇と、その子の文徳天皇のために御願寺として建立するなど、それらの寺は天皇の祈願寺として建立されているが、大覚寺に見られるような上皇の離宮そのものが寺院化していく傾向とはその内容を異にしている。

そしてこの寺は御願寺的性格に重点が置かれているのみならず、離宮の寺院化という新しい方向をもって成立しているのである。これは奈良時代等に見られた官寺とはおよそその性格を異にするものであって、この場合のごとく皇族および藤原貴族が生前に居住し、居宅として生かしていた建物を改めて寺院に転換することであって、この場合、もと居住していた池水風物はそのままで寺院の景観のなかにとり入れられ、あたかも住宅をそのまま寺院化した状況が見られるのである。そしていままでの単なる天皇の御願寺という、祈願寺的なものでなく、現実に先皇がそこに居住していた所をもって寺院とし、その縁者が開基開山として直接にその寺院の責任者として運営に当るという状況が生じてきたのである。[21]

このような大覚寺の成立を見ても、そこに恒良親王が佛道に帰して定額僧を設置して、自分も恒寂として入道し、母后良祚尼の意を体して大覚寺を経営しようとする意欲が高められたのである。[22]

いま恒貞親王の大覚寺への入山の状況を知るために、その伝より見てみると、次のごとくである。

大覚寺者、旧嵯峨太上天皇之宮也、淳和太后改為二佛寺一、親王忽造二阿弥陀（丈）六像一、幷写二諸経論一而置之、定額僧十四口、香燈斎飯之資、皆親王所二喢捨一也、親王昔者受二史伝於春澄善縄一、大江音人、中年受二五経於中原月雄一、受二内典顕密秘要於阿闍梨真如一、少僧都道昌、皆究二其奥一、尤妙二草隷一、時嵯峨淳和両天皇、倶巧二書芸一、論者皆曰、嵯峨勁筋乏肉、淳和豊肉軟筋、至于親王、筋肉雙奇、肥痩得適、又能二鼓琴一、尽得二高橋文室麻呂之曲調一也、文室麻呂常曰、曲折宛転者、勤習之切也、敬以伝レ之、音律清雅者、自然之妙也、誠所レ不レ及(23)

と述べられている。

この伝を見るとき、恒寂は大覚寺を嵯峨上皇の嵯峨院の離宮跡にいとなみ、正子皇太后（良祚）が、この離宮を佛寺に改め、恒貞親王がこの寺院内に阿弥陀如来像を安置し、つづいて定額僧十四口を置いて寺院としての組織を形成した。もちろん、恒貞親王は、その師として真如法親王に学び、さらに空海の弟子道昌について真言の法門をきわめたと述べられている。

この道昌が恒寂と深いつながりがあったことおよび、道昌が西山地域に真言の教線を拡大してゆくことについては次に述べることとする。

そして恒寂の示寂後、延暦十八年（九一八）八月十七日、仁和寺を開いた宇多法皇が寛空を灌頂の大阿闍梨として灌頂を受けられ、ついで寛空を大覚寺の住持に任ずることになり、大覚寺は仁和寺のもとで真言宗化していったのである。しかしこの寛空の補任には疑問の余地も多いが(24)、宇多法皇の仁和寺御室の勢力が、しだいに大覚寺の吸収へと動いて、そこに御願寺を中心とする真言宗の教線の拡大がなされていったことは否めない。

しかして大覚寺の真言宗化する問題を考えるまえに、嵯峨天皇とその時代における空海の活躍を見てみると、空海はまず高雄山寺・東大寺・乙訓寺等を巡歴し、高雄山寺に真言宗の発展の基礎をきずき、高雄山での活躍を終え、再び弘仁十四年（八二三）正月十九日、東寺をもって空海に賜わることになった。そこで空海は同年十月十日に、東寺に五〇人の真言宗僧を入れた。

太政官符

　真言宗僧五十人

右被二右大臣（冬嗣）宣一偁、奉レ勅、件宗僧等、自レ今以後、令レ住二東寺一、其宗学者一依二大毗盧遮那金剛頂等二百余巻経、蘇悉地蘇婆呼根本部等一百七十三巻律、金剛頂、菩提心、釈摩訶衍等十一巻論等一、（経論目録在レ別、）若僧有レ闕者、以下受二学一尊法一有二次第功業一僧上補レ之、若無レ僧者、令三伝法阿闍梨臨時度二補之一、道是密教、莫レ令二他宗僧雑任一、

　　弘仁十四年十月十日[25]

太政官符

　応下以二真言宗五十僧内一充中東寺三綱上事

右大僧都伝燈大法師位空海表偁、謹案二太政官去弘仁十四年十月十日符一偁、右大臣（冬嗣）宣、奉レ勅自レ今以後、真言宗僧五十人令レ住二東寺一、若僧有レ闕者、以下受二学一尊法一有二次第功業一僧上補レ之、道是密教、莫レ令二他宗僧雑住一者、伏望三綱之外、鎮知事等、一切省除、其三綱者択二五十僧内一充用者、従二位行大納言兼皇太子傅藤原朝臣三守宣、奉レ勅依レ請、

　　承和元年十二月廿四日[26]

かくのごとく真言宗の五十口の真言僧のなかより東寺の三綱をえらぶことを規定して、平安京の官寺として成立した東寺が急速に真言宗化して、そこでは他宗の僧の雑住を認めることなく、密教の学僧の独壇場となっていったのであった。このように嵯峨天皇と空海の関係は東寺を通じて考えてみても、非常に重要な密教進出の基盤をきずいたのであった。

また次の淳和天皇の時代においても、空海は天皇の即位を賀する表を作り、また神泉苑の祈雨法の効験により少僧都に任ぜられ、さらに天長二年（八二五）閏七月十九日、内裏で仁王般若経を講じて空海は「惣二此白業一奉レ資二聖体一、伏願教令五忿揮二輪剣一而降二魔怨一自性十六麾二惟宝一而滋二福寿一」[27]と述べている。また恒寂の師の真如法親王および道昌にしても、ともに空海の弟子であった関係上、大覚寺の教学的背景は空海の弘めた真言宗に負うところが多い。

そして嵯峨・淳和両天皇によって空海はその教線の基盤を確立することができたことは、両天皇およびその背景にある檀林皇后および正子皇太后の空海への帰依もただならぬものがあったと考えられるのである。

ことに廃太子の憂目に皇太子および正子皇太后はまず現世の苦悩を除こうと考え、そこで、自ら佛法に帰依し、恒貞親王もそのため出家して、先帝の遺跡の離宮を佛寺に改め、そこに空海入室の弟子の道昌を招いて、恒貞親王の得度を経て、大覚寺の基礎を確立したのである。

道昌の出自は秦氏で、[28]空海と同じく讃岐国に出生していることは、道昌が「元興寺僧三論宗伝燈大法師位道昌」[29]と称して、元興寺に所属し、三論集を学んでいたが、弘仁九年（八一八）東大寺で具足戒を受け、「自後研二綜諸宗一語究二秘要一、就二神護寺僧都空海一、登二灌頂壇一受二真言法一」[30]と、その教学体系は三論宗より真言宗に転化していったのである。

そして彼がその出自である秦河勝の建立になる廣隆寺の復興にも着手したことは、廣隆寺が道慈系の三論宗に属していたことからも、彼がこの寺に入ってくる有力な手がかりともなった(31)。

そして道昌はこの寺の検校となり、地蔵・虚空蔵を安置し、銅鐘を鋳造し、東院を建てるなどその興隆につくした。道昌は仁明朝に出向いてはじめて三日三夜佛名懺悔を清涼殿に修し(32)、天長年間よりはじめて貞観十七年（八七五）まで一度もこの内裏の佛名会に参加しないことはなかったほど、道昌と仁明・文徳両天皇の関係は深かった。

廣隆寺の復興については廣隆寺資財帳に、「金剛般若経壱百巻、田邑（文徳）天皇御願、貞観二年書写安置(33)」とて、廣隆寺と文徳天皇の関係は、廣隆寺が弘仁九年（八一八）に炎上後、道昌のこの寺の復興に、仁明・文徳両天皇の援助が非常に大きかったことを示すとともに、特に文徳天皇の崩御したあと、天皇の七七日の周忌に、四十僧を廣隆寺に請じて追善法会をいとなんでいることからも、廣隆寺と文徳天皇の関係は深かったと見るべきである(34)。

そして道昌は、さらに貞観十六年（八七四）三月二十三日の貞観寺の大斎会の導師となり、その結果少僧都に昇進するなど、道昌は廣隆寺を中心として貞観寺・法蓮寺・隆城寺等西山地域の諸寺の開山としてその教線を拡大し、淳和太皇太后が檀林皇后の「篤信二佛理一建二仁祠一、名二檀林寺一遣二比丘尼持律者一入二住寺家一(35)」として、檀林寺を尼寺として発足したのと同様に、大覚寺も正子皇太后の意志によりその発足当初はやはりそれに見ならって尼寺としようとする意図が強かったのであるが、恒貞親王が出家し、正子皇太后が崩御するに及んで、定額僧十四口を置いて僧寺に転じ、このとき道昌と恒貞親王（恒寂）との関係が生じて、この寺も廣隆寺＝法蓮寺＝貞観寺と同時に道昌の関係寺院の系列に導入されて真言化された。ことにさきの嵯峨天皇と空海との関係をも強調されて、当初より真言宗へ向って発足したといえる。そして天台宗が叡山を中心として、その発展を近江国を中心に東へ向っている間に、真言宗は東寺＝宮中内道場＝西山の御願寺＝東大寺と着々と教線の拡大が進められ、高雄山寺にはじまったこの地域への発展は、各天皇の御願寺が創建されるにつれて進展していったのである。

清和天皇の圓覚寺、宇多法皇の仁和寺等、それぞれ真言宗の発展を見ないで、その創建の事情を知ることはできないのである。そしてこの場合、大覚寺は離宮を中心として形成された御願寺であると見るのが至当である。

(1) 三代実録、第二十八、貞観十八年二月廿五日条
(2) 本朝皇胤紹運録(群書類従、四)
(3) 日本紀略、第十四、弘仁十四年四月十六日条
(4) 三代実録、第三十五、元慶三年三月廿三日条
(5) 公卿補任、第一、(天長五年)藤原吉野補任の条
(6) 後撰和歌集、巻十五、雑歌一(国歌大系、一〇九三号)
(7) 続日本後紀、第一、天長十年四月廿一日条
(8) 同右、第十二、承和九年七月廿三日条
(9) 註(4)に同じ
(10) 文徳実録、第六、斉衡元年四月廿六日条
(11) 三代実録、第四、貞観二年五月十一日条
(12) 同右、第二十五、貞観十六年四月十九日条
(13) 同右、第四十、元慶五年九月廿七日条
(14) 註(1)に同じ
(15) 菅家文章、九、奏状(北野誌、北野文叢、五)七八頁
(16) 三代実録、第四十、元慶五年十二月十一日条
(17) 類聚三代格、巻第二、貞観元年四月十八日条

(18) 三代実録、第四十、元慶五年八月廿三日条
(19) 同右、第二、貞観元年三月十九日条
(20) 同右、第二十九、貞観十八年八月廿九日条
(21) 西田直二郎『京都史蹟の研究』、淳和院旧蹟参照
(22) 三代実録、第四十六、元慶八年九月廿日条
(23) 恒貞親王伝（後拾遺往生伝、亭子親王伝）（群書類従）、八、上
(24) 仁和寺御伝（仁和寺史料寺誌、二）
(25) 類聚三代格、巻第二、佛事上、弘仁十四年十月十日太政官符
(26) 同右、巻第二、承和元年十二月廿四日太政官符
(27) 続遍照発揮性霊集補闕鈔八、被レ修二公家仁王講一表白、坂田光全『性霊集講義』三四二頁
(28) 三代実録、第二十七、貞観十七年二月九日条
(29) 同右、巻二、貞観元年正月八日条
(30) 註(28)に同じ
(31) 清滝淑夫「廣隆寺の成立に就いて」（『南都仏教』一四号）
(32) 続日本後紀、第七、承和五年十二月十五日条
(33) 廣隆寺資財帳（平安遺文、一―一六八号）
(34) 三代実録、第一、天安二年十月十六日・十七日条
(35) 文徳実録、第一、嘉祥三年五月五日条

六　圓覚寺の成立

御願寺の成立については、さきに大覚寺において述べたように離宮寺院が御願寺となる場合もあるが、御願寺がまた、貴族の山荘を基礎として成立した場合も考えられる。

ことに貞観寺の成立についても、三代実録では「貞観寺者今上（清和）御願所二建立一也、故太政大臣忠仁公（良房）与二真雅一戮レ力、推レ誠、経略修造、彫鏤荘厳成之一」、また「不レ日公家施二入田園資財一安二置僧十六口一令レ修二念真言業一」(1)と、藤原良房と真雅の協力のもとに、この貞観寺が成立したことを示している。

さきに述べたように、空海の場合、その背景として真言宗の教線の拡大に協力したものは嵯峨天皇・平城天皇、さらにその皇子の高岳親王、または淳和天皇等であったが、藤原氏との関係が藤原冬嗣を中心として展開されたかどうかについては明確でない。ただ冬嗣が藤原氏の繁栄を願って興福寺に南圓堂を創り、不空羂索観世音坐像を安置し、この本尊のために不空羂索法を行ったという伝があるが、この弘法大師行状要集の記事は、単に口伝として見るにすぎないかも知れない。(2)

むしろ空海は、藤原氏の成長に好意を示していたかも知れないが、その中心は東寺・宮中真言院および東大寺等、天皇の御願満足の祈願を中心として皇室に対して真言宗を浸透させることがまず急務であったと考えられる。

しかし佐伯氏、あるいは紀氏の出自を中心として真言宗の教線を張ってきた弟子たちは、藤原氏の台頭をみ、平城天皇および淳和天皇の一族の敗退、さらには、大伴氏・橘氏の没落を見つめてきた彼らにとっては、やはり藤原一族のなかでも北家への接近は是非とも必要性を感じたのであった。

そして空海の弟の真雅は「十九歳受二具足戒一徴侍二内裏一於二帝御前一誦二真言卅七尊梵号一、（中略）斉衡三年転二大僧都一、清和太上天皇降誕之初、入侍擁二護聖躬一、太政大臣忠仁公（良房）与二真雅一相謀建二立精舎一、安二置尊像一奉レ為二震宮一於レ此修善」(3)と、清和天皇の護持僧として宮中へ出入することにより、その地盤を確立することができたのである。ことに清和天皇は藤原明子を母とし、その明子は藤原良房の子であった関係上、文徳天皇と明子との間に男子の誕生を求め、それによってミウチ関係を確立しようと考えていた良房にとっては、明子が文徳天皇の子の惟仁親王を嘉祥三年（八五〇）三月二十五日に生んだことによって、天安元年（八五九）より良房が摂政の地歩をはじめてきずいたものと考えられる。

そして清和天皇が即位すると同時に彼が太政大臣に任ぜられ、摂政を引きつづいて継続し得たのも、明子の子惟仁親王の即位への実現を見たからでもあった。また惟仁親王の立太子は嘉祥三年（八五〇）十一月二十五日で、誕生後一一ヵ月で、全く皇太子の何物であるかもわからない年頃のわずか一歳であった。そして惟仁親王の皇太子傅に源信をまた真雅を護持僧として、さらに天皇への践祚を待つことになった。ことに清和天皇の即位の場合はまさに九歳であった。とくに惟仁親王は、文徳天皇の皇子惟喬親王（母静子、紀虎女所生）、惟条親王（母静子）、惟彦親王（母典子、滋野貞主女）を除いて即位を決定した裏には、良房の摂政を約束する意味が含まれていたのであった。これについて、

天安二年十一月七日甲子、即二位于大極殿一、時御年九歳、此日、以二太政大臣一為二摂政一、摂政者異朝唐堯挙レ舜、為二摂政一、殷湯以二伊尹一為二阿衡一、周成王幼而即位、叔父周公旦摂政、是今摂政之儀也、周公旦者、文王之子、武王之弟、自知二其貴一、忠仁公者皇帝之祖、皇后之父、世推二其仁一、（中略）天皇幼而即位、忠仁公摂政、尓降、藤氏相続為二執柄之臣一(4)

と、帝王編年記の著者も述べているように、幼帝即位が藤原氏の政権獲得の絶対条件であったことは、単に清和朝の問題でなく、藤原忠平のとき朱雀天皇の即位は八歳、藤原実頼のとき冷泉天皇の即位は十八歳、また圓融天皇は十一歳、藤原頼忠の摂政のとき花山天皇の即位は十七歳、藤原兼家の摂政のとき一条天皇は即位七歳、藤原道長の摂政のとき後一条天皇の即位は九歳、後朱雀天皇の即位は十八歳、後冷泉天皇の即位は二十一歳と摂関政治の確立と幼帝の即位は相互に密接な関係を持ちつつ、摂関政治が強力に押し進められようとするときにかならず幼帝即位の状況を見ることは、自明の事実である。そして後三条以後は、天皇も三十五歳等、摂関政治の弱点を指摘し、検討できる人物が即位して院政を確立することができたのであって、摂関政治は摂関家の専断を意図したものともいえる。

いまふりかえって、そのような平安時代の政治体制の最も初期の段階において確立し得た良房の摂政の地歩の確立は、実にこの藤原明子の生んだ惟仁親王、さらに清和天皇と高子の間に生まれた陽成天皇の即位（十歳）をもって良房、基経の摂関政治をまず確立しようとしたのであった。しかし陽成天皇は狂躁性があって、とても政治を掌握できるような状態ではなかったために基経は廃立を画し、年齢的に高い五十五歳の光孝天皇（時康親王）を不本意ながら即位させ、その恩顧により関白への進出をはかり、その基礎をきずいたのである。このような摂関政治の動向を推察するとき、真雅がこのような藤原氏の動向に敏なるにより、真言宗の基礎を固めようとしたことは、当然の結果でもあった。そして真言宗はさらに天皇への祈願を中心とするのみならず、摂関家とのつながりを持ちつつ発展しようと考えたのである。

圓覚寺の成立は、かかる空海の弟子の真雅と、その弟子の寂叡と基経を中心とした清和天皇の御願寺の建立という意図のもとに形成されたのであるが、それはさきに貞観寺を良房と真雅が中心となってつくりあげた例にならうもの

であった。そして圓覚寺の成立は清和上皇の不予の条件のもとに創建されることとなった。(5)

この圓覚寺はもと藤原基経の山荘であって、ここを清和天皇が崩御の地と定められ、堂宇を建立して、来世への得脱を求めるためでもあった。また清和天皇が陽成天皇に践祚をうながした中にも、貞明親王(陽成)が皇太子とし、また即位するに足る成年に達したためと述べられているが、これもわずか九歳に達したことを意味し、践祚の理由にならない。

また清和天皇自身、病をのがれんためというのも至当の理由でない。そして「右大臣藤原朝臣(基経)は内外の政を取持て、勤仕奉らんと夙夜懈らず、又皇太子の舅氏なり、その情操を見るに、幼主を寄託すべし、然れば則ち少主のいまだ万機に親しまざるの間は政を摂し事を行なはむと、近く忠仁公(良房)の朕(清和)が身を保ちたすけし如く相扶け奉べし」(6)と見えていることは、明らかに良房より基経へ摂関を移譲するための清和天皇の退位であった。

即ち幼主をもって専断の場とし、少主長ずるに及んで退位を求め、そこにミウチ関係を打ち立てることにより地歩を確立しようとしたことが明らかである。

そして清和天皇は二十七歳で退位し、三十歳で落飾し、三十一歳で崩御という状況になったことは、天皇の退位後は「寄二事頭陀一、意切二経行一、便欲レ歴二覧名山佛壠一」(7)という、諸寺巡礼という境地に達せざるを得なかったのである。貞観寺→東大寺→香山寺→神野寺→比蘇寺→龍門寺→大滝寺→勝尾寺→海印寺と、それは、あたかものちの花山法皇のごとくさまよわれた上皇が、丹波国水尾山に終焉の地を求められてより、ここに「自後不レ御二酒酢塩鼓一、隔二二三日一進二斎飯一、六時苦修、焦毀如レ削、断二除業累一、禅念逾々劇、恒厭二此身一、欲下不レ御レ膳而捨上レ之、至下夫沙門修練者之所二難行一緇徒精進者之為中高迹上、雖二尊居レ極、而尽蹈レ之矣、寝疾大漸、命二近侍僧等一、誦二金剛輪陀羅尼一、正向二西方二結伽趺座、手作二結定印一而崩」(8)と、その崩御の状況はまことに哀れであり、天皇の御願寺の圓覚寺は、基経の山荘の提供であっても、さきの大覚寺のごときはなやかなものではなかった。

宗叡が清和天皇に接近したのも、「清和天皇の幼少に御坐時より護持し仕え奉る事」(9)によるけれども、さらに天皇の落飾入道の導師(10)を通じて圓覚寺造立への道をともにたどることにより、この寺の基礎をきずいたのであった。そしてそれはまた真雅の道を継承するものでもあった。

有二僧正真雅法師一、自二降誕初一、侍二護聖躬一、奏建二佛寺一、額曰二貞観一、凡厥用度、惣経二官家一、制餝甫就、設斎供養、天皇命二王公百寮一行レ事、真雅遷化、復有二僧正宗叡法師一、入レ唐求レ法、受二得真言一、奉レ勧二天皇一、結二香火之因一、自レ遜二皇位一、御二清和院一、帰二念苦空一、発二心菩提一、朝夕之膳、菜蔬在レ御、妍状豊姿、不レ賜二顔色一、嫵私寵引、自レ斯而断、遂御二山荘一、落飾入道、是時僧正宗叡侍焉、山荘即是圓覚寺也(11)

そして上皇崩御ののちは初七日を、天皇のゆかりのある粟田寺・圓覚寺・常寂寺・禅林寺・貞観寺・観空・水尾山寺に修し、追善供養を行い(12)、また五七日にも粟田寺・貞観寺・海印寺・東大寺・香山寺・神野寺・法輪寺・現光寺・龍門寺・和堂寺・大滝寺・勝尾寺・水尾寺等一三ヵ寺で供養を行うなど(13)、上皇の追善を行っているが、この圓覚寺の場合は天皇自身が崩御の場所をえらんだのであって、壮大な御願寺という形態をとらない。そして、次に述べられているごとく、

勅曰、山城国愛宕郡粟田院、元是太政大臣藤原朝臣之山荘也、太上天皇趁二其清閑一、蹔駐二仙蹕一、遂於二此地一、出家落餝、仍為二道場一、額曰二圓覚寺一、今橋山漸遠、弓劔无レ追、拝二爵台一而慕レ襟、望二鶴樹一而縻レ涕、昔周人之思二邵伯一、愛二其甘棠一、漢国之仰二摩騰一、崇二其精舎一、彼一臣一僧、猶尚如レ此、況聖跡所レ存、何不二尊重一、宜下特為二官

寺一、以伝中遐年上、即日頒三下山城国一、令二牧宰知一レ之、[14]

そして圓覚寺は、清和上皇の崩御の遺跡を尊んで官寺としたのであった。

もちろんこの寺が明確な御願寺であったかどうかについては疑問も多い。単なる山寺にすぎなかったかも知れないが、やはり藤原基経の山荘を寺とし、宗叡を開山として清和上皇の崩御の寺院という、いままでの単なる祈願寺でもなく、それは天皇の崩御のための寺であった。そしてここで崩御によって寺院となったという理由に注目しなければならない。そこに造寺の意義の一つの、新しい考え方が生まれてくるのである。

またこのこと以後宇多法皇も承平元年（九三一）七月十九日に仁和寺に崩御、[15] 圓融法皇も正暦二年（九九一）二月十二日に圓融寺に崩御等、崩御にともなう御願寺の設置が考えられるのである。

しかしさきの大覚寺の場合と圓覚寺の場合は大覚寺については、淳和太皇太后の生存中に入道したがため、真言宗の高僧を招いて離宮寺院として発足したのであるが、圓覚寺は祈願寺というよりも、菩提寺、あるいは入滅のための簡素な寺院ということができる。

けれども、この離宮寺院と入滅のための寺院という二つの御願寺形成の要素は、仁和寺の経緯をさぐることにより、その造寺思想の一体化を見るのであって、それは平安初期における御願寺の一つの道であり、その影響は、四圓寺や六勝寺に及ぼさないではいられなかったものがある。

そして、ここに初期の御願寺の特徴を明確に知ることができるのである。

（1）　三代実録、第二十九、貞観十八年八月廿九日条

（2）　弘法大師行状要集、二（弘法大師伝全集三）

(3) 三代実録、第三十五、元慶三年正月三日条
(4) 帝王編年記、巻十四、清和天皇条(国史大系本)二〇五頁
(5) 三代実録、第三十八、元慶四年十一月廿五日条
(6) 同右、第二十九、貞観十八年十一月廿九日条
(7) 同右、第三十八、元慶四年十二月四日条
(8) 註(7)に同じ
(9) 同右、第三十六、元慶三年十月廿三日条
(10) 同右、第三十五、元慶三年五月八日条
(11) 同右、第三十八、元慶四年十二月四日条
(12) 同右、同、元慶四年十二月十日条
(13) 同右、第三十九、元慶五年正月七日条
(14) 同右、同、元慶五年三月十三日条
(15) 貞信公記抄、承平元年七月十九日条

七　仁和寺の成立

仁和寺の成立については、最初、光孝天皇の御願寺として西山に建立されて、西山御願寺と称されていた。[1] もちろん成立の状況においては、光孝天皇の宝祚安泰、息災安穏を祈願するための御願寺として創建されたのであるが、仁和三年(八八七)八月二十六日に光孝天皇は仁寿殿で圓珍等の祈願の甲斐もなく崩御されたために、この西山御願寺は、光孝天皇の息災安穏を祈るための御願寺から、一転して光孝天皇の追修作善のための菩提寺的性格が加え

られたのである。天皇の遺体を、九月二日に山城国葛野郡後田邑陵に葬るとともに、創建途中であったこの西山御願寺を宇多天皇は、「近為レ荘二厳山陵一、遠為レ興二隆佛法一、建二立精舎於山陵一、奉レ廻二白業於　聖霊一、廻向之志既期二万劫一」(2)するために完成への努力をなされたのであった。そしてこの寺の本尊に弥陀三尊をまつり、先帝の追善供養をした。(3)ついで四年後の寛平二年（八九〇）に仁和の年号に基づいて仁和寺と称され、(4)仁和四年（八八八）八月十七日に空海の甥の真然が金堂供養の導師に請ぜられている。(5)

このことはのちに益信と宇多法皇の連携のもとにこの寺が真言宗の本拠となった起因でもあった。

この供養ののち、圓仁の弟子の幽仙が仁和寺別当に任ぜられている。この幽仙という人物は左近将監藤原宗道の子で、圓仁につき貞観元年（八五九）に得度を受け、寛平二年（八九〇）権律師となり、宇多法皇が仁和寺御室を形成して、延暦寺に追放されるまで九年間、仁和寺別当であった。(6)

この幽仙は仁和寺の年分度者の申請にあたって、この寺の教線を確立するために次のごとく述べている。

幽仙昔就二師縁一久住二叡山一、頗以稟二学真言止観等一、雖レ未レ探二其深奥一而恒致二帰命之誠一、且夫大日経者真言根源秘蔵至極、其止観者禅門玄枢恵蔵明鏡、安二鎮国家一之基、興二顕正教一之設、莫レ如二此二法一、望請　天裁建二斯両宗一、於二件御願寺一毎年試練、当二於　先帝登遐之日一授二沙弥戒一、得度之後於二天台戒壇一受二増大戒一、受戒之後還二住本寺一、昼則令レ転二読金光明妙法花一、専以護二誓聖主宝祚一、夜則念二持弥陀真言等一一向奉レ廻二　先帝聖魂一、件年分僧等中、若有二才学優長者一、預二延暦寺階業一、同以二一向大乗一鎮二護国家一、同以二菩薩戒力一福二利群生一、謹録二事状一(7)

ここでは彼は天台宗を本義とし、圓仁門徒としての彼の立場を強調し、この寺の年分度者を延暦寺戒壇にのぼせ、受戒ののち仁和寺に住すべしとの立場をとっている。また受戒にあたっては光孝天皇の崩御の日に充当している。そして遮那業、止観業の二人の年分度者は、延暦寺の階業に頼って昇進する道を開くというものであった。

この幽仙を仁和寺に推挙したのは、圓仁なき後に光孝天皇の内供奉十禅師となり、また天皇の病気平癒を祈った圓珍であったと考えられる。(8) ことに彼は天皇の護持僧であった関係もみられるので、(9) ことに圓珍の入滅は幽仙の仁和寺別当就任後一年たっている。(10) 圓珍は光孝天皇の西山御願寺を幽仙の手によって完成させ、そこに天台宗の基盤を打ち立てようとしていたと考えられるのである。

ことにまた、仁和寺を延暦寺では自己の末寺化しようと考えていた。

仁和寺之事(中略)仁和寺之本願幽仙、昔就師縁住叡山(中略)、元来慈覚大師之末弟也、而受法未レ終、大師入寂、仍被レ引二他縁一、住二仁和寺一、受二昌泰二年己未十二月十四日官符一、任二別当一、同三年庚申二月十七日登山之間、末寺小僧、別当職不可然云々、于時即於二月輪寺馬場一、従二手輿一落、頓滅焉、年六十五云々、依レ之以二高雄寺竝仁和寺一、為二山門之末寺一也(11)

この素絹記によると、仁和寺の本願は幽仙で、高雄寺および仁和寺を山門の末寺と見なしている。しかしこの幽仙が延暦寺別当に転ぜられた理由は、明らかに宇多上皇の落飾と、上皇の益信への帰依とに関連するものであった。幽仙の延暦寺への転出は昌泰二年(八九九)十二月十四日で、宇多上皇はこの年の十月十四日に東寺長者益信に従って落飾し、仁和寺に入ってより二ヵ月後である。宇多法皇は落飾後、東寺で益信より灌頂を受け、高野山を訪れ、東大寺で受戒を受けたのち、着々と益信の助言のもとに、聖宝の弟子の観賢を仁和寺別当に補任するために幽仙を延暦寺へ追放したとも解せられる。

ことに幽仙の人物については疑義も伝えられ、善祐と同じく陽成天皇の生母藤原高子と通じていたという噂さえも流れ、高子が廃后された事件を通じて彼の評も良くなかったのであろう。[12]

そして彼の天台座主も正式に延暦寺より承認されず、宇多法皇の仁和寺入寺という不測の事態に対する便宜の措置としての一時的なものと理解されていた。「幽仙宜任二彼寺別当一事、依二一時一不レ可レ例」[13]と但書がつけ加えられ、そのうえ彼は学問的にはいまだ深奥を極めず、また「末寺小僧別当職不レ可レ然」[14]と延暦寺は仁和寺を末寺と考えていたから、天台座主の末寺よりの任命には反対し、その上、律師という彼の低い身分で、いかに圓仁の弟子とはいえ天台座主になることは止めるべきであるとの意見をもっていたと同時に、さらに延暦寺において強くなりつつあった智證門徒の反対にも出くわして、彼は拝堂のため登山しようとしたとき、坂本の月輪寺の馬場にて手輿より落とされ殺害されてしまったのである。

これは、延暦寺へ幽仙を送り帰したのはまったく宇多法皇が仁和寺を益信を通じて確保したいという積極的意志によるものと考えられる。

また一方、宇多法皇と益信との関係については、次のことがある。即ち宇多法皇は即位以前、定省親王と称していたときその義母として育てられたのは光孝天皇の尚侍の藤原淑子であった。淑子は右大臣藤原氏宗の室で、典侍になり[15]宇多天皇が一時源姓を与えられ臣籍に下ったとき、実母よりも親王をあわれみ、これをいつくしみ保護を加えた。そのことは、「尚侍（淑子）殿下者、今上之所二母事一其労之為レ重、雖二中宮（班子）一而不レ得、其功之為レ深、雖二大府一而不レ得」[16]と、まさに天皇と養母淑子の関係は、母后以上の親しさをもっていた。この淑子が、宇多天皇が幼少の頃から佛法に帰依するために、出家したいという意向をもっていたことに賛同していたので、したがって宇多天皇の佛法帰依の心が深まっていったのである。ことに淑子が病にかかったとき、益信の効験があって、[17]それを機縁として圓成寺の建立となって発展した。

この圓成寺は淑子の夫の氏宗の終焉の地で、淑子は氏宗終焉以来、あとのもので佛道に帰するものなく、ただ遍真が氏宗の孫として佛道に入っているが、まず益信をこの寺の別当として補任し、この遍真が、この寺をつぐ意志があるときには、益信の弟子が独占しないという約束のもとに、益信による圓成寺の管理方式が定められた。(18)

そして淑子は、圓成寺に播磨国封戸五十烟を施入している。

為尚侍藤原氏、封戸施入圓成寺願文寛平元年正月三日、

女弟子尚侍従一位藤原朝臣　敬白、

施入播磨国封戸五十烟、

右弟子依レ有二宿念一、建二圓成寺一、後太上皇(宇多)勧誘随喜、微々発願、雖レ出二妄心一、一々荘厳、専由二聖慮一、方今佛前供養、香油未レ飽、僧房住持、衣鉢猶乏、弟子所レ賜、別勅封戸、明二之家途一、既為二衍溢一、是故算数輸物、先分二五十烟一、廻向功徳、普及二三千界一、人生有レ限、恩賞無□(窮カ)死後還レ公、是大理也、女弟子　敬白(19)

ここでは淑子は、宇多上皇の勧誘により発願したと述べている。さきの遍真のことあるも、益信は、圓成寺については「此寺不レ為二僧綱講読師所レ摂、門徒之中、年歯長大慈悲平等護法勝者、以レ之為レ首、互為二年預一、令レ勾二当雑務一」(20)とて、この寺では他寺のごとく僧綱の支配を受けず、益信の門徒による寺院経営を求めている。ここに律令体制に基づく僧綱の寺院統轄権の敗退が見られる。そしてこの寺の年分度者についても、金剛界業・胎蔵界業各一人を求め、真言宗阿闍梨を首とし、仁王経・守護国界主陀羅尼経・最勝王経・法華経を講経し、十二口の僧を置いて六年籠寺し、仁王三昧を行い、顕密両宗の道場とし三会聴衆への道も開いたが、主として「益信件道場奉二為聖朝一相二率

円堂図事

門徒ニ奉レ祈ニ仙齢ニ」[21]と、圓成寺は益信門徒の真言宗寺院となり、定額寺に指定されたのである。そして益信または圓成寺僧正とも称された。

この淑子と益信の関係により、宇多上皇は益信を重用し、東寺法務に、また仁和寺での落飾の戒師として請じ、仁和寺圓堂院を建てられて、その供養の導師となるとともに、仁和寺を真言宗寺院と化すことに成功したのである。昌泰三年（九〇〇）には観賢が仁和寺別当となっていて、宇多法皇の指示のもとに圓堂院を中心として仁和寺の運営にあずかり、声明業一人を圓堂院の年分度者として光孝天皇と宇多法皇の御願を達成することを申請した。

この圓堂院はまったく仁和寺の真言宗の根本道場であり、圓堂内に金剛界三摩耶形を安置し、益信を請じて、百口の僧を招いて盛大な供養を行い、この八角圓堂は法皇の念誦堂でもあった。本要記によると圓堂は右図のような形態であった。

或記云、延喜四年(朱)「甲子」三月(朱)「廿六日」、建圓堂、安置金剛界会三摩耶形、即立誓曰、昔為人君万姓作悪皆帰我、今成佛子一身修善普利他云々、

舞楽曼荼羅供記云、寛平法皇、圓堂供養被始、此儀延喜四年三月廿六日辛酉、八専日、御導師益信僧正、請僧百口、或記云、仁和寺圓堂院、

上障子　内外　(朱)「艮為初逆廻之、」

（朱）「艮角」
艮面、北龍猛、南龍智、　内、北弘法、南実恵、　（朱）「巽角西北」巽面、北金剛智、南不空、　内、北真雅、南真然、（朱）「北」南宗叡僧正、

（朱）「坤角」
坤面、東善无畏、西一行、　内、東真済、西真紹、　（朱）「乾角西南」乾面、南恵果、北法全、　内、（朱）「北」右聖宝、益信、（朱）「北源仁、聖宝、

第一祖達磨大師　第二祖恵可大師　第三祖僧璨大師

第四祖道信大師　第五祖弘忍大師　第六祖慧能大師

第七　行基菩薩　第八　鑒真和尚

件写本式部已講顕杲本云々

又或記云、仁和寺圓堂院御影次第（朱）「朱書以或本書之、」

上障子面、従㆓龍猛㆒至㆓于恵果㆒如㆑常、加法全、

下壁

東北角　南達磨和尚　北恵可禅師

東南角　東鑒真和上　西行基

西南角　南恵能　北弘忍

西北角　西道信　東僧璨

上障子裏

東北　北弘法大師　南檜尾僧都（朱）「実恵」

東南　東高雄僧正真済　北貞観真雅
西南　南圓覚寺僧正（朱）「宗叡」　北真紹僧都禅林寺
西北　西後僧正真然　北南池院僧都聖宝 益信
已上教乗房説(22)

この八角の圓堂院は瑠璃の瓦を葺き、荘麗な堂宇であったが、その中にある祖師像は右のごとく、全く真言宗独自のもので、仁和寺にこの圓堂が完成すると、直ちに宇多法皇の住居としての御室が形成された。

この御室は式部卿敦実親王の離宮として宇多法皇が親王に充てられていられたものを、いま法皇の御所とすることになった。そしてそこは法皇遁世のための場所であり、のちに菅原道真の変により入道して真寂と称したもとの斉世親王が、またこの御室のそばに観音院を建てて住した。(23)

さきの法皇の御室は仁和寺の西にあって、いまの真寂の御室を南御室と称したのかもしれないという説もある。この御室は法皇がここで朝勤行事を受け、佛道修行に専念した場所でもあった。それは道真の左遷後、時平の死に到る時期で、ひたすら時勢の行く末を見つめようとする時でもあった。

ことに醍醐天皇のときで藤原忠平が延長二年（九二四）に左大臣に任命されても、朱雀天皇が即位するまでは摂政を任じなかったのも、宇多法皇の指示によると見るときは、決して仁和寺御室で佛道修行のみに専念されるという単なる隠遁を目的とするものでなく、やはり藤原氏の台頭にきびしい態度で臨まれていたとも考えられる。

そして承平元年（九三一）七月十九日、法皇はこの仁和寺御室にて崩御になった。

この仁和寺の場合、仁和寺金堂等は光孝天皇により天台宗系にて開かれたものが、圓堂院を中心として、真言宗の台頭となり、さきの全伽藍が真言宗に吸収されてゆく過程を見てきたのであるが、この圓堂院と御室の原型は、明らかに淳和太皇太后が、父帝の離宮であった嵯峨院をもって大覚寺とした場合と同様、ここにも離宮寺院の形成の状況を見ることができる。ただ清和天皇がその崩御直前に寺院とした圓覚寺の場合とは異なるものの、仁和寺でも、宇多法皇は退位落飾後、この寺を形成して崩御のための御所として居住しているという状況が見られ、さらにそこが息災祈願の寺院であると同時に入滅のための場所として予定されているのである。

この宇多法皇の御室形成は寺院と御所との繋がりを持つ形態として、のちの藤原氏の祈願寺（法性寺・法成寺）の形成や、六勝寺の形成の原型として注目すべきものがある。

しかしここでもう一つ注目すべきことがある。それは仁和寺別当観賢の奏状に見える事実である。

太政官符

応三圓成浄福両寺聴衆立義内輪転逓請二仁和寺僧一事

右彼寺別当律師法橋上人位観賢奏状偁、仁和寺、是寛平御代奉三為仁和先帝（光孝）一所二創立一也、其定額僧十口、皆諸宗智者、而闕二一寺之独見一、闕二三会之多聞一、夫浄福寺者東院皇后（班子女王）御願、置二定額僧四口、聴衆立義各一人一、又圓成寺故尚侍贈正一位藤原朝臣淑子之所二建立一也、寛平殊有二御願一、作三起宝塔一、聴衆立義亦具備焉、伏尋二細由一雖二三寺異レ処、共一代建立、仁和寺僧盍レ預二決釈一、当今太上法皇御在之間、左右無レ妨、若至二後代一、相和可レ難、望請　処分、三寺輪転、遙令レ請三用三会聴衆、二会立義一、謹請二　天裁一者、左大臣（時平）宣、奉レ勅依レ請、立為二恒例一、

延喜七年五月二日(24)

これは圓成寺出身の僧を三会聴衆に請用するための奏状であるが、ここで宇多法皇の縁によって創建された圓成寺や浄福寺の僧が、三会聴衆になるについては仁和寺の僧により決釈を受けるという条件が見られる。これは宇多法皇が仁和寺に住するということは、仁和寺をこれらの寺々の本寺とすることで、仁和寺が代々法親王等を中心に門跡化するにつれて、この傾向はますます高まっていくのである。法皇灌頂の弟子の寛空が仁和寺と同時に大覚寺を吸収して教線を拡大していったことは、この西山地区に益信および法皇のつながりのもとに強力な真言宗の路線が引かれたことを意味する。そして宇多法皇が観賢とはかって、延喜十八年（九一八）より二十一年にかけて空海の謚号を上奏して、弘法大師と称することを許されたことについても、裏面より法皇の推進があったと見るべきで、法皇の真言宗興隆にただならぬ意欲があったことがわかる。

このように大覚寺・圓覚寺・圓成寺等の御願寺を中心として、真言宗が天台宗を圧して西山に進出し、そこに発展の基盤を置いたことをいままで見てきたが、これはまた次の四圓寺（圓融寺・圓教寺・圓乗寺・圓宗寺）への強い影響力を与えずにはおかなかった。

とにかく、私はまず大覚寺において、淳和太皇太后が、嵯峨天皇の離宮を改めて寺院となし、圓覚寺の場合は清和天皇の崩御のための山荘を改めて寺院として発足し、そのほか藤原淑子の圓成寺もまた藤原氏宗の山荘の改修による寺院で、このように離宮や山荘をもって寺院とする形態が、延暦寺や金剛峯寺等の以前の山岳寺院と性格を異にして発生したことは、やはり官寺的性格寺院よりも、私寺的性格が強く打ち出されると同時に、平安佛教が貴族化する道を開いた。これはまた京都の周辺寺院の大きな特徴として見られるのである。

しかし院政期のように法皇の政治的権力が強められなければならないというときには、京都の中央にこれら御願寺が進出してくるけれども、まだこの段階では隠遁的な性格が強く佛道精進という状況が強いと見なければならないであろう。

しかしてこのような新しい離宮山荘より発生した御願寺には、真言宗の進出が目ざましく、ことにその密教特有の師資相承・血脈厳守の原則は、他宗の入る余地を減じ、真言宗の教線が強く確立されていったことは、平安時代における密教寺院の大きな特色であったといえるのである。

そこで結論として、御願寺は最初は天皇や皇族の現世安穏のための祈願を対象として形成され、高僧を請じてその目的を果たしていた。その発生は僧侶の住居・山荘、あるいは貴族の別荘や山荘をも寺院化していたが、藤原北家の中央への進出によって敗退した天皇や皇后・皇太后・親王等が、自己の離宮や別業を寺院化してここに居住し、高僧の指導のもとに開基となって、その高僧の教義に基づく寺院を形成し、ついにはここを崩御・入滅の場所としたのである。そして大覚寺の場合も、圓覚寺・仁和寺も共通して、このような天皇家が、藤原氏により敗退した結果できた寺院である。そしてともに最初は離宮や山荘より発生し、その無常観をいやすための居所としてはたまた佛道修行の道場であったと同時に、隠棲の場所であると同時に現世安穏を祈るための祈願寺的性格であったが、これら皇族の崩御入滅後、その菩提をとむらう寺院として新しい性格が加えられ、そのために請ぜられた高僧の門弟が、この寺院を相続して、御開基の天皇の忌日の菩提をとむらうための祈願をすると同時に、自己の宗派の寺院として別当職等を掌握して、御願寺を運営していったのである。

しかし仁和寺の場合は宇多法皇という特殊な開基をもち、法皇が真言宗を受容したという条件、さらに法皇自身阿闍梨位を収得していたため、真言宗高僧門徒の寺院ではなく、代々天皇の皇子や法親王をもってこの寺を掌握する代表的な皇族寺院として、他の御願寺の上にこの寺を位置せしめたのであって、法皇がのちに開山として君臨し、御室即ち仙洞御所的な様相さえも示して、御願寺の中の特異な存在として、御室相承が師資相承と同時になされていったのである。ここに御所と寺院の結合が見られるのである。

そして要するに、御願寺に法皇の隠棲入寂所（単なる隠居所や遁世所とは異なる）としての御室が加わって、変質していった。これはのちに皇族・貴族等が、自己の居所である寝殿建築をそのままに寺院建築に移行して、そこで出家入滅していった四圓寺・法性寺・法成寺が発生する大きな基盤となったのである。

この意味ではさきの三寺のうち、仁和寺の性格は極めて注目に価するものである。

(1) 日本紀略、前編、巻二十、仁和四年八月十七日条
(2) 類聚三代格、巻第二、寛平二年十一月廿三日太政官符
(3) 仁和寺名宝図録
(4) 註(2)に同じ
(5) 本寺堂院記（仁和寺史料、寺誌、二）二七五頁
(6) 天台座主記、一、幽仙伝（延暦寺本）三一頁
(7) 註(2)に同じ
(8) 三代実録、第四十九、仁和二年十月十一日条
(9) 同右、第四十九、仁和三年三月十四日条
(10) 扶桑略記、巻二十二、寛平三年十月廿九日条
(11) 素絹記（大日本史料、一ノ二）、昌泰三年二月二十七日条
(12) 扶桑略記、巻二十三、昌泰二年十二月十四日条

(13) 註(6)に同じ
(14) 註(6)に同じ
(15) 三代実録、第四十五、元慶八年四月二日条
(16) 政事要略、巻三十、阿衡事、奉昭宣公書(国史大系本)二四五頁
(17) 伊呂波字類抄、十、恵、諸寺
(18) 類聚三代格、巻第三、延喜六年九月十九日太政官符
(19) 菅家文章、十二、願文下、寛平九年正月三日願文(北野文叢巻六)一一三頁
(20) 註(18)に同じ
(21) 類聚三代格、巻第二、寛平元年七月廿五日太政官符
(22) 本要記(仁和寺史料、寺誌、二)三三六頁
(23) 本寺堂院記(同右)二八四頁
(24) 類聚三代格、巻第二、延喜七年五月二日太政官符

第六節 四圓寺の成立について

一 圓融寺の成立

四圓寺とは、圓融天皇が永観元年(九八三)三月二十二日に設立を見た圓融寺、つづいて一条天皇が長徳四年(九九八)正月二十二日に建てられた圓教寺、さらには天喜三年(一〇五五)十月二十一日に、後朱雀天皇が建立を発願され、その途中で崩御され、後冷泉天皇により完成を見た圓乗寺、また、後三条天皇の延久二年(一〇七〇)十二月二十六日にはじ

められた圓宗寺の四つの寺院で、[1]それぞれ仁和寺周辺に設けられ、[2]その寺域は圓融寺、圓宗寺、圓乗寺、圓教寺の順で大きく、なかでも圓融寺・圓宗寺はその規模が四圓寺のなかでももっとも大きかったとともに組織立っていた。

この四圓寺についてさきに滝善成氏が「四圓寺、法性・法成寺の研究」としてその社会経済史的研究を中心として、法性→圓融→圓教→法成→圓乗→圓宗の設立順序に基づき四圓寺と法性・法成寺の二つの寺院が院政時代以前に建立され、それらに真言宗および天台宗が進出して「法華信仰的な現世利益の要求と建立の慣習性の充足のもと」に設けられたと述べられている。[3]また四圓寺のなかの圓融寺についてその成立過程をさぐった菊地京子氏はその論文のなかで「仁和寺『御室』のもつ意味と圓融寺の後院的性格との関連の上で考察されなければならない。そのことが又圓融寺の存在、ひいては圓融院政に関連するものであって、四圓寺が、殊更仁和寺近辺に建てられたことの意味も理解されてくるのである」[4]と述べられているが、私はここに四圓寺と仁和寺との関係についてさらに深く考えてみることとしたい。

もともと仁和寺の中に形成された御室については、さきに述べたように、はじめ式部卿敦実親王の離宮として宇多法皇が親王に充当していられたものが、ついで法皇の御所となり、御室と称したと見られるのであるが、[5]この御室の起源については、宇多法皇が仁和寺内に延喜四年（九〇四）三月二十六日に圓堂院を作り、光孝天皇の菩提をとむらおうとされたことに起因する。そしてその願文のなかに、

仁和寺内地建二八角一堂一、（中略）斯廼弟子、一生瞻仰之基、三時観念之所也、抑夫法界皆謂二道場一、何方非二修行之地一、世間惣是虚仮、何処為二常住之栖一、然而為レ慕レ徳、為レ恋レ恩、追二山陵之近辺一望二松柏之荒色一、是猶下思二古人一盧二墓側一之意至上也[6]

とあって、ここにいう「古人廬墓側之意至」は、史記の「孔子喪、弟子心服三年、心喪畢、相訣而去、惟子貢廬二于墓上一凡六年、然後去」(7)とある故事をもととしていると考えられる。即ち父光孝天皇の山陵の近くに廬をきずいたことが御室発生の直接の原因であったといえる。仁和寺の御室相承記では、

寛平法皇、相当仁和寺坤（ヒツヂサル）維、排二練行窓一号二之南御室一（仁和寺西側被レ建御所、依レ為二其以南一有二南御室之号一於二件御所一者、法皇被レ奉二附属于式部卿宮（敦実親王）一々又改二離宮一忽為二佛閣一、今之観音院是也、）以二斯砌一相承之親王申二御室一(8)

と見えて、宇多法皇は圓堂院を仁和寺内の巽（南東）に建て、自分の御所を西側に求め、また坤（南西）にもう一棟住房を建立して、これを宇多法皇と内大臣藤原高藤の女子の胤子に生まれた敦実親王の住房に充てたのであった。

またこの御室の「室」は、廬すなわち「かりや」または「いおり」を意味し、父母の死後その墓の傍にいおりを結んで住み孝養をつくすという考え方によるものであって、この先例がのちにうけつがれて、宇多法皇のいおりをついだ法親王のことをも御室と称するに到ったのである。

またさきの宇多法皇は光孝天皇の十三回忌にあたって御落飾され、承平元年（九三一）七月十九日仁和寺御室で崩御された。そしてそれ以前の七月十日には法皇の御物を仁和寺の宝蔵に移しているが、ここにも「右御物以去承平元年七月十日、自二御室仮所一被三上二納寺家宝蔵一也」(9)と、法皇の御室を仮御所としていおり的な扱いをしている。そしてまたその構造として御室は寝殿（法皇御所）としての性格をも具備することになったのである。

宇多法皇はこの御室の中で金剛界三十七尊をはじめ、純金三寸の阿弥陀佛および脇士、四天王の念持佛を円形の厨子に安置し、そのほか、毘盧舎那佛、無量寿佛、薬師佛、観音像等を唐破風造の小さな佛殿にまつって、経巻、佛具等を保持して佛道修行にはげまれた。ここに宇多天皇の御室は、まさしく光孝天皇の追善菩提と益信僧正、明達法師、

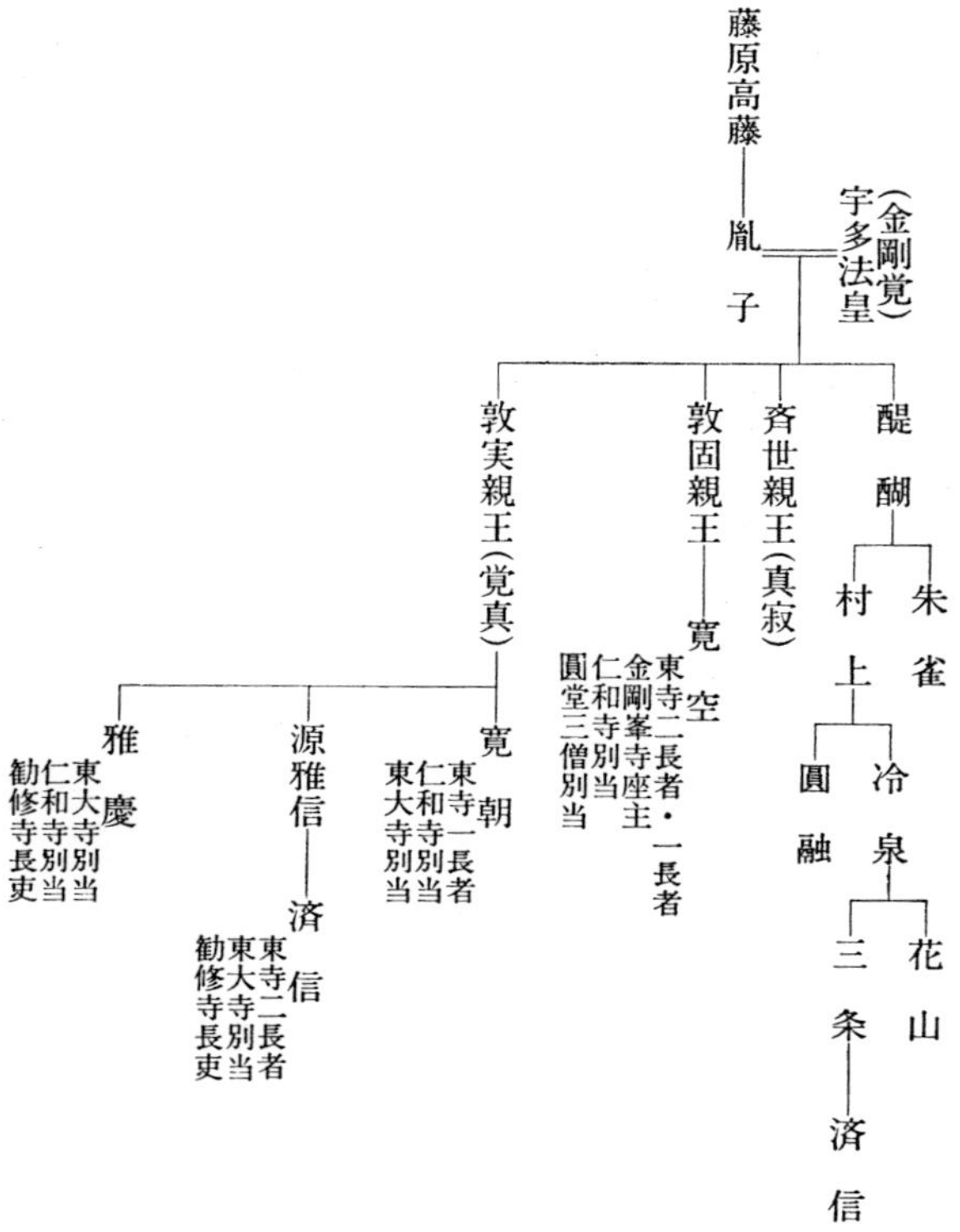

勝延僧都等との交流の場であったと同時に、宇多法皇の皇子でのちに出家された斉世親王（真寂）・敦実親王（覚真）等の居住地ともなった。

ことに斉世親王は、延喜元年（九〇一）十二月に法皇が東寺で益信より伝法灌頂を受けられたときにともに出家され、敦実親王は宇多法皇の第五皇子敦固親王（母胤子）の子の寛空権少僧都が御室仮所より法皇の御物を仁和寺宝蔵に移し、そののち敦実親王が西南に南御室を形成しこれを観音院と改めて天暦五年（九五一）供養するために、その前年の天暦四年（九五〇）二月三日に出家して覚真と称された。

そしてこの御室は、のちに仁和寺を代々法親王の相続による皇室の重要な御願寺として発展せしめていったのである。と同時に、仁和寺が宇多法皇を中心として師資相承され、真言宗以外の僧侶の仁和寺別当就任を拒否する結果となっていった。

また仁和寺は宇多法皇ののち、その皇子あるいは皇孫によって別当職が相承されて、寛空・寛朝・雅慶・済信等はすべて仁和寺以外に東寺長者、金剛峯寺座主、あるいは東大寺別当、勧修寺長吏等の職について真言宗の教線の拡大につとめた。それは宇多法皇の一族によって、その血縁関係を相承しながら法脈を発展させていったのであった。

そして仁和寺はこのように宇多法皇という特殊な開基をもち、そののち法皇の血統により真言宗仁和寺の血脈を発展させるとともに仁和寺別当職をも相承したことは、他の諸寺別当が非血族的な関係によって任ぜられていたのとは大いにその性格を異にする。

そしてそのために、前節でも示したように(10)、この寺は単なる真言宗の高僧や門徒の寺院ではなく、代々天皇の皇子や法親王をもってこの寺を掌握することによって、他の御願寺の上にこの寺を位置せしめようと意識したのに他ならないのである。

次に四圓寺の中で圓融法皇が建てられた四圓寺の内の圓融寺の場合を考えてみると、圓融寺は永観元年（九八三）三月二十二日に供養がなされている。仁和寺諸院家記によれば、

圓融寺

(御法名覚如)圓融法皇御建立、永観元年三月廿二日被二供養一、導師寛朝大僧正、同廿五日納封一百戸云云、別当徳大寺律師(寛朝大僧正付弟)朝寿、次別当念縁律師・賢尋僧都等也、(二人共済信大僧正付法也)

と述べられ、古徳記云として「圓融寺、寛朝僧正禅室也」とあって、寛朝の禅室を改めて圓融寺となしたということである。(11)

寛朝は廣沢僧正とも称し、敦実親王の二男で、宇多法皇の孫に当り、十一歳で法皇の御室で出家して、阿闍梨寛空のもとで南御室で灌頂を受け、「朱雀院御在位比、自二寛空存日之時一随二公請御祈一、度々施二効験一、就中朝敵調伏御祈、有二悉地奇瑞一、蒙二叡感一、平貞盛帯剣同加二持之一、至二于村上・冷泉・圓融院一仕二鳳闕一祈二馬台一云云」(12)と天慶の乱の調伏祈願等により、しだいにその名声が高まっていった。

圓融天皇が安和二年(九六九)即位されると、直ちに源高明を追放するための安和の変がおこった。ことに先帝冷泉天皇は十八歳で即位されたけれども、狂気の沙汰あって朝政を取るに到らず、ここにいままでの皇室の皇権を中心とする政治体制に大きな破綻を来たすことになり、それはまた幼帝擁立を中心とする摂関政治を推進する結果ともなった。

圓融天皇(守平親王)の即位は、冷泉天皇以来の関白藤原実頼を摂政としたが、藤原氏の摂関をめぐる政争は内訌をくりかえし、特に圓融天皇は外戚の関係のうすい実頼の謹厳な性格を重んじたが、実頼がなくなったあと伊尹をもって摂政としたけれども四十九歳で死亡し、そののち摂政となるべきものは、天皇の母の安子の兄弟である兼通か兼家であったが、兼家は兼通の弟でありながら官位が上であったので、兼通は兼家の摂政を防ぐために安子に働きかけ、安子は自筆で「関白をば次第のままにせさせたまへ、ゆめゆめ違へさせたまふな」との書付を天皇に見せ、天皇もまた

「圓融院孝養の心深くおはしまして、母宮（安子）の御遺言たがへじとて[13]」兼通の強要にもかかわらずそれを受け入れ彼を摂政に任じた。そして兼通は兼家をおさえるために右大臣頼忠とともに政治を行ったが、貞元二年（九七七）に兼通が重態となったとき兼家は兼通が死んだものと考え、関白に任ぜられようとして参内した。そこでこれを知った兼通は大いに怒って病を押して参内して臨時の除目を行い、頼忠を関白として兼家の右大将をやめて治部卿に左遷した。

また圓融天皇の皇子として兼家の娘の詮子がすでに懐仁親王（後の一条天皇）を生んでいたにかかわらず、兼通の娘媓子を中宮に、その死後頼忠の娘の遵子を中宮として、ついに兼家の望みはかなえられなかったため、その不満は高まった。そして圓融天皇はそのことを苦にしてここに譲位を決意せざるを得なくなったのである。

これらのことは、宇多上皇と藤原時平との間における菅原道真擁立による両者の確執と軌を一にするものであり、また花山天皇も藤原為光の娘忯子を寵愛したがために、かえって兼家の謀に乗って退位出家を余儀なくさせられたのであった。

このように政治の不安定なかに、藤原兼家系の北家による摂政関白の独占的な傾向が高まり、天皇家の政治母体は源氏の崩壊とともに敗退の一途をたどり、その苦悩からのがれるためにも、宇多法皇の先例にならい佛門に入り法皇となり、御願寺を建立してそこに居住することにより、政治の渦中からのがれんとする動きが見られたのである。

また圓融天皇の性格については、栄花物語では、

みかどの御心いとうるはしうめでたうおはしませど、「雄々しき方やおはしまさざらん」とぞ世の人申思ひたる。東三条の大臣（兼家）世の中を御心のうちにしそしておぼすべかめれど、猶うちとけぬさまに御心もちゐぞ見えさせ給ふ、みかどの御心強からず、いかにぞおはしますを見奉らせ給へればなるべし、[14]

と、圓融天皇と兼家との対立の姿を叙述している。

このような状況において圓融天皇の圓融寺造立の動きは、天元二年（九七九）十月二十一日にすでに山城国紀伊郡に対して圓融寺御願法華三昧堂佛供常燈六僧供養幷雑用料田料を充当し、圓融寺の造営料所として山城国はじめ畿内の勅旨田をもって充当した。(15)

それは圓融天皇があたかも皇后媓子を失った直後でもあった。そして圓融寺では天元元年（九七八）頃より永観元年（九三八）にかけ造寺造佛が行われ、三月二十二日の供養には良源・尋禅とともにその土地と宅地を提供した寛朝も供養の導師に加えられたのである。(16)そしてこの御願寺の完成を待つように天皇の退位が実現したことは、圓融天皇も宇多天皇の例にならってこの寺に御室的性格を与えようとされたと考えられるのである。しかし、宇多法皇のような政治的意図の強い法皇御所の性格ではなくして、圓融法皇の場合は佛教への帰依という素朴な要因によっているのである。

そしてこの寺の規模は、池を中心として御願堂をたて、そこに七佛薬師・日光・月光・五大尊を安置している。さらに池の東に法華三昧堂、大門、西大門を配していたが、それは現在の竜安寺の池が圓融寺の遺構であることによってもわかる。また釣殿をも具備して、この圓融寺は宇多天皇の仁和寺の仮御所よりさらに完全な御所的な寝殿建築としての要素をもったものだったと考えられる。

圓融寺の落慶につづいて圓融上皇は寛和元年（九八五）八月二十九日に二十七歳で剃髪され、次の年の三月二十二日に東大寺戒壇院で受戒を受けられている。このときの記録の『圓融院御受戒記』によれば、寛和二年（九八六）三月十九日圓融寺よりまず仁和寺観音院に入り、二十一日御車により花園堂を経て木辻大路・七条大路を通り、法性寺西門に車をとめ、ついで宇治橋をすぎて御乗船になって、木津川をさかのぼって木津に到り、東大寺につき戒壇院食堂を御座所とされた。つぎの二十二日に大佛殿へ向い、さらに戒壇院で受戒を受けられたが、時の戒和上は東大寺別当でもあった僧正寛朝、羯磨師は権大僧都元杲、教授師は権律師真喜であった。その受戒ののちふたたび大佛殿に御報告があって、二十三日に圓融寺に還御になった。そして圓融上皇は法皇となられたが、ここでも法皇と寛朝との深いつながりがうかがえるのである。(17) 法皇はつづいて石山寺、南都諸寺や崇福寺等をめぐられ、永延二年（九八八）圓融寺に五重塔を造営された。その中心に大日如来四体を安置し、塔中に弥陀・薬師・弥勒の図絵が描かれていた。

もちろんこの圓融寺については、永祚元年（九八九）正月の一条天皇の朝覲行幸の栄花物語の記事に、

かくて年号かはりて永祚元年といひて、正月には院に行幸あり。院も入道せさせ給ひにしかば、圓融院に住ませ給へば、その院に行幸あり、(18)

とあり、ここに圓融寺は圓融法皇の院としての性格をも具備していたことがわかる。そして圓融法皇はこの寺で崩御されるのであるが、圓融法皇が病が重く死期せまるにつれて「さべき御領の所どころ、さべき御宝物どもの書立目録せさせ給へりけるを、それ皆奉らせ給」(19) とあれば、これはさきの宇多法皇の宝物目録を作成して仁和寺御室のものを宝蔵に収めたと同様、圓融法皇の御室のものを圓融寺に奉納される手順をふまれたものとうかがえる。

また崩御に際して、正暦二年（九九一）二月十九日「葬二太上法皇於圓融寺北原一、置二御骨於村上山陵傍一」(20) というあり方も、宇多法皇が光孝天皇の陵墓の近くを選んで仁和寺を造り、御室を形成されたのと通じる。そしてさきの墓廬的性格がここでも見られるのである。また圓融院の四十九日の願文にも、

夫圓融院者、当二受図一所二草創一類二脱履一而棲息、爰設二斎会一弥増二善因一、(21)

とあって、その法皇御所を含めた御願寺という性格が考えられる。

そして崩御に対して寛朝は法皇の灌頂の師であったことから、非常に「いみじうおぼし惑う」という状況であったが、これらのことから考えて圓融法皇と圓融寺の関係は、宇多法皇と仁和寺御室に類似した性格をうかがえるのである。

そして寛朝と圓融天皇の関係が、師弟として深い師資相承の密教的なつながりもうかがえることから、圓融寺が、やはり仁和寺の傘下に入りその末寺化することは当然の結果でもあった。ここにまた仁和寺周辺の御願寺を中心とする教線の新しい発展が考えられるのである。

(1) 本書第五節参照。ならびに拙稿「御願寺の成立について」(『日本佛教学会年報』四一)
(2) 拙稿「御願寺における真言宗の進出について」(竹内理三博士古稀記念『続律令国家と貴族社会』参照)
(3) 滝善成「四圓寺、法性・法成寺の研究――平安佛教の社会経済史的一考察」(『史苑』)
(4) 菊池京子「圓融寺の成立過程」(『史窓』)
(5) 註(2)に同じ
(6) 本朝文集、巻三十二、仁和寺圓堂供養願文(国史大系本)一五三頁
(7) 史記、孔子世家(漢文大系本)
(8) 御室相承記　一(仁和寺史料、一)三頁
(9) 仁和寺御室御物実録(大日本史料、一ノ六)、四九一頁
(10) 註(2)に同じ
(11) 仁和寺諸院家記(仁和寺史料、一)三三四頁
(12) 仁和寺御伝(仁和寺史料、二)一一八頁
(13) 大鏡、兼通伝(日本古典全書本)一九四頁

(14) 栄花物語、二、花山たづぬる中納言（日本古典文学大系本）八一頁
(15) 平安遺文、二―三一九号
(16) 日本紀略、後篇巻七、永観元年三月二十二日条
(17) 圓融院御受戒記（東大寺図書館蔵）
(18) 栄花物語、三、さまざまのよろこび（日本古典文学大系本）一一六頁
(19) 同右、同、一二四頁
(20) 日本紀略、後篇巻九、正暦二年二月十九日条
(21) 本朝文粋、巻十四、圓融院四十九日願文（国書刊行会本）二四二頁

二　圓教寺・圓乗寺の成立

圓融天皇の圓融寺が仁和寺周辺に建てられたことは、前述のごとく、圓融天皇の宇多法皇への追慕と同時に、仁和寺の寛朝大僧正と天皇との関係にもとづく御願寺建立への動機によることも多かったと考えられる。大鏡でも「おほかた六条の宮（敦実）の御子どもの、みなめでたくおはしたまひしなり。御法師子は廣沢の僧正（寛朝）、勧修寺の僧正（雅慶）二所こそはおはしましか」[1]といわれるほど寛朝は仁和寺における廣沢流の流祖としての強い行動力をもっていた。また管絃や真言声明ならびに音律の達者として聞え、呂律口伝にも「自ニ延敒僧都之時一、血脈雖レ有レ之、寛朝僧正為ニ管絃音曲之達者一、弘ニ興此道一之間、従レ其以後又不レ絶者也」[2]といわれるほどであった。

寛朝はその生涯の間、御願寺としての圓融寺と圓教寺の供養にたずさわり、自己の寺として永祚元年（九八九）には遍照寺を廣沢にきずいている。

圓教寺はいうまでもなく一条天皇の御願寺で、長徳四年（九九八）正月二十二日に一条天皇の行幸があってその御願寺の供養が行われた。(3) この伽藍の規模については、御塔と僧房、また御願堂には丈六金色大日如来、薬師・釈迦各一体と彩色六天像（再建）が安置されていたらしいことしか判明しないが、(4) 仁和寺の寛朝と、仁和寺内に観音院を建立し、圓教寺別当となった延尋少僧都によって供養が行われ、この寺が仁和寺の末寺化したことがうかがえるのである。(5)

ことに圓教寺の場合、長徳四年に寛朝が八十四歳で示寂した六月十二日の直前の同年一月二十二日に供養が行われたことは、仁和寺境内に一条天皇の御願寺を建て寛朝の生存中に供養をとげるという目的を果たしたいという意味で建てられたとも考えられる。もちろんそれは圓融院のように圓融法皇の御所としての御願寺とは性格を異にするものであるが、この圓教寺が寛徳二年（一〇四五）二月二十一日、後朱雀天皇を高隆寺乾原に葬ったのち、納骨所として圓教寺に御遺骨を入れ、(6) 後冷泉天皇のときも、この寺で葬送が行われ天皇を船岡山西野に葬ったのち、御骨を圓教寺に入れている。(7) ことに圓教寺が仁和寺に付属しつつあると同時に、菩提寺的な性格をもうかがえるのであるが、これはさきに圓融天皇の圓融寺が法皇在世中においては御室的性格をもちつつも、法皇崩御ののちは菩提寺的な性格に移行して、その上、四十九日間の忌日における国忌を行う寺院としてその性格を変質していったこととも通ずる。

ことに一条天皇の第二皇子であった後一条天皇が長元九年（一〇三六）昼御帳で在位中に崩ぜられたのち、御葬送の場所について一条院や法成寺など納棺後の移動について種々検討を加えた結果、「浄土寺内有二故僧正明救旧室一、奉レ遷二御骨一甚有二便宜一」との理由で、(8) 浄土寺に遺骨奉安が決定されている。この浄土寺は現在の慈照寺（銀閣寺）の位置に相当するが、(9) この納骨は「於下奉レ蔵二御骨一之寺上、一周忌間可レ修二護摩幷御念佛一事」(10) とて納骨された寺院では護摩と念佛をもって追善供養を行うことになっていた。

また周忌法要については後一条天皇の場合をかかげると、

〔初七日〕(長元九年四月二十六日) 常住寺・仁和寺・圓教寺・廣隆寺・東寺・西寺・法成寺
〔二七日〕(五月一日) 法性寺・圓教寺・法興院・珍皇寺・慈徳寺・圓融院・法成寺
〔三七日〕(五月八日) 圓教寺・珍皇寺・慧心院・積善寺・醍醐寺・勧修寺・法成寺
〔四七日〕(五月十五日) 圓教寺・圓成寺・延暦寺・同釈迦堂・勝蓮華院・嘉祥寺・法成寺
〔五七日〕(五月廿二日) 極楽寺・圓教寺・法性寺・禅林寺・雲林院・浄土寺・法成寺
〔六七日〕(五月二十九日) 石山寺・浄土寺・崇福寺・珍皇寺・法成寺
〔七七日〕(六月六日) 珍皇寺・圓教寺・仁和寺・圓融寺・禅林寺・法興院・法成寺(11)

等、これら御願寺において七七日の忌日にあたって諷誦文をかかげ、誦経がくりかえされ、主として法華経や浄土三部経を読誦して供養を行う儀礼となっているが、ことに後一条天皇は一条天皇と藤原道長の娘の彰子との間に生まれ、藤原道長は延暦寺座主で覚慶の弟子の院源に帰依していた関係上、御誦経は主として天台宗僧をもってなされている。ことに後一条天皇は在位中の崩御により御願寺も建立されなかったがために、父の一条天皇の圓教寺を追善誦経の寺として、忌日に法会を修することになったのである。追記ながら後一条天皇の場合は、五七日までは荼毘に付せず入棺のまま誦経供養し、五七日の法華経の安楽行品を誦するときに荼毘に付して、御骨を浄土寺に安置し、つづいて七七日の供養を行っている。(12)

このような慣例について大治四年(一一二九)七月二十日の白河院二七日の忌日の供養の場合には、

廿日(丙申) 天晴、依故院第二七日、相具中将参院、今日初参入人々或被参、僧侶且在座之間、西対代廊(本御所也)、母屋三間東南西庇敷皆放上、母屋中央間安置御佛、東面、東庇敷高麗、為僧綱六人座、南西庇敷紫端、為凡僧座、北庇庁中為新院(鳥羽)御所、仁和寺宮(覚法)座其中歟、(中略)先藤宰相長実卿供養佛経、等身木像阿弥陀佛一体、色紙経一部、素紙廿部、忠胤為導師、院御于簾中、
供養畢、藤大納言以下皆取被物給僧廿口、皆具被物也、則舁出佛畢、此間小雨下、
二七日御佛、等身阿弥陀堂木像奉居也、金泥御経一部、素紙廿部供養、已講覚心依次、供養事畢給被物諸僧、布施許也、藤大納言以下取之、佛経皆故院被沙汰置也、毎七日、御等身阿弥陀木像、金泥経一部、素紙廿部、毎日、三尺阿弥陀木像一体、素紙経廿部被供養也、是皆御存生時被沙汰置鳥羽御倉也、今日七ヶ日御誦経法勝寺、白川新堂、勝金剛院、香隆寺、已上毎度、残三ヶ寺相替云々、治部卿以藤宰相被奏新院云、御正日以百七僧、如大法会可被行、於御法事者、曼陀羅供養、讃衆卅口之由、令書置御也、而凡人礼以法事為宗、以正日為次事、仍頗先後相違也、然者従新院御方可被行佛事者、御法事以百七僧可候也、以曼陀羅供欲宛五七日、如何、且又尋例之処、万寿四年御堂薨給時、本所法事百僧、又上東門院以百七僧被行、仍二ヶ度大佛事被行也。[13]

と、御誦経は白河法皇の場合は白河院の西対、それは法皇の入滅の場所でもあったところに、等身の阿弥陀如来像を白河御堂より運んで、東面より西に向って安置して、金泥の法華経等をかざり追善の忌日供養をいとなんでいるが、このような七日ごとの供養には、故法皇の縁故の貴族等が法皇と等身の弥陀像と写経を供養し、それと同時に白河法皇に関係する法勝寺、白河御堂、勝金剛院、香隆寺でも毎七日に御誦経を行っている。

　このように白河法皇のときは白河院を中心として法事が行われているが、後一条院では浄土寺はもちろんであるが、圓教寺等も重要な御忌日の御誦経の寺院であった。もちろん崩御後の関係寺院で法会を行うことについての初見は、

持統天皇の崩御に際して「奉二為太上天皇一設下斎于大安、薬師、元興、弘福四寺上」[14]と持統期より明確に見られ、文徳天皇の場合にも、「天皇崩、遺詔挙レ哀三日凶服一月」また十六日には「一依二遺詔一行レ之、自二初七一至二七七一於二四大寺一設斎」[15]とて縁故の寺院で忌辰をいとなむことを定めていることから、この伝統は平安時代にも当然継承されて、崩御された場所と関係寺院の二ヵ所でそれぞれ御忌法会が行われたのである。

そして後一条天皇の崩御ののちの忌辰の例にも見られる通り圓教寺は同天皇の御忌法会をいとなむべき寺院となったのである。

そしてここに御願寺の祈願寺的性格と菩提寺的性格を共有していたことも考えられるが、菩提寺的性格といってもこの四圓寺等は中世的な墓所を含めた寺ではないのである。即ち御葬送と荼毗は別の寺で行い、御遺骨と先帝の等身の弥陀・釈迦・薬師・観音等の像を貴族等より奉納されそれを供養するという性格を持っている意味においての菩提寺的性格を具備しているといっていいのである。そして、生前は御所あるいは離宮であって、崩御後菩提寺となることもあるのであって、鳥羽の安楽寿院等はもっとよくこの性格が見られるのである。

ことに鳥羽法皇の場合、天皇として在位中に祈願寺として元永元年（一一一八）十二月十七日に最勝寺を建立供養し、崩御の菩提寺として長承三年（一一三四）十月に鳥羽離宮内に安楽寿院を建てるなど、ここに祈願寺と菩提寺が明確に分離する例も開かれた。したがっていまの圓融寺、圓教寺の場合は、その分離以前の祈願寺的性格と菩提寺的性格をともに含めた意味において建立された寺院であるといえるのであり、ここに四圓寺の一つの性格がうかがえるのである。

また、後朱雀天皇の御願寺である圓乗寺について見ると、この寺は天喜三年（一〇五五）十月二十五日に供養をしているが、これはもともと御朱雀天皇の在位中に建立して落慶供養すべきであったにもかかわらず、「雖レ在二当今（後冷泉）之新飾一、丹唇紺頂、莫レ非二先朝之素懐一」[16]と後冷泉天皇の遺志により、御願寺として建立することになったのである。

その圓乗寺の様相については、扶桑略記のなかで仁和寺南の地で後朱雀上皇崩御後十一年目に落慶したことが記されている。

（天喜三年）十月廿五日己酉、公家供二養圓乗寺一、仁和寺南有二一形勝一、此処立レ堂、号二圓乗寺一、奉レ安二置金色丈六釈迦如来、普賢、文殊、延命、如意輪等菩薩各一体一、繡甍珠軒、雖レ在二当今之新飾一、丹唇紺頂、莫レ非二先朝之素懐一、凡厥大門、廻廊、経蔵、鐘楼、一寺荘厳、四神具足、今撰二吉曜一、敬奉二供養一、彼秋後落砌之葉、自成二四種之光一、冬初残洞之花、暗添二百和之気一、何唯百余口之禅徒伝二梵唄於中天之日一、千万曲之楽韵移二笙歌於西土之風一而已、法会之儀盛矣、已上[17]

かくて、この圓乗寺の供養は盛大に行われ、それはまた先帝たる後朱雀天皇と後冷泉天皇の両者の御願寺であったからでもある。ために後冷泉天皇には自己の御願寺はなかった。

そしてこの四圓寺は圓融天皇、一条天皇（後朱雀天皇）、後冷泉天皇、後三条天皇等すべて在位中に願主となって御願寺を形成して、現世安穏を祈願することが原則であったのである。そのことに対して、次に圓宗寺について見てみることとする。

（1）大鏡、第六巻、昔物語（日本古典文学大系本）二六八頁
（2）呂律口伝〔京都御所東山御文庫記録〕長徳四年六月十二日条（大日本史料、二ノ三）一〇八頁
（3）日本紀略、後篇、巻十、長徳四年正月二十二日条

(4) 扶桑略記、巻二十八、長元七年十月十七日条
(5) 仁和寺諸院家記(仁和寺史料、一)三八八頁、左経記、長元七年十月十七日条
(6) 扶桑略記、巻二十八、寛徳二年二月二十一日条
(7) 同右、巻二十九、治暦四年五月五日条
(8) 左経記、長元九年五月十三日条(類聚雑例)
(9) 華頂要略、八十三(大日本仏教全書本)
(10) 註(8)に同じ
(11) 註(8)に同じ
(12) 註(8)に同じ
(13) 中右記、大治四年七月十九日条
(14) 続日本紀、第三、大宝三年正月五日条
(15) 同右、慶雲四年六月十五日・十六日条
(16) 扶桑略記、巻二十九、天喜三年十月二十五日条
(17) 註(16)に同じ

三 圓宗寺の成立

後三条天皇の圓宗寺についても、即位三年にして御願寺の設置にふみきり、延久二年(一〇七〇)には供養を行っている。圓融天皇の即位後一五年、一条天皇の一三年、後朱雀・後冷泉天皇の一〇年と比べると非常に早くなっていることは、摂関政治の衰退とともに皇権政治の復活を求める院政政権の樹立とも関係すると見るべきである。

そして六勝寺の場合においても、白河天皇の即位後約二年にして法勝寺の木作始めがあり、四年目で法勝寺阿弥陀

堂が、五年目に盛大な法勝寺の供養がいとなまれ、堀河天皇は即位後一六年目に尊勝寺を、鳥羽天皇は即位後一二年目に最勝寺を、崇徳天皇は即位後一七年目に成勝寺を、近衛天皇は即位後八年目に延勝寺を供養するなど、すべてこれら御願寺は在位中に行われ完成している。ここにいわゆる慈圓によって述べられたごとく「国王ノ氏寺」との考え方もうかんでくるのである。この点から考えてみると、圓宗寺は法勝寺と同様早い速度で建立された。はじめ圓明寺と称されたが、源保光の建立になる寺院に同名の寺名があったため、天皇の御願寺と区別するためにも延久三年（一〇七一）六月三日に圓宗寺と改められたのである。

この寺の創建の目的は後三条天皇により、

勅、政務事繁、雖レ慎二神器於一日之裡一、渇仰志厚、猶事二佛陀於万機之間一、況叡情之至深、宸慮之想像、為二教法久住、国家永穏一、方起二伽藍之一院一、欲レ致二意根於三宝一、爰鳳凰城之西畔、仁和寺之南傍、有二一吉土一、相二叶議一者、新降二糸綸之命一、忽営二土木之功一、写二浄界之古風一、消雲之営不レ日而就、[1]

かくて仁和寺の南に伽藍が建てられた。また延久三年六月二十九日に金堂の東に五佛堂を建立されたときの願文にも、「夫圓宗寺者、為二禍助蒼生一、恢二弘白法一、（中略）仰願以二此一善一廻二向一世一、蓬萊宮中、閑挙二万春之華一、功徳池上、必履二千葉之蕚一、善根有レ隣、兆民皆頼二其慶一（中略）先帝聖霊七廟山陵各出二有為之家一悉登二無漏之位一」[2]と述べ、また天仁三年（一一一〇）三月三日の圓宗寺内に五大堂を建立した願文にも、

伏以、後三条天皇（中略）興二天地一合二其徳一、与二日月一合二其明一、為レ応二玄化一為レ利二蒼生一、建二大伽藍一、称二圓宗寺一、
顕密長日之佛事、春秋希法会、事詳二前記一[3]

とあって、後三条天皇の先帝聖霊の近くに、佛讃仰のあらわれとして、この圓宗寺を建立したのであると天仁年間に

追記している。

もちろん最初の堂宇は金堂と講堂および法華堂を主体として、延久三年（一〇七一）六月二十九日に天皇が行幸されて大会を設けられたその記事によると、「左右近衛各供養態、竜頭鷁首、池上鼓レ棹」(4)と、圓宗寺内に中島や円池が設けられていたことは、かなり圓融寺の規模に近いか、あるいはそれ以上の伽藍配置をしていたと考えられる。

その規模について扶桑略記では、

忽営二土木之功一、写二浄界之古風一、消雲之営不レ日而就、廼建二金堂一、奉レ造ヨ立安コ置二丈金色摩訶毗盧遮那如来像一躰、丈六同薬師如来像一躰、同一字金輪像一躰、丈六彩色六天像各一躰一、建二講堂一、奉レ安コ置一丈八尺金色釈迦如来像一躰、丈六同普賢文殊観音弥勒等像各一躰於斯堂一、春則講二寂勝之妙文一、宜レ祈二国家於万年一、秋又演二法花之実語一、欲レ救二群類於六道一、建二法花堂一、奉レ安コ置三尺金銅塔一基一、其中奉レ安二金字妙法蓮華経一部八巻一(5)

とあって、堂宇や佛像群においてもその規模は非常に拡大し、また組織だてられている。ことに四圓寺中最大のものと見られるのである。

しかし圓宗寺が四圓寺中最大といっても、藤原道長の法成寺には及ぶべくもなかった。天喜六年（一〇五八）法成寺の炎上の記事を見ても、

天喜六年《康平元》戊戌二月廿三日、夜、法成寺焼亡、金堂、阿弥陀堂、講堂、釈迦堂、薬師堂、五大堂、十斎堂、八角堂、東北院、西北院戒壇、両法華堂、并塔僧房等、鐘楼、経蔵、南楼、宝蔵、皆以火災、凡丈六佛像数十余躰、等身金色佛菩薩像百余躰、一時為レ煙、見者流レ涙(6)

と見えて、この四圓寺よりはるかに伽藍の規模は整ってきている。また白河天皇の法勝寺についても扶桑略記に見え

ているところでは、

十八日甲午、供㆓養法勝寺㆒建㆓七間四面瓦葺金堂一宇㆒、奉㆑安㆓置金色三丈二尺毗盧遮那如来像一躰、花葉安置百躰、釈迦光間同化佛十六躰、二丈宝幢如来、花開敷如来、無量寿如来、天鼓雷音如来各一躰㆒、光間皆有㆓化佛十二躰㆒、相好端厳、光明映徹、即尋㆓胎蔵之深理㆒、修㆓供養之行法㆒、又安㆓置綵色九尺六天像各一躰㆒、容顔奇特、左右囲繞、又安㆓置八尺毗頭盧(マヽ)像一躰㆒、七間四面瓦葺講堂一宇、奉㆑安㆓置金色二丈釈迦如来像一躰、化佛十三躰、丈六普賢文殊像各一躰㆒、始㆑従㆓今日㆒、於㆓是佛前㆒、延㆓啒諸宗之学徒㆒、転㆓読一切之経論㆒、十一間四面瓦葺阿弥陀堂一宇、奉㆑安㆓置金色丈六阿弥陀如来像九躰㆒、即修㆓常行三昧之業㆒、為㆓往生九品之縁㆒、又一丈観音勢至菩薩像各一躰、六尺綵色四天像各一躰、抜済之願不㆑疑、擁護之誓何誤、五間四面瓦葺五大堂一宇、奉㆑安㆓置綵色二丈六尺不動像一躰、丈六四大尊像各一体㆒、降㆓伏悪魔㆒、消㆓散怨霊㆒、令㆑修㆓究竟秘密之行法㆒、将㆑為㆓直至成佛之善因㆒、一間四面瓦葺法華堂一宇、奉㆑安㆓置七宝多宝塔一基㆒、珊瑚瑩㆑柱、更交㆓百宝之光㆒、瑠璃排㆑扉、鎮添㆓衆曜之色㆒、其中奉㆑安㆓置金泥法花経一部八巻㆒、置㆓六口之僧侶㆒、修㆓三昧之行業㆒、滅罪生善之詞、金言无㆑違、千秋万歳之楽、瓦文不㆑朽、五間四面二階瓦葺南大門一宇、安㆓置二丈金剛力士㆒、其外大門廻廊鐘楼経蔵僧房物具莫㆑不㆓周備㆒、云㆑佛云㆑堂、荘厳甫就、遂定㆓題額㆒、号㆓法勝寺㆒、択㆓時日之曜宿㆒、開㆓廣大之斎会㆒、禅侶之列㆓三百㆒也、髣㆓髴于霊山之道儀㆒、法音之唱㆓唄讃㆒也、宛㆓然于諸天之伎楽㆒、法会勝概冠㆓絶曩時㆒、已上天皇行幸、百寮万民皆参(7)

とあって、法勝寺では金堂・講堂・阿弥陀堂・五大堂・法華堂・南大門・大門・廻廊・鐘楼・経蔵・僧房等が存在している。そして法勝寺の成立の伽藍の規模や本尊、またその用途を明確にしている。即ち、法勝寺は、金堂には胎蔵界の諸佛を安置し、講堂で常行三昧を行い、五大堂では五大明王に怨霊降伏の祈願をなし、法華堂には金泥の法華経

第19表　四圓寺伽藍本尊比較表

四圓寺	伽藍			池
	金堂(御願堂)	講堂	諸堂	
圓融寺(永観1・3・22)	七佛薬師像 日光菩薩 月光菩薩 五大尊 四天王		五重塔(天延2・3・20) 法華堂 大門、西大門、釣殿	(堂舎風流応水石)
圓教寺(長徳4・1・22)	大日如来(金色丈六) 薬師如来(〃) 釈迦如来(〃) 六天像(採色) (第二度再興)		西廊、東廊 南大門、御塔 僧房	
圓乗寺(天喜3・10・25)	釈迦如来(金色丈六) 普賢菩薩(〃) 文殊菩薩(〃) 延命菩薩(〃) 如意輪観音(〃) (但し圓教寺新堂)		大門、廻廊 経蔵、鐘楼	
圓宗寺(延久2・12・26)	大日如来(二丈金色) 薬師如来(丈六金色) 一字金輪 六天(丈六採色)	釈迦如来(丈六金色) 普賢菩薩 文殊菩薩 観世音菩薩 弥勒菩薩	法華堂(堂内三尺多宝塔) 常行堂(延久3・6・29) 灌頂堂(〃) 五大堂(天仁3・3・3)	(池上鼓棹)

を安置し、南大門をかまえた壮大な伽藍であった。そのことはまた道長の法成寺の構成に刺激され影響されてその伽藍の組織だてがなされたと考えざるを得ないのである。

いまさきの四圓寺の成立の様相を構造的に比較整理してみると第19表のごとくなる。それは明らかに圓融寺や圓教

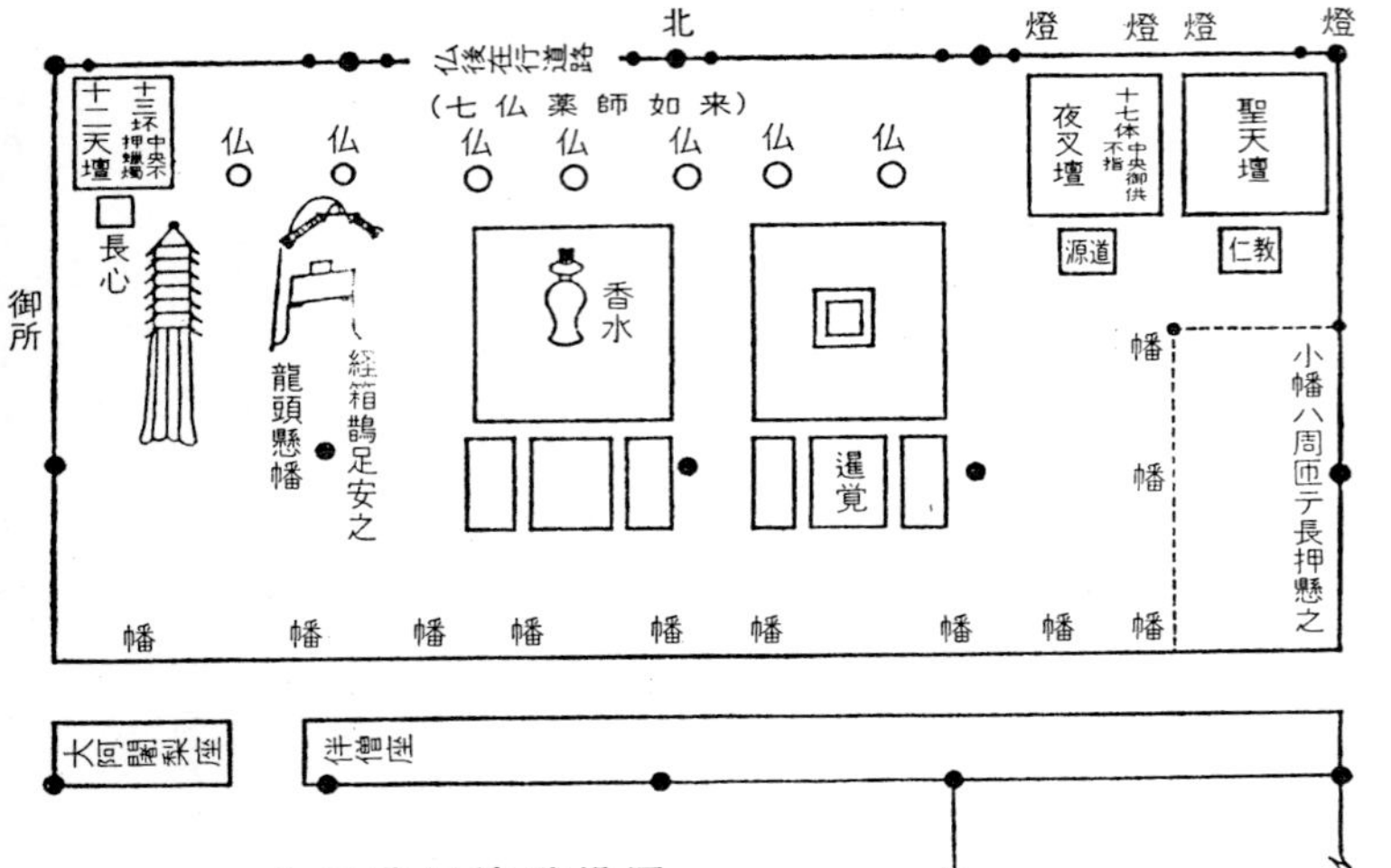

七佛薬師法道場図

寺等の金堂に当るものは御願堂と称され、圓宗寺のような金堂や講堂を具備するような形態はなかった。

その点、圓宗寺以前の御願寺は仁和寺を金堂として、他の天皇の御願寺は持佛堂的な性格を持つ寺院であるといわざるを得ないのであって、圓宗寺に到って持佛堂的様相から脱却しようとしたのである。そのためにはいまや西山地域では充分な寺域を確保することは不可能となったため、白河天皇はその御願寺を広く東山のいまの岡崎地域即ち白河を利用する地域に移さざるを得なかったのである。そして道長の死後三一年目にして法成寺が焼失したことは、あたかも摂関政治の終末を告げるごとく、そこに白河法皇の道長の威光にとってかわり院政を確立しようとする意欲が御願寺の造立と規模の上にもうかがえるのである。

このような四圓寺はおそらくすべて池水を引き、その堂宇は宸殿形態を具備した寺院であって、圓宗寺以外は寺院というよりは住居を中心としたものであったというべきである。

しかし圓宗寺はまさに法勝寺の前身といってもいい規模にあったといえる。杉山信三氏が、「この圓宗寺は他の三圓寺と比較して規模が大きく、仁和寺の子院として考えるよりも、本寺の姿をもっていて、それ故に白河天皇が白河に造営された諸寺の先例となったものである」(8)と述べられているが、私も同様に考えるものである。

そして四圓寺の諸佛について、その中心としては七佛薬師如来、または大日如来、あるいは釈迦如来を配している。七佛薬師とは㈠善名称吉祥如来、㈡宝月智厳光音自在王如来、㈢金色宝光妙行成就如来、㈣無憂最勝吉祥如来、㈤法海雷音如来、㈥法海勝慧遊戯神通如来、㈦薬師琉璃光如来の七体の薬師如来であり、それを安置して、そこで七佛薬師法を行い中宮安産、玉体安穏、日食、御悩平癒等を祈ることになっている。その例としては、延久五年(一〇七三)四月に後三条法皇の病気平癒を祈るため天台座主勝範は七佛薬師法を修している。(9)また、保延七年五月二十九日の鳥羽南殿で実施された法道場図をかかげると前頁の図のごとくなる。(10)その法会の願文については門葉記のなかで、その願意は除病延命、為産生安穏、為日月蝕等天変、為風雨難、時節叛のときにこの法を修すべし、といっている。

また少し時代は下るが寛元元年(一二四三)六月六日、中宮大宮院結子が久仁親王(後深草天皇)を生んだとき、延暦寺座主慈源が今出川殿にて七佛薬師法を行い、加持発願文をかかげている。

後加持発願事

至心発願　唯願大日　本尊界会　十二大願　薬師如来　日光月光
十二神将　四大八大　諸大忿怒　三部五部　諸尊聖衆　外金剛部
金剛天等　叡山三宝　盡空法界　一切三宝　各々還念　本誓悲願
降臨道場　所修三密　霊験勝利　決定現前　護持国主二反、国母、降誕安穏或句此所歟
消除不祥　消除災難　年月日時　一切怖畏　天変怪異　悪夢物怪

所表不吉　未然解脱　未然消除　悪人怨念　呪咀厭魅　作障難者
自求短者　悉皆降伏　悉皆辟除　真言法薬　本尊諸尊　三密加持
薫入玉体　玉体安穏　増長宝寿　百年千年　恒受快楽　内外無辺
一切御願　皆令満足　決定成就　決定圓満等　開白結願五大願用之、修中五大願無之
　時発願
真言法薬　護摩功徳　薫入貴体　貴体安穏　増長宝寿　百年千年
恒受快楽　内外無辺　一切御願　皆令満足　決定成就　決定圓満
宮内安穏　諸人快楽　及以法界　平等利益(11)

と、七佛薬師の前で護摩をたいてこのような祈願をこめているが、これは主として密教による現世利益を主としている願意である。これに対して来世得脱はいうまでもなく阿弥陀如来の信仰であるが、四圓寺の場合はその具体的な無量寿院のようなものは発展せず、法華堂をもってこれにあて、常行三昧を修しているのであるが、圓宗寺の場合は法華堂、常行堂、灌頂堂、五大堂とその目的に合致した諸堂を形成しているのである。

五大堂については悪魔降伏、怨霊消散を求めるため不動明王、降三世明王、軍荼利明王、大威徳明王、金剛夜叉明王をまつり、圓宗寺では、後三条天皇の菩提を證し、父皇に対する孝養と、その霊魂の鎮撫を求めるために建立されたのである。(12)

このようにして圓宗寺は密教的伽藍を中心として京中に存在したのであるが、さらに仁和寺との関係、また天台宗との関連性、ひいては二会制度の成立等のことについて次に述べる。

四圓寺の管理にあたっては、圓融寺においても別当一人、所司六人となっていて、圓教寺でも別当一人、所司六人、圓乗寺は所司八人、圓宗寺では阿闍梨六口、そのうち金堂三口、灌頂堂三口と配分されている。ことに圓宗寺を除いた圓融寺、圓教寺、圓乗寺および遍照寺の「已上四ヶ寺幷本寺内観音院、圓堂院七ヶ寺三綱等、都合三十人也、以ニ彼輩一号ニ三十人所司一、令レ勤ニ仕本寺以下堂々寺役雑事等一也、皆是御室侍也、惣在庁以下輩也見一条法眼記」[13]とて、仁和寺の四圓寺への支配権の波及がうかがえるのである。性信法親王は圓宗寺長吏十六年、法勝寺検校十年、覚行法親王は圓宗・法勝両寺検校を性信ののち継いでいる。また寛助は東寺一長者・法務・護持僧・法勝寺別当・廣隆寺別当・仁和寺別当・遍照寺別当・圓乗寺別当・東大寺別当等を兼任していることは、仁和寺がしだいに四圓寺より六勝寺へその指導権と教線を拡大していったことがうかがえるのである。[14]

つぎに圓宗寺の二会制度についてであるが、延久二年（一〇七〇）十二月建立された圓宗寺において同四年（一〇七二）十月二十五日に法華、最勝二会が行われ、そののち法華会のみひとり継続されていたが、承暦二年（一〇七八）十月六日に法勝寺において大乗会が行われるに到って、さきの法華会と合して二会と称され、さらに、永保二年（一〇八二）二月十九日に最勝会が圓宗寺に再開されて以上の二会に合せて、ここに南京の三会に対して北京の三会と称されることになった。

まず圓宗寺の二会については、その発生は圓宗寺最勝法華会表白に「延久四年十月廿五日、方択ニ時日之吉曜一、先供ニ養法華妙典一、五日設レ斎、十座開会、以ニ初冬下旬一、今為ニ其始一、以ニ一年二季一永定ニ其期一、春講ニ最勝之奥義一、祈ニ国家泰平五穀豊熟一、（中略）秋講ニ法華之妙偈一導ニ六道之群類一」[15]とあり、もともと春秋二季に分けて行う予定であった。

このことについて中右記では、

後三条院延久四年所被始也、春最勝会、秋法花会也、而近日十二月神今食以後所被行也(16)

としている。

そしてその実施に当っては最勝会は金堂で法華会は講堂と定められ、そのほか法華堂で法華三昧をするために六口の僧（供僧）を置いていた(17)。また常行三昧をするために常行堂があり、「但灌頂堂者、以二真言宗一令レ修二秘密法一(18)」と灌頂堂以外は天台宗の法事が行われることになった。

このことはいままで三圓寺がすべて仁和寺を中心とする真言勢力のなかで運営されていたのに対して、大きな変革といわざるを得ない。

この圓宗寺に対する天台宗の進出について扶桑略記はまず二会八講の設定に関する記事で、「隠者伝聞、為二後日一記之、定多レ誤也(19)」と但し書を付しながら、次のごとき話を付している。それは十月二十五日にはじめて最勝会と法華会を修して二会を催したときに、三井寺の頼増は講師をつとめ、一問に興福寺の頼真がなったとき、因明論題に対して、講師の天台方は自宗に関係しないと返答を拒否した。そこで頼真は頼増の立場を追求して、二季講筵の日に朝撰まで受けているのに、なぜ返答しようとしないのかとつめより、最終的には「非二本宗之所一レ学、因明門義不レ可二答申一(20)」と拒否した。その理由として最澄の言に、

我日本国、純是大乗根性、猶以不レ尚二毗曇成実小教一、今大伽藍設二於㝡勝法華二会一、弘二宣圓宗教法一之日、何以二因明之論端一、強責二山家之老学一矣、但至二叡山竪義一者殊有二別意一、不レ可レ為レ例、兼二学唯識之法文一、豈荅二法相之論議一哉。已上当座依二宣旨一、問二天台宗證匠一之処、天台座主法印大和尚位勝範等奏云、山家学者全不レ可レ荅二申因明門論議一者、詔云、待二後勅一間、因明論義暫宜二停止一者(21)

と述べて、南都の法相学に属する因明論義は天台教学の立場から返答する必要なしと強い主張をかかげた。その背景には天台座主勝範の名があがっている。

この史実について疑わしいことはいうまでもないが、まず、㈠興福寺の問者が圓宗寺の二会に請ぜられたかどうかは不明である。またかような論義が交され得るかどうかも疑問で、まして勅請による大会で返答しないこと自体が自己の教学的立場および僧界で自分を滅する以外にはないのであるから、かかる無責任な返答をすることすら史実に反する故、この記事はむしろ圓宗寺の最勝・法華の二会が興福寺が元来主張し守ってきた維摩会を中心とする三会に対抗するものとして、天台宗のみの二会の妥当性を強調せんとするための説話であると考えられないでもない。

しかし年中行事秘抄に、

延久四年十月廿五日庚子、行㆓幸圓宗寺㆒始修㆓一会八講㆒、置㆓天台講師㆒、々々頼増、三井、一問法印頼真、興福寺、因明論義、有㆑議止㆑之、五巻日又行幸、竟日講師為㆓権律師㆒、

永保二年以㆓用途㆒定㆓永宣旨㆒、

永保二年二月十九日、始被㆑行㆓圓宗寺最勝会㆒、自㆓後三条院御時㆒可㆑被㆑行㆓二会㆒之由、有㆓綸旨㆒之故也、慈覚智證門徒、相替為㆓講師㆒、(22)

とあって、因明論義の可否がもとで混乱が生じたことはうかがえるのである。

しかしここで注目しなければならないのは、延暦寺座主の勝範である。この勝範がかかる圓宗寺の二会の設立にかなり早くより後三条天皇とのつながりをもっていたとも考えられる。

勝範は延久二年(一〇七〇)七十五歳で天台座主となり、同年の十二月二十六日に圓宗寺権別当に任ぜられている。(23)彼

は近江国野洲郡より出で、後三条天皇が延久三年（一〇七一）八月二十九日に日吉社にはじめて行幸されたとき、ここで勝範を法印大和尚位にして行幸賞を与えている。[24]

これについて栄花物語では後三条天皇と後冷泉天皇との性格の相違について記されている。

後冷泉院は、何事もたゞ殿にまかせ申させ給へりき。後の世にこそ宇治にも籠り居させ給て、「世も知らじ。物なども奏せじ」とて、世を捨てたるやうにておはしましゝか。されど除目あらんとては、まづ何事も申させ給、奏せさせ給はねど、かの殿ゝ人に、受領にてもたゞの司にても、よき所はなさせ給き。同じ関白と申せど廿余ゝり八十までせさせ給。世の人靡き申、怖ぢきこえさせたる、理也。この内（後三）の御心いとすくよかに、世中の乱れたらん事を直させ給はんとおぼしめし、制なども厳しく、末の世のみかどには余りてめでたくおはしますと申けり。人に従はせ給べくもおはしまさず、御才などいみじくおはします。後朱雀院をすくよかにおはしますと思申しに、これはこよなくまさり奉らせ給へり。世人怖ぢ申たる、理なり。大方の御もてなし、いとけ高くおはしましけり。女院（陽明）の申させ給事をも、さるまじき事をば更に聞かせ給はず。[25]

後冷泉天皇が消極的であったのに対して、後三条天皇は積極性に満ちていると述べて、その改革への意欲的な性格を記しているが、その天皇と勝範との関係についても、

むかしみこの宮（後三条）におはしましゝ時より、のりの道をも深くしろしめされけり。勝範座主といふ人参り給へりけるに、（帝）真言止観かね学びたらん僧[26]

として、勝範に対する帰依は深かったとしている。また日吉行幸についても、

日吉の行幸はじめてせさせ給ひて、法華経をおもくあがめさせ給ふ。かの道ひろまる所をおもくせさせ給こそは、

誠に御法をもてなさせ給ふにこそはべるなれ。ひえ（日吉）の明神は法華経を守り給神におはします。深き御法を守り給ふ神におはすれば、動きなくまもり給はん為に、世の中の人をも広く恵み、しるしをもきはだかにほどこしたまふなるべし[27]。

とて、法華経に対する興味も深く、その結果、後三条天皇については、今鏡では、

此の帝（後三条）世をしらせ給ひてのち、世の中みなおさまりて、いまにいたるまでそのなごりになん侍る。たけき御心におはしましながら、又なさけ多くぞおはしましける。石清水の放生会に上卿宰相諸衛のすけなどたてさせ給事も、この御時より始まり、佛の道もさま〴〵それよりぞまことしき道は、おこれる事多くはべるなる、圓宗寺の二会の講師おかせ給ひて、山、三井、寺のざえ高き僧など、位たかくのぼり深き道もひろまり侍るなり[28]。

とて、勝範は天台系の昇進制度を、天皇の天台宗への関心の深いことを契機として、御願寺であった圓宗寺のなかに設けようと考えた。

ことに延暦寺勝範を非常に高く評価したことについて、後三条法皇は園城寺より非難を受けた。それは、延久二年（一〇七〇）五月九日に「以二大僧都勝範一補二座主一、仍智證大師門徒懐レ憂騒動」[29]として彼の座主就任に反対している。また御三条法皇の崩御の直前に園城寺の新羅明神に宣命を出しているがこれは、勝範が延久三年（一〇七一）二月二十九日に天台座主が日吉神社を検校することに決定したことに対する抗議となって、勝範の座主補任に対する騒ぎとなったのである。

この日吉神社僧官制については、

請レ置二僧官於日吉神社一表

延暦寺　請下特蒙二　天裁一補中任日吉神社僧官上状

別　当　権大僧都覚尋

権別当　権少僧都良真

右当寺前座主前大僧正法印大和尚位明快、以二去年三月三日一、補二任社司一偁件神社者、伝教大師占二比叡山一建二法華宗一之初、大神垂二迹於此山麓一、護二一乗法一、育二三千徒一、既及二数百歳一、而独任二俗官一未レ有二僧官一、今准二傍例一定二任件司一者、未レ蒙二　官符一、未レ行二社務一、望請　天裁、早下二　官符一、以二当寺座主一為二撿校一、同共二別当一、執二行社務一、謹請二　処分一、

延久三年二月廿九日

座主権大僧都法眼和尚位勝範(30)

と、いままで設置されていなかった日吉神社検校職を新設し、天台座主をもってそれとなし、別当とともに社務をつかさどる社僧を増やし、神佛習合の実をあげるとともに、比叡山が同社の諸行事を通じて一体性を強調すると同時に、治暦三年(一〇六七)日吉社焼亡(31)以来の荒廃を復興し、その上四月十三日天台座主明快が叡山の僧大衆を引きつれて遷宮を実施したが、このような日吉社の叡山への統合は、同じ天台宗に属しながら、寺門派はその祭礼の主催者より締め出されることになった。ここに日吉社の指導権をめぐって社僧を中心とする山門と寺門との対立が生じた。そして山門は後三条天皇の延久三年の行幸の例および同四年の恒例の官幣を受けてよりいよいよ後三条天皇の勢力の背景のもとに山王の神威が高められ、時代の中心信仰ともなった。そして後三条＝勝範のつながりのもとに、天台宗の守護神としての信仰もしだいに堅固となると同時に、山門の僧徒は山王権現の神恩を求め、このことによって山も法も永久に安穏と信じて疑わなくなった。そしてのちに、日吉神輿を奉じて山門大衆が一山の無理な願望を貫徹しようとした

ことにもつながっていったのである。(32)

後三条天皇はまた一方では、園城寺を中心とする余慶以来の寺門の天台座主就任に反対する山門のがわにのみ与することはできず、また後朱雀天皇長暦二年（一〇三八）十月には明尊（智證門徒）を座主とすることに踏み切ったが、そのことはかえって山門の反発を誘発して、その結果山門の智證門徒への反発は、寺門派の護持僧・座主への就任についてことごとくこれをしりぞけることとなった。その理由として山門は園城寺が末寺であることにより、末寺の僧をもって本寺の座主とする理由がないと反論しているが、これについて寺門はまた園城寺は天智天皇の発願で、延暦寺は桓武天皇の発願であるとすれば、寺門は本寺で山門は末寺とすべきであると反発してきた。(33)そのような両者の対決は、当然日吉神社の主動権掌握、それがまして勝範を中心として寺門に相談なく天皇の勝範への信頼の一辺倒的な解釈で行われたとするなら、この日吉社をめぐる問題は山門寺門の抗争に油をそそぐ結果となったことは必定で、永保元年（一〇八一）四月十五日の日吉祭礼における大津下人と坂本下人の争い(34)に端を発した園城寺焼討は、実はこの勝範による日吉社の天台座主の検校職掌握に原因しているといえる。そしてすでにこのときに対立がはじまっているため、後三条天皇の御悩は三井寺の新羅明神の祟りであると寺門側は称した。

　後朱雀院御宇、寺門奏三請建二三摩耶戒壇一、朝廷問二立不立於諸宗一、皆以奏レ可焉、独山徒不レ肯、因レ玆、朝議未レ決、勅裁送レ年、至二後三条院御時一、寺門愬訴、朝家不レ容、聖断如レ忘、於レ是覚圓（圓満院大僧正）静圓（真如院権僧正）頼豪（実相房阿闍梨）等深抱二憂愁一、蟄居不レ出、新羅明神社頭大鳴動焉(35)

そして後三条天皇は、このことに対して宣命を新羅明神にささげてその不敬を謝して山門一辺倒の訂正を余儀なくさせられた。そのため延久五年（一〇七三）四月二十七日に宣命を作って次のごとくのべていられる。

廿一日甲午、太上皇由二御悩重一出家入道、同日、中宮(馨子)落餝為レ尼、

廿七日庚子、上皇作二祭文一、被レ奉二三井寺新羅神社一、其詞曰、維延久五年歳次癸丑四月甲戌朔廿七日庚子尓、掛毛畏支新羅乃大神乃廣前尓、太上法皇恐美恐美毛申給倍止申、去年乃冬乃比与利、心神違レ例天、今兹三月以来、殊以不予奈利、卜筮乃所レ告、其祟利区分礼、祈請乃所レ及、其数且千奈利、然而徒送二居諸一天、未レ得二平復一須、抑始ハ謝二璽剣一天、永久万乗之尊遠遁礼、今ハ剃二鬢髪一天、偏尓三帰之道尓入礼利、唯无為之思遠抽天、専遐齢之謀遠企多利、遁世之身、出家之人波、何厄加不二消除一良牟、何病加不二平癒一良牟、抑在位之昔、理政之時尓、智證大師乃門跡尓旁有レ所レ申支、或依二座主事一天致二怨望一志、或依二戒壇事一天成二訴訟一支、然而皆有二其故一天自然相違世利、但於二彼遺教一天、非レ不二帰依一須、或開二二会之講筵一天、崛二其門跡一之、或排二一区之伽藍一天永置二阿闍梨一計里、今臨二此病事一天、又仰二彼教法一久、二事乃違背世留ハ機縁乃未レ到奈利、大神ハ為レ守二彼佛法一尓忝顕二神道一太利、遠渉二溟海一天永託二日域一計梨、縦雖二神霊之咎徴一毛、謝レ咎寸留八神之所レ有奈梨、縦雖二理運之厄会一毛、転レ厄寸留ハ神之所レ掌奈梨、因レ兹雖レ未レ預二官幣一毛、若致二効験一良波、新奏二公家一、永致二礼奠一牟、除二宿恙於不日一支、払二沈痾於一時一牟古止波大神乃厚顧廣助尓可レ有支物奈利止所念給天奈牟、故是吉日良辰遠択定天、礼代乃御幣遠令二捧持一天奉出《タテマダシ》給布、掛毛畏支大神、此状遠平久安久聞食天、霧露忽晴礼、風塵永静天、身躰安穏尓、寿命久遠尓之天常磐堅磐尓夜守日守尓護幸へ給反止、恐美恐美毛申給ハ久止申、已上(36)

この後三条法皇の祭文は、園城寺に対して山門一辺倒でないことを示し、圓宗寺の二会に山門寺門ともに参加できることとしたことをも主張しているが、その二会は明らかに勝範の主張によって開かれ、そこには天台座主として末寺園城寺をも含めるという形で寺門との協調を求めた。そして後三条天皇は園城寺に対して二会の寺門僧の招請の事

実を主張して、その政治の公正を認めさせざるを得なかったと考えられるのである。

そして圓宗寺の法華最勝二会は僧綱補任に記すごとく、山門・寺門の交替の隔年講師が定められた。

（延久四年）権律師頼増、十月廿九日、任、圓宗寺法華会、初講師賞、有レ行ニ幸於高座一、任、六十二有ニ御拝一、三井 丹後国人、十月廿五日、圓宗寺始置ニ法華最勝二会一、以ニ天台両門一隔年為ニ講師一、依ニ已講労一、可レ任ニ僧綱一、宣下已了、即最初講師云云、第五日、有ニ行幸一、権律師、又同被レ置ニ立義一、立義者圓禅(37)

そしてこの二会已講を終えることにより天台宗方の僧綱に任命される僧制が定められ、それはまさに興福寺の維摩会にならうものであった。江家次第によるとその状況は次のごとくであった。

竪義 法華会第二日 夕座鐘打、竪義者立ニ堂後一散花行道了、竪義者経ニ堂外北弁西壇上一入レ自ニ坤戸一着ニ西長床座一 次探題参、先堂童子一人捧ニ白杖一前行、称レ警 次堂童子一人持ニ短冊櫃一、次小綱一人、次探題、爰前行ノ堂童子等留ニ堂後中戸壇下一、櫃堂童子入レ自ニ中戸一進ニ机下一一拝、以レ櫃置ニ机上一、件机預高座西立レ之、経ニ西長床後一退ニ出自ニ後戸一、探題着座、打ニ竪義鐘一、次講師下ニ高座一、竪義者起座出ニ坤戸外一、維那従儀師起座打レ磬召ニ竪義者名一、進ニ立机下一請ニ益探題一、々々目許、開レ櫃、次復座、竪義者進ニ佛前一礼佛三度畢、還ニ到机下一目ニ探題一、々々目揖（許カ）、竪義者開レ櫃取ニ短冊一読揚、畢登ニ高座一、次従儀師進取ニ短冊一置ニ探題前一、竪義者表白、此間探題給ニ短冊於従儀師一令レ分ニ問者一、問五重、畢従儀師注記畢、問ニ得不一、探題精義畢判ニ得略一、二問二重 不ニ精義名之思第一 畢、従儀師申ニ挙十条短冊得不一、畢竪義者下ニ高座一 判ニ得略一、得題是精義也、略題不精義也、

被レ定ニ仰探題一事 其人辞退時被レ仰歟、

被レ定ニ仰問者一事 僧名定後被レ仰、兼日可レ有ニ其用意一歟、

被レ定ニ注記従儀師一事 頼清 義尋

被レ仰二明年講師幷立者(竪カ)一事法華会竟日、以二蔵人一被レ仰二上卿一、々々仰レ弁、々(仰カ)仰レ史、々仰二綱所一

講師　甲年延暦寺　乙年薗城寺　輪転被レ請レ之

読師本被レ請二真言宗一、而依二頻辞退一用二専寺長講一、

立者(竪カ)甲年薗城寺　乙年延暦寺輪転被レ仰レ之

探題延暦寺探題、便奉仕之、或有二薗城寺例一、

廣算山　良秀三井　済覚三井　永豪山

圓豪山　慶明山　圓禅山(38)

この圓宗寺法華会の第二日の竪義はこの時より永く恒例となり、圓宗寺最勝会講師もともに天台宗の両門から出ることになった。そしてこの具体的な例として承保四年(一〇七七)閏十二月十二日の圓宗寺法華会は延暦寺暹斅が講師で竪者信尊は三井寺であり(39)、天永三年(一一一二)十一月二十八日の圓宗寺法華会では竪者は延暦寺厳舜、探題も延暦寺永清律師、一問は園城寺の已講定暹である等、江家次第の法則は守られて実施されているのである(40)。

このように四圓寺は、その御願寺としての性格は仁和寺を中心として展開されたといっていいのである。それについて、圓融寺、圓教寺、圓乗寺はいうまでもないが、圓宗寺においても僧綱補任には、

(延久二年)十二月二十八日、圓宗寺供養、請二僧六十口一、仁和寺宮、検挍證誠長信僧正、別当勝範大僧都、権別当今年、石清水放生会、始令レ詣上卿隆国　参議経信

同三年、辛亥　二月二日、成尋入レ唐、六月廿九日、圓宗寺灌頂堂、常行堂供養、有二行幸一、導師撿挍御室有レ賞、讃衆四十人、其中僧正長信、法務頼信等、衲衆随一也、十月二十九日、有二日吉行幸一、座主以下蒙レ賞、七社

之外加二三社一。(41)

とあるように、この寺もその供養にのぞんでは仁和寺の性信法親王、同長信僧正により供養をいとなみながら、権別当に後三条天皇に親しい天台宗延暦寺の勝範大僧都を入れたことにより、いままでの三圓寺に相違して、延暦寺による法華会を中心とした勢力の浸透を見ることになった。それは圓宗寺はいまや過去の仁和寺の御室的な性格にとどまらず、延暦寺院源を中心とする法成寺の供養に見られるように、洛中への延暦寺の進出の拠点となって、圓宗寺はその流れより脱することはできなくなったのである。ここに四圓寺の新しい性格が見られるのであるけれども、仁和寺との関係は検校職を掌握するという新しい方法のもとに四圓寺を完全に仁和寺より脱するという危険を防いでいる。そして圓宗寺灌頂堂は仁和寺を中心とする真言宗に掌握され、圓宗寺は変則的な形で天台と連繫することになったのである。

そして天台三会の成立については釈家官班記にその制度の概要を掲げている。

三会、

法華会、

延久四年十月廿五日於二圓宗寺一始修レ之、講師頼増当座任二権律師一、

大乗会、

承暦二年十月六日、於二法勝寺一始レ之、講師暹斅、初日朝座、於二当座一任二権律師一、

最勝会、

永保二年二月十九日、於二圓宗寺一始之、講師山明実、

已上三会也、但承暦年中、以二法花会、大乗会一称二両会一、其後雖レ加二最勝会一、為レ簡二別南京之三会一講師任二僧綱一、但依レ人随レ事先任二僧綱一之後、遂レ講其例又多レ之(42)

この三会は天台宗の興隆を意味し、真言宗の衰退をもまねいた。そして南都三会もまた従来よりの立場を弱めるに到った。そしてこの法会に請ぜられる講法師の資格について補足して史料を掲げると次のごとくである。

次賜講師請事

講師請者、南北各別之勅会也、受請以後、勤仕已前、称二擬講一、勤仕以後号二已講一也、南京者宮中金光明会、御斎会事也、興福寺維摩会、薬師寺最勝会也、北京者法勝寺大乗会、圓宗寺法花会、最勝会等也、北京者法勝寺大乗会、圓宗寺法花会、最勝会等也、於二北京分一者、延暦園城両寺隔年勤レ之、於二清選之次第一者、年戒之高下、労積之浅深、諸御願聴衆度数也、公請之前後等、就二兼備之器用一、被レ賜二其請一、但又一流之正嫡、并花族之胤子等、当時預二抽賞一之類、越二積労之上首一、古今之通規也、緇素之昇進、其儀不二相替一歟、又南北両京遂講、互無二相論之義一、是則勤仕之勅会、各別本寺之学業等、自レ元有二遅速一之故也、又不レ賜二講師請一、而直昇二綱維之位一、称レ之為二閑道之昇進一、此事於二南京一者、古今堅停止之歟、於二北京一者、自二以往一多二其例一、随而勅会一向退転、併皆閑道之昇進也、道之凌遅可レ謂二不便一、然後以二三会巡一初任二僧綱一次第、重々転任之理運、被レ経二御沙汰一之条如レ常(43)

そして寺門はいままで竪義による僧綱への道がとざされていたが、この勝範の提案によって圓宗寺に二会、つづいて法勝寺大乗会が実施されることによって天台宗徒の進出の道が開かれたのであるが、これはまたのちに閑道の昇進として皇族や貴族が寺院へ受領を寄進して寺領拡大の方法を通じて、院政政権の経済的基礎を固める動きともなった。

（1）　扶桑略記、巻二十九、延久二年十二月二十六日条

(2) 江都督願文集、延久三年六月二十九日、圓宗寺五佛堂供養願文
(3) 同右、天仁三年三月三日、圓宗寺五大堂供養願文
(4) 扶桑略記、巻二十九、延久三年六月二十九日条
(5) 註(1)に同じ
(6) 扶桑略記、巻二十九、天喜六年二月二十三日条
(7) 同右、巻三十、承暦元年十二月十八日条
(8) 杉山信三「四圓寺、院の御所と御堂」(『奈良国立文化財研究所紀要』)
(9) 阿娑縛抄二百十二、諸法要略抄、(大正蔵図像九)八三〇頁
(10) 門葉記、十一、七佛薬師法(大正蔵図像十一)一〇五頁
(11) 同右、十四、七佛薬師法(大正蔵図像十一)一四三頁
(12) 註(3)に同じ
(13) 仁和寺諸院家記(仁和寺史料、一)三三五頁
(14) 御室相承記(仁和寺史料、一)一〇頁
(15) 本朝文集、巻五十、圓宗寺最勝法華会表白(国史大系本)二一〇頁
(16) 中右記、七、佛事部類、圓宗寺法華会
(17) 扶桑略記、巻二十九、延久二年十二月二十六日条
(18) 同右、同、延久三年六月二十九日条
(19) 同右、同、延久四年十月二十五日条
(20) 註(19)に同じ
(21) 註(19)に同じ
(22) 年中行事秘抄(師光本、群書類従本)三一三頁
(23) 天台座主記、権大僧都勝範条(延暦寺本)六一頁

(24) 扶桑略記、巻二十九、延久三年十月二十九日
(25) 栄花物語、三十八、松のしづえ（日本古典文学大系）四九〇頁
(26) 今鏡、二、すべらぎの中（国史大系本）三一頁
(27) 同右、二九頁
(28) 註(27)に同じ
(29) 扶桑略記、巻二十九、延久二年五月九日条
(30) 天台霞標五ノ三、請置僧官於日吉神社表（大日本仏教全書本）五八二頁
(31) 百錬抄、四、治暦三年正月十日条
(32) 宮地直一「平安時代における新羅明神」（『比叡山と天台佛教の研究』所収）
(33) 寺門伝記補録、十八、両門別離之事。辻善之助『日本佛教史』第一巻、八三四頁参照
(34) 扶桑略記、巻三十、永保元年四月十五日条
(35) 寺門伝記補録、二、報酬怨家（大日本仏教全書）一四二頁
(36) 扶桑略記、巻三十、延久五年四月二十一日・二十七日条
(37) 僧綱補任（群書類従、第三輯補任部）五七四頁
(38) 江家次第、五、圓宗寺最勝会事（故実叢書）一六五頁
(39) 水左記、承保四年壬十二月十二日条
(40) 中右記、七、佛事部類
(41) 僧綱補任（群書類従本）五七三頁
(42) 釈家官班記、下（群書類従本）六五頁
(43) 同右、六七頁

四　四圓寺成立の意義

これまで四圓寺の成立について論じてきたが、そこで四圓寺はもちろん御願寺として、その発展段階において見ると仁和寺にその根源が求められ、そこから展開発展してきたものであることを述べた。そして仁和寺との関係においても、四圓寺の検校職を仁和寺が掌握するという新しい方法を打ち出してきていることにも注目した。

もちろん四圓寺は、たしかに御願寺の発展の中では大きな動きとしてとらえられるけれども、あの藤原道長の建てた法成寺や、白河法皇の建立された法勝寺を中心とする六勝寺の成立とは比すべくもない。この六勝寺の成立こそ御願寺の最終形態といわれるほど大きな意義を持つものであると私は考えるのである。

これまでの御願寺の成立段階をふりかえって考えてみると下の表のごとくなる。

第20表　御願寺成立一覧表

御願名	御願寺	供養日	成立期
宇多	仁和寺	仁和四・八・十七	即位後　二年
圓融	圓融寺	永観元・三・廿二	〃　十五年
一条	圓教寺	長徳四・一・廿二	〃　十二年
白河	法勝寺	承暦元・十二・十八	〃　五年
堀河	尊勝寺	康和四・七・廿一	〃　十六年
鳥羽	最勝寺	元永元・十二・十七	〃　十一年
待賢門院	圓勝寺	大治三・三・十三	女院後　四年
崇徳	成勝寺	保延五・十・廿六	即位後　十七年
近衛	延勝寺	久安五・三・廿	〃　八年
藤原道長	法成寺	治安二・七・十四	摂政後　六年（出家後三年）
藤原頼道	平等院	永承七・三・廿八	摂関後三十五年

この表より考えて、その成立は平均して天皇の即位後一〇年で成立を見ているのであるが、その即位後早い時期に建立の運びとなっているものには、それぞれその御願者の積極的意志の強い場合と考えられる。その例として宇多天皇の場合は父の光孝天皇が仁和三年（八八七）八月二十六日

に仁寿殿で圓珍等の祈願の甲斐もなく崩御されたがために、この西山御願寺は天皇の息災安穏追善菩提のために一刻も早く建てられなければならなかったし、その建立は宇多天皇よりも光孝天皇の意志でもあった。そして仁和三年十月十四日に七七日の忌辰がすんで一周忌を期して仁和寺で周忌御斎会を行っているのであるから(1)、仁和寺は周忌に間に合わすために急ぎ建立されたので、これは宇多天皇の強い意志によるものであったために建立の期間が急速に早まった例である。

後三条天皇の圓宗寺の場合は「雖レ慎二神器於一日之裡一、渇仰志厚、猶事二佛陀於万機之間一（中略）為二教法久住、国家永穏一、方起二伽藍之一院一(2)」と天皇の佛教への関心の深さによるものだと述べているが、天皇が「後三条院くらいにつかせ給ひてぞ、年ごろの御心よからぬ事どもにて、宇治にこもりゐさせ給ひて、延久四年正月廿九日御ぐしおろさせ給ひて、同六年二月二日、八十三にてうせ給にき(3)」と後三条天皇と頼通との相剋はかなりはげしいものがあった。それは天皇の政治が壮年の即位であったことと頼通等とは傍系であったこと、さらにその上積極的に荘園整理令を出して摂関家の経済的基礎をくずそうとする政治方針を貫かれたことによるのであるが、病弱であったことも確かで、延久五年(一〇七三)の三井寺に対する祭文の中にも、「遁世之身、出家之人ハ何ゾ厄ガ消除セザルラン、何ノ病カ平癒セザラン（中略）今此ノ病事ニ臨ンデ又彼ノ教法ヲ仰グ(4)」と、後三条天皇が病を意識しての即位であり、その間に急ぎ摂関家の政治主導権の排除と、遁世への道（それは崩御を意識されていたのかも知れない）を開くためにも御願寺を早急に完成したいという意識にかられられたとも考えられる。

そしてその圓宗寺の規模については、圓融寺や圓教寺等で金堂に当るものは御願堂であったけれども、圓宗寺のような金堂や講堂を具備するものでなかった。そして圓宗寺は他の三圓寺に比較して規模が大きかったことはいうまでもない。
（1）日本紀略、前篇二十、仁和四年八月十七日条
（2）扶桑略記、巻二十九、延久二年十二月二十六日条
（3）今鏡、巻四、ふじなみの上（梅のにほひ）（国史大系本）八三頁
（4）扶桑略記、巻三十、延久五年四月廿七日条

第七節　藤原氏の氏寺の成立について

一　法性寺の成立

いま藤原道長の建立した法成寺を考える前に、藤原忠平の建立した法性寺について検討を加えなければ、法成寺の性格は判明しない。法性寺については延長三年（九二五）に「左大臣供ニ養法性寺内新御堂一」(1)と見えている。寺内に新堂を造って他の堂塔の修覆等も行っている。

そしてこの法性寺の建立のきっかけとなったのは、藤原忠平が左大臣に昇進し、摂関政治の復活のきざしが見えたことと、興福寺でなく京都に氏寺を建て、祈願寺であると同時に、そこは忠平の賀の祝をする場所とする意味をも含めた(2)。また承平四年（九三四）十月十日に法性寺は定額寺となることを認められて朱雀天皇の御願寺に昇格した(3)。この時期には灌頂がこの寺で行われ、御修法もなされている故、密教寺院としての性格が強かった。天慶八年（九四五）に、藤原穏子が寺内に多宝塔を建てて一切経を供養しているが(4)、この朱雀・村上天皇の母の穏子が天暦八年（九五四）一月

に崩ずると同時にその追善のためにまた塔が建立されている。

さらにこれより先の天暦三年（九四九）八月十四日に藤原忠平の死去とともにこの寺は藤原一族の重要な菩提寺ともなった。それにともなって、この法性寺をめぐって支配権を掌握する座主職について争論が発生したが、それは天元四年（九八一）に智證門徒の余慶が法性寺座主に補任されたことによるものであった。

これは叡山の圓仁・圓珍両門徒の争いをここへ持ちこんだ形で発生した。この両者の争いはもともと最澄と義真の両者の性格の相違において要因があるのであって、天台の初代座主の義真は最澄入唐のとき通訳となっていて最澄の純粋の弟子ではなかった。義真は圓修を後継者として寂したが、最澄を直系とする弟子は承知しないので光定らが仲介して圓澄を二代座主とし、ついで圓仁・安恵が座主職を相承したが、五代目の座主に義真の弟子の圓珍がなり台密の完成に努力し、それ以後圓珍系（智證門徒）が天台座主を独占する形となった。

これに対して圓仁系（慈覚門徒）の良源が出て山門より寺門系の追放を促進しようとしたため両派の対立ははげしくなる一方であった。圓珍も生前その内紛をとどめようとしたが、その対立意識は底流となって残った。[5]

そしてこの良源の智證門徒への圧迫は、藤原氏の京都の氏寺的性格を強めつつあった法性寺の主導権をめぐってよりきびしいものとなった。それは法性寺の座主に智證門徒で園城寺の長吏に任ぜられた余慶が補任されたことから両門の争は口火が切られたのである。

十二月、権大僧都余慶任二法性寺座主一、于レ時慈覚（圓仁）大師門徒云、法性寺座主者、建立太政大臣貞信公（忠平）以二慈覚大師門人一而補二任之一、仍長者四代之間、奏二任座主九人一、他門不レ交、而第五長者、当時太政大臣（頼忠）誤違二旧蹤一、以二智證大師門徒余慶一奏二任第十座主一、仍慈覚大師門徒僧綱阿闍梨等廿二人、諸院諸寺従僧百六十余人引率、参二向関白

太政大臣里第一、僧徒失レ礼、有ニ濫吹事一、因レ玆供奉之僧綱等召ニ仰綱所一、被レ停ニ公請一、其後不ニ幾経レ日、権大僧都
余慶辞ニ法性寺座主一(6)

この問題は慈覚門徒が長く増命より尊意まで天台座主に補任されず、義海より慈覚門徒に天台座主職に帰った余勢をかりて、良源以後も智證門徒を天台座主より締め出そうとする一連の動きに通じていた。それは余慶の個人攻撃という問題ではなかった。ことに永祚元年（九八九）天台座主に任命されたとき、余慶の補任状を持った勅使の源能遠は叡山の登口で数百人の山僧により京に追い帰され、そのため余慶の就任は有名無実となったのもその一つのあらわれであった。(7)

これについて慈覚門徒の理由は、法性寺は忠平が創建してより比叡山の西塔院主弁日大法師が座主となって以来九代は、すべて慈覚門徒で占めていて、いま智證門徒よりの任命は心外であるというのである。

朝廷ではこの論をくつがえして、忠平の草創のときには決して慈覚門徒のみに別当を付したのではなく、智行かね具った住職に足る人をもって選んだのであって、余慶もまたそれに該当する人物であるといって返答している。「勅答曰、初貞信公創レ寺、不三必附ニ慈覚一門一、唯是撰ニ智行兼具者一任レ職、然慈覚之門多レ人、幸相続領レ之、今余慶亦有ニ智行誉一、因而補レ之、何必守ニ一門一乎、徒衆一百余人、又向ニ檀越廉義公家一、濫吹甚、帝聞レ之激怒、詔停ニ止慈覚一門僧綱阿闍梨二十五人、諸寺諸院供僧一百六十余人之封職一、従レ是山上両徒、拒争日喧、於レ是智證門人避レ山、各住ニ于別院一」(8)

そこで両門の諍はげしく、余慶は門人を率いて観音院に、勝算も修学院へ、観修と門人は解脱寺に、穆算は一乗寺へとのがれ、一方慈覚門徒は追討ちをかけるごとく山の中の智證大師の関係の千手院経蔵や観音院、および一乗寺

を良源の命によって焼こうとする動きさえ見えた。

その争いは正暦四年（九九三）に余慶の弟子の成算が慈覚大師の遺跡の赤山禅院を襲わんとして、これを防ぐことを理由として八月八日慈覚門徒は智證門流の坊舎を襲い四〇舎宇を破壊して門徒一〇〇〇人を追い出し、彼らは山を下りて再び山に登ることはなかった。(9)

法性寺の伽藍は道長の時代に五大堂が建立されるのであるが、寛弘三年(一〇〇六)十月十日の法性寺五大堂の造佛については御堂関白記に、

十月十日、己卯、行法性寺、見造佛、覚圓寺座主院源等阿闍梨宣旨下、
廿四日、癸巳、到法性寺、見造作佛、
廿五日、甲午、寅時行法性寺、卯時奉佛開眼、諷誦信布百端、僧都綾褂一重、佛師等賜禄物幷預（カ）馬等、春宮大夫（道綱）堂供養、上達部五六人許来、退出、参内、大夫請僧等賜度者、使頼親（藤原）朝臣、従寺上達部参、〇中略 大夫修諷誦二百端、自堂定五僧定、前大僧正観修、寺座主院源、律師慶命、兼摠、実誓、
廿六日、乙未、従中宮（彰子）賜殿上食物、
十一月四日、癸卯、堂五僧来云慶、大僧正綾褂一重、院源、慶命白褂一重、兼摠、実誓単重一領(10)

と見えて、五大堂の丈六の本尊の開眼は智證門徒の観修、道長の護持僧の院源、慶命、兼摠、実誓等、開眼の五僧は智證門徒が多く、それは道長が観修、心誉を重視し、観修は道長の浄妙寺の検校に、心誉は観修の弟子で法成寺の寺務になっている。

ここに慈覚門徒が余慶の法性寺就任を反対し追放されたにもかかわらず、法成寺の成立をめぐり寺門系が摂関家へ

接近し、道長と心誉の関係や頼通と余慶の弟子の明尊との関係、さらには第六子を出家させ覚圓と法名を定め明尊に師事し、法成寺の運営をまかせ、また園城寺の長吏となったほど寺門に接近したのである。

このように摂関家の寺門への傾向はただならぬものがあり、法成寺の成立もこのような背景のもとになされたのである。しかし、法性寺座主は弁日（山）、余慶（寺）、院源（山）、慶命（山）、尋圓（山）、賢暹（山）、寛慶（山）、最雲（山）、行玄（山）、勝豪（山）、等の山門を中心に座主職を掌握して、法性寺は京都における天台宗、特に慈覚門徒が九人も相つづいて座主となることによって、慈覚門徒の京都での根拠となったのである。

法性寺の伽藍については最初いかなる形態であったかは判明しないが、御堂、多宝塔、御塔等があり、後に五大堂、三昧堂、薬師堂、東北院、曼荼羅堂が追加されたようである。もちろんこの法性寺が法成寺への足がかりとして道長は自分の往生のための寺として、藤原忠平におとらない伽藍を造る計画を進めたのである。

(1) 日本紀略、後篇、一、延長三年五月十八日条
(2) 同右、一、延長七年二月廿三日条
(3) 同右、二、承平四年十月十日条
(4) 同右、同、天慶八年二月廿七日条
(5) 村山修一『比叡山と天台佛教の研究』、二〇頁参照
(6) 扶桑略記、第二十七、天元四年十二月条
(7) 天台座主記、第二十世余慶の条（延暦寺本）四七頁
(8) 寺門伝記、補録十八、両門不和事（大日本佛教全書）四二四頁
(9) 辻善之助『日本佛教史』上世篇、八三〇頁

(10)　御堂関白記、寛弘三年十月十日条（大日本古記録本）

二　法成寺の成立

さきに法性寺に五大堂を建て、五大明王に息災を求めた道長は、忠平の法性寺に替わるものとして自己の祈願寺の法成寺を建立しようと考え出したのは、道長の病悩がしだいに高ぶりつづけてきたからでもあった。

これはさきの後三条天皇の圓宗寺の場合とも共通する成立事情である。ことに寛仁二年(一〇一八)四月十日には「終日有悩事、無㆓指事㆒、心神不覚、不㆑知㆔為方㆓(1)」と述べているが、この道長の病はさきに寛弘二年(一〇〇五)十二月四日に風病をおこしてよりはじまり、咳病はげしく胸の病に苦しめられていた。その後しばらく数年にわたって小康状態を保ったが、長和四年（一〇一五）ぶりかえし、この寛仁年間になると「又胸発動、極難㆑堪(2)」したがって、重要な年中行事の法興寺御八講にも参ぜず、法性寺における三条院周忌法会にも布施を送りとどけただけで「依有悩事、自不参、歓念不少(3)」という状況に到った。さらに道長はまた「心神尚悩、不覚、入㆑夜参㆓法性寺五大堂㆒(4)」って参籠した。このときは二十九日まで五大明王の前で通夜参籠を行い、心誉僧都を呼んで怨霊調伏、息災延命の祈願をこめている。道長は単に胸病だけではなく兄の道兼と三条天皇の怨霊のしわざであるとも考えた。その理由は道長は三条天皇が長和四年(一〇一五)頃より眼病をわずらわれ御悩高まりそれが譲位につながり、わが子の上東門院彰子の生んだ敦成親王を即位させることにより摂政の地歩を固めようとして、その退位をうながしたのである。大鏡にも、世継をしていわしめているなかに「入道殿下（道長）の御栄花も、なにゝよりてひらけたまふぞと思へば、先きみかど・后の御有様を申べきなり。植木は根おほしてつくろひおほしたてつればこそ、枝もしげりて木の実もむすべや(5)」と後一条天皇即位を待つ道長の気持を植木の根を培うことの意として、三条院の眼病の昂進を待っていたと考えられる。三条天皇の眼病はかなり急速に進み「この御目のためには、よろづにつくろひおはしましけれど、そのしるしあることもなき、いといみじき事なり」(6)というので、長和四年(一〇一五)には阿闍梨仁海、天台座主慶圓、律師心誉の加持を加えても治癒せず、それは桓算(桓算は醍醐天皇の時の叡山の僧で、僧位のことで憤死し、代々の帝に祟るという)供奉の物怪とも考えられていた。しかし天皇の退位を喜んだのは道長に外ならなかったから、天皇と同じ運命にある道長としては、自分が胸を病み、眼力を失ってくることに対して三条天皇の怨霊のしわざであると意識したのである。

寛仁三年(一〇一九)二月六日の御堂関白記に、

六日、甲午、心神如常、而目尚不見、二三尺相去人顔不見、只手取物許見之、何況庭前事哉、陰陽師・医家、申可食魚肉、月来間不用之、今不奉見佛像・僧経巻近当目奉読、若従此暗成、為之如何、仍五十日、仮申三宝、従今日食之、思歎千万念、是只為佛法也、非為身、以慶命僧都、令申之、従今日、肉食間、可書法華経一巻(7)

と見えて、二、三尺離れた人の顔も見えず、眼を近づけなければ経巻も見えないほどで、ここに到って、佛をたのみ京極殿の東に御堂を建てることを発願し、院源を戒師として出家した。

この法成寺造立に際して無量寿院の建立の計画が道長の出家と同時に進められた。

この間の事情を栄花物語は詳細に述べている。

この御悩は、寛仁三年三月十七日より悩ませ給て、同廿一日に出家せさせ給へれば、御歳五十四日長におぼさるゝまゝに、さるべき僧達・殿ばらなどゝ(御)物語せさせ給て、御心地こよなくおはします。今はたゞ「いつしかこの東に御堂建てゝ、さゝしう住むわざせん。となん造るべき、かうなん建つべき」といふ御心企いみじ。かくて日頃になるまゝに、御心地さはやぎ、少し心のどかにならせ給ふて、(中略)殿は、御堂いつしかとのみおぼしめす。この世の事は、今はたゞかの御堂の事をのみおぼしめさるれば、摂政殿もいみじう御心に入れて、掟て申させ給ふ。[8]

かくして法成寺の造立ははじまり、その計画は、道長の所領のみならず、摂政頼通の受領にまでもその費用の捻出を求めた。

入道殿忽発願、被奉造丈六金色阿弥陀佛十体四天王、彼殿東地京極東辺、造十一間堂可被安置、以受領一人充一間可被造云々、従昨始木作、摂政不甘心云々[9]

そしてこの道長の無量寿院の計画は着々と進められた。

「この度生きたるは異事ならず、我願の叶ふべきなり」と宣はせて、異事なくたゞ御堂におはします。方四丁を廻りて大垣して、瓦葺きたり。様〴〵におぼし掟て急がせ給へば、夜の明くるも心もとなく、日の暮るるも口惜しくおぼされて、よもすがらは、山を畳むべきやう、池を掘るべきさま、植木を植ゑ竝めさせ、さるべき御堂〴〵様〴〵方〴〵造り続け、佛はなべての様にやおはします、丈六金色の佛を数も知らず造り竝め、そなたをば北南と馬道をあけ、道を調へ造らせ給ひて、廊・渡殿数多く造らせ給ふに、鶏の鳴くも久しく、宵あか月の御行も怠らず、安き寝も御殿籠らず、たゞこの御堂の事のみ深く御心に知らせ給へり。」ひゞ(日々)に多くの人〴〵参りまかで立ち込む。さるべき殿ばらを始め奉りて、宮〳〵の御封・御庄どもより、一日に五六百人、千人の夫どもを奉るにも、人の数多かる事をばかしこき事に思ひおぼしたり、国ゝの守ども、地子・官物は遅なはれども、たゞ今はこの御堂の夫役、材木・檜皮・瓦多く参らする業を、我も〳〵と競ひ仕まつる。大方近きも遠きも参り込みて、品〴〵方〴〵辺り〳〵に仕うまつる。ある所を見れば、御佛仕うまつるとて、巧匠多く佛師百人ばかり率ゐて仕

うまつる。(10)

この法成寺はやはり道長の病気を要因として建てられ彼等の受領、封戸を結集したのであった。

この伽藍の構想等については、さきに福山敏男氏、(11)また杉山信三氏も「藤原氏の氏寺とその院家」(12)と題されて詳細な発表をされているので、それに譲るが、造立の順序は次のごとく道長の一代の間に完成したものである。

この法成寺の伽藍のなかで造立の願意を考えてみると無量寿院は道長の来世得脱を求めて建てられてはいるものの道長の願文においては「弟子、九重儲闈、倶忝二外祖之重寄一、三宮摂禄、同致二厳親之礼儀一荷二天之寵一、誰如二弟子一哉」(13)ことに道長は後一条天皇の即位を見て目的を果たし、摂関も頼通に譲ってその後見として生きてゆこうとする心情があらわされている。しかし、荘厳な堂宇を造ることにより弥陀浄土への往生の本願が達せられるという自負は、彼の外戚としての地位がより固まってきたことをも示している。ことに眼病苦よりのがれるために道長は薬師への帰依の動きが強く見られるのも当然であった。この無量寿院については万寿三年(一〇二六)三月二十日に、前年八月五日に嬉子と東宮の敦良親王(後朱雀)の間に親仁親王を生んで薨去したことについて道長はその追善のためこの院を建てたが、このことは、また道長にとって外戚政治の破滅をも意識しなければならなかった。そして嬉子の菩提のため無量寿院を阿弥陀堂と改めた。ついで道長はその死去にのぞんでも阿弥陀堂内に居住して死を待った。その様子は、

この御堂は三時の念佛常の事なり。この頃は、さるべき僧綱・凡僧どもかはりてやがて不断の御念佛なり。さればいみじう尊きも、やがてきゝ敢えるなりけり。三位中将入道、「たゞの折こそあらめ、かゝる折にはいかでか」と、殿ゝ上せちに聞えさせ給へば、参り給て、御枕上にて念佛絶えず勧め奉らせ給。山の座主(院源)常に参り給て、いみじき事どもを申聞かせ奉り給て、ともすればうちひそみ泣き給。」たゞ今はすべてこの世に心とまるべく見え

させ給はず。この立てたる御屛風の西面をあけさせ給て、九体の阿弥陀佛をまもらへさせ奉らせ給へり。いみじき智者も死ぬる折は、三つの愛をこそ起すなれ。まして殿ゝ御有様は、さま〴〵めでたき御事どもをおぼし放ちたるさま、後の世はた著く見えさせ給。

女院・中宮をだに、今はあひ見奉らせ給事なし。おぼろげに申させ給てぞ、「さば」とて、たゞはつかなる程にて、「はや帰らせ給ね〳〵」とのみ申させ給。すべて、臨終念佛おぼし続けさせ給。佛の相好にあらずより外の色を見むとおぼしめさず、佛法の声にあらずより外の余の声を聞かんとおぼしめさず、後生の事より外の事をおぼしめさず。御目には弥陀如来の相好を見奉らせ給、御耳にはかう尊き念佛をきこしめし、御心には極楽をおぼしめしやりて、御手には弥陀如来の御手の糸をひかへさせ給て、北枕に西向に臥させ給へり[14]

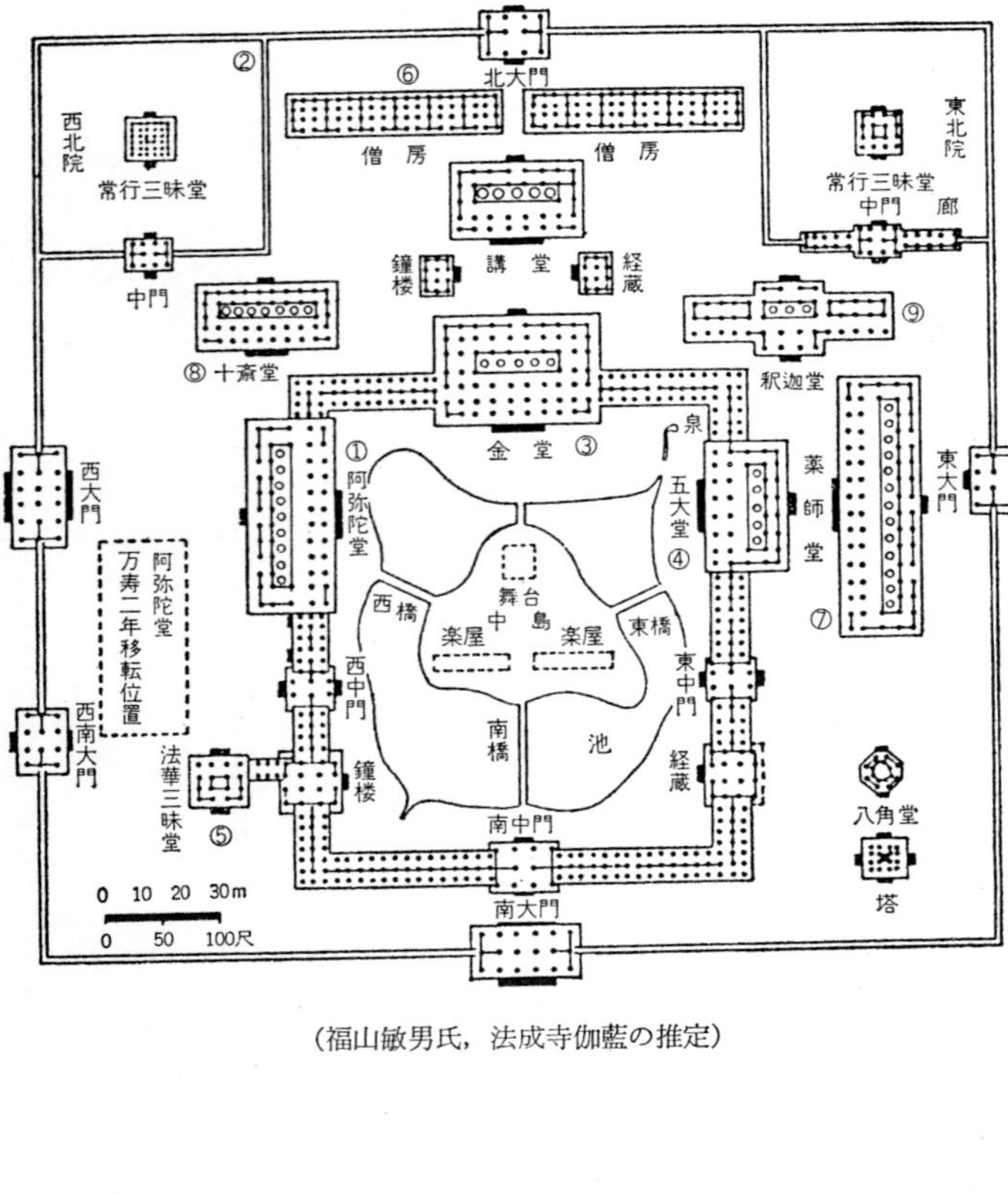

（福山敏男氏，法成寺伽藍の推定）

第21表　法成寺伽藍配置表

	年号	堂院名	諸尊	供養者
1	寛仁四・三・二十二	無量寿院（十一間）〔道長〕	阿弥陀如来（丈六、九体金色） 観音、勢至菩薩 四天王	済信、院源 深覚
2	寛仁五・十二・二	西北院（三間四面）（桧皮葺）〔倫子〕	阿弥陀佛（五佛）（三尺） 観音、勢至	済信、院源 慶命〔講師〕
3	治安二・七・十四	金堂（瓦葺）〔道長〕	大日如来（金色、三丈二尺） 釈迦如来（金色、二丈） 薬師如来（〃） 文殊菩薩（〃） 弥勒菩薩（〃） 梵天帝釈二天（九尺） （採色） 四天王	院源〔講師〕 済信、深覚 林懐
4	治安二・七・十四	五大堂	不動明王（二丈）（採色） 四大明王（採色） （一丈六尺）	院源
5	治安二・七・十四	法華三昧堂（桧皮葺）		
6	治安二・七・十四	僧房	（六十余間）？	

7	万寿一・六・二十六	薬師堂（十五間、瓦葺）	薬師如来（七体、金色）（一丈六尺） 観音菩薩（六体、金色）（一丈六尺） 十二神将（各一体） 日光、月光菩薩（金色）（一丈）	院源
8	万寿四・五・四	十斉堂		
9	万寿四・八・二十二	釈迦堂（十三間、桧皮葺）	釈迦如来（丈六、金色） 梵天・帝釈（六尺） 四天王（六尺） 十大弟子、八部衆　各一体 等身釈迦百体	心誉

備考（1）経蔵、鐘楼、西門、南門、西中門、宝蔵、南楼、道長の住房等も附属していたが成立年月日は不明である。
（2）扶桑略記・諸寺塔供養記による。

と見えていることは、阿弥陀堂は極楽往生への道場として、道長は病没後の弥陀の引摂を強く求めた結果最も早く完成したいと考えたのである。

つぎに金堂については、道長と天皇家とのミウチ関係により即位した天皇および先皇の菩提のためとして「方今帝王儲皇之祖雖レ貴、若不レ勤其奈二菩提一何、三后二府之父雖レ厳、若不レ懺其奈二罪業一何、建二立道場一、号二法成寺一」(15)と、このように鎮護国家を祈るとともに、一門と天皇家とのミウチ関係の推進を願い法成寺と号して、さきの無量寿院を吸収することになった。

また五大明王を五大堂に安置して「為ㇾ降ニ家門成ㇾ怨之怨霊一」[16]と述べて、道長の臨終に際して怨霊による危害を除こうとしている。薬師堂も七佛薬師如来によって抜苦与楽を求めるためのものであった。

この法成寺はまったく道長と院源の力によって建立されたといっていい。ことに院源は良源に師事し、覚慶について天台教学を学び、説法に長じ、唱導にすぐれていた。

ことに道長が嬉子を失ったときに無常を説いて、道長に「殿ㇾ御やうにおぼしめし掟つることに、ことたがはせ給はず、あひかなはせ給人はおはしましなんや」[17]と道長は貫いてゆく人間としての強さを示しながら、嬉子の死は道長を「悲しみも苦しみも共に知らせつる。よろずにかたがた(善悪)におぼし得て、真心に念佛せさせ給はば、我御ための善知識ともなり、亡者(嬉子)の御ため菩提のたよりともならめ、年頃権者とこそ見奉り侍れど、あさましう、はかなうおはしけり」[18]と悲嘆にくれさせたが、そこでは、法成寺における院源は天台座主というよりは道長の個人的な指導者または護持僧としてあらわれているのである。

しかしこのことがまた法成寺の座主職をめぐる山門と寺門との京都進出への足場をもとめる紛争となって藤原氏の氏寺も消滅への道をあゆむことになるのである。

（1） 御堂関白記、寛仁二年四月十日条（大日本古記録本）
（2） 同右、五月十八日条（同右）
（3） 同右、五月九日条（同右）
（4） 同右、閏四月十六日条（同右）

(5) 大鏡、六十八代後一条院条（日本古典文学大系本）五八頁
(6) 同右、六十七代三条院条（日本古典文学大系本）五五頁
(7) 御堂関白記、寛仁三年二月六日条。（大日本古記録本）
(8) 栄花物語、第十五、上、うたがひ条、（日本古典文学大系本）上、四四四頁
(9) 小右記、寛仁三年七月十七日条
(10) 栄花物語、第十五、うたがひ条（日本古典文学大系本）上、四四六頁
(11) 福山敏男「藤原摂関家の寺」（日本の美術『平等院と中尊寺』平凡社所収参照）
(12) 杉山信三「藤原氏の氏寺とその院家」（『奈良国立文化財研究所紀要』、昭和四十三年三月）
(13) 扶桑略記、第二十八、寛仁四年三月三日条
(14) 栄花物語、第三十、つるのはやし（日本古典文学大系本）下、三三六頁
(15) 扶桑略記、第二十八、治安二年七月十四日条
(16) 註(15)に同じ
(17) 栄花物語、第二十六、楚王のゆめ（日本古典文学大系本）下、二二七頁
(18) 同右、同、（同右本）二二八頁

三　藤原氏の氏寺をめぐる天台宗の進出

いま法性寺、法成寺を考えるに当って、その造立者としての藤原忠平、藤原道長の存在について考えたことはいうまでもないが、それらの人々が巨財を投じて建立した法性寺や法成寺の維持についてもみておかなければならない。まず祈願寺を維持するためには、宗門の高僧たちを招じて別当あるいは長吏として、創建の願意に基づき、また年中

行事によって法会を厳修し、貴族の周忌等に際しては忌辰を催さなければならなかった。しかし法性寺に座主として智證門徒の余慶を請じたことによる相論は、単に法性寺の運営という面だけではなくして、叡山の山上・山下の争いをこの寺に持ちこんだ形となり、それはかえって山門に対して藤原貴族は山門の干渉を遠ざけようとするきらいさえも見られるのである。このことについては前項に法性寺の場合について述べたところである。いま法成寺の問題にもこれは尾を引いてくるのである。

法成寺と山門・寺門の関係においては、道長は山門の西方院のもと天台座主で平基平の子で慈覚門徒の院源を頼ると同時に、またはじめ慈覚大師の門に入っていたが、のち園城寺に入った心誉にも堂塔供養の導師としてまねき、道長は自己の死にあたって院源を重視していたかに見えたが、実際は治安二年(一〇二二)より道長の請により心誉を法成寺に住まわせ、彼を法成寺の別当とする意志があった。

それは道長の晩年の万寿二年(一〇二五)十二月八日に「法成寺内可レ被レ立ニ尼戒壇一、今日支度材木」(1)と法成寺内に一門の女御等のための尼僧に与える戒壇をきずこうとした。そして比丘尼戒壇につづいて比丘の戒壇を設けようとしたとき、山門は「天台僧等或結ニ忿怒一、或以ニ愁歎一、依ニ座主申一、忽所レ被レ企」(2)とて、この計画は道長と院源の策謀によるものとして、叡山の戒壇院以外に受戒道場をきずくことにきびしく反対した。そして、同年四月二十六日には、

天台門徒喧嘩無極、法成寺戒壇事也、而依ニ慈覚大師一門徒愁ニ吟之一、愁被ニ停止一、但不レ止ニ尼戒壇一、猶有ニ余忿一、権僧正慶命、大僧都深圓張本之由、入ニ禅閣一、禅閣忿怒之詞遂レ日(3)

とある。しかしこの尼戒壇のみの許可は道長と心誉との勝利であり、院源がそれを押え切れなかったところに法成寺に寺門勢力が浸透する要因ともなったのである。滝善成氏も、この事件は尼僧相手とはいえ、智證門徒の結局大きな

成功であると同時に、十二年後の長暦三年（一〇三九）の園城寺三摩耶戒壇設立運動の前駆ともなり得たのであると述べられている。(4)

法成寺問題は道長在世時代がすでにかかる状況であったから、道長はこの寺の経営についてより以上心誉に信頼を置いたと考えられる。そして「法成寺執行者、最前心誉僧正云々、其後七八代多園城寺門徒也」(5)と寺門派で法成寺の運営を行ったのである。その構成については、

当寺検校別当等者、寺山両門綱維、随二位階深浅一遁以補任、就レ中於二寺務執行一者、一向寺門僧徒補レ之、最初執行権僧正心誉也、自レ是相続八代領レ之、所レ謂殿下欲レ酬二智静大僧正芳恩一也、而至二堀河院承徳二年一、当寺寺務執行職、始補二慈覚門人一、既以違二連綿相承之例一、故寺門憂レ之(6)

とあり、そして法成寺の三綱を率いて寺務を統轄し、寺領を支配するものは執行職であり、それは権別当格の職であり、この寺務執行者は智證門徒に限られたとして、その理由に「権僧正心誉為二執行別当一之日、入道殿下（道長）相契、永寄二御堂於我門徒一」(7)、これは承徳二年（一〇九八）六月十三日にはじめて慈覚門徒の仁覚を法成寺執行座主に補任したことについての事件であった。そしてその八代の執行職を、(1)心誉権僧正、(2)定義僧都、(3)永圓僧正、(4)覚圓大僧正、(5)明尊僧正、(6)静圓権僧正、(7)静覚法印とかかげて反論している。

しかしこの場合執行権を付与しない場合は「便奏公家、定置寺司以降、慈覚智證両門綱維、雖レ随二位階上下一遁為二検校別当一」(8)ここでは検校や別当がたとえ山門の高僧であっても、法成寺の運営の責任者は寺門出身の執行であることを慣例的に認めさせようとしている。

これに対して山門側は、道長と院源との関係をとらえて、院源は天台座主でありながら法成寺に出入したことをも

って、法成寺の執行職に補任される権利が生じているものと解釈して、慈覚門徒の仁覚の就任を意味づけようとしているが、寺門側は「但至二座主院源一最初執行之条、伏考二旧記一、重問二故老一未レ見二其文一、未レ聞二其言一、況復縦為二執行一、於二于今一不レ足二相論一、一諾之後八代之間、全以不レ交二他門執行一故也」(9)と、山門が院源をもって先例として法性寺のみならず法成寺をも山門の傘下に入れようとする動きを封じようとしているが、この相論を通じて藤原氏の氏寺が山門・寺門に分かれて支配してゆこうとする動きが、かなり明確にとらえられるのである。これはまた平安初期において大覚寺、仁和寺等に真雅等を中心として真言宗が進出していったのと軌を一にしているといっても過言ではない。

一方、法性寺の場合であるが、これもこの仁覚の相論を通じて、かなり判明する。

抑貞信公(忠平)建二法性寺一被レ置二座主一之後、慈覚大師門人九代相継補任、至二第十代智弁権僧正一為二智証大師門人一、初任二彼(作イ)職一、雖レ然依レ有二違例之訴一、早被レ停二件職一、古今雖レ異理致惟一、然則慈覚大師門人設雖レ無二先蹤一、暫居二執行職一、智証大師門人所レ訴有二其理一、盍被レ改二件職一哉(10)

ここで述べているように、法性寺座主は、法成寺に反して最初より九代は慈覚門徒をもって占め、この余慶の場合にもきびしく智証門徒を追放している。さきの法性寺の事例をもってすれば天台宗の山門と寺門は法性、法成の二寺にその支配権を打ち立てようとする動きによるものである。この二寺への指導権の確立をめぐる紛争は仁覚のときだけでなく、康和四年(一一〇二)三月二十八日天台座主仁覚の示寂ののち、法性寺座主で慈覚門徒の、仁覚の弟子の仁源を法成寺長吏に据えることを画策した。

これはとりもなおさず法性寺と法成寺を共に支配することによって、京都への山門の足がかりを固めることにあった。そのために延暦寺衆徒は右大臣忠実の弟におもむいて強訴を行った。延暦寺大衆五、六百人が山をおりて蜂起したが、結論は法成寺は執行長吏の定基・心誉・永圓・静圓・明尊・覚圓・静圓・静覚・覚圓（再任）はすべて三井寺の人であるため、はじめて山の仁覚を執行寺務としたが、智證門徒の増誉権僧正が法成寺の権別当である以上、彼をして別当長吏として寺務を執行させることは当然であり、(11)また朝廷の方針としても、法性・法成二寺には山門・寺門を相互に座主・別当にすることによりその対立からのがれようとしたとも考えられる。(12)そして単に延暦寺のみならず園城寺も大衆を動かし、法成寺の地歩を固めるため蜂起したが増誉の仲介あって急激な行動に出なかったが、一部僧徒の中には木幡におもむき道長の墓を破壊しようとする動きさえも見えた。(13)

そして最終的に頼通の永承年中に法成寺別当を補任した例にならって、法成寺座主検校に僧正増誉、別当に権僧正良意、権別当に法印仁源等を任命した。この仁源については「仁源法印、依㆓延暦寺大衆申請㆒、執行司也」として延暦寺大衆の申請を容れた形で収まったのである。(14)しかし、翌年に法成寺別当良意が示寂したが法成寺別当に寺門系、権別当に山門系との交替は、山門系の法性寺座主寛慶を法成寺権別当に、寺門系の行玄を法成寺座主に任命していることからも寺門系の優位のまま進められたことが判明するのである。

このように藤原氏の京都の氏寺を中心として両者の教線拡大は政治的な闘争に発展しかねない状況にあり、承久元年(一二一九)四月二日の京都の大火によりこれら氏寺や六勝寺ともども消失するまでつづけられ、藤原氏勢力の衰退とともに実質的な氏寺の勢力の拡大はなかったが、単なる祈願寺として御八講等の年中行事を継続するにすぎず、災害のつどその規模は縮小していったのである。

このように藤原氏の京都の氏寺を中心とする天台宗の慈覚門徒と智證門徒の対決は宿命的なものがあった。それは大乗戒壇をめぐって対立し、慈覚・智證門徒の相剋は、それが平安佛教における教線拡大につながる師資相承という密教的相伝形態の寺院相続への導入ということになって、それはますます宿命的となるのである。それは最澄が叡山開創に対して密教を重視しなかったという欠点が尾を引き、圓珍が密教相承に重点を置いたという教学的立場も含め、さらに智證大師圓珍自身が、最澄と対した空海の姪であったということからも、止観重視の圓仁門下と密教重視の圓珍門下とは決定的に分離せざるを得ない状況が生じたと考えられるのである。そして比叡山の勢力はここに圓仁と圓珍、さらにさかのぼって最澄と義真の二つの門流に分かれたのである。

そして元来藤原忠平の建てた法性寺は、天台座主法性房尊意をまねいて開山としたのでその寺名があり、尊意は圓仁より付法した増全に師事しているため圓仁門下であり、ここに法性寺は圓仁門下で占められることになったのである。そして余慶をめぐる対立のうずは法性・法成寺を巻きこんで、さらに天台座主問題、両門徒の山上山下への分裂となり、園城寺戒壇は三井寺の運命を左右する重大な問題となった。ことに山門は寺門の僧の南都戒壇への登壇を禁止しようとして、ここに南都との対立もおこり、これは興福寺より最澄問題をぶり返し延暦寺を興福寺の末寺であるときめつける一面もあって園城寺＝南都の合流は延暦寺を孤立させるためのものであったが、これに早く目をつけた後白河法皇は園城寺と源氏とを結んで、平家と結ぶ延暦寺を攻撃する態勢を固めたのも、この両門徒の永遠の対峙という天台宗内部の闘争を利用しようとしたのに外ならなかった。

このように両門の対峙と闘争の繰り返しのなかで、白河法皇の御願寺の法勝寺の成立を見るのであるが、この両門の争いと真言宗の仁和寺の法親王による運営という問題もからめて、さらに考えて見なければならない寺院史の問題は多い。

（1）　小右記、万寿二年十二月八日条

(2) 同右、万寿四年三月廿七日条
(3) 同右、万寿四年四月廿六日
(4) 滝善成「四圓寺、法性・法成寺の研究」(『史苑』) 参照
(5) 中右記、承徳二年六月十三日条
(6) 寺門伝記補録、二十、雑記、法成寺執行職事 (大日本佛教全書本) 四三三頁
(7) 寺門高僧記四、承徳二年六月二十日、訴法成寺寺務執行始補慈覚門徒事 (続群書類従本) 三八頁
(8) 同右 (同本) 三六頁
(9) 同右 (同本) 三九頁
(10) 同右 (同本) 三七頁
(11) 中右記、康和四年五月八日条
(12) 註(7)に同じ
(13) 殿暦、康和四年六月二十七日条 (大日本古記録本)
(14) 中右記、康和四年七月三日条

第八節　六勝寺の成立について

一　六勝寺の構造について

六勝寺とは、まず白河天皇が御願寺として承暦元年(一〇七七)十二月十八日に供養を行われた法勝寺と、堀河天皇が

法勝寺の西に康和四年(一一〇二)七月二十一日に建立された尊勝寺、さらには鳥羽天皇が元永元年(一一一八)十二月十七日に法勝寺の東に建立された最勝寺および大治三年(一一二八)三月十三日に待賢門院璋子によって建立された圓勝寺、そしてまた崇徳天皇により保延五年(一一三九)十月二十六日に供養を遂げられた成勝寺、さらには近衛天皇が久安五年(一一四九)に建立された延勝寺を指す。そして、その寺々にはそれぞれ「勝」の寺名を付したことからそのように称された[1]。

しかしこれを分類すると天皇の御願寺が五ヵ寺、女院の御願寺が一ヵ寺となっているが、女院の御願寺は美福門院の歓喜光院、八条院の蓮華心院、殷富門院の蓮華光院等の院号を付した寺院が多いのに対して、待賢門院の御願寺のみが六勝寺の中に組み込まれている。

それは待賢門院が崇徳天皇の国母であったという理由から、天皇の御願寺と同格に扱われた結果からである。

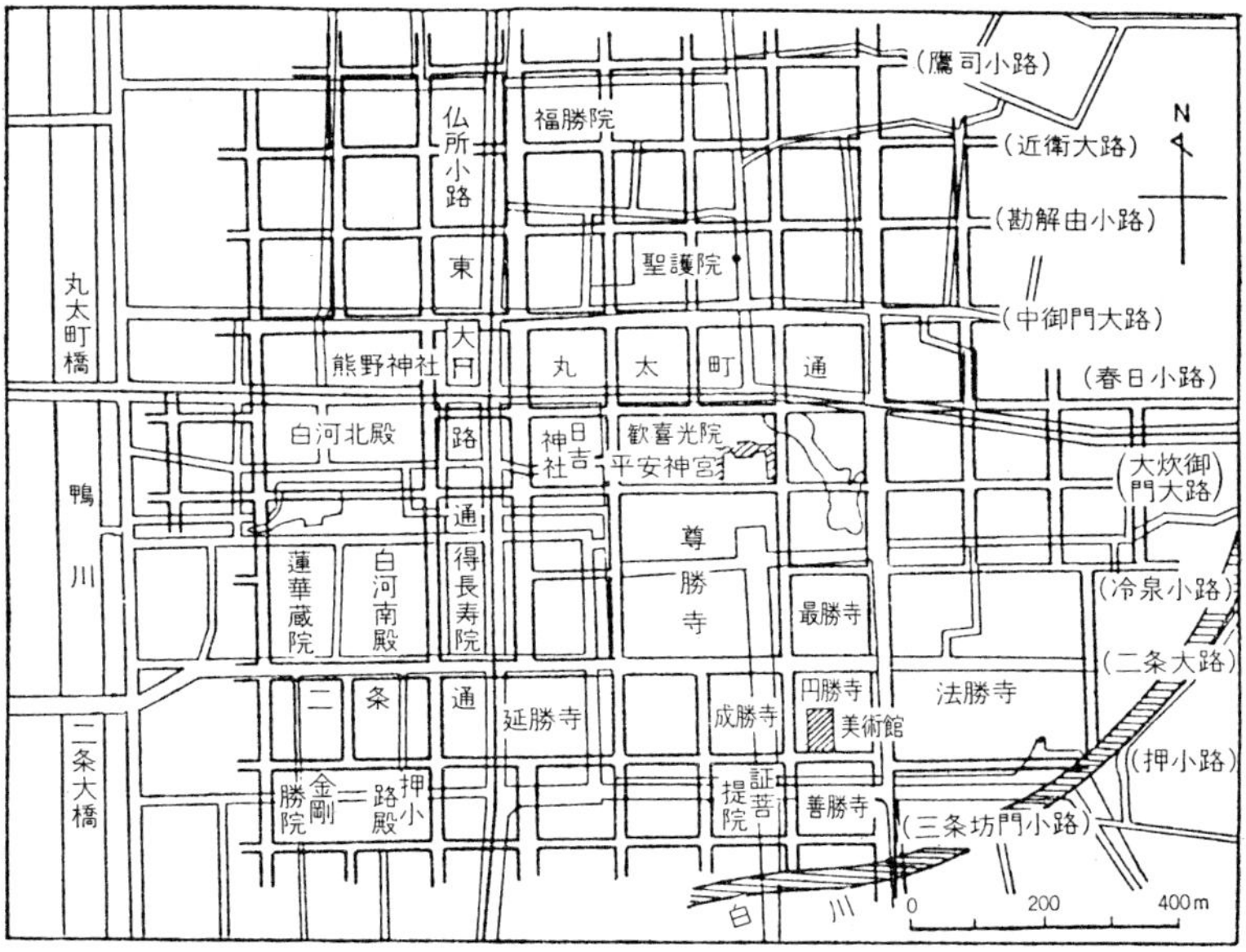

六勝寺辺り　白河一帯の院政期諸寺の位置を示したもの　杉山信三氏の復元

この六勝寺の成立の時期について考えてみると、法勝寺は白河天皇の即位後六年、尊勝寺は堀河天皇の即位後一七年、また白河院政がはじまってより一七年、さらに最勝寺は鳥羽天皇の即位後一二年で白河院政後二七年、圓勝寺は待賢門院の院号宣下ののち五年、白河院政後四三年、成勝寺は崇徳天皇の即位後一七年で鳥羽院政後一一年、延勝寺は近衛天皇即位後九年、鳥羽院政後二七年である。このように六勝寺のうち、法勝寺を別にして尊勝・最勝・圓勝の三寺は白河院政を背景として、また成勝・延勝の二寺は鳥羽院政を背景に成立したのであった。

もちろん六勝寺はそれぞれの天皇の新御願寺として成立しているのであって、院の御願寺ではない。このことについてはさらにのちに述べたい。次に六勝寺の特徴としてその寺域が散在的でなく、これらの寺院が白河御堂とか、白河御願寺と称されるごとく白河の周辺に集まっている。(2) いまこの寺域からすると最も広大なのは法勝寺で、ついで尊勝寺、さらに最勝・圓勝・成勝・延勝とつづくが、最勝・圓勝・成勝の三寺は方一町の小規模の寺院で、尊勝・延勝は二町と一町の矩形状の寺院である。この六勝寺の成立と規模については次に別表（第22表）を掲げた。

この別表について考えてみると、法勝寺は金堂、講堂、阿弥陀堂、五大堂、法華堂、南大門、鐘楼、経蔵、廻廊、僧房、九重塔、薬師堂、八角圓堂、常行堂、曼荼羅堂、小塔院を具えた完成された規模の大きい伽藍であって、それは暦応五年（一三四二）の法勝寺炎上のときまで変転を繰り返しながらその伽藍の規模を維持していた。(3)

しかし法勝寺以外の他の五寺は法勝寺より規模が小さく、まず講堂が存在しない。けれども五大堂、阿弥陀堂は存在したようで、薬師堂は尊勝・圓勝・最勝寺に、観音堂は尊勝・成勝寺に、曼荼羅堂は法勝・尊勝寺に、その他小堂は各寺にあったが、やはり六勝寺の基本として最も重視すべきものはなんといっても法勝寺である。

しかしこの法勝寺の成立については、私は法成寺と関連なしには考察できないのであって、このことを次に述べて

第22表　六勝寺伽藍配置表

伽藍	金堂	講堂	阿弥陀堂	五大堂
法勝寺	七間四面瓦葺　一宇 金色毗盧舎那如来（三丈二尺）（胎蔵界大日如来）蓮弁、百体化佛アリ、光背十六化佛アリ 金色宝幢如来、花開敷如来、無量寿如来、天鼓雷音如来（各二丈） 光背化佛十二体 綵色六天（梵天・帝釈天等）（各九尺）（胎蔵界四佛）毗頭盧像（八尺）四天王（八尺） 〔高階為家〕〔承暦 1・12・18〕	七間四面瓦葺　一宇 金色　釈迦如来（二丈）諸佛十三体 普賢菩薩（丈六）文殊菩薩（丈六） 〔高階為家〕〔承暦 1・12・18〕	十一間四面瓦葺　一宇 金色　阿弥陀如来（丈六）九体 観世音菩薩、勢至菩薩（二丈） 綵色　四天王像　各一体（六尺） 〔藤原顕綱〕〔承保 3・12・18〕	五間四面瓦葺　一宇 綵色　不動明王（二丈六尺） 降三世・軍荼利・大威徳・金剛
尊勝寺	金堂 〔康和 4・7・21〕	講堂 〔康和 4・7・21〕	九体阿弥陀如来 〔康和5・7・5〕（丈六） 阿弥陀堂 〔長治 2・12・19〕 〔高階為家〕	五大堂
最勝寺	金堂 〔元永 1・12・17〕		五大堂 〔元永 1・12・17〕	五大堂 〔元永 1・12・17〕 〔大治 5・12・26
圓勝寺	金堂 大日如来（二丈） 四佛（丈六） 両界曼荼羅 四天王（七尺） 〔大治 3・3・13〕			五大堂 五間四面
成勝寺	金堂 〔保延 5・12・26〕 （平安遺文五〇八八）			五大堂
延勝寺	金堂 （七間四面） 平忠盛 〔久安 5・3・20〕		阿弥陀堂 阿弥陀如来 九体	

	夜叉明王（丈六）〔藤原良綱〕〔承保 3・12・18〕	〔康和 4・7・21〕	再建〕〔紀伊守公望〕		〔平安遺文五〇九八〕	
法華堂	一間四面 七宝多宝塔一基（金泥法華経一部八巻納入）〔藤原仲実〕〔承保 3・12・18〕	法華堂 〔長治 2・12・19〕				
南大門	五間四面二階瓦葺 金剛力士　二丈 〔高階為家〕〔承保 3・12・18〕	南大門 〔康和 4・7・21〕	南門			南大門
鐘楼	〔高階為家〕〔承保 3・12・18〕	鐘楼 〔康和 4・7・21〕		鐘楼	鐘楼 〔保延 5・12・26〕	鐘楼
経蔵	〔高階為家〕〔承保 3・12・18〕	経蔵 〔康和 4・7・21〕			経蔵	経蔵
東西軒廊及廻廊	八十六間 〔高階為家〕〔承保 3・12・18〕	東西軒廊、廻廊 〔康和 4・7・21〕	東西廊 〔元永 1・12・17〕		廻廊	軒廊、廻廊 〔久安 5・3・20〕
釣殿御所						
僧房 西大門、北大門	〔承保 3・12・18〕	東大門、中門 〔康和 4・7・21〕		二階門	南大門 四門（東西南北）	南大門 東、北、西大門 〔久安 5・3・20〕
九重塔	八角九重塔　八十四丈 金剛界五智如来（大日・阿閦・宝生・阿弥陀・不空成就） 金剛界九会曼荼羅（八尺）〔永保 3・10・1〕	東塔、西塔（五重塔） 〔康和 4・7・21〕		東塔（三重塔） 中塔（五重塔） 西塔（三重塔） 〔大治 2・3・19〕		塔

薬師堂	金色薬師如来(七佛薬師)七体 (丈六)日光・月光菩薩(丈六) 〔永保 3・10・1〕	薬師堂 〔康和 4・7・21〕	薬師堂	薬師堂 九間薬師如来 (七佛)	観音堂 〔平安遺文五〇九八〕	
八角堂	圓堂　愛染明王(三尺)白檀 〔永保 3・10・1〕	潅頂堂 〔康和 4・7・21〕				
常行堂	等身阿弥陀佛、脇待四菩薩(三尺) 〔応徳 2・8・29〕	観音堂丈六観音		六時堂		
曼荼羅堂	北斗曼荼羅木像 〔天仁 9・10・27〕	曼荼羅堂 〔康和 4・7・21〕				
小塔院	土塔　二十六万三千基 圓塔　十八万三千六百卅七基 〔保安 3・4・23〕	准提堂 〔長治 2・12・19〕			惣社 〔平安遺文五〇九八〕	一字金輪堂 〔久安 5・3・20〕

みたい。

(1) 御料地史稿、第三章、一〇四頁

(2) 六勝寺の位置については、西田直二郎『京都史蹟の研究』の中に法勝寺遺趾としての論考あり、位置について西田博士は実地研究の結果を詳細に発表され、福山敏男氏は『日本建築史研究』のなかで六勝寺の位置について江戸時代の地誌類の誤りを指摘して、これまた詳しく述べられているので、位置についてはこれらの著書を参照されたい。

(3) 西田直二郎『京都史蹟の研究』法勝寺遺趾についての「中院一位記」の引用に、その法勝寺の伽藍の暦応の大災の状況を詳細に記している。いま、西田博士の引用された史料を引用すると次のごとくである。

注進　去廿日法勝寺回禄間事

一、金　　堂　付左右廻廊鐘楼経蔵等
中尊胎蔵界大日如来幷脇士釈迦像令失畢、但中尊佛光頂上多宝塔中御本尊二体幷同左右御手同御膝等者奉取出之畢、薬師・宝生・無量寿佛幷僧形文殊一体、梵天帝尺四天王像等者奉取出云云、但大略破損歟、
一、講　　堂
金剛界釈迦三尊　皆悉奉取出之畢但破損、
中尊御胸内金泥真言陀羅尼御体小奉取出之等、
一、阿弥陀堂
本尊九体丈六阿弥陀像内一体幷多聞持国廣目天等者奉取之畢、自余尊像悉焼失畢、
一、九重塔婆
本尊大日如来四体幷四佛四天等悉奉取出之畢、梵字御鏡一面同奉取出之畢、
一、鎮守惣社
一、南大門　金剛力士幷額等同焼失畢、
一、同脇門二宇
一、阿弥陀堂二宇　西面
一、平　　橋
一、南面幷西門已南築垣、
已上成灰燼畢、
一、五大堂　但本尊等欲取出之間破損畢、
一、法華堂
一、北斗堂
一、薬師堂　但本尊欲奉取出之間散々破損畢、
一、圓　　堂　付門二字築垣、

一、常　行　堂　幷御所、
一、西門幷五大堂門
一、同已北築垣幷北門三宇
一、前池反橋
已上免火難無為也、
一、塔堂一宇自元顛倒
一、今度寺家沙汰
金堂講堂阿弥陀堂塔婆等付南大門本尊焼跡檜垣構之炎上跡、金物洪鐘之破、塔婆九輪宝鐸以下等取置常行堂御所内、已
下員数不可勝計
右大概加実検注進如件
暦応五年三月廿八日
〔中院一位記〕

二　法勝寺と法成寺

法勝寺は白河天皇の即位後五年にして建立され、宇多天皇の即位後三年にして建てられた仁和寺や、後三条天皇の即位後三年にして建てられた圓宗寺についで早期建立の例に属する。法成寺の場合、藤原道長の摂政後六年（出家後三年）に比べても早い。そして寺院の規模は御願寺の中でも最大といわれている。

その木作始は承保二年（一〇五七）七月十一日で、第一期として承保三年（一〇七六）十二月十八日に阿弥陀堂がまず供養され、あわせて、五大堂、法華堂、鐘楼、経蔵、廻廊等が建てられた。その間わずか一年であった。また第二期の金

堂はまた一年たって承暦元年(一〇七七)十二月十八日に供養され、ここに金堂、講堂という主要なる建物が建てられたのち六年を経て九重塔、八角圓堂が落慶して、つづいて応徳元年(一〇八四)に常行堂が完成して、大略一〇年で伽藍の完成を見ている。

これに対して法成寺は、寛仁三年(一〇一九)道長出家後翌年直ちに無量寿院(阿弥陀堂)の建立がはじまり供養している。その間一年に満たない。そして、次の年に西北院を供養し、つづいて金堂を竝行して工事をはじめ一年後の治安二年(一〇二二)には早くも金堂、五大堂、法華三昧堂を供養した。薬師堂は金堂のあと二年後、釈迦堂、十斉堂は金堂のあと五年たって建てられ、約九年を経て建立していることは法勝寺と大差のない速度であって、

法成寺＝無量寿院→西北院→金堂・五大堂・法華三昧堂→薬師堂→十斉堂・釈迦堂

法勝寺＝阿弥陀堂・五大堂・法華堂→金堂・講堂→九重塔・薬師堂・八角圓堂

と順序は異なっているがともに阿弥陀堂よりはじまって、つづいて金堂への工事が進められている。法成寺の場合は、先に述べたごとく、寛仁三年(一〇一九)

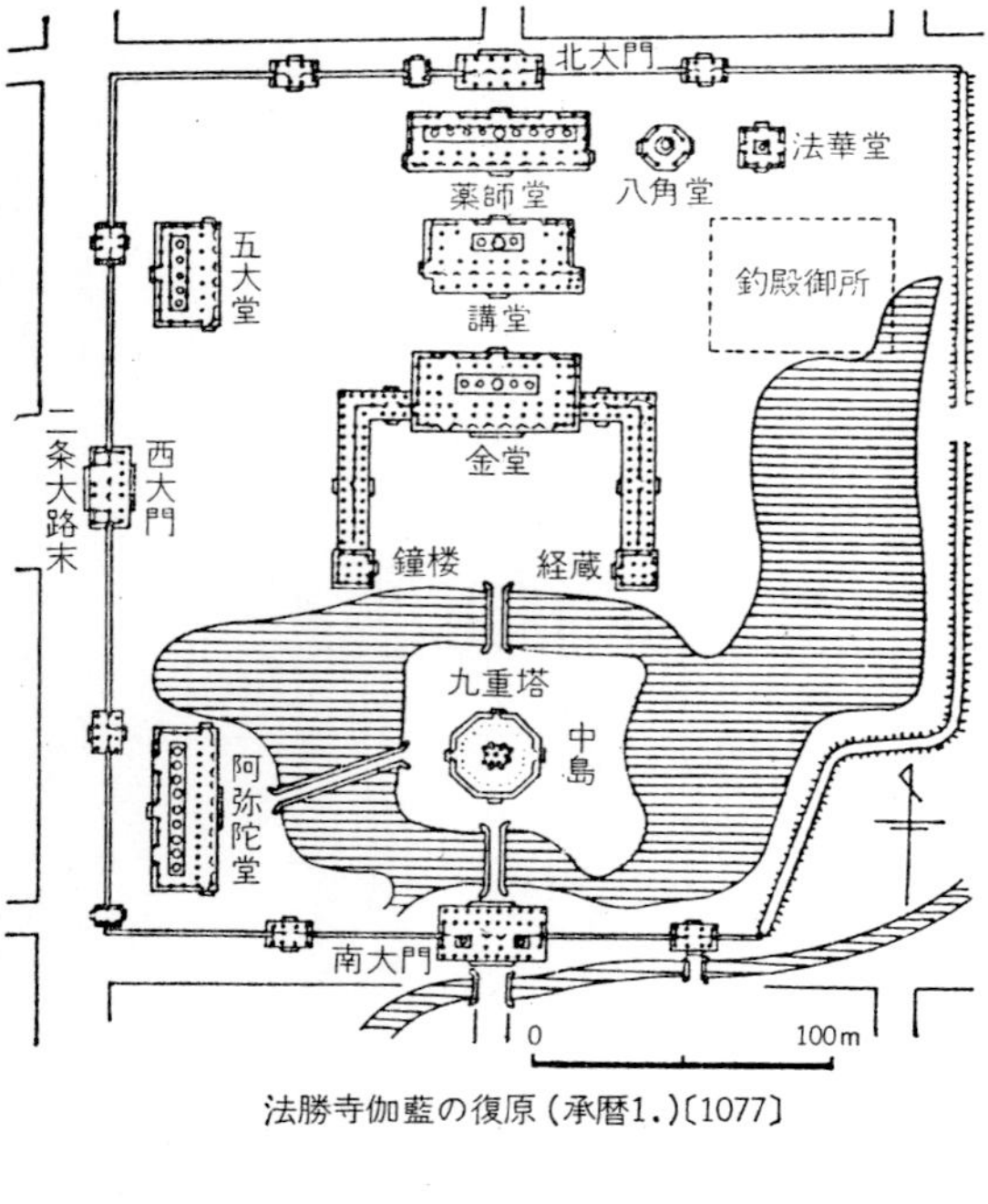

法勝寺伽藍の復原（承暦1.）〔1077〕

より道長の専権の犠牲となられた三条天皇の怨霊に悩まされた道長が、自分も三条天皇の失明と同様に胸を病み、眼力を失ってくることに対する恐怖とおののきが法成寺無量寿院の建立につながった。(1)

しかし法勝寺の阿弥陀堂は道長のような終末的な性格でなく、白河法皇にしても、鳥羽法皇にしてもここが崩御の場所でなく「修二常行三昧之業一、為二往生九品之縁一」(2)の道場であって、ことに白河法皇については待賢門院が追善願文で述べているごとく「旁泥二曇陀曼殊之粧一暮鳥声々、更和二念佛念法之唱一辦説如レ流」(3)とて、阿弥陀院は御念佛の道場であった。ここに法成寺と共通する法勝寺の性格が見られるのであって、法勝寺は天皇の御願寺である以上、公的な法会の道場としての性格はより強く、そのためにむしろそこで崩御されることは死を忌む立場よりしてできなかった点は道長と異なっている。そしてその堂は四十九日の追善法要を盛大に行う場所となっている。

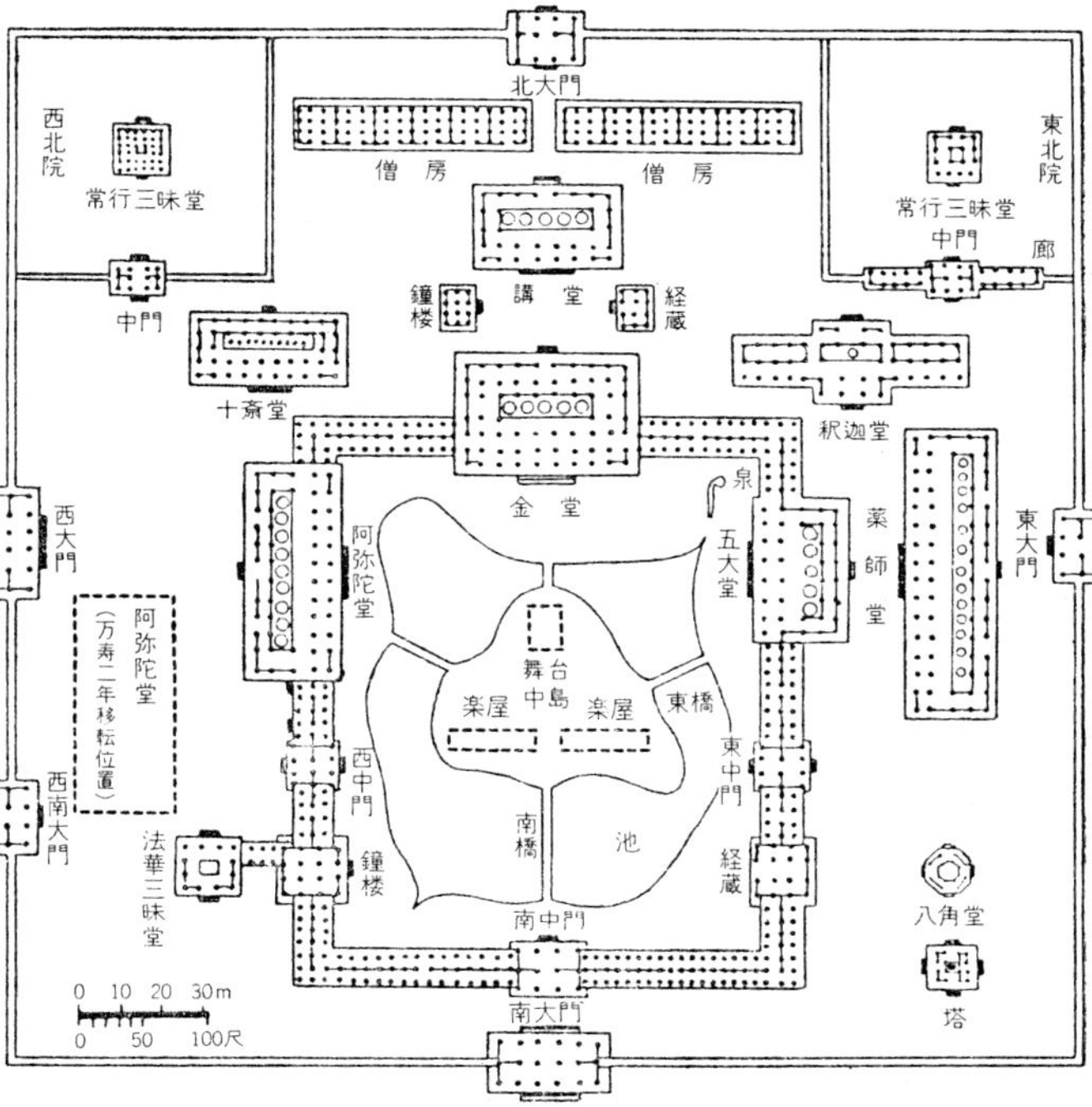

法成寺伽藍の推定（治安2.）〔1022〕

ことに白河天皇の寺院建立の意志は極めて強く六条御堂の発願に際しても、「世漸及二澆季一雖レ属二末法一不レ可レ改二我此願一遠可レ期二三会暁一我速證二九品一天眼監レ之、我誓留二三有一怨念罰レ之、何世聖君、非二我後裔一、誰家賢臣、非二我旧僕一、一事一言、違レ之背レ之、国主皇帝、殊可レ加二炳誡一矣、仍留二手痕一而表レ信」[4]と天皇の意志は末法の澆季においてこそ佛寺を建立して、その中に九品往生を求める阿弥陀堂と怨念を罰する五大堂を建立し、講堂の北に丈六の七仏薬師を安置し、艮角に八角堂を作り三尺の白檀愛染明王を置くなど国主皇帝にふさわしい法勝寺建立を計画されたのであって、そのためにも法成寺とは規模を異にするのは当然であった。

いま法成寺と法勝寺の対比を考えてゆくとき、法成寺については藤原道長の法成寺供養願文および咒願文に基づき法勝寺においては白河法皇八幡一切経供養願文を中心に考察する必要がある。

法成寺の道長の場合は滅罪生善、往生極楽のために一精舎を建立し、自分は帝王儲皇の祖であるといっても、それらの方々の没後の菩提を葬っていない。道長は法成寺を建て、金堂の柱に両界曼荼羅を描き、扉ごとに八相成道変を描いて、三丈二尺の金色大日如来を中心とし、さらに二丈の釈迦、薬師如来と文殊・弥勒菩薩を安置し、梵天・帝釈天・四天王を配しているが、その目的は「佛法を保持して国家を鎮護するためであった」。これに対して法勝寺金堂の場合は本尊大日如来は法成寺と同じ三丈二尺でただ法成寺の四佛に対して胎蔵界の四佛を安置して、ここで胎蔵の深理を尋ね、供養の行法を修している。その両寺の諸堂について、いま福山氏の法勝寺伽藍図と法成寺伽藍図を対称して考えてみることにしよう。

法成寺は金堂の左右に五大堂、阿弥陀堂を配しているのに対して、法勝寺は五大堂を中心よりはずして、法成寺で五大堂のあとにあった薬師堂を、法勝寺は講堂のあとにつけて伽藍の乱立をさけて法成寺より整然と配列し直してい

金堂三尊佛（脇侍）（仁和寺蔵）

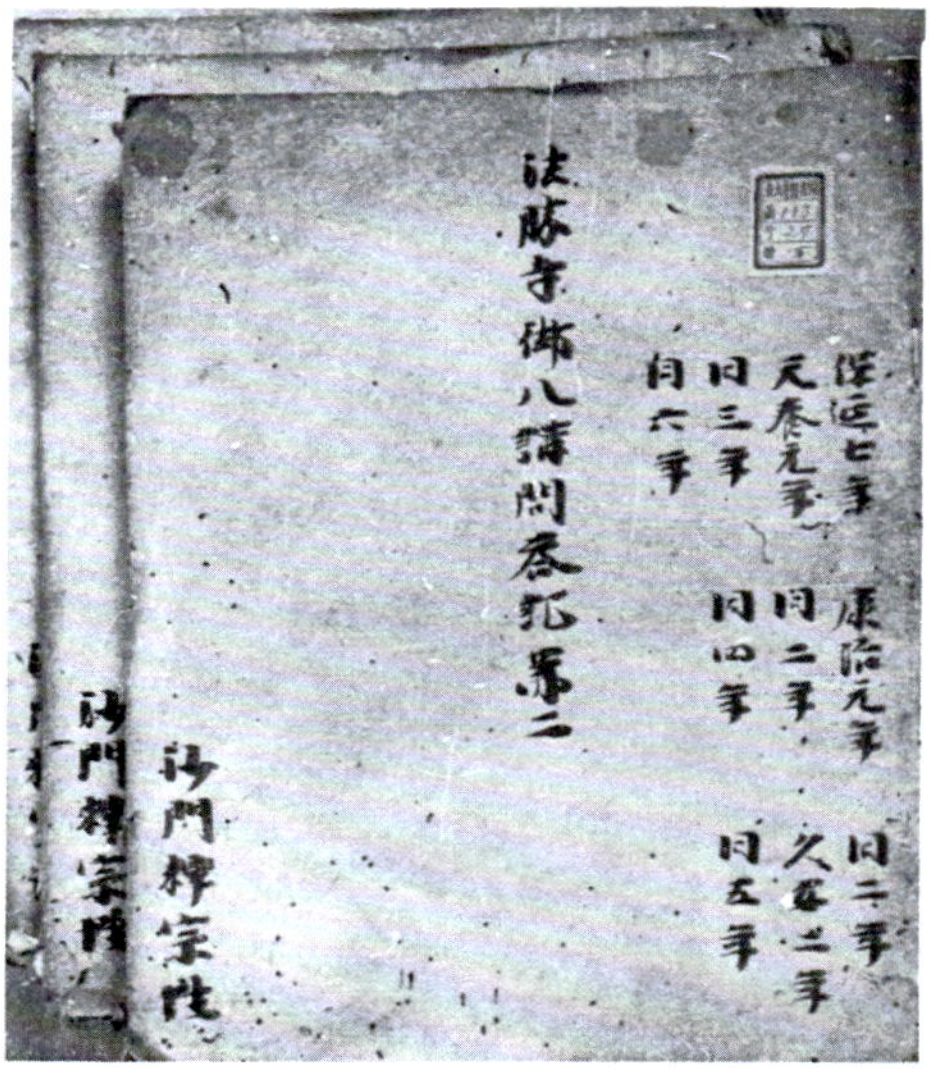

法勝寺御八講問答記（宗性筆）（東大寺蔵）

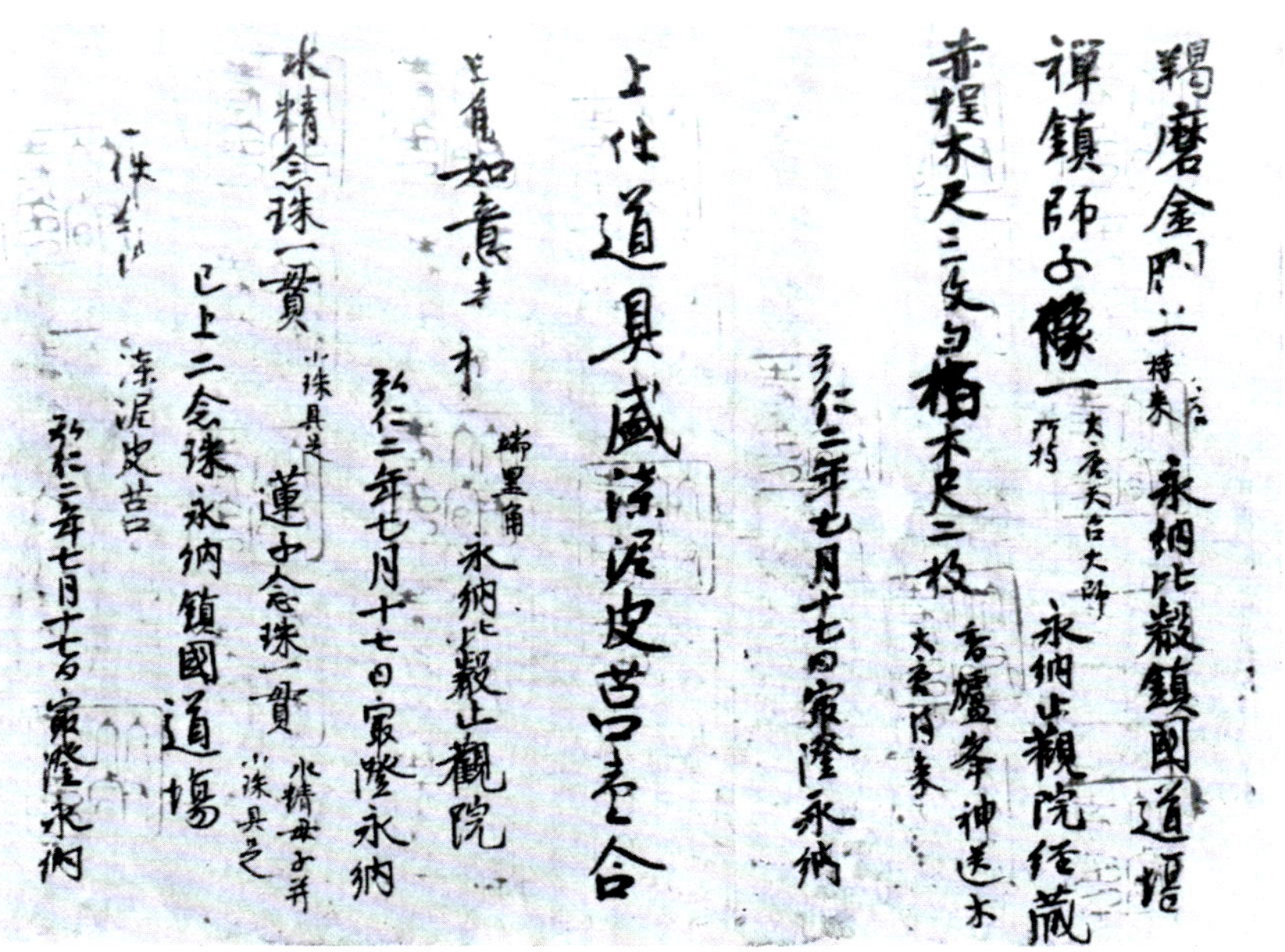

羯磨金剛目録（延暦寺蔵）

九体阿弥陀如来（浄瑠璃寺蔵）（法勝寺・法成寺無量寿院参照）

尊勝寺跡発掘丸瓦
（京都市埋蔵文化財研究所蔵）

不動明王坐像（法性寺安置）（東福寺同聚院蔵）

る。また法成寺では中島が雅楽を奏する貴族趣味であったのを排して堂々と九重塔を建てあげていて、ここにも法成寺の伽藍配置を継承しつつも官寺的な性格と威厳を高めようとつとめている。

また講堂の存在については法成寺は明確でない。法勝寺では釈迦、普賢文殊を安置して毎年十月諸宗の学侶を喝して五部大乗経(華厳経・大集経・大品般若経・法華経・涅槃経)を講じ、また一切経を転読する道場とした。そしてこの諸宗の学侶を請することにより法勝寺大乗会は圓宗寺法華会、圓宗寺最勝会と合して天台三会と称して台宗の学侶の登竜門として南都の方の興福寺維摩会等に対した。また天承元年(一一三一)七月七日には白河法皇の三回忌にあたって法勝寺御八講がはじめられ、宮中最勝講、仙洞御八講とともに三講制度が打ち立てられて、これらの三会三講を経なければ公請を受けることができず、僧官の上昇もおぼつかないほどきびしい僧制を打ち立てることによって僧団の統制をはかり、この法勝寺の優位性を高めようとしている。この点は法成寺と非常に異なった性格を具えている。そして法勝寺は法成寺より官寺的性格が強められたのも両寺の相違する点である。(5)

いまこの三講制度というのは、宮中最勝講、仙洞最勝講、法勝寺御八講の三つを指すのであって、この三講は、宮中最勝講が長保四年(一〇〇二)五月七日より、仙洞最勝講は永久元年(一一一三)七月二十四日に、法勝寺御八講が天承元年(一一三一)七月七日からはじめられた。宮中最勝講は一条院が、毎年五月中の吉日に清涼殿で五日間、国家平安、宝祚長遠のために、最勝王経・法華経等を講じて、これには四大寺(東大・興福・延暦・園城)のうちで、稽古の聞えある僧をもって聴衆・講師・證義者として招いて法華八講を修されたのにはじまる。つぎに仙洞最勝講については、白河院がはじめて院御所で行われ、上皇の宝祚長遠と、国土安穏を祈る目的で修せられたのにはじまる。

また法勝寺御八講は、白河法皇の国忌にあたって金泥の一切経を供養して、その追善法会を厳修されたのにはじまる。このような三講制度の新たな成立は、三会制度のほかに僧綱への学侶たちの昇進への新しい階梯を設け、過去の五階の習得によって維摩会講師となる制度に代って、三講聴衆および講師となったものをもって三会に参加して僧綱に昇進する資格を得る重要なる法会となった。時代は下るが、東大寺宗性の昇進状況からも、三会三講の制を明確に知ることができる。(6)

これを釈家官班記の顕宗名僧昇進次第によると、(7)

三会遂業→三講(最勝講・仙洞最勝講・法勝寺御八講)→三会遂講(得業)→僧綱→三講講師→探題→證義者→正権別当→僧正

という順序を経ていることは東大寺の宗性の例でも判明する。そして僧官である権律師に昇進するためには、もちろん三会・三講の竪義、聴衆の公請の度数により僧官への昇進を査定されるべきものとされ、権少僧都・権大僧都はまた三会・三講の諸講師・精義を経ていなければならないほかに、長講堂・寂勝光院御八講等の度数も重要な昇進への公請でもあった。権僧正のような極官あるいは法印権大僧都となって、諸大寺の別当となるためには、各諸八講などの證義者を経なければならなかった。このように院政期以後の三会制度は、この三講制度と合体化して、公請という絆で固く結ばれて、各大寺の学侶の上におおいかぶさっていた。これは一面には延喜式以来の三会制度の実質的な慣習法的な改変ともいえるのである。そしてこのような三講制度の設置は四大寺をして貴族化することに役立つと同時に、藤原一門の貴種が寺院を基盤として寺院社会の上に君臨するに有利な条件をそなえるに到った。三会・三講のこの二つの制度は、寺院内の学侶階層の教学振興を刺激し、ここに居る多くの貴族出身僧侶の昇進を有利に導いた。けれども四大寺などに属さない僧侶だとか、あるいは属していても出自の身分が低く維摩会などに参加できない僧侶には全

第23表　宗性上人の三会・三講御八講参勤一覧

僧官	年　号	三会及三講	所役	年　臈
大法師（擬講）	承久元	興福寺維摩会	竪義	18〔6〕
	〃 2	法勝寺御八講	聴衆	19〔7〕
	貞応元	御斎会番論義	〃	21〔9〕
		法勝寺大乗会	〃	〃
	元仁元	興福寺維摩会	〃	23〔11〕
	嘉禄元	最勝講	〃	24〔12〕
	〃 2	季御読経番論義	〃	25〔13〕
	安貞元	興福寺維摩会	〃	26〔14〕
	〃 2	同上	〃	27〔15〕
	〃	最勝講	〃	〃
	寛喜元	法勝寺御八講	〃	28〔16〕
	〃	興福寺維摩会	〃	〃
	文暦元	同上	〃	33〔21〕
	嘉禎 2	最勝講	〃	35〔23〕
	〃 3	同上	〃	36〔24〕
	〃	興福寺維摩会	〃	〃
	〃 4	同上	〃	37〔25〕
（已講）	延応元	興福寺維摩会	講師	38〔27〕
	仁治元	御斎会	〃	39〔27〕
権律師	仁治元	薬師寺最勝会	講師	39〔27〕
	〃	最勝講	〃	〃
	〃	法勝寺御八講	〃	〃
	〃	興福寺維摩会	精義	〃
	〃 2	法勝寺御八講	講師	40〔28〕
		興福寺維摩会	精義	〃
		最勝講	講師	〃
	〃	薬師寺最勝会	問者	〃
	〃 3	最勝講	——	41〔29〕
		法勝寺御八講	講師	42〔30〕
		興福寺維摩会	精義	
	寛元 2	最勝講	講師	43〔31〕
	〃 3	法勝寺御八講	〃	

僧官	年　号	三会及三講	所役	年　臈
権少僧都	寛元 3	興福寺維摩会	精義	44〔32〕
		最勝講	講師	
		法勝寺御八講	〃	
権大僧都	寛元 4	法勝寺御八講	講師	45〔33〕
	宝治元	最勝講	〃	46〔34〕
	〃 2	同上	〃	47〔37〕
	〃	仙洞最勝講	〃	〃
	〃	法勝寺御八講	〃	〃
	建長元	仙洞最勝講	〃	48〔36〕
	〃	最勝講	〃	〃
法印権大僧都	建長 2	仙洞最勝講	講師	49〔37〕
	〃 3	同上	〃	50〔38〕
	〃 4	同上	〃	51〔39〕
	〃 5	同上	〃	52〔40〕
		同番論義	着座	〃
	〃 6	仙洞最勝講	講師	53〔41〕
		最勝講	〃	〃
		法勝寺御八講	〃	〃
	〃 7	仙洞最勝講及番論義	〃	54〔42〕
		法勝寺御八講	證義者	〃
	〃 8	仙洞最勝講及番論義	〃	55〔43〕
	文応元	法勝寺御八講	〃	59〔47〕
	弘長元	最勝講	〃	60〔48〕
		法勝寺御八講	〃	〃
	〃 4	同上	〃	66〔54〕
	文永 5	仙洞最勝講	〃	67〔55〕
	〃	最勝講	〃	〃
権僧正	文永 7	法勝寺御八講	證義者	69〔57〕
	〃 10	同上	〃	72〔60〕
	〃 11	同上	〃	73〔61〕
	弘安元	仙洞最勝講	〃	77〔65〕

く昇進の道が閉されていたといえるであろう。そして天台宗の僧侶についても釈家官班記では、

一山徒昇進事、

注記、十臈、竪義、廿臈号二竪者一、等之請二山務政一之時、行之有レ職、又随二便宜一補レ之、僧綱、座主或門主挙奏、上古多叙二法橋一、近来任二権律師一、次第昇進如レ常、学道経暦之輩、勤二二会六月、十一月、講師一、以二其労一任二律師一也、又法勝寺任二学生一者、准二公請名僧一之間、或勤二最勝講等之聴衆一、或勤二大乗会以下講師一例多レ之、非修非学之輩、旧儀不レ任二正員僧綱一、近来更不レ及二其沙汰一者也、就中於二大僧都一者、住侶拝任近代之例也、京都僧綱猶以随分有二清選一、於二住侶一者、殊就二器用一可レ被二抽任一也、近来非二其仁一之輩被レ聴レ之歟、官途之陵夷不便、云云(8)

と述べて延暦寺で十年夏安居を終えたものをもって注記とし、さらに十年を経て諸会の竪義を終えたものが、延暦寺の寺務を執ることができた。そののち座主等の推挙を得て法橋上人位に進むのが例であった。しかし近来では直ちに権律師に昇進し、学侶はさらに六月会（伝教大師最澄の忌日の六月四日に行う法華十講、法華大会ともいう）と十一月会（天台大師智顗が十一月二十四日に入滅したために、このときまた法華大会を行う）の二会を勤めてはじめて講師となり、またその労功をもって律師に昇進するのである。そしてそののち法勝寺学生に任ぜられ、公請をうけ、最勝講聴衆や法勝寺大乗会に参加して、いわゆる三講制度にのっとって昇進していったのであって、ここにも法勝寺と天台宗との強い繋りがうかがえるのである。

このように三講制度を通じて考えるとき、法勝寺は以前の法成寺に見られない僧官制度とのつながりがあって、南都の興福寺維摩会にもまさる位置を占めることになった。ここに法勝寺を固定化する要素が確立されたと同時に、いままで南都維摩会のみに依存していた藤原氏出身の僧侶にきびしい試練を与えることにもなった。さらに京都におけ

る法勝寺は国王の御願寺であると同時に南都北嶺の僧官を統轄する役目までも持つようになったのであった。この寺の組織については次に触れることにするがその意味からも法勝寺の金堂や、講堂は重要な意義を持っていたといえるのである。

次に五大堂については法成寺では二丈の不動明王を中心に丈六の四大明王を配しているが、この堂での祈願は「為㆑降㆓家門成㆑怨之怨霊㆒」や、「為㆑専㆓弟子臨終之正念㆒也」(9)と五大堂は藤原一門への怨霊を調伏し、道長の臨終時における死に対する恐怖を除去しようとするものであった。

法勝寺五大堂では法成寺のような藤原一門や弟子道長等の個人的な願意を求めるものでなく、また像高も不動明王は六尺も高く堂々としつらえ「降㆓伏悪魔㆒、消㆓散怨霊㆒令㆑修㆓究竟秘密之行法㆒」(10)との願意のもとに作成されたがここでは一氏族のためでなくあらゆる天下の降魔の秘法を修するために建てられた。

また次に薬師堂では七佛薬師の修法が行われ、この堂ではさきに四圓寺で述べたように、本尊として薬師如来七体を安置してそこで七佛薬師法を行い中宮安産、玉体安穏、日食、御悩平癒、風雨の難等を祈ることになっていた。

しかして、平安末期における浄土信仰の発展は来世得脱を求めるためにまず九品往生を示す九体阿弥陀佛を安置する阿弥陀堂を建て、そののちに金堂を建立して寺院の中心伽藍を定め、そこに密教の中心である大日如来を安置し、さらに七佛薬師法を修して、現世における自縁・他縁の苦悩を抜除するための薬師堂を建てているが、この形態は法成寺、法勝寺等の共通した伽藍構造で、この点法勝寺は法成寺に範を求めたのであるといえる。しかし御願寺として最大を誇った法勝寺は、法成寺では金堂前での奏楽の場所としていた中島に対して、この寺では九重塔を中島に配したことは法成寺と大きな相違を示しているのである。

この九重塔は法勝寺供養後、五年にて建てはじめられ、永保元年（一〇八一）八月二十四日に木作をはじめて二十五日に地鎮を行い、九月二十七日に心礎を置き、十月二十七日に心柱を立て永保三年（一〇八三）十月十日に供養を行っている。その塔の位置や諸尊については、法勝寺御塔供養呪願文に、

金堂南面　瑤池中心　更課二馬鈞一　新造二雁。塔。一　層級龕室　取二法栖霊一
八。角。九。重。　斎二度崇福一　窮レ神尽レ妙　瑩レ玉範レ金　風鐸和鳴　露盤照耀
超々擯レ俗　歩々乗レ空　仰同二翔鵾一　俯顧二飛鳥一　金剛界会　五智如来
紫磨添レ光　百錬比レ影　中尊八尺　分二座四方一　自余諸尊　各安二四角一
表別之裏　蔵二金字経一　八方之楹　図二月輪佛一　（中　略）
法輪不レ退　到二慈氏朝一　善根弥薫　伝二楼至世一　捧二此功徳一　先資二一人一
瑤図長堅　斗献久転　三戒水潔　洪涊永銷　五蘊雲晴　晻曖頓尽
白葉不レ朽　必備二白毫一　丹心惟深　将レ開二丹菓一　曾沙添レ慶　儲鉉壇栄
百穀用成　五徴時若　鞮川鶴園　石山劒林　悉免二昏衢一　共到二慧岸一(11)

とあって、金堂の前、瑤池の中央に、八角九重の塔を建て、その高さは二七丈（約八二㍍）で、塔内に五智如来（八尺）を四方に分けて安置し、中央に金剛界大日如来を置き、金堂の胎蔵界大日如来と相対した。このような八角塔の様相を示すものとしては、長野県安楽寺の八角三重塔が禅宗様式にしても鎌倉末期のものとして見られる。(12)これは華厳塔と称されるもので宋風文化を受けたものであったかもしれない。しかしこの塔は「先資二一人一」とて白河朝の朝威を示すもので、白河天皇のために建立し、五穀成熟、法輪不退を願っている。この法勝寺を造立しようとする天皇の意図

は即位当初より存在した。

抑助二神威一者佛法也、守二皇図一者又佛法也、因レ玆、弟子在位当初殊発二弘願一洛城之東、占二一勝境一建二大伽藍一称二法勝寺一（中略）願念又成就、福力増長者、寿命又増長、昔黄帝之問二天老一也、以二百廿一為二上寿一、（中略）弟子省レ躬思レ之、屈レ指計レ之、若祈二念百廿者一、前跡是希有、若相二期八十者一残喘非二幾程一、唯依二一心之冲襟一欲レ延二十年之余算一、然則国主皇帝三代之祖、於二天下一無レ儔（中略）十方諸如来施二護持一亦命、同二金剛一遂得二耨菩提一必生二安養浄刹一、又徳是有レ隣、功亦無量、金輪聖主、太上天皇国母后房皇子公主一善所レ及、万寿無疆(13)」

この大治三年（一一二八）十月二十二日に石清水八幡宮に宸筆一切経を捧げて、白河法皇は自分の過去の姿をたずね願意をこれらのなかに含め、死期を知った法皇（大治四年七月七日崩御）はさらに八十歳を望み、また百廿歳まで生きのびようとする必死の願いが示されていると同時に、白河法皇が、堀河・鳥羽・崇徳の三代の祖として天下の安穏を願い「願念又成就、福力増長者、寿命又増長」を求めたのが外ならぬ法勝寺伽藍の造立の真意であったことはいうまでもないのである。

ことに白河天皇の即位は、堀河天皇八歳、鳥羽天皇五歳、崇徳天皇五歳、近衛天皇三歳の幼帝の践祚に比べて年長の即位であり、また摂関政治下における一条天皇七歳、後一条天皇九歳の幼帝即位に比して、院政政権の基盤を作るためにも二十歳の即位はかなり実力を発揮できる立場であった。そして白河天皇が、院政に示した「御在位十四年、院号四十三年、政出レ自二叡慮一全不レ依二相門一(14)」という強い意志がこの法勝寺の造立に大きく働いたことは否めない。

栄花物語の著者は法勝寺供養について、天皇の法勝寺造立への発心は「いかでかくおぼしめし寄らせ給けん、御年も若くおはします。位にても久しうもならせ給はぬを、げにさきの世よりおぼしめしける御願にこそとぞ見えさせ給へる」[15]と即位直後より法成寺にまさる伽藍を建て、その構造もむしろ法成寺にならいそれをのりこえるところに白河天皇の意欲が高まったのであるとも考えられる。しかしそれは天皇自身の考えであると同時に、院近臣の強い要望でもあったし、摂関政治を廃して親政化しようという後三条天皇の遺志をつぐものであった。

この法勝寺の法会は、毎年正月六日に金堂の修正会と阿弥陀堂修正会を、二月八日頃には常行堂修二会、三月十日頃阿弥陀堂での春の念佛始（法勝寺不断御念佛ともいう）、五月一日より十ヶ日法勝寺三十講、七月三日より七日まで法勝寺御八講、七月十五日法勝寺自恣、九月二十二日法勝寺阿弥陀堂御念佛が三ヶ日行われ、十月二十四日より五ヶ日法勝寺大乗会が実施され、これがこの寺の最大の行事であった。そのほか千僧御読経や盂蘭盆講等もしばしば行われて院政期の御願寺の中心的存在であった。また両寺は成立時において五十五年余の年月の隔りがあるけれども、ともに寝殿造りを基調とした伽藍配置であり、それは浄土曼荼羅的発想によるものといえよう。また法勝寺が左大臣藤原師実の白河殿の旧地をうけついで建立されたことにもよるであろうが、やはり法勝寺の方が法成寺よりさらに整然としている。

ことに池水をめぐらす寺院の構築はすでに圓融天皇の御願寺の圓融寺の場合も見られ、池を中心として御願堂を建て、七佛薬師日光・月光・五大尊を安置して、また池の東に法華三昧堂、大門、西大門を配して、その遺構は現在の竜安寺の前庭の池である。[16]このように寺院内に寝殿造形式をとり入れるのは、もともと宇多法皇の仁和寺形式の過程においても見られたところであって、仁和寺の場合、仁和寺金堂や圓堂院を中心として、伽藍が形成されこの圓堂院と御室の原型は、明らかに淳和太皇太后が、父帝の離宮であった嵯峨院をもって大覚寺とした場合と同様、ここにも離宮寺院の形成の状況を見ることができる。ただ清和天皇がその崩御直前に寺院とした圓覚寺の場合とは異なるものの、仁和寺でも、宇多法皇は退位落飾後、この寺を形成して崩御のための御所として居住しているという状況が見られ、さらにそこが息災祈願の寺院であると同時に入滅のための場所として予定されていたのである。

この宇多法皇の御室形成は寺院と御所との繋がりを持つ形態として、のちの藤原氏の祈願寺（法性寺・法成寺）の形成や、六勝寺の形成の原型として見るべきであろう。(17)

このように仁和寺の場合における御室をともなった御願寺がさらに発展して、池をとり入れたのは圓融寺からである。池の導入は一方では浄土信仰の影響のもとに阿弥陀経浄土変の現実化、即ち極楽浄土をこの土に再現したいという貴族社会における強い願望によるものであり、他方では藤原貴族の住宅建築の発生に影響されて圓融寺等では池水をとりいれ中島を形成して伽藍の形態が平安初期の様相より変転していったのである。

ことにそれが法成寺や平等院になるとより鮮明になって、藤原道長の法成寺の場合は、道長の眼病、それが三条天皇の怨霊のしわざと考え、さらにその苦悩より脱却せんとして「いつしか東に御堂建てゝ、さゝしう住むわざせん」(18)との願望のもとに建立し、その法成寺も圓融寺にならって池水を入れ寝殿形式をとり入れ、最初に無量寿院を建てはじめるのであって、それはあたかも観無量寿経の宝池観・宝楼観をこの世に再現することを願ったと考えられる。即ち経文の、

次当レ想レ水者、欲レ想レ水者、極楽国土、有二八池水一、一一池水、七宝所成、其宝柔軟、従二如意珠王一生、分為二十四支一、一一支、作二七宝色一黄金為レ渠、渠下皆以二雑色金剛一以為二底沙一、一一水中、有二六十億、七宝蓮華一、一一蓮華、団圓正等、十二由旬、其摩尼水、流二注華間一、尋レ樹上下、其声微妙、演二説苦空、無常無我、諸波羅蜜一、復有下讃二歎、諸佛相好一者上、如意珠王、涌二出金色、微妙光明一、其光化為二百宝色鳥一、和鳴哀雅、常讃二念佛念法念

僧一、是為二八功徳水想一、名二第五観一（中略）衆宝国土、一一界上、有二五百億宝楼閣一、其楼閣中、有二無量諸天一、作二
天伎楽一、又有二楽器一、懸二処虚空一、如二天宝幢一、不レ鼓自鳴、此衆音中、皆説二念佛念法念比丘僧一、此想成已、名為二
粗見二極楽世界宝樹宝地宝池一、是為二総観想一、名二第六観一、
若見レ此者、除二無量億劫、極重悪業一、命終之後、必生二彼国一、作二是観一者、名為二正観一、若他観者、名為二邪観一[19]

とある。そしてこの総観想や、宝池想を伽藍建築や寝殿造のなかに具現して来世の得脱を求めようとしたといえるのである。ことに薬師堂、阿弥陀堂、五大堂等はそれぞれいまも平等院にみられるように極楽の宝殿に見立てて、現世に見聞する浄土を再現し、その観想をそのまま来世までももちつづけようとする悲願は平安末期において末法意識が強まるにつれて道長も白河天皇もともに感じていたのであって、白河天皇の「世漸く澆季におよび、末法に属すといへども」佛寺造立の悲願はより高ぶり「速やかに九品を證し」て怨念を断とうとする願望が、池水を配した極楽浄土に模した伽藍配置とさせたものと考えられる[20]。そして先にも述べたごとく無量寿院や阿弥陀堂からこれらの寺院の創建がはじまったというべきである。

また次に尊勝寺の場合は、金堂、講堂、薬師堂、五大堂、観音堂、灌頂堂、曼荼羅堂、東西堂、中門、廻廊、経蔵と建てられたのち三年後に阿弥陀堂、准胝堂法華堂が建て増しされた[21]。この尊勝寺伽藍もおそらく法勝寺に類似した形体をそなえていたであろうとおもわれる。しかし法勝寺はその伽藍の中心は講堂で、そこは顕教の広学竪義の場として重要な意義をもっていたのに対して、尊勝寺はむしろ灌頂堂を中心とする密教道場を中心としている。具体的な史料は法勝寺等に比べてはるかに少ないために詳細なことは明らかでないが、塔三基、金堂、五大堂、薬師堂、灌頂堂等が主要な伽藍であった[22]。

つぎに最勝寺は金堂、五大堂、薬師堂、南大門、東西廊等をもって、伽藍を形成していたが、これらの六勝寺は境内一町あるいは二町に限られていた。

また圓勝寺では東西御塔として三重塔が建てられ大治三年(一一二八)三月十三日に供養が行われて、金堂には二丈の大日如来と丈六の四佛を安置し、五大堂、薬師堂が存在し、のち六時堂と二階門や鐘楼が加えられた(23)。

つぎに成勝寺は保延五年(一一三九)に創建され(24)、十月二十五日に供養が行われた。そのときの成勝寺供養式によると金堂、経蔵、鐘楼、廻廊四門等が見え(25)、また成勝寺年中相折帳(26)では観音堂、五大堂および惣社が建てられたほか南大門等も存在していたが、もちろん法勝寺等と比べて六勝寺の中では最も規模の小さな寺であった。

また延勝寺については、久安二年(一一四六)七月に建て創められ、久安三年に金堂、御塔、鐘楼、経蔵の礎石をすえ(27)、供養が久安五年(一一四九)三月二十日に行われ金堂、南大門、東西軒廊、廻廊、一字金輪堂などが建てられ盛大な法会が行われた(28)。そののち長寛元年(一一六三)十二月二十六日に阿弥陀堂の供養がなされた。この阿弥陀堂は近衛家の寝殿であったのを間敷を延ばして九体の丈六佛を安置して阿弥陀堂としたものであった(29)。

このようにして伽藍が白河周辺にたちならんだこの六勝寺も二度にわたって、それも壊滅の憂目にあった。第一回は元暦二年(一一八五)七月九日の京都大地震により「白川辺御領等或いは顚倒の所あり。或いは築垣の許破壊し、法勝寺九重塔は心柱倒れずといへども、瓦以下みな震剝し、成す無きが如し、大地処々被裂して、水出でて涌くがごとき」状況となった(30)。ことに法勝寺では、

法勝寺九重塔頽落重々、垂木以上皆落地、毎層柱扉連子被相残、露盤八残其上折落、阿弥陀堂幷金堂之東西廻廊、鐘楼、常行堂之廻廊、南大門西門三宇、北門一宇、皆顚倒、無一宇全、門築垣皆壊、南北面少々相残云云(31)

という状況でこれは法勝寺のみならず、法成寺や得長寿院等も同様で、あの壮大を誇った法成寺も、廻廊はすべて倒れ、東塔は北に傾いてあわれな姿となり、また東面の築垣すべて倒れ門ばかりが残っていた。人々は心神違乱し天下破滅はこの時か、近年兵革上下安きなく、まったく濁世の悪業、衆生の苦患、休むときなく悲しむべき時がやってきたと嘆いた。

鴨長明もこの時のことを方丈記のなかで、

おびたゞしく大地震ふること侍りき。そのさま、よのつねならず。山はくづれて河を埋み、海は傾きて陸地をひたせり。土裂けて水涌き出で、巌割れて谷にまろび入る。なぎさ漕ぐ船は波にたゞよひ、道行く馬はあしの立ちどをまどはす。都のほとりには、在々所々、堂舎塔廟、一つとして全からず。或はくづれ、或はたふれぬ。塵灰たちのぼりて、盛りなる煙の如し。地の動き、家のやぶるゝ音、雷にことならず。家の内にをれば、忽にひしげなんとす。走り出づれば、地割れ裂く。羽なければ、空をも飛ぶべからず。竜ならばや、雲にも乗らむ。恐れのなかに恐るべかりけるは、只地震なりけりとこそ覚え侍りしか。(32)

と述べている。この時の地震は一〇日および二〇日間余震が絶えなかった。

そしてまた六勝寺の被害も相当なもので、法勝寺では金堂、廻廊、鐘楼、阿弥陀堂、阿弥陀堂御所、行堂廊、中門、車宿、門々、(法華堂は顚倒せず)三面築垣、九重塔過半分が被害にあい、尊勝寺では講堂、五大堂、四面築垣、西門、東塔九輪折落し、最勝寺は薬師堂、三面築垣が倒れ、圓勝寺は築垣と中御塔九輪が破損した。(33)

また次に六勝寺の灰燼については、承久元年(一二一九)四月二日午前に尊勝寺に金物を盗りに入った盗人が放火して西塔が焼けたのにつづいて、午後近衛町より火が出て出雲路東出河原まで焼いた。このとき関白近衛家実の邸をはじめ法成寺、南大門、東西門、東塔、惣社、左右脇門、祇陀林寺、河崎観音堂、東北院、押小路内裏、圓勝寺塔三基、鐘楼、西面門、金剛勝院等が炎上してまさに天下の大災となった。(34)(35) またつづいてこの年の十一月二十七日に白河殿付近より火が出て、延勝寺塔、金堂、成勝寺、最勝寺塔三基、金堂、證菩提院等が放火のために灰燼に帰した。(36) そしてこの六勝寺の炎上は、ある意味において平安時代における六勝寺の滅亡につながるものであった。

その後に、法勝寺は再建されたが九重塔等も雷火による炎上と再建を繰り返し、その結果衰退の一途をたどり、康永元年(一三四二)に到って鎌倉期に再建された伽藍や堂塔はことごとく、また灰燼に帰してしまった。そのものすごい状況を太平記は次のごとく述べている。

康永元年三月廿二日ニ、岡崎ノ在家ヨリ俄失火出来テ軈テ焼静マリケルガ、纔ナル細煙《クズ》一ツ遙ニ十余町ヲ飛去テ、法勝寺ノ塔ノ五重ノ上ニ落留ル。暫ガ程ハ燈籠ノ火ノ如ニテ、消モセズ燃モセデ見ヘケルガ、寺中ノ僧達身ヲ揉デ周章迷ケレ共、上ベキ階モナク打消ベキ便モ無レバ、只徒ニ虚ヲノミ見上テ手撥《ヒロゲ》テゾ立レタリケル。サル程ニ此細煙乾タル檜皮ニ焼付テ、黒煙天ヲ焦テ焼ケ上ル。猛火雲ヲ巻テ翻ル色ハ非想天ノ上マデモ上リ、九輪ノ地ニ響テ落声ハ、金輪際ノ底迄モ聞ヘヤスラントヲビタヽシ。魔風頻ニ吹テ余煙四方ニ覆ケレバ、金堂・講堂・阿弥陀堂・鐘楼・経蔵・摠社宮・八足ノ南大門・八十六間ノ廻廊、一時ノ程ニ焼失シテ、灰燼忽地ニ満リ。焼ケル最中外ヨリ見レバ、煙ノ上ニ或ハ鬼形ナル者火ヲ諸堂ニ吹カケ、或ハ天狗ノ形ナル者松明ヲ振上テ、塔ノ重々ニ火ヲ付ケルガ、金堂ノ棟木ノ落ルヲ見テ、一同ニ手ヲ打テドット笑テ愛宕・大嶽・金峯山ヲ指テ去ト見ヘテ、暫アレバ花頂山ノ五重ノ塔、醍醐寺ノ七重之塔、同時ニ焼ケル事コソ不思議ナレ。院ハ二条河原マデ御幸成テ、法滅ノ煙ニ御胷ヲ焦サレ、将軍ハ西門ノ前ニ馬ヲ磬《ヒカヘ》ラレテ、回禄ノ災ニ世ヲ危メリ。

抑此寺ト申ハ、四海ノ泰平ヲ祈テ、殊百王ノ安全ヲ得セシメン為ニ、白河院御建立有シ霊地也。サレバ堂舎ノ構善尽シ美尽セリ。本尊ノ錺ハ、金ヲ鏤メ玉ヲ琢ク。中ニモ八角九重ノ塔婆ハ、横翌共ニ八十四丈ニシテ、重々ニ金剛九会ノ曼荼羅ヲ安置セラル。其奇麗崔嵬ナルコトハ三国無雙ノ鴈塔也。此塔婆始テ造出サレシ時、天竺ノ無熱池・震旦ノ昆明池、我朝ノ難波浦ニ、其影明ニ写テ見ヘケル事コソ奇特ナレ。カヽル霊徳不思議ノ御願所、片時ニ焼滅スル事、偏ニ此寺計ノ荒廃ニハ有ベカラズ。只今ヨリ後弥天下不レ静シテ、佛法モ王法モ有テ無ガ如ニナラン。公家モ武家モ共ニ衰微スベキ前相ヲ、兼テ呈ス物也ト、歎ヌ人ハ無リケリ。(37)

そして、ここにおいて旧観は滅して、もとのごとく再建されることはなかった。

(1)　本書、五一八頁参照
(2)　扶桑略記、第三十、承保四年十二月十八日条
(3)　本朝続文粋、巻十三、待賢門院奉為白河院追善（国書刊行会本）四一〇頁
(4)　本朝文集、第四十九、白河天皇六条御堂発願文（国史大系本）二〇六頁
(5)　拙著『東大寺の歴史』、一一〇頁
(6)　拙著『東大寺宗性上人之研究並史料』上・中・下参照
(7)　釈家官班記、下、顕宗名僧昇進次第（群書類従本）六四頁
(8)　同右、山徒昇進事（群書類従本）六九頁
(9)　本朝文集、第四十五、法成寺金堂供養願文（治安二年七月十四日）（国史大系本）一八八頁
(10)　註(2)に同じ
(11)　朝野群載、巻第二（国史大系本）、法勝寺御塔供養咒願文
(12)　国宝安楽寺八角三重塔、鎌倉時代

(13) 本朝続文粋、巻十二、白河法皇八幡一切経供養願文、三九八頁

(14) 中右記、大治四年七月十五日条

(15) 栄花物語、三十九、布びきの滝（日本古典文学大系本）下、五二八頁。次にその本文を示す。そこに法勝寺の伽藍の様相がかなり詳細に述べられている。

白河殿とて宇治殿の年頃領ぜさせ給し所に、故女院(上東門)もおはしましゝが、天狗ありなどいひし所を、御堂建てさせ給。この二年ばかり受領ども当りて、金堂は播磨守為家ぞ造りける。御堂も佛もなべてならず大きにおはします。疾くと急ぎ造らせ給て、十月廿余日供養せさせ給に、中宮も渡らせ給べく申させ給を、さらでもとおぼしめしたれど、「かばかりの大事に、いかでかは御覧ぜでは」と、せめて申させ給へば、渡らせ給。いとめでたし。曇なき庭に、紅葉、菊の色〳〵、黄なる光も赤き光も添ひたらんと見えて、所がら匂を増し、御堂のけ高うもの〳〵しきが、新しう赤く塗り立てられるに、青やかに見え渡されたる御堂の飾など、極楽にたがふ所なげなり。瑠璃の地に黄金の砂子などを敷かぬばかりなり。池の水澄み渡り、船楽、打たぬに鳴る事ぞなかりけれと、大鼓かけたる様こと〴〵しう、獅子・狛犬の舞ひ出でたる程もいみじう見ゆ。三百人の僧の麗しく装束きて行道し、僧衆など押し加へて千人の僧も拝みつべし。わらはべ花を折りて装束きたるもおかしう見ゆ。行幸などの程もいとめでたし。別当・検校よりはじめて、寺主・供僧なにかなどなり。阿闍梨よりなど、いとめでたし。いたう夜更けてぞ還らせ給ける。いかでかくおぼしめし寄らせ給けん。御年も若くおはします。位にても久しうもならせ給はぬを、げにさきの世よりおぼしめしける御願にこそとぞ見えさせ給へる。供僧にやむ事なき僧綱などなりて、供養法行ひ勧めけり。「天狗、え造らせ給はじとねたがりいふ」ときゝしかど、かくて供養も過ぎぬめり。

(16) 本書、五八一頁参照

(17) 本書、五二九頁参照

(18) 栄花物語、十五、うたがひ（日本古典文学大系本）上、四四四頁

(19) 観無量寿佛経、大正蔵一二、三四二頁c

(20) 註(4)に同じ

(21) 中右記目録、康和四年七月廿一日条

(22) 殿暦、元永元年十二月十七日条（大日本古記録本）
(23) 本朝続文粋、巻十二、敦光朝臣圓勝寺供養咒願文（大治三年三月十三日）三九六頁
(24) 百錬抄、第六、保延五年十月廿六日条
(25) 成勝寺供養式（続群書類従、二十六輯下）
(26) 平安遺文、十―五〇九八号
(27) 本朝世紀、巻三十二、久安三年六月十八日条
(28) 同右、巻三十五、久安五年三月廿日条
(29) 百錬抄、第七、長寛元年十二月廿六日条
　またこの六勝寺の創建等のことについては『京都の歴史』のなかで、村井康彦氏が詳細に「六勝寺と鳥羽殿」について述べられている。
(30) 玉葉、巻四十二、元暦二年七月九日条
(31) 山槐記、元暦二年七月九日条
(32) 方丈記（日本古典文学大系本）三二頁
(33) 吉記、元暦二年七月九日条
(34) 仁和寺日次記、（続群書類従本）承久元年四月二日条
(35) 百錬抄、第十二、承久元年四月二日条
(36) 同右、承久元年十一月廿七日条
(37) 太平記、二十一、法勝寺塔炎上事（日本古典文学大系本）三四一頁

三　六勝寺成立の意義

六勝寺建立の意義について、竹内理三氏は院政期の寺院を分けて、(1)門徒寺、(2)氏寺、(3)院願寺として、門徒寺は

門跡寺院と理解され、氏寺は貴族を檀越として持つ寺院を意味し院願寺は六勝寺を指すものと述べられているが、このことについて六勝寺を院願寺と規定すべきかどうかについて、私は疑問を持っている。もちろん中右記の大治四年(一一二九)七月十五日の白河法皇御葬送のことの記事のなかに、

禅定法王御在位間希代勝事
嵯峨御幸、殿上歌合、殿上賭射
法勝寺、白河御堂、證金剛院鳥羽
　毎霊社立塔婆其数多
凡雖尊勝寺、最勝寺、圓勝寺皆出従法王御慮也
　御在位十四年　院号後四十三年、政出自叡慮　全不依相門(1)

と白河法皇の政治はすべて法皇自身の考えによって他の人々の口入を許さなかったと述べ、法勝寺大乗会の結願文にも「方今此会者、招二釈門之枢鍵一、究二法水之淵源一、添出二叡誠一、妙叶二佛智一、非二且人事之勝槩一、寔斯佛法之中興也」(2)、また圓勝寺等も法皇の叡慮に基づくものであると説明していることを重視して、竹内氏は成勝寺や延勝寺を建てられた崇徳天皇や近衛天皇の立場よりも鳥羽上皇の立場がより専断的で強力であったためこれらの状況よりして「崇徳、近衛両帝の鳥羽上皇院政下に於ける境遇を考えて見れば、いづれもこれを院御願寺とすべきことが許されよう」(3)と六勝寺を実質的立場より院御願寺、即ち院願寺と規定されている。

また村井康彦氏は六勝寺について、愚管抄の「国王の氏寺」との説を引用して「法勝寺は従来の佛教の綜合がじつに法勝寺であった。(中略)当寺が金堂を中核としている処にある種の国家的意識の昂揚が看取される。(中略)しかし

法勝寺にそうした国家的性格を認めるとしても、すでに鎮護国家を祈り王法佛法をうたった天平佛教の再現ではない。天皇家の御願寺という限定された性格もまた否定しがたい。その点、先に引用したように『愚管抄』が当寺を称して『国王ノ氏寺』としたのはまことに適切な表現というべきである(4)。また菊地勇次郎氏も「平安佛教の展開」(『日本佛教史』古代篇)のなかで国王の氏寺建立と題をかかげ、「院政時代に入ると、私寺の建立は藤原氏に代わる政治の中心、院政の主にゆだねられた。(中略)天台・真言の両宗は、その祈禱性のゆえに皇族を造寺の願主とし、『国王の氏寺』を預ることによって、私寺とはいえ再び国家的宗教の性格を明らかにしている」と述べている。

この院願寺、国王の氏寺の二説については、もちろん造寺の主導性は院政である以上、院の指導のもとに造寺されたであろうけれども、これをもって院願寺、または院御願寺と速断することは適当でない。何となれば建立された時期はすべて天皇の在位中であって、法勝寺にしても白河院が白河天皇として在位中であり、最勝寺においても鳥羽天皇の在位中であることから考えても、明らかに退位後の寺院でない以上院願寺ではなく、勅願寺の性格をもった御願寺である。法勝寺の木作始の法勝寺の寺名決定以前においては「白河御願寺立柱上棟(5)」とか、法勝寺御塔供養咒願文に「聖上　殊抽二宸沖一、建二大伽藍一　号二法勝寺一(6)」とあって、法勝寺は白河天皇の御願寺で、勅願寺的性格が強い。しかし平安以前の勅願寺とはその性格は異なり、法成寺で藤原道長が行ったような阿弥陀堂の付近に御所をしつらえて往生を願う御室的性格も付加されてきた。そして承保三年(一〇七六)五月二十三日に「白河御願阿弥陀堂」が「白河御願寺」の寺域内に建てられ六月二十九日には「被レ築二白河御殿阿弥陀堂壇一」など白河御願寺の上棟とともに阿弥陀堂がまず建立されたのであるが、ここにも白河御願寺と称して白河天皇の御願寺であることを明示している(7)。

次に尊勝寺の場合を考えてみると「新御願(8)」「新御願寺上棟」とか康和四年(一一〇二)七月二十一日の尊勝寺供養会

に際して「新御願寺名被尊勝寺」とか「御幸御願寺」[9]と称して尊勝寺の場合も新御願寺と述べて堀河天皇の新しい御願寺として成立したことをあらわしている。また最勝寺においても「於白川新御願寺有最勝講御読経云云」[10]とまた白川新御願寺と称している。さらに圓勝寺の場合も「法勝、最勝蓮宮ト㆑隣、三層五層華塔接㆑砌、就㆓斯吉土㆒」[11]と、待賢門院の御願寺であるけれどもこれもやはり白河御願寺と称された。

ことに延勝寺においても、その木作や供養に先立って「新御願寺」と称し、また「御願延勝寺供養」と称し、寺名が決定しない以前は新御願寺であった。ことにこの延勝寺の供養に際しての久安五年(一一四九)の日時決定について差し出された陰陽寮からの通達についても、

陰陽寮

択申可㆑被㆑供㆓養新　御願寺㆒日時

今月廿日壬寅　時午二点

久安五年三月八日

雅楽頭兼主計助権陰陽博士安倍朝臣

兼助兼権天文博士安倍朝臣

頭兼権暦博士賀茂朝臣[12]

と明らかにこの六つの寺は新御願寺とあって、六勝寺の寺名が決定しない以前はすべて新御願寺と称している。そして私は六勝寺については、在位の天皇の勅願に基づいて岡崎周辺に建立された勅願寺的性格を帯びた御願寺であると考えるべきである。それがたとえ背景にある院の潜在的支配権の反応によると考えても、表面上はやはり御願寺と理解するのが正当と考えるほうが適切である。

また次に愚管抄の著者の慈圓が述べている国王の氏寺と称することについてみると、

白河ニ法勝寺タテラレテ国王ノウヂ寺ニ是ヲモテナサレケルヨリ、代々皆此御願ヲツクラレテ、六勝寺トイフ白河ノ御堂、大伽藍ウチツヅキアリケリ。ホリカハノ院ハ尊勝寺、鳥羽院ハ最勝寺、崇徳院ハ成勝寺、近衛院ハ延勝寺、是マデニテノチハナシ。母后ニテ待賢門院ノ圓勝寺ヲ加ヘテ六勝寺トイフナルベシ(13)

この慈圓の意見は辻善之助氏や多くの学者が認め、この院政期の御願寺を天皇が藤原氏の氏寺に似せて建立されたという概念のもとにこれら六勝寺をはじめとして御願寺の変遷を理解しようとされている。

私はこれはやはり慈圓が藤原氏出身の貴族であるために氏寺的理解のもとで、六勝寺の位置を意義づけたのではないだろうか。即ちもし氏寺というならば国王即ち天皇は氏長者に位置するのか、あるいは院、いわゆる上皇が氏長者に当るのか、この国王の氏寺に対する適切な理解を明確にしないところに六勝寺を単に国王の氏寺と理解する薄弱さがあるのである。

ひるがえって藤原氏の京の氏寺であった法成寺の意義を考えてみるとき、藤原道長の述べた法成寺金堂供養願文に、

我法可二久弘一、王燭長明、我寺可二長興一、長秋共二其徳一、少陽重二其明一、准后之家、摂籙之寄、及丞相納言、男女子孫、氏族繁昌、其麗不レ億、亦合契不尊卑、同志之緇素、各発二声華之栄一、共詣二菩提之縁一、乃至四生六趣、百界千如、忽入二抜苦解脱之門一、日遊二極楽功徳之界一(14)

我寺長く興して子孫繁栄して氏族隆昌を求めたいという道長の願意は、法成寺が藤原氏の氏寺にふさわしいものであったことが明らかであって、国王の氏寺という国王個人の子孫繁昌を求める願意は法勝寺の種々の願文に見当らないし、法勝寺を法成寺成立と同義に理解することは適当でないものと考えるものである。

そのため私は中右記や、その他の日記によって伝えている六勝寺を御願寺とまともに正しく理解するのが至当と考える。それは天皇代々の御願寺であり建立されるときはすべて新御願寺と称していることでもわかる。そして新御願寺が発足したときに寺名が決定されるのであって、やはり六勝寺は御願寺であると同時に非常に勅願寺的な性格をもっているとしても、天台、真言を中心とする密教的な性格を強くもちつつ、寝殿的伽藍である法成寺をモデルとした伽藍形式をもっているため国王の氏寺と称されたのかも知れない。

これはまた法勝寺の三講制後の導入によってもうかがえるし、尊勝寺や最勝寺についても、

尊勝寺

長治元年、三月廿四日、於二尊勝寺一始被レ修二結縁灌頂一、始大阿闍梨覚行親王賜二勧賞一、仁和寺圓堂院被レ寄二阿闍梨五口一、小阿闍梨寛智任二権律師一、当座 自今已後、東寺天台各両年准二三会二会一、可レ被レ任二僧綱一之由二宣旨一、永久元年九月廿五日宣旨、偏天台両、延暦園城、可レ勤レ之、云云、仍自今以後東寺不レ勤二此御願一、依二天台宗徒訴一也、今年大阿闍梨座主、法印権大僧都、山、仁豪小阿闍梨、山、厳行、

最勝寺

保安三年十二月廿五日、被三始行二結縁灌頂一、当年尊勝寺大小阿闍梨勧レ之、已後付二尊勝寺大小阿闍梨一可レ行二両界一之由宣下、云云、大阿闍梨権大僧都、寺、公伊小阿闍梨、寺、慶実、内供奉(15)

とあるごとく、最勝寺の結縁灌頂を修したものは三会二会に准じて僧綱に任ぜられ、これまた密教の登竜門となり東寺と天台より補任されたが、東寺はしりぞけられて山門のみとなり、最勝寺は尊勝寺に付属して結縁灌頂を実施することになり六勝寺への天台密教の進出はすさまじいものがあった。

このようなこともまた六勝寺が勅願寺的御願寺であることによって僧綱昇進と寺院の法会を強く結びつけたのであって、院の私寺と見るべきでなく、院の私寺は安楽寿院や蓮華王院、法金剛院等において考えるべき問題である。そしてこの六勝寺を建立するに当っては、国家の経済を動かして建立している。

しかしその建立の方法や、寺院管理のあり方、主導的立場の性格についてさらに追求しなければならないことはいうまでもないのであって、六勝寺の成立は私は御願寺と考えるべきであるが、その建立の方法や、経済的基礎の樹立、さらには院別当の高階氏や、知行国、荘園等の関連するところは決して奈良時代からの古代寺院のあり方でなく、より改変された院政政権の独自の形態をそなえ、それは寺院の創建にあたって知行国制に基づく基盤や院領の集積のうえに建てられて、あるときには院政政権の経済的カクレミノ的な様相さえ示し、院御領の形成に少なからず役立っていったのが六勝寺であって、ここにこそ院政期における六勝寺の性格が明らかとなるのであって、六勝寺は院御願寺でもなく、国王の氏寺でもなく、正しい意味の御願寺として四圓寺の伝統を受けつぐものであることを強調するものである。次にその性格と構造についてさらに論を改めて述べることとする。

（1）　中右記、大治四年七月十五日条
（2）　本朝文集、第五十三（国史大系本）、法勝寺大乗会結願文
（3）　竹内理三『律令制と貴族政権』第Ⅱ部「六勝寺建立の意義」五六一頁参照
（4）　『京都の歴史』（Ⅱ）六勝寺と鳥羽殿（村井康彦担当）一二二頁参照
（5）　扶桑略記、第三十、承保二年八月十三日条
（6）　朝野群載、巻二、法勝寺御塔供養咒願文
（7）　法勝寺金堂造営記及法勝寺阿弥陀堂造立日時定（史籍集覧本）

（8）　殿暦、康和四年六月廿九日条
（9）　中右記、康和四年六月廿九日条
（10）　同右、元永元年十一月廿三日条
（11）　本朝続文粋、巻十二、圓勝寺供養咒願文（国書刊行会本）三九五頁
（12）　本朝世紀、巻三十五、久安五年三月八日条
（13）　愚管抄、巻四（日本古典文学大系本）二〇六頁
（14）　本朝文集、第四十五、法成寺金堂供養願文（治安二年七月十四日）（国史大系本）一八八頁
（15）　釈家官班記、下（群書類従本）七六頁

四　法親王と六勝寺

六勝寺の寺院組織を明らかにするためには、まずこれらの寺院に対する平安佛教のあり方について考えてみなければならない。それには、これらの寺院の供養に参加した人々を見てみることが必要であろう。もちろん法勝寺の場合、さきにも述べたように承保二年（一〇七五）より木作をはじめ、同三年に阿弥陀堂が完成したけれども法勝寺の供養は金堂が完成した段階で行われた。

それについて法勝寺供養記では次のごとく述べている。まず承暦元年（一〇七七）十二月十八日の法勝寺供養記では、

被補寺家撿挍別当上座供僧等、撿校仁和寺宮親王性信、別当大僧正覚圓、権別当僧正覚尋、上座政慶、金堂供僧慶算、隆明、増誉、済覚、（心尋イ）源等、講堂永超、範圓、明（朝イ）範、圓豪、五大堂頼昭、義範、念圓、阿弥陀堂長尋公伊等也、即権僧正覚尋承仰始諸堂例事、先於金堂有供養法事、主上祇候御前、先是用心供養法具等也、次於講堂始大般若経、是従今夜可被講一切経者、毎日大般若一巻可講之、次於五大堂同始供養法、次於阿弥陀堂供僧長尋、公伊、始阿弥陀経事、先是権大僧都深覚依仰大行

道、後始法花堂三昧事、遣召延暦寺火用之、次有勧賞事、

正四位下高階為家、即被下重任宣旨、造作賞、

従四位上藤原保実、行事、上卿右衛門督譲、

藤原通俊、行事弁。叙二階、殊私之賞也、

従四位下源　有宗、陽明門院院司賞、

従五位下宮道義式、検非違使如元、行事賞、

大工信武(延イ)、本五位、

信方(延イ)、

為任、共為大工賞、為任本任主計属、信方本任未公大工、

法印長勢、大佛師、造阿弥陀堂御佛賞、

法橋院助、件人覚助弟子也。両覚助造進金堂御佛不被賞去十月死也、仍所被抽賞弟子、

兼慶、造講堂御佛賞、

次被寄五百戸御封、内大臣召通俊朝臣仰下也。

次宸儀還御、于時子刻也、(1)

と述べ、また諸寺供養記でも、このとき金堂・講堂・阿弥陀堂・法花堂をすべて供養している。もちろんこの法勝寺は「両帝御願法勝寺」(2)とて後三条、白河両帝の御願寺として建立されていた。そして開眼に当っては白河天皇は仁和寺性信法親王を金堂御佛開眼の導師として請じている。

この性信法親王は三条天皇の第四皇子で、仁和寺の法務大僧正で東寺一長者と東大寺・勧修寺別当であった済信の弟子となり三条法皇の崩御ののち仁和寺に入寺された。さらに仁和寺観音院で伝法灌頂をうけ済信を大阿闍梨としている。この場合性信法親王はのちに白河天皇の覚行法親王の場合のような「出家之後親王宣旨、始二於此人一、可レ謂二希代之例一」(3) と出家以後の親王宣旨による法親王でなくて、入道親王の例に属する、性信法親王が宇多天皇の皇子の敦実親王の子の源雅信の息の済信の門に入ったことは、宇多法皇以来、仁和寺は寛空僧正や寛朝大僧正ともに宇多法皇の皇子の敦固親王、敦実親王の子息をもって仁和寺を継承させることによって宇多法皇の門跡寺院とすることに成功したのであって、ここに仁和寺は真言宗の師資相承の厳重な規定のもとに宇多法皇の伝法灌頂を受けるものをもって主管者としたのである。性信法親王の師の済信は遍照寺で寛朝より灌頂をうけて仁和寺・勧修寺・東大寺を主管し、仁和寺別当になったのではあるけれども、仁和寺は敦実親王や敦固親王のような傍系の子孫が継承すべきものでなく、天皇の直系の皇子をもって掌握すべきものが本義であると考えられた。

ことに三条天皇は不遇のうちに道長との軋轢のなかで病苦に陥り、さらに皇子の敦明親王を立てることで譲位されたのであるが、その目的は達せられず道長の策謀によって幼少の敦成親王を立てたため、敦明親王は直ちに辞して小一条院と名乗って不遇の生涯を送った。

そして中宮妍子の生んだ皇女禎子は五歳であったがのち後朱雀天皇の皇后となって、後三条天皇の母となり、この天皇は摂関家を押えることになった。

それはともかくも、敦明親王の廃太子を見た弟の師明親王は寛仁三年(一〇一九)三月二十五日出家を決意した。ことにこの親王は「誕生之日神光照室、小児之時、有二成人之気一、天皇鍾愛勝二於群兄一、天皇晏駕之後、不レ堪二恋慕一、遂任二素意一、於二仁和寺一出家、法名性信」[4]とて、三条天皇をしたって寛朝の門に入ったといっているが、あるいはまた「御出家事母后御沙汰也」[5]とあって妍子のすすめにより仁和寺に入寺したとも述べているが、それならばより以上摂関政治への反発の心も深かったのかもしれない。それに対してあわれに思いつつも済信は「僧正いみじき物に思ひきこえさせ給へり。猶この寺にさるべきやんごとなき人の絶えさせ給まじきと嬉しうおぼされけり」[6]、ことに済信は直系でな

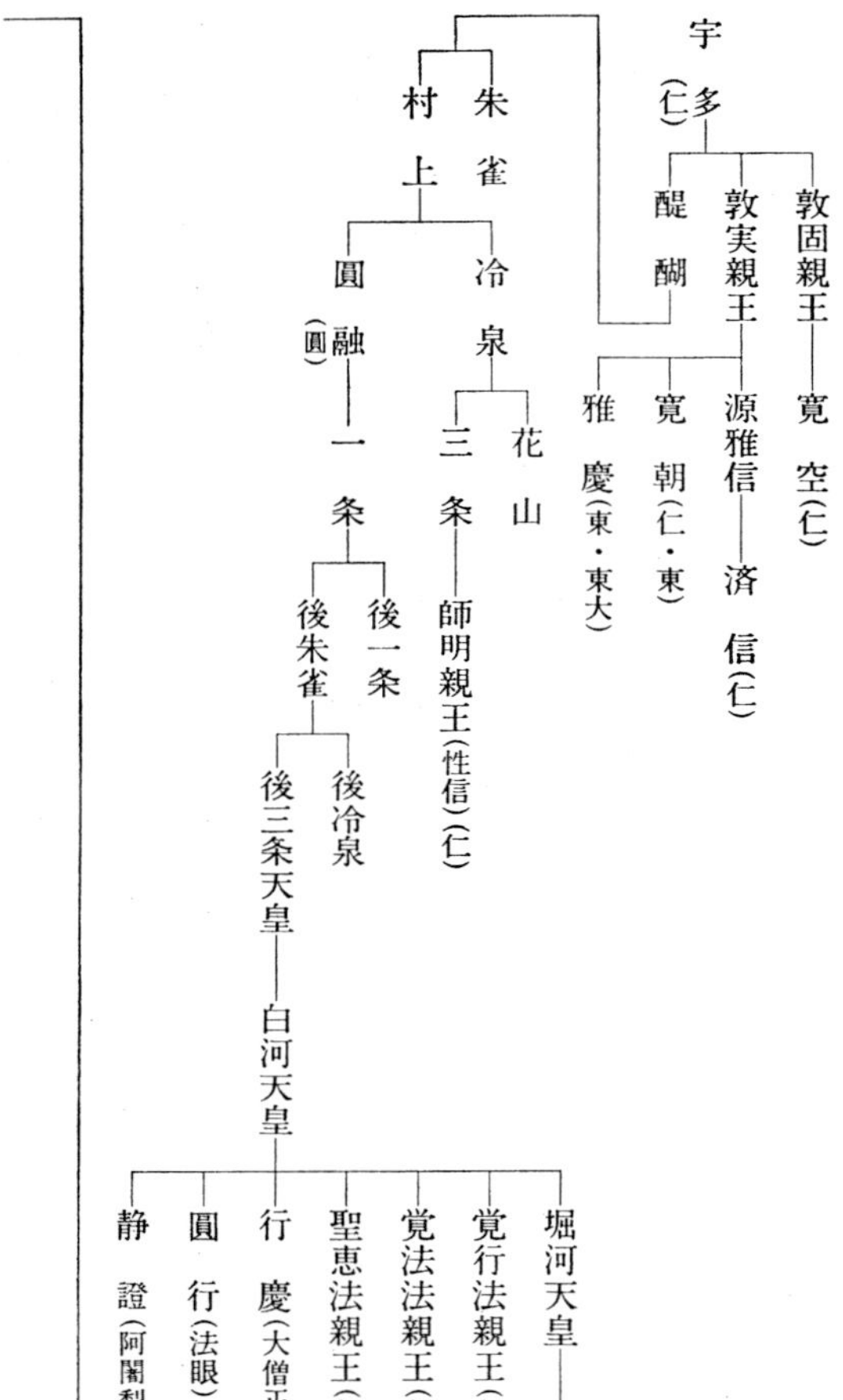

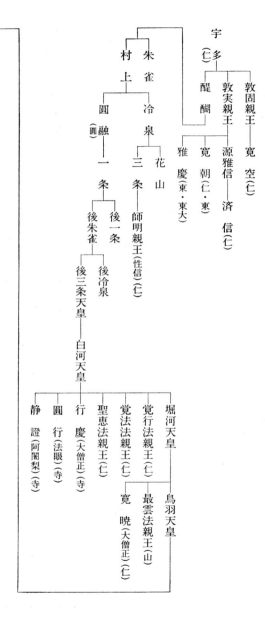

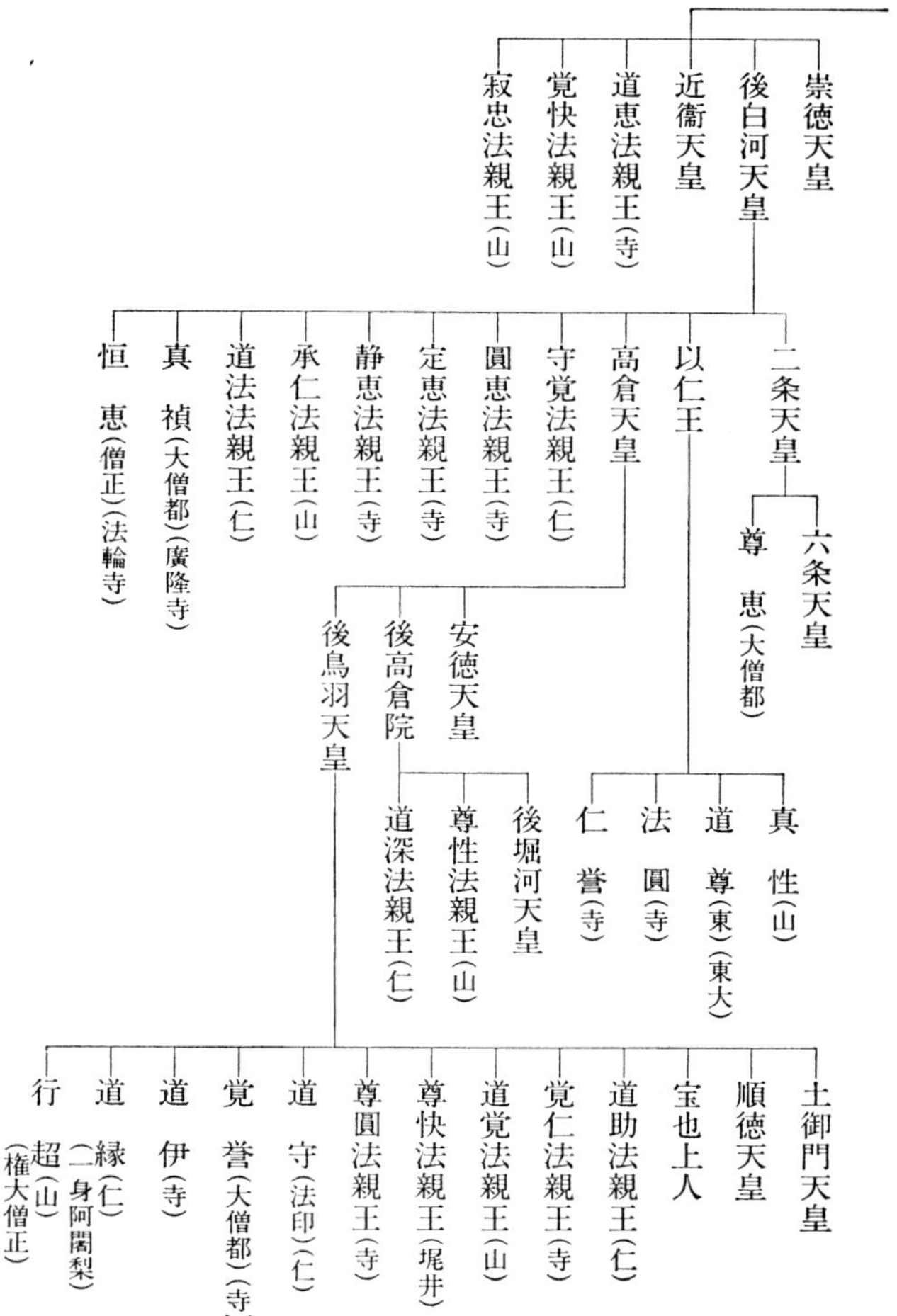

かったから性信のような仁和寺へ直系の皇統を仁和寺に入れることは宇多法皇のときよりの念願を果たすことでもあったのである。

そして性信の入寺により、『仁和寺御伝』では宇多天皇以来の御室の形成がなされたのであると述べている。これについてはさきに仁和寺と御室の関係について「仁和寺西側被レ建二御所一、依為二其以南一、有二南御室之号一、於二件御所一者、法皇被レ奉レ附ニ属于式部卿宮（敦実親王）」(7)とあって宇多法皇の建てられた南御所を御室と称したというのであるが、これについて私はさきに、次のように述べた。即ち御室は、のちに仁和寺を代々法親王の相続による皇室の重要な御願寺として発展せしめていったのである。と同時に、仁和寺が宇多法皇を中心として師資相承され、真言宗以外の僧侶の仁和寺別当就任を拒否する結果となっていった。また、仁和寺は宇多法皇ののち、その皇子あるいは皇孫によって別当職が相承されて、寛空・寛朝・雅慶・済信等はすべて仁和寺以外に東寺長者、金剛峯寺座主、あるいは東大寺別当、勧修寺長吏等の職について真言宗の教線の拡大につとめた。それは宇多法皇の一族によって、その血縁関係を相承しながら法脈を発展させていったのであった。そして仁和寺はこのように宇多法皇という特殊な開基をもち、そののち法皇の血統により真言宗仁和寺の血脈を発展させるとともに仁和寺別当職をも相承したことは、他の諸寺別当が非血族的な関係によって任

第24表　仁和寺御室代々次第

代	御室名	法名	皇系	俗名	法親王
1	宇多天皇	金剛覚	光孝天皇（第三皇子）		
2	大御室	性信	三条天皇（第四皇子）	師明親王	（法親王）（准三后）
3	中御室	覚行	白河天皇（第三皇子）		三品・法親王
4	高野御室	覚法	白河天皇（第四皇子）		二品・法親王
5	紫金台寺御室	覚性	鳥羽天皇（第五皇子）	本仁親王	〃
6	喜多院御室	守覚	後白河天皇（第二皇子）		〃
7	後高野御室	道法	後白河天皇（第八皇子）		〃
8	光台院御室	道助	後鳥羽天皇（第二皇子）		〃
9	金剛定院御室	道深	後高倉院（第二皇子）		〃
10	開田准后	法助	九条道家（第五子）		
11	後中御室	性助	後嵯峨天皇（第六皇子）	省仁親王	〃
12	高雄御室	性仁	後深草天皇（第四皇子）	満仁親王	〃
13	尊勝院御室	深性	後深草天皇（第六皇子）		〃
14	常瑜院御室	寛性	伏見天皇（第三皇子）	惟永親王	〃
15	禅河院御室	法守	後伏見天皇（第三皇子）		〃
16	後常瑜院御室	永助	後光厳天皇（第五皇子）		一品・法親王

ぜられていたのとは大いにその性格を異にする。[8] そしてそのために、この寺は単なる真言宗の高僧や門徒の寺院ではなく、代々天皇の皇子や法親王をもってこの寺を掌握することによって、他の御願寺の上にこの寺を位置せしめようと意識したのに他ならないのである。[9]

私は先に仁和寺と御室の関係をこのように述べたのであるが、いまここに性信をして大御室と称することについて考えてみるとき、仁和寺の御室法脈においては寛空、寛朝、済信、寛助等はその法脈から除いている（第24表）。[10]

このように御室は法親王をもって仁和寺別当としたときに称されて、ことに大御室、中御室は仁和寺の拡充に大きな影響力のあった法親王であった。

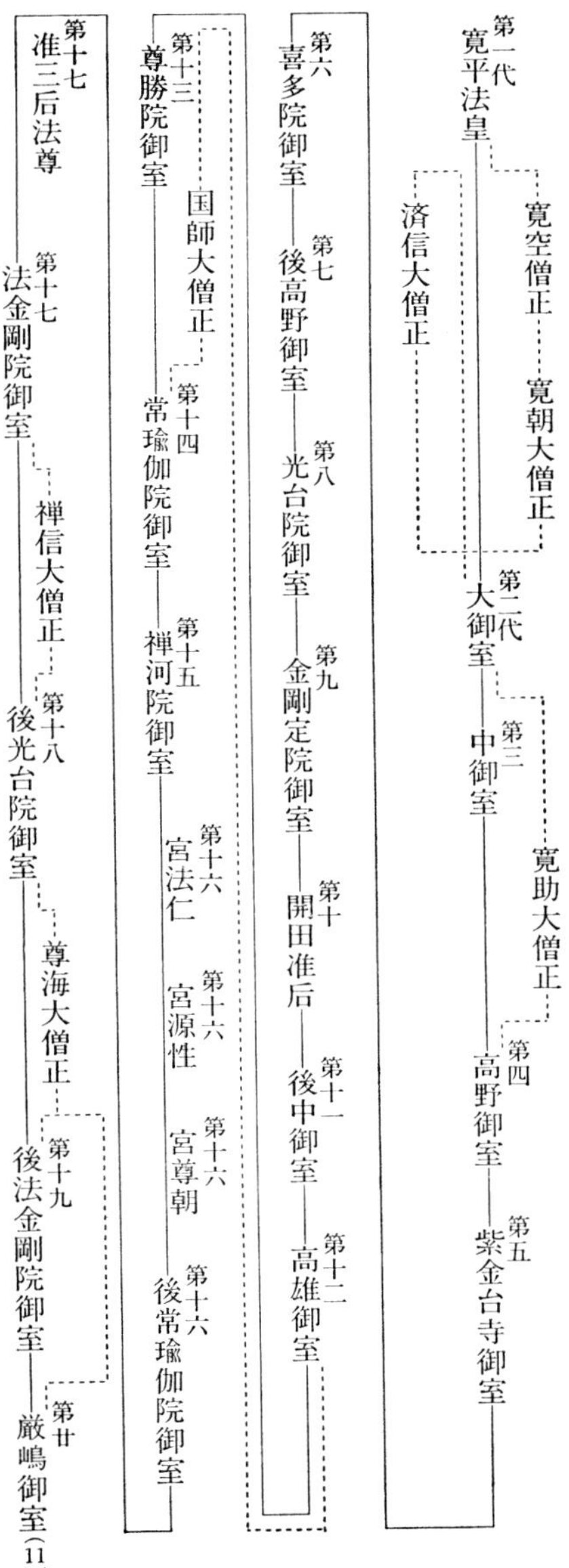

いまこの性信と、三条天皇との関係はいうまでもないが、後三条天皇との関係も親密であって、延久五年（一〇七三）二月に後三条上皇の病悩を祈るために二条亭で孔雀経法を行って効験があらわれたという。このことについて古今著聞集に、

院御瘧病の時、諸寺の高僧等、其の験を失けるに、此親王朝より孔雀経一部を持てまいらせ給て、御祈念ありける程に、已に御気反じて、おこらせ給はんとしける程に、御室の御膝をまくらにして、御やすみ有けるが、御気色火急げに見えさせ給ひければ、御室信心をいたして孔雀経をよませ給ふ。其御涙経よりつたはりて、院の御顔につめたくかゝりけるに、御信心の程思食しられける程に、速時に御色なをらせ給て、其日は発せ給はざりけり。勧賞には佛母院と云堂をたてゝ、阿闍梨をおかれけり。(12)

これは性信の伝記においても屢々あらわれ、あたかも弘法大師の再来かともいわれ、また後三条天皇の皇女で、白河天皇と同母藤原茂子の腹より生まれた聡子内親王の病重きとき連年加持をいとわず祈禱を行って毎度効験があった。また白河天皇が東宮であったときの延久四年（一〇七二）十一月二十六日より十二月十一日まで疱瘡にかかられたとき喜多院で薬師法の御祈を行い効験を得たこともあった。(13) そしてさらに後三条、白河両天皇への護持僧的性格を強めていったのである。性信をして大御室といわしめた理由もこの密教効験によるところ多く、そこに仁和寺の地歩を高めることによって御願寺の最上位に立とうとする意欲が性信によってより高められたのであるといってもいい。

またその性格については「性敏穎、密乗支学、至二梵字悉曇一無レ不二洞暁一、又耐二勤苦一、或辟レ穀而度レ日、或不レ解レ帯経レ年」(14)とて非常に密教作法に長じ、多くの祈願をなして効験をあらわし、堂供養に参じたなかに後三条天皇の祈願寺の圓宗寺供養（延久二年十二月二十六日）、同寺常行堂供養（延久三年六月二十九日）、灌頂堂供養（同日）等、すでに圓宗寺の

供養に列されていることは当然法勝寺供養の中心となるべき人物であった。

その上性信の仁和寺での地位の向上はいきおい法親王の叙品の復活となってあらわれた。それは法勝寺供養ののち再び二品に叙せられた。

同（永保）三年癸亥三月十三日、於禁中、六条内裏、修同法、同廿日、直叙二品、七十九、僧位始也、正暦元年、摂政兼家出家後、被蒙准三宮宣旨、准此例、令叙給云々、今月修法賞云々、

「（裏書）御記伝、出家人叙二品事、長和親王為冣初、知法徳行一天帰依之余、被奉授其位之時、依無先例、法興院大入道殿出家之後、今蒙准三后之宣旨給、准彼例、初被宣下、従其以降、為当時流例、代々令叙二品給、於他門惣無其例間、上﨟親王等雖有其数、不及沙汰云々」(15)

このように法親王が入寺してのち俗位の二品に叙したことは白河天皇による法親王の地位を高めようとすることに外ならなかった。

このことについて今鏡は、白河院のときより親王の御室への入寺が増加したことについて、

佛の道に入りたまへるはこの頃うちつゞかせ給へり。仁和寺に覚行法親王ときこえたまひしは白河院のみこにおはす。御ぐしおろさせたまひて、やう／＼おとなに成らせ給ふほどに、いとかひ／＼しくおはしければ、さらに親王の宣旨かうぶり給とぞきこえ侍りし。おほ御室とておはしましゝは、三条の院の御子師明の親王ときこえ給ひし。まだちごにおはしまして御子の御名えたまひければ、法師のゝちは親王の宣旨かうぶり給はず。その宮につけ奉りたまひしに、御弟子の宮（覚行）はわらはにて親王の御名をえたまはねども親王の宣旨かうぶりたまへり。後二条のおとゞ（師通）、出家のゝちは例なき由侍りけれども、白河院、内親王といふこともあれば、法親王もな

どかならんとて、はじめて法師の後親王ときこえ給ひしなり。かくて後ぞうちつゞき、いづこにも出家の後の親王きこえ給める。その御おとうとにて覚法々親王ときこえたまひしは、六条の右のおとゞ（顕房）の御むすめ（師子）のうみ奉り給へりし。法性寺のおとゞ（忠通）のひとつ御はらからにおはす。さきに申し侍りぬ、みかどの御子関白などひとつはらにおはします、いとかたきことなるべし。この御室（覚法）はおほきに声清らかなる人にぞおはしける。真言のみちよくならひ給ひ、又手かきにもおはしけり。御堂の色紙形などかき給ときこえ給き。高野の大師の手かきにおはしければにや、御室だちもうちつゞき手かきにぞおはすなる。(16)

と、その発意は内親王に対する法親王であるけれども、その内意は仁和寺の皇族支配の復活であった。

そしてはじめは普通に御室と称していたが、准三后の宣旨を受けてから大御室と称するようになって廣沢流の正統を伝えた。このように性信法親王が二品に叙せられたことはのちの例にもなって、仁和寺に入寺した法親王は二品に叙せられることになったのである。

その結果性信法親王は、法勝寺供養ののち法勝寺の検校職に任ぜられたのである。

法勝寺の組織についてはさきの承暦元年（一〇七七）の寺家検校別当上座供僧等の補任のことを見てみると、

検校＝仁和寺宮　性信法親王（仁和寺）

別当＝園城寺長吏　大僧正覚圓（園城寺）

権別当＝天台座主権僧正覚尋（延暦寺）

三綱＝上座＝阿闍梨聖慶

金堂供僧＝権大僧都慶算（延暦寺）

法印隆明（千手院）
法印増誉（園城寺）
権少僧都尋源（延暦寺）
講堂供僧＝権大僧都公範（興福寺）
律師永超（興福寺）
法橋圓豪（延暦寺）
阿弥陀堂供僧＝阿闍梨貞尋
内供公尹（延暦寺千手院）
五大堂供僧＝阿闍梨全圓
阿闍梨義範（東寺）
法花堂供僧＝六口（山、三井、東寺各二人）(17)

このように法勝寺は検校→三綱→別当→供僧と組織され検校職は仁和寺の法親王によって統率され、別当職は山門と寺門により掌握され、供僧は延暦寺、園城寺、興福寺、東寺の僧より任ぜられることになっていた。これは尊勝寺においても、

検校＝仁和寺宮覚行法親王
三綱＝上座大法師静明（命）（園城寺）
供僧＝金堂＝大僧正隆明（延暦寺千手院）

僧正増誉（園城寺）
講堂＝権少僧都賢暹（延暦寺）
権少僧都澄観（園城寺）
灌頂堂＝権律師済暹（仁和寺）
権律師行勝[18]

と、この場合も検校職は仁和寺覚行法親王に掌握されていて、寺司・供僧は仁和寺、延暦寺、園城寺で占められ、この六勝寺に対する三寺の進出は目覚しいものがあった。ことに仁和寺の法親王の動きには注目すべきものが多い。それは単に仁和寺に止まるだけでなく、法勝寺をはじめ尊勝寺やその他の六勝寺の検校職をも掌握することにあったのである。

ことに性信法親王（大御室）は圓宗寺講堂・同寺常行堂・同寺灌頂堂、法勝寺、皇后宮御堂（仁和寺西院）・仁和寺喜多院・同寺大教院（後三条天皇のため）・法勝寺九重塔・同寺薬師堂・同寺常行堂・上乗院等の供養に参じ、圓宗寺（圓明寺検校）・法勝寺検校に任ぜられている。そしてこれが白河天皇の第三皇子の覚行（覚念）法親王（中御室）に性信法親王の圓宗寺・法勝寺検校を法親王の入滅後一三年を経て承徳二年（一〇九八）二月二十五日に譲られた。さらに、そのほか性信法親王は證金剛院（白河院御願）検校・尊勝寺長吏を掌握し、法勝寺九重塔・證金剛院・鳥羽殿七重塔・尊勝寺・転輪院（藤原苡子のため）の供養にも参じた。ことに大御室、中御室ともに仁和寺の中に政所を置いて所務を行い、覚行法親王の北院御所が康和五年（一一〇三）正月八日に焼亡したときに「法勝寺・尊勝寺・圓宗寺・證金剛院等上座、各覧寺家吉書、其後覧庁吉書」[19]とあればこの御所が諸寺支配の中心であって、諸寺の三綱はここに出向いて法親王の指示を受けていたのである。そして康和四年(一一〇二)十二月十六日、白河法皇の五十の算を賀すにあたって法勝寺で行われた薬師経・寿命経の供養に法皇、院司が参列したとき、法要の入場の順は尊勝・法勝・圓宗寺で、もっとも新しくできた尊勝寺を先にたてていることは覚行法親王が検校であるというためでもあった。

次に白河院第四皇子の覚法法親王がでるまでは寛助が仁和寺別当となって住するけれども、彼は圓教寺別当・圓宗寺別当・廣隆寺別当・東大寺別当を兼ねているものの法勝寺は法勝寺別当にとどまって検校にはなっていない。しかるに覚法法親王（高野御室）の場合はまず仁和寺寺務を経て永久元年（一一一三）七月十日に圓宗寺長吏となって、同二年(一一一四)十一月二十九日に法勝寺、尊勝寺検校に補されている。ここで考えられることは、法勝寺や尊勝寺の検校職は法親王に限って補されるもので、寛助等の場合には別当にとどまっていて、六勝寺検校は仁和寺に住する法親王に限るものとされているのである。そこで覚法法親王もこの例にもれず補任され、元永元年(一一一八)十二月十八日には最勝寺長吏となり、寛助はその下にあって最勝寺別当であった。さらに天治二年(一一二五)仁和寺検校にすすみ、大治三年(一一二八)三月十三日に圓勝寺長吏に補せられ、保延五年(一一三九)十月二十六日に成勝寺検校となっている。そして覚法法親王は蓮華蔵院や最勝寺をはじめ法勝寺新堂・白河三重塔・圓勝寺・法金剛院・得長寿院・宝荘厳院・勝光明院・安楽寿院・成勝寺・歓喜光院・金剛勝院・佛母院等の供養を行い御願寺の統制権を仁和寺に集約している。

このような動きはさらに鳥羽天皇の第五子の信性（覚性）法親王においても同様で、久安五年(一一四九)三月八日には仁和・圓宗両寺と圓堂院・観音院の検校となり、同年七月十日に延勝寺検校となって同六年(一一五〇)四月二十四日に法勝寺検校、仁平三年(一一五三)仁和寺寺務、保元元年(一一五六)八月晦日に金剛勝院検校、同九月二十二日に歓喜光院検校、保元二年(一一五七)十月十六日に尊勝・圓勝・成勝三寺と勝光明院・転輪院検校、また長寛二年(一一六四)正月十四

日に天王寺検校に任ぜられ、同年八月十三日に六勝寺検校となっている。(20)

そしてここに、仁和寺の法親王は六勝寺の検校をまとめると同時に仁和寺の集会所において六勝寺検校たることを宣言し古書をしたため検校官符を各寺より持参して点検し、ことに覚性法親王の如きは、検校する寺が一一ヵ寺に及んだ。(21)この傾向は覚性法親王以後もつづけられ、守覚法親王のときも、尊性法親王も同様で、この覚性法親王のときに六勝寺検校職を打続いて掌握したのである。

この仁和寺の法親王は入寺も若く、その初期において実力を得ることができたということはできない。もちろんその寺務の運営に当っては、それぞれの寺院の三綱に実権があり、それが寺領を管理し執行していたのである。けれども仁和寺および六勝寺が、白河天皇の皇子の出身の法親王により師資相承されて他の貴族の口入を許さないという体質をきずきあげたところに重要な意味があるのである。

また検校のほかの別当や供僧は長講堂の場合にも見られるように適材を選ぶのである。

院庁

定置長講堂起請等、

一別当、供僧、長講衆以下事、

右供僧六口并長講衆十三口、上座一口、各撰其人、可令補任、勾当二口、公文二人、抽勤節之者、同可令定補、各直守家(寺カ)、一心夙夜、其外僚下、寺家択器補之、

一阿闍梨事、

右供僧長講衆之中、殊加簡定、可放解文、若無其人、暫可相佇(停カ)、縦為法器、堂役不仕者、輙不可補、縦尽勤節、

器量不叶者、又可斟酌者歟、於他所僧徒者、更勿預此挙矣、(22)

それら寺務の役人は勤節即ち検校の指示のものに、それぞれの寺を正しく運営するものでなければならないと同時に、供僧は法器に適し、法会を厳重につとめねばならないが、これは阿闍梨への出身の道で、僧綱補任への道でもあった。次に保元の乱における仁和寺覚性法親王のとった立場について見てみると、覚性は兄の崇徳上皇が逃げて仁和寺を求めて潜幸されんとされたとき、これを固辞して寛遍法務の旧房に遷した。

十三日壬子　上皇出御仁和寺五宮、五宮此間御坐鳥羽殿、上皇自仁和寺、被献御札於五宮、被申内、即可被奉守護由、被申彼宮、彼宮固辞、仍移居寛遍法務土橋旧房、式部大夫源重成依勅定、奉守護之、(23)

その理由としては、一つには仁和寺を兵火より守ろうとする考え方と、さらに鳥羽法皇の佛事を修していた覚性法親王は、後白河天皇の意をくみつつ、佛事を理由に固辞して、あえて崇徳上皇の讃岐への流罪を促進させる結果となった。そしてこのような法親王の態度はやはりあくまでも仁和寺や六勝寺を兵乱よりさけて、その院領ともいえる御願寺領を失いたくないという配慮もあったであろう。

このように仁和寺の法親王の立場は非常に強固なものがあったということができるのである。

そしてこの性格は法成寺や法性寺、あるいは四圓寺等に見られない強力なものであり、六勝寺の別当や権別当を延暦寺や東寺、あるいは定海の場合のように醍醐寺などより迎えたとしても、それは法勝寺大乗会や尊勝寺灌頂を行っていくための年中行事による法会厳修の条件を満たすためのものであって、その寺の運営をゆだねるものではなかったと見るべきであって、たとえば俊寛僧都が法勝寺執行として平氏討伐に加わって力を発揮することができたのも、俊寛が法親王の綱所にあって法勝寺以下を実務上支配していたからである。そして法親王が惣法務を仰せつかって綱所を開き、所務をとるため拝堂を行っている。

令賜綱所給事、

仁安二年十二月十三日丙午、御年卅九、頭弁信範朝臣以消息申之、三﨟出納則季持参泉殿、給禄、疋絹、
（頭書）「定兼、俊縁、長□(寛カ)、教慶、維禅、覚俊、已上威儀師」
同廿八日辛酉、御拝賀、前駆十六人、綱掌八人、威儀師八人、御車、半蔀、鎰取十人、上童二人、金剛、千手王、鎰取長二人、同有官二人、御童子済々、中童子四人、千宮、鶴王、牛、太郎、扈従六人、法務権僧正禎喜、綱掌四人、前駄□(八)人、騎(馬)鎰取八人、可立中童子先之由、任訴申立定了、従儀師二人、上童一人法眼能覚、覚成、実仁、権律師公賢、仁性也、抑法眼俊寛・法橋長尊・宗縁・尊隆勤前駆、有文奴袴、両差繩、僧綱前駆之初例也、又惣在庁行惣参御所、乍致奉行不勤御前、

伝語云、為被処行惣於過怠、令申賜惣法務御、則殊彼仁之所職、仁安三年四月六日、以覚俊被補惣在庁、尓以来代々御室皆令召仕綱所給、(24)

俊寛もこのことに参加している。もちろんこの惣法務は覚性が六勝寺を掌握した段階ではじめられたもので、ここに検校職を行使する上で絶対に必要なことでもあった。

そして代々の官符を収め惣在庁を持つことは、同時にこの綱所にて六勝寺等の寺務を執行するのであって、絶大な権力を集中することができたのである。そしてこの僧綱所は荘園の管理や、寺院の修理に対する最高の実行機関であった。長講堂の場合にも見られるように、

一庄園事、

右庄々、或多年領掌之地、或往古不輸之領、尋捜子細、寄附佛閣、以其地利定宛寺用、向後牢籠大小国役、永可

随停止之由、可被下官符、若姧濫貪吏有致遏妨者、言上公家、宜令科処、彼千帝万王、皆可在我之後裔、国宰郡令、何不出我之旧僕、多年之間、飽浴厚恩、縦不報海岳之皇沢、争可疎寺院之佛地哉、君殊察懇篤、臣又可助善願、亦領家無指故遁避年貢、及三箇年者、差遣守使(寺カ)、可令催促、其上猶致懈怠者、縦有相伝由緒、可止預所職、執行又乗勝致非拠者、庄家言上、須待裁報、加之、執行・所司等、敢以寺用勿宛他事、兼又寺用相折庄領敷地油田、注別紙同副之、

一修理事、

右執行之人、永存恒例、雨朝風夕、朝巡夕臨、殊加検察、先注損色、随破且修、勿及大損、已定用途、何存緩怠乎、此上及破壊者、慥改易其職、又以可然法会之次為其期、請覆勘、終而亦始、勿暫怠矣、抑洛中近煩塵、慮外有再営者、四面殖竹樹、一洞搆山林、永為擯俗之地、可安如来之空者也、(25)

と、ここにもその執行職の実務のあり方をきびしく述べているのであって、これは仁和寺および法勝寺その他にも流用して考えることができるのである。

この点について慈圓は、俊寛のことについて、後白河院が、

法勝寺執行俊寛と云ふ者、僧都になし賜びなどして有りけるが、あまりに平家の世のまゝなるを羨むか悪むか、叡慮をいかに見けるにかして、東山辺に鹿の谷と云ふ所に静賢法印とて、法勝寺の前の執行信西が子の法師ありけるは、蓮華王院の執行にて深く召しつかひける、万の事思ひ知りて引入りつゝ、まことの人にてありければ、これらを又院も平相国も用ゐて、物など云ひ合せけるが、いさゝか山庄を造りたりける所へ御幸のなり〱しける。この閑所にて御幸の次に成親・西光・俊寛などあつまりて、やう〱の議を為けると云ふ事の聞えける。(26)

と愚管抄で述べている。そしてこのように六勝寺の執行即ち三綱の中に院の近臣を挿入することによって院政政権は六勝寺の持っている経済的基礎を利用して対藤原氏、対平氏への政治勢力を確保することができたのであって、その点より見るとき幼少の検校であってもそれが院の直系であることが重要な要素であったことはいうまでもないのである。

そして覚法法親王の在任中は白河院政、鳥羽院政の最もはなやかな時であって、各御願寺が盛んに建てられ、それがほとんど覚法法親王により供養され、その主要なものについて検校職を掌握していることは、それぞれの御願寺に院の近臣を送って三綱として、その寺務を行うことにより院政政権の基礎を固めようとしたのである。

ことにさきの俊寛のみならず通憲の子の静賢法印に到っては蓮華王院の所領を掌握して、後白河院の所領の支配権までゆだねられ、後白河法皇の崩御に際しては所領の分配にまで立会っていて、信西入道通憲の滅後も院の中で重要な院奏の役をもって公家や武士団の交渉にあたり後白河院政を牛耳っていた。そして彼はまた法勝寺執行職にあった。

ことに治承元年（一一七七）十二月十七日の後白河法皇の蓮華王院の五重塔の供養にさいして、静賢はこの院の上座であった。

十七日、壬午陰晴不定、此日、太上法皇、蓮華王院内、立二五重之塔婆一、設二一日之斎会一、当二千手堂巽一立レ之、依二永保三年法勝寺九重塔供養例一、所レ被レ行也、卯刻、送二咒願僧前於院庁一、仰二忠成法橋一、令レ調二進之一、（中略）法眼寛敏、上座静賢譲、法橋成覚、別当覚讃譲、康慶、佛師、頼全、絵佛師頼源譲、已上、上卿同人、被レ宣二下右少弁光雅一云々、(27)

そしてこのようなことが、つぎには後白河院の崩御に当って静賢が立ち会う結果となったのである。

建久三年三月十四日、丙戌朝後陰、申後小雨、〇中略今日又参院、去夜亥時有御入棺事、脂燭、親能、基範、役人、業忠、教成、忠行、資時入道、範綱能盛両入道六人也、静賢法印又在此所云々、明日葬送、庇御車、素服人々可供奉云々〇中略人云々、殷富門院御匣分、押小路殿、彼御後可為主上御領、宣陽門院六条殿長講堂已下事庄々等、前斎院（式子内親王）大炊殿白川常光院、其外御庄両三被分奉云々、前斎宮〇好子内親王花園殿、仁和寺法住寺殿、蓮華王院、六勝寺、鳥羽等、惣可為公家御沙汰、即宝倉以下被付殿下御封云々、(28)

ここにも院臣の六勝寺および寺領掌握の状況が見られるのであるから、それは白河・鳥羽・後白河の共通した六勝寺支配の形態であると推考してもよいのである。即ち法勝寺の聖慶、尊勝寺の静命等もその性格を白河院政における六勝寺支配の中に打ち立てていたと考えられるのである。

ことに後白河法皇は諸国を知行国化することによって院政の経済的基礎をきずこうとする動きを示し、それは、当然御願寺領の拡大につながり、それらの知行国や荘園を集積することによって、源氏の全国統一所領化を平氏なきあとに打ち立てることを防ぐことができると考えた。また白河・後白河両法皇が自分に意をよせる寺門や山門に法親王を投入し、これらの大寺を自己の組織に入れることにより戦乱の中で院の政治力の拡大や発言力の強化をはかったのである。

そのことはあわせて御願寺の増大とも直結するものであるからより積極的に進められ、ことに法勝寺での白河法皇や、最勝寺での後鳥羽法皇の立場とも共通するものであって、これらの御願寺の寺院はいかなる兵乱があっても、平氏や藤原氏、あるいは源氏等によっても没収されるものではなく非常に安定性の高い荘園であったことからして、後鳥羽、後醍醐等の承久や元弘の兵乱の経済的基盤となったことも否定できないのである。

つぎに、この法親王の出自を考えてみるとき、性信法親王はさておいて、覚行法親王は藤原経平の第二女典侍経子の腹に生まれ、「抑親王誠是佛日之光華、法門棟梁也、加レ之言語分明、文章優妙也、云二容態一云二心性一、誠叶二大器一、依レ之威満二天下一名聞二海外一」(29)えた傑物で、仁和寺も全くこの親王によること大きく、ことに母は異なるが経平の二

（実頼公孫）

経通
- 経季（中納言　母但馬守源高雅女）
- 経平（内蔵頭　非参議・大弐　従三　母但馬守源高雅女）
  - 通俊（歌人　従二、治部卿　権中納言　白河院別当　郁芳門院別当　母前上野介少納言家業朝臣女　実母筑前守高階成順女）
  - 女（藤実季室　公実母）
    - 女（茨子、堀河女御　鳥羽母）
  - 女（源師頼室）
    - 女（藤顕能室　通仁親王乳母）
  - 女（顕季室　長実・家保・顕輔等母）
  - 女（経子　二品覚行法親王（号中御室）母）
- 顕家（母同経季）

男権中納言・従二位藤原通俊が、白河院別当・蔵人頭・郁芳門院別当等になっていることから、経平の息女が白河院ならびに同院に好遇されている諸家（公季流・村上源氏等）と姻戚関係にあった。また顕季がこのような経平の子女を妻としていることはやはり覚行法親王と白河院臣団とのつながりの深いものがあった。また覚法法親王は、やはり白河院臣の源顕房の子の師子より誕生され、覚性法親王の母は中宮璋子、即ち待賢門院で、守覚法親王は後白河院と高倉昌成子の間に生まれたが、のち八条院暲子の養子となって仁和寺に入るなど、これらの法親王はそれ自体院臣団のなかにあって、その中心でもあったので、ここにも六勝寺の特異な性格がうかがえるのである。

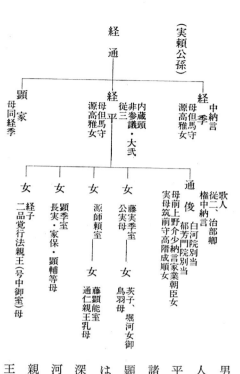

そして藤原経平や、源顕房のような有力な院臣の出自をもつ覚行、覚法法親王や、待賢門院を母に持っている覚性、あるいは以仁王の同腹の守覚法親王等の仁和寺御室への入寺はその背景からして仁和寺にとって有力な存在であったことはいうまでもないのであって、仁和寺はまさに六勝寺の中心的存在となったのである。

ここに仁和寺のみならず六勝寺における法親王の立場を明確にすることによってまた六勝寺の性格の一端を知ることができるのである。ことに六勝寺が糾合されて仁和寺により統率され、その仁和寺の法親王は白河院＝鳥羽院＝後白河院と院政を開かれている法皇の皇子であることは院政政権が六勝寺を完全に掌握しようと意識したことに外ならない。

これらの動きに対して慈圓はあまり好感を持っていなかった。彼は性信法親王の仁和寺への入寺以来のことを批評して、

宮だちは入道親王とて、御室の中にもありがたかりしを、山にも二人ならびておはしますめり。新院・当今、又二宮・三宮の御子など云ひて、数しらず幼き宮々、法師々々にと、師どもの許へあてがはるめり。(中略)昔は国王の御子〳〵多かれど、皆姓を賜はせて、たゞの大臣・公卿にもなさるれば、親王だちの御子も沙汰に及ばず。一の人の子も家をつぎて、摂籙してんと思はぬ外は、皆只の凡人にふるまはせて、朝家につかへさせられき。(中略)今の世には宮も一の人の子も、また次々の人の子も、さながら宮ぶるまひ、摂籙の家嫡ぶるまひにて、次々もよき親のやうならせんと、わろき子どもをあてがひて、この親々の取り出せば、斯くはあるなるべし。又僧の中にも、その所の長吏を経つれば、又その門徒々々とて、出世の師弟は世間の父子なれば、我れも〳〵とそのたちわけの多さよ。されば人無しとは、いかにも然るべき人の多さこそとぞ云ふべき。あはれ〳〵有若亡、有名無実など云ふことばを人の口につけて云ふは、たゞこの料にこそ。斯かれば、いよ〳〵緇素みな怨敵にして、闘諍誠に堅固なり。貴賤同じく無レ人して、言語すでに道断侍りぬるになむ(30)

と、このように皇子が次々に仁和寺に入寺して、過去には臣籍降下を行ったが、いまは宮ぶるまいあって、ひとたび寺院の長吏となるならば、そこに人々は集まって有名無実の入寺をして学問をせず有能な僧侶もあらわれないという門閥制をはげしくいきどおっているが、これは院の皇子を法親王として御願寺を統括させて、莫大な六勝寺領の掌握

を目的としたもので、ここに六勝寺は勅願寺という隠簑を着た院領の拡大につながるものであって、それはまた京都における天台・真言の顕密二教の山門・寺門や仁和寺・東大寺を統制するのみならず、それらの寺院の僧の僧綱への昇進の制度をも確立してこれを統括し、また法勝寺御八講を通じて南都寺院の僧侶の昇進への道を開いてまたこれを統一し、法皇の影響力を南都にまで及ぼそうとした。

六勝寺を統括する仁和寺宮法親王の検校権は、おそらく六勝寺自体の別当権より権威の上でより強力であったであろうし、たとえ法親王が弱年であっても、後にある法皇の力は絶大であったから六勝寺の別当は三綱とともに寺院を管理するにすぎなかったであろう。

しかしまた一方では天台の山門、寺門や真言の仁和寺、東寺が六勝寺内に混在することからして六勝寺が金胎両部を備えた完全な密教寺院であったことは疑いないのであって、そのほかに法勝寺でみられるような顕教の論義や、弥陀念佛が年中行事として行われていたのである。

しかし山門・寺門や東寺の混在は六勝寺が政争の場にされる憂いもあったのであって、そのことについては次に述べることにする。ことに後三条天皇が圓宗寺を開いて天台を重視したことは前に述べたが、白河法皇の場合、むしろ宇多法皇のあり方を継承して真言を重視し、とかく山門寺門の政争のなかにある両寺よりの影響を防ごうとしたのであって、それよりも仁和寺方式を導入することによって安定性を確保し、それに法親王を入れることによってさらに宗団の統括をはかり、別格宮門跡寺院として他寺からの干渉を排除しようとしたのであった。そして仁和寺を六勝寺の上に置くことにより法親王の僧統的地位を確立してより強固に六勝寺の分離を押さえ、白河周辺の法皇の御所の近くの目のとどく所に建てることによって摂関政治や、天皇よりの干渉を防ごうとした。即ち六勝寺成立と法親王の確立は不可分のものであって、この両線を通じて六勝寺の政治経済的基礎を固めると同時に、法皇等は道長等の摂関政治にかわって院政政権の基盤を固めようと考えたのである。

（1）承暦元年法勝寺供養記（続群書類従本、二七、上）一三一頁

（2）諸寺供養記（史籍集覧、第十二、別記八十五）

（3）中右記、長和二年十一月十九日条。平田俊春『法親王考』四九頁参照

（4）三外往生記（群書類従本）三三七頁

（5）御室相承記（仁和寺史料、寺誌一）一〇頁

（6）栄花物語、巻第十四、あさみどり（日本古典文学大系本）四三四頁

かくて三条院の四宮《師明》は、まだ童にておはしませば、院《小一条院》ぞ御子にし奉らせ給て、御元服などおぼしめし掟てさせ給程に、中務宮の御ために、院の御情なく見えさせ給事ありて、いみじう恨みきこえさせ給ければ、これを御覧じて、四宮《師明》「いみじく頼み奉りたる院《小一条院》の御心掟さばかりにこそおはしましけれ」と、心憂くおぼされて、忍びて仁和寺におはしましにけり。僧正済信の御許におはしまして、「年頃出家の本意深く侍るを、なさせ給へ」と聞えさせ給べければ、僧正「ともかくも聞えさすべきにもあらずとて、なし奉る。院《小一条院》や宮《娍子皇后》などや、びんなう《便》おぼしめさん」と聞え給へば、「それ苦しくおぼしめさるべき事ならず。たゞ疾くいかでなりなんとなむ、思ひ侍る」と宣はすれば、「若き御心にかく宣はする事」と、いみじく泣き給ひて、我御衣どものまだ着給はざりけるを、とり出でゝ奉り給ひて、なし奉り給ひてけり。このことゞも聞えて、宮〳〵・さるべき殿ばら、皆おはして見奉り給。院もおはしまして、いみじく泣かせ給。皇后宮《母后娍子》には、「さてもいかにおぼしとらせ給にけるぞ」と、悲しくいみじくて、泣く〳〵御装束して奉らせ給。いみじうあはれなる御事どもなり。皇太后宮《妍子》よりも、御装束して奉らせ給。僧正《済信》いみじき物に思ひきこえさせ給へり。「猶この寺に、さるべきやむごとなき人の絶へさせ給まじき」と、嬉しうおぼされけり。美しかりし御髪を剃がせ給てしこそ、口惜しかりしかとぞ。

（7）御室相承記（仁和寺史料、寺誌一）二一頁

(8) 本書、第三章第六節初出
(9) 註(8)に同じ
(10) 仁和寺御伝（心蓮院本）（仁和寺史料、寺誌二）三一七〇頁
(11) 同右、五頁
(12) 古今著聞集、第二〔五〇〕大御室性信親王有験の事（日本古典文学大系本）八五頁
(13) 御室相承記、二（仁和寺史料、寺誌一）一三頁
(14) 元亨釈書、十一、感進三、釈性信条（国史大系本）一七六頁
(15) 仁和寺御伝（顕證書写本）、（仁和寺史料、寺誌二）一二五頁
(16) 今鏡、巻第八、みこだち第八（はらばらのみこ）（国史大系本）二一一頁
(17) 註(1)に同じ
(18) 中右記、康和四年七月廿一日条。また御室相承記では金堂（覚行）、講堂、薬師堂、東御塔（隆明）、灌頂堂、五大堂、西御塔（権僧正良意）とある。竹内理三氏『律令制と貴族政権』Ⅱ、六勝寺建立の意義、五六二頁
(19) 御室相承記（仁和寺史料、寺誌一）
(20) 仁和寺御伝（顕證書写本）、（仁和寺史料、寺誌二）三九一五六頁
(21) 御室相承記（同右）、七二頁
(22) 建久三年正月日、長講堂起請、伏見院記録（大日本史料、四ノ三）（鎌倉遺文、二、五八〇号）
(23) 兵範記、保元元年七月十三日条
(24) 御室相承記、五、紫金台寺御室（仁和寺史料、寺誌一）七九一八〇頁
(25) 註(22)に同じ
(26) 愚管抄、巻五、別帖（日本古典文学大系本）二四四頁
(27) 玉葉、巻二十五、治承元年十二月十七日条
(28) 明月記、第一、建久三年三月十四日条

(29) 中右記、長治二年十一月十九日。仁和寺御伝、本朝皇胤紹運録
(30) 愚管抄、巻七、附録(日本古典文学大系本)三五六頁

五 六勝寺と天台・真言宗の進出

さきに述べたように、六勝寺の検校は仁和寺を中心とする法親王によって相伝され、その管理と運営がなされたのであるが、法会や行事については天台宗と真言宗に関する顕密両宗に関するものが多くあった。そこに両宗の六勝寺に進出してくる基盤が存在する。

このことは私はさきに四圓寺(圓融寺、圓教寺、圓乗寺、圓宗寺)を考察した場合にも述べたが、特に圓宗寺が後三条天皇の御願寺として成立して、この供養にのぞんでは仁和寺の性信法親王、同長信僧正により供養をいとなみながら、権別当に後三条天皇に親しい天台宗延暦寺の勝範大僧都を入れたことにより、いままでの三圓寺に相違して、延暦寺による法華会を中心とした勢力の浸透を見ることになった。それは圓宗寺はいまや過去の仁和寺の御室的な性格にとどまらず、延暦寺の院源を中心とする法成寺の供養に見られたように、洛中への延暦寺の進出の拠点となって、圓宗寺はその流れより脱することができなくなったのである。ここに四圓寺の新しい性格が見られるのであるけれども、仁和寺との関係は検校職を掌握するという新しい方法のもとに四圓寺を完全に仁和寺より脱するという危険を防いでいる。そして圓宗寺灌頂堂は仁和寺を中心とする真言宗に掌握され、圓宗寺は変則的な形で天台と連繫することになったのである。(1)

このようなことは単に四圓寺にとどまらず、藤原道長の法成寺の場合にも見られ、天台宗は猛然とした勢いで京都

へ進出して他宗を排除しようとしたのである。

ことに延暦寺は法性寺と法成寺をともに支配することによって京都への山門の足がかりを固めることにあった。そのために延暦寺衆徒は右大臣忠実の邸におもむいて強訴を行った。延暦寺大衆五、六百人山をおりて蜂起したが、結論は法成寺は執行長吏の定基・心誉・永圓・静圓・明尊・覚圓・静圓・静覚・覚圓（再任）はすべて三井寺の人であるため、はじめて仁覚を執行寺務としたが、智證門徒の増誉権僧正が法成寺の権別当である以上、彼をして別当長吏として寺務を執行させることは当然であり、また朝廷の方針としても、法性・法成二寺には山門・寺門を相互に座主・別当にすることによりその対立よりのがれようとしたとも考えられる。しかるに延暦寺のみならず園城寺も大衆を動かし法成寺の地歩を固めるため蜂起したが、増誉の仲介あって急激な行動に出なかったが一部僧徒の中には木幡におもむき道長の墓を破壊しようとする動きさえも見えた。

そして最終的に頼通の永承年中に法成寺別当を補任した例にならって、法成寺検校に増誉、別当に良意、権別当に仁源を任じて延暦寺大衆の申請を入れた形で収まったのである。しかし、翌年に法成寺別当良意が示寂したが、そのあと先例にならって法成寺別当に寺門系、権別当に山門系と交互に、山門系の法性寺座主寛慶を法成寺権別当に、寺門系の行玄を法成寺座主に任命したのである。

そして両寺の検校・別当の掌握について、（2）法成寺問題は道長在世時代がすでにかかる状況であったから、道長はより以上心誉に信頼を置いたと考えられる。そして「法成寺執行者、最前心誉僧正云々、其後七八代多二園城寺門徒一也」と寺門派で法成寺の運営を行ったのである。その構成については、

当寺検校別当等者、寺山両門綱維、随二位階深浅一遁以補任、就レ中於二寺務執行一者、一向寺門僧徒補レ之、最初執

行権僧正心誉也、自レ是相続八代領レ之、所謂殿下欲レ酬二智静大僧正芳恩一也、而至二堀河院承徳二年一、当寺寺務執行職、始補二慈覚門人一、既以違二連綿相承之例一、故寺門憂レ之、(3)

そして法成寺の三綱を率いて寺務を統轄し、寺領を支配するものは執行職であり、それは権別当格のものであり、この寺務執行者は智證門徒に限られたとして、その理由に「権僧正心誉為二執行別当一之日入道殿下（道長）相契、永寄二御堂於我門徒一」(4)これは承徳二年（一〇九八）六月十三日にはじめて慈覚門徒の仁覚を法成寺執行座主に補任したことについての事件であった。

このような以前からの時代の流れにさからうことはできないけれども、六勝寺の場合、寺門、山門の対立の渦中に入らないでより強力に六勝寺支配を樹立するためにも法親王の導入は是非必要なことであったし、また主導権をゆずらないためにも法親王による検校職の相続は確保されなければならなかった。

このような状況のなかで法勝寺の大乗会について見てゆくと、

法勝寺大乗会は、

承暦二年十月六日、於二法勝寺金堂一、被レ始二置大乗会一、行幸、撿校御室、以二去年法花会講師叡山還教一、為二講師一、於二高座一任二権律師一、今年合号二二会一、自二十月六日一至二十二日一七ヶ日、講二五部大乗経一、法勝寺供養、承暦元年十二月十八日、則成二行幸一、以二仁和寺御室一、證誠并撿校、以二寺覚圓大僧正一別当、以二山覚尋権僧正一、為二権別当一、

覚圓明尊大僧正弟子、覚尋明快僧正弟子(5)

とあるように承暦二年（一〇七八）十月六日に法勝寺金堂で、性信法親王によりはじめられた。それは白河天皇の御願になるものであって、まず法勝寺の建立が終り落慶供養ののちはじめられた。この大乗会は華厳・大集・大品般若・法

華・涅槃経の五部の大乗経典を講じ、この法会は天台宗の人々を中心として行われた。

聞、究竟大乗、無レ過二華厳一、大集大品法華涅槃、蓋是釈迦如来之本懐、智者大師之微言也、仍以二紺紙金字一、奉レ写二五部大乗百七十八巻一、始レ自二承暦二年十月三日吉日良辰一、忽排二講堂一、以修二大会一、嘱二四十箇口之聴衆一、設二五日十講之斎筵一、毎日依レ次講二五部経一、即以二今朝一、永為二式日一、須レ為二年事一、敢不二失墜一、名曰二大乗会一、(6)

またこの法会の表白のなかにも五部大乗を講じて、承暦二年（一〇七八）十月三日より金堂あるいは講堂で四〇人の聴《ちょ》衆《うじゅ》を集めて五日十講の講問大会を催して、毎日かわるがわる五部の経典を講じ、諸問法会は朝座・夕座に分かれて行われた。その願意は「伏願捧二此景福一奉レ祈二聖朝一、現世則保二千秋之寿一（中略）奉レ資二先帝先后山陵并開闢以来登遐聖霊一、華蔵増レ光、蓮臺添レ飾、又禅定院中、氷雪膚潔、監撫砌下、金玉質堅、椒庭桂殿、桃李之色無レ衰、桂陽竹園、松柏之節弥茂」(7)と、先帝、先皇をはじめ、現在の天皇や院の安泰を祈願する目的をもっていた。この大乗会は圓宗寺法華会・最勝会についで設けられ、さきの二会につづいて(8)、この大会をあわせて三会と称された。大乗会においても同様大会の前に、出仕する僧名を定め、まず問者、注記、従儀師を選び、つづいて竪義者、講師（維摩会では精義者ともいう）、読師を決め、講師は「甲年延暦寺乙年薗城寺、竪者、甲年薗城寺乙年延暦寺、探題延暦寺探題、便奉仕之、或有二薗城寺例一」(9)と天台二門交互に講師をつとめ、山門がまず講師をはじめたときは寺門が竪者を立て、寺門の講師が立つときには山門が竪者を立てるよう廻請により行うことになっていた。即ちこの三会とは「北京者、法勝寺大乗会、圓宗寺法華会、最勝会等也、於二北京分一者、延暦園城両寺隔年勤レ之、於二清選之次第一者、年戒之高下、労積之浅深、諸御願聴衆度数也、公請之前後等、就二兼備之器用一、被レ賜二其請一、但又一流之正嫡、幷華族之胤子等、当時預二抽賞一之類、越二積労之上首一、古今之通規也、緇素之昇進、其儀不二相替一歟」(10)この講師となるものは夏臈の高下にもとづいて御願法会の聴衆に請ぜられた公請の回数の多いものより招かれ、この大乗会の初日の朝座の講師をつとめたものが、即座に僧綱の権律師に任ぜられることになった。この法勝寺大乗会が実施されるようになってから、天台二会と称するときには圓宗寺法華会と法勝寺大乗会を二会と称するに到ったほど法勝寺大乗会は重要な法会となった。この法会には院の御幸や摂関の参詣をはじめ公卿も当番でこの法会の諸役を勤めることになっていた。

　しかし探題は特に山門から請ぜられることが多かった。ことにこの探題は、

公請之名僧、山上之住侶、相交補レ之、至二其器一者、一流譜代之学徒、稽古抜群之秀才等、為二其器用其徳等同一之時者、学道労功年臈之高下、又有二其沙汰一歟、凡当職者法道之淵源、学道之嶮難也、朝儀更不レ被レ処二聊爾一者也、有二其闕一之時、不レ可レ有二忽楚之沙汰一歟(11)

と記しているごとく、延暦寺で修学した上臈の僧の中より選ばれ、公請の名僧で比叡山上の住侶であることが必要であって、山下、寺門の住侶よりは選ばれることはなかった。そして延暦寺での僧侶の昇進の順序は、

一山徒昇進事、

注記、十臈 竪義、廿臈、号二竪者一等之請二山務政一之時、行之有レ職、又随二便宜一補レ之、僧綱、座主或門主挙奏、上古多叙二法橋一、近来任二権律師一、次第昇進如レ常、学道経歴之輩、勤二二会六月、十一月、講師一、以二其労一任二律師一也、又法勝寺任二学生一者准二公請名僧一之間、或勤二最勝講等之聴衆一、或勤二大乗会以下講師一例多レ之、非修非学之輩、旧儀不レ任二正員僧綱一、近来更不レ及二其沙汰一者也、就中於二大僧都一者、住侶拝任近代之例也、京都僧綱猶以随分有二清選一、於二住侶一者殊就二器用一可レ被二抽任一也、近来非二其仁一之輩被レ聴レ之歟、官途之陵夷不便、云々(12)

とあって、まず延暦寺に入寺して夏安居（夏臈）を一〇年経たるものより、山門の大会の注記に任ぜられ、それを終って

再び一〇年してはじめて竪義者となって、論義法会に正式に参加できることになる。そして天台の三会の講師に擬せられていても、三会講師を終えてないものを擬講といい、この三会講師を勤めたものを已講と称して、この三会を終えたものを得業と呼んでいる。ことに延暦寺においては六月会と十一月会[13]の講師をつとめたものが、座主の推挙を得て律師に任ぜられたのである。

そして非修非学のものは当然僧綱に任ぜられる道は開かれていないので、天台宗での最高の座主や僧綱になり得べくもなく彼らは堂衆としてとどまらなければならなかった。延暦寺においてもその性格より顕教系（顕宗）の昇進と密教系（密宗）の昇進があって、顕教系の昇進は三会遂講→僧綱→三講講師→探題→證議→正権（法務）→別当→僧正となっていて、三講の聴衆もすべて本寺本山の学業がすぐれているという師僧や別当等の推挙が必要であったことはいうまでもない。密教系ではすべて伝法灌頂が重要な要素となっていて、顕教がすべて公請労を基準として昇進してゆくのに対して、密教系では相伝を重んずる関係上師僧の挙奏により決定される。この点師僧に絶対の権威があったのでよき師を求めることは直ちに昇進へ直接つながっていた。

また僧綱はすべて欠員により補充され、密教系では、諸祈願をして勧賞を受けることにより昇進が約束されていた。この点顕教系の導師や講師、あるいは重講・公請による勧賞とは異なっている。それは、

密宗、

御即位付御禊大嘗会、御元服両社行幸御祈御堂供養御祈、諸社御祈、御産御祈、皇子降誕御祈、日月蝕御祈、寒御祈、祈雨止雨變異御祈、御薬御祈、追討御祈、御修法賞、護持労、東宮后宮女院等護持労、御読経賞、密宗公請労、御受法賞、密宗修学労、御験者、禁裏仙洞諸院宮、諸道、宿曜、佛師、経師、各随時有ニ勧賞一、

となっていて、六勝寺においても同様にこの顕密両宗による僧侶の昇進の道を開いていた。

もちろん貴種の昇進は早く大臣の息や孫は直ちに法眼に、親王・皇子・皇孫・摂関の子は権少僧都に、竪義や灌頂を終えたのち任命され、法親王の場合は伝法灌頂ののち一身阿闍梨に補せられている。

このような僧侶の昇進制度は平安中期以後固定化したが、ことに貴種の昇進は、

一貴種昇進次第、王(皇)子、王(皇)孫、摂録息等類也、臨時受戒、一身阿闍梨、僧綱或任二少僧都一、或任二大僧都一、已後昇進如レ常、依レ人随レ事者有二採用一、(15)

と、早く僧綱に進んで寺院の貴族化を援けた。天台宗における山門・寺門も同様で、寺門が、山門に対して「竪義探題無レ之、其外如二余寺一、雖レ有二所職之号一、一寺法会非二勅願一之間、不レ及二勅補任一者也」(16)とあって、寺門は山門より密教的性格が強く、密教出身の傾向も強かった。

探題についての山門と寺門の争いは、法勝寺では見られないが、これについては圓宗寺法華会の探題の場合を考察し、そこに天台宗の動向を見なければならない。この事件は長治二年(一一〇五)正月元日に延暦寺の僧徒が日吉の神輿をかついで三井寺の澄観僧都が圓宗寺法華会の探題に補されたことについて訴えた。

後聞、今夕延暦寺□(衆カ)徒日吉神民等参向陣頭云々、是去年十二月圓宗寺法華会探題之事、被仰下園城寺澄観僧都之由訴申云々、先例園城寺人雖有蒙此宣旨例、依本山座主挙被仰下也、今無本山挙状被補探題条成大憂云々、無裁許間衆徒宿祇多林寺、叫喚之声已満遠近、縦雖有可訴申事、過元三之後可上奏也、朔日向闕、衆徒之企忽諸朝威歟、或人談云、節会内弁右大臣殿下、御酒勅使宣命使事了後、人々暫被候之、是依大衆参陣頭也(17)

そもそも圓宗寺の法華会の探題は顕教の法会であって、寺門では探題となることはできなかったのに澄観がこれに

補されたというのである。

この探題になるためには延暦寺の天台座主の推挙によるもので、この法華会は勅願の法会でない関係上なおさら座主の推挙が必要であった。

そして探題に補せられる条件というのは山門昇進の順序によって、延暦寺修学の公請の名僧よりその上﨟で、六月会、十一月会の探題を務めた者より天台座主が推挙して補せられなければならなかった。しかし例外として寺門の明尊・良秀・成覚が宣旨を蒙って補せられたこともあったが、このときでも天台座主の推挙に基づいて勅命によって任ぜられているので、いま二会講師を経た山門の慶増と賢暹が探題を辞退したあとをうけて、園城寺の澄観が、長治元年(一一〇四)十二月十四日に圓宗寺法華会の探題の宣旨を得たことに山門側はするどく反対した。

この澄観は白河法皇の寵臣源俊房の子で、母は美濃守源実基の女で、園城寺に入り二会を経て康和元年(一〇九九)十一月二十二日の白河法皇の法勝寺御幸のとき造御願堂賞をうけて法務となり、園城寺の増誉権僧正の推挙により権少僧都に任ぜられ、法務をも兼ねていたが、おそらく院は近臣の子であることからも圓宗寺法華会の探題にしようと考えたのであろうが、ここに延暦寺からの猛烈な反対がおこって、山の座主にもならず、座主の推挙をも得ていないものを補任することはもっての外として長治二年(一一〇五)正月元日に強訴に及んだ。これはやはり白河院が寺門に好意を寄せている結果に対する反駁でもあった。そして天台座主の推薦にもよらず、院の推挙でもって補せられたことは承知し難いとして、十二月十三日の夜半に山を下って延暦寺の末寺の祇陀林寺に日吉神輿を入れて騒いだ。その勢は数百で、叫喚の声遠近に満ち、元日の節会が終るを待って松明をふりかざし鉦鼓を打って右衛門の陣にせまって澄観の罷免を訴えた。京中の人々は前代未聞の不祥事と評し、儀式を終えた朝廷の高官は退庁もならず、全く朝威や院威をないがしろにする振舞いであった。そこで直ちに白河法皇の院庁で御前会議を行って、七日間の猶予を山僧に求めて翌二日澄観の法華会探題の罷免となって事件が落着した。

しかしこの探題推挙につき、考えられることは園城寺の僧正増誉が、長治二年（一一〇五）閏二月十四日天台座主に任ぜられたとき、彼は二日間しかとどまらず、それも、その補任状をもって山上におもむいた「勅使少納言源明賢山上騒動之間、不レ及ニ登山一以ニ官吏一送ニ宣命一、不レ知レ棄ニ置何処一」(18)という状況で、白河天皇即位以来きわだって山門と寺門の争いが相ついでおこり永保元年（一〇八一）の日吉祭での両者の相剋は園城寺焼打となってあらわれた。このような両門の対立より考えても、園城寺よりの天台座主就任は不可能であった。これ以前の寺門出身の天台座主は阿闍梨猷憲（一年）、康済律師（五年）、増命僧正（一六年）は別としても良勇阿闍梨（八ヵ月）、余慶大僧都（三ヵ月）、明尊大僧正（三ヵ日）、源泉権僧正（三ヵ日）、覚圓大僧正（三ヵ日）、増誉大僧正（二ヵ日）、行尊大僧正（六ヵ日）、覚猷大僧正（三ヵ日）、覚忠権僧正（三ヵ日）とすべて良勇より余慶にかけてさらにはげしく延暦寺大衆の反対にあって、たとえ宣旨あっても登山して拝堂できず智證門徒の寺門は天台座主になることができなかったのであった。このこともより以上寺門より山門への大きな反発の要因であって、これは探題となることも不可能で、法成寺や圓宗寺の重要なる法会の探題は山門により牛耳られる結果となった。

また次に法勝寺では法勝寺別当や六勝寺別当は顕教の中心である法勝寺大乗会や御八講等を主催することのために、天台座主を別当に任命することがあっても最高機関は仁和寺宮法親王によって検校職を掌握されているので、それほど自由にはならなかった。ことに承暦二年（一〇七八）の法勝寺供養に寺門の覚圓を別当に、山門の覚尋を権別当にしていることからいっても白河院は園城寺に好意的で、むしろ六勝寺を顕劣密勝とすべきであると唱える寺門や、密教中心の東寺、仁和寺に主導権を与えて山門よりの干渉や押妨を防ごうとした。

そのあらわれとして尊勝寺灌頂阿闍梨事件が天仁元年（一一〇八）三月二十一日におこった。

尊勝寺灌頂堂は康和四年（一一〇二）七月二十一日に諸堂とともに建立され、園城寺の権僧正良意によって堂内の諸佛の開眼供養が営まれた。(19)

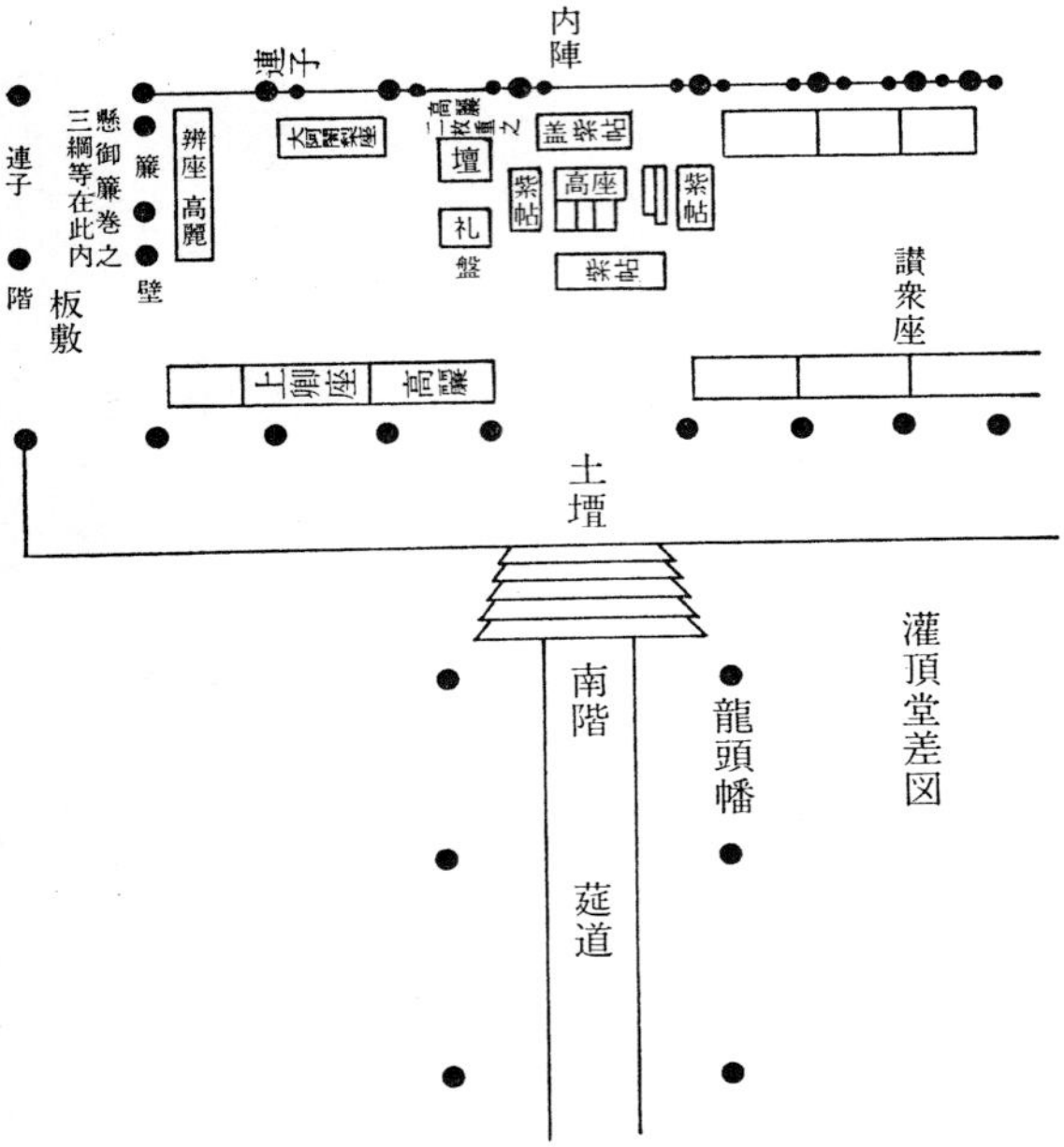

尊勝寺灌頂堂灌頂差図
（山槐記治承四年十二月）

そののち尊勝寺に供僧二十余人と阿闍梨一二人が置かれた。つづいて康和五年（一一〇三）三月二十三日に再び阿闍梨一〇人を宣旨により尊勝寺に入れたが、このとき山三人、三井寺四人、東寺四人と配分され、ここに灌頂をば延暦・園城・東寺の三ヵ寺の僧をもって実施しようということが明らかとなって、このとき通憲の弟の俊誉が東寺分に入っていることを通憲は喜んでいる。(20)

そして長治元年（一一〇四）三月二十四日に堀河天皇の行幸あって仁和寺の性信法親王の灌頂弟子の寛智阿闍梨が尊勝寺結縁灌頂阿闍梨に任ぜられて、大阿闍梨覚行法親王とともに

これを主催することになった。この寛智はその宣下にあたって、

仁和寺寛智阿闍梨、可為尊勝寺結縁灌頂胎蔵小灌頂阿闍梨之由被宣下、左大臣奉勅、件闍梨年来於華門陣屋行公家御修法之間已有此慶、又彼尊勝寺灌頂堂供僧也、寛智者故済延僧都弟子、年五十八、文(久カ)学真言之密道、深知両界之奥義、初奉厳重之御願、誠是大師之恩徳歟、今夕綱所持来其請書、饗応之礼如三会講師請云々(21)

とあって、金胎両部に通じて灌頂堂供僧として結縁灌頂阿闍梨にふさわしく、その奥義に通じていることは顕教でいう三会講師に相当しても恥ずかしくないというのである。このことは尊勝寺灌頂をもって三会已講に準じて密教出身者の僧綱への道を開こうとするものであって、この灌頂を終えたのち勧賞として寛智を権律師に任じ、覚行法親王に阿闍梨五人を仁和寺圓堂に寄せている。

従今年限永代毎年三月廿四日為式日可被行結縁灌頂也、今年胎蔵、明年金剛界、以勤此両会、小灌頂之人准三会已講、任次第可被補僧綱者、最前二ヶ年東寺、次二ヶ年延暦寺、次二ヶ年薗城寺、三ヶ寺人輪転可勤此事云々、抑依有南北三会、顕宗学徒誠以覚発、至真言道者漸欲陵遅之処、今始此会可謂佛法之中興、誠是密教之繁昌之秋也(22)

この日を永式として金胎両部を交替して行い小灌頂阿闍梨を三会已講に準じてしだいに僧綱に補するということを制度化した。それは天台宗の顕宗関係のものは南北三会により昇進の道が開けているけれども、東寺真言はこの道が開けていないために僧綱昇進の道が閉されていたのを開こうとしたのである。これは真言宗が正式に六勝寺の中で認められたことになるのであって、法勝寺大乗会・御八講が天台宗の六勝寺への進出とすれば、尊勝寺結縁灌頂小阿闍梨は真言宗の進出というべきであり、この尊勝寺灌頂は六勝寺の中でも重要な意義を持つものであった。この灌頂を

行っているのは六勝寺のうちこの尊勝寺と最勝寺であって、法勝寺等ではなされていない。ここにも尊勝寺の真言的傾向の強いことがうかがえる。ことに世情においては「近日叡山衆徒相乱、東西塔僧合戦、或放火焼房舎、或中矢亡身命、修学之砌還為合戦之庭、佛法破滅已当斯時歟、又薗城寺衆徒濫悪如此云々、凡天台佛法滅亡之秋歟、嗟呼哀哉」[23]となげかざるを得ない状況であった。

しかして長治二年度の灌頂は大阿闍梨覚行法親王、小阿闍梨権律師寛智(仁和寺)で進められ、次の嘉承元年(一一〇六)には大阿闍梨賢暹(延暦寺)、小灌頂阿闍梨範胤(延暦寺)がつとめて、このときも範胤は終了後勧賞によって権律師になっている。また次に嘉承二年(一一〇七)は大阿闍梨法印賢暹(延暦寺)と小阿闍梨範胤が金剛界で行っている。これはさきの規式のごとく、仁和寺二回、延暦寺二回ともに胎↓金の順序で実施されたのであった。

ところが天仁元年(一一〇八)三月二十四日の灌頂は当然、園城寺が同年と次の年を勤める順序であったのに白河法皇の意向により東寺をもってはじめようとして園城寺がしりぞけられた。そのことについて園城寺は延暦寺大衆と行動を共にして法勝寺周辺で強訴に及んだ。その訴えによると、中右記の天仁元年(一一〇八)三月二十一日の記事では、

廿一日、(中略)仰云、山大衆乱発已下□有其聞、是尊勝寺灌頂阿闍梨今年可賜園城寺之旨存処、已賜東寺了、依為同天台宗訴申之者、此事如何、人々被申旨、本件事被沙汰置時、不知寺次第、然者難申左右、一定之後可在勅定歟、件旨以蔵人弁被申院了、及深更退出、

廿三日、(中略)山三井寺大衆、可参闕之由有風聞、分遣武士於河原辺、偏可相禦由、夜前被仰下了、雖然禁中無人、早可参入者、仍三人午時許北轅帰洛参内、先参摂政殿下御直廬、源大納言被参、山大衆已従西坂本下了、又三井寺衆徒従如意山上超来、両寺衆徒同意訴申之旨、誠入水火、又々指遣検非違使武勇輩、不可入京中之由被仰

下、漸及申刻、上皇還御于六条御所、尊勝陀羅尼供養了、則有還御也、摂政殿令参院御所給、内大臣被参入、公卿十余輩、於院殿上僉議此事、諸卿被定申云、先々大衆参闕之時着甲冑□、今度已或着甲冑、或帯弓箭、推其党類、已及数千人、誠失王威甚有恐、偏可被相禦也、左大弁重資発語、人々同申之、依人々定申、慥可相禦由、被仰下了、入夜退出(24)

白河院は東寺を優先して天台は時々用いるという手段に出られた。しかしこれは当然、長治元年(一一〇四)三月二十四日の永代規式に違反するのであって、その上、園城寺の番は実際に行っていない以前に事がおこったため園城寺は大衆をあげて訴えた。これはかえって院や東寺側に不利な結果を招いた。

訴□先帝始灌頂□□最先東寺人、次延暦寺人、□小灌頂阿闍梨准三会講師、被任権律師了、今年任次第可給園城寺之由存之処、今年上皇仰伝、寺々次第慥不被仰下、但於他所者、昇進之道甚有其数、至于東寺者、此事之外全無別昇進道、仍件小灌頂阿闍梨多可用東寺人也、時々可用天台□、仍今年東寺禅誉阿闍梨可為灌頂阿闍梨之由、去廿日被仰下了、園城寺訴申、一之道理也、上皇之御案、又以道理也、於今先天台宗延暦寺園城寺、同心訴申、頗可然歟、然而両寺衆徒、被甲冑帯弓箭、企参内条已違僧之行、被相禦条、又以可然歟、今夜台嶺之上如意山巓取数千(火カ)衆徒往反其火已如逢大火、誠末代之災也、雖然武士引陣、全無其障、僧侶不参闕、只於山下徒叫喚許也(25)

と述べてこの事件は山門・寺門がともに白河院政と東寺への攻撃とうけとれる。それはまた仁和寺の支配権がこれをもとにしてしだいに薄弱化する実態をもあらわしている。

ことに園城寺が延暦寺と謀って三月二十一日に訴え出るとともに二寺の衆徒が蜂起したので、朝廷は武士や検非違使を遣わして賀茂川に沿って防いだ。寺門の僧兵どもは如意嶽の山上より松明を燃やして下り、また山門の僧兵は比叡山より日吉の神輿を奉じて四月一日に下山し西坂本に集まって京中に到らんとする勢を示して、この騒動は大変なものとなった。

しかし山門は西坂本に集まっていたが、検非違使や武士に抑えられて入洛はできなかった。寺門の僧徒は法成寺の東の河原および松前の辺に陣して玄甲道につらなって白刃は日に映じて数十町のあいだ人馬が満ちているという状況であった。白河法皇は使者を遣わして衆徒の引上げを求め、今年度はすでに東寺によって灌頂を行うことを決定し実施している以上、この後は東寺、山門、寺門を相ついで補することにするとの返答を与えた。即ち、

今年灌頂已被行了、不可申左右、但於後々年者、猶弘法、慈覚、智證大師等門跡、相次可被行者、是本之訟訴源也、於院人々被相定、可依請之由、以検非違使資清被仰了、爰衆徒大歓喜、含咲帰山了、又武勇士各帰了　件事可有裁許者、前日可被仰下歟、此十余日未定之間、数千軍兵相禦之間、東山川原賀茂吉田之辺、下人之田畠、為兵士等被滅亡了、後遂随申請有裁許、為彼法会為世間頗無益歟、凡此灌頂阿闍梨、本自任弘法慈覚智證門徒次第、可被行之義也、今年被破件次第、頗不穏便、又被破者、縦衆徒雖訴申、不可有裁許歟、破次第又有裁許、彼是共為朝威甚以不便也、凡末代法、衆徒所為、人力不可及也、爾及末世者、定滅亡朝家歟、可恐可慎也[26]

この裁許は東寺に結縁阿闍梨を充当することが早すぎた結果であったが、前日の裁許が不可能であったのは院議の決定が遅れたからで、それは白河院の東寺への意志がかなり強かったからでもある。そして、嘉承二年(一一〇七)三月に東寺二長者となり、十二月二十一日に護持僧となった寛助が強く尊勝寺灌頂の東寺独占をはかったことによる。しかしこの計画は寺門・山門の反対にあい、寺門・山門も利をともにするときには屢々ともに行動することもあった。

しかしてこの院と東寺の敗北は尊勝寺灌頂の重要な主導権を東寺、仁和寺が失うことになって、尊勝寺より東寺は

引き上げなければならなくなった。

この結果、次の天仁二年(一一〇九)には園城寺の灌頂となり大阿闍梨に行勝僧都を小阿闍梨に信慶を補任している。(27)そして灌頂は両門をもって行うこととなり、東寺は尊勝寺灌頂より排され天永三年(一一一二)は延暦寺となって真言宗に白河法皇の意志があったにしても両門の大衆の前にはどうすることもできず、ただ法親王を検校として寺領の統括をはかる以外は、法会の中心は尊勝寺では延暦・園城の二寺に傾いていった。そしてこの結縁灌頂を終えたものが僧綱に昇進したのである。

一方、東寺は、この対抗手段として永久元年(一一一三)八月十八日、寛助が東寺一長者に就任し、また仁和寺・圓宗寺・圓教寺・遍照寺の別当となっていたことを利用し、その上、鳥羽天皇の護持僧であったので、寛助は九月二十二日、宮中で孔雀経法を修して天皇の不予を祈ったあとで尊勝寺灌頂を止めて東寺での恒例の灌頂により東寺分の僧綱を南北二会尊勝寺灌頂に準じて任ぜられ権律師に昇進することを永久の規式としたいと訴えた。

隆海法印記云、永久元年癸巳八月、天皇鳥羽院御在位時御不予、成就院大僧正寛助八月十八日丙寅於二禁中一大炊御門高倉令レ始二修孔雀経法一、伴僧廿人、修中有二効験一、廿五日癸酉満七箇日御結願、於二日御座一有二御加持一、大阿闍梨被レ物、頭中将通季取之、勧賞可レ依レ請之由、蔵人頭権右中弁実行仰レ之、依之此九月廿二日孔雀経法賞、以二東寺灌頂労一可レ被レ補二僧綱一之由、以二季才資光一令レ書二奏状一、被レ付二頭弁実行一畢、十月廿三日、任二申請之旨一、止二尊勝寺灌頂一、東寺分而、以二東寺恒例灌頂一為二斎会一、准二南北三会并尊勝寺灌頂之例一、以二両界小灌頂一阿闍梨追二次第労一、可レ被レ補二権律師一之由宣下畢、一宗之人併以歓喜踊躍(28)

この寛助の決断の理由は、永久元年(一一一三)十月二十三日の太政官符に見えているごとく「本寺の勤を以て、勧賞を行われれば承前不易の例なり。興福寺維摩会講匠僧綱に補せられる是なり。件の例に准じて尊勝寺灌頂を勤めず、只本寺恒例の灌頂を以てその労績となし畢ぬ」(29)と、即ち、

不レ勤二尊勝寺灌頂一、只以二本寺恒例之灌頂一為二其労績一畢、両部之後、守二次第一被二採択一者、自宗専成二歓喜之思一、他宗又无二訴訟之愁一、(中略)而尊勝寺灌頂、自他宗相互勤行之間、頗違二彼素意一、仍於二尊勝寺灌頂一者、偏被レ付二天台宗一尤穏便歟、抑歴二三会一会灌頂御修法労一者、各預二勧賞一、然則以下遂二灌頂業一之輩上、同令レ勤二行御修法一、被二抽賞一者、僧綱之員数不レ増、諸徳之昇進相同歟(30)

と述べて、この尊勝寺灌頂より東寺が積極的に引き揚げた理由はこれを天台両門に譲るほうが波乱を生ぜず、それに巻き込まれることなく独自の道を歩むことができると判断したからであった。そして天台両門より無理な戦をいどまれることなく、東寺灌頂がいままでつながらなかった僧綱への道も開けることになって、これは寛助の新しい方向として高く評価されることになった。

しかし結果としては東寺の六勝寺への進出が失敗したというべきである。

以上六勝寺と天台・真言の動向を見てきたけれども、六勝寺は山門、寺門、東寺の中にあって、院の威勢をもってしても両門の勢力を排除することはできず、仁和寺のみが六勝寺を統括しているような法親王の権威を保っていても法会の法勝寺大乗会の探題、尊勝寺結縁灌頂の大阿闍梨、小阿闍梨、尊勝寺御八講の證誠等すべて天台宗の延暦寺を中心として掌握され、ついで園城寺が追随するという院の意志に反して動いていったことも否めない。

そして白河院政が天台宗内における山門・寺門の天台座主職やその他の闘争の余波をかぶらなければならなかった宿命をも考えなければならなかったとき、平安末期の人々によって世の佛法の滅尽を叫ばざるを得ないことになるの

である。

しかしこのことはたんに六勝寺にはじまったことではなく四圓寺よりの動向も否定できないので、天台教団の横暴はこの六勝寺への進出に輪をかけて院政自体に対する反発ともなった。院はこの横暴を横に見ながら武士の台頭にも処しなければならなかった。この院政の時勢に流される傾向が院政自体を弱め、院の判断が絶対的でなく朝令暮改するところに院政の脆弱さが露呈しているのである。このことは六勝寺の性格からいってもいえるのである。ここに平安期における寺院、とくに御願寺の成立の問題を提起しつつ、その動向を述べて結論とすることにする。

(1) 本書、第三章第六節の三、初出
(2) 本書、第三章第七節の三、初出
(3) 寺門伝記補録、二十、雑記巻下、法成寺執行職事（大日本佛教全書本）四三三頁
(4) 寺門高僧記、四、承徳二年六月二十日、訴法成寺務執行始補慈覚門徒事（続群書類従本）三八頁
(5) 初例抄（群書類従本）三三頁
(6) 本朝文集、五十三、法勝寺大乗会表白（国史大系本）二二四頁
(7) 法勝寺大乗会結願文（同右）（国史大系本）二二三頁
(8) 註(1)に同じ
(9) 江家次第、五、圓宗寺最勝会事（故実叢書一七〇頁）
(10) 釈家官班記、下（群書類従本）六七頁
(11) 同右、勅会探題事（同本）六八頁
(12) 同右、山徒昇進事（同本）六九頁
(13) 六月会（水無月会《みなつきえ》）で天台宗の開祖の伝教大師最澄の忌日に延暦寺で祥月命日の六月四日より五日間行い、伝教会とも長講会とも称している。そのはじめは弘仁十四年（八二三）で、その年に竪義が加えられ、康保三年（九六六）十二月に廣学竪

義を加える宣旨によりこれが決定し、また安和元年（九六八）良源奏して探題職を置いて、建保二年（一二一四）五月七日に三会の一つの御斎会に準ぜしめられた。はじめ一乗止観院で行われ、のち大講堂でなされた。論義は五問十題で、探題は竪者の出した題につき一の算木を一の問者に与えて、五の算木を五の問者に与え問者とその題目を決定し、五人の問者のうち一の問の問者には已講が当って最も精細に立難し、竪者と七重の問答をして、竪者は五問十題に対して答を出して、自己の義を竪論し、探題は問者と竪者の論弁について一々批判を下す。探題は一会の最高権威で席上その批判に対して異義を述べることは許されなかった。そして問者の竪義が探題で認められたとき廣学竪義の遂業者といい、また得業と称した。

十一月会（霜月会《しもつきえ》）は天台大師智顗の忌日で、毎年十一月二十一日に講堂で行い五日間に法華十講を修する。六月会の方が延暦寺としては重要な法会となって、いまも法華大会としてうけつがれている。

(14)　釈家官班記下密宗事（群書類従本）七五頁

(15)　同右、貴種昇進事(同) 六九頁

(16)　同右、寺門事（同）六九頁

(17)　中右記、長治二年正月元日条

(18)　天台座主記増誉の条（延暦寺本）七三頁

(19)　尊勝寺供養記（群書類従本）二九五頁山槐記、治承四年十二月十四日条

(20)　本朝世紀、巻二十三（国史大系本）、康和五年三月廿三日条

尊勝灌頂の実施に当っては、まず日時を定め、ついで請僧の僧名を定める。次の史料は天台宗の明雲を請じたときのものである。（兵範記、仁安四年三月廿七日条）

陰陽寮

択申、可被行尊勝寺灌頂日時

今月廿七日癸未、時酉二点

仁安四年三月廿七日　権暦博士　賀茂憲定

主税助　安倍時晴

図書頭　賀茂周平
助　安部泰親

尊勝寺灌頂
大阿闍梨
権僧正明雲
讃衆
権律師俊朝、法橋上人位静然、源忠
玄理、静修、清延、源幸、真圓
有基、永心、元雲、実晴、勝基
相憲、実仙、玄長、正真、道暁
覚能、昌忠
仁安四年三月廿七日

(21) 中右記、長治元年三月廿二日条
(22) 同右、長治元年三月廿四日条
(23) 同右、長治元年三月卅日条
(24) 同右、天仁元年三月廿三日条
(25) 同右
(26) 同右、天仁元年四月二日条
(27) 同右、天永二年三月廿四日条
(28) 東宝記、法宝上、一、以二小灌頂労一任僧綱事（続々群書類従本）九一頁
(29) 同右、（同）八八頁　永久元年十月廿三日太政官牒
(30) 同右

あとがき

本書作成にあたっては次の章節は左記の既発表の論稿にもとづいている。

第一章　第二節一、二、
「四天王信仰について」　日本佛教学会編『聖徳太子研究』所収（昭和三十九年）
「四天王寺御手印縁起の性格について」　『四天王寺学園女子短期大学紀要』第六号（昭和三十九年）
　第三節
「国大寺の成立について」　柴田実先生古稀記念会編『日本文化史論叢』所収（昭和五十一年）
第二章　第二節一、二、三、
「国分寺成立考—最勝王経の受容と天平十三年三月廿日の詔について—」『大手前女子大学論集』第二号（昭和四十三年）
　第三節　一、
「新羅の審祥の教学について」　『印度学佛教学研究』第二〇巻第二号（昭和四十七年）
　二、
「奈良時代に於ける釈迦信仰について—東大寺大佛の造顕と釈迦信仰の関係—」　赤松俊秀教授退官記念『国史論集』所収（昭和四十七年）

三、
「日本における華厳経を中心とした菩薩道の受容」　西義雄編『大乗菩薩道の研究』所収（昭和四十三年）
四、
「華厳経に於ける須弥山思想の受容」　『大手前女子大学論集』第五号（昭和四十六年）所収
第三章　第一節
「宮中真言院の成立について」　『密教学』第一号（昭和四十年）
第二節　一、
「平安初期における真言密教の南都進出について」　結城教授頌寿記念『佛教思想史論集』所収（昭和三十九年）
二、
「弘法大師と東大寺」　高野山大学編『密教学密教史論文集』所収（昭和四十年）
第三節一、二、
「中世に於ける寺院社会の構造―東大寺別当職について―」　『瀧川博士還暦記念論文集』(二)日本史編所収（昭和三十二年
「院家の成立について」　拙著『東大寺の歴史』（至文堂刊、日本歴史新書）所収
「中世寺院社会の構造―学侶について―」　『日本佛教学年報』第二四号（昭和三十三年）
「三會制度について」　『印度学佛教学研究』第七巻第二号（昭和三十四年）
三、

「僧兵について」　寶月圭吾先生還暦記念会編『日本社会経済史研究』(古代・中世編)所収(昭和四十二年)

「中世寺院社会の構造」(京都大学卒業論文)(昭和二十四年)参照

第四節

「定額寺考」『大手前女子大学論集』第一号(昭和四十二年)

第五節　一、

「御願寺の性格」　笠原一男博士還暦記念会編『日本宗教史論集』上、所収(昭和五十一年)

「御願寺における真言宗の進出について」　竹内理三博士古稀記念会編『続律令国家と貴族社会』所収(昭和五十三年)

二、

「延暦寺成立考」　笠原一男博士還暦記念会編『日本宗教史論集』上、所収(昭和五十一年)

三、四、

「御願寺の成立について」『日本佛教学年報』第四一号(昭和五十年)

五、六、七、

「御願寺における真言宗の進出について」　竹内理三博士古稀記念会編『続律令国家と貴族社会』所収(昭和五十三年)

第六節一、二、三、

「四圓寺考」　井上光貞博士還暦記念会編『古代史論叢』下、所収(昭和五十三年)

第七節一、二、三、

「藤原氏の氏寺と天台宗の進出について―法性寺と法成寺について―」『大手前女子大学論集』第一二号（昭和五十三年）

第八節一、二、三、

「六勝寺の成立について」『大手前女子大学論集』第一三号（昭和五十四年）

四、

「六勝寺の性格―法親王と六勝寺―」『日本歴史』第三八三号（昭和五十五年四月号）所収（昭和五十五年）

五、

「六勝寺への天台・真言の進出について」勝又俊教博士頌寿記念論文集『大乗佛教から密教へ』所収（昭和五十六年）

いまここに拙稿の成稿の次第を述べ、寺院史研究の成果を披瀝したのであるが、本稿は引つづき、続編を作成し、そこでは鎌倉以後の寺院について、例えば尾張国妙興寺、真福寺、また出雲国鰐淵寺、摂津国勝尾寺、大和国西大寺等の問題について述べたのち、江戸時代の徳川家康と天台・禅宗の関係、南都寺院の元禄期における東大寺をはじめ南都寺院の再興等についても触れて本書の後につづくものとして論草をまとめて見る所存である。

日本寺院史の研究（オンデマンド版）

Digital Publishing

2018年10月1日　発行

著　者　平岡定海《ひらおかじょうかい》

発行者　吉川道郎

発行所　株式会社 吉川弘文館
〒113-0033 東京都文京区本郷7丁目2番8号
TEL 03(3813)9151(代表)
URL http://www.yoshikawa-k.co.jp/

印刷・製本　株式会社 デジタルパブリッシングサービス
URL http://www.d-pub.co.jp/

平岡定海（1923～2011）
ISBN978-4-642-71064-0

著者略歴

大正十二年、奈良市東大寺上之坊に生まれる
昭和二十四年、京都大学文学部史学科卒業
昭和三十年、東京大学大学院（旧制）終了
現在、東大寺塔頭上之坊住職、大手前女子大学教授、種智院大学・筑波大学・山形大学各非常勤講師文学博士

主要著書

『東大寺宗性上人之研究並史料』（日本学術振興会）、『東大寺の歴史』（至文堂）、『南都仏教』（玉川大学）、『東大寺』（教育社）、『東大寺辞典』（東京堂）など

日本寺院史の研究

昭和五十六年七月一日　印刷
昭和五十六年七月十日　発行

著者　平《ひら》岡《おか》定《じょう》海《かい》
発行者　吉川圭三
印刷者　田中春吉
発行所　株式会社　吉川弘文館
郵便番号一一三
東京都文京区本郷七丁目二番八号
電話（八一三）九一五一〈代表〉
振替口座東京〇―二四四番

（壮光舎印刷・誠製本）

索　　引

〔人　　名〕

あ　行

か　行

さ 行

た 行

な　行

は　行

ま　行

や　行

〔寺　　名〕

あ　行

か　行

さ　行

た　行

な　行

は　行

ま　行

や　行

ら　行

〔件　　名〕

あ　行

か　行

さ　行

た　行

な　行

は　行

ま 行

や 行

ら 行